無錫文庫

第五輯

近現代名家名著存目

鳳凰出版傳媒集團
鳳凰出版社

ISBN 978-7-5506-1530-4
9 787550 615304 >

圖書在版編目（CIP）數據

近現代名家名著存目 / 無錫文庫第五輯編寫組編著. -- 南京 : 鳳凰出版社, 2012.6
（無錫文庫. 第5輯）
ISBN 978-7-5506-1530-4

Ⅰ. ①近… Ⅱ. ①近… Ⅲ. ①名人－介紹－無錫市－近現代 Ⅳ. ①K820.853.3

中國版本圖書館CIP數據核字(2012)第209406號

責任編輯　韓鳳冉
裝幀設計　姜　嵩
出版發行　鳳凰出版傳媒集團
　　　　　鳳凰出版社(原江蘇古籍出版社)
　　　　　南京市中央路165號　郵編 210009
　　　　　發行部電話 025－83223462
集團網址　鳳凰出版傳媒網　http://www.ppm.cn
印　　刷　無錫市證券印刷有限公司
　　　　　無錫市揚名高新技術産業園B區75號　郵編 214024
開　　本　889×1194毫米　1/16
印　　張　31.25
版　　次　2012年6月第1版　2012年6月第1次印刷
標準書號　ISBN 978-7-5506-1530-4
定　　價　520.00圓
（本書凡印裝錯誤可向承印廠調換，電話：0510－85435666）

無錫文庫工作委員會

顧　問

黃莉新　朱克江　周和平　譚　躍　陳海燕

主　任

王國中　王立人

副主任

華博雅　曹佳中　吴小平　佘江濤

委　員

方標軍　尤文科　何承志　蔡文煜

金　政　須　儉　陳堯明　葉建興

施　展　嚴克勤　劉　川　雷群虎

李祖坤　瞿　敬　華瑞興　周興安

姜小青

無錫文庫編輯委員會

主　編

王立人

副主編

須　儉　姜小青

編　委（按姓氏筆畫排列）

王進雄　王賡唐　卞惠興　全　勤　吴　迪　沙無垢

金其楨　夏剛草　倪培翔　徐志鈞　浦學坤　陳文源

過旭明　過耀華　許墨林　張志清　程勉中　湯可可

蔡家彬　劉桂秋　錢建中　錢菲菲　顧文璧

執行編委

王華寶　王　劍　薛　飛　陳紅彦　林世田　謝冬榮

徐憶農　陳　立

編務人員

顧志堅　李躍光

無錫文庫學術顧問

（按姓氏筆畫排列）

朱玉麒　朱維錚　江慶柏　李文海

沈衛榮　武秀成　金良年　胡福明

莫礪鋒　徐中玉　陳熙中　許倬雲

張仲禮　張廷銀　彭　林　程章燦

馮　遠　馮其庸　楊天石　趙生群

劉玉才　錢　遜　錢中文　錢文忠

總序

七千年文明史，三千年建城史，江南名城無錫，襟長江依太湖，自古以來就是魚米之鄉，禮儀之邦。無錫文化自泰伯南奔以來，騰蛟起鳳，尚德崇文，在數千年的傳承發展中，教化常持，經世務實，人杰輩出，大家林立，文藻絢麗，錯彩鏤金。舍南舍北皆春水，欲與湖山作主人，數千年的人文傳統，賦予了風光秀美的無錫以獨特的文化魅力，鑄就了城市剛柔相濟、秀逸清麗的的文化品格。

無錫是中國吴文化的發源地。早在商代晚期，周太王古公亶父的長子泰伯三讓王位，携其弟仲雍奔吴，定居無錫梅里，建『勾吴國』，『端委以治周禮』，施以禮儀教化；興修水利，授以農桑，不數年而『民人殷富』。泰伯帶來的中原文化與無錫本地土著文明相結合，吴文化以及作爲其重要組成部分的無錫文化就此發端。晋室南渡，北方人群大量南遷，帶來了中原的文化技術，促進了無錫農業、水利、手工業和商業的發展，中原文明再度與吴文化進行融合互滲。在本土文化與异地文化的碰撞和交融中，不斷推動着無錫這座城市的文明進步。

無錫歷史文化『追歷七千餘載歲月滌蕩，遂經四大轉折而成其廣大深厚：泰伯西來，吴文化成焉；永嘉南渡，江左文脉振焉；宋室波遷，江南文風始焉；歐風東漸，錫邑占風氣之先，民族工商文化始焉。數百代鄉彦賢達智慧與創造累積，文獻足徵，無慮百千』（《錫山先哲叢刊》重版弁言）。無錫文化以兼容并蓄多樣化的形態不斷發展。

崇文尚教，以教促文。北宋嘉祐三年（一〇五八），無錫始設縣學；北宋政和元年（一一一一），理學傳人楊時在無錫創建東林書院，此後無錫出現了喻樗、尤袤、李祥、蔣重珍等一批知名的教育家。至明代，顧憲成、高攀龍等在東林書院講學，此後又有許多書院相繼而起。古代無錫對教育的重視，促進了『崇文』和『尚教』的風氣，也造就了大量的人才。自隋朝開創科舉取士到清末廢除科舉，無錫共出了五名狀元、三名榜眼、六名探花和三名傳臚，并有五百四十名進士，一千二百多名舉人；『一榜九進士』、『六科三解元』，自古傳爲佳話。近代以來，經濟的繁榮進一步帶動了教育的興盛。無錫籍國學大師錢穆曾説：『晚清以下，群呼教育救國，無錫一縣最先起。』此後無錫的實業家紛紛出資興辦文化教育事業。教育的繁興，在極大程度上促進了無錫的文化發展，出現了空前的文化人才崛起的高峰。

文脉綿延，後出轉强。歷來『文化』的概念有廣義和狹義之分，這裏的『文脉』之『文』，用的是狹義的概念，即指經史、文學、藝術等人類所創造的精神財富的總和。在無錫的歷史文化傳統中，自古及今，悠悠文脉，如瓜瓞之綿綿。必須指出的是，從文化發生學的角度來看，早期中華文化的中心是在黄河流域的中原地區，無錫在宋元以前，雖有像顧愷之、李紳、尤袤、蔣捷、倪瓚等一批人文英才，但在整體上，無錫的文氣是自明清以迄近現代達到巔峰。在整個江南地區文教昌明和無錫經濟繁盛、教育勃興的大背景下，無錫地區在經史、文學、繪畫、音樂等諸多領域中，建樹卓越，俊才雲蒸，真正呈現出『人文之盛，冠於南國；碩彦輩出，著述繁富』的局面。

求實務本、重工崇商。無錫自古爲江南富庶之地、魚米之鄉。明代東林講學者將士商并列爲『本行』，講求經世致用；近代早期維新的思想家、實踐家薛福成提出『黜浮靡，崇實學』，大力倡揚『工商爲先，耕戰植其基，工商擴其用』的觀念，這些都成了近代以來無錫人求實務本、重工崇商的重要的思想根源；兼以明清時期，封建自然經濟解體，資本主義開始萌芽，無錫經濟日趨繁盛。鴉片戰争以後，上海開埠，由於商品經濟的發展和商業資本積累的增加，逐步形成了一個以上海爲中心的，北接江陰、靖江，西連蘇州、無錫、常州的經濟區域。有布、米、絲、錢『四大碼頭』的無錫，被譽爲『小上海』。到了十九世紀末、二十世紀初，無錫許多有識之士積極引進西方生産技術，大力興辦工廠，形成了近代六大資本系統，無錫成了近代中國民族工商業的發祥地和蘇南經濟中心。經濟的繁盛，不僅爲無錫文化的不斷發展提供了堅實的物質基礎，而且也形成了無錫文化的主流形態之一的，具有鮮明特色和豐富内涵的『工商文化』。

文化源長，文獻宏大。在歷史上，無錫有過兩次較大規模的文化整理。一八九九年，《常州先哲遺書》是包涵無錫在内的第一次區域性文化整理集成。一九二二年，《錫山先哲叢刊》是無錫真正意義上從城市角度進行的一次文化整理。當時，國家積貧積弱，社會動蕩離亂，身處亂世的有識之士高擎文化的旗幟，以縱覽千古的魄力和毅力致力於城市文化傳統的繼承與弘揚，爲無錫地方人文教育提供了文化楷模，對增强無錫崇文興教氛圍發揮了重要的作用，爲無錫躋身江南名城提供了文化動力，其意義至今爲後人感念。

滄桑巨變，天上人間。經過近一個世紀的奮鬥探索，特别是改革開放三十多年來的迅猛發展，中華民族强勢崛起。國運昌隆，盛世修典。中共無錫市委、市政府高度重視地方傳統文化的整理弘揚工作。自二〇〇七年提出『建設文明無錫，打造文化名城』以來，無錫全面深入開展歷史文化遺産的挖掘、清理、保護和修復工作，傳承弘揚優秀傳統文化，彰顯城市人文歷史底藴，掀起歷史文化名城建設新高潮。此後，市委、市政府在《無錫市文化大發展大繁榮行動綱要》中明確要求全面整理出版地方歷史文獻，市委、市政府在《關於深化文化體制改革加快文化强市建設的决定》中再次明確要求編纂《無錫文庫》，正式啓動迄今爲止無錫地區規模最大、綜合性鄉邦文獻集成的修編工作。爲確保《無錫文庫》的編纂工作順利進行，市委、市政府專門成立了『無錫文庫工作委員會』，由市委宣傳部牽頭，設立了『無錫文庫編輯委員會』，計劃用三年時間完成編纂出版工作。《無錫文庫》的編纂，將以嶄新的學術角度和現代學科框架對城市歷史文化進行全面梳理和弘揚，站在時代的高度，充分展示城市深厚的歷史底藴，彰顯先賢哲人的智慧創造，解讀無錫文化的獨特個性，提煉升華無錫的人文精神，光前裕後，古爲今用，以文化人，由人化文，以史爲鑒，開啓未來。

《無錫文庫》的編纂出版必將發揮重要的文化功能：首先是搶救文獻。無錫自古即有豐富的地方文獻，無論經史子集，都有重要著作流傳於世。然而無錫近代歷經戰亂，一些重要典籍已毁佚，僅有書名存留；還有一些珍貴的明清地方史籍，也以孤本存世，處於若存若亡之間。由於各種原因，一些代表無錫文化的典籍保存於國内外各大圖書館中，在無錫不易見到。從清末到民國期間，在文化上有不少重要成果，而這部分書籍因長期被忽視而處於毁佚的邊緣。《無錫文庫》的編纂就是爲了搶救文獻，保存文脉。其次是古籍整理。無錫先賢留下的載籍很多，但現存書籍，版本雜亂，良莠不齊，整體而言没有經過系統編排梳理，使用不便。《無錫文庫》的編纂，就是從版本目録學的角度加以梳理，每書皆撰提要，鈎玄指要，便於閱讀使用。第三是服務大衆。《無錫文庫》所收皆爲地方古史遺文，是研究無錫歷史沿革和文化傳承的必讀書目。《無錫文庫》的編纂出版，使這些書籍的使用更加便捷和廣泛，對無錫的文化建設、城市規劃、古迹保護、名勝開發都具有很高的學術價值和實用價值。

歷史唯物主義觀是《無錫文庫》編纂出版工作的重要指導思想。《無錫文庫》是一部具有社會主義新時代特點的典籍集成，編纂理念和選編觀念更加科學，注重學術性、實用性和經典性相結合，并且儘量收入古籍版本研究的新成果，廣泛收集流散在國内外的珍貴典籍。編纂工作中，始終堅持『尊重歷史、尊重科學、尊重規律、尊重專家』的原則，堅持『雙百』方針，對傳統文化中重要的不同學派、不同觀點的資料兼收并蓄，力求客觀、完整和全面。當然，《無錫文庫》不可能包羅萬象，而以文史哲爲主要内容，兼顧其他類别著述，整體呈現出無錫歷史文化的發展脉絡。强化編纂工作的學術規範，提倡實事求是的良好學風，對文庫的整體規模、體例框架、所收書目、版式裝幀等進行反復論證，反復比較，多方聽取意見，慎之又慎，力争使《無錫文庫》成爲一部真正代表無錫文化的綜合性鄉邦文獻集成。

編纂出版《無錫文庫》的盛舉，得到了海内外衆多著名的文史專家、學者教授的熱烈響應。許倬雲、馮其庸、楊天石、李文海、徐中玉、馮遠、胡福明等無錫籍文化名人和劉玉才、程章燦、江慶柏、張廷銀、金良年等專家學者應邀擔任《無錫文庫》的學術顧問，他們扎實的學術功底、嚴謹的治學風範、卓越的學術見識，爲《無錫文庫》提供了有力的支撑。

千年吴地文明，百年工商繁華，賦予無錫人聰慧和靈秀，創造了具有獨特品質的城市文化和城市精神。當我們手捧先哲留下的珍貴文化遺産，不僅滿懷感恩、敬畏之心，更涌動着不負前賢、勵志圖新的激情，去努力創造城市文化嶄新的輝煌，讓無錫文化大發展大繁榮的春天更加姹紫嫣紅、繽紛燦爛！

無錫文庫編輯委員會

二〇一一年一月

凡例

一、《文庫》所收爲無錫籍作家的著述和與無錫相關的歷代文獻，分爲《官修舊志》、《地方史料專著》、《年譜家乘》、《無錫文存》和《近現代名家名著存目》五輯。

二、無錫地域範圍以現行行政轄區爲準。《文庫》立足無錫市區，兼顧江陰、宜興，適當選收江陰、宜興具有代表性的著作。

三、《文庫》所收著作，以史料價值高、使用價值大爲原則，適當兼顧其版本價值。

四、《文庫》主要采用影印方式出版，《近現代名家名著存目》收入作家小傳和主要著述目録。

五、《文庫》所收著作，其編纂年代下限爲一九四九年；《近現代名家名著存目》則不受此限。

六、《文庫》所收著作，原書如有蠹損、殘缺、漫漶不清處，原則上以相同版本予以換頁、補頁，使全書清晰、整齊。

七、《文庫》對所收每種圖書，均撰寫提要，置於每種書扉頁之背面；每册均新編頁碼，自爲起訖。

八、《文庫》編制書名索引和著者索引，以方便讀者使用。

第五輯編輯説明

本輯爲《無錫文庫》之第五輯《近現代名家名著存目》。

近代以來的無錫，人傑輩出，文章泉涌，堪稱大家巨匠者以什佰計。保存其著作菁華，本是《無錫文庫》使命之所在，但因其卷册繁多，編輯整理工程浩大，爲便於檢索，亦備將來選編入庫，特於《無錫文庫》單設一輯，存録無錫著名學者代表性著作目録，名爲《近現代名家名著存目》。

本輯收録名家僅爲社會人文學科學者，包括文學、史學、哲學、社會學、經濟學、政治學、法學、新聞學、教育學等及藝術理论（不包括藝術作品創作）門類各科，自然科學、工程技術及醫藥衛生學科不作爲本輯收録範圍。本輯入選學者的標準爲：在學科建設中發揮開創性作用者；在學術研究中公認達到本學科同時代國内領先水平者；其著作在國内學術界産生廣泛影響者。除籍貫無錫的近現代名家外，兼收長期在無錫生活、工作者；其重要學術活動年代大致集中在二十世紀。在世人物和本輯編纂啓動後去世的人物均不收入。

本輯收録名著力求體現近現代無錫學者的學術成就，爲著者的代表性論著，同時反映無錫地方文化資源的全貌，兼顧各個學科、各個門類研究的重要文化成果。專輯編録著作以論、史專著爲主，適當兼及文學作品。

本輯以名家爲綱、名著爲目，入編人物以生年先後爲序。首先簡介人物生平事蹟，並擇取著者代表性論著作提要説明，隨後列出著者主要論著目録。囿於編者學識水平，又因資料掌握不夠全面，入編名家名著難免遺漏，評述也或有不當之處。懇請專家學者不吝指教，以使是輯臻於完善，亦爲增編《無錫文庫》近現代部份奠定基礎。

二〇一二年六月六日

近現代名家名著存目

無錫文庫第五輯編寫組

目録

金　武　祥

（一八四一——一九二四）

生平簡介

近代藏書家、詩人。原名金則仁，字溎生、粟香，又字菽鄉，别署水月主人。道光二十一年（一八四一年）出生。江陰澄西璜土大岸村人。江陰金氏，素稱文化世家，科舉蟬聯，代不乏人。然而金武祥的祖父與父親，未能考中，充當幕僚。但詩書家風未失，并直接影響了金武祥的成長。因爲父親常年在外給人當師爺，金武祥只能隨母親寄食於舅家——武進羅墅灣謝宅，而謝氏亦爲武進文化名門。金武祥從小就潛心向學，承繼了父母兩系的書香家傳，打下了較好的詩書、理學功底。少年時代，他的詩名就傳遍武進、江陰，成爲這兩個地區其他童生學習的榜樣。清咸豐十年（一八六〇年），太平軍進入蘇錫常，江南戰火不斷。爲了求得安寧的讀書環境遠走他鄉。同治元年（一八六一年），他在江西與會昌知縣的女兒結婚。夫人也是詩詞高手。婚後，夫妻二人『以詩詞鳴之黄馥』，共享几案帳帷唱酬之樂。在妻子的激勵下，金武祥的詩歌創作水準，又邁上了新的境界。從同治元年到同治十年，先是跟從岳丈宦海漂泊，後來自覺『寄迹依人』終非志士所爲，遂决意自食其力。當時，他在文壇上已經小有名氣，有許多知縣願意禮聘他入幕，屢應鄉試不第的他，也就走上了父親的老路——成了『四海爲家，吊影自憐』的師爺。他自稱『薄游江右十載』，在此期間，增加了官場閲歷，提高了理政能力，也平添了豐富的詩料，獲益匪淺。於是，他毅然返回家鄉，再次參加秋闈考試。可惜又一次不中。爲了求得未來的發展，於光緒五年（一八七九年）以『班捐』（捐官）分發廣東候補。一八七九年冬天，正式成爲廣東官場衆多候補官員中的一員。他曾在兩廣地區的布政、按察衙門任職，并做出良好業績。光緒八年（一八八二年），他曾奉命查勘廣西邊防，後又查勘廣東西寧、廣西岑溪兩邑争界，這些都是兩廣總督交付的重任。光緒十一年至十四年，他協助兩廣鹽運使『監鹽梧州』。張之洞任兩廣總督後，他又奉命入署辦事，并受到張之洞的器重與優待。光緒十六年（一八九〇年），金武祥署赤溪直隸廳同知。赤溪位於現在廣東臺山東南部，瀕臨南海，毗鄰港澳，是一個偏僻之所。委署赤溪，雖然不是正式的縣官，却手握實權，成爲當地的行政首長。在赤溪任上，他推出了許多惠民舉措，還主纂了《赤溪雜志》，爲當地的經濟與文化事業作出了貢獻。但他在赤溪僅僅幹了一年，就因母親亡故，只能歸鄉守孝三年。三年後，他重返廣東官場。可拖了兩年，都没有等到實缺，幡然省悟。於光緒二十二年（一八九六年），徹底告别官場。

金武祥宦游兩廣達十多年，自稱『嶺東嶺西，游迹殆遍』，踏遍廣東、廣西的土地，常以詩囊大滿而自喜。其《遍游桂林山巖》一詩：『未暇驂鸞信不誣，玉簪羅帶路縈紆。桂林山水甲天下，絶妙灕江秋泛圖。』韵味悠遠，醇醪自醉，堪稱山水佳詠。『桂林山水甲天下』這一膾炙人口的名句，傳説就是來自金武祥首創。同時，他還刊印了詩集《灕江游草》、《陶廬雜憶》、《陶廬雜憶續咏》、《陶廬雜憶補咏》、《陶廬後憶》、《陶廬雜五憶》、《陶廬六憶》、《陶廬七憶》各一卷，上述諸書共收録嘔心瀝血之作七百多首。他的詩，受到了當時許多文壇重要人物的推重。學者陳晋熙贊美金武祥的詩：『清華名雋，獨抒性情。至感念時事則悲歌諷諭，尤有老杜、白傅之風』。文人周星譽感嘆：金武祥的詩『神味淵永，吐屬風流』；『近體中，則七言律、絶尤擅勝場』；『然非逾嶺南游，哪得如許奇構耶』！晚清時在兩廣地區就有人把金武祥同宋代著名詩人蘇軾、陸游等人相比擬，贊其詩作『舊譜新翻水調歌，風流不減老東坡』；『乍見龍蛇飛落處，放翁醉墨更淋灕』。從此，金武祥以風雅吏形象名揚晚清詩壇。

金武祥寄身兩廣之時，仿照漢代班固『載群書，列目録』編纂《藝文志》的方法，編撰《江陰藝文志》。此外，金武祥還寫下了大量的著述，校刊了大批書籍，從而奠定了著述家、刻書家的地位。

告别官場後，回到家鄉江陰璜土鎮，仍以『出游、訪友、課孫、著述、刻書』爲樂。金武祥與繆荃孫、馬彦保合作編纂《江陰先哲遺書》，自編《江陰金氏文剩》，還校訂、刻印《粟香室叢書》。曾耗費巨資收集書畫古董，陳列在粟香書齋内。他有藏書三萬餘册，都一一加以校正謬誤。辛亥革命後，金武祥寓居上海。民國初年，他還應繆荃孫之邀，參加了《江陰縣續志》的編纂工作。其晚年自編《粟香行年録》，記録自己的生平事蹟。一九二四年金武祥病逝，終年八十三歲。

主要著作述要

《粟香隨筆》：一名《湝生隨筆》。該書從書名、內容、文體諸方面，均仿宋代洪邁的《容齋隨筆》。金武祥早在廣州時，就已經開始將尋訪到的文史資料匯編成書，以後陸續編成《粟香隨筆》、《粟香二筆》、《粟香三筆》、《粟香四筆》、《粟香五筆》，每種八卷，共四十卷。金武祥的隨筆式著作，着意於『談故、記實、存史』，具有很高的史料價值。比如記録了大量詩話、聯話等文壇資料：『黄鶴樓重建後，張文襄題聯云：「江漢美中興，願諸君努力匡時，莫但賞樓頭風月；輶軒訪文獻，記早歲放懷游覽，曾飽看春暮烟花。」林遠村布政題聯云：「向江漢憑欄，作頌願爲尹吉甫；讓英豪下筆，愛才誰似李青蓮。」同一運典，而用意不同，亦所處不同耳。』另外，又多寫壯志未酬的才人逸士的生平與詩作，這些悲劇人物大多依靠此書得以流傳。特别保存了江蘇江陰地區的大量歷史人物資料，爲今天研究古代人物提供了極好的借鑒。金武祥獨出機杼的隨筆剛一出世，就受到廣泛贊譽，《粟香隨筆》成爲金武祥著作中流傳最廣、影響最大的一種。

《陶廬雜憶》：清代圖書目録學家繆荃孫爲金武祥《陶廬雜憶》所作序文中寫到：『夫士大夫當弱冠之年，閱歷山河，俯仰古今，有不可一世之概；而顧瞻鄉井，往往嫌其樸陋，覺里巷無可與語者。洎夫游宦數十年，離家數千里，往往見土物而懷思，聞鄉音而出涕，有不知其所以然者。』金武祥在《陶廬雜憶》一卷之後，又有《陶廬雜憶續咏》一卷、《陶廬雜憶補咏》一卷、《陶廬後憶》一卷、《陶廬雜五憶》一卷、《陶廬六憶》一卷、《陶廬七憶》一卷，實際上《陶廬雜憶》應包括『雜憶』到『七憶』共七卷。《陶廬雜憶》七卷，刊刻於在兩廣期間，書中記述了兩廣的山水風物，其中也有不少關於江陰地區經濟物産、風土人情、人文歷史、遺聞軼事、人物傳記等方面的篇章，尤其是他家鄉澄西璜土地區的資料，如江陰境內的城中適園、周莊傘墩、顧山文選樓、申港季子墓、璜土利城、姬墩山等，均有記述。遠在千里之外的金武祥，就這樣數十年的不懈努力，把故鄉的悠悠歷史、山水風物一一見之筆端，反映在他寫的各種著作裏。

《江陰藝文志》：金武祥仿照漢代班固『載群書，列目録』編纂《藝文志》的方法，先後購求了五十餘部歷代江陰人著作及明清人編的《澄江詩選》、《江陰詩萃》、《江陰詩存》和《四庫總目》、《常州府志》、《江陰縣志》等史書詩集，隨身携帶，走到哪里就在那里『博訪編纂』。經過不懈的努力，終於在光緒十七年（一八九一年）編成《江陰藝文志》一書，於一八九八年正式刻印。

《粟香室叢書》：光緒十四年至十六年，金武祥於廣州、梧州所校刻，共收録五十四種（一説四十餘種），有《鷗堂日記》、《鷗堂剩稿》、《東鷗草堂詞二卷》、《水雲樓剩稿》、《玉塵集》、《鶚亭詩話》、《讀書瑣記》等，皆江陰先哲遺著及自著書，秘抄之本多爲繆氏所贈。

主要論著目録

《粟香隨筆》八卷、《粟香二筆》八卷、《粟香三筆》八卷、《粟香四筆》八卷、《粟香五筆》八卷，清光緒刻本，民國時有掃葉山房石印本。

《陶廬雜憶》一卷、《陶廬雜憶續咏》一卷、《陶廬雜憶補咏》一卷、《陶廬後憶》一卷、《陶廬雜五憶》一卷、《陶廬六憶》一卷、《陶廬七憶》一卷，在赤溪任職時寫作，光緒十三年（一八八七年）刊刻。

《江陰藝文志》二卷（另《校補》一卷），光緒十七年（一八九一年）編成，一八九八年正式刻印。

《灘江游草》，清光緒刻本。

《灘江雜志》，作於赤溪，清光緒刻本。

《赤溪雜志》，作於赤溪，清光緒刻本。

《菜香之筆》、《姬山考》，清光緒刻本。

《霞城唱和集》、《淮生詩草》、《補咏》等，清光緒刻本。

《芙蓉江上草堂詩稿》十二卷，清光緒刻本。

《江陰先哲遺書》（與繆荃孫、馬彦保合編），清光緒刻本。

《木蘭書屋詞》一卷，清光緒刻本。

《粟香室叢書》（收録圖書五十四種），光緒十四年至十六年（一八八八年—一八九〇年）陸續刊刻。

繆荃孫

（一八四四—一九一九）

生平簡介

近代藏書家、教育家、目録版本學家，近代圖書館的鼻祖。字炎之，一作荄之，亦署繆炎，又字筱珊，亦作筱山、筱杉、小山、小珊，夢園，晚號藝風、藝風老人，又號江東老蟫。室名有夢園、紅雨樓、藕香簃、藝風堂、雲輪閣、對雨樓、琅環室、聯珠樓、雲自在龕、飽看山簃、烟畫東堂、鍾山講舍、烟雨草堂、誦詔覽表之室等。清道光二十四年（一八四四年）九月二十日出生於江陰申港鎮繆家村。繆荃孫出身於官宦家庭。其祖父庭槐，嘉慶十年（一八〇五年）進士，官甘肅平凉府。父焕章，道光十年（一八三〇年）順天舉人，官貴州候補道。繆荃孫生而聰穎，幼承家學，十一歲已讀完儒家五經。十二歲遭母喪與父罷官。咸豐十年（一八六〇年）太平軍占江陰，十七歲時侍繼母渡江避居淮安，就讀於麗正書院，從院長丁儉卿學習文字學、訓詁學和音韵學。後舉家遷居成都，從陽湖湯彦成研究文史，開始研究考訂之學。先後有將軍崇文勤、漕帥吴棠所識拔，入川東道姚彦士幕僚。同治六年（一八六七年）四川鄉試舉人。在成都書局，從事編撰校勘，涉及校勘學、目録學、史學、方志學、金石學等，學問日進。遍歷川東北各地，搜拓石刻，始爲金石之學。張之洞任四川省學政，延爲幕賓，且重用之，賞識其才，收入門下。張之洞辦尊經書院，繆氏助成《書目問答》四卷，始爲目録之學。光緒二年（一八七六年），三十三歲時會試考中進士，授庶吉士，開館大考，題爲《重修庶常館賦》，得首魁，散館一等，授翰林院編修。繆荃孫任編修後，向翰林前輩詢問所藏《永樂大典》，并請借閲之。他的舉動，得到的是同僚的冷笑：『以爲若庶常習散館詩賦耳，何觀此不急之務爲？且官書，焉能借。』他不爲所動，日日夜夜苦讀，兩年間就讀了九百册，還抄録了如《曾公遺録》一類的罕見版本。繆荃孫走的是博通治學之路，有書必讀，成爲近代中國苦讀和利用《永樂大典》最多的學者之一。張之洞總纂《順天府志》，招之相助，發凡起例，皆出於他。光緒十二年（一八八六年），《順天府志》歷經七年編成，時推巨著。

光緒十四年（一八八八年），他擔任國史館纂修，總纂完成『國史五傳』後，返回江陰老家。任南菁書院山長。光緒十七年（一八九一年）掌濼源書院，光緒二十年（一八九四年）任南京鍾山書院山長，後又兼掌常州龍城書院。光緒二十七年（一九〇一年）到湖北，任江楚編譯局總纂。光緒二十八年（一九〇二年），鍾山書院改爲江南高等學堂。同年，兩江總督張之洞奏請朝廷於明國子監遺址，創立三江師範學堂，由繆荃孫擔任『總稽查』（校長），負責籌建江南最高學府。光緒二十九年（一九〇三年），繆荃孫和徐乃昌、柳詒徵等七教席奉命赴日本考察教育。三江師範學堂遂仿日本東京大學，以後更名兩江師範，爲南京大學近代校史之開端。

一九〇三年赴日本考察期間，繆荃孫曾重點考察了東京的帝國圖書館，回國後建議在中國開辦公共圖書館。一九〇七年夏，陸氏皕宋樓和十萬卷樓、守先閣藏書爲日本人購去，入藏岩崎氏静嘉堂文庫，消息傳出，國人震驚。八月，繆荃孫得悉杭州丁氏八千卷樓要將藏書外售，立即建議端方購買，端方當即赴杭州，以七萬餘元成交，并在兩個月間將書籍全運至南京。一九〇七年，繆荃孫受聘籌建江南圖書館（今南京圖書館），出任總辦。一九〇八年初，選定龍蟠里惜陰書院舊址建造圖書館。一九〇九年十月，館舍建成。繆荃孫在建館期間，經常親赴工地檢查、督察；館舍建成後，他又親自主持圖書搬運入庫。特别是搶救了一批即將流入日本的善本圖書，從而保存了數萬册具有重要文獻價值及藝術價值的藏書，使江南圖書館的館藏名列全國之首。可以説，江南圖書館（今南京圖書館）是繆荃孫一手創辦而成。

一九〇八年，主持北京學部的張之洞籌建京師圖書館，他採取端方建議欲購置常熟鐵琴銅劍書樓藏書，并委托繆荃孫赴常熟購書。但其藏主瞿啓甲不同意，經繆荃孫協商、溝通，始先將其中孤本和罕見抄本選出七十一種，再加上舊刊本，共湊成一百種送呈北京。一九〇九年七月二十五日，學部行文籌建京師圖書館，張之洞力請繆荃孫爲京師圖書館監督（館長），清帝特召他進京。繆荃孫到京後，就來到圖書儲藏處地安門外廣化寺，開箱整理、檢閲和登記，長達五個月。在此同時，繆荃孫編制了《清學部圖書館善本書目》、《宋元本留真譜》等。在整理過程中，意外發現各省方志，而且配備俱全。繆荃孫大爲歡喜，稱『皆寶物也』。并用三四個月時間邊閲邊編，終於編制出一部《清學部圖書館方志目》。正如柳詒徵所説：『南北二館，先後嶷立，號爲册府，篤古之士猶能瞻仰胝沫其間，不令中國歷代巨刻珍鈔，萬國希望之瑰寶，流放沽鬻於東西都市者，荃孫力也。』隨着清王朝滅亡，學部圖書館爲民國政府接收，隸屬教育部，歷經沿革，成爲現今的國家圖書館。辛亥革命爆發後，繆荃孫辭歸南返，寓居上海。一九一四年，繆荃孫被特聘爲《清史》總裁，草擬全史凡例，并負責《儒林》、《文苑》、《循吏》、《孝友》、《隱逸》、《土司》、《明遺臣》七傳的編寫工作。江陰續修縣志，繆荃孫親定大綱，分人編寫，自己總其大成，歷時數載，脱稿完工。一九一九年十二月二十二日，繆荃孫在上海寓所去世。《江陰縣續志》爲繆荃孫驚世絶筆，成爲一代名志。除《江陰縣續志》外，繆荃孫曾編纂《[光緒]順天府志》、《[光緒]昌平州志》、《[民國]江蘇通志稿》，參修《湖北通志》、《荆州府志》、《常州府志》等。繆荃孫學識淵博，著述繁富，名滿天下。

主要著作述要

《藝風堂文集》、《藝風堂文續集》、《藝風堂文漫存》：《藝風堂文集》七卷外篇一卷，一九〇〇至一九〇一年間江陰繆氏刊刻本。《續修四庫全書總目提要》云：『《文集》八卷，手自編定。卷一多碑志記傳之文；卷二爲遼金元明故城及故宫考，均根據《輟耕録》、《酌中志》、《春明夢餘録》，及歷朝官私各紀載，詳慎輯録。一掃耳食道聽之談；卷三卷四皆考據之文，如《蜀兩漢經師考》，搜採至六十餘人，《鄭康成弟子考》，輯録凡四十人。并據范書及鄭志，又以他書附益之。評其所受之業，志其爵里，唐僑治蕃州表，分析部落，略具時日，皆由苦心鈎稽而成。原係《順天府志》稿本，及刊府志時并未列入，賴有此集流傳，可爲謀圖者之良規，憂時者之寶鑒；卷五至卷八，均序跋行略銘贊雜文，集中駢體文居十分之二，靡不稟經制式，酌雅立言，與孫星衍《問字堂集》，阮元《研經室集》内駢文，可以鼎足而三。』一九一〇年，繆荃孫又刊印了續編《藝風堂文續集》八卷外集一卷，收録文史考辯著述。其後，繆荃孫又刊刻《藝風堂文漫存》十二卷，包括詩、序跋、碑傳等著述。十二卷又分爲三個部分，即《辛壬稿》三卷、《癸甲稿》四卷、《乙丁稿》五卷。

《藝風藏書記》、《藝風藏書續記》、《藝風藏書再續記》：繆荃孫自幼癖好讀書，更熱愛藏書。經多年搜求，所得珍本秘籍多達十餘萬卷。爲使所藏寶貴書籍不致流散，因撰《藝風藏書記》。《藝風藏書記》共八卷，收書六二七種，詳細記載每種書的卷數、行款、序跋、書牌等，并詳加校勘。光緒二十六年（一九〇〇年）刊刻。其後，繆荃孫又連續撰成《藝風藏書續記》八卷、《藝風藏書再續記》不分卷，共記載書籍八六一種。《藝風藏書記》、《藝風藏書續記》、《藝風藏書再續記》，又有一九四〇年燕京大學圖書館校印綫裝本。

《續碑傳集》：又名《續國朝碑傳集》。光緒初由錢儀吉編纂的清代人物傳記書《碑傳集》，共一六〇卷，收録清初至嘉慶間名人二千餘人的碑傳資料，分宗室、功臣、宰輔等二十五類，搜集資料十分豐富。其後，繆荃孫編《續碑傳集》，分類較錢儀吉《碑傳集》稍有變動，全書共八十六卷，收録道咸同光四朝人物一千一百餘人。《續碑傳集》於一九一〇年成書，由湖北江楚編譯局刊印。《續修四庫全書總目提要》云：『錢氏《碑傳集》成於道光間，至嘉慶朝爲止。荃孫續之爲道咸同光四朝八十六卷，體例一準前編，除宗室王公、瀋陽功臣、開國宰輔、國初功臣、明臣宰輔外，如宰輔、部院大臣、內閣九卿、翰詹科道曹贊撫、監司、守令、教官、雜職、武臣、忠節、藩臣、文苑、列女各目志仍之。藩臣後添客將一目，列女中添辨通一目，經學理學悉改爲儒學，事有誤者，間作夾注，自謂眺格空行體例不一，或以院列之督撫等而仍列，監司略舉數端，初非疵類，惟是中興時，會賢才衆多，則甄綜未免稍寬，碑版傳狀，子孫不出，則篇牘不無或漏，如魏默深、何子貞、鍾子勤、潘文勤、翁文恭、李若農、李蒓客皆付闕如，蔣子瀟、沈子惇、錢東生及錢氏亦均失載，比之原書斯爲未逮，又嘗補編乾嘉諸名人十四卷，未刊，頗有耆獻類徵曾經載入者，然搜訪之功不可没也。』

《清學部圖書館善本書目》、《清學部圖書館方志目》：在北京籌備學部圖書館期間，繆荃孫用很多時間和精力來整理圖書和編制目録。當時，圖書館接收了來自內閣大庫、翰林院、國子監南學以及敦煌石窟寫經、唐開元御制故闕特勤碑拓片等等，因歲月悠久，保藏不妥，多已爛脱散亂。繆荃孫親自開箱整理，進行檢閲和登記，長達五個月。《續修四庫全書總目提要》云：『是目爲宣統己酉，學部奏請在京師建設圖書館，以內閣新出之古籍、江南購呈歸安姚氏、南陵徐氏之書，常熟瞿氏抄進之書，敦煌石室之經，全數發館，并派繆荃孫爲監督，率司員，分類編目，提出宋元舊板、名家抄校者，爲善本目録，仍分經史子集，記載行字尺寸，以成此編也。』《清學部圖書館善本書目》共五卷，有排印本。在整理過程中，繆荃孫意外發現各省方志，而且配備俱全，大爲歡喜，説『皆寶物也』。他用了三四個月時間邊閲邊編，編制完成一部《清學部圖書館方志目》。

《藝風堂金石文字目》：又稱《金石目》，全書十八卷，有清光緒三十二年（一九〇六年）原刻本。是書收録周至元金石文字。《續修四庫全書總目提要》云：『全書十八卷。有自序，卷一至十七爲起周迄元之各種石刻，卷十八專爲起晉迄元之墓志，都爲一萬種之八百餘種，景龍觀鐘銘以外，均屬於石，而磚瓦不與焉。繆氏此目乃輯其所拓順天四川山東及直隸之易州宣化真定，江寧之句容、溧水，上江之太平、當塗、潜山、桐城、貴池，下江之常熟、松江、太倉諸處石刻，并以所收韓小亭、馬硯孫、漢蘭坡、崇雨舲、樊文卿、沈均初、劉燕庭諸家舊藏，匯録而成，純屬繆氏自藏。與孫淵如《寰宇訪碑録》、趙撝升《續寰宇訪碑録》、吴子苾《攈古録》，從各家所録及其所藏，合輯而爲一編者不同，以一家所藏而多至萬有餘種。雖視《攈古録》所輯石刻一萬五千餘種，僅得三分有二，而視《寰宇訪碑録》所輯石刻之七千餘種，已增益三分之一。其中遼刻，竟有一百六十種，距較吴録所輯多且倍之。卷末墓志更多最近出土，諸家未經著録之品，不獨在收藏金石目録之中，號稱宏富，即於考藏金石目録之學，亦足備參稽。』

《書目答問》：一八七五年，四川學政張之洞爲莘莘學子選擇圖書作指引，知繆荃孫熟悉圖書，命他編制書目。繆荃孫僅以不足一年的時間就完成了《書目答問》一書，是作者因諸生不知『應讀何書』及『書以何本爲善』，而爲其開列的學習經史詞章考據諸學指示門徑的導讀目録。收録者多爲重要書籍，所選版本亦從當時習見者中取其不缺少誤者爲主，而不追求所謂的宋槧元刊。《書目答問》中說：『善本非紙白版新之謂，謂其爲前輩通人用古刻數本，精校細勘，不訛不誤之本也。善本之義有三：一曰足本〔無闕卷，無删削〕，二曰精本〔精校注〕，三曰舊本〔舊刻舊抄〕。』此爲善本的最早定義，以後許多學者不斷總結歸納，形成現在通用的善本『三性』、『九條』說。《書目答問》於光緒二年（一八七六年）刊成，經張之洞審讀，并署名張之洞，實繆荃孫代撰。繆荃孫是目録學大師，《書目答問》是他編撰的第一部目録學書籍。《書目答問》刊行後傳播全國，衆多學人因它指引而進入學問殿堂。

《遼文存》：遼代詩文總集，繆荃孫輯。遼代書禁甚嚴，著作流傳很少，亡國後典籍又多散佚。繆荃孫之前，韓小亭曾輯遼文，已散亡。清光緒中葉，繆荃孫總修《順天府志》，甄録遼代詩文二〇〇餘篇，編成此書。全書共六卷，《附録》二卷（《遼藝文志》、《遼金石目》各一卷），爲研究遼代歷史、文學提供了比較系統的資料。《遼文存》承襲了《文選》以來各代詩文總集的體例。《續修四庫全書總目提要》云：『此書六卷。一詩，二詔令、册文，三策問、文表、奏疏、銘，四記，五序、書、墓志，六塔記、幢記、雜著。其輯此書動機，緣讀黄琴六文集，知昭文張氏月霄，曾輯金文，心儀久之。嗣南還，譚叔裕以伍課《金文最》百二十卷見貽，即張氏所輯者，翻閲纍日如獲珍寶。第見近世新出土碑記尚多，出於《文最》之外者，爲補百數十篇，叔裕允寄伍氏，附刻《文最》之後。繆氏繼思契丹開國，久於完顔，文教彰使命之美，亦與金源彷彿，因採金文見有遼文，亦并甄録。惟遼時書禁甚嚴，不準傳於鄰境，今遼人遺書，止存《龍龕手鑑》、《焚椒録》、《命總括》三種。而《焚椒録》尚有因與《契丹國志》不合，言其僞者，是以材料極鮮，所憑藉者，以金石文字爲多，晨鈔瞑寫，單詞片語，靡不搜採，共得詩文二百餘篇，厘爲六卷。遼時文學之士如罕嘉努、李澣、王鼎、馬得臣、耶律孟簡、王鑒、李檢、耶律純，皆得其一二吉光片羽，至塔記幢記，有古雅者，有村俗者，凡可釋文，均與編入，搜輯之功，確有足稱。然較之王仁俊所輯之《遼文粹》似有未備，但繩之後來居上之義，尤宜思繆氏創始之難也。』有光緒二十二年（一八九六年）上海來青閣刊本。

《常州詞録》：清代詞家以常州爲極盛。《常州詞録》一書，繆荃孫選輯，收録清代常州詞人四九八家，詞作三一一〇首，均爲常州詞派的代表性作品。有清光緒二十二年江陰繆氏雲自在龕刊本。

《藕香零拾》：是繆荃孫編刻的一套叢書。這部叢書三十二册，共收書三十九種，計一〇一卷。編刻《藕香零拾》，籌劃於光緒丙申（一八九六年），刻成於宣統庚戌（一九一〇年）。本叢書所收諸書，大多爲少有流傳的罕見之書，如明祁承㸁撰《澹生堂藏書約》、清孫從添撰《藏書記要》、清曹溶撰《流通古書約》、清丁雄飛撰《古歡社約》、清魏錫曾撰《開成石經圖考》、唐温大雅撰《大唐創業起居》、唐姚汝能撰《安禄山事迹》、唐裴庭裕撰《東觀奏記》、唐羅隱撰《廣陵妖亂志》等，三十二種爲本叢書所僅見。本叢書所收諸書，皆爲繆荃孫親自輯、校，并大多寫有精湛的跋語或校勘記，足稱善本。

《雲自在龕叢書》：共五集，二十四册，一一三卷，有清光緒江陰繆氏刊本。《續修四庫全書總目提要》云：『繆荃孫精於鑒别，清季刊書之業，繆氏之力爲多。其所刊叢書，凡有《對雨樓》、《烟畫東堂小品》、《藕香零拾》、《雲自在龕》等叢書。此即其一也。是書匯輯古今著述及清代學者作品，繆氏見有佳作，隨時付印，板式多不律，後乃匯爲一集，題曰《雲自在龕叢書》。繆氏以流傳較罕，重爲付刊。』

主要論著目録

《[光緒]順天府志》一三〇卷附録一卷，刻印本，光緒十二年（一八八六年）。

《[光緒]昌平州志》，刻印本，光緒十二年（一八八六年）。

《常州詞録》二十一卷，江陰繆氏雲自在龕刊本，光緒二十二年（一八九六年）。

《遼文存》六卷，上海來青閣刊本，光緒二十二年（一八九六）。

《藝風藏書記》八卷，刊刻本，一九〇一年。

《烟畫東堂四譜》（包括《孔北海年譜》一卷、《魏文靖公年譜》一卷、《韓翰林詩譜略》一卷、《補輯李忠毅年譜》一卷），江陰繆氏刻本，一九〇三年。

《藝風堂金石文字目》(《金石目》)十八卷,原刻本,光緒三十二年(一九〇六年)。

《藝風堂文集》七卷外篇一卷,江陰繆氏刻本,一九〇〇至一九〇一年。

《藝風堂文續集》八卷外集一卷,江陰繆氏刻本,一九一〇年。

《藕香零拾》三十八種一〇一卷,刊刻本,宣統庚戌(一九一〇年)。

《續碑傳集》(《續國朝碑傳集》)八十六卷,湖北江楚編譯局刊印本,一九一〇年。

《對雨樓叢書》五卷,光緒江陰繆氏刊本。

《補遼史藝文志》一卷,光緒年間刻本。

《清學部圖書館善本書目》五卷,刻本。

《清學部圖書館方志目》一卷,上海國粹學報社《古學匯刊》本,一九一二年。

《藝風堂文漫存》十二卷(包括《辛壬稿》三卷、《癸甲稿》四卷、《乙丁稿》五卷),江陰繆氏刻本。

《雲自在龕叢書》五集共十九種,清光緒江陰繆氏刊本。

《唐書藝文志注》四卷,清藕香簃鈔本。

《雲自在龕筆記》四卷,上海國粹學報社《古學匯刊》本,一九一二年。

《雲自在龕隨筆》六卷,上海國粹學報社《古學匯刊》本,一九一二年。稿本,北京大學圖書館藏。

《藝風藏書續記》八卷,刊刻本,一九一三年。

《秦淮廣紀》三卷,商務印書館,一九二四年。

《江蘇金石志》,石印本,一九二七年; 臺灣新文豐出版公司據石印本影印。

《藝風藏書再續記》不分卷,燕京大學圖書館校印綫裝本,一九四〇年。

《江陰縣續志》二十八卷,民國年間刊刻。

《烟畫東堂小品》十二種,民國年間繆氏刊本。

《再補寰宇訪碑錄》三冊,國家圖書館藏『藝風老人手寫稿本』。

鄒弢

（一八五〇—一九三一）

生平簡介

近代報人、文學家。字翰飛，號瀟湘館侍者，又名瘦鶴詞人，晚年自號司香舊尉、酒丐，又號守死樓主。金匱（今無錫）人，一八五〇年九月二十七日出生於無錫後宅鎮。他家世代務農，鄒弢自述：『余世居無錫讓鄉之月臺街，先祖筠溪公、先父正峰公，讀而兼農，余從之耕。』同治五年（一八六六年），十六歲隨父遷居蘇州，從師勤讀。光緒元年（一八七五年），二十五歲考中秀才。考上秀才入泮後，嘗十試秋闈，皆不中。因接觸到剛發行不久的《申報》，開始寫稿投稿，從此與文字結緣。這段時間，鄒弢與妻兒居住在蘇州，過着簡單清貧的生活。

一八八一年，鄒弢離開蘇州去上海，初入報界。曾擔任益報館筆政，申報館記室、主筆等，并在上海結識了一批知名文人。鄒弢對著名文人王韜仰慕已久，拜在其門下，成爲他的學生。鄒弢仿《聊齋志异》筆調，著《澆愁集》、《春江花史》、《春江燈市録》（又稱《海上繁華夢》）、《海上花天酒地傳》，與《春江花史》合爲一書稱《申江花史》）、《蛛隱瑣言》，連續刊載，風靡二十多年，名動中外。其後，又往陝西、山東和北京等地，任幕府記室。一八九二年，與上海風塵女汪瑗相交。二人詩詞唱和，感情甚篤，却因貧困無力營金屋。光緒二十年（一八九四年）九月左右赴湖南作幕，其間根據二人情事創作《海上塵天影》。一八九五年中秋前夕，汪瑗從良。鄒弢得知消息復歸海上，已是佳人無踪，室邇人遠。傷心之餘，將《海上塵天影》重新改寫，由五十二回增加至六十回，并更名爲《斷腸碑》。繼續留在上海的鄒弢，曾任《蘇報》主編，因發生糾紛而離去。後又與人共同創辦小報《趣報》，因發行量太少而無法持續。

鄒弢擁護維新變法，與康有爲、江建霞等有交往，戊戌變法失敗後幾被株連，避居教堂方得以免。由於受西學影響，光緒二十六年（一九〇〇年）鄒弢於上海入基督教。此後，他不問政事，致力教育。光緒三十一年（一九〇五年），至上海啓明女校任教職。在校期間，編寫教科書《速成文訣》、《尺牘課選》三卷、《國文課本菁華》（四册）等。至一九二〇年上海啓明女校停辦而離職，執教達十七年，培育人才頗多。一九〇八年，又在蘇州設養正學堂。一九一一年，廣召有志之士創立詩文社團『希社』，以期交流學術，昌明文化，入社者四百餘人，多爲各省文人，每年印有《希社叢編》一期。一九一一年，就在鄒弢忙於辦理養正學堂時，其妻去世。鄒弢於滬西徐家匯寓所之小樓自題『守死樓』匾額。而後又發生一連串的變故：一九一五年長子得了精神病；一九一八年長孫夭折；一九二〇年因啓明女校停辦而斷了經濟來源；一九二一年次孫夭折；一九二一年冬右足受傷，因誤診而導致行走艱難，形同殘疾……在此艱難處境之下，鄒弢回到了無錫故里後宅鎮。當時無錫縣劃分爲十七個市鄉，後宅鎮爲泰伯市管轄，泰伯市圖書館在後宅鎮創建，頗具規模。鄒弢回歸故鄉後，由於他是晚清老學士，里人請他出任泰伯市圖書館館長。他掌館後，整理書籍二千多種，一萬餘册，精細編排目録，竭盡心力。一九一九年，希社中落，社友星落雲散。鄒弢身歸故鄉，仍不忘詩詞文章，遂約希社社友重興社務，訂新章，於一九二四年夏登報申述中興『希社』，被衆推爲社長，接納新社友四十餘人。一九二五年刊出《希社中興續編》（即『希社叢編』第八册）。與此同時，又創辦函授學校一所，專攻駢文詩詞，培育文才。鄒弢居鄉里，除執掌泰伯市圖書館及刊印《希社叢編》外，更以餘力與鄉賢創辦了《泰伯市報》，并任總編輯。一九二三年，與其相依爲伴的唯一孫女又因病夭亡……一代名士，晚景凄凉。鄒弢以真摯性情作文章而不拘繩墨，所作詩詞駢文，典麗工整，情意纏綿。晚年文字，由絢麗而歸平淡，著述甚豐，是一位頗具聲望并爲里人所敬仰的文人學者。鄒弢卒於一九三一年正月，終年八十一歲。

主要著作述要

《三借廬筆談》：鄒弢創作的文言小説集，又名《三借廬贅談》，全書十二卷，四五九篇。此書中所收録的小説，以實録原則，搜輯志怪，富有筆記和傳奇體併具的特點。葛其龍《三借廬筆談序》説：『卷中所載，大抵表揚忠孝，闡發貞烈，以及搜羅山林之佚稿、閨閣之殘編，足備異日輶軒之採。至於傳奇述異，結撰維新，亦自別饒風趣。』范烟橋在《茶烟歇·三借廬筆談》中稱：『《三借廬筆談》爲晚近筆記中最宏富而最翔雅者。天南遁叟諸作，竭力模擬《聊齋》，往往文過於質，三借廬要言不煩，却無此病。吾儕好懷古談往者，頗足資牙慧也。』《三借廬筆談》的特點，在簡短篇幅中，塑造出一個個鮮明的人物形象。如卷一之《吴秋娘』，寫一不幸女子的遭遇：秋娘誤適陳姓暴夫，『對母輒泣，默不言』。後隨陳回吴，終遭酷虐以死。『朦朧中，誤以羹污陳衣，陳怒，以錘擊其趾，復踢其腹，痛嘶踣地，不能起。陳益怒，以錘連擊數下，血雨横飛，哀號終夜。晨勉起，作書告母，購紫霞膏吞之。夜半自帳中躍起，呼其母者數』。又如《改李詩》一篇，更類似詩話，然重點在『話』而不在『詩』：某夫妻恩愛，因無子而欲置妾，而都艱於啓口，友代爲謀娶。丈夫不敢明言，後因怕妾『臨産無所主』，想告訴妻子，『比寢，乃婉轉言之，至於屈膝』。而妻吕氏『僞作愠色，改李玉溪《無題》詩示之』。兩篇都取材於真人真事，而人物形象鮮明。前篇約四百字，後篇只有二百四十字，而秋娘之美惠、懦弱，吴母之昏昧，陳升之愚蠢、酷虐，吕氏之聰慧、大度，均躍然紙上。兩篇也顯示出較高的叙事技巧，『深夜酷虐』讀之令人發指，而『屈膝床頭』讀來亦情趣宛然。

《澆愁集》：又名《再續聊齋志異》，是《聊齋》之後倣《聊齋》作品中的佼佼者之一，在中國文言小説史後期的作品中占有頗爲重要的地位。《澆愁集》共八卷，在清代末年流傳很廣，版本有申報館倣聚珍版印本、申報館倣聚珍版重印本，以及封面題『繪圖再續聊齋志異』、正文卷端題『瀟湘館侍者撰曲園居士鑒定』的石印小本等。鄒弢所處的時代，正是清王朝的末期。長期的政治腐敗加劇了社會的不公不正，激化了國内的矛盾。腐敗導致民不聊生，老百姓自然要鋌而走險，洪秀全等起義由此爆發。國家積貧積弱，外人乘機而至，鴉片戰争後，中國進入了半封建半殖民地社會。國家的貧弱，又使得政府畏敵如虎，在洋槍洋炮面前無能爲力，喪權辱國的《江寧條約》等不平等條約由是簽定。鄒弢自稱《澆愁集》是寫愁抒憤之作，絶不是所謂『少年不識愁滋味，爲賦新詩强説愁』，而是因於時勢，出自衷腸的真情流露。在《澆愁集》一書里，時時處處露出作者模倣《聊齋志异》的痕迹以及心儀《聊齋志異》的明白宣示，能見出作者所受《聊齋志異》的影響。

《海上塵天影》：又名《斷腸碑》，原題『梁溪司香舊尉編』。鄒弢的這部長篇小説，原爲其舊好汪瑗女士所作。後汪瑗嫁人，而小説已創作至五十六回，乃更名爲《斷腸碑》。一九〇一年前已完稿，但作者『久藏篋笥，不輕示人』。一九〇四年付梓石印時，復名《塵天影》，并冠『海上』字樣。全書共六十回，正文前有作者及汪瑗的書信、詩作等。小説叙青樓女子蘇韵蘭超凡脱俗的一生及與風流才子韓秋鶴的愛情糾葛。鹽商之女汪瑗，閨號畹香，才貌俱佳，因家道中落，和一浪子弟訂婚，屢經感情挫折。後病重時遇江陰秀士韓秋鶴割肉和藥相救，兩人互通情愫。畹香流落風塵後改名爲蘇韵蘭，武員莫須有在上海爲她買下一座花園，取名綺香園。她招來滬上名妓同居，經營得如同大觀園模樣，又與秋鶴一起創辦女塾男學。作者立意模倣《紅樓夢》，設置蘇韵蘭爲『畹香宫幽夢靈妃』下凡，韓秋鶴爲她座下的一只仙鶴。小説以大觀園群芳諸釵的日常生活爲模式，鋪排了綺香園名士化的衆校書的生活場景。章回編寫上也獨具匠心。但這部小説的主題是産生於半殖民地半封建社會過渡狀態中畸形的愛情，韓蘇個案與寶黛愛情悲劇大相徑庭。所表現出的人際關係、中西合璧的新階層的描寫以及反侵略的愛國思想和崇尚西學的維新思想，亦具有與《紅樓夢》不同的鮮明特色。作者塑造的嫖客是學貫中西的留學生和維新人物；上海灘上的普通妓女則成了詩詞歌賦、書法丹青、奕博酒令無事不精的積年老學；對兩個東洋、西洋妓女的刻畫更爲中國小説少見。因而，該書比之一般的狎妓小説表現出更深刻的社會意義。此書初發表，評價不高，後因濃烈的時代意識逐漸引人注目。它不僅從一個側面反映了十九世紀中國封建社會向半殖民地演變的過程，而且對研究明清小説的發展，對剖析近代愛國知識分子的心態均有意義。

主要論著目録

《澆愁集》（又名《再續聊齋志異》）八卷，四册，申報館倣聚珍版，一八七八年，後有申報館倣聚珍版重印本。另有綫裝石印本，一九一二年。

《春江花史》二卷，印本，一八八四年。

《春江燈市録》（又稱《海上繁華夢》、《海上花天酒地傳》）二卷，印本，一八八四年。

《三借廬筆談》（又名《三借廬贅談》）十二卷，申報館叢書。《餘集》，鉛印本，一八八五年。

《泰西各國新政考》，刊本，清光緒二十一年（一八九五年）。

《海上塵天影》（又名《斷腸碑》），六十回，石印本，一九〇四年。

《瀟湘館筆記》（一名《瀟湘館傳奇》）四卷，題『清瀟湘館侍者撰』，民國書社石印本，一九一二年。

《詩學速成指南》（又名《詩詞駢文捷徑》），六卷，印本，一九一五年。

《三借廬集》（又名《三借廬叢稿》）四卷，印本，一九三二年。

《斐洲游記》四卷，（【英】施登萊著，鄒弢節譯改寫），滬報社排印本。

《蛛隱瑣言》三卷，爲王韜小説《淞濱瑣話》的輯録，清光緒年間上海蘇報館鉛印本。

《真真豈有此理》二卷，署『梁溪瀟湘館（鄒弢）輯』，爲鄒弢所輯汪瑗作品集，石印本。

另有見於《小方壺齋輿地叢鈔》的《地球方域考略》一卷、《地輿總説》一卷、《塞爾維羅馬尼蒲加利三國合考》一卷、《萬國風俗考略》一卷等。還有見於著録的《蘅香館無題》一卷、《吴門百艷圖》一册、《申江花史》四册、《續贅談》八卷、《萬國近政考略》八卷、《五朝詩學津梁》十二卷、《游滬筆記》四卷、上海啓明女校教科書《速成文訣》、《尺牘課選》三卷、《國文課本菁華》四册等，今未見。而見於著録的《小霸王》、《智女》，實爲單篇。《小霸王》又見於《瀟湘館筆記》，《智女》又見於《三借廬筆談》。還有見於著録的未刊稿本《散文》十六卷、《洋務管見》八卷，今已散失。

秦寶瓚

（一八五四—一九二九）

生平簡介

金石學家，錢幣收藏家，書法家。原名寶琯，改寶瓚，字岐臣，改字岐農，以字行，號稺雲、懶雲、聵叟。無錫人。他出生於官宦世家，爲錫山秦氏二十一世孫，其曾祖秦瀛爲清代著名文學家、方志學家，累官至内閣中書、軍機章京，著作宏富。其祖秦湘業，父秦臻及兄、侄輩，多擅長詩文書畫，有著作名世。秦寶瓚爲秦臻第四子，長兄寶瑚，太學生，清外交官； 二兄敦世，封典授朝議大夫，奉檄委辦籌餉局善後事務，稱『大浮老人』； 三兄寶璣，樸實能詩文，與『大浮老人』並列梁溪七才子。秦寶瓚自幼好學，愛金石，通經史，工書畫，晚年齋名晚紅軒。曾任無錫縣視學員兼勸學所總董，同仁、育嬰、恒善三堂經董。他一生從事金石、錢幣收藏研究，著有《遺篋録》、《續遺篋録》、《吉金韵録》、《晚紅軒詩稿》、《勘觚齋金石文考》等著作行世。

秦寶瓚讀書甚廣，遍摘遺漏書目，《續修四庫全書》總目提要目録由他編撰。他的古錢收藏是在父親藏品的基礎上，再加自己一生盡心盡力搜羅珍藏而成。他的錢幣著作《遺篋録》，『爲先君遺篋而作，故名遺篋録』，是編及續編『專載前譜所不載及已載而未考定者』，所以包含了作者對古錢幣的考訂辨析。他對錢幣研究，時有發現，如大齊通寶錢的鑄期與鑄主，原説最早爲晚清戴熙著文所見，他持不同看法，認爲此錢是十國時期吴國徐知誥受封爲齊王時所鑄，從而開始了兩説之爭。建國前後，他考證的徐知誥所鑄説爲大多數學者所接受。又如『大朝金合』錢的歸屬，是中國貨幣史上的懸案。『大朝金合』錢的歸屬，最早見於北宋紹聖年間李氏所述，此後整理古錢者均沿用此説。秦寶瓚則認爲『按蒙古未入中原前，版圖甚廣，故稱大朝』，因『中國文明之邦，外人傾慕也久矣』，故效法中原，幣文用漢字而不用蒙古文。上世紀二十年代，陳正宜又補充了此説。秦寶瓚收藏的古錢幣，上世紀五十年代由其裔孫捐贈給南京博物館收藏。

秦寶瓚的書畫造詣頗精。山水師倪雲林及清初四王，花卉取法惲南田，秦篆漢隸，行草楷書皆能，作品流傳甚廣，無錫衆多園林名勝處留有其墨迹。如留存惠山寄暢園的楹聯：『荇藻瀠洄，三面波光映紫壁；樹木陰翳，半園山色上朱闌』；又如他題太湖萬頃堂：『眼前圖畫新開大箕山小箕山列岫晴湖不教痴翁留妙筆；世外桃源誰是東管社西管社結廬翠麓可有漁郎來問津』。對家鄉發現的書畫珍寶，他倍加珍惜，世傳唐懷素草書法帖《四十二章經》，他偕同無錫諸名賢裘葆良、華藝珊、楊蔭北、俞仲還等四十二人，出資四百二十元勒石刻帖，共十六石，至今完好保留在城中公園後樂院中。青山寺爲無錫名寺，始建於明代，香火極盛，毁於一八六〇年，民國年間復建，秦寶瓚爲重建之碑撰文並書丹。

秦岐農對鑒湖女俠秋瑾爲推翻清皇朝而壯烈犧牲的革命行動深爲震撼，他得到消息後悲痛不已，揮毫繪制《西泠悲秋圖》以誌紀念。此畫由李作賓題引首，後附秋瑾與吴芝瑛的金蘭帖，甲辰（一九〇四年）元月訂於京師。卷尾有吴芝瑛等詩跋，記載收葬秋瑾經過情況。此圖列爲國家一級文物。

主要著作述要

《**遺篋録**》：該書八卷，卷首爲秦寶瓚光緒癸卯自序，次爲凡例二十三則，次爲卷目，每卷各分上下。卷一上空首幣類，卷一下刀錢類；卷二上三晉錢類，卷二下秦楚齊魯宋衛錢類；卷三上异錢類，卷三下圜法錢類；卷四上秦漢錢類，卷四下新莽錢類；卷五上東漢三國六朝錢類，卷五下唐及五代十國錢類；卷六上宋錢類，卷六下遼夏金元錢類；卷七上明錢類，卷七下外國錢類；卷八上無考錢類，卷八下壓勝錢類。

《**續遺篋録**》：該書四卷，卷首爲秦寶瓚自序，次爲瑣言七則。以空首邑化刀化爲卷一；周秦圜法爲卷二；漢及六朝爲卷三；唐以後爲卷四，外國貨無考品馬錢等附録。《遺篋録》、《續遺篋録》所録錢幣，視諸家譜録無多異品，但所釋文字，視諸家考釋則多異説。

《**晚紅軒隨筆**》：該書二卷，卷首爲秦寶瓚民國乙丑（一九二五年）自序，次爲卷目。卷一爲考訂金石之作，收《焦山周鼎考》、《齊侯壺考》、《西漢會仙壇石刻》、《華山碑書人姓名考》；卷二爲論説之作，收《論孟臆説》、《讀經臆説》、《管仲器小説》、《才難説》、《信陵君論》、《爲趙王如意置貴强相論》、《賈誼安石論》、《劉聖公劉盆子論》、《厚薄説》，二卷合計文十三篇。

主要論著目録

《遺篋録》，自刻本，清光緒二十九年（一九〇三年）。
《晚紅軒賸稿》，石印本，一九二〇年。
《晚紅軒剩稿》，石印本，一九二〇年。
《晚紅軒隨筆》，刻本，一九二五年。
《晚紅軒詩稿》，刻本。
《續遺篋録》，刻本，一九二六年。
《吉金韵録》，稿本。
《半解録》，稿本。
《勘觚齋金石文考》稿本。

夏孫桐

（一八五七—一九四一）

生平簡介

近代詞人。字閏枝，號悔生。一八五七年四月二十二日出生，江陰人。光緒十八年（一八九二年）進士，授翰林院編修，後歷任浙江湖州、寧波、杭州知府。民國初入清史館，負責編纂《清史稿》嘉慶、道光、咸豐、同治四朝臣工列傳及循吏、藝文兩列傳，凡一百卷，並出其手。後佐徐世昌輯《晚晴簃詩匯》及《清儒學案》。編撰《清史》及撰輯《清儒學案》兩件事，一生心力，盡瘁於此，佔據了他畢生大部分學術生涯。他對晚清史事十分熟悉。特別是對《清史》編撰發表了中肯的意見。他說：近世修輯《清史》，以趙爾巽為館長。其忽促情形與元脱脱編宋遼金三史沒有什麽兩樣。《清史》雖已編了十四年之久，倉促把衆人寫的稿子付印，結果錯誤百出，為世所垢病。即使史局中人，也不滿意。當時趙爾巽衰病之中，以刊印為急務。這個做法是有問題的。應該請一位總閲之人看一遍。否則書成而没有一個遍讀全稿的人，不這樣，全書中重複、牴牾、缺漏就無法知道。修史是大事，也是難事。不可以照尋常官書的慣例去做。《清史》一書但求速成塞責。《清史》出版時稱《清史稿》，由於它本身倉促成書，未臻美善，不必諱言。但整個社會的批評全歸於主修者一人，難逃天下後世之責備。這意見很有見地。《清史稿》出版後所遭到的批評也一如夏孫桐所言。工詞，與蔣春霖并稱蘇南江陰兩詞人。一九一五年袁世凱籌劃帝制，他深惡絶之，遂離京遠避。與章太炎、蔡元培、葉恭綽、梁士詒、楊度、張謇、梁啓超、唐文治等，均有信札詩文交往。一九三三年邑人楊味雲刊印《顧梁汾先生詩詞集》，倩夏孫桐作序，以詞壇名家，評論鄉前輩大家，盛讚顧貞觀的詩高華俊朗，皆非凡筆。稱顧晚年《纑塘集》：『清微淡遠為宗，優入韋柳，乃晚年最高之境。』夏與朱祖謀為兒女親家。朱祖謀嘗言其從事倚聲，實出夏孫桐誘導云。一九四一年去世，享年八十四歲。著有《觀所尚齋詩文存》及《悔龕詞》二卷。

主要著作述要

《**悔龕詞**》：是書爲夏孫桐詞集，所録詞一百八十二首，先後跨越四十七年（一八九五—一九四一年），内容涉及古代、近代諸多名人、典故等。近現代很多詞集收録夏孫桐的詞作，如朱祖謀《滄海遺音集》、龍榆生《近代三百名家詞選》、嚴迪昌《近代詞鈔》、錢仲聯《中國近代文學大系》等。然事過境遷，人故事非，知者寥寥。今有夏氏後人之箋注本，依據作者生前日記及與友人交往書信，就詞中涉及的人物、地點、事件、背景等加以注釋；爲了解詞作創作背景，提供相關資料，足堪利用。其中大部分曾收入上海古籍出版社江陰文史叢書《江上詞綜》中。

主要論著目録

《觀所尚齋詩存》二卷補遺一卷，《觀所尚齋文存》七卷，中華書局，一九三九年鉛印本。

《悔龕詞》，鉛印本。《悔龕詞箋注》（夏志蘭、夏武康箋注）内蒙古大學出版社，二〇〇一年。

裘 廷 梁

（一八五七—一九四三）

生平簡介

白話文運動的倡導者，報人。字葆良，辛亥革命後改名可桴。生於清光緒七年（一八五七年），無錫城内沙巷人。幼年隨父親官居汴梁，早年有才名，爲前輩矚目，推爲『梁溪七子』之一。光緒十一年（一八八五年）中舉。會試落第後，致力於開通民智和變法維新的宣傳。光緒二十四年（一八九八年）戊戌變法前後，他向世人熱情推薦嚴復翻譯的《天演論》，參與無錫春源茶館的聚會，議論時政，主張維新變法。他認爲要富國强民，必須改變數千年愚民的傳統，開發民衆智力。爲此他於是年五月十一日與侄女裘毓芳共同創辦《無錫白話報》（後改名爲《中國官音白話報》），以通俗的文字向人們介紹俄皇彼得變法、日本明治維新的歷史故事和科學普及知識。百日維新失敗後，被迫停刊。他積極支持無錫最早的新式學堂竢實學堂、三等學堂、東林學堂的開辦。光緒二十七年（一九〇一年）參加留日學生邑人楊蔭杭組織的勵志學會，任會長。光緒三十年（一九〇四年），無錫成立錫金學務公所，被推爲總董。他主持恢復竢實、東林和三等學堂，并設立四城小學、樂歌補習所和初等師範學堂。既而大興辦學之風，三年間創辦新學堂數十所，入學人數增至二千八百餘人。光緒三十一年（一九〇五年），又贊助競志女學『天足會』的活動。光緒三十四年（一九〇八年），無錫籌備地方自治，他以士紳資格參與錫金兩縣十七市鄉的劃分工作。宣統元年（一九〇九年）錫金城鄉自治公所成立，被推爲總董；宣統二年無錫市自治公所成立，被市議事會選爲宗董。辛亥革命興起，無錫光復。裘廷梁短暫任錫金軍政分府民政長。因不贊成暴力手段，三天後辭職。後取《論語·公冶長》『道不行，乘桴浮於海』之意，改名『可桴』，舉家遷居上海。俄國十月革命勝利後，他主張與蘇俄締約。一九一八年，其老友俞復在上海組織『靈學會』，創辦《靈學雜志》，請其作序。他認爲封建迷信毒害青年，因而拒絶。是年無錫縣署聘他爲縣志總編纂。二十年代初，新文化運動引發了白話文、文言文之争，裘廷梁提倡白話文，與主張文言文的學者錢基博等反覆論争，一九二一年一月二十七日在《新無錫》報上發表致錢基博的公開信，批駁錢的觀點。他熱情贊助錫社等進步青年社團在無錫推進平民教育的活動。一九二六年捐壽儀數千元作爲無錫舉辦民衆學校的經費。『九一八』事變後，他擔憂國家命運，呼吁政府發展科技、加强國防力量。一九三七年日軍侵占上海後，他以悲憤的心情作詩描述敵占區的一片凄凉景象，控訴日本侵略者和漢奸的滔天罪行。一九四三年十二月八日病故於上海，終年八十六歲，遺作有《可桴文存》傳世。

主要著作述要

《可桴文存》：是書係裘廷梁之文章集成，全書卷帙不多，約十四萬字。書封有丁福保甲申夏日題簽，卷首爲作者自序與家傳，後分爲《論辯》《書牘》、《序跋》、《傳志》、《記》、《辭》、《白話文》、《五古》、《七古》、《五律》、《七律》、《五絶》、《七絶》後加《補遺》共十四類。文章以類相從。如論辯類中收有《國粹論》、《論今日改造世界之力爲汽電二力》，皆爲作者欲革除舊風、開啓民智之作。該書有裘氏自序。當時作者已是八十多歲的老人，還憂慮『世變日亟、國恥日增』，自謙『不堪世用』，然而『至今猶復嘵嘵不能自抑吐於口且書於手』，憂國憂民之心，躍然紙上。是編有無錫裘氏翼經堂排印本，一九四四年。

主要論著目録

《論白話爲維新之本》，《蘇報》一八九七年。
《可桴文存》，無錫裘氏翼經堂排印本，一九四四年。

吴稚暉

（一八六五—一九五三）

生平簡介

近代思想家、政治家、教育家、翻譯家、辛亥革命元老。據説他出生時，其家人曾得一讖語：『郭巨埋兒天賜銀。』於是爲其取名爲紀靈。取其諧音，又稱寄蛉。到了晚年，特將自己的書齋取名寄齋。曾名眺、朓、朏，字稚暉、稚威，後改名吴敬恒。晚年自稱朏庵老人、談無老人、訒庵、翰青，筆名燃、燃料、夷。清同治四年二月二十八日（一八六五年三月二十四日）出生在陽湖（今武進）一個殷實的耕讀之家。他的父親吴有成，字屺峰，娶無錫北門的望族鄒氏爲妻，生一子三女。至吴稚暉這一代，吴家已接連五代單傳，他的降生給吴家帶來了極大的喜悦，也寄托了吴有成夫婦的殷殷厚望。吴稚暉籍貫不是無錫，但從五六歲開始在無錫北門外婆家居住，從牙牙學語時便説無錫話，直至終老未改。他自己曾説：『説我武進人可，無錫人可，總之，是中國人也。』他六歲喪母，由外祖母撫養成人，上學、成長均在無錫。在外參加的也是無錫同鄉會，自己就自稱無錫人，回鄉也是回無錫。吴稚暉七歲入私塾讀書，歷時十年。他天資聰穎，師從張鼎臣、侯翔千、孫伯肅等名家，刻苦學習經史及古文辭，酷愛桐城派古文筆法，十六歲時就以文章初露頭角。還練得一手好書法，擅小篆，古勁有致。光緒八年（一八八二年）開始設私塾教書。吴稚暉在教館之餘，仍專心致力於攻讀儒家經典。因景仰南朝詩人謝朓（玄暉），而取『稚暉』一字。光緒十三年（一八八七年）考取秀才。光緒十五年（一八八九年）入江陰南菁書院讀書。光緒十七年（一八九一年）中舉人。翌年赴京參加會試，未中。光緒十八年（一八九二年）肄業於江陰南菁書院，光緒十九年（一八九三年）爲成就科舉學業，轉入蘇州紫陽書院攻讀。光緒二十一年（一八九五年）再赴會試，又名落孫山。赴京會試期間，參加了康有爲發起的『公車上書』。此時，他已有家室，爲了生計，回鄉重拾教鞭，過起了漂泊不定的教讀生活。本年，吴稚暉草創『豆芽字母』，開創中國拼音字母之先河。光緒二十三年（一八九七年），吴稚暉出任天津北洋學堂（北洋大學堂）漢文教席。本年冬，利用放年假的時間，到北京南海會館拜識了康有爲，與其暢談時政。隨後，吴稚暉寫了三千字的摺子，準備上呈光緒皇帝。一八九八年六月，他出任上海南洋公學（今上海交通大學）國文教席，開始脱離科舉道路。此間，光緒皇帝頒佈變法詔令，吴稚暉聞訊後即刻起程趕回無錫，在無錫崇安寺創辦『三等學堂』響應變法，推行新教育，並改名『敬恒』以自警，即唯『敬』與『恒』方可肩天下之重任，並與友人約定不再讀綫裝古書。

一九〇一年，吴稚暉在留學東洋之風的影響下，携家眷東渡日本，留學日本東京高等師範學堂。《東游日記》一書，記載了東渡日本的經歷。一九〇二年，櫻花盛開的季節，他帶了二十六個少年再赴日本求學，自己仍入東京高等師範學校讀書。因抗議清廷駐日公使不准中國自費學生報考日本軍校事，吴稚暉被日本警方驅逐出境，直接將其送上一艘由日本神户開往中國天津的法國郵船。正在日本考察的蔡元培終止行程，護送他同船回國。吴、蔡兩人到達上海，蔡元培以中國教育會會長名義，集會歡迎吴稚暉。吴稚暉由此次事件徹底認識到清政府的腐敗無能，在歡迎會上慷慨陳辭，痛斥清廷喪權辱國，腐敗無能，萌發革命思想，遂加入中國教育會，成爲反清革命一分子。一九〇二年加入上海愛國學社，曾參與《蘇報》工作。一九〇三年初，愛國學社在上海張園發起演説會，吴稚暉等紛紛登臺演説。一九〇三年夏，《蘇報》聘章士釗爲主筆，吴稚暉、章太炎、蔡元培爲撰稿人，報道全國各地愛國運動，推薦發表鄒容《革命軍》和章太炎《客帝篇》、《駁康有爲論革命書》、《革命軍序》等文，深受各界歡迎。七月，《蘇報》案爆發。吴稚暉遭通緝，被迫秘密離開上海，經香港抵達英國倫敦，過起了半工半讀的留英生活。一九〇五年八月，孫中山在日本東京創立『中國同盟會』，以實現民族、民權、民生三大主義爲奮鬥目標。是年冬，吴稚暉在法國參加中國同盟會，决心響應孫中山的三民主義。一九〇六年，他與張静江、李石曾、蔡元培、陳璧君等人在巴黎成立『世界社』，發起留法學生勤工儉學運動。

宣統三年（一九一一年）十月十日，武昌城頭打響了推翻清皇朝統治的第一槍。消息傳到海外，華僑、華人一片歡騰。孫中山由美國至英國倫敦，準備返回國内，主持中華民國的創建。吴稚暉與孫中山在倫敦會晤，共商建國大事，處理各種函電，商定青天白日旗爲中華民國國旗，并在倫敦唐人街首度懸掛，昭示世人。孫中山回國前，邀約吴稚暉及早回國，共舉民國大業。十二月二十八日吴稚暉回國，在上海與孫中山匯合。一九一二年一月一日，孫中山在南京就任中華民國臨時大總統，中華民國宣佈成立。吴稚暉由上海到南京，孫中山請他出任教育總長，但吴稚暉堅决推辭。應蔡元培之邀，主持漢語注音字母的推行工作，並出任國語讀音統一會會長，發表《國語讀音統一會進行程序手册》，主持編印《國音字典》。吴稚暉根據統一會審定匯編的國音，依照《康熙字典》部首排列，增加六千多字，合計一萬三千多字，正式排印出版《國音字典》。一九二一年，與李石曾等人四處籌款，籌得經費六十萬法郎，建成里昂中法大學，吴稚暉任校長，並親自挑選百餘名青年赴法勤工儉學。一九二三年，吴稚暉任商務印書館國語傳習所所長。一九二四年一月，出席國民黨第一次全國代表大會，當選爲國民黨第一届中央監察委員。二月，吴稚暉通過商務印書館在上海創設『國語師範學校』，親任校長，兼授『國語概論』。吴稚暉以近花甲之年，手舉校旗，組織該校學生上街游行宣傳，領隊前進，向社會推廣國語。南京國民政府成立後，吴稚暉被教育部聘爲國語統一籌備委員會主席。

一九二五年孫中山病逝，吴稚暉是孫中山遺囑的起草和簽證人之一。本年，與胡汀鷺、賀天健等人創立無錫美術專門學校，任校長。吴稚暉本人精於篆書，被譽爲『民國四大書家』之一； 胡汀鷺、吴湖帆等造詣精深的畫家擔任教師，無錫美專培養出陸儼少、楊建侯、閔伯騫等一批著名畫家。一九二七年，吴稚暉和蔡元培等共同提議建立中央研究院。不久，蔡元培被推爲中央研究院院長，吴稚暉等二十人爲評議員（後改院士制）。一九三〇年，吴稚暉提議將『注音字母（國音字母）』改爲『注音符號（國音符號）』，獲得通過，教育部頒佈二十五條推行辦法。一九四九年二月，吴稚暉去臺灣。一九五三年十月三十日，病逝於臺北，終年八十八歲。

吴稚暉一生十分簡樸，敝衣敗絮，安之若素，外出總是以步當車，視金錢如身外之物，常用來接濟别人。他身邊唯一珍貴的東西，是二萬多册藏書和日積月累下來的幾十箱文稿、信件等。吴稚暉學貫中西，臻力教育，其論著涵蓋哲學、歷史、文化、教育、國音文字學、科學、政治、社會等諸多領域，胡適稱他爲中國近三百年來四大反理學思想家之一。一九六三年聯合國教科文組織第十三届大會舉薦其爲『世紀文化偉人』。其主要著作有《朏盦客座談話》、《上下古今談》、《荒古原人史》、《二百兆平民大問題》、《注音符號作用之辨證》、《稚暉文存》等，曾先後出版《吴稚暉先生選集》（上、下册）、《吴敬恒選集》（十三册）。其遺著，經過收集整理，匯編爲《吴稚暉先生全集》。

主要著作述要

《上下古今談》：一九一一年，吴稚暉寫成章回體小説《上下古今談》，由上海文明書局出版。吴稚暉曾在日記中寫到，自己『在甲午以前，但慕咬文嚼字之陋儒，經過甲午慘敗，始覺中國不能不學西方工藝，對於興學實刻不容緩』。《上下古今談》是一部科普小説，吴稚暉試圖將『科學』通俗化，以小説的形式宣傳給大衆。例如，《上下古今談》第八回『望遠鏡先登荷蘭市，寫真術創始協南城』，通過對西方工業文明進程的整體觀照，用中國人慣常的口吻和視角，全面叙述了歐洲照相術的發明經過、傳入中國以來的種種情狀、世俗社會對照相術的認知、態度以及東西方照相觀念的差異等問題。《上下古今談》一書，『唤起當世對於科學的見解和興趣』，『不僅使國人知科學爲何物，並且告青年以科學的人生觀』。有人認爲，《上下古今談》是『我國五十年來一部最可注意的書籍』，吴稚暉提倡的『科學』、『科學通俗化』、『通俗的文體』這三件事情，『實在是我們民族文化史上最重要的事情』。

《二百兆平民大問題》：吴稚暉長期關注教育，在早年曾經歷漂泊不定的教讀生活。後來草創『豆芽字母』，開中國拼音字母之先河，極大方便了識字教學。中國是一個人口衆多的國家，怎樣組織平民教育，怎樣幫助大衆認識漢字，這些問題在二十世紀初期就受到關注。本書是吴稚暉研究廣大平民識字教育的專著。全書分爲如何是平民、教育什麽、注音字母當分四大類……等共十四個問題，講述了自己對不識字平民教育問題的認識。

《吴敬恒選集》（十三册）：本書分爲哲學、文化教育、國音文字學、科學、政論、書信、序跋游記雜文、上下古今談八個部分，每一部分各爲一册或二册，總計十三册。

《吴稚暉先生全集》：早在一九二七年，群衆圖書公司就出版了《吴稚暉先生全集》第一卷。吴稚暉學貫中西，臻力教育，他的論著涵蓋哲學歷史、文化教育、文字學、科學、政治、社會等諸多領域。他的遺著，多達數百萬字，經過幾年功夫的整理，匯編爲《吴稚暉先生全集》。《吴稚暉先生全集》是收録吴稚暉論著最多最全的圖書，並加以分類編排，分爲《國事黨務集》、《科學工藝集》、《哲理集》、《文教集》、《雜著》、《人物游記》、《國音文字學》七部分，合計六百多萬字，一九六九年在臺灣出版。

主要論著目録

《吴稚暉先生東游日記》，民國抄本。

《上下古今談》，上海文明書局，一九一一年。

《荒古原人史》，上海文明書局，一九一一年。

《朏盦客座談話》，上海泰東圖書局，一九一九年。

《吴稚暉先生文集》，文學研究社，一九二五年。

《吴稚暉白話文鈔》，上海文明書局，一九二八年。

《吴稚暉先生文粹》，上海全民書局，一九二八年。

《二百兆平民大問題》，商務印書館，一九三一年。

《太平天國詩文鈔》，一九三一年版。

《吴稚暉文集》，上海仿古書店鉛印本，一九三六年。

《吴稚暉先生選集》（上、下册）中國國民黨黨史資料編纂委員會，一九六四年。

《吴敬恒選集》（十三册），文星書店，一九六七年。

《吴稚暉先生全集》，中國國民黨黨史資料編纂委員會，一九六九年。

唐文治

（一八六五—一九五四）

生平簡介

教育家、文學家。字穎侯，號蔚芝，晚號茹經。清同治四年（一八六五年）十月十六日生，原籍太倉瀏河鎮。出生於一個清寒的書香門第。父親唐若欽爲清貢生，以課徒教書爲業。唐文治從小穎悟，發憤苦學，因家庭貧困，晚上常借月光讀書。自幼從父攻讀經書，十四歲讀完《論語》、《孟子》和《五經》，十六歲入太倉州學，師從太倉理學名家王紫翔，潛心研讀性理之學及古文辭。十八歲考中舉人，二十一歲就讀於江陰南菁書院，受業於東南經學大師黄以周、王先謙門下學習經學，術業精進。光緒十八年（一八九二年）考中進士，任户部江西司主事。甲午戰争後，他向清廷呈《請挽大局以維國運摺》，針砭時弊，抨擊權奸，籲請嚴懲戰敗將領。光緒二十一年（一八九五年）康有爲等發動『公車上書』，他亦撰寫了《呈都察院請代奏拒簽辱國條約》的奏章，支持康有爲的愛國行動。光緒二十七年（一九〇一年）九月十三日，隨户部侍郎那桐出使日本。是年冬，調任外務部榷算司主事，管理通商、關税等事務。光緒二十八年（一九〇二年）三月，發生中葡界約問題，葡萄牙政府要求將澳門附近的島嶼劃入租借範圍，唐文治力主堅決拒絶。外務部根據他的意見，拒絶了葡方的無理要求。同年四月，他以參贊身份隨清廷專使載振前往英國參加國王加冕典禮。歸途之中，又隨同到法國、比利時、美國、日本四國考察國情。回國後，以載振的名義將沿途所見編撰成《英軺日記》十二卷。光緒二十九年（一九〇三年）秋，唐文治改任商部右丞，不久任左丞、左侍郎。他宣佈商政宗旨：以『保護商民，體恤商艱』爲主，規定商部官吏不得自營商業，以圖私利，嚴禁貪污納賄。手訂商律一百三十一條，這是中國有商法的開始。他鑒於日本早有窺伺中國東北的野心，積極主張從速整頓東三省，以確保東北的主權與安全，撰寫了《請飭東三省速舉要政摺》，但清廷未予採納。唐文治又製訂商辦鐵路政策，利用華僑商人的財力建築鐵路。此後，商辦鐵路在全國各地興建。但他離職後，繼任者將各省商辦鐵路一律收歸國有，并準備將全國的鐵路主權抵賣給帝國主義國家，因而引起大規模的保路風潮。光緒三十二年（一九〇六年）秋，商部改爲農工商部，唐文治以農工商部左侍郎署理尚書。不久，因母喪回籍。從此脱離仕途，致力於教育事業。

光緒三十三年（一九〇七年）八月，唐文治就任郵傳部上海高等實業學堂（後改爲交通部上海工業專門學校，今上海交通大學和西安交通大學前身）監督（校長）。辛亥革命爆發，他在校内發動捐助軍餉，支援滬上起義軍，並與伍廷芳等一起聯合通電，要求清帝宣統遜位。五四運動時，北洋軍閥鎮壓愛國學生，他曾連發三份電報給大總統徐世昌和國務院，要求保護、釋放被捕學生。唐文治在校任職十四年，精心擘劃，成績卓著。學校五十周年校慶時，校友和師生募捐修建大禮堂，命名爲『文治堂』以資紀念。一九一二年，唐文治定居無錫。一九二〇年，唐文治因目疾加深，辭去上海工業專門學校校長職務，回無錫前西溪寓所休養。是年夏，應學生高陽之請，擔任私立無錫中學校長。年底，又應聘任無錫國學專修館（後改爲無錫國學專修學校）館長。這時他已雙目失明，但仍親自授課。唐文治在教學中，尤其重視道德教育，認爲：道德是基礎，學問爲屋宇墻垣。未築基礎的屋宇墻垣，勢必在風雨飄摇中不能久固。並認爲道德準則寓於經學中，經學是區分一切是非的永恒的標準，他親自向全校學生講授經學，十多年從不間斷。他編寫的課本有《曾子大義》、《國文陰陽剛柔大義》、《大學大義》、《中庸大義》、《論語大義》、《孟子大義》等；並編了《人格》一書，作爲道德教育的範本。先後編著《十三經讀本》、《十三經讀本評點劄記》。唐文治還擅長朗誦古文，抑揚頓挫，時稱『唐調』，並録製唱片。在教學上，他提出『厚植基礎，博覽專精』的原則，主張教古籍原書，使學生能掌握古典文獻的基本知識。在學習方法上，他强調學生自學，學校一天只上四節課，其餘時間讓學生各就自己的愛好進行自學。一九三三年十二月，爲慶賀唐文治七十壽辰，交大校友和國專同學集資在無錫五里湖畔寶界山邊建築了『茹經先生紀念堂』。抗日戰爭前夕，唐文治敏鋭察覺到日寇覬覦中華，滅我文化的野心，意識到傳承中華傳統文化的重要性，緊迫性，堅持在戰火中辦學，於一九三七年十一月日軍侵占無錫前夕，唐文治率領全校師生内遷，輾轉到達桂林。後因患病，回到上海租界休養。一九三九年春，在租界創辦國專分校。一九四一年，上海租界爲日僞占領，國專分校改爲國學專修館，以避免向日僞登記。日僞曾派人勸説其出任僞職，遭嚴詞拒絶。抗日戰爭勝利後，内遷桂林的無錫國專於一九四六年六月遷回無錫復校；上海分校繼續開辦，均由唐文治主持校務。針對國民黨瘋狂鎮壓學生運動，他與張元濟、陳叔通等十位知名人士聯名發表致上海市長吴國楨、警備司令宣鐵吾的公開信，要求釋放被捕學生。

中華人民共和國成立後，『無錫國專』改名爲『私立無錫中國文學院』，仍由唐文治任院長。一九五四年四月九日，唐文治病逝於上海，終年八十九歲。

主要著作述要

《**英軺日記**》：光緒二十八年（一九〇二年）夏，英國君主在倫敦加冕，英國外務部邀請清朝派員參加加冕儀式。光緒皇帝派鎮國將軍載振爲專使參加，唐文治以參贊身份隨行。同時，應比利時、法國、日本等國邀請，順道前往考察。載振一行由北京啓程，途經南洋各島，過印度洋至地中海，歷時半年有餘。唐文治以日記體詳細記録了所到之處的風物人情。回國後，以載振的名義編撰成書。唐文治《茹經先生自訂年譜》中記載：『公務之暇爲載大臣編《英軺日記》成』。《英軺日記》一書，共十二卷，一九〇三年由上海文明書局刊行。該書在考證研究各國政治、學術、律令典章以及商務工藝等方面有獨到之處，更有别於同時代其他出洋日記。

《**茹經堂文集**》：共六編，其中一二兩編是木刻本，一九二六年刻成，餘四編成書略晚，改用鉛字排印，全書合計四十五卷，百餘萬字，是唐文治所撰寫文章的總匯。《茹經堂文集》歷經多年動蕩，民國刊本已難覓，臺北文海出版社一九七四年依據原書影印出版。

《**十三經讀本**》《**十三經讀本評點劄記**》：《十三經讀本》爲唐文治所輯，一九二四年吴江施氏醒園刊本。陳寶琛《十三經讀本序》云：『唐蔚芝侍郎用古之道課江南諸生，嘗輯十三經讀本。施君省之刊行之』。唐文治在教學中，重視道德教育。他認爲：道德是基礎，學問爲屋宇墻垣。未築基礎的屋宇墻垣，勢必在風雨飄摇中不能久固。並認爲道德準則寓於經學中，經學是區分一切是非的永恒的標準。在無錫國專，唐文治作爲校長，他親自向學生講授經學，十多年從不間斷。《十三經讀本》就是他用來講授經學的教材。《十三經讀本》包括：《十三經提綱》、《論語讀本》、《周易讀本》、《周易故訓訂》、《周易注疏剩本》、《尚書讀本》、《詩經讀本》、《周禮讀本》、《儀禮讀本》、《禮記讀本》、《春秋左傳讀本》、《春秋公羊傳讀本》、《春秋穀梁傳讀本》、《孝經讀本》、《爾雅讀本》、《大學章句》、《中庸章句》、《禮記鄭注考異》、《論語大義定本》、《孟子讀本》、《孟子大義》等。在《十三經讀本》之後，又有《十三經讀本評點劄記》四十五卷問世，仍爲施氏醒園刊刻。《十三經讀本》、《十三經讀本評點劄記》二書，歷經多年動蕩，民國吴江施氏醒園刊本已難覓。臺北新文豐出版社依據原書影印出版。

《唐文治文選》：該書作爲上海交通大學校史研究專著之一，由上海交通大學校史編纂委員會組織王桐蓀、胡邦彦、馮俊森等編選，上海交通大學出版社二〇〇五年出版。《唐文治文選》收録唐文治的日記、筆記、咨文、奏摺、信件、書序、以及銘文碑記等，共一百九十篇。選文按寫作時間先後編排。包括：南菁書院日記十六則（附録：論日記）、讀焦理堂孟子正義、讀《書・湯誓》惡圓篇、《魯詩》有傳無傳考、漢書藝文志爾雅屬孝經類説、汲黯論、鄭君述漢律考、書嘉慶太倉志後、書左傳考釋後、上翁叔平師邊務芻言（一至五）、上沈子培先生書、劉母郝夫人傳、請停止搜括之政片……等文。唐文治的著述，在經歷『文革』以後，能够將其散佚的、未刊的文稿集中起來，相當不易。

主要論著目録

《茹經堂文集》，民國刊刻本，臺北文海出版社影印本，一九七四年。

《英軺日記》，上海文明書局刊行，一九〇三年。

《十三經讀本》，一九二四年，吴江施氏醒園刊本；臺北新文豐出版社。

《茹經先生自訂年譜》，無錫國專，一九三五年。

《唐文治文選》，上海交通大學出版社，二〇〇五年。

童　斐

（一八六四—一九三一）

生平簡介

近代文學家、教育家、音樂家。字伯章。一八六四年生於宜興縣芳橋鎮。幼時家道中落，但他發憤讀書不輟。師從宜興徐舍美棲名師宗亶卿，熟讀四書五經，並從其學習崑曲拍曲度曲。考取秀才後，做過塾師、幕僚。爲求深造，再入江陰南菁書院聽學，精通訓詁之學。一九〇三年秋闈中舉。時清廷倡辦新學，任宜興周鐵竺西小學堂堂長，招募留學歸國人士任教。一九〇七年任常州府中學堂國文教員，一九一一年任學監。辛亥革命期間，任常州軍政分府秘書長。一九一三年起任常州中學（後改名江蘇省立第五中學）校長十二年。童斐爲省立五中製訂了校訓：『存誠能賤』，製成匾牌懸於禮堂。每當新生入學，童斐即親自講解校訓，要求學生無論何事，皆當真誠不虛。居心必須平易近人，甘為人後。該校一九二二届畢業生吕叔湘在八十校慶時題辭：『一九一八年我進常州中學，童伯章校長爲為我們新生講校訓。兩句話，四個字，一曰存誠，一曰能賤。我銘記在心，一生受用。』童斐是我國為中學譜寫校歌並在刊物上發表的第一人。校歌《少年心》歌詞為：『漫説從前，形態儘斯文，養成疏懶。任屠龍，多絶技，縛鷄無奈，弄得個病國殘衰。今後當成雄邁好身手，男兒爽快。有少林遺術，南中分派，看練出東亞壯夫來。』在當時江蘇省立學校第一次聯合運動會上被官方定為本届運動會會歌。一九一五年，日本强迫袁世凱簽訂『二十一條』，激起全國人民反對。童即在校建一亭，名『對日亭』，並親撰亭聯：　健者會當絶大海；　諸君奚事泣新亭。提倡健身救國。聘用教師，注重實際才能，識拔青年學生劉天華任音樂專職教師。講授國文繪聲繪色，作文親自示範，曾就一題作三篇範文。童斐主張從古文的學習中提高駕馭漢語的能力，應該從古文取得借鑒。因此他認為有必要仿作古文。他寫了《學文三要》一書，講的就是從仿作古文入手，提高文字功底。童斐精通音律，懂得元曲唱腔，著《元曲選注》，由商務印書館收入萬有文庫。他的《中樂尋源》一書，論述古今音樂源流，為中國音樂史上經典之作。他善唱崑曲，發音清越悠長，響遏行雲，抑揚徐疾，頓挫跌宕，盡得其妙。錢穆在《師友雜憶》中回憶跟從童斐學崑曲、學吹簫往事：『年逾七十，此好尚存。實爲余生平一大樂事，則乃伯章師當年之所賜也。』童斐精通訓詁之學，著《虛字集解》一書。他精於書法，曾以《說文解字部首》書成字帖四册，刊印行世，亦以之教授學生。著名學生有瞿秋白、張太雷、吕叔湘、周有光、劉半農、劉北茂、儲師竹、潘菽、段力佩等。一九二五年任上海光華大學教授、國文系主任兼崑曲導師，爲普及崑曲盡心竭力。一九三一年二月，童斐病逝於蘇州。

主要著作述要

《中樂尋源》：一九二六年商務印書館初版，一九三三、一九三五年兩次再版。一九七六年臺北學藝出版社翻印。該書是我國較早的中西樂理比較研究和論述崑曲聲樂的一部專著，又是一部中國音樂史著作。戲劇家吴梅在序文中介紹：『吾友童君伯章，憫近世俗樂皆取材島夷，中邦法曲若存若亡，因作中樂尋緒一書，備論八十四調之源，樂器弦管之法，以及聆音作譜之方。』作者自序也表明：『因念中國自學校之興，設有音樂一課二十年來，教育者歌譜樂器悉資傳於外國』，爲了使『中國音樂……不爲异國音樂所克滅』而作是書。全書分上、下卷。上卷八章：音樂起源和音樂與教育兩章，闡明歌曲節性調情，善民心，易風俗的社會作用和弦歌學道之理。律吕、樂器、宫調三章，側重用西方樂理闡釋中國音樂，指出十二律七聲爲中西相同，只是音名（階名）不同，中國舊有專名爲黄鐘、大吕和宫、商等，亦名爲六律六吕，并列出『律吕與風琴鍵盤相配表』、『中國七聲與外國七聲相配表』、『十二均八十四調表』、『七調旋宫表』，説明五聲六律，『旋相爲宫』（轉調）原理。對音高、音程、音階、主音、宫調式等作了形象説明，并介紹了工尺譜與五綫譜、簡譜記譜的異同。音韵、譜式、聲歌三章，側重總結崑曲聲樂特徵，介紹崑曲吐字運腔和板式結構。他認爲音韻『於正音爲大亟』，要辨四聲陰陽、正四呼口型，熟悉唐韻、詩韻、曲韻。他用工尺譜與五綫譜及簡譜對照表説明中樂板眼和腰板、增板等板式，介紹掣板、截板、襯板、浪板的簡譜記譜，用『起勢常舒，畢曲當漸』對散板作了專門解釋。他認爲習歌有四要：正字、合腔、養喉、純熟。正字要懂得字分頭腹尾的發音吐字方式，掌握出字總訣和收音總訣。合腔要把握氣息，學會『首輕中重後又輕』的『橄欖式』發聲，『聲中無字字中有聲』，把崑曲『轉喉押調』的特色，發揮得淋灕盡致。下卷爲曲譜實例分析。在曲譜四『文情聲情』部分提出了『務頭説』：『曲調之聲情，常與文情相配合，其最勝妙處，名曰「務頭」』。在第五部分介紹了曲牌聯套的音樂結構。縱觀全書，既有『融西化中』，推動了中國音樂近代化；又有『融中化西』，詳細介紹了中國戲曲聲樂，尤其是外國人難以理解和掌握的崑曲聲腔。

《**虛字集解**》：商務印書館一九二〇年初版，常州新群書店一九三一年再版。前有童斐緒言，收文言虛字八十個，以音爲序。介紹每個字用法，并作解釋。凡一音多用均按文法分類（介、連、助、嘆詞）作説明。引證多取自經籍。作者精通訓詁之學，把明晰字義作爲國文教育的首要綱領，於字義文法多有創見，部分已被我國專門研究古漢語語法及文字訓詁學的學者楊樹達採入其所著《詞詮》中。

《**學文三要**》：上海會文堂一九三〇年石印本。前有作者自叙，後附作者自定的國文教法和擬作八篇。童斐把學文之道概括爲『見事透、説理明』，主張多讀古文并倣作古文。他認爲：學文不可忽略讀懂古籍和從中取得借鑒，如此，就得倣作古文。

主要論著目録

《虛字集解》，商務印書館，一九二〇年初版。

《中樂尋源》，商務印書館，一九二六年。

《許氏説文解字部首》，常州新群書店，一九二九年。

《學文三要》，上海會文堂石印本，一九三〇年。

《元曲》（童斐選注，學生國學叢書），商務印書館，一九三〇年。

《音樂教材之商榷》，《江蘇省立第五中學校雜志》，《東方雜志》十四卷第八號轉載。

《致省教育會試唱卿雲歌譜意見書》，《江蘇省立第五中學校雜志》。

丁寶書

（一八六六—一九三六）

生平簡介

近代教育家、書畫家。字雲軒，別署芸軒、懶雲、幻翁，號懶道人、幻道人。清同治五年（一八六六年）二月二十九日出生，無錫城内書院弄摇車灣人。出生於一個書香家庭，其祖父文炳公，曾任浙江海鹽縣典吏。父親丁潔庵（承祥公），母薛氏，育有二子一女。長子丁寶書，次子丁福保，女兒名爲迎梅。丁寶書幼年時由父親教讀四書五經，但自幼酷好國畫，課餘常到附近裱畫店中觀摩國畫。十三歲時，他臨摹名家花卉已能達到亂真的地步。他先拜同邑畫家高研五學習翎毛花卉，後宗惲壽平，兼以寫生。光緒十年（一八八四年）起，丁寶書受聘於無錫一些士紳人家教書，任教期間臨摹古人名畫有二百多幅。光緒十五年（一八八九年）中秀才。一八九四年起，經人介紹，先後在常熟宗舜年、嘉興錢子密兩位收藏家府中執教，又臨摹了華喦、陳淳、徐渭、張子祥等名家名作。光緒二十三年（一八九七年）八月，與弟丁福保奉父命赴南京參加鄉試，丁寶書中副榜。同年就讀於江陰南菁書院。在校期間，與吴稚暉等人暢談新學，開始學習英文、數學、物理、化學等課程。光緒二十四年（一八九八年）實行變法，各地新學蜂起，他與吴稚暉、俞復等在無錫崇安寺創立三等學堂，并擔任國文教習。還與吴稚暉等人編寫具有新學内容的蒙學教科書。他主要負責插圖。光緒三十二年（一九〇六年），廉泉在上海創設文明書局，聘請丁寶書擔任美術編輯，並兼任書局附設的文明小學教員。廉泉處收藏古今名畫很多，他得以欣賞和臨摹這些畫壇珍品。他用近三年時間，臨摹了其中精品一百二十幅，題名《古今畫苑》，由文明書局出版。後又出版了他臨摹的《張子祥課徒畫稿》。《古今畫苑》、《張子祥課徒畫稿》二書，均足津梁後學。

一九二一年，因文明書局併入中華書局而去職。此後，丁寶書除一度受聘於實業家周舜卿爲家庭教師外，餘則專門從事國畫創作。他重視寫生，師法自然，風雨天常撐着傘到園林觀察風雨中的花鳥神態。他認爲，蟲豸姿勢不多，能够入畫的更少，所以需要時常觀察，默念摹寫，决不能淺嘗輒止；祇有反覆描繪，纔能漸漸畫得有貌有神；反覆再三，纔能畫到有神無貌，進入化境。這種只求神似，不求形似，正是丁寶書花鳥畫的創作原則。因此，他筆下的花鳥草蟲神態栩栩如生，色彩鮮明、雅純，別具一格，其所畫的八哥、荷花尤爲出色，具有自己的獨特風格。

中年以後，他對佛學産生興趣，寫出了一百餘萬字的《大乘起信論解》和《北溪字義心解》。同時對老莊和道學也有所研究。晚年精參華嚴，所作神采生動，古艷雅逸，無時習。其詩畫作品有《芸軒畫粹》、《丁芸軒題畫詩集》問世。一九三六年十二月十日在上海逝世，終年七十歲。

主要著作述要

《新習畫帖》（五種）、《鉛筆畫帖》（四種）、《高小鉛筆畫帖》（三種）：清代末期，一些有志於美術教育的知識分子，模仿日本和歐美的美術教育體制，開始嘗試新的美術教學方法，編寫出版『美術教科書』。文明書局自一九〇二年開始，陸續印發了一套蒙學課本，其中有多種美術教材。丁寶書幼習經史，擅長書畫，有志於教育事業，曾經創辦過多所新式學堂。一九〇二—一九〇三年這段時間，他是文明書局特聘的美術編輯，並兼任書局附設小學的教員。文明書局出版的美術教材中，《新習畫帖》五種、《鉛筆畫帖》四種，《高小鉛筆畫帖》三種等，就是丁寶書親自編寫。這些新編美術教材，對我國新式美術教育的普及起了重要作用。

《蒙學中國歷史教科書》：光緒二十四年（一八九八年）實行變法，作爲晚清『新政』的一條重要措施，清政府下令各省於府、直隸州改設中學堂，州、縣改設小學堂。其後頒佈《欽定學堂章程》，初步建立起較爲完備的近代教育體系。因此，各地新學蜂起。丁寶書與吴稚暉、俞復等在無錫崇安寺創立三等學堂，並擔任國文教習，編寫具有新學內容的蒙學教科書。無錫三等學堂的幾位創辦者——俞復、丁寶書、吴稚暉和杜嗣程等，在教學過程中歷經數年時間編就的《蒙學課本》，是一部頗受學界推崇的教科用書。其內容共七編，『前三編謂係就眼前淺理引起兒童讀書之興趣，間及史地、物理各科之大端』，『第四編專重德育』，『第五編專重智育』，『第六編前半爲修辭……後半爲達理』，『第七編選史漢最有興會之文，暨諸子之篇』。從各編的綱目，就可以看出課本的知識整合與分類思路，雖然仍取材於『史漢諸子』等傳統知識，但已顯出內容上的分類意識。在新式教科書出版之風的鼓蕩下，文明書局出版發行了多種教科書，皆冠以『蒙學』二字，此後這套書就被通稱爲『蒙學教科書』。一九〇三年前後，文明書局陸續發行的『蒙學教科書』，包括文法、經訓、修身、中國歷史、西洋歷史、東洋歷史、中國地理、外國地理、筆算、心算、珠算、衛生、生理、天文、地文、地質、格致、化學、動物、植物、礦物、體操和毛筆習畫帖等二十三種。丁寶書除了參與編寫毛筆習畫帖一類的教材多種之外，還編寫了章節體《蒙學中國歷史教科書》，一九〇三年由文明書局出版。在『編輯大意』里，作者寫道：『顧近歲以來，各學堂多借東邦編述之本，若《支那通史》、若《東洋史要》，以充本國歷史科之數。夫以彼人之口吻，述吾國之歷史，於彼我之間，抑揚不免失當。吾率取其書用之，勿論程級之不審，而客觀認作主位，令吾國民遂不興其歷史之觀念，忘其祖國所自來，可懼孰甚。竊不自量，編成此册，以我國人述我國事，如以孫子述父祖之德行。凡予族姓，庶聞而興起，念厥先締造之不易，而以護卹保存，爲人人應盡之義務乎！』這本歷史教科書，配有黑白插圖，歷史地圖，書後附中國歷史大事年表，觀點維新，體例適合教學的需要，先後出版十九次之多。一九〇六年經學部審定通過，推薦小學使用，影響較大。

主要論著目録

《古今畫苑》、《張子祥課徒畫稿》、《新習畫帖》五種、《鉛筆畫帖》四種、《高小鉛筆畫帖》三種、《蒙學中國歷史教科書》，以上諸書均由上海文明書局於一九〇二—一九〇三年間出版。

《無錫南塘丁氏真譜》（丁錫鏞、丁錫鈞、丁福保主修，丁寶書纂修），民國十四年鉛印本。北京燕山出版社二〇〇七年出版的《清代民國名人家譜選刊續編》收入該譜。

吴芝瑛

（一八六八—一九三四）

生平簡介

近代民主革命家、婦女運動的先驅、書法家、詩人。女。字紫英，別號萬柳夫人，室名小萬柳堂，又室名帆影樓、悲秋閣。清同治七年（一八六八年）二月二十日生，安徽桐城人。吴芝瑛出生於詩書之家。其伯父吴汝綸是民主主義教育家，曾是曾國藩的入室弟子。父親吴康之（寶三）工詞章，善書法，歷任寧陽、禹城、蒲臺、武城等地知縣，於光緒十四年（一八八八年）告老還鄉。歸鄉後，將多年積蓄興建了一座山莊，取名『鞠隱山莊』。同時，感慨家鄉子弟接受教育之艱難，萌生了創辦學堂的想法。其未及實施辦學理想，便因病去世。臨終前，囑咐將田地房産全部捐出辦學，以啓迪民智，教化鄉鄰。有《鞠隱山莊詩集》傳世。吴芝瑛自幼聰慧，静處深閨，博及群書，勵志繼承家學，工詩、文、書法，邑人譽爲『三絶』。年十九，嫁無錫文士廉泉。光緒二十三年（一八九七年），吴芝瑛隨夫移居北京。未及數載，吴芝瑛以詩、文、書法聞名京師，慈禧太后曾召其入宫，對她的書法、文才甚爲贊賞。北京公理教會協會和書院院長美國人麥美德，慕其才華，結爲女友。光緒二十六年（一九〇〇年）庚子之役後，清廷爲償付侵略者的賠償款，加徵各種捐税，勢家富户乘機高抬物價，國人饑寒交迫。吴芝瑛叠箱當桌，瓦片作硯，於街頭揮毫賣字，募『愛國捐』。她上書清廷，提倡『國民捐』，主張『産多則多捐，産少則少捐，無産則不捐』的主張，因有損於達官顯貴的利益，遭權貴們百般詆毁。吴芝瑛憤激而傾向革命，暗中與革命黨聯繫，曾以其名望和身份，掩護遭清廷搜捕的革命黨人吴稚暉等。

一九〇二年，秋瑾隨丈夫王子芳移居北京。當時，王子芳與廉泉同在朝廷謀事，兩家住處又很近，秋瑾與吴芝瑛自此相識。由於談吐投緣，志趣一致，二人一見如故。吴芝瑛與秋瑾相識後，相見恨晚，詩賦唱和，互相引爲知音。二人朝暮相處，遂成至交，唱和頻繁，共斥清廷腐敗，同抒報國情懷。一九〇四年初，倆人正式結爲『貴賤不渝，始終如一』的姊妹，吴芝瑛爲姐，秋瑾爲妹。當時，秋瑾欣然賦詩一首《贈盟姐吴芝瑛》，記叙此事。詩云：『曾因同調訪天涯，知己相逢樂未偕。不結死生盟總泛，和吹塤篪韵應佳。芝蘭氣味心心印，金石襟懷默默諧。文字之交管鮑誼，願今相愛莫相乖。』在一次萬柳堂的聚會中，吴芝瑛揮毫題寫了一副對聯贈給秋瑾：『今日何年，共諸君幾許頭顱，來此一堂痛飲；萬方多難，與四海同胞手足，競雄世紀新元。』秋瑾在接觸到大量進步圖書與報刊後，漸漸意識到，要解放自己，救國救民，必須投入到時代的洪流中去。一九〇四年春，處於一場失敗婚姻困惑之中的秋瑾終於痛下决心，决定衝破婚姻牢籠，赴日留學。出國前夕，吴芝瑛在北京陶然亭爲她餞行。當場贈送一聯，以寄依依惜别之情：『駒隙光陰，聚無一載；風流雲散，天各一方。』當年秋瑾去日本的旅費，多賴吴芝瑛資助。不久，吴芝瑛勸夫勿屈事清廷，遂南歸，於上海曹家渡建『小萬柳堂』隱居。

一九〇七年，秋瑾於紹興被害。吴芝瑛聞訊，悲痛欲絶。秋瑾死後旬日，吴芝瑛撰《秋女士傳》、《秋女士遺事》。書中詳記秋瑾平日行事、報國壯心及視死如歸之大義，爲後人研究秋瑾留下珍貴史料。她不顧自身安危，挺身而出，邀好友徐自華一起，冒着生命危險，於一九〇七年臘月二十二日，將秋瑾遺體安葬於杭州西湖西泠橋畔，實現了秋瑾埋骨西湖的願望。吴芝瑛作《西泠吊秋》七絶四首記述了營葬經過，詩云：『大地蒼茫百感身，爲君收骨泪霑巾。秋風秋雨山陰道，太息難爲後死人。』同時，徐自華撰《鑒湖女俠秋君墓表》，吴芝瑛帶病書丹，并題『嗚呼鑒湖女俠秋瑾之墓』墓碑和墓聯一幅：『一身不自保，千載有英名。』此碑由浙江金石名家胡菊齡刻石。撰文、書丹、勒石，皆出自當時名家之手，時人稱爲『三絶碑』。吴芝瑛又在住宅『小萬柳堂』院内建『悲秋閣』，題聯曰：『英雄尚毅力，志士多苦心。』她還在秋瑾就義的紹興古軒亭口造『風雨亭』，在杭州南湖别墅内建造『悲秋閣』，以志哀悼。當年，吴芝瑛、徐自華冒險義葬秋瑾的壯舉令海内外革命志士極爲振奮，深受鼓舞，却觸怒了清廷。她毫無懼色致書兩江總督端方，鄭重聲明：『是非縱有公論，處理則在朝廷，芝瑛不敢逃罪。』一時間，其命運受到各國輿論關注。英國《泰晤士報》在頭版刊登吴芝瑛大幅照片，發表美國女友麥美德撰寫的專文，聲援吴芝瑛和徐自華。迫於中外輿論的强大壓力，清王朝未敢貿然加害。

光緒二十四年（一九〇八年），吴芝瑛秉承其父『賑民興學』遺志，將其父原籍之田地、房産等約值銀萬兩，悉數捐出，於浮山西麓創立鞠隱小學堂。當時，辦學要經過地方官批准。按照程序，應該先向地方官提出辦學申請，然後再由地方官上報。但是，吴芝瑛此前在向縣裏申報時，吴氏族人中覬覦吴康之遺産者疏通縣衙，從中作梗，兩番呈報，縣衙均以『出嫁女兒無權輸捐父産』爲由而駁回。在此情况下，吴芝瑛不畏惡痞恫嚇，决定直接向兩江總督府呈文，於光緒三十一年（一九〇五年）向兩江總督周玉帥呈報了辦學申請，周玉帥立即批示『披覽來讀，深堪嘉尚』，支持吴芝瑛義舉，使學堂得以創立。吴芝瑛這種自上而下的方式又引起了地方官的反感，當周玉帥批文下達到安徽省巡撫衙門時，巡撫恩銘强烈不滿，不再將兩江總督同意吴芝瑛辦學的呈文下行到縣。此時，吴氏族人中不贊成辦學的人也呈文到巡撫衙門。這樣，恩銘扣壓吴芝瑛的呈文就更有了藉口，吴芝瑛的辦學計劃遭到擱淺。第二年，吴芝瑛又陳情當時的兩江總督端方，出面斡旋，辦學一事終於得到地方官的同意。光緒三十二年（一九〇六年），鞠隱小學堂實質性創建才真正開始。自此，當地學風宏開，遠近鄉民紛紛送子女入學。該校一直沿辦至今，現已擴建爲初中。當地人民至今仍頌揚吴芝瑛捐産辦學之惠澤。

一九一六年袁世凱專權稱帝，在共和存亡的關鍵時刻，吴芝瑛不顧自己女兒的未婚夫是袁氏之子袁克俊的關係，毅然投入反袁鬥争。在她致袁世凱書中説：『總統者，爲吾民服務之首領。文言之總統，質言之一眼役之頭耶，服役之頭兒之位，何篡？』『公朝去，而吾民早安；公夕去，而吾民晚息；公不去，而吾民永無寧日。』

吴芝瑛常有救助婦女兒童的慈善之舉。江蘇、安徽等地受灾，她四處籌款救濟災民。她還將家藏的董其昌手書《史記》真蹟全部義賣，以所得巨額金錢，將誤入娼門的良家女子李頻香贖出，從此二人結爲詩友。吴芝瑛工詩文、書法。書法擅長瘦金體，寓韶秀於剛正，冠絶一時。詩文有《吴芝瑛夫人詩文集》、《帆影樓紀事》等。《桐城高甸吴氏宗譜》收録她吊奠秋瑾詩十首。另有《小萬柳堂帖》、《帆影樓舊藏畫目》，并輯《小萬柳堂叢刻》五種。

吴芝瑛晚年貧病交加，家境窘迫至極。於是，變賣了小萬柳堂的房産。廉泉獨赴北平潭柘寺養病，入寺爲僧。同年，病逝於北平。吴芝瑛回到原無錫城中夫家故居勉爲棲身。一九三四年三月一日，病逝於無錫，終年六十六歲。

主要著作述要

《秋女士傳》（一名《鏡湖劍俠傳》）、《秋女士遺事》：光緒三十三年（一九〇七年），鑒湖女俠秋瑾與徐錫麟等組織光復會，準備同時在浙江、安徽發動起義，因事泄被捕，從容就義。作者身爲秋瑾好友悲憤填膺，灑泪撰寫《秋女士傳》、《秋女士遺事》、《祭女烈士秋瑾文》、《秋瑾遺著序》等文，詳記秋瑾生平事迹、報國雄心及視死如歸的壯烈精神。《秋女士遺事》云：『女士自東歸過滬上，述其留學艱苦狀。

既出其新得倭刀相示曰：吾以弱女子隻身走萬里求學，往返且數回。買日本船票必取三等艙，與苦力雜處。長途觸暑，一病幾不起。既至東，虞學費之不給，事事刻苦，至節縮衣食。所賴以自衛者唯此刀耳，故與吾形影不相離……既而行酒。酒罷，女士拔刀起舞，唱日本歌數章，命吾女以風琴和之，歌聲悲壯動人。』當《鏡湖劍俠傳》（《秋女士傳》）輾轉傳到蘭州後，號稱『金城三杰』之一的周應灃十分感動。周應灃在《書吴芝瑛〈鏡湖劍俠傳〉後》詩中寫道：『煒煌彤管續《麟經》，一字之褒華衮榮。……誰傳鏡湖秋劍俠，桐城吴史是芝瑛。』除了贊揚秋瑾愛國而死、雖死猶生的壯舉，還稱贊吴芝瑛爲秋瑾立傳，對吴芝瑛的所爲大力贊揚。

主要論著目録

《萬柳夫人墨迹總目》，北平京華書局印。

《帆影樓紀事》（與廉泉合著），民國石印本，文海出版社，一九七五年。

《剪淞留影集》，活字本，一九一八年。

《大佛頂首楞嚴經》（吴芝瑛寫），崇德出版社，一九八一年。

廉　泉

（一八六八——一九三一）

生平簡介

近代文學家、書畫藝術家。字惠卿，號南湖，又號岫雲、小萬柳居士。清同治七年（一八六八年）三月十三日出生，無錫城内水獺橋人。廉泉五歲入學讀書，後進入江陰南菁書院學習。十六歲中秀才，十九歲與安徽桐城吴芝瑛結婚。光緒二十年（一八九四年）中舉人。翌年，在京會試時參與康有爲的『公車上書』。光緒二十二年（一八九六年），得到尚書懷塔的賞識，始任户部主事，翌年薦升户部郎中。廉泉寓京期間，以詩聞名京師，其特别喜好咏誦夕陽，因名句『夕陽穿樹補花紅』而成名，人稱『廉夕陽』。其交游日廣，結識了不少革命黨人，有蘇曼殊、徐錫麟、吴禄貞、李煜瀛、秋瑾等人，後來又結識了孫中山，雖曾被指控爲『附逆』而不顧。戊戌變法失敗後，他認爲欲發憤圖强，必須先開民智。因此資助楊模、俞復、侯鴻鑒在無錫創辦竢實學堂、三等學堂和競志女學，并將無錫私宅讓給女學做校舍。光緒三十年（一九〇四年）冬，因不滿清廷統治，辭職南歸，移居滬上。翌年，在上海曹家渡購地築園，營造別墅，題名『小萬柳堂』。

光緒三十二年（一九〇六年），廉泉在上海集股創辦文明書局，聘請無錫俞復、丁寶書、趙鴻雪等知名人士任編輯，編印新式學堂教科書，出版文學藝術譯著等。他還送趙鴻雪去日本學習珂羅版、銅版等先進印刷技術，使文明書局成爲我國最早採用珂羅版、銅版、鋅版印刷書籍的書局之一。光緒三十三年（一九〇七年），吴芝瑛好友秋瑾被害，他協助吴芝瑛將其遺骨葬於杭州西泠橋畔，並請無錫著名畫家吴觀岱描畫了《西泠寒食圖》，在秋瑾就義處軒亭口建立『風雨亭』，在杭州南湖小萬柳堂別墅内建立『悲秋閣』，以志哀悼。清廷爲此欲加害於他們夫婦，後迫於輿論的壓力未敢下手。

宣統元年（一九〇九年），汪精衛等人謀炸攝政王載灃未成被捕，他曾以私交向載灃説情。宣統三年（一九一一年），安徽新軍協統顧忠琛因馬炮營起義失敗而逃到上海，廉泉將他隱藏在文明書局内。辛亥革命後，廉泉隱居北平潭柘寺，目睹軍閥混戰，民不聊生，憂時憤世的詩文常見諸報端。

中華民國成立後，袁世凱竊權，廉泉大感失望。一九一四年，他遠赴日本，在神户椰取山建造住所，取名爲『三十六峰草堂』。另在東京開設扇莊，介紹中國書畫，並與日本文化界名流評讀書畫，推敲金石，切磋詩文，頗有影響。日本友人藤田緑子用娟秀小楷抄録廉泉一九一四年至一九一五年在日本的一百一十五首詩作，名爲《南湖東游草》。這部詩集於一九一五年在日本以巾箱本形制印製出版。一九一七年從日本回國，曾擔任故宫保管委員等職。北伐勝利後，曾被任命爲江蘇省屠宰税局局長，他堅辭不就。一九二一年，因股東分歧、同業傾軋，文明書局合併給中華書局。一九二九年蔣介石到北平，吴稚暉按蔣介石意思，要爲廉泉安排一個重要職務，亦遭其拒絶。當時他雖三餐不繼，但不肯受權貴之資助。他晚年生活十分窘困，因負累甚巨，其杭州和上海的小萬柳堂別墅先後易主。一九三一年，廉泉獨赴北平潭柘寺養病，並因信佛而入寺爲僧。

廉泉精詩文，善書法，嗜書畫、金石，並以其詩文書畫交游於名士聞人之間。他性情豪俠，節操高尚，輕財重義，樂於助人，不少事跡傳爲美談。遺著有《南湖集》、《潭柘集》、《夢還集》、《夢還遺集》等。廉泉精於鑒賞，收藏歷代名家書畫極富。他尤嗜宋元字畫帖，不吝重金購求，九成宫醴泉銘碑帖等名品，即爲廉泉的收藏之一。一九三一年十月六日，廉泉病逝於北平協和醫院，安葬於潭柘寺旁，終年六十三歲。

主要著作述要

《**夢還集**》：廉泉的詩集，收入作者一九二四至一九二八年的作品，一九三一年由北平中華書局出版。廉泉不僅精於詞章，同時又是一位書畫鑒賞專家。因此，在他的詩歌創作中，多有涉及書畫藝術評論的作品。凌叔華（一九〇〇—一九九〇）是二十世紀二十年代『文壇三才女』之一，與冰心、林徽因齊名，學養豐厚，文才畫稟皆長。廉泉《夢還集》中，就有一組評論凌叔華繪畫的詩歌。如《題凌叔華女士寫高房山小幀》兩首，畫作是畫家在北京遠郊上房山風景區的寫生。廉泉稱道凌女士的筆墨：『便作米家山水看，春回猶帶睡時妝。』凌叔華的書畫藝術，傳承中國文人水墨山水畫之精神，傳情達意，自然天成。《夢還集》中的《叔華飛瀑鳴琴圖爲陳通伯作》兩首及《叔華爲通伯畫菊》一首，三詩所提及的畫作都是凌叔華爲夫君陳源而作。廉泉認爲，前一幅畫的意境『閑逸似石濤』；而對『畫菊』一幅則贊曰：『一語纏綿豈暗投，銀河迢遞隔牽牛。卷簾人瘦西風起，如此韶華未是秋。』詩有小注，引了畫上凌叔華的題字：『送我案上最愛的一盆花給你』，足見伉儷之間日常的情趣。其他如《題叔華花卉小卷》一首、《題凌叔華臨夏珪溪山無盡卷子》兩首、《凌叔華仿南田山水小册屬題》一首等，均有高度評價。廉泉認爲：『叔華醉心南田，能得其幽澹之趣。』可見廉泉十分推許凌叔華的畫。可惜在凌叔華的作品中没有留下她與廉泉的交往記載。

《**南湖東游草**》：民國成立後，袁世凱竊權，廉泉大感失望，於是在一九一四年東渡日本，在東京設扇莊，介紹中國書畫，與日本文化名流詠詩作賦、推敲金石、鑒賞文物，頗有影響。此間，廉泉撰寫了大量詩稿。廉泉在日本有一位女性友人，名叫藤田緑子，當時是東山寄廬的書記，後來成爲新聞記者。她特别鍾情中國文化，對廉泉的詩愛不釋手，遂自告奮勇，不要酬勞，四處搜集並親手謄抄這些手稿。孫揆均所作序言中稱：『緑子使筆，如盤馬彎弓，想見腕力之遒勁。』藤田緑子謄寫的書稿，一筆小楷，如簇花團，筆觸柔媚而不失剛健，字體娟秀而神味宛然。書稿抄成後，廉泉將其交由日本著名珂羅版印刷專家小林忠治刊印，爲感謝友人的幫助，還特地將藤田緑子女士的照片影印在卷首。一九一五年，這部用巾箱本形制的詩集在日本出版了。這部印製精良、把玩適意、富含故事的『小』書，不僅收録了一九一四年至一九一五年期間廉泉在日本的一百一十五首詩作，更印證了中日兩國文化交流的佳話。由於地域隔閡，該書在國内不多見。一九一八年，《南湖東游草》又由上海聚珍倣宋印書局出版了鉛印本。

主要論著目録

《南湖東游草》，一九一五年在日本出版；上海聚珍倣宋印書局鉛印本，一九一八年。

《扇面大觀作家略傳》，中華書局鉛印本，一九一五年；日本大正四年扇面館影印本。

《潭柘紀游詩集》（附《南湖集古詩》）一九一八年。

《天荒地老録》（附《兩重虛齋百詠》），一九二三年，京師良公祠印行。

《南湖集》，中華書局，一九二四年。

《夢還集》，北平中華書局，一九三一年。

《夢還續集》，古皖李蘧廬寫刊。

《帆影樓紀事》（與吴芝瑛合署）民國石印本。文海出版社，一九七五年。

楊味雲

（一八六八—一九四八）

生平簡介

近代文學家，北方華新紡織廠經理。名壽枏，初名壽棫，字味雲，以字行，晚號苓泉居士。清同治七年（一八六八年）八月二十一日生，無錫城内長大弄人。楊味雲出生於一個『累代書香』的家庭。祖父楊延俊是道光年間進士，曾任山東肥城縣知縣等。楊味雲六歲起讀經書，十四歲學制藝和試帖詩，尤其愛好詩詞古文。十七歲返里應試，以第一名入泮。光緒十七年（一八九一年），二十三歲的楊味雲應順天鄉試，中舉人。

後三應會試未中式，遂灰心科舉，專治史學，尤致力於財政一門。曾取《九通》内的錢幣、賦税、鹽法、漕運各門，提要鈎玄，分類纂録，積成數巨册。光緒二十三年（一八九七年），其伯父楊宗濂署山西臬臺，楊味雲入其幕府任文案。不久，楊宗濂擢任藩司。當時山西巡撫胡蘄生頗注意新政，在省設武備學堂、商務局，辦紡織廠等，皆與楊宗濂商定委辦。楊味雲主稿所有奏摺、函牘，爲胡蘄生激賞，遂延入撫署，主内文案。光緒二十五年（一八九九年），楊味雲南歸葬親，回到無錫。他以資捐内閣中書職，遭逢義和團事件，北上行程只得中止。其二伯父楊宗瀚在無錫籌辦業勤紗廠，乃參與佐理廠務，得以熟悉、掌握紡織廠經營管理的門徑。光緒二十七年（一九〇一年），《辛丑條約》訂立，楊味雲入京就内閣中書職。次年爲大學士孫家鼐邀入幕府，主章奏。光緒二十九年（一九〇三年）應商部考試録取，任主事。光緒三十一年（一九〇五年）底，以參贊身份隨五大臣出洋。回國後，楊味雲督率有關人員編譯各國政治論著，編成專書六十餘種，送交憲政編查館以供參考。

光緒三十一年（一九〇五年）年底任農工商部主事，旋升員外郎兼公司注册局總辦和商標局總辦。宣統元年（一九〇九年）起，歷任度支部丞參兼財政清理處總辦、崇陵監修官兼鹽政院參議、度支部左參議等職。他擁護清廷的『預備立憲』，與京官陳寶琛、勞乃宣等組織『憲政實進會』，以推進『立憲』進程。一九一二年（民國元年）三月，袁世凱政府成立。四月起，楊味雲歷任鹽政處總辦、長蘆鹽運使、粤海關監督、總統府顧問兼財政咨議、山東省財政廳廳長等職。一九一七年三月，任段祺瑞内閣財政部次長，代行總長職務。七月張勛復辟，楊味雲被任爲度支部左侍郎署尚書職。因病未就職。一九一九年，楊味雲當選國會參議員，繼周學熙之後擔任全國棉業督辦，又被推爲天津華新紗廠經理，成爲北方『交通系』官僚資本集團的重要人物。

一九二二年，無錫自開商埠，楊味雲兼任商埠局督辦。是年冬，任財政部次長兼鹽務署署長。一九二三年，楊味雲退出政壇，專心協同周學熙經營華新實業。他採用包工制招收工人，設大同銀號吸收游資充實紗廠資金。獲利後，又在青島、唐山等地開辦新廠，組成雄居北方的紡織資本集團。

楊味雲爲近代文學家，早歲即以詩文著稱，尤擅駢體文，用典貼切，詞藻工麗，頗爲時人所推重。無錫惠山忍草庵有貫華閣，張蔭麟《納蘭成德傳》記載：康熙二十三年（一六八四年）十月，容若隨康熙南巡，貫華閣爲納蘭成德（容若）與顧貞觀（梁汾）去梯翫月之地。嘉慶末年，貫華閣毁。一九二五年冬，楊味雲在原址重建貫華閣，並撰寫《重修貫華閣記》、《貫華閣香火記》等文。一九二七年華新集團改組，楊味雲以年老退居，任華新集團董事。

『九一八』事變後，曾作《秋草》四律，當時海內和者達百餘家，輯爲《秋草唱和集》，故楊味雲又有『秋草詩人』的美稱。一九三五年後，楊味雲閑居天津，以詩文自娱。一九三七年『七七』事變後，北平、天津相繼被日軍侵占，北洋舊官僚紛紛投靠日僞，而楊味雲拒不出山，堅决不當漢奸。一九三七年仲秋，正值楊味雲七十大壽（六十九周歲），在天津的家人爲他籌備壽辰。楊味雲的三個兒子遂將平日所輯録的父親生平言行並親朋所上的祝壽文合在一起，綫裝鉛印出版，定名爲《趨庭隅録》，分贈親朋，以作家訓流傳。自一九三五年定居天津後，楊味雲息影林泉，與樊樊山、易實甫等友人結社唱酬。有《雲在山房類稿》、《雲邁漫録》、《雲在山房駢文詩詞選》、《雲邁書札》、《苓泉居士自訂年譜》等著作傳世。一九四八年十二月七日病逝，終年八十歲。

主要著作述要

《雲在山房叢書（三種）》：楊味雲校訂，於一九二七年刊刻，共收録圖書三種：一爲《檐醉雜記》三卷，作者何聖生；二爲《竹素園叢談》一卷，作者顧恩瀚；三爲《洪憲舊聞》三卷（附一卷），作者侯毅。《檐醉雜記》作者何聖生在自序中稱：『世事紛綸，吾人置筆而起，不能更預一事。滄流到地，白日馳梭，奚遣幽憂？惟宜弄墨，有若負劍，所詔緒繙。所收舊京夢華，或存國典；窪巷叢語，亦薈異聞。掌録備忘，久乃成帙，剔繁纂要，巨細雜綜，類皆成於《瓮牖》、《負暄》，不復能權體例。冬日初出，映檐白醉，斯其境也，取以名篇。童習白紛，豈當乎儒林公議？野處傖語，安厠於薦紳舊聞，却掃無謬叢猥，掇拾賢於博奕，是托是居云爾。歲在旃蒙赤備若夫椒蘇何聖生。』顧恩瀚在《竹素園叢談》開篇就寫到：『元遺山《續夷堅志》云：古人稱祝多云千萬歲。國初種人淳質相祝，但云百廿歲。自太祖收國元年乙未至哀宗天興二年甲午止，適得甲子兩周，是其讖也。余因憶清代北京俗語謂人之葺者曰「八代半」，猶吾錫詈人曰「末代也」。乃有清自順治入關，傳康熙、雍正、乾隆、嘉慶、道光、咸豐、同治、光緒爲八代（同治、光緒爲昆弟行，合爲一代）。至宣統三年而遜國，適合所謂八代半焉。』『洪憲』是袁世凱所創『中華帝國』的年號，自一九一五年十二月二十五日宣布第二年改元『洪憲』，到一九一六年三月二十二日取消帝制，短命皇朝只維持八十三天，世人稱爲一場鬧劇。侯毅名其書爲『洪憲舊聞』，記叙了這場鬧劇中的故事。三書均爲晚清筆記小説。

《秋草唱和集》：『九一八』事變後，楊味雲作《秋草》四律，海內和者百餘家，輯爲《秋草唱和集》，因有『秋草詩人』的美稱。後又有《續秋草唱和詩》一書。《秋草唱和集》、

《續秋草唱和詩》二書，均收入《雲在山房類稿》。

《苓泉居士自訂年譜》：《苓泉居士自訂年譜》爲楊味雲自己編訂，即以編年體裁按年月記載個人生平事迹的著作。該書分上、下兩卷，一九二七年綫裝刻印，又有一九四三年排印本。

《雲在山房類稿》：該書匯集了楊味雲一生大部分著述，全書共收録十八種：一、《思冲齋文鈔》一卷；二、《思冲齋文補鈔》一卷；三、《思冲齋文別鈔》一卷；四、《思冲齋駢文鈔》一卷；五、《思冲齋駢文補鈔》一卷；六、《思冲齋詩鈔》一卷；七、《思冲齋詩補鈔》一卷；八、《鉢社偶存》一卷；九、《鴦摩館詞鈔》一卷；十、《鴦摩館詞補鈔》一卷；十一、《藏盦幸草》一卷；十二、《雲邁詩話》一卷；十三、《雲邁漫録》二卷；十四、《覺花寮雜記》四卷；十五、《貫華叢録》一卷；十六、《秋草齋詩鈔》一卷；十七、《秋草唱和集》一卷；十八、《續秋草唱和詩》一卷。該書於一九三〇—一九三五年間用白紙精印，爲民國間精刊本之一。臺北文史哲出版社一九九四年據原書影印。

主要論著目録

《雲在山房叢書（三種）》，刻本，一九二七年。

《苓泉居士自訂年譜（上下卷）》綫裝刊本，一九二七年。排印本，一九四三年。

《雲在山房類稿》，刻本，一九三〇—一九三五年；臺北文史哲出版社，一九八三年。

孫毓修

（一八七一—一九二二）

生平簡介

近代教育家、目録文獻學家。字星如，一字恂如，號留庵，筆名渌天翁、樂天居士，自署小渌天主人，别署東吴舊孫。清同治十年（一八七一年）六月二十九日出生，無錫城郊孫巷人。孫毓修幼得庭訓，擅長作駢體文。後就讀於江陰南菁書院，接受傳統學術訓練，諳熟古代文化典籍。曾師從繆荃孫學習版本目録學。清光緒二十一年（一八九五年）中秀才。但他認爲『科舉已成弩末，神州多故，非開徑自行，决不足以問世』。光緒二十八年（一九〇二年）春，在蘇州從美國牧師賴昂女士學英文。經過反覆比較揣摩，懂得中外雖異文而無異理，他將學習心得寫成《中英文字比較論》。

光緒三十三年（一九〇七年）進上海商務印書館編譯所，任高級編輯，追隨張元濟先生，際會時勢，大展其才。在館期間，從事中小學教科書的編輯。一九〇七年冬，商務印書館編譯所决定編輯出版『學生叢書』（後改名爲《童話》），任務落在了孫毓修肩上。一九〇八年開始，孫毓修主編的《童話》叢書問世，孫毓修陸續主編童話圖書達一百零二種，其中由他自己編寫的有七十七種。他的作品富有生活情趣，語言優美，圖文並茂，深受當時少年兒童的喜愛。宣統元年（一九〇九年）三月，他參照《泰西五十軼事》等西歐童話傳説，編寫《無猫國》、《大拇指》等兒童讀物。這一年，他還寫了長達二萬餘字的《圖書館》一文，倡導圖書館應『注重平民教育，進行圖書普及工作，以啓迪民智，唤起民衆』，連載於商務印書館出版的《教育雜志》上，是一篇較早而系統研究公共圖書館的文章。一九一三年，孫毓修所著《歐美小説叢談》出版，也是較早的一部簡明歐美文學史。他翻譯的卡本特的《歐洲游記》，開闊了廣大讀者的視野。孫毓修除了主編《童話》外，還編撰了《少年雜志》、《少年叢書》、《新説書》、《常識談話》、《模範軍人》、《演義叢書》等叢書。其中《常識談話》是向兒童介紹新的科學技術的讀物，每種千餘字，附圖片十餘幅，全用白話，用故事貫穿連絡，『處處揣合兒童心理』。這一套叢書共出九種，包括《千里眼》、《小世界》、《縮地奇方》、《飛行使者》、《空中戰》、《照相術》、《潛航艇》、《電信》和《影戲》，介紹了望遠鏡、顯微鏡、蒸汽火車等西方科學技術。在第一次世界大戰以後，這些都是先進的科學技術。孫毓修適應世界科技發展的新形勢，及時向小讀者介紹當時的新技術，堪稱是我國少兒科普的先驅。他主編出版的《少年雜志》、《少年叢書》等，翻譯歐美文學專著，介紹國外歷史地理，介紹中外名人的傳略和軼事。這些讀物『記事簡明，議論正大，閲之足以增長見識，堅定志氣』，深受讀者歡迎，一版再版。孫毓修主編的《童話》等叢書，在二十世紀初期影響甚大，一九三〇年六月，由蔡元培等校訂、上海大東書局出版的初級中學國文教本第一册，就收録了孫毓修撰寫的《林肯的少年時代》、《富蘭克林入學》、《富蘭克林爲印書人》、《勇敢的納爾遜》等文章。時至今日，香港教育圖書出版社仍在出版他的童話譯作，其所撰《伊索寓言》、《班超》、《玄奘》分别被選入『創意閲讀營系列』圖書。孫毓修在諸多方面開風氣之先。

孫毓修在商務印書館期間，他所擅長的版本目録之學也派上了用場。其在版本目録學方面，有《永樂大典考》四卷、《事略》二卷、《中國雕版源流考》、《痛史》、《涵芬樓秘籍》、《中國文學史論》、《四部叢刊書録》、《書目考》等，均具開創意義，至今沾溉來學。商務印書館是一個藏龍卧虎的地方，功名顯赫的飽學之士，儒雅通透的古文大家，皆與商務印書館有十分密切的聯繫。張元濟以建設涵芬樓爲號召，收購江浙藏書家散出的珍貴古籍，援引當時的一批著名學者專家襄助其事。孫毓修躬逢其會，得與版本目録學大師游從，眼界日益開闊，其學識日以長進。除了與自己的老師繆荃孫保持討教請益的密切關係外，孫毓修與沈曾植、葉德輝、傅增湘、劉翰怡、倫明等藏書家、版本鑒定專家頻繁往來，聞見宏富，閲歷漸深，使他在版本學領域更加精審獨進。孫毓修在商務印書館承擔的一項重大學術工程，就是主持《涵芬樓秘籍》的出版。《涵芬樓秘籍》全部選用商務印書館涵芬樓藏書，即所謂的『世無傳本者』。《涵芬樓秘籍》十集共五十二種珍貴古籍，於一九一六——一九二一年全部出齊。一九一九年，孫毓修又主持影印《四部叢刊》，先後出版了《四部叢刊初編》、《四部叢刊續編》、《四部叢刊三編》。爲了搜集善本，往來於南京江南圖書館及常熟鐵琴銅劍樓不下十餘次。撰成《江南閲書記》一卷，詳叙本末，以資考證。《四部叢刊》等叢書，於商務印書館早期圖書出版多所貢獻。孫毓修還是個藏書家，收藏珍本數萬卷。他將收集所及，撰成《重印四部叢刊書録》。所惜志業未竟，積勞成疾，一九二二年一月二十二日逝世，終年五十一歲。其生平著述，亦漸湮没無聞。

主要著作述要

《童話》叢書（初名『學生叢書』）：在《童話》問世以前，我國少年兒童閲讀的是《三字經》、《百家姓》、《千字文》、《神童詩》及《二十四孝圖》一類的圖書。一九〇八年孫毓修主編的《童話》叢書問世，他成爲中國近代兒童文學史上的第一人，也是中國介紹安徒生的第一人。《童話》叢書，包括『寓言、述事、科學』三類，除了譯自歐美諸國的少年兒童文學作品，還有一部分從我國史書、話本和通俗小説中取材，如《銅柱劫》（荆軻刺秦王）、《火牛陣》（齊國田單破燕）、《風波亭》（《説岳全傳》）、《伯牙琴》（《今古奇觀》）等，在小讀者中大受歡迎。《童話》叢書還有一個明顯特點，凡涉及幽怪鬼神、宣傳迷信思想的一概不收。這説明他對小讀者認真負責，在一百年前孫毓修能自覺做到這一點，難能可貴。《童話》叢書分兩個檔次，一種字數每本限定五千字左右，適應七、八歲的兒童閲讀；另一種一萬字左右，供十、十一歲的兒童瀏覽。孫毓修每編寫一本以後，就請當時任國文部部長的高夢旦帶回家去，讓他的子女傳閲和朗讀，然後根據反饋的信息增删内容，修改文字，定稿出版。《童話》叢書不脛而走，深得小讀者的歡迎，並不是偶然的。孫毓修陸續主編童話圖書達一百零二種，其中由他自己編寫的有七十七種。他的作品富有生活情趣，語言優美，圖文并茂。這套叢書在二十世紀初期影響甚大，茅盾、冰心、鄭振鐸、趙景深、張天翼、陳伯吹等老一輩兒童文學作家、研究者，幾乎都曾受到《童話》的熏陶和影響，孫毓修因此還被茅盾譽爲『中國童話的開山祖師』。

《四部叢刊》：由上海商務印書館編輯出版、孫毓修主持影印。所謂『四部』，即按我國傳統分類法，將所有的書分成經、史、子、集四大門類，『叢刊』即今天通常所説的叢書。説得具體些，《四部叢刊》所收録的，均爲『家喻户誦，如布帛菽粟，民不可一日缺者』，是一部集中了古籍中必讀書，必備書的小型《四庫全書》。我國文化遺産豐富，同一種書，傳本很多。在注重普及的前提下，《四部叢刊》盡可能選用當時所能找到的最好本子。《四部叢刊初編》收入宋本三十九種，金本二種，元本十八種，影宋寫本十六種，影元寫本五種，校本十八種，明活字本八種，高麗舊刻本四種，釋道藏本二種，其餘皆是明清精刻。採用的底本，除涵芬樓所藏外，得到海内外公私藏家的大力幫助。民國初期，公共圖書館尚在開創時期，古籍善本多分藏南北私人藏書樓，爲徵集影印底本，需廣泛利用公私藏書資源。具體編纂中書目調查、版本比勘、卷葉補配、書録撰寫及往來函商等，均由孫毓修負責。他亦藉此與學者、藏書家多所往還，遍識名槧佳鈔，廣增見聞。潘景鄭跋孫毓修手校《郘亭知見傳本書目》云：『眉上朱墨爛然，拾遺補闕，不下百數十事，蓋涵芬樓影印《四部叢刊》時，孫氏實與其事，故所見善本尤廣，其所增補，皆出之耳目所覩，信而有徵，洵足爲版本之金鏡，其津逮後人，實非淺尠』（《著硯樓題跋》）。《四部叢刊》還發掘了一些從未面世的稿本。如膾炙人口的吳梅村的詩，《四部叢刊》所收便是較爲少見的《梅村家藏稿》，比一般通行本名貴和可靠得多。又如清代查繼佐的《罪惟録》，保存有大量明朝史料，由於作者的立場是反清的，所以一直没有刻本。其中特别有價值的是對徐光啓的評價。比較當時徐光啓的所有傳記，《罪惟録》中的《徐光啓傳》是最翔實最公正的一篇。這部十分重要的史籍，直到它收入《四部叢刊》，纔得以與廣大讀者見面。《四部叢刊》還收入了一批非常有用的工具書，其中最負盛名的是宋刻《太平御覽》一書。從一九二二年起，到抗戰爆發爲止，《四部叢刊》共出了初編、續編、三編，實共五百零二種，分裝成三千一百多册。可以説是二十世紀我國新出的規模最大的叢書。

《涵芬樓秘笈》：涵芬樓是商務印書館編譯所舊設圖書資料室的名稱，一九〇九年建於上海，以收藏古籍善本著稱。《涵芬樓秘笈》爲孫毓修所編，於一九一六—一九二一年在上海印行。原書倣照鮑氏的《知不足齋叢書》的體例，以八册爲一集共收書五十二種。《涵芬樓秘笈》全部選用商務印書館涵芬樓藏書，即所謂的『世無傳本者』。《涵芬樓秘籍》第一集四本八册即《忠傳》、《續墨客揮犀》、《復齋日記》和《識小録》，出版於一九一六年；到一九二一年，《涵芬樓秘笈》十集共五十二種珍貴古籍全部出齊。《涵芬樓秘笈》的跋語皆出自孫毓修的手筆，體現了他在版本目録、古籍校勘領域的學力。勾勒版本傳播源流，考辨成書刊印年代，匡正古籍舛謬訛誤，突顯文獻核心價值，在寥寥數語中，不虚妄，不鋪陳，不故作高深，是孫毓修版本題跋的特點。《涵芬樓秘笈》採用影印古本的新方法，以流傳善本，被著録家所稱贊。

《中國雕版源流考》：《中國雕版源流考》是孫毓修的代表作，寫於一九一八年，是最早的一部中國版刻學史專著。本書系統講述中國古代印刷史，扼要論述了雕版印刷術的發明和發展，内容涉及古籍版本的各種基本知識，比如官本、家塾本、坊刻本、巾箱本、朱墨本等各種版本和雕板之始、活字印書法、刻印書籍工價、裝訂等常識，非常便於初學。《中國雕版源流考》於二十世紀三十年代大量發行，在圖書館界影響較大。二〇〇八年，上海古籍出版社以民國間商務印書館《國學小叢書》本爲底本整理出版，并加配歷代古書書影六十餘幅，以期理論與實物相結合，加深讀者的理解。

《書目考》：孫毓修有感於歷代公私藏家書目迭遭毀失，一些私家書目常以傳抄形式流傳更易失傳，於是立志撰《書目考》一書，存亡兼録，以成一部歷代書目圖籍的專門目録。他寫於一九一五年十一月的一篇《書目考序》中説：『悲往籍之日喪，懼來者之無徵，遂總括存逸，撰爲斯集，起自前代，迄於今兹。挹其風流體制，疏其遺文逸事，次其時代，别其類目，得書六百餘種，計卷三千有奇，離爲十卷，約文緒義，具見本書。』《書目考》蓋倣朱彝尊《經義考》體例，匯輯歷代書目類著述序跋等文字，分門别類，搜討綦詳。惜以早逝，未及完成，稿本十册，上海圖書館歷史文獻中心收藏。網羅宏富是《書目考》的最大特點。胡道静稱其是一部搜羅宏富的『書目資料長編』。這部未刊稿本，編纂主旨鮮明，收輯詳博。

主要論著目録

《童話》叢書，商務印書館，一九〇八年。
《大拇指》，商務印書館，一九〇九年。
《圖書館》，商務印書館，一九〇九年。
《少年叢書》，商務印書館，一九一三年。
《常識談話》，商務印書館，一九一三年。
《歐美小説叢談》，商務印書館，一九一三年。
《演義叢書》，商務印書館。
《永樂大典輯本考》，稿本，一九一七年。
《中國雕版源流考》，民國年間商務印書館《國學小叢書》本；上海古籍出版社新刊本，二〇〇八年。
《痛史》商務印書館，一九一七年。
《涵芬樓秘笈》，商務印書館，一九一六—一九二一年；北京圖書館出版社，影印本，二〇〇〇年。
《伊索寓言》，商務印書館，一九三五年。
《四部叢刊》，商務印書館，一九三二年起。
《富蘭克林》，商務印書館，一九二〇年。
《江南閲書記》稿本，一九一九年。
《模範軍人》，商務印書館，一九二四年。
《書目考》，上海圖書館藏，未刊稿本。
《重印四部叢刊書録》，未完稿本。
《緑天清話》，《小説月報》一九一二年第三卷五至七、十一期。
《小緑天善本書輯録》，《無錫圖書館協會會報》一九一二年第三期。
《涵芬樓讀書録》，《上海市立圖書館刊》一九四八年第二、四期。

顧　倬

（一八七二—一九三八）

生平簡介

近代教育家。字述之，别號雲窩。一八七二年一月二十七日出生。無錫城中鳳光橋顧家弄人。三歲而孤，賴母親杜氏設館課徒收脩餔以生活。自幼受母教，四歲母氏教以識字，并口授唐詩。五歲入塾，九歲受業於同邑名師龔叔度。十四歲，以家貧課徒自給。年二十一列名庠序，爲廪生。先後肄業於東林書院、南菁書院。清光緒二十八年（一九〇二）年，南菁書院改爲高等學堂，被派入堂肄業。翌年正月，與侯鴻鑒同時請得地方公費，留學日本弘文學院習師範科一年。時在戊戌變法後五年、庚子八國聯軍事變後三年，日俄戰争將起之時，先生深受刺激，愛國圖强以天下爲己任之志自此而立。歸國後任東林小學校長三年，任上海中國圖書公司編輯二年，任清直隸提學使掾屬一年有餘。曾獨辦新民小學校，又與友人華實甫、蔡松如合辦女子職業學校。清宣統三年（一九一一年），任江蘇官立第三師範學堂監督。翌年中華民國成立，任江蘇省立第三師範學校校長，前後達十一年之久，一心以興學校、挽頽風、救危亡爲宗旨。十分重視延聘良師，謝絶官方介紹，不受親友委托，而是就中小學中優良教師與積學敦品之人選爲學校教師。『五四』運動以後，學潮迭起，遍及全國，『三師』學生也幾次罷課。他主張學生不應涉及政治，認爲學校風氣有變，學生思想務外，不能專心治學，是莫大危機。一九二二年，辭職告退，息影家園，不斷研究教育問題，寫成《學潮研究》數萬言。後在藕塘橋附近辦理小麥試驗場，未幾，主編江蘇義務教育期成會刊行的小學教育月刊，從事農村小學教育研究。并親自赴南通考察，發表有關農村教育文章多篇。一九二九年冬，任江蘇農民銀行無錫分行經理。一九三四年，三子顧衡因參加革命遭殺害後，始覺察到僅談教育不問政治爲非計。抗日軍興，避地長沙，時疫流行，患痢疾，經醫治無效，一九三八年七月七日在長沙去世。

主要著作述要

《雲窩文存》：該書爲作者手稿，內收《過從母杜太孺人六旬壽序》、《祭陸表伯母顧太夫人文》、《嵇從母杜孺人七十壽序》、《涇臯小學校十五周紀念録序》、《薛母吴夫人哀誄》、《外舅秦藝園先生行述》、《儀臣子重合傳》、《陳世伯母吴太淑人七十壽序》、《從嫂侯宜人哀辭》、《墨潭山房記》、《祭袁觀瀾前輩文》、《悼族再侄振倫》、《施君襄臣函關秋賑圖序》、《黄允之先生哀誄》、《再修荇洲公墓記》、《重修惠山宗祠記》、《胡馭卿先生傳》、《重建崇義堂記》、《祭衡兒文》、《春暉小識》、《先母杜太君懿範録跋》，共計二十一篇。內《祭衡兒文》爲一九三五所寫，衡兒即一九三四年十二月英勇就義於雨花臺的中共革命烈士顧衡，該文現陳列於南京雨花臺革命烈士紀念館。

《雲窩詩存》：該書爲作者手稿，內收各體詩二、三百首。其中六組哀悼顧衡烈士的七絶共計一百首，尤爲感人肺腑。《哭衡兒詩》七絶百首，收入鳳凰出版傳媒集團江蘇科學技術出版社二〇〇九年的《烈血已經染雨花——顧衡烈士誕辰一百周年紀念集》中。

主要論著目録

《高等小學國文讀本》，文明書局，清光緒三十一年（一九〇五年）。

《簡明單級教授法》，中國圖書公司，清宣統元年（一九〇九年）。

《春暉小識》，石印本，一九一六年。

《幼兒保育法》，商務印書館，一九二〇年。

《學潮研究》，中華書局，一九二三年。

《第四區江蘇無錫縣農村經濟調查》，江蘇省農民銀行總行，一九三一年。

《顧母杜太君懿範録》石印本，一九三六年。

《雲窩文存》，稿本。

《雲窩詩存》，稿本。

侯鴻鑒

（一八七二—一九六一）

生平簡介

近代教育家，江蘇近代教育的開拓者，南社成員。字葆三（保三），號夢壽、了叟、病驥。其母夢獅而生，因此自號『夢獅』。晚年自稱『病驥老人』、『汗漫生』等。清同治十一年（一八七二年）十月十九日出生，江蘇無錫人。侯鴻鑒出生貧寒，幼時常受温飽問題困擾。但他自幼喜歡讀書，五歲入私塾，從朱遜甫讀書，十四歲讀完《四書》《五經》。十六歲時就以授徒、賣文糊口。在無錫西溪結『詩文社』。因憤恨慈禧荒淫無道，作諷刺詩《落花篇》，一時傳爲美談，同輩稱其爲『侯落花』。光緒十六年至二十二年（一八九〇—一八九六年），他四次應科舉考試均落榜。光緒二十二年（一八九六年），憤而轉向新學，自學數、理、化，在西溪成立算學研究會，提倡數學研究，編輯《積志學會月報》等。後與江陰夏冰蘭女士結婚，在紹衣堂舊宅開館授徒，侯鴻鑒自任教師，冰蘭女士則爲學生準備膳食。光緒二十三年（一八九七年）秋，考入上海南洋公學師範院。在學習過程中，兼爲下院生講中文課程，半日讀書，半日教書。並利用課餘認真自學外文與西方科學，爲上海《時務晚報》主筆。其妻則在上海務本女子師範學習，並在浙江紹興明道學校任教。光緒二十四年（一八九八年），侯鴻鑒由上海返回無錫，應歲試，考中秀才，在楊模創辦的竢實學堂任教。光緒二十八年（一九〇二年）再赴南京秋試，又落榜。其後在錫創辦務本學堂。

同年年底，侯鴻鑒得到楊模的資助，携妻留學日本，入弘文學院師範科學習，和袁叔畬、經亨頤、劉揆一等爲同學，與吴玉章等結爲摯友。光緒二十九年（一九〇三年）五月，留日學生興起辦報之風，鼓吹愛鄉愛國情結，宣傳自治、革命等理論，江蘇同鄉會也在日本創辦了《江蘇》。侯鴻鑒在創刊號上以『侯生』爲名，發表了《哀江南》，『爲江南之歷史哀』，『爲江南之地理哀』，『爲江南之政法哀』，『爲江南之軍事哀』，『爲江南之教育哀』，『爲江南之實業哀』，指出江蘇的積弊是『歷史腐敗，地理破裂，政法苛酷，軍事委靡，教育頑固，實業孤惰』。在以後幾期上，他又撰寫連載了《哲學概論》，講解西方哲學。他還以『保三』一名發表《樂歌》。由於學費不够，他在學習之餘翻譯日文，獲得稿酬以資完成學業。在日本期間，他還幫雲南李湛陽代筆，編撰《考察日本商業教育武備日記》（十二卷），共十萬多字，取得四百圓的酬報，他用這筆錢購置了教育器材標本，爲返回祖國從事教學作準備。

光緒三十年（一九〇四年），侯鴻鑒夫婦學成回國，繼楊模出任竢實學堂校長。光緒三十一年（一九〇五年）正月，創設了私立無錫競志女學，後又增設幼稚園。他倣效日本辦學模式，結合自己勞苦勤學的精神，以『勤、肅、樸、潔』和『真、實、勞、苦』作爲競志的校訓。開辦時學生僅六十四人，後擴充爲小學、中學、師範三部。在教學用書方面，除了採購文明、中華、圖書、商務各書局的課本之外，學校還自編了許多圖書，其中由侯鴻鑒本人編著的有《高等小學女子修身課本》、《鄉土歷史》、《鄉土地理》、《單級教授法講義》、《保姆學》、《競志雜志》、《薙刀體操法》、《範教及試教之教授案》、《初等文法教科書》、《最新式七個年級教授法》等。無錫競志女學辦學成績卓著，與上海的務本、愛國和蘇州的振華等女校齊名，爲我國近代最早創辦的有影響的女校之一。光緒三十二年（一九〇六年），應江蘇提學使的聘請，任江蘇省視學，以視察所見寫成《視學報告》和《教育鏡》。宣統元年（一九〇九年）暑期，爲籌建競志新校舍，孤身赴武漢、洛陽、開封、北京、天津等地募集經費，並寫出《鄂汴京津旅行記》。宣統三年（一九一一年）任江西省視學。辛亥革命興起，他趕回無錫，發動競志師生策應秦毓鎏等光復無錫。無錫縣議會成立，被推爲副議長；繼而江蘇省縣議會聯合會成立，被推爲會長。但他無意從政，仍以獻身教育爲宗旨。

一九一二年七月，蔡元培、范源濂主持召開由五十二人參加的民國臨時教育會會議，侯鴻鑒携所著《民國教育制度》二册出席會議，被選爲全國臨時教育會議員，並提出了『請明定教育方針』議案。此後，連續三次當選無錫縣教育會會長，主編《無錫教育》雜志，發起創辦無錫縣圖書館、縣通俗教育館，編寫《無錫鄉土史地教材》，輯《無錫金匱縣志補遺》等。一九一二年曾再赴日本，參觀大正博覽會，游東京、西京及名古屋。後擔任江蘇、江西、河南、福建各省教育廳視學，又奉教育部之命，到東三省和河南、陝西、甘肅、山西、内蒙古等地視察教育，並先後受瀋陽、天津、泉州諸校的聘請前往講學，足迹所及幾乎半個中國。一九一八年七月，從厦門渡海到臺灣參觀學校，又南游菲律賓、新加坡、馬來西亞、印度尼西亞，寫出《南洋旅行記》。

一九二四年起，侯鴻鑒爲探究世界教育情况和國家興衰强弱的原因，隻身作環球游，先後赴亞、美、歐、非洲十一國考察教育，寫了大量以考察教育爲内容的游記，歸來後有《環球旅行記》問世。在從事教育管理的同時，侯鴻鑒還將日本的一些教育專著翻譯出版，引進先進的教育理念，對近代教育事業做出了巨大貢獻。侯鴻鑒曾先後在多個省份從事教育、文化和圖書管理工作，侯鴻鑒終生從事教育實踐和著述，推廣當時國外先進的教學思想、方法，促進了江蘇省近代教育向現代化的轉型，在當時教育界産生相當大的影響。

侯鴻鑒工詩詞，曾參加柳亞子等組織的進步文學團體『南社』。他還酷愛書籍和文物、標本的收藏，游學所到之處，喜歡收集各種標本、科學儀器，用作教學教具；並收集唐宋元金石書畫多達三萬八千餘件，爲書房藏室取名『藏經閣』、『百一樓』、『滄一堂』，被朋友稱作『家庭博物館』。不料『八一三』之役，藏品全部毁於炮火，成爲他生平最痛惜的事。侯鴻鑒一生著作甚豐，有詩文集《滄一堂詩文鈔》、《驥鶴唱和集》、《藏經閣詩鈔》等，著有《旅行記》三十七種，《病驥文存》、《病驥詩存》、《訪碑記》等二十多種，另在圖書文獻研究、教育研究方面有《靖江學務改良政策》、《古今圖書館考略》等專著，還編寫了不少教科書。由於多年的辛苦奔勞，侯鴻鑒於六十歲後身體一直多病。中華人民共和國成立以後，他仍任競志女中校務委員會主任、名譽校長，被選爲無錫市人大代表和政協特邀委員。一九六一年六月十九日逝世，享年八十九歲。

主要著作述要

《錫山先哲叢刊》（共四輯）：重視圖書文獻的保護和研究，是侯鴻鑒多年堅持的一個目標。一九二一年，無錫縣圖書館館長劉書勛和鄉賢陶守恒、侯鴻鑒、俞復等商議，決定整理出版一批地方文獻，定名爲《錫山先哲叢刊》。一九二二—一九三一年，侯鴻鑒等編成《錫山先哲叢刊》，共四輯十九册，收入《無錫縣志》、《愚公谷乘》、《秋水文集》、《竹爐圖咏》、《浦舍人詩集》、《王舍人詩集》、《淡寧居詩集》、《邵文莊公年譜》、《樂皋山堂稿》、《高子遺書節鈔》、《錫山補志》十一種書，均爲無錫重要而稀見的鄉邦文獻。一九二二年至一九三一年間由上海中華書局出版，成功地搶救和保存了地方文獻資料。二〇〇五年，江蘇鳳凰出版社（原江蘇古籍出版社）再版。此次再版，對每部書的作者情況加以簡介，使不爲世人了解的作者生平背景得到補充，爲無錫地方經濟文化研究提供了資料。

《錫金鄉土歷史》《錫金鄉土地理》：編纂教科書，是侯鴻鑒從事教育工作的一個重要方面。光緒二十七年（一九〇一年），清政府開始進行教育改革，廢科舉、立學部、興學堂等措施陸續出臺。光緒三十一年（一九〇五年），頒發了《鄉土志例目》，要求各地按要求編寫鄉土教材，普及鄉土教育。而在留日學生團體中間，也在提倡加强鄉土觀念，早在光緒二十八年（一九〇二年）左右，留學日本的中國留學生團體就紛紛組建同鄉會，創辦報刊，如《江蘇》、《浙江潮》、《雲南》等報刊就是在這樣的歷史背景下産生的。但是，對日本留學生團體而言，呼籲熱愛家鄉，不在於最終培養成忠君之目的，而恰恰表達了他們對地方自治、排滿、憲政等政治訴求。因此早在《鄉土志例目》頒佈前一年，他就已經開展了鄉土志書的編寫、推廣工作，成爲江蘇省最早推廣鄉土教育的教育家，也是國内較早從事鄉土教育的學者。光緒三十三年（一九〇八年），侯氏編成了《錫金鄉土歷史》與《錫金鄉土地理》，在該書第四版（修訂本）序言中他説：『歲甲辰（一九〇四年）因編鄉土歷史上、下卷，鄉土地理上、下卷付諸梓人，以城鄉各小學之需用是書也。時閲三年，印凡三版。』

主要論著目録

《初等文法教科書》，文明書局，一九〇三年。

《錫金鄉土地理》，一九〇四年成書，無錫藝文齋活字本一九〇六年。

《錫金鄉土歷史》，無錫藝文齋，一九〇六年；梁溪文苑閣，一九〇八年。

《教育學》，無錫速成師範學校，一九〇八年再版。

《最新七個學年單級教授法》，中華書局，一九一四年。

《西秦旅行記》，中華書局，一九一九年。

《南洋旅行記》，商務印書館，一九二〇年。

《東三省旅行記》，無錫錫成印刷公司，一九二一年。

《（福建）晋江鄉土志》，晋江明新學校，一九二三年。

《寰球旅行記》，競志女學校，一九二五年。

《無錫兵災記》，自刊本，一九二五年。

《單級教學實施法》，福建教育廳編輯部發行科，一九二九年。

《錫山先哲叢刊》，上海中華書局，一九三一—一九三一年；江蘇鳳凰出版社，二〇〇五年再版。

《西北漫游記》，無錫錫成印刷公司，一九三七年；甘肅人民出版社，二〇〇三年版。

《病驥七十無量劫反省詩》，編者刊，一九四一年。

《題秋瑾墓（其二）》，《申報》一九〇八年十二月二十二日。

鄭觀文

（一八七二——一九三五）

生平簡介

民族音樂家，音樂社會活動家。字光裕，江陰人。清同治十年（一八七二年）出生於江陰城外澄江橋畔的一個書香之家。三歲喪父，六歲喪母，由七十多歲的老保姆撫養成人。自小愛好音樂，十二歲已能演奏一般的絲竹音樂。在古琴名家唐敬洵先生的精心培育下，琴藝高超，韵味獨具。他彈奏的《秋鴻》、《平沙落雁》、《水仙操》、《胡笳十八拍》、《梅花三弄》等名曲，古樸典雅，蒼勁有力，技藝精湛，感人至深，深獲周慶雲、史量才的稱道。十七歲參加江南鄉試時，在南京購得古琴一張，自此開始研究中國樂理。一九〇三年任江陰廟堂音樂助教，協助湖南瀏陽古樂專家製造祭孔樂器。一九〇八年在家鄉創辦小學校，添置樂器，開設音樂課程。

一九一四年到上海哈同花園所辦的倉聖明智大學擔任音樂教師，講授中國古典音樂。一九一八年在愛多亞路一〇〇四號其弟鄭立三家創辦『琴瑟學社』，教授古琴與瑟，一九一九年易名『大同樂會』。一九二三年製作了雙層琴面的七弦增幅琴。六月，受聘於聖瑪利亞女學任國樂導師。十一月，初步完成大同樂會籌備工作，并在《申報》上發表《大同樂會之新組織》一文，闡明樂會的規則及簡章。一九二四年出版《簫笛新譜》，一月，新製仿古樂器十四種，包括直項琵琶、小箜篌、七弦琴等，連同原先製作十八種古樂器通計已達三十二種。二月，撰寫《大同樂會籌備修正中西樂》一文，在《申報》上發表，文中提出廢除九宫音階，改用十二律音階，確定標準音高，改良記譜法的主張。因此文與柳堯章結爲摯友。四月二十七日，鄭觀文組織的具有三十人規模的女子樂團成立。樂團分為弦、管、簧、械四組，由鄭觀文教習樂器，歐陽予倩教習歌舞。六月八日，女子樂團在北四川路中央大會堂舉辦古樂舞演奏大會。七月十一日至八月二十一日，大同樂會借用兩江女子體育師範學校場所，首次開辦暑期學校，科目爲中國古樂（琴、瑟、琵琶、笙、塤、篪、箜篌、胡笳等)、古樂舞、絲竹、鋼琴及小提琴。七月十四日—八月一日在《申報》上發表了其在暑期班講課時使用的四篇樂理論文。

一九二五年四月，製成五十弦大瑟，命名『庖羲瑟』。『五卅慘案』發生後，工人罷工。八月三日至六日，上海文藝界於新舞臺舉行四天『援工游藝大會』，大同樂會踴躍參加義演。十月，柳堯章根據汪昱庭先生所教的琵琶獨奏曲《潯陽夜月》改編成絲竹合奏譜，當時曾易名爲《秋江月》。

一九二六年春，鄭覲文正式將《潯陽夜月》定名爲《春江花月夜》，十段各配以小標題。其後又製作了音量比古琴大一倍的五弦『虞琴』。三月十三日，在《申報》發表《樂系周會宣言》，每星期日下午舉行三小時的『樂系周會』，分爲琴瑟、琵琶、京崑、絲竹四組。會中特設講習所，每日授課四小時。三月，鄭覲文將古琴曲《昭君怨》改編成合奏曲，并易名爲《明妃淚》，用琵琶、箏、二胡和阮等樂器演奏。八月，應江浙等五省聯軍總司令孫傳芳之邀，大同樂會五十人，於當月二日夜乘專車赴寧，參加孫傳芳舉辦的『雅歌投壺』大會。

一九二七年一月十五日，舉行『雅歌投壺』大會，旨在爲製作全套仿古樂器籌集資金。十一月，世界著名俄國小提家秦巴里斯特(Zimbalist)來滬，要求瞭解中國音樂。鄭覲文等同秦巴里斯特聚會於《字林報》記者沙哥士寓所。十二月一日，蔣介石、宋美齡在大華飯店舉行婚禮，大同樂會應邀參加奏樂。

一九二八年，并且按十二平均律，在琵琶原來的四相十二品體制上，加入了半音品位，爲目前的琵琶尺寸確定正式的規格，製成了六相十八品的新琵琶。五月，《中國音樂史》脱稿，其書耗時九載，內容上溯至上古雅樂、五代頌樂等，出版後被法國巴黎圖書館和德國柏林圖書館收藏。十二月，初步製作出定調笛。原先之笛長短無據，音調不定。爲使笛子的音調穩定，以A音爲標準，製成十二宮笛，後又製作出可以伸縮的接銅套的笛子。一九二九年三月，製作出比較完善的二十一弦箜篌。六月二十九日，在《申報》上發表《國樂正軌》一文，該文闡述了大樂與普通絲竹不同，大樂隊的組建及練習情況，并決定大同樂會暑期擬增設國樂大樂班。同年，由大同樂會發起，聯合汪氏琵琶社、韓江絲竹社等十個團體，組成國樂聯合會，意在組建國樂大樂隊。一九三〇年，《中西樂器全圖考》脱稿，可惜它同另一著作《雅樂新編》一樣，手稿不知所終。五月十二日，世界學院歡迎法國公使來華考察，並爲賑濟遼西水災，在大華飯店舉行『遼西賑災化裝舞會』。大同樂會全體三十人應邀演奏《國民大樂》五章。一九三一年一月，大同樂會全套倣古樂器製成，共計一百六十三種。其中彈弦樂器三十五種，拉弦樂器二十種，吹奏樂器四十三種，敲擊樂器六十種，并附音律樂器五種。七月，儉德會國樂組爲賑濟全國水災，舉辦游藝會，大同樂會參加義演。七月，法國文學家、音樂理論家拉鹿阿氏來滬，鄭覲文陪同拉鹿阿參觀大同樂會製造的全套倣古樂器，由大同樂會演奏娱賓。一九三二年六月，上海市商會創辦中國軍樂，由鄭覲文任總指導，許如輝等爲助教，規定樂器有吹、彈、拉、擊四類，計三十二種。所有樂器均由大同樂會製造。一九三三年三月，因大同樂會在製出全套百餘件倣古樂器的基礎上，又製出十二律琵琶、十二律簫、笛以及小提琴和尤各利利，鄭覲文提出成立大同樂器公司的建議。四月九日，大同樂會在明星影片公司拍成紀録片。影片拍攝了鄭覲文古琴獨奏《海島孤踪》，衛仲樂琵琶獨奏《十面埋伏》，衛仲樂琵琶領奏、由九人合奏的《春江花月夜》，三十二人大合奏《東方大樂》（即《國民大樂》）。此外，影片還拍攝了全套倣古樂器一百六十三種。一九三四年八月二十七日，上海各界在文廟（當時曾改爲民衆教育館）大成殿舉行孔子誕辰紀念。大同樂會携帶樂器前往演奏《中和韶樂》。一九三五年二月二十四日晨，鄭覲文因腦溢血逝世，享年六十四歲。

主要著作述要

《中國音樂史》：本書耗時九載完稿。書中記載上自遠古雅樂，下至明清九宫的主要音樂事項，將中國音樂的發展分爲七個時期，收録大量歷史資料，是國内較早的一部音樂通史。全書收録祭祀樂、道家樂等三十八首，匯編了京調、崑曲、秦腔等傳統戲曲音樂等内容。該書是鄭覲文嘔心瀝血之作，『涵蓋内容之廣，討論問題之深，當代音樂學專家，至今評價頗高』。他在序中説：『要開創中國音樂的新紀元，就必須以全世界一切音樂，比較出一至美盡善之樂體以爲基本，然後方有成立可言。若憑一時之風尚，一隅之見解，不知統籌全局，决不能受全世界所公認。縱或强立於一時，亦難保不爲後人所不滿，是即本編之微意也。』他希望通過整理古代音樂文化的精神和實體，徵求海内同志一道來創建『有價值之國樂，以與世界音樂相見』。

《簫笛新譜》：上卷爲『理法』，介紹簫笛的演變歷史和吹奏技法；下卷爲『曲譜』（簡譜）。共收有曲譜四十四首。按鄭覲文的分類，其中收『笛家專曲』三十四首，而『普通樂曲』僅有十首。所謂『笛家專曲』，并非簫笛獨奏曲，乃是以笛子爲主奏樂器的樂曲，多爲蘇南吹打樂曲牌和少量的崑曲曲牌。上卷除講述簫笛的源流、演奏要領、一般的演奏技巧和保養知識而外，更重要的是，闡述了舊式簫笛必須改造的理由，以及他本人爲此所作出的努力，同時還闡述了他認定民族樂器需要『復古』的理由。他指出吹笛

『更有五要五忌，學笛人尤不可不知道』。這五要是：『一要氣長，二要音滿，三要圓潤，四要沉静，五要悠遠。』五忌則是：『一忌急躁，二忌錯亂，三忌輕浮，四忌粗暴，五忌油滑。』在講到按半孔時，將按半孔的方法概述爲『捺住半孔，或將指虚壓孔面，使音低下』。

主要論著目録

《雅樂新編（初集）》，丙辰雜志社，一九一八年。

《簫笛新譜》，上海文明書局，一九二四年。

《中國音樂史》，大同樂會，一九二九年。

《樂理》論文四篇，《申報》一九二四年七月十日、七月十九日、七月二十六日、八月一日。

《辟中國無文化可言之讕言》，一九三三年《申報》自由談。

榮宗敬

（一八七三——一九三八）

生平簡介

近代民族工商實業家。原名宗錦，晚號錦園。榮德生之兄。清同治十二年（一八七三年）九月二十三日出生，無錫城西榮巷人。榮巷位於無錫西郊惠山南麓，是榮氏家族聚居的地方。遷錫榮氏以農耕和經商維繫生息發展，到了榮宗敬父親榮熙泰這一代，家境趨於衰落。榮熙泰小小年紀，就不得不進鐵匠鋪當學徒；甚至連母親去世後的安葬費用都没有，只好變賣家産。後來榮熙泰便長年在外給商家當賬房先生，給官僚當師爺，勉强養家餬口。榮宗敬七歲進私塾，立刻顯示出過人的智慧，只要老師稍加指點，他就能够領悟，作文也總是寫得很出色。光緒十二年（一八八六年），榮宗敬十四歲就不得不離開學堂，幫助父親支撑家庭。經父親的朋友介紹，小小年紀的榮宗敬，獨自扛着鋪蓋卷闖進了大上海，在南市區一家鐵錨廠當學徒。不久染上了傷寒，只得回家治病調養。由於家中艱難，身體剛好，又返回上海。這次，進入永安街豫源錢莊當學徒。三年後，到上海森泰蓉錢莊當跑街。光緒二十二年（一八九六年），在其父與人合資開設的上海廣生錢莊任經理，經過幾年的慘淡經營，終於在上海立住了脚。光緒二十七年（一九〇一年），與其胞弟榮德生等人在無錫合辦保興面粉廠，這是無錫第一家機器麵粉廠，後改名茂新一廠，任批發經理。一九〇五年，兄弟倆又與張石君等七人集股在無錫創辦振新紗廠，一九〇九年任該廠董事長。一九一二年（民國元年），榮氏兄弟與王禹卿等人集股在滬創辦福新麵粉廠，榮宗敬任總經理。一九一五年四月，兄弟倆退出振新紗廠，在滬招股創建申新紡織廠，榮宗敬自任總經理。一九一七年三月起，榮氏兄弟又先後在上海、無錫、漢口創設申新二至九廠。并在滬設立茂新、福新、申新總公司，自任總經理。至一九三一年，榮氏兄弟共擁有麵粉廠十二家、紗廠九家，分別約占全國民族資本麵粉總産量的三分之一，紗布總産量的五分之一，被稱爲中國『麵粉大王』、『紗布大王』。榮宗敬著有《實業救國芻議》一書，全面表述了自己主張『實業救國』的觀點和看法。在實業有成的同時，榮氏兄弟還致力於家鄉教育、公益事業，先後在錫創辦多所學校。一九二九年榮宗敬又在無錫小箕山購地建造錦園。一九二六年後，曾歷任南京國民政府工商部參議、中央銀行理事、全國經濟委員會委員等職。

『九一八』事變後，日本的麵粉和棉紗開始大量涌入中國市場，加之擴張過快，榮氏企業陷入困境。外商和當局企圖乘機吞併榮家企業，後在社會各界聲援下，榮氏兄弟及其子侄，調度運籌、加强管理，終於使企業轉危爲安。一九三七年抗日戰爭全面爆發，榮宗敬自上海避居香港。一九三八年二月十日，在香港病逝，終年六十六歲。臨終，他仍以『實業救國』告誡子侄後輩。三月八日，他的靈柩由加拿大『皇后輪』運回上海，後安葬於無錫楊灣張山口。

主要著作述要

《實業救國芻議》：榮氏興辦實業的思想基礎是『實業救國』。榮氏兄弟生活的時代，正是中國社會半殖民地半封建化日益加深的時代。甲午清朝戰敗之後，帝國主義列强在中國取得投資開辦工廠的『特權』，民族危機進一步加深，以救國爲己任的有識之士中不少人提出了『實業救國』的主張，呼籲『挽回利權』，『設廠自救』。其代表人物是張謇，他還身體力行興辦實業。榮氏兄弟很崇尚張謇，也認爲中國應『多立工廠』，發展工業，纔能『杜侵略』，『抵外貨』。榮宗敬回憶說：『生齒日繁一日，舶來品日盛一日，不禁興起創辦實業思想。』有人評價榮宗敬：『宗公生於風雨飄摇之世，長於寒微有德之門，成於艱難困苦之中；一生以民生衣食、振興實業爲職旨，每欲自任天下，負剛大之氣，遂愛國之心，事業之大，罕有其匹，堪稱大丈夫！試想權重一國如李鴻章，才高一時如盛宣懷，家國天下如南通張謇，皆知不興實業無以致富强，宗公步其後而事業勝於前。』《實業救國芻議》一書，全面表述了榮宗敬的觀點和看法。他主張『實業救國』。『實業救國』與『民主共和』成爲當時的兩大思潮，『實業救國』在當時具有愛國的進步意義，促進了民族經濟的發展，同時對外國資本主義經濟入侵起到一定的抵制作用。

主要論著目録

《實業救國芻議》，一九三三年。

《總經理自述》，《茂新福新申新總公司三十週年紀念册》，一九二九年。

《振興實業，發展經濟，以惠民生計劃書》，《人鐘月刊》一九三一年十一月第三期。

丁福保

（一八七四——一九五二）

生平簡介

近代收藏家、佛學家、出版家、書目文獻專家。字仲祜，號梅軒，別號疇隱居士，一號濟陽破衲。原籍江蘇常州，清同治十三年（一八七四年）六月二十二日出生於無錫城中書院街一個書香家庭，祖父丁文炳曾任浙江海鹽縣典史。長兄丁寶書精於繪事。丁福保七歲入家塾就讀。他曾說自己天性魯鈍，讀書不上百遍不能背誦。十三歲時，長兄丁寶書爲他講解《左傳》、《史記》、《漢書》、《文選》等。丁福保勤奮好學，每夜苦讀到三更始就寢，於是學業大進。

光緒二十一年（一八九五年）肄業於江陰南菁書院，其間受學於長沙王先謙，讀《爾雅》、《説文解字》、《文選》、《水經注》等，並閲《四庫提要》、《漢學師承記》、《讀書雜志》等書，始識治學門徑。次年考取秀才。二十三歲補無錫縣學生員，光緒二十三年（一八九七年）奉父母命完婚。是年八月，與長兄寶書奉父命赴南京參加鄉試。當時，其父肺病頗劇，而兄弟試畢返回無錫，其父已先一日逝世，丁福保爲此抱恨終生，從此不再應試。

光緒二十四年（一八九八年），丁福保再入江陰南菁書院學習，隨著名數學家華蘅芳、華世芳學數學，習算術、代數、幾何、三角等法。後任竢實學堂數學教習，薪水有限，年終無度歲之資，深感乏錢之苦，重讀《史記·貨殖列傳》，方知謀生之術，技藝爲先。光緒二十七年（一九〇一年）入蘇州東吴大學攻讀化學。暑假後久病不愈，赴上海從名醫趙静涵學醫，並考入上海東文學堂學習日語。光緒二十九年（一九〇三年）夏，受張之洞之聘，任京師大學堂譯學館算學兼生理衛生學教習。

光緒三十四年（一九〇八年）春，丁福保遷居上海，在自新醫院任監院，懸壺行醫，開始爲人治病。宣統元年（一九〇九年），赴南京督院應醫科考試，獲得最優等内科醫士證書。宣統二年（一九一〇年），兩江總督端方聘他爲考察日本醫學專員，到日本考察醫學設施，並入日本千田醫科學校進修；盛宣懷也派他爲調查日本東京養育院、岡山孤兒院專員，考察日本醫學教育、醫院和育嬰堂、孤兒院的管理情況。由日本返國時，採購了大批醫學書籍，携之以歸。一九一〇年，丁福保發起組織中西醫學研究會，編輯出版《中西醫學報》，倡導中西醫學術研究活動。一九一二年在上海開設創辦丁氏醫院、醫學書局。進入民國後，他全家遷居上海。一九一四年，母親薛氏病逝，繼之他又大病幾死，自此戒葷茹素，虔誠信佛。除行醫、印書外，並廣購佛學書籍，作深入的研究。他於一九二〇年刊印的《佛學叢書》自序中説：『余自垂髫後，即喜披覽典墳，爲義理辭章考據之學者十餘年；奔走衣食，任算學教授者六年；翻譯醫書，爲人治病者十餘年。積書至十餘萬卷，而於各種學問皆一知半解，未能深入其奥秘，惟涉獵之餘，性喜刻書，因成《醫學叢書》、《文學叢書》、《進德叢書》，凡三部。然蹉跎荏苒，年逾四十，而道不明，德不立，曉夜以思，爲之懼且耻，茫乎未知人生究竟爲何也。於是悉棄其向所爲學，一心學佛，聚經萬餘卷，積數年之力，鑽研窮究，始知内典之博大精深，非世間書籍所能比擬。』一九二〇年，他將自己箋註脱稿的《金剛經》、《六祖壇經》等十多種佛教典籍，自己編寫的《佛學指南》、《佛學初階》等學佛入門小册子和佛學辭典，合起來命名曰《佛學叢書》，分册出版。李審言在《丁氏佛學叢書序》中稱：『吾友丁君仲祜，本以經生精研訓詁，既而上究軒岐本經，爲大醫王以救世，又復爲晁陳目録之學。今則謝絶一切，顓以箋疏佛經爲業。』一九一二年起，丁福保正式着手編纂《佛學大辭典》。至一九一九年完成編纂工作。一九二二年，《佛學大辭典》由上海醫學書局正式出版。這一期間，丁福保先後自撰醫書八十三種，翻譯日文醫書六十八種，匯成《丁氏醫學叢書》，由他創辦的醫學書局出版發行。此書在德國、意大利舉辦的萬國賽會上獲獎。一九一八年，編有《歷代醫學書目提要》，後又與人合編《四庫總録・醫藥編》，兼收中外醫學書籍。同時他還編著了《筆算數學》、《代數備旨》、《形學備旨》等，是我國早期的算學書。

丁福保喜愛藏書，早年仰慕南菁書院藏書，曾手抄書院目録一册，以備購藏。辛亥革命前後，編輯刊印有《漢魏六朝名家集初刻》、《全漢三國晉南北朝詩》、《歷代詩話續編》、《清詩話》等數部叢書。在日本期間，購得唐慧琳撰的《一切經音義》百卷、遼希麟撰的《續一切經音義》十卷，他據此編爲《一切經音義匯編》，石刻重印，廣爲流傳。又選輯道教經籍一百種，編成《道藏精華録》，於一九二一年出版。後又撰寫《老子道德經箋註》，於一九二六年印行。一九二四年自稱藏有『十萬又三千』卷書，建『詁林精舍』。後來，他的藏書達十五萬卷。編著有《文選類詁》、《爾雅詁林》、《古錢大辭典》等。

他整理古籍二十餘年，印行多種大型圖書，其名聲在學術文化界、醫藥界爲人所知曉。由於他的社會聲望，曾先後在上海佛教醫院、上海福幼院、世界提倡素食會、上海衛生教育社、中國醫學雜志社、古錢學會等慈善機構和學術團體擔任職務。丁福保晚年心態超脱放達。一九三五年，他曾將圖書一萬五千册捐給上海市立圖書館；一九三八年，將圖書兩萬册及古錢幣自周至清一全套捐給上海震旦大學，該校爲之設『丁氏文庫』以誌紀念。中華人民共和國成立後，他又將東周至清末的古泉三全套及甲骨等文物捐給上海文物管理委員會，將一般古籍捐給上海圖書館和復旦大學，將一千多種善本捐給北京圖書館，其中包括購自常熟鐵琴銅劍樓的宋元古本十餘種。一九五二年十一月二十八日，丁福保因病在上海去世，終年七十八歲。

主要著作述要

《佛學大辭典》：丁福保中年開始篤信佛教，潛心研究佛教典籍，編寫佛教通俗讀本和注釋佛典。在注釋佛典的過程中，丁福保感到佛教典籍浩瀚、宗派林立、名數繁多，初學者無從入門，修學有素者亦難於檢索。正如他在《佛學大辭典》的『自序一』中所説：『余於佛經之註，亦擬師單行之法。然經註之頁數較少者，固易爲力矣，脱欲註《華嚴》、《大日》等，其功將窮年而不能竟。日月逝於上，形神衰於下，即此發願欲註之經，在三十年内且不易脱稿，況十二部經浩浩大海！形有盡，願無盡，以無盡之願，入有盡之年，幻軀石火，心力難酬。』於是，丁福保考慮，選擇佛典中所有專門名詞，去其重複，釋其意義，示其出處，作爲一切經的總注。這就是丁福保編纂《佛學大辭典》的初衷。一九一二年起，丁福保正式着手翻譯《織田佛教大辭典》，同時參考日本出版的幾種佛教辭典，編纂《佛學大辭典》。在長達八年的時間裡，他嘔心瀝血，爲此付出了艱辛的勞動。他説自己爲編纂這部辭典『摒棄一切，痛自淬礪』，『沉面濡首，至忘寢食』（《佛學大辭典》自序一）。至一九一九年，丁福保終於完成了《佛學大辭典》的編纂工作。一九二二年，《佛學大辭典》由上海醫學書局正式出版。《佛學大辭典》是中國第一部新式佛學辭典，此書輯録佛學詞條三萬餘條，全書三百六十多萬字，内容廣泛，基本上囊括了佛教各種專門名詞、術語、典故、典籍、專著、名僧、史跡。《佛學大辭典》對每條辭目首先註明其詞性，如『名數』、『物名』、『地名』、『書名』、『人名』、『術語』、『雜語』、『譬喻』、『故事』、『儀式』、『圖像』等，然後解釋其詞義，徵引其出處。凡一辭有多義者，則依次列出，有的亦作必要的考證。而對翻譯的重要專門名詞、術語、人名、佛典等，則均註出梵文或巴利文，以便檢閲原書。此外，該辭典還編有詳細的辭條索引，頗便檢索。毋庸諱言，金無足赤，該辭典在某些辭目的解釋上也有不準確和不清楚的地方。有些註釋因爲用的是文言文，文字艱澀，意思不太明白。但這僅是白璧微瑕，瑕不掩瑜。丁福保編纂的《佛學大辭典》，可稱是中國佛教界的一項創舉。這部大型佛學工具書，爲我們提供了開啓佛學寶庫的金鑰匙。《佛學大辭典》從一九二二年正式出版到一九三九年先後印過四次。但由於種種原因，總共只印了三千部。一九八四年一月，文物出版社重新影印出版了《佛學大辭典》，全部辭目索引均按新頁碼重新編排，并將原舊版辭目字首筆畫編排和辭目索引中的錯誤一一改正。二〇一一年，中國書店重新出版《佛學大辭典》。

《歷代醫學書目提要》：晚清時期，中國社會發生急劇的變化，西學東漸，西醫傳入中國，對傳統的中醫學産生衝擊，使中醫學界在反思中醫的同時開始認識西醫。丁福保有精湛的醫技，『治病多奇效，又深信西醫學之可據。數年間編譯新醫書三十餘種，更深信外國醫方可以參用，而補我之缺也』。丁福保不僅大力介紹西方醫學，而且重視與傳統中醫結合，發揮中醫的優勢，取開放的姿態認可與接納西醫，并試圖通過『匯通』中西醫精華，尋求中國醫學的發展路徑。丁福保在一九〇九年赴日本考察醫學，目睹日本醫學改革成果、發展狀況，眼界大開，購買了大量日本介紹西醫學書籍回國譯述，撰寫《日本醫學記》、『開介紹日本醫學的先例，不斷將心得傳之於書册』。自述『考察日本醫學，見到他發達的情形，再回頭到過去，因自身的病弱而走上學醫的途徑時，真使我萬分的感動，這數十年我所主張與實踐的衛生第一、健康第一，也可以説是受這兩方面的影響所致』。他將譯述的西醫書籍編爲《丁氏醫學叢書》，並作提要介紹。《丁氏醫學叢書》中，包括大量醫學科普書籍，有《醫學綱要》、《普通醫學新知識》、《實驗祛病法》、《身之肥瘦法》、《胃腸養生法》、《育兒談》、《肺癆病預防法》、《肺癆病救護法》、《肺癆病一夕談》、《癆蟲戰争記》、《中風之原因及治法》、《霍亂新論·瘧疾新論合編》等。《歷代醫學書目提要》包括《歷代醫學書目》與《丁氏醫學叢書》。《歷代醫學書目》著録歷代中醫典籍，《丁氏醫學叢書》則是對丁福保譯述西醫書籍所作的提要。丁福保著述《歷代醫學書目提要》的目的，是整理保存古代醫學典籍，弘揚中醫學，傳播西醫科學知識。他目睹西學東漸，西醫傳播對於中醫的衝擊，中醫古籍面臨發展危機，『歐風東漸，中國數千年來哲學的醫學，一變而爲科學的醫學』，認爲『西人東漸，餘波撼蕩，侵及醫林，此又神農以後四千年以來未有之奇變也』。『數十年後醫界國粹亦不復保存矣，寧不悲歟？我國古今之醫籍，爲數至多，其問有極效之方，積數千百年之經驗，數千百人之精力而成者，其可貴豈凡庸之所能知哉！』丁福保作《歷代醫學書目提要》，整理保存我國傳統醫學文獻，將古代醫籍加以整理編目，別其門類，序其流派，給後學者以啓迪。丁福保所著《歷代醫學書目提要》是晚清唯一中西醫結合醫學書目，反映晚清時期西學東漸的時代特徵，具有重要的醫學文獻價值。《歷代醫學書目提要》，有一九一〇年上海文明書局本和臺灣文海出版社一九七四年再版本。

《説文解字詁林》：《説文解字》成書於東漢時期，是一部系統解釋文字形體、意義、聲音的專門性著作，是第一部漢語字典。近二千年來，《説文解字》一直被語文學界奉爲經典和圭臬。自唐代李陽冰刊定《説文》以後，《説文》原本即失傳。後人依賴於宋代徐鉉的校定本和徐鍇的《説文解字繫傳》本。但僅二徐本之間就有不少歧異之處，説明《説文》在唐、宋時僅版本就成爲一個問題，更遑論其餘。歷元、明二朝，至清代，以《康熙字典》對《説文》的繼承發展開始，清中葉説文學發展到頂峰。説文四大家之下，校勘、論理、辨正、註疏、演述、考證、補充的專著和論文約達數百種之多。如何檢索、利用這些治學成果，使學子們大傷腦筋。丁福保以三十餘年之力，於一九二八年完成了一部大著作《説文解字詁林》六十六册，廣搜歷代有關《説文解字》的著作共一百八十二種，一千零三十六卷。一九三二年編成《説文解字詁林補遺》十六册，補遺歷代有關《説文解字》的著作共四十六種，七十卷。《説文解字詁林》可説是應時代要求而誕生。該書將歷代研究和注釋《説文解字》的許多專著以及其它著述中論及《説文解字》的資料匯編爲一書，分前、後、補、附四編和通檢。編排以大徐本爲經，將各家有關《説文解字》的研究著作拆散後，分別繫於大徐本《説文解字》各字之下，使讀者檢一字而可得諸家之説，使用起來極爲便利。所收研究《説文解字》的著作，分爲十一類，各字之下依類排列，即：一、大徐本及校勘字句之屬：正編二十種，補遺二種；二、小徐本及校勘字句之屬：正編五種，補遺一種；三、段注及考訂段注之屬：正編十種，補遺二種；四、桂氏義證及辨訂之屬：正編二種；五、王氏句讀，釋例及補正之屬：正編二種；六、朱氏通訓定聲及補遺之屬：正編二種；七、雜詁別述之屬：正編一百零七種，補遺三十三種；八、引經引古語之屬：正編二十一種，補遺三種；九、解某字、某句者之屬（自各家文集中輯出）：正編約六卷，補遺約三卷；十、金文、甲骨文可爲旁證或補許書之缺的：正編七種，補遺三種；十一、逸字外編之屬：正編六種，補遺二種。此外，丁氏還根據《一切經音義》、《續一切經音義》、《玉篇》等古代字書校勘大徐本，勘正脱句、脱字、衍字、誤字等數百條。《説文解字詁林》是歷代對《説文解字》研究、注釋的總匯，丁福保爲此傾注半生心力，故名其居所爲『詁林精舍』。丁福保六十六歲之後，老當益壯，又輯成《爾雅詁林》、《釋雅詁林》、《方言詁林》等。《説文解字詁林》正編初版於一九二八年，上海醫學書局影印；補遺初版於一九三六年，上海醫學書局影印。中華書局一九八二年十一月據原版重印。于右任稱：《説文解字詁林》能『聚數百人腹笥淵博之學説於一端』，使學者得以『互相參校，洞見癥結』，所以自二十世紀三十年代問世以來，一直是古文字學的重要參考書，深受學術界的重視。

《古錢大辭典》：丁福保是著名的古錢收藏家。二十世紀三十年代是中國古錢收藏團體活動最爲活躍的時期。一九三六年，中國古泉學會在上海成立，丁福保任會長，同年六月出版季刊《古泉學》。丁福保所編《古錢大辭典》，其中著録的古錢，除編者自藏的以外，并收録了翁樹培《古泉匯考》、劉喜海《泉苑精華》、鮑康《觀古閣泉拓》三書（均無刻本），以及日人平尾聚泉所輯各種錢譜中的古錢拓本。近人方若、張乃驥藏錢的精拓，也收入本書。《古錢大辭典》廣收錢幣實物、書譜、拓本，借鑒前人尤其是乾嘉考據學者以來的錢幣考證成果，對歷代貨幣進行精心的梳理定位，基本再現了中國歷代貨幣發展的脉絡，初步搭建起歷代貨幣研究體系的框架。許多觀點已被今天的學術研究證實爲卓見。其所收錢圖大部分爲影印原拓本，見圖如見原錢，有便學者。丁氏曾言：『知古泉之蘊，非一士之智、一代之學，所能盡也。然惟前人之既辟其徑途而言有端緒，然後繼事者，乃得由間而入，別其是非，則前人用力之艱，又烏可忘也。』該書由上海醫學書局一九三八年出版發行，分總論、上編、下編三部分。第一册爲通檢，將各古錢之第一字，按筆畫編成目録。第二册至第六册爲上編，收録古錢圖，上自先秦刀布，下迄清末圜錢，按古刀布幣、圜錢、壓勝等三類列圖。第七册至第十一册爲下編，按各錢之有關考據及錢譜之學説，加以分列，第十二册爲總論，列綜合性的論著和各錢譜的介紹。後來，丁福保又編成《古錢大辭典拾遺》，補充前書漏收的資料，由上海醫學書局出版發行，全書珂羅版印刷，印製比《古錢大辭典》更爲精細。此書備列中國及日本近代古錢家傳略及譜録，訂正刀布古篆訛謬，節譯《東亞錢志》關於日本、朝鮮、琉球、安南等錢的詳論及錢圖，補古今錢譜記載外國品不詳之缺。《古錢大辭典》始編於一九三六年，於一九三八年付梓刊行。《古錢大辭典》集中國歷代古錢幣研究之大成，代表了民國時期錢幣學的最高水平。在其後的半個多世紀中，考古發掘和錢幣研究的深入，對《古錢大辭典》有所發展和駁正，但《古錢大辭典》的研究成果一直是中國現代錢幣學的重要基礎，其許多觀點歷經時間的考驗，仍屬真知灼見。原版《古錢大辭典》全套（帶補遺）共十三册，由於屢遭兵燹之災，遺存很少。中華書局一九八二年重印。

《歷代詩話續編》、**《清詩話》**：《歷代詩話續編》是繼清代何文焕輯《歷代詩話》而編成的一部詩話叢書，凡收詩話二十九種，有唐孟棨《本事詩》、唐吴兢《樂府古題要解》、唐張爲《詩人主客圖》、唐齊己《風騷旨格》、宋吴聿《觀林詩話》、宋楊萬里《誠齋詩話》、宋陳巖肖《庚溪詩話》、宋蔡夢弼《杜工部草堂詩話》、宋吴幵《優古堂詩話》、宋曾季貍《艇齋詩話》、宋吴可《藏海詩話》、宋黄徹《䂬溪詩話》、宋范晞文《對床夜話》、宋張戒《歲寒堂詩話》、宋劉克莊《江西詩派小序》等，一九一六年由上海醫學書局印行，中華書局二〇〇六年排印出版。因《歷代詩話續編》所收詩論作品僅到明代，丁福保又編輯了《清詩話》。《清詩話》一書，專輯清人詩話之作，共收録四十三種，有王夫之《薑齋詩話》、叶燮《原詩》、沈德潛《説詩晬語》及王士禛、趙執信、翁方綱諸作，都是清代詩論中的代表作品。此書亦有不足，即版本失擇，校勘疏漏。一九六三年中華書局上海編輯所整理重印此書時，郭紹虞撰寫《前言》，對所收諸作均作扼要介紹，考析版本源流，可補丁編的不足。

《全漢三國晋南北朝詩》：丁福保所編的一部詩歌總集，凡五十四卷。全書依時代爲次，分爲十一集：即全漢詩、全三國詩、全晋詩、全宋詩、全齊詩、全梁詩、全陳詩、全北魏詩、全北齊詩、全北周詩、全隋詩。各集之中，所收録詩，又以詩人的年代爲次，先列帝王、諸侯王的詩，以及郊廟、燕射、鼓吹、舞曲等歌辭；繼而收録文人的詩，民間無名氏的樂府詩。收録自漢以來至隋代的詩歌，可謂完備。丁福保在該書的緒言中説：『唐以前詩之見於别集者，不過二十餘種，見於總集者，亦不過二十餘種，除文選、玉臺、樂府外，大半爲明人纂輯本。惟明人刻書，往往泥沙雜糅，受博而無所持擇。』《全漢三國晋南北朝詩》以明代馮惟訥《古詩紀》和清代馮舒《詩紀匡謬》爲藍本，加以增訂而成。該書意與《全唐詩》相銜接，是一部搜羅資料較爲完備的詩歌總集。該書搜羅各代詩歌較爲完備，資料的排列以時代爲序，便於查閲，故流行頗廣。不足之處是，對《詩紀》和《匡謬》的錯誤和缺陷未作細致考核補苴，又失收先秦的歌謡、逸詩。該書初版於一九一一年，一九五九年由中華書局斷句排印出版。

《少年進德録》：勤勞善良的中華民族，創造了五千年的文明史，也爲子孫後代留下了光輝燦爛的文化寶藏，而傳統的道德，正是這座傳統文化寶庫中一顆璀燦奪目的明珠。由清代末期著名學者無錫丁福保歷時十餘年編纂的《少年進德録》一書，廣泛地采擷了中華民族傳統道德中的閃光之點。全書共二十七章，分總論、幼學、孝友、修身、立志、改過、勤儉、救濟、讀書、交際、養生等，各章皆薈萃了古人至理名言。原序云：『余髫齡後，喜閲儒先書籍，掇其言之切於日用者，歷十餘年不輟，名曰《少年進德録》。置諸座隅，爲朝夕省察克治之資。惟性氣褊躁，力與心違，暴棄到今，負疚山積。今歲診病之暇，董理舊稿，切己體察：二十年中無一語能實踐者。校閲時不啻芒刺之在背也。嗚呼！頭童齒脱，已非故我。四十無聞，宣尼所嘆。昌黎曰：「聰明不及於前時，道德日負其初心，其不至於君子而卒爲小人也昭昭矣。」其吾之謂歟？刊之，因志吾之過焉。雖然，袁了凡有言曰：「從前種種，譬如昨日死；從後種種，譬如今日生。」繼是以往，服膺此書，兢兢業業，日處於憂勤惕厲，以檢束其身心，庶可補救萬一。敢不日抱是書以自省也夫。』其警精透辟處如當頭棒喝，能唤醒癡迷；如暮鼓晨鐘，能發人猛省。本書刊出雖已八十餘年。但是至今對廣大青少年的德育教育、人生教育和家庭教育，仍是一部難得的教材。齊魯書社一九九六年出版排印本，名爲《中國成功家庭教育讀本》。

《四部總録》（醫藥編、天文編、算法編、藝術編）：中國古典目録學源流有自，而涉及醫藥、天文、算學、藝術等門類集大成式的目録學著作却比較缺乏。丁福保生前編成而未及出版的《四部總録》遺稿，經其學生、時供職商務印書館的周雲青整理後，由商務印書館在一九五五年—一九五七年間分批出版，共『醫藥編』、『天文編』、『算學編』、『藝術編』四種，未及整理刊行的尚有『史學編』。一九八四年，文物出版社據商務印書館排印本重印，綫裝一函四册。二〇〇六年江蘇廣陵書社有限公司把『醫藥編』、『天文編』、

『算法編』、『藝術編』匯爲《四部總録》精裝出版。

主要論著目録

《算學書目提要》，竢實學堂，一八九九年。

《衛生學問答》，上海文明書局，一九〇〇年。

《蒙學筆算教科書》，文明書局，一九〇四年。

《蒙學生理教科書》，文明書局，一九〇六年。

《歷代醫學書目提要》（包括《歷代醫學書目》與《丁氏醫學叢書》），上海文明書局，一九一〇年。

《漢魏六朝名家集初刻》，無錫丁氏自刊本，一九一一年。

《全漢三國晉南北朝詩》，世界書局，一九一一年；中華書局斷句排印本，一九五九年。

《歷代詩話續編》，上海醫學書局，一九一六年；中華書局排印本，二〇〇六年。

《丁氏佛學叢書》（包括《佛學指南》、《佛學初階》等入門書及《金剛經》、《六祖壇經》等十余種佛教典籍箋注），一九二〇年。

《道藏精華録》，一九二一年出版；浙江古籍出版社，一九八九年。

《佛學大辭典》，上海醫學書局，一九二二年；文物出版社影印，一九八四年；中國書店，二〇一一年。

《老子道德經箋注》，廣文書局，一九二六年。

《一切經音義匯編》，石刻重印。

《説文解字校録》，江蘇書局刻本。

《説文解字詁林》，上海醫學書局，一九二八年；中華書局，一九八二年原版重印。

《中藥淺説》，商務印書館，一九三〇年。

《説文鑰前後編》，石印本，一九三三年。

《説文解字詁林補遺》，上海醫學書局，一九三六年；中華書局，一九八二年原版重印。

《古錢大辭典》，上海醫學書局，一九三七年；中華書局，一九八二年。

《疇隱居士自傳》，一九四八年。

《清詩話》，中華書局上海編輯所整理重印本，一九六三年。

《陶淵明詩箋注》，藝文印書館，一九六四年。

《少年進德録》，齊魯書社，一九九六年。

《四部總録》（醫藥編、天文編、算學編、藝術編），商務印書館，一九五五年—一九五七年；文物出版社原版重印，一九八四年；江蘇廣陵書社匯爲《四部總録》精裝出版，二〇〇六年。

秦瑞玠（一八七四—一九四八）

生平簡介

近代政法學家。字晉華，一作瑞珍，後改菁華。清同治十三年（一八七四年）十月十二日生於無錫，光緒二十三年（一八九七年）優貢生。不久，赴日本法政大學學習法律。畢業後歸國，先在河南省任知縣，後改任江蘇諮議局議員。一九〇二年，裘可桴創辦東林學堂，他與俞復、吴稚暉受聘爲講師，編輯《蒙學東洋歷史教科書》、《蒙學西洋歷史教科書》爲教學之用。一九〇四年錫金學務公所成立，當選爲學務經董。一九〇六年十月二十六日，鄭孝胥、張謇等在上海設立預備立憲公會，入會任編輯員；次年，與孟森等編輯《法政學交通社雜志》，並在《申報》上發文呼籲開國會、訂憲法；八、九月間預備立憲公會設立商法草案編輯所，與張伯雄、湯幼諳、邵羲（仲威）、孟森等一邊翻譯各國商法正文及其學説，一邊開始起草工作。一九〇八年二月十六日（元宵節）與鄭孝胥、張雄伯等同至立憲公會參加首次會員常會，提議創建私立政法大學、開國會、設立宣講研習所。一九〇九年二月二十日，法政講習所舉行開講式，主講商法、公司法；十二月十九日，預備立憲公會與上海商務總會第二次召集全國各商會代表，對商法草案進行修改，之後公推秦瑞玠、孟昭常二人爲赴京代表，『將商法呈部』。中華民國成立後，歷任北京臨時參議院議員、江蘇第一高等審判廳監督推事。在京期間，與許寶蘅等有交往。一九二二年十二月任代理農商部次長。一九二三年五月十六日，商標局成立大會在農商部參事會議廳舉行，秦氏任商標局首任局長，並作《商標局成立報告詞》。在晚清政法學界，秦瑞玠的研究和法條起草涉及商法、刑法、商標法、著作權法等多個領域，注重法律體系的建立，並參與實際操作，可謂是一位實踐家。

主要著作述要

《著作權律釋義》：《大清著作權律》頒行於清宣統二年十一月十七日（一九一〇年十二月十八日），爲了便於其在民國初年的貫徹落實，秦瑞玠對全部五章五十五條條文進行了釋義。在書前『緒論』部分，他首先探討了著作權律的定義、性質，認爲著作權律是國家制定的關於著作者權利的法律，其宗旨是獎勵著作者並保護其權利不受侵害。其性質則爲私法，是民法的特別法，亦即民法法典外之單行法。而私法規定的個人權利，既有人格權，又有財産權。考慮到財産權包括物權、債權兩大類，秦瑞玠指出：『著作權則非必有爲其目的之物品，又非必僅對於特定之人得行使其權利，是非物權，亦非債權。特於普通財産權之外，别自爲一種無形的財産權。其異乎商號及商標之無形的財産權者，則以其出乎智能之故；其異乎工業上發明特許意匠等之智慧的財産權者，則又以其屬乎文學美術之故。』然後從世界範圍内論述著作權律的發展及其歷史研究、著作權律與警察法令的差别及與國際條約的關係。主體的『釋義』部分，則主要是『就現行律之各條，爲解釋論，以疏通證明之，便於法律之實施而已。至若依據學理，與各國法制比較研究，就立法論爲可否得失之評決，固非本編之範圍所及也』。《著作權律釋義》是中國最早的著作權法律釋義著作，秦氏充分借鑒外國相應法律，尤其是日本著作權法，對《著作權律》有關條文進行了詳細解釋，使其進一步發展和完善，爲法律執行者提供了指導和便利。

《新刑律釋義》：《大清新刑律》頒布於清宣統二年（一九一〇年）十二月，民國初大體沿用，改名爲《暫行新刑律》。作者在序中指出，刑律在中國古已有之，然而隨着社會事勢的發展，時代思潮的湧現，創制在政體不革、學術偏廢基礎上的古代刑律已不適宜，而新刑律的編纂必須重人道、符憲政、顧條約、重科學。在一定程度上來説，《大清新刑律》完成了從傳統刑事法律制度到近代刑法制度的轉變，然而作者仍客觀地指出其『失之輕縱』、『不合禮教』、『專倣外國』、『現時程度不及』的弊病。本書『緒論』部分論述了刑法的性質、目的、犯罪的原因、刑事政策的作用、世界各國刑法沿革的大略、我國刑法沿革和改正的要點。如稱『刑法所特有之法律上結果爲刑罰，而刑罰爲國家對於不法行爲者，侵害其人法律上保護之利益，此爲刑罰與其他法律上結果爲異之處，而犯罪與刑罰實爲刑法上之兩大綱領』。撮述要點，間或隨文指明《大清新刑律》條款的特點及其適用性，言簡意賅。如稱『本律所採之主義，關於犯罪處罰，全注重於主觀的犯人之性情，不採純理報應主義，而取目的的豫防主義……然要不能不於分則各條對各種犯罪，視法益侵害程度之深淺，而豫定法定刑之輕重。由是觀之，則本律亦非必能全斥純理報應主義，而專採目的豫防主義者』，隨文指明《大清新刑律》的某些特點及其適用性。對於刑事政策，則分立法、審判、執行三點進行了分析。而對我國及外國刑法沿革的叙述，有助於法律執行者認清中國刑法自身特點及其所處地位。同時作者認爲《大清新刑律》『爲現時代最新最完備之法典，其於現行律例改正之處根本上迴不相同』，就其較大者言之，有八點：省約條文、審别性質、確定效力、擴充事項、採取新制、改正刑名、杜絶比附、兼行感化。正是在此認識基礎上，作者對《大清新刑律》逐條釋義，頗便於利用。《釋義》再版時未改原書名，内容也基本没有改動，而把兩法相異之點列於書前，使讀者一目瞭然。

《日本商法論》：此書著者松波仁一郎（一八六八—一九四五），二十六歲畢業於東京帝國大學法學系，歷任法律學校講師、教授、海軍大學教官、内閣法律顧問、日本大學商學部長等職，爲日本海事法學的創始人。《日本商法論》一書分爲《總則編》、《會社編》、《商行爲編》、《手形編》、《海商編》五編，非常系統地介紹了日本頒布實施的商法典，爲清末民初之中國法界學者所資借。秦瑞玠所譯爲前三編，《總則編》分爲法例、商人、商業登記、商號、商業賬簿、商業使用人、代理商等七章；《會社編》亦分爲總則、合名會社、合資會社、株式會社、株式合資會社、外國會社、罰則等七章；《商行爲編》篇帙略多，分爲總則、買賣、交互計算、匿名組合、仲立營業、問屋營業、運送取扱營業、運送營業、寄托、保險等十章。秦瑞玠在翻譯此書時，借用了日語中的漢字表達，術語與今日習用者多有不同。二〇〇五年何勤華主編《中國近代法學譯叢》收入此書，點校者對其進行了技術處理，如加注釋、依意轉换等，且將其與鄭釗所譯後兩編合爲完璧，便於閱讀。

主要論著目録

《蒙學西洋歷史教科書》，文明書局，一九〇三年。

《蒙學東洋歷史教科書》，文明書局，一九〇三年。

《高等小學西洋歷史教科書》，文明書局，一九〇五年。

《普通西洋歷史教科書》，文明書局，一九〇七年。

《商法調查案理由書：第一編公司》（與張家鎮、湯一鶚合撰），預備立憲公會編輯所，一九〇九年。

《商法調查案淺説：第一編公司》（與張家鎮、湯一鶚合撰），預備立憲公會編輯所，一九〇九年。

《商法調查案（正文）》（與張家鎮、湯一鶚合撰），預備立憲公會編輯所，一九〇九年。

《著作權律釋義》，商務印書館，一九一一年初版，一九一四年再版。

《新刑律釋義》，商務印書館，一九一一年初版，一九一六年再版。

《日本商法論：總則編　會社編》（譯著），商務印書館，一九一三年；中國政法大學出版社，二〇〇五年。

《日本商法論：商行爲編》（譯著），商務印書館，一九一三年；中國政法大學出版社，二〇〇五年。

《教育部審定共和國民新讀本》（與孟森合撰），商務印書館，一九一四年。

《訂正新編法學通論》，商務印書館，一九一四年版。

沙彦楷

（一八七五—一九七〇）

生平簡介

現代法學家、社會活動家、回族、民盟盟員。字武曾，一字伯翙，晚年更名爲昚（慎的古體字），室名霜鳴室。一八七五年七月一日出生於宜興縣周鐵橋鎮。祖籍西北（地區不詳），因清政府鎮壓西北回民起義，祖父夔和携眷遷居内地，落户宜興，行醫爲生。父安節，教子嚴，常親自陪其講讀至深夜。沙彦楷一九〇〇年考取秀才，翌年中舉人。一九〇七年入京師法律學堂，研讀法學。一九一〇年畢業後納款候補浙江監使。一九一一年辛亥革命後，先後任江蘇省第一高等審判分庭推事、民事庭長、北京地方審判廳推事，兼署民事庭長。一九一八年二月調任京師高等審判廳推事，一九一九年十二月兼任庭長。一九二二年因『金佛郎』案，憤於司法界之腐敗，於七月辭去廳長之職，八月遞補爲國會議員。一九二三年國會選舉大總統時，直系軍閥曹錕以五千元一票的高價賄買國會議員，世稱『賄選總統』。沙彦楷爲反對曹錕賄選總統，毅然挂冠，取道上海回到家鄉，受到周鐵鎮鄉民的盛大歡迎，滿街貼着『反對曹錕賄選』、『歡迎沙彦楷勝利歸來』等標語。一九二五年到上海，翌年同愛國民主人士沈鈞儒（一八七五—一九六三）合作建立上海律師事務所，執行律師業務，以保障人權。期間憑他的社會影響爲家鄉興辦公立宜興中學而熱心奔走，籌措經費，建築校舍，組建校董會，任董事。還專程從無錫請來老教育家胡雨人出任校長。一九二四年夏，宜興中學開學後，他每年專程由上海趕來參加校董會，研究學校規劃，處理校務事宜等。一九三一年秋，宜興中學停辦，改爲省立中國回回民族農業學校。一九三六年十一月蔣介石政府下令逮捕沈鈞儒、鄒韜奮、李公樸等七位上海各界聯合會愛國領袖，造成震驚中外的『七君子事件』。沙彦楷以律師身份，不畏强暴，親赴蘇州探監，參加營救工作，要求即日開釋，『以慰群情，共赴國難』。抗戰軍興，上海淪陷，他不爲日僞高官厚禄所動，決然回鄉，著述立説，過着清貧的隱居生活。他七十歲自述詩云：『歲寒共飽冬心菜，何恨何求更愠窮。』一九四五年抗戰勝利後，回到上海，重操舊業。期間同當時在滬代表中共與國民黨談判的中共中央副主席周恩來多次會晤，從此積極投身於愛國民主運動。開始參加民社黨（即抗戰勝利後國社黨與民主黨合併，稱爲中國民主社會黨），因該黨投靠國民黨政府，故另組建民社黨革命委員會，任副主席、主席職，後加入中國民主政團同盟（即中國民主同盟前身）任中央委員。解放前夕，響應中國共産黨籌組人民政協號召，與各愛國民主黨派發表共同聲明，聲討蔣介石。一九四九年九月以特邀身份參加第一屆全國政協會議，當選爲全國政協委員，并出席開國大典。

中華人民共和國成立後，沙彦楷積極從事司法與民族、伊斯蘭教工作，歷任中央人民政府最高人民法院顧問，華東軍政委員會監察委員，全國政協一、二、三、四屆委員，民盟中央委員，上海市一、二、三、四、五届人民代表，上海市回民文化協進會主任，上海市民族事務委員會副主任，上海市伊斯蘭教協會主任。一九五八年以八十四歲高齡親赴太湖，考察南江入湖故道，并在全國政協會議上作了書面發言。一九五九年四月將珍藏多年的明代運河全圖一卷捐獻給國家，圖中關於運河水流，以及沿河通航設施等均有詳細記載，極有參考價值，受到中央交通部的嘉獎。

一九七〇年一月二十七日，沙彦楷以九十五歲高齡逝世。

主要論著目録

《三江五考》。
《南江入太湖故道考》。
《陶淵明集注補證》。
《洪亮吉傳》，打印本。
《雜憶曹錕賄選》。
《霜鳴室金石考跋》。
《遲翁論書》。

榮德生

（一八七五—一九五二）

生平簡介

近代民族工商實業家、慈善家。名宗銓，字德生，號樂農，室名樂農精舍。清光緒元年（一八七五年）八月四日出生，無錫開原鄉榮巷人。榮德生九歲入塾讀書，同胞兄榮宗敬一樣，十幾歲就離開了學堂，十五歲進上海通順錢莊習業。十九歲隨父至廣東三水縣釐金局幫賬。三年後回無錫，任廣生錢莊無錫分莊經理。光緒二十五年（一八九九年）農曆十月，應邀至廣東三水河口釐金局任總賬。一九〇一年，與兄榮宗敬等人集股在無錫合辦保興麵粉廠，一年後改爲茂新麵粉廠并任經理。一九〇五年，與兄宗敬等七人集股在無錫創辦振新紗廠，先後任經理、總經理。一九一二年，與兄宗敬等人集股在滬創辦福新麵粉廠，任公正董事。一九一三年，當選爲全國工商會議代表，提出擴充紡織業等三項議案。又在無錫西郊購地辟建梅園，修築開原路，重修南禪寺妙光塔等。一九一六年創辦無錫私立大公圖書館。一九一五年四月起，與兄宗敬先後在上海、無錫、漢口等地創辦申新紡織一廠至九廠，並任無錫申新三廠經理。至一九三一年，他與兄宗敬共擁有十二家麵粉廠和九家棉紡織廠，與其兄宗敬一起有『麵粉大王』和『棉紗大王』之稱，成爲中國最大的民族資本實業家之一。期間，曾當選爲江蘇省第二屆議會議員，任國民政府工商部參議。一九三八年起，主持榮氏企業，先後在重慶、成都、寶鷄、廣州等地興建六家新廠，支援抗戰。一九四五年十一月在無錫成立天元實業公司，并創辦天元麻紡織廠、開源機器廠、江南大學。

一九三七年冬，日本侵略軍占領上海，江南國土相繼淪陷。榮氏企業有的被日軍炸毀，有的被日軍占據，只有租界内的工廠維持生産。次年五月，榮德生由漢口抵滬，深居簡出，唯以收購古籍、字畫自遣。一九四一年，日商覬覦榮氏紗廠，由汪僞實業部派員與榮德生商談，要他將申新一廠、八廠賣與日本豐田紗廠，當即遭到嚴詞拒絶。汪僞外交部長褚民誼只得親自來滬，假國際飯店邀請榮德生面談。榮德生派其子爾仁代往，説明其父不變初衷，不出賣工廠和人格。褚民誼却厚顔無耻地説：『中國的半壁江山都給日本人了，何患小小申新兩個廠。』並威脅説：『不要敬酒不喫喫罰酒！』榮德生聞言，凛然言道：『我寧可玉碎，不爲瓦全。』

抗戰勝利後，榮德生曾兩次遭綁架，被勒索款項達百萬美圓。一九四六年四月二十五日，榮德生準備去總公司，離開高恩路（今高安路）住宅家門不遠，就被數名穿制服匪徒架上淞滬警備司令部的汽車而去，他們使用的是國民黨第三方面軍司令部的『逮捕證』。當時輿論嘩然，認爲是軍事機關與匪徒串通作案，上海當局被迫出動軍警『偵破』。結果榮德生被放回。

榮德生從事於紡織、麵粉、機器等工業達六十年，歷經帝國主義、封建主義、官僚資本主義的反動統治和壓迫，享有『面粉大王』、『棉紗大王』之稱，是中國最大的民族資本家之一。榮德生的立身治家之道，就是孔子儒家的『己欲立而立人，己欲達而達人』。榮德生説：『古之聖賢，其言行不外《大學》之明德，《中庸》之明誠，正心、修身終至國治而天下平，吾輩辦事業亦猶是也，必先正心誠意，實事求是，庶幾有成。』他認爲要提高生産率，除增添新設備，改進操作技術外，還要從『人本』出發，加强人事管理，視人爲生産力之第一要素。他説：『余在工廠所經營，所請人非專家，以有誠心，管人不嚴，以德服人，顧其對家對子女，使其對工作不生心存意外，即算自治有效。自信可以教範圍各廠仿行。』他堅持『以德服人』的思想原則，果然奏效。『是年茂新各廠有利，福新各廠亦有利，申新各廠有利無利者參半』（《樂農自訂行年紀事》）。這種運用以誠待人、以德服人的管理思想來調動人的積極性，協調管理者與被管理者之間以及被管理者内部的關係，形成一個力量集中的生産者群體的做法，與一般以單純改進操作方法來提高勞動生産率的做法，是不能比擬的。

一九四八年，國民黨統治已成土崩瓦解之勢，有資産者紛紛離開大陸，榮氏家庭也面臨抉擇。在一片離滬聲中，榮德生專程從無錫來到上海高恩路住所，明確表示『不離開大陸』，并阻止將申新三廠拆遷臺灣。解放軍渡江前夕，他派代表與中國共産黨聯絡，迎接解放。一九四九年九月被推選爲新中國第一届全國政協委員。一九五〇年任華東軍政委員會委員、蘇南人民行政公署副主任，並被選爲中華全國工商聯籌委會委員。一九五二年七月二十九日在無錫病逝，終年七十八歲。

主要著作述要

《樂農自訂行年紀事》：本書是榮德生在抗日戰争寓居上海期間，對自己一生的經歷、思想變遷和事業的成敗進行深入反思和系統總結而撰寫的一部自訂年譜，由《樂農紀事》和《樂農紀事續編》兩部分組成。其以生動具體的材料，真實地記載了榮氏家族在舊中國半個世紀中從事實業活動的艱辛經歷，爲後人研究近代中國民族工業和民族工商業者的歷史，提供了一份不可多得的第一手資料。書中關於經濟和民俗史料的記載也頗爲翔實，是研究近代中國的重要資料。一九四四年上海建東印刷公司出版鉛印本，二〇〇一年上海古籍出版社重版。

主要論著目録

《無錫之將來》，無錫錫成印刷公司，一九一四年。

《理財芻議》，無錫錫成印刷公司，一九一六年。

《樂農自訂行年紀事》，上海建東印刷公司，一九四四年；上海古籍出版社，二〇〇一年。

《商餘偶談》（散佚，未刊印）。

《榮德生文集》，上海古籍出版社，二〇〇二年。

《榮德生與興學育才》，上海古籍出版社，二〇〇三年。

《榮德生與社會公益事業》，上海古籍出版社，二〇〇三年。

《榮德生與企業經營管理》，上海古籍出版社，二〇〇四年。

孫寰鏡

（一八七六——一九四三）

生平簡介

近代南明史學家、戲劇作家。字静安、静庵，别號民史氏、寰鏡廬主人，室名栖霞閣。無錫石塘灣人。清光緒二年（一八七六年）出生。一九〇四年加入興中會，任上海《警鐘日報》主筆，同年十月與南社主要成員陳去病同創《廿世紀大舞臺》雜誌，以文學戲曲作品進行革命宣傳，主張『改革惡俗，開通民智，提倡民族主義，唤起國家思想』。第一期刊登孫寰鏡所著《鬼磷寒傳奇》和《安樂窩傳奇》，隱射清兵入關奸淫燒殺，指名譴責慈禧窮奢極欲，宣傳反清革命，影響極大，以至於售罄再印。同期還刊登了他的『翻新小説』《新水滸》。第二期有其譯著《血淚花》、《一綫天》，著作《桃花扇演義》。一九一二年四月九日《大共和日報》載《孫静安先生致本社記者錢芥塵書》中有孫寰鏡的自述，對了解他的著作及思想很有幫助：『仿《宋遺民録》之例，旁證博采，搜羅舊聞，間及官稗野史，家乘墓志，取明季諸遺民之遺聞軼事，可驚可愕，可悲可憤，可痛可閔，可歌可泣者，人自為傳，窮意掇拾，時出己見，縱横論列，斐然成章，輯成《明遺民録》二十四卷。其行潔，其志哀，其迹奇，其幽隱鬱結，無可告訴之衷，可以感鬼神而泣風雨。黍油麥秀，箕子亡國之痛；鐵馬金戈，放翁中原之夢。搜彼井史，發揚國光。昭垂直筆，有美必揚，以供當世愛國諸君子乘覽焉。今《明遺民録》所載雖八百有餘人，而其所遺漏者，方汗漫而不可紀極也。苟天假之年，賈其餘勇，將差次成帙，得列於所南《心史》，死不恨矣。其餘雜著有《夕陽紅淚録》、《鏡廬野録》、《江湖異人録》。以上數種，皆已脱稿，因無資刻印，尚未出版。他日倘得陸續出世，則雖卧桑陰，長暝無恨矣。』他的書鼓吹反清革命，由於辛亥革命爆發，迅速推翻清朝。他的書最早出版的《明遺民録》已是民國元年。辛亥革命後，在上海《大共和日報》發表筆記小説《(寰)鏡廬野乘》、《松窗漫筆》、《栖霞閣筆記》、《江湖異人録》，小説《煙花蝍》、《楷理亞復國記》、《女兒魂》、《第五弦》、《晨星記者》等。一九一五年與胡無悶女士創辦《鶯花》雜志，改編小説《金屋夢》，内容由革命轉向言情。一九二九年五月二日，柳亞子來遊，遊鼋頭渚後作詩，題為《鼋頭諸太湖别墅題壁，示孫静庵、孫觀蠡》。從中可知孫寰鏡與柳亞子同遊太湖以後興趣轉向園林花草，在無錫倡辦民衆戲館業，逐漸淡出衆人視綫。晚年的孫寰鏡因愛太湖之美，定居於湖邊的吴塘門，經營桃園，過着平静的生活。

主要著作述要

《栖霞閣野乘》：孫静庵輯。上海新中華圖書館一九一三年鉛印本，一九一七年收入成都昌福公司《滿清野史》五編，以後有多個版本。新中華圖書館本收筆記二百一十二篇。卷首有王大錯序，説明内容爲：『搜輯故老遺聞，摭採京朝佚事，并旁求世家秘鈔，朝野僉載』。材料來源多爲清代禁書禁聞，揭露滿清皇朝腐朽没落。例如從《康熙六次南巡始末記》與《乾隆六次南巡》，可看出清廷由儉入奢的過程；《年大將軍延師》、《穆彰阿勢傾中外》等揭示官員暴戾；《軍機領袖》、《鐸洛侖之笑柄》、《和珅出身之卑賤》、《士大夫之諂媚》等篇揭露清代官員的昏庸、貪瀆、無耻；《漕弊》等直揭清朝制度腐敗；《金聖嘆之死》等摹寫文字獄之慘烈；《圓明園内發現之房中藥》、《紀文達奉旨納妾》

等暴露宮闈丑聞；《〈紅樓夢〉包羅順康兩朝八十年之歷史》看似紅樓索隱，實爲清算清皇朝罪惡。全書宗旨不離反清革命。

《明遺民録》：四十八卷，民史氏（孫寰鏡）輯，傳有道參校，上海新中華圖書館一九一二年版。臺北明文書局收入《清代傳記叢刊·遺逸類》，大陸有一九八五年浙江古籍出版社趙一生校點本，南京大學出版社收入《明遺民録匯編》七種之中。新中華圖書館本前有章炳麟、錢基博、無錫病驥老人（侯鴻鑒）、（錢）孫卿序，以及『民史氏與諸同志書』，全書共收入傳主八百餘人。清朝統一全國時，明代遺民有的堅持抗清，有的隱逸山野。有感於清朝不僅亡其國，而且亡其史，孫寰鏡於光緒年間『取明季諸遺民之逸聞佚事可驚可愕、可悲可憤、可痛可憫、可歌可泣者，人自爲傳』，輯成《明遺民録》四十八卷。謳歌這些遺民『其行潔，其志哀，其跡奇，其幽隱鬱結可告訴之衷，可以感鬼神而泣風雨』。本書爲研究明末清初歷史的重要史料。

主要論著目録

《明遺民録》（民史氏〔孫寰鏡〕輯），上海新中華圖書館，一九一二年。

《栖霞閣野乘》，新中華圖書館，一九一三年。

《夕陽紅泪録》，新中華圖書館，一九一三年。

《金屋夢》（夢筆生〔孫寰鏡〕撰），《鶯花》雜志一九一五年第一期；交通圖書館，一九二一年。

《鬼璘寒》（雜劇），《廿世紀大舞臺》一九〇四年第一期。

《安樂窩》（雜劇），《廿世紀大舞臺》一九〇四年第一期。

《新水滸》（小説），《廿世紀大舞臺》一九〇四年第一期。

《桃花扇演義》，《廿世紀大舞臺》一九〇四年第二期。

楊蔭杭

（一八七八——一九四五）

生平簡介

近代翻譯家，法學家。字補塘，或稱補堂，筆名老圃，又名虎頭。生於清光緒四年（一八七八年），無錫北門外長安橋人。光緒二十一年（一八九五年）考入天津中西學堂（即後來的北洋大學）。因參與學潮被開除。旋即於光緒二十三年（一八九七年）考入上海南洋公學。因成績優异，於光緒二十五年（一八九九年）被學校保送日本早稻田大學學習法政。留日期間加入興中會。光緒二十六年（一九〇〇年）與一批留日學生組織勵志會，創辦月刊《譯書匯編》，譯載盧梭的《民約論》、孟德斯鳩的《萬法精理》、穆勒的《自由原論》等著作，介紹西方的民主政治。光緒二十七年（一九〇一年）暑假回無錫組織勵志學會，推裘廷梁爲會長，利用星期日集會宣傳反清革命。光緒二十八年（一九〇二年）學成回國。任上海《時事新報》編輯。次年與同學蔡文森等在無錫組織理化研究會，開辦錫金中學。其妹楊蔭榆、楊蔭枌也參加學習，開無錫男女同校之風氣。他又提倡革除陋習，帶頭不拜祖宗、不敬鬼神，被無錫士紳階層視爲叛逆。光緒三十二年（一九〇六年），因從事反清活動遭清廷緝捕而赴美國賓夕法尼亞大學學習法律，獲碩士學位。學成歸國後，在上海任《申報》編輯并從事律師事務，發起創辦上海律師公會。辛亥革命後，楊蔭杭由張謇推薦出任江蘇省高等審判廳廳長兼司法籌備處處長。後改任浙江高等審判廳廳長。一九一五年任京師高等監察廳廳長。他堅持司法獨立原則，不畏權貴，嚴於執法。因扣押貪污受賄的段内閣交通總長許世英，得罪政要，憤而離職。同年至上海任《時事新報》主筆。一九二〇年任上海《申報》副編輯長并兼任律師。一九三七年十月日軍占領上海後，他放棄律師職業，執教上海震旦女子學院。教書之餘，潛心研究音韻之學，著成《詩騷體韻》一書，未出版，手稿後來亦散失。一九四五年，因患腦溢血病逝，終年六十七歲。

主要著作述要

《譯書匯編》：是刊由楊蔭杭等人於一九〇〇年十二月六日在日本東京創刊，是中國留日學生最早創辦的一份刊物。每月出版一期，第一年出九期，第二年出十二期。一九三四年四月改爲《政法學報》。刊物以編譯歐美法政名著爲宗旨，刊登過從日文轉譯的美國伯蓋司《政治學》、德國伯倫知理《國法泛論》與《政黨論》；法國孟德斯鳩《萬法精理》、盧梭《民約論》與《教育論》、伊耶陵《權利競争論》以及斯賓塞爾《政治進化論》、《社會平權論》和《教育論》；美國威爾遜《政治泛論》、吉精顔斯《社會學》以及日本有賀長雄《近世政治史》和《近時外交史》、澀江保《波蘭衰亡戰史》、高田早苗《國家學原理》等。《譯書匯編》發行量頗大，每期逾千份，上海設有總發行所，在全國許多省市設有代售所，其中尤以江浙一帶爲多。

《物競論》：是書原著者爲日人加藤弘之，由楊蔭杭翻譯，首次刊載在《譯書匯編》一九〇一年五月二十七日的第四期上，後又在第五期、第八期上連載。加藤弘之是東京大學的第一任總理（校長），在學界素負衆望，此書根據德國海克爾、康德、斯賓塞等學説，以『生存競争、優勝劣敗』的進化論來否定『天賦人權論』，推進和擴大了進化論在日本的傳播，并引起以楊蔭杭爲首的留日學生的注意，楊蔭杭稱此書『其義富，其詞危，務使人發憤自强以圖進取』，翻譯介紹之，并於一九〇一年八月二十日由譯書匯編發行所出版單行本。一九〇二年七月，由上海作新譯書局再版，一九〇三年一月又由上海作新社圖書局三版。

《名學》：是書係楊蔭杭於讀書之餘據日文西方邏輯學著作，參以中國古代典籍中的名學典故編譯而成。二十世紀初中國出現過一個譯述西方邏輯學的高潮。如汪榮寶譯日人高山林次郎《論理學》，刊載於一九〇二年九月的《譯書匯編》；一九〇三年嚴復譯《穆勒名學》，吴炤譯日人十時彌《倫理學綱》等。在這批早期譯著中，以楊蔭杭是譯爲最早。該書於一九〇二年五月由東京日新叢編社出版，編入『日新叢書』第一編，同年又以《名學教科書》爲名由上海文明書局再版。是書先給『名學』下了定義，爲『推理之學及推理之術』，并簡介了名學的發展史，指出名學起源甚古，其流也衆，可分西洋名學與東洋名學，並分别敘述兩派的各自源流與傳承特點。由於該書的宗旨是『供教科書之用』，企圖使『尋常中學功課卒業者，即可以此書授之』，因此流傳較廣。顧燮光《譯書經眼録》著録并介紹：『歐洲人以名學爲各種學問之本源，學校必以供教科之用。其旨極雋永，其意極明顯，而其學有東西洋之分。是書以名辭命題，推度法爲三大部，而三部之中派别極廣，蓋神妙存乎人，其理固不易也。』一九〇二年，孫寶瑄購此書并言，『余初不解東文哲學書中內容外延之理』，讀了《名學》後始知之，『名學之書與算術之書對峙，蓋一爲探頤之法門，一爲探理之法門』。

主要論著目録

《譯書匯編》（創辦人之一），日本東京，一九〇〇年—一九〇三年。

《名學》（翻譯），文明書局，一九〇二年。

《物競論》（日人加藤弘之著，楊蔭杭翻譯），《譯書匯編》第四期、第五期、第八期。譯書匯編發行所，一九〇一年初版；作新譯書局，一九〇二年再版；作新社圖書局，一九〇三年三版。

《日本商法》，美國賓夕法尼亞大學碩士論文。

《振興實業策》、《歷代財政論》、《商業一斑》、《厭世主義》、《論物價》、《羊毛談》、《商業補助機關之不備》、《上海商幫貿易之大勢》、《論經濟界恐慌之理》、《漢口商幫之大勢》、《論各國對於中國之貿易政策》，見《商務官報》一九〇六—一九〇八諸期。

秦毓鎏

（一八八〇—一九三七）

生平簡介

近代民主革命家。又名念萱，字冕甫，號效魯，出獄後自號天徒，晚年號坐忘。生於光緒五年十二月初五日（一八八〇年一月十六日），無錫城内小婁巷人。少年時勤奮聰敏，喜瀏覽新學書報。十七歲進入東林書院，光緒二十四年（一八九八年）考取上海南洋公學，後退學返錫，在張涇橋胡氏學館授課，同時研讀諸子百家、程朱理學。一九〇一年入江南水師學堂，一九〇二年同鄉吳敬恒（稚暉）自日本回國，受其鼓勵，遂東渡日本留學，進入日本東京早稻田大學，學習政治科。期間譯書自給，譯有《中等動物論》、《生物之過去與未來》、《地球之過去與未來》等。後與同學王家駒、張繼、蘇曼殊等以鼓吹民族主義爲宗旨，成立青年會。該會爲留學生中第一個具有明顯革命傾向的團體。翻譯《法蘭西革命史》、《亞洲各國史》等書籍，宣傳革命思想。一九〇三年，由留日學生江蘇同鄉會推舉擔任《江蘇》雜志總編輯。四月底，爲聲援國内拒俄運動，與叶瀾在東京召開留學生大會，與鈕永建、叶瀾等組織『留學生拒俄義勇隊』，派鈕永建、湯槱（爾和）回國呼籲出兵。五月，拒俄義勇隊改名學生軍，公推藍天蔚爲隊長，進行軍事操練。後清政府密令逮捕回國代表，并勾結日本政府，勒令義勇隊解散。遂改組爲『軍國民教育會』。起草軍國民教育會意見書，該會以『養成尚武精神，實行民族主義』爲宗旨，主張以鼓吹、起義、暗殺三種方式進行革命活動。同年七月回國，在上海與人創設國學社，翻譯革命書籍，掩護革命活動。一九〇四年正月與劉季平、費公直等於上海華涇鄉成立麗澤書院，以培養革命基本人才爲宗旨。五月應黃興、胡元倓等人電召，赴湖南長沙，任高等實業學堂教務監督，同時兼任明德、正經兩校歷史教習。黃興等人組織成立華興會，秦毓鎏任副會長，定於十月初慈禧壽辰時起事，事敗離湘，輾轉各地。一九〇五年任安徽高等學堂西史教習，後赴廣西，任潯州府中學堂監督。一九〇六年應莊蘊寬之邀，任龍山邊防政法學堂監督兼歷史教職。黃興到龍州，與之商談起事事宜，後因莊蘊寬丁憂去職，返回無錫。期間編寫有《中國歷代興亡史略》、《邊民必須之知識》。一九〇七年應楊守仁之招，任上海《神州日報》編輯，不久因病返錫療養。一九〇九年與同鄉孫保圻等創辦無錫第一張日報——《錫金日報》，這是無錫第一份由革命派創辦的宣傳民主革命思想的報紙，抨擊時弊，宣傳革命思想。民國元年十月改名爲《錫報》。一九一一年，武昌起義爆發，秦毓鎏奔走於上海無錫之間，參與陳其美、鈕永建等組織的上海光復活動。隨後返回無錫老家，在家中召集錢鼎奎等數十人布置起義。十一月六日，秦毓鎏在城中公園設立司令部誓師起事，任命華承德爲總指揮，指揮敢死隊占領無錫、金匱兩縣縣衙，無錫光復，宣布獨立。隨即在金匱縣衙所在地成立錫金軍政分府，下設軍政部、民政部、財政部和司法部四部。秦毓鎏任總理，無錫金匱兩縣合二爲一。一九一二年一月一日，南京臨時政府成立，秦毓鎏應孫中山之招，任總統府財政科秘書，後任總務科秘書。錫金軍政分府總理處改稱司令部，秦毓鎏任司令長。四月一日孫中山正式解除臨時總統職務，秦毓鎏亦返回無錫，發起成立同盟會分部。不久改組爲國民黨分部，被推爲部長。五月，錫金軍政分府撤銷，江蘇都督程德全委任秦毓鎏爲無錫縣民政長。一九一三年三月，赴北京任國務院稽勛局審議員。當月宋教仁於上海遇刺身亡，遂離京赴上海，與孫中山、黃興等商議討袁事宜。『二次革命』起，南京宣布獨立，秦毓鎏在無錫積極響應，七月十五日，赴南京會晤黃興，被任命爲江蘇省籌餉處處長。不久，『二次革命』失敗，程德全宣布取消獨立，下令逮捕秦毓鎏，九月以附和内亂罪判刑九年，關押於蘇州陸軍監獄。張勛任江蘇都督後，籍没其家。秦毓鎏獄中日讀《莊子》以自遣，著《讀莊窮年録》二卷。一九一六年十月二日，在孫中山等人的呼籲下，被黎元洪政府釋放。出獄後，在故居築佚園自居，後題名『坐忘廬』，轉而研讀佛教經典，并發起組織無錫佛學研究會，思想由莊而入佛。一九二三年，無錫辟爲商埠，秦出任商埠工程處處長。一九二四年，中國國民黨改組，江蘇省重新成立省黨部，秦出任江蘇省黨部執行委員。九月，與叶楚傖、鈕永建等發起江蘇民治建設會和江蘇自衛團。一九二五年，孫中山逝世後，他在無錫發起孫中山逝世追悼大會。共産黨人惲代英到會并發表演講，這次演講對傳播革命思想發揮了重要影響。一九二七年三月，北伐軍進入無錫，成立無錫縣政務委員會，秦毓鎏被推舉爲主席。在打擊土豪劣紳的同時也限制工農運動。參加國民黨右派組織的『清黨委員會』，蔣介石在上海發動『四一二』反革命政變後，他也參與了無錫『四一四』反革命事件。由其任副主任委員的無錫縣行政委員會，配合駐錫軍隊，捕殺共産黨員和革命群衆。同年八月，無錫縣行政委員會撤銷，設立無錫縣政府，秦毓鎏出任縣長，後因病去職。一九二八年三月，鈕永建爲江蘇省主席，復任命他爲縣長，大肆鎮壓工農運動，同年十二月去職。一九三〇年出任江蘇省民政廳廳長，不久去職，在家閑居。後又擔任國民黨黨史史料編纂委員會委員等職，但不再參加政治活動。曾與柳亞子共訂《蘇曼殊年譜》，爲馮自由《中華民國開國前革命史》考訂史實，出資重印地方史料《錫金考乘》等書。一九三一年七月十七日，赴上海諦閑法師處，正式行皈依禮，賜名『聖光』。爲無錫佛教蓮社的負責人之一。晚年撰寫《天徒自述》等具有回憶録性質的作品多種，可補相關史實，具有一定史料價值。一九三七年四月五日，病逝於無錫小婁巷家中，終年五十七歲。

主要著作述要

《生物之過去與未來》：該書一九〇二年九月由文明編譯印書局出版。是秦毓鎏剛到日本早稻田大學留學時翻譯的作品。原作者爲日本人理學博士横山又次郎。該書以達爾文『進化論爲經，事實爲緯』講述生物進化從過去到未來的發展過程。全書分爲緒言、論生物本源之異同、論生物之始、論生物變遷之原因、論脊椎動物之發育、論脊椎動物之頭顱、論未來之人類、論過去之人類、論頭顱發育之遲速、論智識之增進等十章。內容主要通過介紹生物進化發展過程宣傳進化論理論，雖然有些觀點從今天來看並不準確，但在當時具有推廣科學思想的意義。

《讀莊窮年録》：全書分上下兩卷，是秦毓鎏在蘇州監獄中所作。二次革命失敗後，秦毓鎏被捕入獄，在獄中日以讀莊子自娱，完成此書。作者『少年時即好其書……癸秋入獄，已歷三年，斗室幽居，日如年永，藉治此書以自遣。』（《讀莊窮年録·自序》）全書録莊子原文於前，作者自己的見解於後，全書共録作者注解三百六十五條。其中上卷內篇比較多，尤其是『齊物尤詳，以此篇爲其學説中樞，實爲全書綱要』。內篇每篇篇首都有一段簡略的文字，略陳大旨。作者對『世之論莊者或宗老或尊孔皆以爲不然』，認爲莊子一書其實是因爲莊子其人『負絶世之知，而兼過人之情，處亂世而不自得，高言放論以自快其意者也』。該書是作者思想由早期積極革命向晚期轉變之重要見證，也是近代莊子研究的重要著作。

主要論著目録

《生物之過去與未來》（日人横山又次郎著，秦毓鎏譯著），上海文明編譯印書局，一九〇二年。

《地球之過去與未來》，譯著，上海文明編譯印書局，一九〇二年。

《學生立志編》（譯著）。

《中等動物論》（譯著）。

《政權論》，譯著，日人福澤諭吉著，上海文明編譯印書局，一九〇二年。

《未來世界論》，譯著，上海文明編譯印書局，一九〇八年。

《社會平權論》譯著，美人斯賓塞著，上海文明編譯印書局，一九〇二年。

《讀莊窮年録》，鉛印本，一九一七年。

《天徒自述》（未刊稿）

《坐忘文存》（未刊稿）

《坐忘見聞述》（未刊稿）等。

王蘊章

（一八八四—一九四二）

生平簡介

近代詩人、文學家、書法家。字尊農，號西神，別號窺九生、紅鵝生，別署二泉亭長、鵲腦詞人、西神殘客等，室名菊影樓、篁冷軒、秋雲平室。出生於清光緒十年（一八八四年）。金匱縣（今屬無錫）人。王蘊章幼承家學，熟讀古詩文辭，又通英語。光緒二十八年（一九〇二）應鄉試，中副榜舉人，曾一度在家鄉任英語教師。

宣統二年（一九一〇年），應上海商務印書館之聘，任《小説月報》首任主編。同年加入革命文學團體南社，是該社最早的社員之一。在商務印書館期間，曾參與編刊首版《辭源》。王蘊章是中國報刊稿費制度創始人。他在《小説月報》的《徵文通告》中刊出啓事：中選的稿件分四等酬謝。按一千字計酬，甲等五元，乙等四元，丙等三元，丁等二元。這一措施實施後，來稿大增，不少報刊見此情况也紛紛傚效。一九一二年民國成立後，經人舉薦任職於南京中華民國臨時政府。後因工作不合己意去職。一九一五年回到上海，繼續任《小説月報》主編。一月，《婦女》雜志創刊，同時任《婦女》雜志主編。

這段時期正是中國現代文學萌芽并迅速發展的時期，在王蘊章任《小説月報》主編的十年間，先後與惲代英、胡愈之、葉聖陶、沈雁冰、黄賓虹、廖仲愷、葉淺予、胡寄塵、周作人、鄭振鐸等爲伍，開闢了中國近代文學史的一個時代，爲發展中國近代文學作出了貢獻。一九一八年起陸續刊發自己創作的鴛鴦蝴蝶派通俗作品，及『禮拜六派』情節離奇、逗人笑樂的作品。一九二〇年十二月《小説月報》出至第十一卷第一百二十六期，王蘊章請人繪製《十年説夢圖》，遍請文壇名流題詠，以示紀念。

一九二五年上海『五卅』運動後，辭去商務印書館《小説月報》和《婦女》雜志主編職。後赴南洋，游歷南洋各國數年，作《南洋竹枝詞》一百余首，紀録了南洋各國獨特的自然風貌和風俗民情。從南洋回國後，王蘊章歷任上海滬江大學、南方大學、暨南大學國文教授，上海《新聞報》秘書、編輯、主筆，編過《明星畫報》等，同時任上海正風文學院院長，治詞章之學及英文，并主持正風文學院的教務工作。王蘊章是南社作家中多才多藝的詞章名手，工書法，通詩詞，雅好楹聯，擅作戲劇、小說，莊嚴、詼諧兼而有之，是鴛鴦蝴蝶派主要作家之一，頗負時譽。參加柳亞子等所辦的南社，常爲滬、錫各報刊撰寫小品文，發表小說。王蘊章一生鼓吹孫中山革命和支持民主建設，尤喜以戲劇鼓吹民主革命。書法師法二王（王羲之與子王獻之），擅長歐體，能寫鐵綫篆。喜歡收藏文物，藏有洮河緑石硯一方，背刻宋度宗時名校書蘇翠像，有馬湘蘭題詩，爲湘蘭妝閣中故物。

晚年生活艱困，以賣書度日，著述頗豐。一九四二年八月因病在上海逝世，終年僅五十八歲。著有小説《緑净園》、《西神小説集》，劇本《可中亭傳奇》、《香骨桃傳奇》、《霜華影傳奇》、《碧血花傳奇》、《緑綺臺傳奇》、《鴛鴦被傳奇》、《鐵雲山傳奇》、《玉魚緣傳奇》，并爲文鏡堂補續《蘇臺雪傳奇》；另有藝術雜論集《玉臺藝乘》行世；詩詞專集《秋平雲室詞》、《梅魂菊影室詞話》等；小品文輯有《雪蕉吟館集》、《梁溪詞話》、《雲外朱樓集》等。書法著作有《墨林一枝》、《碑林奇字》、《墨傭餘瀋》等傳世。編著筆記體詩話《燕脂餘韵》等。

主要著作述要

《雲外朱樓集》：小品文集，收入《夏屋品茗記》、《瑶林顧玉記》、《静安謁墓記》、《殘雪迎梅記》、《秋英擷秀記》、《五湖秋泛記》、《鹿園歌舞記》、《雪中讀畫記》、《秋平雲室曲話》等小品文數十篇。

《燕脂餘韵》（六卷）：筆記體的詩話，收録的是清朝閨閣詩事。『燕脂』，即燕燭，語本南朝徐陵《玉臺新詠序》。『燕脂』指『閨秀之文』。『此編以詩爲主，而詩餘、雜文間亦採入。意在揚榷群言，不敢拘泥一格，庶閨閣清芬，得以旁流遠紹』（《凡例》）。雖記載涉及詩、詞、雜文，但主體仍是詩話。其記載閨閣詩事，範圍廣泛，不看作者身份地位。既有大家閨秀，也有小家碧玉，既有達官之妻，也有草民之妻，只要具有詩才，留有佳作，傳有佳話，盡皆採録。此書所記閨秀詩事，基本限於江南地區，但也真實反映了清代閨秀詩歌創作的實際狀況，大體反映了清代女性詩歌創作的風貌。總之，此書使衆多名不見經傳的巾幗詩人之作品與軼事得以流傳，并描畫出一幅清代女性創作的長卷，不僅具有文學價值，也具有歷史文獻價值。該書内容不限於詩歌或文學，還涉及藝術、風俗、政事等，特別是記載了不同層次的女性的生活狀態與環境等，具有社會學、倫理學等價值，可供今人挖掘的資料十分豐富。與其主編《婦女雜志》一樣，王藴章編撰此書乃在大力鼓吹女性也是文化發展的動力，以期引起人們的重視。

《文藝全書》（合著）：介紹傳統國學的著作。主要分散文、駢文、詩學、詞學、曲學、子學、金石學、佛學等章節。王藴章撰寫其中的《詞學》部分。分爲溯源、辨體、審音、正韵、論派、作法等六節，對古典詞學做了簡潔而全面的論述。

主要論著目録

《中學英文教科書》，商務印書館，宣統三年（一九一一年）。

《燃脂餘韵》（六卷），商務印書館，一九一八年；臺北新文豐出版公司，一九八七年；上海書店，二〇〇二年。

《文藝全書》（合著），崇文書局，一九一九年。

《西神小説集》，上海世界書局，一九二四年。

《雲外朱樓集》，中孚書局，一九三四年。

《廣侍兒小名録》，《雙星雜志》一九一五年第一期。

《梅魂菊影室談雋》，《雙星雜志》一九一五年第一期。

《游俠别傳》，《小説月報》一九一五年第六卷第一號。

《廿五萬磅》，《小説月報》一九一八年第九卷第十號。

《戰地雲煙録》，《小説月報》一九二〇年第十一卷第七期。

《盲聽》，《小説月報》一九二〇年第十一卷第八期。

《西神客話》，《小説月報》一九二〇年第十一卷第十期。

《早嫁十年》，《快活》一九二二年第二十六期。

《模範新村》，《游戲世界》一九二二年第十八期。

《普天同慶》，《紅雜志》一九二三年第十期。

《松耶柏耶》，《偵探世界》一九二三年第十一期。

《花村仙眷》，《小説世界》一九二三年第二卷第一期。

《江天小閣》，《小説世界》一九二三年第三卷第一期。

《十三個情人對面觀》，《紅雜志》一九二三年第四期。

《降伏》，《紅玫瑰》一九二四年第一卷第二十三期。

《秋平雲館碎墨》，《社會之花》一九二四年第一卷第十七期。

《上海之電影事業》，《新上海》一九二五年第一期。

《悼萍詞》，《太平洋畫報》一九二六年第一卷第一期。

《春音餘響》，《同聲月刊》一九四〇年第一卷第一期。

《寒瓊憶語》，《同聲月刊》一九四一年第一卷第二期。

《霜華影》，《小説月報》一九一四年第五卷第一期。

《霜華影》，《小説月報》一九一四年第五卷第二期。

《香骨桃傳奇》，《中華小説界》一九一五年第一卷第六期。

《湘蘭小譜》,《小説月報》一九一八年第九卷第九號。

《湘蘭小譜(續)》,《小説月報》一九一八年第九卷第十、十一、十二號。

《春燈談虎録》,《小説月報》一九二〇年第十一卷第十二期。

吴研因

(一八八六—一九七五)

生平簡介

教育家,原名萑瀛,江陰要塞貫莊河西人,出生於一八八六年,幼年讀過私塾,家境貧寒,刻苦自學。一九〇三年往上海半淞園師範講習所學習,一九〇六年上海龍門師範畢業後回到江陰,任觀音寺市立九校教員。後又往上海單級師範學校講習所研究單級教學,結業後任江陰市立九校單級部主任。一九一一年夏,和劉半農等編輯《江陰雜志》。一九一二年參與創辦《江陰報》,并編寫叢談。民國初年被聘爲江蘇省立第一師範學校教員兼附屬小學主任、校長。期間和俞子夷等一起首創用白話編寫全套小學教材，深受教育界重視，所編《新學制小學國語教科書》、《小學歷史自習書》，風行全國。一九一六任上海中華書局編輯，編寫《新式學生字典》。一九二〇年編寫《新法教科書》。一九二三年編寫《新學制教科書》，爲當時教員廣泛使用。一九二四年赴南京，先入大學院工作，後任初等教育司司長，反對在小學讀經，爲推行白話文教材據理力爭。一九二九年任教育部教育方案編制委員會黨義教育組委員。一九三一年參加由蔡元培、朱經農等主編的《最近三十五年之中國教育》一書的編寫工作。一九三五年任全國義務教育委員會委員。同年九月與葉聖陶、王志瑞等發起編寫《小朋友文庫》，旨在爲小學生提供合適的課外讀物。一九四一年受教育部委派，去菲律賓任華僑教育專員、菲律賓華僑中學教員兼教導主任。抗日戰争勝利後回國，繼續擔任初等教育司司長。解放前夕，他拒絶遷往臺灣，避居寧波。新中國成立後，應周恩來之邀，任教育部初等教育司司長、教科書編審委員會副主任、小學教育司司長、教育科學研究所教學法組組長等職。一九四九年當選首届全國政協委員，一九五九年被推選爲第四届全國政協常務委員、中國民主促進會中央委員。

吴研因熱愛教育事業，曾主持小學體制改革，領導制定了《小學工作條例四十條》、《小學生守則》等，爲推進教育事業作出了重要貢獻。

他對小學教育的理論作了開拓性的研究，主動把西方的教育理論引入中國的教學實踐中。一九二二年他在《教育雜志》上發表《文字的自然教學法》，反對往日『由教師做主支配，學生跟着做機械，拘泥教科書，死守教科書』、『教授順序、千篇一律的做下去』等『不自然』的教學法，提倡以『學生的自覺需要』、『學生已具的動作和經驗』、『學生學習的興趣』這三者爲依據，實行『自然』的教學法。其所持觀點，深受杜威的『兒童中心主義』教育思想的影響，是對傳統的封閉式、注入式、機械式教學的批判和反思。爲了闡明新學制國語課程綱要的内容和要旨，他還在《教育雜志》上發表了《小學國語教學法概要》。這篇論文，對五四新文化運動前後有關小學國語教材教法的改革實踐作了系統的總結。

他致力於小學白話文教育，是在小學語文教育中較早主張編入白話課文的開拓者之一，在小學國語國文教科書的編制上卓有成效。一九一七年，他爲上海中華書局編制了《新式國文教科書》一—八册，供初級小學用，其中已有白話文附課。一九二四年，他又根據新學制要求，爲商務印書館編制了《新學制國語教科書》，初小八册，高小四册，除編入少量古典詩詞外，全用白話課文。在二十世紀三十年代，又編制《新標準教科書國語標準讀本》一—八册，由上海民智書局一九三一年至一九三二年出版。另有《初級小學國語新讀本》一—八册，由上海世界書局一九三七年至一九三九年出版。

吴研因國學功底深厚，尤其喜好詩賦。十五歲時作七律《吊閻典史》，深沉大氣。一九六一年針對國際反華浪潮，在《光明日報》上發表《咏菊》詩二首，受到毛澤東的贊賞。一九七三年在國内參觀訪問時寫成五十四首《華東紀行速成詩》，歌頌了黨的領導和社會主義建設成就。一九七五年去世，享年八十九歲。

主要著作述要

《基本教育》：論述兒童義務教育，兼論成人補習教育。全書分九章，包括基本教育的理論、實況、行政、經費、師資、教學、研究實驗及推行中的幾個重要問題。附：普及基本教育十年新計劃草案、全國國民學校及小學概況表。

《鳳吹》：詩集，綫裝，一九六二年自費出版，用以紀念去世已五周年的夫人江曉因。書法家沈尹默爲詩集題寫了書名，收有趙樸初、郭沫若、馬叙倫、俞平伯等人的題詞。吴研因於一九二四年與江曉因戀愛并結婚，後遠赴菲律賓。兩人共同生活了三十多年，伉儷情深，江曉因不幸於一九五七年病逝。這部詩集出版時，用吟咏兩人戀愛結婚時的詩題『鳳吹』作爲該集的命名。書中收集的五百多首詩詞，内容主要是懷念夫人，悼亡傷逝，及在海外的坎坷經歷。

主要論著目録

《新式國文教科書》，中華書局，一九一七年。

《新法教科書》，（與高夢旦等人合著），商務印書館，一九二〇年。

《新學制教科書》，商務印書館，一九二三年。

《新學制國語教科書》，商務印書館，一九二四年。

《新標準教科書國語標準讀本》，上海民智書局，一九三一—一九三二年。

《小學教學法》，中華書局，一九三二年。

《初等教育概論》，中華書局，一九三四年。

《初級小學國語新讀本》，世界書局，一九三九年。

《基本教育》，中華書局，一九四九年。

《本國人自辦的女子師範學校該注意音樂科造就音樂女教員》，《教育雜志》一九二二年。

《小學國語教學法概要》，《教育雜志》。

《清末以來我國小學教科書概觀》，一九三五年。

《讀汪懋祖先生關於小學國語教材疑問之進一步的探討書》，《時代公論》一九三四年第三卷第三十二期。

《作文教學漫談（上）》（吴研因，王志瑞），《小學教師》一九三五年第三卷第一期。

《近年來之中國初等教育》，《光華大學半月刊》一九三五年第三卷第九—十期。

《清末以來我國小學教科書概觀》，《中華教育界》一九三五年第二十三卷第十一期。

《兒童年與兒童教育》，《教與學》一九三五年第一卷第三期。

《强令中小學生讀經》，《半月評論》一九三五年第一卷第二期。

《小學教員的修養》，《廣播周報》一九三五年第六十四期。

《影片〈三個摩登女性〉公演經過》，《縱横》二〇〇四年第六期。

《識字教授之商榷》，《教育雜志》一九一八年第十卷第三期。

《文字的自然教學法》，《教育雜志》一九二二年第十四卷第三期。

《小學和初級中學的課程草案》，《教育雜志》一九二二年學制課程研究號。

《小學教學法概要》（吴研因，沈百英合著），《教育雜志》一九二四年第十六卷第一期。

《小學國語教學法》，《教育雜志》一九二四年第十六卷第一期。

《全國教育會議第二次會議和第一次會議的比較》，《河南教育》一九三〇年第二卷第十九—二十期。

《關於『小學國語教材的批評』的檢討》，《江蘇教育》一九三四年第三卷第十期。

《辟小學參用文言與初中畢讀孟子及指斥語體文諸説》，《中華教育界》一九三四年第二十二卷第二期。

《關於『小學國語教材的疑問』之檢討》，《時代公論》一九三四年第三卷第二十六期。

《前文非專對柳先生而發》，《時代公論》一九三四年第三卷第三十期。

錢基博

（一八八七—一九五七）

生平簡介

文史專家、教育家、國學大師。字子泉，又字啞泉，別號潛廬。無錫人，清光緒十三年（一八八七年）二月初二與孿生胞弟錢基厚生於無錫城内連元街吴氏寓廬。光緒十七年（一八九一年）起即由母親教習讀書。後由長兄基成和堂兄子紹授課，光緒二十二年起由同族錢心葵講授《四書》、《左傳》。十一歲初學做史論，由長兄授《綱鑒易知録》。十二歲從二伯父錢熙元學史論。開始閱讀《申報》。光緒二十七年，舉家遷往岸橋巷，租秦氏宅。光緒二十八年，讀司馬光《資治通鑒》、畢沅《續通鑒》、顧祖禹《讀史方輿紀要》等書，與基厚問學於同鄉、舉人許國鳳。兄弟二人與同學徐彦寬『戲以師門三杰相期許』。十六歲，復從二伯父問學。與基厚前往江蘇優級師範應考，未被録取。十七歲，無錫錢業公所創商會，設立演講所，與基厚時常做義務演講。聽者目爲『小演説家』。十八歲，在家自學算學，又與吴錦如等組織理科研究會，聘請華實甫等人爲講師。兩年後辦理科學堂，自任講師。光緒三十一年《中國輿地大勢論》刊於梁啓超主編的《新民叢報》是年第六十四至六十七期。江西按察使陶大鈞讀後，『駭爲龔自珍復生』。《説文》刊於《國粹學報》是年第十二期。開始引起世人矚目。十九歲，爲邑紳薛南溟聘爲家庭教師，爲其子育津、匯東講授算學。錢基博『講解明晰，南溟丈聞之，許爲良師』。二十歲，結婚，娶同縣王氏之女。清宣統元年，二十二歲的錢基博因爲無錫學者廉泉推薦，被江西按察使陶大鈞聘爲記室，月薪銀百兩。一九一〇年，陶大均暴病身亡，錢基博去職回到無錫，在無錫競志女學擔任國文教員。同年陰曆十月二十日長子錢鍾書出生。一九一一年，舉家遷至胡橋，租韓氏宅。武昌起義成功，各地革命黨相繼響應。無錫同盟會會員秦毓鎏組織各種武裝力量光復無錫，成立錫金軍政分府。錢基博在其中做了一些工作，軍政分府的許多重要文書碑記都由他起草。革命軍攻克南京後，江蘇起義軍援淮總司令顧忠琛聘請錢基博爲總司令部少校參謀。南北議和後，顧忠琛部改爲第十六師，錢基博爲師部參謀，加中校銜，駐紮鎮江。同年次子錢鍾維出生。一九一三年，江蘇都督程德全改編江蘇軍，十六師取消，錢基博辭職返鄉，任無錫縣立第一高等小學國文、史地、理科教員。同年中秋，寫成《無錫光復志》刊行。三子錢鍾英出生。一九一四年，撰《無錫識小録》連載於《新無錫》報上。在《小説月報》上，以《技擊餘聞補》爲總題刊載一組武俠短篇小説，又發表散文多篇。《技擊餘聞補》爲林紓《技擊餘聞》續補之作，因之與林紓構怨。一九一五年，遷大河上侯氏宅。同年八月，受吴江麗澤女子中學校長任傳薪之邀，任該校國文教師。一九一六年，以《技擊余聞補》爲總題的這組武俠短篇以《武林叢談》爲名在商務印書館結集出版。同年，女錢鍾霞出生。一九一七年，任教於江蘇省立第三師範學校。期間與國學大師錢穆爲同事，錢穆在其《八十憶雙親·師友雜議》中稱：『然余在中學任教，集美、無錫、蘇州三處，積八年之久，同事逾百人，最敬事者，首推子泉。生平相交，治學之勤，待人之厚，亦首推子泉。』可見對錢基博之推崇。一九一八年，無錫縣重修地方志書，錢基博被聘爲主任纂修。同年兼任無錫縣立圖書館館長。一九一九年，遷留芳聲巷。一九二〇年，美國教育家杜威來無錫講學，宣傳實用主義教育思想。錢基博聽了杜威演講後，做《我聽杜威博士演講之討論》一文。同年編選《語體文範》一書，與裘廷良就白話文問題進行争論。一九二三年，在無錫城内七尺場建新居。同年離開省第三師範，至上海聖約翰大學任國文教授。一九二五年，五卅慘案發生，因聖約翰大學美國校長壓制學生抗議活動，錢基博等人憤而辭職。另建光華大學。同年清華大學籌改新制大學，聘錢基博爲基礎部國文教授。一九二六年，父親錢福炯去世，錢基博奉諱家居，後任教於上海光華大學。一九二七年，兼任無錫國學專門學校教授。同年受校長張乃燕邀請，任第四中山大學國文系主任，僅半月辭職。一九三〇年，《讀〈莊子天下篇〉疏記》由商務印書館出版。一九三一年，《版本通義》、《周易解題及其讀法》由上海商務印書館出版。一九三二年，《現代中國文學史》由無錫國專印行。一九三三年，國民黨在上海各大學搜捕進步學生，光華大學有多名學生被捕。錢基博與校長張壽鏞設法營救。同年出版《古籍舉要》、《明代文學》。一九三四年出版《四書解題及其讀法》。一九三七年，任教於國立浙江大學，抗日戰争爆發，他號召軍人『不可不在地方爲國家盡最後努力』，他因爲抗日舉動，曾遭日軍懸賞緝拿。後與學校西遷於江西泰和。一九三八年至湖南安化，任湖南藍田國立師範學院教授，國文系主任。一九四一年，因身體不支，請辭國文系主任。一九四六年夏，由湖南返回無錫，同年秋赴武昌私立華中大學任教。一九四七年，無錫修志委員會成立，錢基博任總纂。一九五〇年，決定將全部藏書捐贈華中大學。一九五一年，私立華中大學改爲公立，錢基博任華中大學改制委員會委員。一九五七年，整風運動開始，錢基博遭到批判，病勢加重，是年十一月三十一日因食道癌逝世。享年七十歲。

主要著作述要

《國學必讀》：一九二四年上海中華書局出版，該書是錢基博爲普及國學常識而編選的一部中學教科書。全書分上下兩册，上册爲『文學通論』，凡收録三十七家文章四十四篇，雜記七十五則，目的是使學生『讀之而古今文章之利病，可以析焉』；下册爲『國故概論』，凡收録二十家文章三十六篇，雜記三則，目的亦是使學生『讀之而古今學術之源流於是備焉』。問世以後流傳江南各校，深得高級中學普通科和師範科師生的歡迎，影響廣泛。

《版本通義》：該書成書於一九三〇年，一九三一年由商務印書館出版。該書與《書林清話》同爲近代版本學重要著作。全書分爲五個部分：叙目，原始第一，歷史第二，讀本第三，餘記第四。叙目講述撰寫原因。原始第一講述版本源流、版刻的起源。歷史第二講述從宋元到清末版本的發展歷史。讀本第三介紹我國主要典籍的主要版本，以便於普通學者甄别優劣。餘記第四是有關版本其他論題的集合。全書體例嚴密，條理清晰，『錢基博第一次將版本學列入了學術研究的體系，使得版本學有了獨立的學術形態，對後來的版本學學科建設産生了重要的影響，對版本學的普及推廣也大有裨益』。

《經學通志》：中華書局，一九三六年出版。錢基博鑒於唐人陸德明《經典釋文》叙次經學源流，記載每多疏舛，於魏晋以下缺焉不詳；清儒江藩紹述其意，作《經師經義目録》，囿於門户，以清儒承漢學，而置唐、宋於不論不議；學術流變之跡，因以不明。心所未安，於是博稽深覽，出入百家，著《經學通志》一書，該書通《易》、《書》、《詩》、《禮》、《春秋》、《小學》諸志，以闡述經學古今之流變而考論其得失，詳實精審，對歷代經學著作都作了簡要的評介，能詳人之所略，以補苴罅漏，并指出其謬誤不當之處，予以匡正。錢基博在評介歷代經學著作時能結合治學門徑對普通讀者以指導，并力主在治學方面要創新、要開拓新的道路。實爲研治中國經學的重要著作之一。

《韓愈志》：商務印書館，一九三五年出版。全書共六篇：曰《古文淵源篇》第一，《韓愈行實録》第二，《韓愈佚事狀》第三，《韓友四子傳》第四，《韓門弟子記》第五，《韓集籀讀録》第六。該書是一部以史家直筆、以同時展示古文發展歷史中衆多人物的方式，還原歷史叙述中的韓愈形象，是一部勾勒了古文發展脉絡從而重新判斷韓愈價值的韓學著述。該書引用資料繁多，是熔鑄百書，而在此基礎上作者的立論確別出機杼。在對韓愈詩文本體進行研讀的基礎上，主要通過比較同儕、窮討其源、竟別其流等方式來凸現。

《現代中國文學史》：一九三二年由上海世界書局出版，五年之中曾四次再版，流傳甚廣，影響深遠。該書主要闡述中國現代文學興衰發展的軌迹。所謂『現代』係指一九一二年至一九三〇年這一時期。全書分上編『古文學』和下編『新文學』兩大部分，上編從王闓運起至胡適，下編分『新民體』、『邏輯文』和『白話文』三部分。新民體主要介紹康有爲、梁啓超。邏輯文主要介紹嚴復、章士釗。白話文主要介紹胡適（附黄遠庸、周樹人、徐志摩等）。該書是一部廣義性質的文學史著作，内容『雖以介紹、分析這一時期的代表作家、代表作品爲主，但也廣泛地涉及了與此相關的這一時期的學術文化以及政制民俗，是一部廣義性質的文學史著作，甚至不妨同時將其當作這一時期的學術史、文化史來讀』（劉桂秋語）。『對於那個時代的整個的文學面貌，各個作家的創作實踐，都從宏觀和微觀方面進行巨細靡遺的論述，是一部以史料取勝的文學史』（孔慶茂語）。本書不局限於以文論文，就詩論詩，而是在極其寬廣的時代背景中，尋求和探討這一時期『文章得失升降之故』。『錢著《現代中國文學史》的有些觀點我們自然不必盡同，但其書確有優長之處，主要是特見獨出而不被時論所擺佈，掘發到了有定在性的歷史文化精神』（劉夢溪語）。

《〈老子・道德經〉解題及讀法》：大華書局，一九三四年出版。本書共四部分，分别爲『老子』、『老子《道德經》』、『《道德經》之本子』和『《道德經》之讀法』，該書雖爲介紹性質的普及讀本，但是立論有據，同時體現了作者研究老子的心得體會。『錢先生此書的内容，完全符合今天的需要，用今天的話説，它有原創性和前沿性。它言必有據，沒有空話；它提出的問題，至今仍值得思考和研究，充分反映了錢基博先生的學養和見識。』（熊鐵基語）。是學習和了解老子及其思想的很好讀本。錢基博先生還有同類著作《周易解題及其讀法》、《〈文史通義〉解題及其讀法》和《四書解題及讀法》等多種，這些著作都是作者多年深讀某書之後對該書的講解。

《近百年湖南學風》：湖南藍田袖珍書店，一九四四年出版。該書是作者抗日戰争避難湖南期間所作。全書共分九章，全書從湯鵬、魏源起，至譚嗣同、蔡鍔、章士釗而止，以傳記形式，對近代出自湖南的十七位人物，進行論述。該書首先闡述了湖南的獨特地理環境，由此進而形成了獨特的湖南學風『罔不有獨立自由之思想，有堅强不磨之志節』。實際該書是一部辛亥革命以前百年間湖南的學術思想變遷史。書中人物，雖籍貫限於湖南，但其中的大多數人像魏源、曾國藩、左宗棠、王闓運等人都是近代中國歷史上的重要人物，對近代中國歷史的影響力不容忽視，其對學界的影響一直延續至今。

主要論著目録

《無錫光復志》，鉛印本，一九一三年。

《中國文法説例》，油印本，一九一五年。

《武俠叢談》，商務印書館，一九一六年。

《衣鉢集》（錢基厚編訂），一九一七年七月。

《戊午暑期國文講義匯刊》（與薛鳳昌等人合編），省立第三師範學校，一九一九年。

《國民外交常識》，商務印書館，一九一九年。

《論語約纂》，無錫輔仁中學，一九一九年。

《孟子約纂》，無錫輔仁中學，一九一九年。

《春秋約纂》，江蘇省立第三師範學校，一九一九年。

《禮記約纂》，鉛印本，一九一九年。

《語體文範》，無錫縣公署三科，一九二〇年。

《江蘇省立第三師範學區人物志》，油印本，一九二一年。

《北堂永感録（附兄弟孔懷録）》，鉛印本，一九二一年。

《高子水居精華録》（三卷），鉛印本，一九二一年。

《南通費生（師恒）傳》，淡遠樓石印本，一九二三年。

《國學必讀》（新中學教科書），中華書局，一九二四年。

《國文》（新師範講習用書，顧倬校訂），中華書局，一九二四年。

《錢祖耆先生行狀》（與錢基厚合撰），鉛印本，一九二六年。

《上海倪王家乘》（王樹增主修、錢基博纂修）鉛印本，一九二七年。

《〈文史通義〉解題及其讀法》，中山書局，一九二九年。

《光華大學五周紀念書》，一九三〇年。

《讀〈莊子·天下篇〉疏記》，商務印書館，一九三〇年。

《國學文選類纂》（上、下册），商務印書館，一九三一年。

《〈名家五種〉校讀記》，無錫國學專修學校，一九三一年。

《〈文心雕龍〉校讀記》，無錫國學專修學校，一九三一年。

《古籍舉要》（又名《後東塾讀書記》），世界書局，一九三三年。

《版本通義》（收入商務『萬有文庫』），商務印書館，一九三一年。

《〈周易〉解題及其讀法》，商務印書館，一九三一年。

《現代中國文學史長編》，無錫國專學生會鉛印，一九三三年。

《明代文學》，商務印書館，一九三三年；後又收入商務『百科小叢書』。

《現代中國文學史》，世界書局，一九三三年，一九三六年修訂版。

《〈古文辭類纂〉解題及其讀法》，中山書局，一九三三年。

《駢文通義》，大華書局，一九三三年。

《〈四書〉解題及其讀法》（收入商務『萬有文庫』），商務印書館，一九三四年。

《〈老子·道德經〉解題及其讀法》，大華書局，一九三四年。

《韓愈文讀》（兩卷本），商務印書館，一九三四年。

《韓愈文談》（二册），商務印書館。

《韓愈志》，商務印書館，一九三五年。

《模範文選》（上、下册），商務印書館，一九三五年。

《經學通志》，中華書局，一九三六年。

《孫子章句訓義》，一九三九年初版；一九四二年增訂本；一九四七年增訂本又由商務印書館再版。

《中國文學史》（上古至隋唐之部），湖南藍田袖珍書店，一九三九年。

《國師文範》（『國立師範學院叢書』之一），鉛印綫裝教材，編於一九三九年初。

《桐城文派論》（收入商務『國學小叢書』），商務印書館，一九四〇年。

《中國文學史》（宋遼金之部），湖南藍田公益書局，一九四二年。

《德國兵家克勞山維茲兵法精義》（由錢基博注釋、顧谷宜譯），江西出版合作社，一九四二年。

《中國文學史》（元之部）（即《中國元代文學史》），湖南藍田新中國書局，一九四三年。

《近百年湖南學風》，湖南藍田袖珍書店，一九四四年。此書又由求知書店再版，一九四五年。

《堠山錢氏丹桂堂家譜》，一九四八年。

《金剛經心經章句信解》，鉛印綫裝本，一九四八年。

《明鑒》，臺北啓明書局，一九五九年。

《清鑒》，臺北啓明書局，一九五九年。

賈士毅

（一八八七—一九六五）

生平簡介

財政史學家。字果伯，號荆齋。宜興南漕鄉蕭塘村人。幼年在私塾讀書，直到十七歲方才進入宜興竺西學堂就學，兩年後到無錫初等師範學習。清光緒三十三年（一九〇七年）考入上海法政講習所，一年後留學日本明治大學，攻讀政治學，一九一一年獲政學士學位，畢業回國。先在蘇州法政專科學校任教，辛亥革命時期一度擔任南京臨時政府財政討論會委員。一九一二年到北洋政府財政部供職，歷任參事、會計司長、庫藏司長、總務廳長、公債局坐辦等職。主持創訂國家財政收支和地方財政收支標準案，劃分中央與地方財政，民國財政預算由此開始。一九二〇年後任鎮江海關監督兼交涉員。一九二一年，作爲中國政府代表團成員參加華盛頓會議，協助顧維鈞交涉收回關税自主權事宜。一九二七年起任上海銀行公會書記長、南京國民政府財政部賦税司司長，整頓税收，革新税制，主持制訂預算制度和財政法規。後升任財政部常務次長，爲争取關税自主和裁撤厘金做了大量實在而細致的研究、論證工作。一九三三年調任湖北省政府委員兼財政廳長。抗戰時期，一度作爲財政部專門委員被派駐香港，并兼任香港財政評論社社長。後任江蘇省財政廳長、江蘇省農民銀行董事長，加入劉大鈞爲社長的中國經濟學社。抗戰勝利後，任湘鄂贛區財政金融特派員，兼任中央大學、中央政治大學教授。他關心家鄉的教育事業，曾與沙彦楷等人一起募集資金，創辦公立宜興中學。一九四九年去臺灣，任臺灣第一商業銀行董事、交通銀行民股監察人。一九六五年去世，享年七十八歲。

主要著作述要

《民國財政史》：成於一九一六年，商務印書館一九一七年版。梁啓超、周學熙、熊希齡、陳錦濤、殷汝驪等分别爲之作序。本書分爲六編三十四章：第一編『總論』，包括『財政之沿革』、『財政之現情』、『財政方針之變遷』、『財政官署之遞嬗』、『出入遞增之原因』等六章；第二編『歲入』，包括『歲入概論』、『賦稅』、『官有産業』、『雜收入』等四章；第三編『歲出』，分『歲出概論』、『憲法費』、『待收費』、『財政費』等四章；第四編『國債』，分『國債概論』、『中央公債』、『實業公債』、『地方公債』、『公債償本付息之額』、『整理國債之籌議』、『償還國債之計劃』等七章；第五編『會計』含『會計概論』、『年度』、『預算』、『收支』、『金庫』、『決算』、『特別會計』、『收支書類』、『官庭簿記』等九章；第六編『泉幣』，分『泉幣概論』、『銀行』、『貨幣』等三章。還有『一九一二年至一九一六年全國歲入歲出預算表』以及『一九一六年各省歲入歲出預算表』作爲附録。『民國財政史』以當時實行的制度爲經，因革爲緯，詳今略昔；資料來源主要是官書檔案等第一手資料，凡當時法令涉及財政的均按類附入；統計數據和圖表十分詳盡，各章節均有統計資料以資佐證；實務性質較濃厚，理論色彩較淡薄。它是一部系統闡述一九一六年前中國財政制度和財政狀況的專門著作。一九三二年，賈士毅又寫成『民國續財政史』一書，同年仍由商務印書館出版。『民國財政史』及其續編條理清晰，資料豐富，對於了解北洋政府時期及國民黨政府初期的中國財政制度和財政狀況，具有很大參考價值，其在中國同類著作中亦有領先地位。

《關稅與國權》：商務印書館一九二六年十月版，中國參於關稅談判的重要參考書。分『關稅的沿革』、『關稅的特質』、『海關組織』、『關稅制度』四編，共二十六章。首編介紹關稅史及其發展；次編概述關稅制度與世界趨勢、國家主權、國際間的關係；第三編述及海關職能範圍、權力體系及海關組織改革問題；末編詳論各種關稅及國際貿易的趨勢、關稅争議的解決方法。《關稅與國權補遺》，商務印書館一九三〇年版，書後附『關稅與國權補遺』，對前版進行修訂，并增添部分内容。

《民國財政經濟問題今昔觀》：〔臺〕正中書局一九五四年出版，前有時任臺灣『考試院』院長莫德惠序。賈士毅親歷北洋、南京兩個政權並一直操理賦稅司事務，是書既是其一生大事的追憶，又是其經世的政論。全書分民元（北洋政府）、國府（南京政府）和移臺後三編：第一編，是民初到南京政府成立時期的財政經濟問題，實現減政、推行新稅、整理舊幣、整理田賦、整理外債，沿流溯源，考究利病，以及身歷之感想；第二編記南京政府財政改造、關稅自主、裁撤厘金之過程，以及保護農村經濟、戰時經濟動員、整理地方財政；第三編爲臺灣的財政經濟及展望。全書從財政基本原理入手，考察改造財政經濟途徑，是重要的財政史專著，又是財政學的實務教材。

《**民國初年的幾任財政總長**》：〔臺〕傳記文學出版社一九六七年出版，前有作者引言，後附曹汝霖回憶和周學熙業績。民國初年，袁世凱竊位稱帝、張勳復辟、軍閥混戰，政權更迭，政局動盪，財政總長走馬换將，十五年中竟變動三十三次（含再任、代理、未到任），任期最短的僅十一二天，成爲千古奇聞。此十五年，賈士毅在財政部相關司署處任要職，歷任總長都是其直接長官。他認爲：『知人論世，要論述一個人的行蹟成就，不能抹殺他的時代背景和社會環境』，總長中的許多人確實想在財政方面有所作爲，無奈生不逢時，使他們滿肚子的計劃一個也不能實施。作爲親聞親歷者，賈士毅决定把這一段財政史實留下來，爲陳錦濤、熊希齡、周學熙、梁士詒、周自齊、梁啓超、李思浩、顧維鈞、羅文幹、王克敏、曹汝霖、張弧、董康、龔心湛、潘複、劉恩源、張鎮芳、高淩霨、汪大燮、張英華、李士偉、賀德霖二十二位總長寫了傳記。本書是研究民初歷史的珍貴資料。

《**國債與金融**》：商務印書館一九三〇年十月版。本書分爲六編。首編叙述列邦國債的增高，及中國内外債在市場與金融的關係。二編叙述北京財政部有抵押内債，信用未失，金融資其流通；無抵押内債，基金空虚，金融受其影響。三編叙述北京財政部有抵押外債，本息未衍，國信以孚；無抵押外債，性質繁雜，迄今未整理，有妨國信。四編叙述北京交通部的内外債，有的按期清償，有的積欠逾時，也因擔保確否而異。五編叙述國府雖以軍興，困於財力，也僅發行各種庫券及公債，從未訂借外債。六編叙述整理内外債的經歷，及今後的新計劃，并列出各種條例及本息表。以上六編闡述了我國國債的歷史，及其與金融之關係，點明關鍵是政府信譽。

《**中國經濟建設中之財政**》：分七節。論述改造財政與經濟建設的關係、均權主義與國地收支的劃分、中央税制和地方税制、内外債務等問題。是書爲一九三一年太平洋國際學會第四届會議大會論文。

《**華會見聞録**》：商務印書館一九二三年十月版。一九二三年作者曾奉命赴美列席華盛頓會議，擔任中國代表團專門委員，爲期四個月。作者將所見所聞編輯成書，共分十章，系統地記載了華盛頓會議自開幕至結局的全過程，對於遠東問題及限制軍備問題均有詳細叙述。

《**裁兵安置辦法案**》：建議安置裁兵去興修水利、修路及屯墾。

《**湖北省財政法規彙編**》：賈士毅編，一九三五年版。分官制、官規、田賦、營業税、契税、市税、公産、金融、公債、會計、預决算、交代、縣財務、附録十四類，輯入一九三五年二月以前有效的法規二百七十餘種。

《**中國現代賦税問題**》：賈士毅編述。本書收録到『軍需學校叢書』，是軍需學校講義。據内容，此書在一九三一年後出版。分兩講：一、從國民經濟觀察中央税制；二、從國民經濟觀察省地方税制。

主要論著目録

《民國財政史》，商務印書館，一九一七年。
《華府會議見聞録》，商務印書館，一九二三年。
《關税與國權》，商務印書館，一九二六年。
《國債與金融》，商務印書館，一九三〇年。
《民國財政經濟問題今昔觀》，正中書局，一九五四年。
《民國初年的幾任財政總長》，傳記文學出版社，一九六七年。

徐凌霄

（一八八八—一九六一）

生平簡介

新聞記者，戲曲評論家。本名彬，譜名仁錦，字雲甫。室名凌霄閣，筆名彬彬、燭塵、一塵、凌霄漢閣主等。宜興人。一八八八年（一説爲一八八六年）生於直隷宛平（今北京），出身士大夫家庭。伯父徐致靖、堂兄徐仁鑄，均爲維新人士，因支持戊戌變法而被罷官。徐凌霄深受家庭影響，與維新黨人、立憲黨人往來密切。其少時專於文學經史，十三歲兩試列榜首，補廪生，後授舉人。但無意仕途，初讀於山東高等學堂，後畢業於京師大學堂土木工程專業。一九一六年起應聘爲上海《時報》駐京特約記者，撰寫北京通訊，以剖析切中、文筆流暢著稱，頗受讀者歡迎。對《京報》創刊，應聘爲特約撰述，主編副刊與撰寫劇評。對京劇藝術表演規律有相當研究，並有不少創見。三十年代前後任天津《大公報》副刊《戲劇周刊》和《小公園》主編，并常爲《國聞周報》撰稿。所寫文史方面的短文，以『凌霄隨筆』、『凌霄漢閣隨筆』、『凌霄一士隨筆』爲欄題，在上述副刊發表。對近代文物典章制度和歷史故事十分嫻熟，寫來如數家珍，可稱巨擘。雅好戲曲，曾與熊佛西一同執教於藝術學院；擅詩詞，與袁寒雲、沈南雅、徐半夢并稱『京師四才子』；與黃遠生、劉少少被公衆共認爲『民初三大名記者』；與黃遠生、邵飄萍并譽爲『中國撰述界三杰』。一生發表新聞、文學、史學文章數量很大。新中國成立後爲北京市文史館館員，個人傳略編入中國新聞史、戲劇史等史志典籍，多部著作在海内外出版。一九六一年病逝於北京。

主要著作述要

《凌霄一士隨筆》：徐凌霄、徐一士著，山西古籍出版社一九九七年版。該書最初連載於天津《大公報》附刊《國聞周報》，始自一九二九年七月，止於一九三七年八月，經八年起訖，其間每周必載。首次據連載内容整理成書，共九卷，五大册，一百二十餘萬字。書中内容集中理析清代，尤其是道咸以來至民初近百年的朝野掌故，所述多爲當時著名人物、科舉制度及官制流變，資料豐富，評述公允。其筆法重在排比資料，連類縷析，探微析幽，頗具史學眼光。此書風靡一時，鄭逸梅先生在其《藝林散葉》中説道：『在（二十世紀）三十年代，《大公報》附刊《國聞周報》刊登黃秋岳（即黃濬）之《花隨人聖庵摭憶》，成爲對壘之作。』黃作連載未竟，而本書連載八年，在《國聞周報》乃至現代期刊史上當屬連載時間最長的掌故筆記著作。

《皮黃文學研究》：世界編譯館北平分館一九三六年版。本書是徐凌霄最具系統性的戲曲理論著作，由『述概』、『析詞』、『音節』、『雅俗』、『協進』五篇組成。書中總體稱道京劇文學是一種『合言語、動作、文詞、音節而爲一』的『戲臺上的立體文學』，是『真正的活文學』。又提出『直必有至味，俚必有實情，顯必有深義』的衡量標準，認爲《小放牛》、《打花鼓》等戲的語言自有『民間文學的真品』，《玉堂春》、《游龍戲鳳》等戲的語言『究竟多數合於雅化的途徑』。京劇文學雖在這方面存在尤待改善之處，但已趨向雅俗共賞的境界了。最後以陳彦衡對譚鑫培藝術的理解和闡釋爲例，論證了案頭與場上的關係，還對譚鑫培做了超越陳彦衡的藝術分析。這部作品對於提高京劇藝術的文化地位，明晰其本體性，都具有極高的參考價值。該書對於細分戲曲研究對象，建立中國戲曲獨立的話語體系等美學問題都具有借鑒意義。

《**古城返照記**》：徐凌霄著；徐澤昱等整理，同心出版社二〇〇二年版。本書是中國第一部京味長篇紀實小説，分上下卷。上卷宦海浮沉，反映了袁世凱稱帝前後政壇人物明争暗鬥鮮爲人知的故事；下卷梨園盛事，記述京劇的發展、變遷及歷史上幾位著名演員的走『紅』史。

《**京劇詞典釋例**》：世界編譯館北平分館一九三七年出版。本書主要内容是對京劇中的成詞或專用於京劇而又不易被一般人所理解的字句進行舉例解釋。前有述旨和叙類，講述編制劇體詞典的目的，戲劇語詞與其他語文的關係等。書末附録曾發表於《大公報》的有關文章《技術白與自然白》、《劇體文》等五篇。該書搜集一百零五例京劇舞臺常用戲詞，從聲韵與動作的關係、引導或結束人物對話的作用、聯繫樂隊及演員的作用等方面，分别做了論述，可與《皮黄文學研究》參照。

《**寂寞之友　短篇小説集**》：夏孟剛著，徐凌霄評點，一九二七年版。本書收《春》、《寂寞之友》、《空屋》等十六篇小説。書末附《爲愛犧牲》。

《**民國筆記小説大觀　第一輯之九　曾胡譚薈　曾胡治兵語録**》：徐凌霄，徐一士著；蔡鍔輯，山西古籍出版社一九九五年版。《曾胡譚薈》發表於《國聞周報》，始於第六卷第二十六期（一九二九年七月十七日），止於第七卷第十二期（一九三〇年七月三十一日），共六十七則，是專述清代名臣曾國藩及胡林翼的。曾胡二人是鎮壓太平軍的主將，功名顯赫，號爲『中興名臣』。《曾胡譚薈》不從正面談曾胡的文治武功，蓋世功名，而是側重漫談曾胡之立身本末、文章行誼、學識智略、軼事遺聞等，盡覽曾胡文韜武略之産生緣由，如曾胡之治兵基準、外交思想、論文卓識等，多獲内幕秘聞；更可深窺曾胡臨戰如履薄冰，事上克盡忠誠，爲官憂讒畏譏，修身惟恐不至等種種形跡。故易於把握曾胡之真人格、真精神、真性情。此外，本書於曾胡之友情及其與左宗棠、李鴻章等一大批文臣武將的關係也多有記述，并於其中關係之蛛絲馬跡多所梳理，往往有精辟之見。但是，由於種種原因，本書視曾胡近於完美，而於洪楊諸人又多所貶斥，顯然有失公允。該書據《國聞周報》連載内容整理而成。

主要論著目録

《皮黄文學研究》，世界編譯館北平分館，一九三六年。
《京劇詞典釋例》，世界編譯館北平分館，一九三七年。
《民國筆記小説大觀　第一輯之九　曾胡譚薈　曾胡

《治兵語録》（徐凌霄，徐一士著；蔡鍔輯），山西古籍出版社，一九九五年。

《凌霄一士隨筆》（徐凌霄、徐一士著），山西古籍出版社，一九九七年。

《古城返照記》（徐凌霄著；徐澤昱等整理），同心出版社，二〇〇二年。

朱佛定

（一八八九—一九八一）

生平簡介

法學家、外交家、教育家。名文黼，號黻廷，字佛定。一八八九年二月十五日，生於江陰城内高巷。一九一四年北京大學畢業，爲北京大學法科法律學門第一届畢業生。留學法國、瑞士，獲巴黎大學法學碩士、日内瓦大學法學博士。

一九一九年一月—六月，於巴黎和會期間任中國代表團代表施肇基秘書，此次中國代表團拒絶在不平等條約上簽字，是中國歷史上的第一次。一九一九年七月—一九二三年，任中國駐美國大使館二等秘書。一九二三年，自美國卸任回國，任中國外交部通商司司長。一九二五年三月，任中國特命考察歐美各國與日本政治經濟全權專使團首席秘書。四月上旬至法國，大受法國當局的歡迎。五月上旬至英國倫敦，五月二十六日至瑞士，六月三日至意大利，六月四日專使徐樹錚、墨索里尼相對坐談，朱佛定任翻譯。六月二十一日至德國，七月一十八日抵莫斯科，八月三日至比利時，八月九日至荷蘭，十月中旬赴紐約，并至華盛頓晉見柯立芝總統。十一月上旬赴東京，晉見日天皇夫婦、首相、外相。十一月中旬由日返上海，十二月十七日共趨訪張謇於南通，十二月十九日由滬乘順天輪船抵津，乘火車進京。

一九二八年十二月，北伐戰爭後，任上海法政大學（翌年更名私立上海法政學院）教務長。一九三一年六月，爲私立上海法政學院校董會校董。一九三六年六月—一九三八年二月，廣西省政府主席黄旭初兼省立廣西大學校長，廢副校長制，改設秘書長，并設立校本部，以資統轄各學院。朱佛定爲廣西大學秘書長兼文法學院院長（校本部）統轄各學院，成爲實際上的廣西大學校長。

一九三八年至十月，任安徽省政府委員、秘書長，實際代行李宗仁的安徽省政府主席職務。一九三八年六月十二日，安徽懷寧被日軍攻陷，朱佛定與建設廳長蔡灝、財政廳長章乃器堅守崗位，團結民心，表現出不屈的民族氣節。一九三八年，就任安徽省政府代主席。一九三八年十月二十四日至一九四三年九月，連任安徽省政府委員、秘書長。

一九三八年十二月一日，安徽省政治軍事幹部訓練班（第五戰區安徽省戰時民衆總動員委員會幹訓班）在立煌縣古碑冲開學，朱佛定作專題講座，講解『抗日民族統一戰綫』、『中國的民主運動』。一九四一年十二月二十六日，安徽省政府設立安徽省抗戰史料徵集委員會，朱佛定與其他十五位委員應聘從事抗戰史料的徵集，編纂《史料叢刊》、《史料長編》、《史料提要》、《史料索引》。一九四二年，任安徽省政府設計考核委員會首任主任委員。一九四三年九月—一九四五年八月，任省立安徽學院首任院長。

一九四五年，任安徽學院編譯委員會《世界月刊》主編。十月二十五日，出席臺北市公會堂（今中山堂）舉行中國戰區臺灣省接受日本臺灣總督兼日軍第十方面軍司令陸軍大將安藤利吉投降之受降典禮。一九四五年十一月二十一日，國民政府行政院參事。一九四七年四月二四日魏道明出任臺灣省政府主席，邀朱佛定赴臺，任國民政府典試委員會試務處主任秘書。一九四七年四月二十九日，任命朱佛定爲首任臺灣省政府委員，十月十五日兼任臺灣民政廳廳長。一九四七年五月十五日—七月，代理臺灣省民政廳首任廳長。一九四七年七月—一九四九年十二月十五日，任臺灣省政府委員兼臺灣省民政廳首任廳長。一九六三年十二月，任臺灣私立大同商業專科學校董事會首届董事。

一九六五年九月十三日至一九七三年八月一日，臺灣彰化市大埔段十九之六號成立私立建國商業專科學校第一届董事會，馬繼先爲董事長，朱佛定爲首任校長。一九六八年一月，發起《景印江陰縣志》，親自作序，爲第一編撰、出資人，時近八十歲。一九八一年七月，逝世於臺灣，享年九十二歲。

主要著作述要

《法國民主政治》：福偶原著，朱佛定翻譯。本書是在憲法的框架内進行的介紹和討論，例言中，作者將憲法分爲成文憲法和不文憲法，分别闡述了兩種憲法的不同，并介紹了當時的歐美强國屬於何種憲法類型。作者將憲法與一般行政法作了比較，指出憲法是原則性的法律，而一般行政法是憲法原則下實施規則。本書根據憲法是規定國家之組合，國家之高級機關極其對人民所施權力之範圍總綱的定義，將全書分爲三篇來進行闡述。第一篇，國家之組合。該編首先對民族、政府、國家作出了比較，説明了其中的區别。然後將國家分爲合成國與單一國進行討論，列舉了美國、瑞士、德國、普魯士等國的國家制度。第二編，國家之高級機關。該編從憲法上學説之原理、法國憲法史、國權組織之規則三個方面做了介紹和解讀。第三編，國家權力之限制及人權。該編分人權之原理、人權之分類、人權之擔保和人權之停止四個章節對國家和人權的關係進行了闡述。

主要論著目録

《法國法院編制法》，稿本。

《中國司法制度改革》，法文版。

《法國民主政治》，海民友社，一九一二年。

《大别山戰役後安徽省半年來復興工作》，安徽省政府秘書處，一九四三年。

《歐戰演變中的一個分析》，《安徽青年》一九四〇年第一卷第三期；《安徽政治》一九四〇年第三卷第一——十二期。

《論德義日三角同盟》，《安徽政治》一九四〇年第三卷第十六——十八期。

《日寇侵越與遠東局勢》，《安徽政治》一九四〇年第三卷第十六——十八期。

《統計事業的重要和統計工作人員應具備的條件》，

《安徽政治》一九四一年第四卷第四期。

《論太平洋戰區》，《安徽政治》一九四二年第五卷第四期。

《史料叢刊》、《史料長編》、《史料提要》、《史料索引》，一九四一年。

《安徽一年》，安徽省政府秘書處編譯室，一九四一年編印。

繆秋傑

（一八八九—一九六六）

生平簡介

鹽政學家。字劍霜，號青霞。清光緒十五年（一八八九年）十一月九日生於上海，祖籍江陰，幼喪雙親，賴其母舅孫氏撫育成人。繆秋傑終生服務鹽務事業，建樹頗多，政績卓著，與曾仰豐、張綉文、姚元綸被稱爲民國時期全國鹽務界『四大金剛』。

由於家境貧寒，繆秋傑十三歲才入北京宛平小學讀書，一九〇五年升入順天中學，三年後考入北京税務學堂，勤學苦讀，成績優異，精通税法和英文。一九一三年六月畢業後分配到哈爾濱海關任見習員，十二月調北京鹽務稽核總所任科員，管理英文鹽務檔案。繆秋傑辦事認真敏捷，英文流利，受到總所會辦英國人丁恩的賞識，稱贊其爲『活檔案』，不久升任秘書。

一九一八年至一九二四年繆秋傑任總所巡視員，幾乎跑遍了全國各大鹽區，掌握基層具體情况，以其不畏權勢、不拘私情、敢於任事、秉公執法的作風而嶄露頭角。一九一九年秋，繆秋傑視察西北重要的産鹽區花定鹽區，處理税收人員舞弊案，并擬具整頓花定鹽區辦法。一九二〇年三月，與調查員英人魯斯敦前往淮北調查引權情况，上書總所，建議若要整頓淮北鹽務，最善莫過於廢除引權，實行自由貿易制度。一九二二年春，調查青島鹽業情况，旋調任揚州稽核分所經理，因功獲大總統授三等嘉禾章。一九二四年巡查淮鹽銷區情况時，發現鄂岸榷運局、掣驗所等鹽務部門徇私舞弊，勒索鹽商，侵吞國税。次年繆秋傑任鄂岸稽核處稽核員，徹查舞弊案。擬具《鄂岸鹽務改革意見商榷書》，上報署所，同時在報紙上公開發表。其主要内容是裁撤病商擾民的鄂岸榷運局和稽核處，其原有的岸税改在産鹽區徵收，由淮商在鄂岸内地設立公倉，多儲鹽斤，以防鹽荒，鹽價由鹽務最高機關規定，不準私自增加，鹽質必須潔净，不準摻和泥沙，售鹽時不準尅扣斤兩，違者嚴懲。此次改革計劃受到重視，不久付諸實施。然後來發生直系軍閥吴佩孚截留十二省鹽税的事件，加之其揭發舞弊案得罪地方勢力，繆秋傑在漢口被湖北督軍蕭耀南逮捕，後由英、法、日公使的抗議交涉而獲釋。

一九二六年春調任雲南稽核分所經理，一九二九年十一月調任川南稽核分所經理，駐自流井（今自貢市）。因鹽税償付外債，受匯率虧損，乃開徵外債附税，歲可增收銀幣八萬元，繆秋傑以此款係新徵税目，不能再由四川軍閥截留，應全匯總所。爲此，觸怒四川督辦劉湘，遂被排擠，回總所任總觀察。

一九三〇年奉調任淮北分所經理，調查淮北鹽場狀况。繆秋傑到任後立即着手整頓場産，首先親自主持建坨築路。迄一九三三年底，共計建坨大小二十餘座，總容積達到一千二百九十五萬擔。同時疏浚鹽河、修築公路，使淮北鹽區的鹽斤存放困難、運輸不暢的問題得到了有效的解决。其次加强管理，採取一系列新措施，制定一系列新制度，疏通生産、存儲、銷售的各個環節。三是大力整頓緝私。淮北緝私營隊自一九三一年四月起由淮北稽核分所接管，繆秋傑以分所經理身份兼任緝私局長。一九三二年一月財政部决定將淮北作爲整頓緝私的重點，繆奉準將淮北緝私營七大隊改編爲税警，改隊制爲區制，將淮北鹽場劃爲六個區，税警分區駐扎。

一九三二年八月財政部對鹽務機關進行重大調整，决定將行政機關主管改爲由稽核所人員兼任，總所總辦兼鹽務署長，分所經理兼各區鹽運使，實行政税合一。繆秋傑乃兼任兩淮鹽運使，開始改革淮鹽運銷制度。當時淮鹽供過於求，存鹽積壓，銷售不出去，繆秋傑分析滯銷的主要原因是專商引岸制度下運銷制度不善，以及商人固執守舊。因此，他一方面盡可能地争取進一步開放自由貿易區域，在皖豫岸實行核價輪售，鼓勵銀行向運商放款，提請統一全國税率，整理淮鹽附捐，減輕運商負擔，推動鹽運外銷；另一方面大力破除清末民初以來的『輪檔』制度，在漢口設立淮鹽售鹽處，以打破壟斷，促進自由競争。在漢口實施的諸措施産生了很好的效果，一九三三年起，湘、贛、皖三岸也仿照鄂岸的做法推行改革。

一九三五年，繆秋傑任四川鹽務稽核分所經理兼四川鹽運使，同時兼任川鹽銷區總視察。爲革除積弊，他在抵自流井後，即下鹽區調查，足跡遍及川南川北，掌握了川鹽産銷經營狀況的第一手材料。他又召集産、運各商代表切加研究，提出了以『統制自由政策』爲基本綱領的改革方案。所謂『統制』，就是食鹽産銷必須由鹽務機關統制，實行嚴格管理。

一九三七年四月，鹽務稽核總所改組爲鹽務總局，四川分所改爲四川鹽務管理局（一九三八年改爲川康鹽務管理局），繆秋傑改任局長，兼任川滇陝甘區總視察。在抗日戰争時期，沿海淪陷，川鹽地位愈顯重要，繆秋傑狠抓川鹽生産，以自貢、犍樂爲重點，鼓勵開辟鹵源，增加生産，充分利用天然氣，添設炭竈，緩解燃料之不足。所需進口鋼材，則多方設法，從僅有的中緬公路經仰光至昆明轉運内地。對資金周轉困難的井竈，舉辦貸款支持。整治水路通道，修築鹽區公路和内河船閘，鼓勵淮商大業鹽號開川承運。因其各種措施及時，使川鹽達到增産要求，資金周轉活躍，運送工作也得到保障，川鹽大幅度增産，爲大後方川、黔、滇、康、陝、甘、湘、鄂的軍需民食提供了保證，充裕國家的財政收入，爲支持抗戰作出了重大貢獻。樂山鹽場曾爲之修建『劍霜堂』一所，以紀其治鹽業績。

在四川任内，繆秋傑還相當重視場區建設，採取開徵公益費的辦法，設立慈幼院、戰時難童保育院、職工醫院，建立醫療補助基金。一九三七年，鑒於自貢地區教育落後，繆授意鹽場紳商提請擴建蜀光初級中學，并將存留的楚鹽貼費二十八萬元連同公益費十萬元劃撥蜀光中學作爲擴充經費。同時，出面邀請著名教育家、南開校長張伯苓偕同重慶南開中學主任喻傳鑒、教務主任韓叔信視察教育，并由該校董事會聘請張伯苓等爲校董事會董事長兼任校長，以喻傳鑒爲主任主持校務。後又積極督促籌備，起建校舍，添設高中部。除了支持擴建蜀光中學以外，繆秋傑還指示鹽局常年撥款補助培德、旭川、劍南等中學教學頭而殘害友軍的做法十分反感。值八路軍重慶辦事處經費支絀，他與何遂不顧當時政局險惡，籌措一筆現款，携往曾家岩周公館，面交董必武，向他表示對蔣介石消極抗日的憤慨。後來董必武、葉劍英贈繆、何兩人延安所産毛毯、毛綫、粗呢衣料作答。

一九四一——一九四三年，按國民政府和財政部有關指示，繆秋傑以鹽局總辦身份，直接參與設計鹽專賣政策，並在國統區域内全力推行，這是他主持鹽政後所辦的一件大事。抗戰時期的鹽專賣制，是民國鹽政政策的一項重大變革。這期間繆秋傑先後發表了《鹽專賣政策》、《鹽專賣與鹽業建設》等文章，肯定了戰時推行鹽專賣制的積極作用，并提出了實施鹽專賣制的四項方針，即統籌産收、官辦運輸，調劑配銷，調整鹽價。他堅持『全民福利之原則』，反對政府與民争利； 認爲鹽價關係人民負擔，亦關係國家財政，所以實行鹽專賣，『價必求其最低，利益必求其最當，苛雜必須廢除，靡費必須杜絶，更宜統籌全局，審核盈絀，力求鹽價之均一與穩定。』

任職期間，他採取措施逐步取消洋人特權。對於洋人充任鹽務總局會辦，省局副職以及洋員制度，繆秋傑請財政部呈行政院批準，凡年滿六十的洋員退休後，即由本國人繼任，不再派用洋員。並廢止電文賬表都用英文爲正本的規定，全部改爲中文，從而一掃洋人在我國鹽務系統的經費。由於開罪地方勢力，其撥款擴建蜀光中學被檢舉，以擅用公款的罪名被判免職一年的處分。

一九四〇年二月，擔任江南六省（閩、湘、粵、桂、浙、贛）鹽務特派員，統一管理六省食鹽的産、運、銷、囤。當時長江被日寇封鎖，輪運受阻，爲了秘密搶運滯囤上海及淮北各地的鹽斤，繆秋傑化名黄夢卿，扮作商人，潛入上海，得到李桐村等人的掩護和協助，在滬接見鹽務系統人員及有關人士，布署搶運的具體步驟。一九四〇年四月出任鹽務總局總辦，領導全局，排除萬難，『增産、搶運、囤儲、濟銷，舉凡可以適應非常時期需要者，無不殫精竭慮，把握時機，全力以赴。』大力促進内地鹽場及一部分尚未損失的沿海産區大規模增産，并且在接近淪陷區的地帶收集流散鹽斤，太平洋戰争爆發前，還在香港收購南洋鹽。在鹽斤運輸方面採取組設運輸機構、充實運輸工具、實行運鹽工緩服兵役法、改變鹽運路綫及增辟新鹽源等諸項措施，大力促進鹽運。一九四〇年夏，因陝中、豫西地區食鹽供應緊張，繆秋傑通過國民政府立法委員會委員何遂與葉劍英接洽，商討從陝甘寧邊區運輸花馬池鹽事宜。這是一件對雙方雙赢互利的事情，繆秋傑在重慶海關總署宴請董必武、葉劍英、博古等人，席間談妥購運辦法，并派何世庸以鹽務總局代表身份赴邊區洽辦此事。

一九四一年皖南事變後，繆秋傑對國民黨這種國難當特權。在内部則抵制『中統』特務對鹽務的控制，在總局成立視察處，在西安、衡陽設視察室，將中統分子調散。撤銷『緝私督察員』編制，派老鹽務人員劉宗翼任視察處處長，『中統』頭子顧建中爲副處長，使其互相牽制，不能成爲獨立系統，從而逐漸消除了『中統』特務組織在鹽務機構内部的控制力量。

一九四五年九月，調任鹽政局局長，總管抗戰勝利後的全國鹽政。繆秋傑上任後的第一件事即抓緊擬定新的鹽政綱領，將鹽政政策由『民製官收官運商銷』改爲『民製民運民銷』。十二月率總局回南京，視察滬、浙、津、漢鹽區工作，督導鹽區接收，恢復生産，籌設中國鹽業公司。其間，舊勢力强大的長蘆區專商企圖恢復其世襲專利，借口河北情况特殊，要求暫緩廢引，繆秋傑當即駁回，責令長蘆『商人繳税，就場捆放，自由運銷，不得包辦』。

一九四六年二月，繆秋傑發表《當前治鹽政策之使命》一文，痛陳專商引岸之弊害。在此前後，川北區請求戰後維持舊有分場分岸制度，遭其嚴厲批駁。同月，新制定的鹽政政策即《鹽政綱領》經行政院通過，頒行全國。其根本原則是實行『民制民運民銷』，并由政府管理調節供求，恢復徵税制，即其所稱作之『有計劃的自由貿易政策』。九月，發表《計劃經濟下鹽之生産與分配》一文，對有計劃的自由貿易政策的宗旨、内容及具體辦法，進行了全面的闡釋。該年解放區有兩千噸食鹽在運輸途中被鹽警扣留，董必武爲此事專函説明，繆秋傑即批令放行。内戰爆發後，由繆秋傑、何遂名義出面合辦上海『瑞明股份有限公司』作爲中共上海局的經濟機構，爲了掩護其活動，劉長勝化名任董事，以愚園路儉德坊二號繆女希霞處爲中共上海局聯絡機關。

一九四七年，繆秋傑視察東南各鹽區長江流域銷區及淮、魯、蘆、滬鹽區。一九四八年四月，發表《十年來之鹽政》，載於《鹽務月報》。一九四八年九月，因反對增加一筆鹽税作爲國民黨的黨務經費觸怒當局，加之『軍統』亟欲控制鹽政，被誣以貪污瀆職罪，受到撤職查辦的處分。中國共産黨爲保護繆秋傑，防止免職後再遭迫害，在中共上海局領導的建議和幫助下，將繆秋傑轉移香港。

一九四九年北平解放，繆秋傑即由港回平，并參加了華北人民政府的一些工作，後擔任中央財政部參事，繼續服務於鹽業咨詢。一九五〇年辭去參事職務，在北京家居養老。一九五七年應全國政協文史館之請，撰寫《近四十年來中國鹽政之變遷》。一九六六年十月一日在北京病逝，終年七十七歲。

主要著作述要

《十年來之鹽政》：此文就一九三六—一九四七年十年間全國鹽政制度沿革、産銷概況、徵榷情形、特種用鹽供應狀況、鹽貸之舉辦、鹽業技術之改進、人事制度之改進，緝務之整頓及未來計劃，進行了詳盡的論述，供鑒往策來之用。在文末的『未來計劃』中繆秋傑提出了建設鹽場、增加生産、加强鹽貸、加强緝私四項任務，以高瞻遠矚的態度簡要勾勒了日後鹽政發展的藍圖，其中還特别提到了海南島西部鶯歌海的開發。

主要論著目録

《施行新鹽法之我見》第六卷，鹽政緝私督察人員訓練班，一九三五年。

《十年來中國之鹽務》，《經濟學季刊》一九四三年第八卷第九期。

《十年來中國之鹽税》，《經濟匯報》一九四三年第八卷第九—十期。

《十年來中國之鹽税》，《鹽務月報》一九四三年第二十二—二十三期。

《鹽務人事制度》，中央訓練團黨政軍人事管理訓練班，一九四七年。

《臺灣鹽場建設展望》，《鹽務月報》一九四八年第七卷第五期。

《十年來之鹽政》，《鹽務月報》一九四八年第七卷第七期。

《近四十年來中國鹽政之變遷》，中國科技出版社，一九九〇年。

徐再思

（一八九〇—一九四七）

生平簡介

新聞工作者，地方史家。名通，字介常，筆名再思，以筆名行。一八九〇年出生，江陰城内西横街人。徐再思少時師從蘇州律師吴履和，學成後回到江陰從事律師工作，先後被通惠公所、濟美典當、沙繁盛魚行、張隸庭錢莊等商行聘爲法律顧問。徐再思涉獵廣泛，博學多才，喜愛吟咏，曾參與祝丹卿等組織的陶社詩會。後從事新聞傳播事業，一九一九年與余大雄創辦《晶報》，爲三日刊，後改爲日刊。《晶報》是以娱樂消遣爲主的綜合性小報，在上世紀二十年代發行量在小報界常居榜首，爲『四小金剛』之一，在當時掀起了創辦三日小報的風潮。徐再思之後擔任過《商報》、《民生》、《大聲》、《江聲》等報刊的副主編。他熟諳地方風土掌故，凡本地風土人情、名人軼事、地方名勝、人物傳奇、奇談怪聞等都輯文發表，其文字清麗，詼諧幽默，頗受讀者歡迎，有『江陰嚴獨鶴』之稱。撰有《澄江舊話》一書，風行一時。據他兒子徐敬亮回憶，『一度時間，父親白天至二侯祠茶館是我廬喝茶，並從閒談中得到信息故事，當天晚上便構思寫作，每晚一篇，寫完即由報社派人來取，排版上報，天天如此。』從中可看出《澄江舊話》中所記民俗事象，皆來源於深厚的民間土壤之中。又著成《江陰戰事記》，描述軍閥齊盧之戰，并附有現場照片數十幅，揭露了軍閥戰争給人民帶來的苦難，十分具有史料價值。抗日戰争爆發後，舉家遷往長壽，協助朱松壽抗日武裝籌措給養，賑濟難民。抗戰勝利後，繼續致力於新聞事業，並為當時江陰縣長方驥齡襄理縣政。一九四六年九月，江陰新聞工作者公會成立，被推舉爲主席。一九四七年去世，享年五十七歲。

主要著作述要

《澄江舊話》：原版分四集，十萬多字。本書的史料價值較大。記載了關於清朝的一些典章制度和人物行狀，如駐節江陰的江蘇學政衙署的規模及拔取六府三州秀才的情況，清末知縣衙門及十三房書吏的設置運作情況，前清訴訟情況以及對歷任知縣的評價等。書中包含不少前代遺聞軼事，可補史傳之未備，如《花山葛墓墳》、《不可先生破象陣》、《鄧完白與適園》等文章；《短毛》一文真實記載了江陰城中被『長毛』縱火燒毀的房屋約占十分之三四，而被『短毛（官兵及民團）』拆毀的房屋占十分之五六的史料，該文連同另外幾篇一同反映了太平軍在江陰的狀況；書中另有三篇文章介紹清乾隆中期邑人夏敬渠所作長篇章回小說《野叟曝言》的『索隱』、『補聞』及《夏二銘考》，都很有研究價值。本書中關於民間傳奇故事的數量很多，膾炙人口的有《楊名時吃螯螯蟲》、《顧山十里紅》、《三寶村的來歷》、《一錢逼死英雄漢》、《大宅里與施耐菴》等。其中所記述的民俗民事，具有濃厚的鄉土氣息。

主要論著目錄

《江陰戰事紀》（與錢保和合著），江陰商報館，一九二五年。

《澄江舊話》：志成印刷所，一九三〇年版；中國文聯出版公司，一九九九年再版。

章繩以

（一八九〇——一九六九）

生平簡介

近代教育家、學者。女。江陰近代第一位女大學生、女教授。字君度。江陰人，一八九〇年出生於舊知識份子家庭，其父章永平以塾師爲業。她自幼聰慧過人，好學上進，熟讀典籍，飽覽新書，一九〇六年以優異的成績畢業於無錫競志女校師範部，後就讀於北京女子優級師範學校，一九〇九年畢業。期間，師從著名學者胡雨人，廣泛接觸各種西方學術思潮及國內宣傳資階級民主共和國的理想。一九一一年秘密加入同盟會組織，立志建設民主共和國。

在競志女校讀書期間，曾組織『天足會』，反對纏足，下鄉宣傳婦女解放。民國初年，應愛國華僑陳嘉庚之聘，遠赴重洋，到印尼巴達維亞，出任中華華僑女子中學校長。二十年代，應聘擔任南通縣立女子師範學校學監。一九二八年應國民革命軍遺族學校校長宋慶齡之邀，至南京擔任該校校務主任。其後又先後擔任蘇州女子師範學校校長、無錫競志女子中學名譽校長等職。一九二九年十一月一日與劉平江在無錫結婚。一九三五年，應俞慶棠邀請，先後任江蘇省立教育學院科主任、講師、副教授、教授。抗日戰争爆發後，隨江蘇省立教育學院内遷至桂林，并先後擔任廣西大學、貴州大學和國立女子師範學院講師、副教授、教授。一九四六年當選『國大』代表，在『國大』會上慷慨陳詞，爲民請命。一九四七年撰文呼籲『停止内戰』，『抑平物價』。在報刊發表的《歲首向我婦女界建言》一文中，忠實地介紹了蘇聯十月革命以來的偉大成就，號召婦女争取自己的地位。抗戰勝利後，當選爲第一届『國大代表』，積極呼籲教育建設，并支持『反饑餓』、『反内戰』的學生運動。一九四九年無錫解放，章繩以未接受國民黨請她去香港、臺灣的安排，留下來迎接新中國的建立。她被任命爲競志女中校長。後因年事已高，推薦徐爲裳出任。一九六九年九月因病去世，享年七十九歲。

主要著作述要

《家事學概論》：該書是一部家政學著作，主要涉及女性家庭教育，分緒論、家事管理兩編。其中緒論編包括家事學之概念、家事學之發展、家事學之研究、家庭的功能，家事管理編包括家庭生活之内容、家庭管理之原則及方法、婚姻與家庭之關係、家庭之經濟、衣服、食物、住居、家庭教育、嬰兒保育、家庭衛生、家庭交際、家庭娱樂、家庭副業、美滿的家庭等内容。作者認爲，家庭是社會與國家的基本組織，社會制度、經濟事業、教育文化、道德修養以及風俗禮制無不導源於家庭，健全良好的家庭是國家的基礎。家事教育的主要目的，是使一般女性能處理家庭中的各項事務，改良家庭生活，增進家人健康，促進家庭幸福。作者認爲，狹義的家庭教育是指對學齡前兒童的教育；廣義的家庭教育是指『對子女一切直接間接、有意無意的種種精神上、身體上之教育是也』。家庭教育之所以重要，是因爲兒童是家庭的中心，家庭擔負着初步的基礎教育訓練，家庭環境是自然形成的，父母熟知兒童個性。家庭教育的目標是改良家庭衛生，提倡節約家庭財用，規勸子女養成孝悌忠信、禮義廉耻、謙讓温恭、寬大容忍諸美德；保護兒童健康，改善兒童習慣，教導兒童求學，激發民族意識。父母具備的素質是拋棄宗法傳統觀念，養成良好習慣與行爲，學習兒童教育必需知識，正確控制自身態度。本書中，詳細介紹了女性家庭教育的各個方面，不但可以作爲從事家事教育的研究者的參考，也可以作爲大學女生教育的教材。

主要論著目録

《家事學概論》，中國文化服務社，一九四六年。

《女學校急須注意體育之我見》，《婦女雜志》一九二七年第十三卷第四期。

《論現時我國婦女的幸福》，《婦女雜志》一九三二年第二十卷第五期。

《談談今日中等學校的訓育》，《中華教育界》一九三二年第二十卷第五期。

《家庭管理的重要》，《方舟》一九三四年第八期。

《婚制之研究》，《方舟》一九三四年第十一期。

《家事教育實施的問題》，《教育與職業》一九三六年第一百七十一期。

《家事教育今後的方針》，《教育與職業》一九三六年第一百七十一期。

《廣西最近的職業教育》，《教育與職業》一九三六年第一百七十一期。

《非常時期女子應注重職業教育的我見》，《教育與職業》一九三六年第一百七十七期。

《我國家事教育的過去與未來》，《教育與職業》一九三六年第一百七十九期。

《提倡家事教育與民族復興》，《教育與職業》一九三六年第一百七十九期。

《我對於家事教育今後之展望》，《教育與職業》一九三六年第一百八十期。

《居住的研究》，《方舟》一九三六年第二十六期。

《家庭交際應酬之研究》，《方舟》一九三六年第二十七期。

《嬰兒保育的研究》，《方舟》一九三六年第二十九期。

《如何可以造成美滿幸福的家庭》，《方舟》一九三六年第三十二期。

《家庭教育之研究》，《教育雜志》一九三六年第二十六卷第十二期。

《家事教育的理論與實施》，《江蘇教育》一九三七年第六卷第六期。

《從理論及實際討論已婚婦女從事職業問題》，《現世界》一九三七年第一卷第十期。

《教兒法》，《方舟》一九三七年第三十七期。

《教兒法》(續),《方舟》一九三七年第三十八期。

《難維持的家庭夏令衛生》,《方舟》一九三七年第三十九期。

《現階段急需注重職業教育的理由》,《教育與職業》一九三七年第一百八十九—一百九十期。

《泛論家政教育》,《教育與民衆》一九四六年第十一卷第一—二期。

徐一士

(一八九〇—一九七一)

生平簡介

著名新聞工作者,清史掌故專家。原名仁鉦,字相甫,號蹇齋,筆名一士,室名亦佳廬,祖籍宜興,出身仕宦之家,徐凌霄之五弟。清宣統二年(一九一〇),畢業於濟南山東客籍高等學堂。第二年至北京學部復試,被授予舉人,任職清政府都事司七品京官。先後在濟南任上海《民權報》、《中華民報》特約通訊員。民國元年在北京《新中國報》特約撰述、編輯,又任報界同志會編輯主任。以後歷任《京津時報》、《日知報》、《京報》編輯,兼任《時報》、《國務日報》、

《新申報》、《商報》、《回民日報》、《大公報》通訊員，先後爲《晨報》、《實報》和期刊《國聞日報》、《逸經》、《大風》、《古今》等報刊聘爲特約撰述。一九二四年至北京，在北洋政府農商部任職，歷任秘書，礦政司第四科科員，實業部主事，代理礦政司第四科科長。一九二八年起任中國大辭典編纂處編纂員，兼任平民大學新聞系、監務專科學校、北京國學補修社、北京國學書院講師及教授。徐一士所寫人物評述、文學評論和文史小品蜚聲文壇。他從事寫作四十餘年，發表文章近千篇，被譽爲『晚近掌故史料之巨擘』，對清代及民國掌故極其諳熟。早在辛亥革命時期，他的筆記即引起京師史學界、新聞界的轟動。上世紀二十年代及三十年代初發表的《凌霄一士隨筆》和《近代筆記過眼録》爲世人所矚目。他的《一士類稿》、《一士談薈》史料價值極高。新中國成立後他繼續擔任中國大辭典編纂處編纂員，被譽爲『傑出的編輯人才』。一九五五年退休後，仍爲北京文史館館員。一九七一年病故。

主要著作述要

《**一士類稿**》：中華書局二〇〇七年版，『近代史料筆記叢刊』之一。本書以記清末掌故爲主，共二十四篇。前十九篇多發表在《逸經》、《國聞周報》等雜志。作者熟知清末掌故，所記故事，或爲親身見聞，或爲轉録孤本，或雜録各種記載而予以考證比較，對於研究近代歷史頗有參考價值。所記人物，如王湘綺、李慈銘、章太炎、左宗棠、梁啓超、陳三立、陳夔龍、段祺瑞、孫傳芳、胡雪岩、吴汝綸等，數十年的顯貴和名流，記述脉絡分明，足補史乘之不足。

《**一士譚薈**》：中華書局二〇〇七年版，『近代史料筆記叢刊』之一。作者和其四兄凌霄以『凌霄一士隨筆』爲欄目，在《京報》、《大公報》副刊上撰稿，後輯爲《一士類稿》、《一士譚薈》，一九四四年由上海古今出版社出版。《一士譚薈》全書三十則，内容主要是清末掌故，以人物爲主，間有明末清初掌故，或對戲劇的議論。其中記述曾國藩、左宗棠、岑春煊、袁世凱等人逸事，取材於近人筆記、文集、函札、日記等，對研究近代史有參考價值。其他如《督撫同城》、《首現》、《裁縫與官》、《靖江之役與感舊圖》、《咸豐軍事史料》、《庚辰午門案》、《庚戌炸彈案》皆備具始末，足資證考。後書目文獻出版社把『類稿』和『譚薈』二者合刊爲一，列序多篇。謝國楨之爲『前言』，涉及瑣碎事，很有情趣，謂：『一士住在北京宣南，我住在西城，就約會一適中的地方，在琉璃廠來熏閣書店見面。那天天氣非常的熱，我在來熏閣等了好久，一士穿着白色短褲褂（其時一般士流都穿長衫），打着一柄傘，到來熏閣來找我。一士服御既極質樸，語言又很木訥，老是含着紙烟，不知道他的，一定認他爲鄉曲老儒。那天來熏閣的伙友，就偷偷地問我，這位是誰，我説：「這是鼎鼎有名的徐一士先生。」」在前言中，徐一士的生活狀態，可窺見一斑。

《亦佳廬小品》：徐一士著，徐樂選編，中華書局二〇〇九年版，『近代史料筆記叢刊』之一。本書每篇文章一般不單立標題，只有十七篇專論文章有標題，多屬於寫人物一類。該書對『小品』設了五個欄目，分爲五輯，第一輯『人物述林』，選文三十篇，涉及三十二人；第二輯『舊聞雜記』，選文二十四篇；第三輯『湘軍譚薈』，選文九篇；第四輯『典制叢談』，選文十五篇；第五輯『科舉故實』，選文十二篇。總共九十篇。所選文章凡是有標題的，一律保留其原貌。無標題的，由整理者酌情命題。涉及近代政治、軍事、文化、經濟各個領域，尤重於人物、史實、軼事之考訂，凡晚清民初之軍政要員、學界巨子、文章大師、名伶藝人之事迹，政治軍事制度、建置、體制之形成及演變，均有記述。

《近代筆記過眼録》：徐一士著，中華書局二〇〇八年版，『近代史料筆記叢刊』之一。本書介紹評述了近代十一位學者、名家所著的筆記原著、版本、流變。本書主要内容有：中國現代警政制度建立和發展的内幕，晚清教育制度和教官生涯的寫實，學部留學生的考試，官吏的貪污腐敗情況，慈禧太后深宫禱雨和内廷召對的細節等。書中内容多是作者的親聞親歷，是難得的第一手資料，彌足珍貴。

《負曝閑談》：徐一士點評，晚清譴責小説。作者蘧園，即歐陽巨源，生平不詳。小説共三十四回，未完。最初刊登在《綉像小説》第六至四十一期（一九〇三—一九〇四）。一九三三年，徐一士將全書分段標點，逐回評考，重載上海《時事新報》。一九三四年，上海四社出版部印行單行本。一九五七年，上海文化出版社據以重印。小説涉及的人物階層與活動場所較廣。人物有士子、佐雜、買辦、出洋隨員、維新人士、官宦子弟、朝廷大臣等；活動場所有公園、烟館、學堂、集市、戲院、妓院、縣府衙門、皇宫朝廷等；地域包括江浙、上海、廣州、北京；比較廣泛地反映了晚清腐敗的社會風氣和黑暗政治。書中有關上海維新黨在妓院談維新、講哲學的情節，以及清政府軍機處活動和太監王公大臣貪賄弄權的描寫，在晚清小説中比較突出，文筆也較爽健靈活，但整個小説缺乏内在的主綫，内容不够協調、統一；藝術描寫不够有力，人物形象單薄；有的則夸張失實，缺乏説服力。

主要論著目録

《負曝閑談》（徐一士點評，作者歐陽巨源），上海四社出版部，一九三四年。

《一士剩稿》，臺灣學生書局，一九七三年。

《一士譚薈》，中華書局，二〇〇七年。
《一士類稿》，中華書局，二〇〇七年。
《近代筆記過眼録》，中華書局，二〇〇八年。
《亦佳廬小品》（徐一士著；徐樂選編），中華書局，二〇〇九年。

施之勉

（一八九一——一九九〇）

生平簡介

文史學家。名敦臨。清光緒十七年（一八九一）二月出生。無錫玉祁鎮施家宕人。幼時入私塾就讀。清宣統年間考入常州府第五中學。一九一四年畢業後，即任教於無錫縣東北塘榮陽小學。一九一五年考入南京高等師範學校（後更名國立東南大學、中央大學、南京大學）深造，受業於江易園、王伯沆、柳翼謀、向仙喬、劉伯明、李叔同（弘一法師）等名家學者。一九二〇年畢業後，留校任教。旋赴厦門，一九二〇——一九二五年任福建厦門集美師範學校歷史教員兼教務主任。一九二二年在厦門期間，曾推薦錢穆到厦門集美師範學校任教。一九二六年，回家鄉無錫養病，之後在江蘇省立揚州中學任教一年。期間，與錢穆、諸祖耿、蔣錫昌等在無錫建立『丙寅讀書會』（因一九二六年是農曆丙寅年，故名），交流讀書心得。一九二八年—一九三五年任江蘇省立無錫師範歷史教員。一九三七年後，日本全面侵華，遂入四川避難，任合川國立二中教員。一九四〇年起任巴縣中央政治學校研究部歷史組研究員。期間開始著述，撰《中華國名解》、《殷亳考》、《秦官多同六國考》和《太史公行年考》等論文二十餘篇，匯成《古書摭實》一册。抗戰後期任國立邊疆學校副教授、教授兼研究部主任。著《漢史考》一書。抗戰勝利後，任無錫縣立中學校長。一九四八年，偕夫人沈韵秋、幼子施肇錫到臺灣。到臺灣後，歷任嘉義女子中學、臺南二中教員，臺灣工學院國文教授，成功大學歷史系教授。一九七三年退休。之後仍奮勉著述，有《史漢疑辨》、《史記會注考證訂補》、《後漢書集解補》、《漢書補注辨證》和《史記冢墓記》等。一九九〇年去世，享年九十九歲。

主要著作述要

《史記會注考證訂補》：《史記會注考證》由日本漢學家瀧川資言（一八六五—一九四六）編撰，一九三四年刊行於世。這是繼三家注之後，對《史記》研究成果最重要的總結和梳理，集《史記》問世以來，兩千年來注家、學者研究之大成。瀧川資言收集了明、清兩代金陵書局本與在日本流傳的宋以前的《史記》版本，又據日本學者的校勘成果，進行全面校刊。在此基礎上，搜羅中日一百二十餘種典籍，將歷代注釋整理後加上自身的研究成果，以『考證』的形式，與經訂補後的三家注，合刻於《史記》正文之下，成就此書。施之勉的訂補，則在瀧川資言《史記會注考證》的基礎上，補充了大量新見材料，并對其中錯舛之處進行訂正，從而使瀧川的原書在體例上更爲完善，内容上更爲豐富，論證上更爲可取。《史記會注考證訂補》一書也成爲研治《史記》及其三家注的學者必不可少的參考資料。

《漢書集釋》（全十二册）：《漢書》爲中國第一部紀傳體斷代史，東漢班固撰，記載了西漢二百三十年的歷史。《漢書》既記載了西漢的政治、經濟、軍事和思想文化等方面的重大事件及長安的興建沿革，又保存了當時的社會生活、民俗風情及歷史人物等方面的大量史料，是研究漢代的最主要史籍之一。《漢書》多用古字，文句深奥，漢代以後注疏者達數十家，其中以唐代顔師古注影響最大，共集隋代以前所注二十三家。清代王先謙則在之前廣搜歷代注家之注，撰成《漢書補注》。《漢書集釋》則在前人的基礎上，廣泛搜求，集歷代注疏之大成，校正訛脱錯亂，考訂典制，詮釋史實，爲研究《漢書》者，提供了一個集大成的文本。

主要論著目録

《古史摭實》，臺灣華國出版社，一九五一年。

《漢史辨疑》，『中央』文物供應社，一九五四年。

《漢書補注辨證》，亞洲研究，一九六一年。

《後漢書集解補》，『中國文化大學』華岡出版部。

《史記會注考證訂補》，『中國文化大學』華岡出版部，一九七六年。

《史記冢墓記》，臺北大陸雜志社，一九七七年。

《史漢疑辨》，利大出版社，一九七八年。

《漢書集釋》，三民書局股份有限公司，二〇〇三年。

《兩漢公羊學原出鄒衍證》，《江蘇教育》一九三六年第五卷第十二期。

《秦之遷人》，《斯文》一九四二年第二卷第七期。

《墨子姓墨辨》，《東方雜志》一九四三年第三十九卷第十八號。

《詩爲夏聲説》，《東方雜志》一九四四年第四十卷第十五號。

《董仲舒對策年歲考》，《東方雜志》一九四四年第四十卷第十三號。

《太史公行年考辨疑》，《東方雜志》一九四四年第四十卷第十六號。

《春每月書王解》，《東方雜志》一九四四年第四十卷第六期。

《秦博士職掌考》，《東方雜志》一九四四年第四十卷第三期。

《殷人兄弟相及質疑》，《東方雜志》一九四六年第四十二卷第五期。

《黄老考》，《東方雜志》一九四六年第四十二卷第四期。

劉半農

（一八九一—一九三四）

生平簡介

文學家、語言學家和教育家，『五四』新文化運動的先驅之一，中國語言及攝影理論奠基人。原名劉壽彭，後改名復，初字半儂，後改字半農，號曲庵，筆名有寒星、范奴冬等。出生於一八九一年五月二十七日。江陰縣澄江鎮西横街（今江陰市澄江鎮）人。

劉半農出生於知識分子家庭，父親劉寶珊，曾中過秀才，後與人創辦江陰最早的小學翰墨林小學。他四歲啓蒙，隨父識字。六歲，從塾師學，已能作舊詩。一九〇五年，十四歲的劉半農從翰墨林小學畢業，以江陰考生第一名的成績考取由八縣聯辦的常州府中學堂。同期録取的還有後來蜚聲海内外的國學大師錢穆。在常州府中學堂第一年，成績優異，被學校『列入最優等』，一時聲名大噪，被視爲才子。一九一〇年六月，中學還没有畢業，便與未婚妻朱惠成婚。在常州府學堂畢業前一年，出於對學校保守的教育體制的不滿和失望，劉半農毅然從學校退學。之後曾在翰墨林小學短期執教。辛亥革命爆發後，北走清江，到革命新軍中擔任文牘工作。他懷着真誠的革命願望，因而對新軍内部的混亂很不滿，便在清帝宣告退位後數日，離開新軍回到江陰。

一九一二年，劉半農只身前往上海。參加了新興的新劇團體開明社，任文字編輯，也參加演出，曾編譯過劇本《好事多磨》。又任《中華新報》特約編輯。一九一三年，經徐半梅的介紹，任中華書局編輯。後又任實業學校、中華鐵路學校教員，時間都不長。劉半農在上海的生活很辛苦，爲生活所迫，先後在《演説報》、《時事新報》、《中華小説界》、《中華婦女界》、《中華學生界》、《小説月報》、《禮拜六》、《小説海》、《小説畫報》、《小説大觀》、《小説名畫大觀》上發表了大量的小説、劇本、雜文。結集出版的有《歐陸縱横秘史》、《猫探》、《黑肩巾》、《帳中説法》、《乾隆英使覲見記》、《福爾摩斯偵探案全集》。這期間，他著譯文字的總數在百萬字以上。其中與嚴獨鶴、程小青、陳定山、天虛我生等中華書局同人合譯、由他校跋的《福爾摩斯全集》十二册，收四十四案，至抗戰前已出二十二版。譯文雖是文言，在白話文通行後，仍受到市民歡迎。這一時期用文言撰寫言情、偵探、滑稽小説多種，以『半儂』署名，成爲活躍的『鴛鴦蝴蝶派』作家。

鴛鴦蝴蝶派作家在創作傾向上背離生活，習於摹擬，不注重作者的社會責任。劉半農則崇尚寫實，比較注意作者的社會責任和作品的社會作用，著譯時考慮要適合中國的風俗和國情。曾翻譯過狄更斯、左拉、安徒生、屠格涅夫、列夫·托爾斯泰、高爾基等名家的作品。這些多是現實主義和自然主義作家。其譯介屠格涅夫的作品，在國内是比較早的。政治上的民主革命思想，看重文學的社會作用和寫實的文學觀念，堅持人格修養及不願同流合污的道德意識，構成這一時期劉半農思想的主導方面，也使他能跳出鴛鴦蝴蝶派，成爲文學革命之前驅。

一九一六年十月，劉半農在《新青年》第二卷第二號上，首次發表了《靈霞館筆記》。截止到一九一七年底，先後共發表七篇。此外，還有翻譯的散文、戲劇數篇。他用文言翻譯的這些作品，都有着民主主義色彩和啓蒙的作用。一九一七年夏，從上海返回江陰，潛心著譯。從一九一六年到一九一七年，他的工作和生活有了變化，在思想文風上也發生了重要轉折。一九一七年三月，在《新青年》發表《我的文學改良觀》，提出散文改革和韻文改革的主張。并在中國詩史上最早提出『散文詩』的概念。七月，他發表了《詩與小説精神上之革新》，提出精神革新，反對虛僞文學，强調文學作品要有理想性和真實性。這兩篇文學論，强調文學中的『我』、『心靈』、『真』，反對舊文學，爲新文學鳴鑼開道，并早於錢玄同、胡適、郭沫若的同類文章，是五四新文學運動的先導，在新文學理論建設上有重要價值。同年，應蔡元培、陳獨秀之約，任北京大學預科教授。十二月，參加北大文科國文門研究所小説科研究會，同組有胡適、周作人等。劉半農在研究會上先後演講『通俗小説之積極教訓與消極教訓』、『論中國之下等小説』等，着意提高小説等俗文學和民間文學的地位。一九一八年一月十五日，《新青年》第四卷第一期推出白話新詩九首，其中有劉半農的《相隔一層紙》等兩首，被文學史家稱爲『新文學第一批嬰兒』。同年一月在《新青年》雜志上發表《應用文之教授》一文時，署名『半農』，從此『半農』成了他正式的名字。三月，《新青年》第四卷第三號發表錢玄同化名王敬軒致《新青年》編者信和劉半農《復王敬軒書》，進一步申明文學革命的主張，并稱反對新文學的舊文人是『選學妖孽，桐城謬種』（錢玄同語）。在與復古派及其舊文學觀的戰鬥中，劉半農逐漸鍛煉成爲五四新文化運動的中堅，被魯迅譽爲『《新青年》裏的一個戰士』。

一九一九年四月，被推爲教育部國語統一籌備會會員。與馬裕藻、周作人、朱希祖、錢玄同、胡適等六名會員聯名提出《請頒行新式標點符號議案》，通過後在全國採用，沿用至今。《中國文法通論》一書由北大出版組印行，這是清末《馬氏文通》後，第一本用現代語言學觀點寫出的文法著作。

一九二〇年二月，劉半農赴歐洲留學，先到英國倫敦大學的大學院學習。九月，作白話詩《教我如何不想他》，後由趙元任譜曲，傳唱不衰。一九二一年夏，轉入法國巴黎大學，并在法蘭西學院聽講。一九二二年暑期，曾去德國做短期學術考察。一九二五年三月，以法文《漢語字聲實驗録》、《國語運動史略》兩長篇論文，獲得法國國家文科博士學位，并被推爲巴黎語言學會會員，獲得法蘭西學院伏爾内語言學專獎。《漢語字聲實驗録》由巴黎大學出版，爲『語音學院叢書』之一。在歐期間，曾用半年的時間，抄録巴黎國家圖書館收藏的中國敦煌寫本中有關語言文學的資料。

一九二五年夏，返北京大學，任國文系教授，兼研究所國學門導師，開始籌備語音樂律實驗室。九月，與趙元任、錢玄同、黎錦熙、汪怡、林語堂成立『數人會』，議定『國語羅馬字』。同年，參加『語絲社』。一九二六年三月，作《嗚呼三月一十八》，紀念『三・一八』慘案中慘死的青年學生。十月，出版白話詩集《揚鞭集》，選收他『五四』前後在國内寫的新詩。同年又出版《瓦釜集》，收録用江陰方言、依江陰『四句頭山歌』聲調，所作詩歌二十餘首。

一九二八年，任中央研究院歷史語言研究所民間文藝組研究員、特約研究員，與李國瑞一起，主持搜集雜曲、戲曲、説唱、彈詞等通俗文學作品。同年，曾赴東京，出席東方考古協會會議。一九二七年六月，主編《世界日報・副刊》，約半年，以編者身份所寫文章，後來收入《半農雜文》第一集。一九二九年，語音樂律實驗室建成，任主任，開始語音研究。在魏建功等協助下，記録七十餘種方言。同年，又任中國大辭典編纂處編纂員兼纂著部第二組大學辭典股主任。同年，《半農談影》出版，研討攝影藝術。一九三〇年，任北京大學女子學院院長、輔仁大學教務長。是年，與河北民衆教育人員養成所合作，調查方音約三百種，編成《調查中國方音音標總表》。同年出版《宋元以來俗字譜》。一九三一年辭去兼職，專任北京大學國文系研究教授。一九三二年，任北京大學研究院文史部主任。是年五月，與李國瑞合編的《中國俗曲總目》出版，收俗文學資料一萬四千八百篇。六月，獨力完成《中國大辭典》稿本第三册『一』字長編。一九三三年春，爲李大釗撰寫碑文以紀念。同年，在琉璃廠星雲堂影印出版《初期白話詩稿》，以紀念白話詩十五週年。一九三四年六月，赴綏遠、山西調查方言，不幸染病。七月十四日逝世於北平協和醫院。

主要著作述要

《瓦釜集》：收録了一九二〇、一九二一、一九二四年所寫的民歌體詩二十一首。附録《手攀楊柳望情哥詞》十九首，是他在一九一九年和一九二五年在家鄉採風所得。劉半農是最早向民族歌謡學習的白話詩人，他對於民歌體新詩歌內容與形式的理論探索及其創造性的實踐，對五四以來的白話自由新詩的創作有着開拓性的貢獻。詩集體現了作者對民歌以及民間文學的重視，希望從富有生命力的民歌中爲新詩汲取養分。

《揚鞭集》：共收詩九十八首。上卷收一九一七至一九二〇年寫的詩三十六首，中卷收一九二一至一九二五年寫的詩六十二首。原擬下卷收譯詩，後未出。上卷大多反映舊中國的社會現實，揭露豪富對勞苦大衆的壓迫和剥削；中卷主要表現國外的社會生活，揭露西方世界的腐朽、黑暗和戰後歐洲經濟的凋敝。這些詩歌實踐了劉半農革新詩歌的主張。他在理念上强調詩歌的真實性，要求詩人放出本領到自然和人生里去探求真實，爲此身體力行，這就使他的詩歌以崇尚寫實和白描爲基色，而運用比興，側重內心抒發，自覺地以平民生活的題材入詩。詩作廣泛地接觸了社會現實，鮮明地表現出同情被壓迫人民的民主主義傾向。其中不少作品直接取材於底層勞苦大衆的生活，真實地反映了勞動人民的痛苦遭遇。在他的筆下，有生活在底層的鐵匠、木匠、女工、學徒、農民、船夫、小販、乞丐、人力車夫、奶娘、妓女、戰敗的雇傭兵、賣稿爲生的窮文人等等。在新詩壇上，赢得了『平民詩人』的稱號。集中還有一些描摹自然景物的作品，如《一個小農家的暮》、《稻棚》等，這些作品寫得清新自然，富有田園牧歌情調。劉半農的詩風質樸、清新，這也是他一貫的藝術追求，他主張詩歌創作要擺脱舊格律的限制，注重借鑒民間歌謡的長處，以口語方言入詩，劉半農的這種有益的探索，給當時的詩壇輸進了一股新鮮的空氣。

《半農雜文》、《半農雜文二集》：其中，第一集除自序以外，内收一九一五年六月到一九二七年一月寫的雜文四十五篇，一九三四年六月出版；二集内收一九二七年二月到一九三三年十二月寫的雜文四十九篇，一九三五年七月出版。收入集内的文章有論文、隨感録、序跋、通信、布告、供狀，翻譯的散文戲劇，等等，體裁多種多樣。所收雜文有爲《新青年》寫稿時期，爲打倒文言文和舊文學，確立白話文和新文學而創作的議論和駁難的文章，或是匕首似的隨感録。如《我之文學改良觀》、《詩與小説精神上之革新》、

《應用文之教授》、《復王敬軒書》等尖鋭地批判了舊文學和社會上的守舊勢力，熱情地爲白話文和新文學鳴鑼開道。也有爲《語絲》寫稿時期，比較注重社會批評和文明批評，形成了喜笑怒駡，潑辣幽默的『語絲文體』，同時表現出激昂地反帝反封建的思想情緒。他擅長用談天的方式，在談笑風生中，進行説理和論辯。在文章中喜歡運用反語，或插入對話，引用民歌俚曲和笑話故事，將一些抽象的理論是非，引人入勝地説清辯明。同時，由於他實踐過多種文體，有着深厚的寫作功力，行文時能將叙述、描寫、抒情、議論熔於一爐，以增强文章的生動性和感染力。他的文章在語言上不過分歐化，而是注意吸收文言的優點和提煉方言口語，有着類似口語談天似的親切。

《四聲實驗録》：用語音實驗儀器研究漢語方言聲調的著作。一九二四年三月上海群益書社印行，一九五〇年北京中華書局重印出版。這里的『四聲』是漢語聲調的統稱，所實驗的方言的聲調不限於四聲。該書實驗的方言共十二處：北京、南京、武昌、長沙、成都、福州、廣州、潮州、江陰、江山、旌德、騰越。

《半農談影》：出版於一九二七年，是我國第一部攝影藝術理論專著爲我國攝影藝術理論的發展奠定了基礎。在書中，劉半農爲攝影藝術的誕生呼喊，爲攝影進入藝術殿堂掃除障礙，鳴鑼開道；同時總結攝影藝術創作的經驗，爲提高攝影藝術水準提出帶規律性的見解。劉半農在書中尤其提倡要求攝影藝術作品要表現作者的意境、美感、情緒、理想，才能進入藝術領域。這種觀點和理論，在當時是非常進步的，它衝擊和打破了當時人們以爲攝影只能機械地模寫客觀事物的觀點，在攝影科技還很幼稚的時代，勇敢地打起在照相中『找美』、『造美』的旗幟，於實用的攝影之外，開辟攝影藝術的道路。書中總結了當時攝影創作實踐的經驗，從藝術表現的高度論述了眼見事物的美和黑白照片所表現出來的形象美的不同；論述了攝影作品中形象的主體和陪襯的關係；論述了二十年代普遍存在的照片形象清與糊的争論；論述了光綫硬軟深淺的選擇和運用；論述了攝影構圖、取形、色調等等許多攝影造型的技術技巧問題，作了許多規律性的闡述。這些對提高當時攝影藝術的表現力，有很大的作用，是難能可貴的。

主要論著目録

《歐陸縱横秘史》（譯著），中華書局，一九一五年。
《帳中説法》（譯著），中華書局，一九一五年版。
《乾隆英使覲見記》（譯著），中華書局，一九一六年。
《猫探》（譯著），中華書局，一九一七年版。
《中國文法通論》，群益書社，一九二〇年。

《四聲實驗録》,一九二四年。中華書局,一九五一年。

《漢語字聲實驗録》(法文),一九二五年。

《國語運動史略》(法文),一九二五年。

《瓦釜集》(詩集),北新書局,一九二六年四月初版。

《揚鞭集》(詩集上卷),北新書局,一九二六年六月初版;中卷:北新書局,一九二六年十月初版。

《太平天國有趣文件十六種》,北新書局,一九二六年。

《何典》(校點),一九二六年。上海文藝出版社,二〇一〇年版。

《香奩集》(校點),北新書局,一九二六年。

《茶花女》(譯著),北新書局,一九二六年。

《半農談影》(攝影漫談),北京真光攝影社,一九二七年;中國攝影出版社,二〇〇〇年。

《法國短篇小説集》,北新書局,一九二七年。

《劉半農國外民歌譯》(譯著),北新書局,一九二七年版。

《失業》(譯著),北新書局,一九二七年版。

《猫的天堂》(譯著),北新書局,一九二七年版。《流離》(日記),一九二八年。

《西游補》(校點),北新書局,一九二九年。

《比較語音學概要》(譯),商務印書館,一九三〇年。

《宋元以來俗字譜》,中央研究院歷史語言研究所,一九三〇年;文字改革出版社,一九五七年。

《敦煌綴瑣》(上、中、下三輯),一九三〇—一九三五年。

《中國文法講話》,北新書局,一九三一年。

《中國俗曲總目稿》(上册,與李國瑞合編),一九三二年。

《初期白話詩稿》(編影印本),一九三三年;書目文獻出版社,一九八四年版。

《劉天華先生紀念册》,一九三三年。

《半農雜文集》,星雲堂書店,一九三四年六月初版。

《賽金花本事》(逝世後由商鴻逵整理成書),星雲堂書店,一九三四年版。

《半農雜文二集》,上海良友圖書印刷公司,一九三五年七月初版。

高　陽

（一八九二—一九四三）

生平簡介

鄉村教育家。字踐四。清光緒十八年（一八九二）正月二十二日出生。無錫城郊臯橋人。父秋荃，上海大有油廠經理。高陽『幼讀《中庸》：君子之道四，心有其悟，遂取其義，號踐四』。十七歲，就讀於上海吴淞公學。後畢業於蘇州東吴大學。一九一四年赴美國康奈爾大學攻讀經濟學，一九一七年獲得碩士學位。一九一八年回國後，受聘於暨南大學，任教務長兼商科主任，次年，轉任中國公學大學部教務長。一九二〇年，高陽秉承父親『興學育才』的遺志，在無錫西水關租賃私宅創辦私立無錫中學（今無錫市第三中學）。聘請國學大師唐文治爲校長。後變賣全部家產，籌資五萬余銀元，在南門外羊腰灣購地新建校舍。一九二二年十月，學校建成。學校中有高陽子弟及親戚七人在校讀書。高陽要求他們照常繳納學雜費，并且告誡他們不得享受任何特權，更不準自薦校内任職。他的毁家興學之舉廣爲時人稱頌。一九二八年八月，高陽任設在無錫的江蘇省立民衆教育學院院長兼勞農學院院長。一九二九年起草《江蘇省普及民衆教育計劃第二次修正草案》，一九三〇年四月，江蘇省立民衆教育學院與勞農學院兩院合併爲江蘇省立教育學院，學院以『養成民衆教育、農事教育服務人才』爲宗旨，高陽繼續擔任院長。他倡導民衆教育，在進行城市民衆教育的同時還開展鄉村民衆教育與鄉村建設實驗，設立多個鄉村試驗區。與俞慶棠、趙冕等組織中國社會教育社，又與梁漱溟、晏陽初等組織全國鄉村建設會，主辦《教育與民衆》雜志。他廣納革新教育的思想及意見，鼓勵創新，注重實踐。提倡手腦并用，坐言起行。主張知識分子深入民間，爲工農民衆服務。在學院内創設各種研究試驗事業。規模卓具，聲名遠播。對學校社會化及教育大衆化有較大影響，對民衆教育事業有較大貢獻。一九三七年，抗日戰爭全面爆發，高陽率領師生西遷，途中仍然相機授課，遷校至廣西桂林七星巖復課後，在他的倡議下，教職員工每月僅支取少量生活費，艱苦同嘗。次年，高陽送家眷返回上海，漢奸周佛海得知，勸他出任僞江蘇省教育廳廳長，高陽嚴詞拒絶，隨後隻身返回廣西。因物價飛漲，學校經費來源斷絶，一九四一年七月，學校停辦，師生另作安置。同年八月，高陽出任廣西大學校長，一年後，他積勞成疾，因經濟困難，無力醫治，日趨惡化，於一九四三年七月六日晨，突然咳血，溘然長逝。終年五十一歲。遺物僅舊衣數件，書籍若干而已。生前著有《民衆教育》一書及有關民衆教育論文七十六篇。一九八六年，其墓地遷至無錫青龍山，一九九四年被無錫市政府公布爲無錫市文物保護單位。

主要著作述要

《民衆教育》：一九三四年上海商務印書館出版，收入商務『百科小叢書』之中。該書是高陽先生的代表作。全書共分六章十六節，從民衆教育的意義，民衆教育的成效，近數十年來中國民衆教育的演進，民衆教育的方法，民衆教育的項目課程教材設備和民衆教育系統等方面全面闡述了民衆教育實施的重要意義以及實施方法，課程設置等方方面面，雖然作者認爲該書限於篇幅，對一些重要問題『如服務人員之訓練，民衆教育行政及經費等問題都未及提出研究』。但該書仍然體現了高陽主要的民衆教育思想，是二十世紀民衆教育興起時期的代表著作。

主要論著目録

《民衆教育》，上海商務印書館，一九三四年。

《高踐四民衆教育論著選》（高瑾玉整理），一九九六年。

吴蘊瑞（一八九二—一九七六）

生平簡介

體育家、體育教育事業的先驅者、體育理論和運動科學的奠基人。字麟若。一八九二年二月二十日出生，江陰人。十六歲時於蘇州師範學堂就讀，受學校體育氛圍的影響，愛上了體育。一九一五年底，以優異成績於該校畢業。一九一六年初，南京高等師範學校爲培養體育師資，特設二年制體育專修科。是年，吴蘊瑞考入該校體育科學習。一九一八年畢業後到暨南大學任體育教員。一九一八年末至一九一九年初，被南京高師選送到上海青年協會體育專門學校進修，結業後回南京高師任人體機動學、器械運動教員。一九二三年，以南京高等師範學校的有關系科爲基礎，在原校址擴充改辦成國立東南大學，并以原南京高等師範學校的教育、體育專修科爲基礎，設教育科，陶行知任教育科主任，美籍教授麥克樂（C. H. Mecloy）任體育系主任（一九一六—一九二四）。麥克樂的體育思想對吴蘊瑞産生了很大影響。吴蘊瑞利用業餘時間完成了本科課程，於一九二四年成爲東南大學體育系第四届畢業生之一，獲得學士學位。在校期間，即一九二二年七月，中央體育研究會在南京成立，吴蘊瑞和馬約翰當選爲幹事。一九二四年，獲得江蘇省教育廳爲體育專業設置的留美學生名額，這是中國教育史上第一個官派體育留學生。一九二五年，遠渡重洋赴美國芝加哥大學醫學院主修人體解剖學、生理學，後又到哥倫比亞大學師範學院體育系研究院學習體育。在哥大期間，師從美國著名體育教育家威廉士。威廉士是美國體育理論界的權威，近代實用主義體育思想的主要倡導人。一九二七年春，吴蘊瑞出色地完成了研究課題，被哥倫比亞大學研究院授予教育學碩士學位。在結束美國的學習與研究之後，他直接赴歐洲，先後到英、法、德等國考察并在德國學習德文。在游學歐洲期間，他廣泛的接觸專家學者，收集資料，對運動力學的研究進入了一個新境界。

一九二七年十月回國後，獲聘任南京國立中央大學

（原國立東南大學）體育系講師兼系主任。一九三〇年八月受張學良之邀，應聘爲東北大學體育科教授。他將在歐洲所學理論用於教學，深得師生好評。一九三一年『九・一八』事變，東三省淪陷，環境惡化，吴藴瑞離開沈陽到北平，應聘爲北平師範大學體育系教授。一九三二年，國民政府召開第一次全國體育會議（民國體育實施方案），聘請吴藴瑞爲籌備委員會委員，參與起草編制體育法規。同年，獲聘爲教育部體育委員會委員。一九三三年，回南京復任國立中央大學體育系教授兼系主任，任第五届（南京）全國運動會籌備委員。一九三五年，任第六届（上海）全國體育運動會籌備委員。一九三八年到一九四七年間，先後擔任教育部國民體育委員會委員，中華體育學會常務理事兼編輯，中華全國體育協進會常務理事，中央團部體育指導委運會委員。一九四八年，任第七届（上海）全國運動會籌備委員。在舊中國，吴藴瑞大聲疾呼要『普及體育』，并做了大量宣傳、組織工作。

一九四九年，南京解放，中央大學於八月改名爲南京大學，吴藴瑞擔任體育系主任一職。同時他擔任華東軍政委員會委員，參與中華全國體育總會的籌備工作。一九五二年，國家對全國高校進行院系調整，華東教育部决定籌建華東體育學院。是時，上海市市長陳毅邀請吴藴瑞主持籌建工作。吴藴瑞受任之後，帶領原南京師範學院體育系、金陵女子文理學院體育科與華東體專等部分教職工在上海選址建校。同年，政務院任命他爲華東體育學院院長，成爲中國第一所體育學院的第一任院長。一九五六年，華東體育學院改名爲上海體育學院，吴藴瑞繼續擔任院長一職。直至去世，長達二十四年。

一九五二年到一九七六年間，他還曾任中華全國體育總會籌委會副主任、中華全國體育總會副主席、首届中國體操協會主席、中華全國體育總會上海體育分會主席、上海市體委副主任等職。一九七六年，吴藴瑞病逝於杭州，時年八十四歲。

吴藴瑞學識淵博，不僅是一位體育家，也是一位書畫家。徐悲鴻在《吴麟若畫展》一文中曾評説：『江陰吴藴瑞先生麟若，以名體育學家而酷嗜藝術，而愛畫尤入骨髓。四十以後，始試學畫，竹師造化，以竹爲師，所詣清逸，卓然獨到。漸漸擴大領域，寫花卉鳥獸，其中尤以梅花、芙蓉、家鴨、水牛爲有精詣。』

主要著作述要

《運動學》：該書是中國第一部運動生物學著作。該書開始寫作於一九二二年，至一九二九年全部完成。運動學是在人體機動學的基礎上發展起來的，是研究運動中人體的變化規律的科學。全書共分兩部分：應用力學和運動。應用力學編詳細介紹了運動學的概念以及力學的各種專業術語以及運動力學的各種原理。運動編詳細介紹了器械體操、游泳、田徑運動等體育項目。該書中反復論述力學，并採用各國優秀運動員的材料和運動照片，進行運動學分析，用基本力學原理研究運動動作，把運動學的研究推進到新的高度。不過，由於時代原因，該書也有它的局限性。此書專本力學立論，對於解剖學問題略而不論；而且該書中的力學，也僅僅局限於機械力學範疇之內。

《體育原理》（與袁敦禮合著）：本書是我國第一部有關體育原理的專著，出版於一九三三年，是當時我國有關體育專書中唯一的宏觀論著。該書共九章：《緒論》、《歷史的背景》、《社會之背景》、《心身關係與體育》、《人之性質與體育》、《體育之目的》、《體育上相對之主張》、《體育與教育》、《體育與他種活動之關係》等。其中，第二、三、五、六、七、九章爲吴蘊瑞執筆，其他各章爲袁敦禮執筆。書中系統論述體育產生和發展的社會歷史背景，體育的目的、作用、價值及各種學術主張等，介紹了二十世紀二十到三十年代歐美的實用主義體育思想，并從純生物學觀點研究體育，把體育活動看作是人類『多餘精力發泄』，是『自我表現』的活動。對體育的價值，比較强調其教育作用，認爲『增進健康是體育的副產品』，但重視體育與衛生相結合，反對軍國主義體育，也反對錦標主義。本書曾被列爲中國高等院校體育系科教科書，對中國的體育學術和體育實踐有較大影響，對體育理論和體育思想史研究，有重要參考價值。而且本書是中國體育理論研究上結合中國國情自成體系的一部名著，具有重要的研究借鑒價值。

《體育教學法》：體育教學法是研究體育教學的原理和方法的科學。該書分通論、各論兩編。在導言之後，通論編論述了學習心理、教學要素、組織等；各論編則詳細介紹了器械運動、游戲教學法、田徑運動教學法、舞蹈教學法、提示方法等具體的體育教學法。在理論方面，該書多借鑒歐美體育理論；在實踐上，多結合作者的十多年來的體育教學的實際經驗，理論與實踐相結合，對體育教學具有很强的現實指導意義。

《體育建築及設備》：該書專門介紹各種體育建築及設施。全書分上下兩册，上册包括體育建築歷史、各國體育建築狀况、運動場建築、各種球場；下册包括游泳池、冬季運動建築、體育場館建築、大衆體育運動場所的設計與布置以及各級學校體育建築面積之標準等。其材料大多來自德國、荷蘭和美國。該書對讀者了解體育建築及其規劃，具有指導意義。

《中學體育教授細目》、《小學體育教授細目》（主編）：全二十四册，一九三六年出版後由教育部頒發全國，爲中國近代第一套較完備的中小學體育教科書，是當時中小學體育教學的統一教材。該書的出版，是我國近現代體育史上的一件大事。

《田徑運動》（合著）：該書由吴蕴瑞與德國人步起(Bocher)合著。該書分競技運動的重要性、徑賽、田賽三章，圖文并茂，詳細介紹了田徑運動的各種競技方式。

《吴蕴瑞文集》：收録吴蕴瑞《體育原理》（一九三三）、《體育教學法》（一九三三）和《運動學》第一編（一九二九）三種。本文集中所收論著均係吴蕴瑞體育學術研究和教學經驗的結晶，全書貫穿了吴蕴瑞完整的體育運動和教育理論思想體系。

主要論著目録

《運動學》，商務印書館，一九三〇年三月。

《田徑運動》（合著），人文印書館，一九三二年。

《體育原理》（合著），上海勤奮書局，一九三三年。

《體育教學法》，上海勤奮書局，一九三三年七月。

《體育建築及設備》，上海勤奮書局，一九三三年。

《中學體育教授細目》、《小學體育教授細目》（主編），上海勤奮書局，一九三六年。

《吴蕴瑞文集》，黑龍江科學技術出版社，二〇〇六年。

潘梓年

（一八九三—一九七二）

生平簡介

哲學家，邏輯學家。宜興陸平村人。一八九三年一月十一日出生。

潘梓年世代書香門第，曾祖和祖父都是清代舉人。他自幼從父讀四書、五經和數學，隨二伯父學古文和地理，後考入蘇州龍門口師範（後爲江蘇省立第一師範學校）。畢業後回鄉協助籌辦了陸平小學，後去無錫東林小學任教。

一九二〇年離職赴北京大學哲學系攻讀哲學、邏輯學和新文學。

一九二六年初，他決心赴廣州參加革命，由於途中生病，到達廣州時北伐軍已經出征。一九二七年初他回到上海。不久，蔣介石發動了『四・一二』反革命政變。在白色恐怖之中，他毅然加入了中國共産黨。接着被派回宜興重建黨組織，他利用任縣教育局長的公開身份積極開展工作。四月二十七日在宜城組成馬克思主義小組。一九二七年九月，潘梓年調赴上海，在北新書局主編《北新》、《洪荒》等進步刊物。一九二八年，在『創造社』所辦的上海藝術大學任教。一九二九年，潘梓年負責創辦華南大學並任教務長。一九三〇年，任社會科學家聯盟的負責人，後調任左翼文化總同盟書記兼文化工作委員會的領導人。一九三二年春，主持丁玲、田漢等人的入黨儀式，這時他任江蘇省委機關報《真話報》的總編輯。一九三三年五月十四日，潘梓年與丁玲同時被捕，押解到南京憲兵司令部拘留所，他始終視死如歸，被判無期徒刑。一九三七年六月，潘梓年由中共中央營救出獄。同年十月，奉命以社長身份赴南京籌辦《新華日報》，十一月遷武漢。一九三八年一月十一日，第一份《新華日報》在武漢面世。十月，武漢淪陷前夕，潘梓年率百餘人乘江輪向重慶撤退，船被日機炸沉，二十五名遇難烈士中有其弟潘美年。抵達重慶後，由他主持的《新華日報》成爲中國共産黨的輿論武器，成爲團結社會人士一致抗日的陣地。

一九四七年他到延安，在中共中央城市工作部任研究室主任。一九四八年十二月起，輾轉於鄭州、開封、武漢，籌辦中原大學，并任副校長、校長和黨委書記。一九四九年五月任武漢軍事管制委員會文教部部長、中南軍政委員會文委副主任兼教育部部長、中南行政委員會文委副主任兼高教局局長等職，領導中南六省學校接管工作和院系調整工作，正確貫徹黨的知識分子政策。一九五四年，調中國科學院籌建哲學社會科學學部和哲學研究所，籌備出版《哲學研究》。一九五五年六月，任中科院哲學社會科學學部副主任、學部委員兼任哲學研究所所長。一九五八年，他年已古稀，仍帶着研究生和助手赴河南實地調查，歷時兩個月。一九六二年，他退居二綫，集中精力搞研究工作。他説：『我老了，可還想用一二十年的時間，把我過去研究的一些東西整理出來寫兩本書，一是《辯證唯物主義和歷史唯物主義》，另一本是《邏輯學》。』爲此，他已做了近千張卡片，但『文革』中遭江青反革命集團的殘酷迫害，使他的理想未能實現。一九七二年四月十日在獄中病故，終年七十九歲。一九八二年二月，中共中央在北京八寶山爲他舉行追悼大會，肯定了他一生的功績。

潘梓年對哲學研究和宣傳教育工作作出了一定貢獻。他主要研究辯證唯物主義和毛澤東哲學思想，長期致力於馬克思主義哲學的中國化、大衆化工作。

主要著作述要

《文學概論》： 中國印書局一九二五年出版。本書是作者在保定育德中學文學研究會上的演講記録。在『前言』里申明其編纂體例： 一是引用的例子，是中國的，不像翻譯過來的理論著作都爲外國作品的例子，往往因國人未閲讀、少體驗造成理解的障礙； 二是『演講』的材料，也就是内容，簡單精確，讓人閲讀此書後，對『文學』有明確概念。後面附録了他的四篇文學研究文章： 一是怎樣演講文學，二是泰戈爾來華，三是讀詩與作詩，四是藝術論。一九八二年出到第三版的時候，在原來五講的基礎上，加了『代序——什麼是文學』，作者把所有的學科分爲三大類别： 自然學科、社會學科、人文學科。文學在人文學科中與『修辭學』、『史學』、『哲學』等相并列。

《光明的前途》： 潘梓年等著，戰時出版社。内收《光明的前途》（潘梓年）、《抗戰形勢與抗戰前途》（秦邦憲）、《爲抗戰到底告全國國民書》（蔣介石）、《目前抗戰形勢與堅持長期抗戰的任務》（周恩來）、《中國抗戰的第二階段》（南恩）等二十六篇文章。

《争取抗戰勝利》： 讀書生活出版社，一九三八年出版。分十節。論述必須建立牢固的統一戰綫，給人民以充分的民主自由權利，把民衆武裝起來，全民抗戰才能取得抗戰的勝利。

《昨天日本，今天美國》： 一九四八年十二月五日，是對開封各校教職員講話的記録，分『强盗日本，騙子美國』、『美帝侵略事實種種』、『趕走美帝比趕走日本容易』三節。

《戰時的中國青年往何處去》： 潘梓年等著，自强出版社一九三八年出版。分四部分： 大時代是青年的熔爐，救亡是青年唯一的出路，青年、戰争、知識，青年運動的展開等。共收文十八篇。

主要論著目録

《邏輯歸納法和演繹法》： （美）瓊斯（A. L. Jones）著，潘梓年譯，商務印書館，一九二七年出版。書名原文：Logic, inductive and deductive。分三編，第一編科學方法綱要，包括緒論，智識初步，歸類，文字的使用及誤用，命題，歸納法，證實和演繹法，三段論法，三段論法的舊説，推理的簡式和復式—假言論式和擇言論式，證明和反駁等十一章； 第二編補充法，下分統計、平均、可能性三章； 第三編系統的組成，計有釋明、假説、幾種標樣的智識系統三章。

《動的心理學》（島特著，潘梓年譯），商務印書館，一九二四年。

《文學概論》，中國印書局，一九二五年。

《教育學》（杜威著，潘梓年譯）商務印書館，一九二六年。

《大塊文章　地球及其生命的歷史》（〔英〕W. J. P. Burton著，潘梓年譯），北新書局，一九二七年。

《邏輯歸納法和演繹法》（A. L. Jones著，潘梓年譯），商務印書館，一九二七年。

《瘋狂心理》（〔英〕哈忒著，李小峰　潘梓年譯），北新書局，一九二七年七月。

《邏輯》（A. L. Jones著，潘梓年譯），商務印書館，一九二八年。

《蘇俄新教育》（〔美國〕Scott Nearing著；潘梓年譯），北新書局，一九二九年四月。

《時間與意志自由》（Henri Bergson著，潘梓年譯），商務印書館。

《争取抗戰勝利》，讀書生活出版社，一九三八年。

《戰時的中國青年往何處去》，自强出版社，一九三八年。

《學習與實踐》，正光社，一九四一年。

《光明的前途》，潘梓年等著，戰時出版社。

《昨天日本，今天美國》，一九四八年十二月五日。

《社會主義之理論與實踐》（〔英〕斯特拉齊撰；潘梓年等譯），雜志公司，一九四九年。

《胡適的反動思想是些什麽》，中國青年出版社，一九五五年。

《大家來學點兒哲學》，上海人民出版社，一九五八年。

《辯證法是哲學的核心（一九五八年七月二十二日在禹縣縣直機關干部會議上的講話）》『一九五九工農兵哲學小叢書』，河南人民出版社。

《學什麽，怎樣學和在職幹部談學習》，浙江人民出版社，一九五八年。

《邏輯與邏輯學》，三聯書店，一九六一年。

《黨的社會主義建設總路綫是最生動的馬克思主義哲學》，河南人民出版社，一九五八年。

《讀〈關於如何打乒乓球〉》，人民體育出版社，一九六五。

潘序倫

（一八九三—一九八五）

生平簡介

會計學家和教育家，立信會計專科學校創始人，中國民主同盟盟員。因兄弟輩中排行第四，故又名秩四，曾名嗣曾。宜興人。出身書香門第，其曾祖父和伯父都是清代舉人。十四歲時，父親去世，得長兄伯彦（古文學家）的教益很多。潘序倫十二歲前讀私塾，後入蜀山小學，畢業後，考進上海浦東中學，經常考第一名，頗得校長黄炎培的賞識。十五歲將要畢業前夕，因卷入抗議某教師而舉行的交白卷風潮，被開除學籍。之後，轉入常州府中學堂，畢業後進南京政法大學，不到兩年，學校因故被勒令停辦。不久，他考進南京海軍軍官學校無綫電收發班，畢業後被分派到海軍某艦上任準尉無綫電收發報員。可他無意久留，退出軍籍，辭去職務。後來，曾到南京造幣廠當過翻譯員，又回到家鄉做中小學教員。他立志出國留學，得到黄炎培的支持，進入聖約翰大學。一九二一年畢業，獲文學士學位，同年保送進入美國哈佛大學商業管理學院，選學會計學科，因而奠定了一生從事會計學研究的基礎。他在哈佛大學勤奮苦讀，於一九二三年獲得哈佛大學企業管理碩士學位。翌年，又獲得哥倫比亞大學經濟學博士學位。

一九二四年，潘序倫學成回國，任教於上海暨南大學、上海商科大學。一九二七年，創辦『潘序倫會計事務所』，并編譯出版會計叢書和創辦會計學校。他從實踐中深深感到，開展會計師業務首先要取信於社會，因之取《論語》中『民無信不立』之句，將『潘序倫會計事務所』改名爲『立信會計事務所』。一九二七年，他先舉辦簿記訓練班，因學生人數大增，爲適應需要，後又創辦了『立信會計補習學校』、『立信會計專科學校』和『立信高級會計職業學校』。一九三〇年十二月，潘序倫任國民政府主計處籌委會委員，一九三一年三月至七月任主計處主計官。

抗日戰争時期，他離開上海到達重慶，在重慶又設立『立信會計事務所』和多種教學形式的立信會計學校。爲了解決會計教材的供應，一九四一年秋與生活書店合作，創設『立信會計圖書用品社』，專門出版立信會計叢書和印制發行會計賬册報表。到一九五六年爲止，《立信會計叢書》共編譯出版二百餘種，後又編制了《蘇聯會計述要》、《國營會計概要》等著作。

抗戰勝利後，潘序倫於一九四六年六月至一九四七年五月，任經濟部常務次長，一九四七年五月受聘爲全國經濟委員會委員。爲了培養高級會計人才以適應社會需要，他克服困難，在重慶市區建造立信大樓，分别辦了兩所專科學校。不僅如此，他還鼓勵和支持外地的立信同人和校友在桂林、北京、天津、南京、廣州、衡陽和香港等地辦起了各類不同形式的『立信會計學校』。到一九五三年止，培養的學生已逾十萬人，遍布全國各地，遠達美、德、日等二十多個國家和地區。他辦學的原則是嚴格要求，精心培養，自編自教，切合實際，邊學邊做，講究實效，精打細算，勤儉辦校，尊師愛生，團結友愛。

潘序倫自美國學成歸國後，任教、著書收入頗豐，對捐助辦學與發展會計事業不遺餘力。一九四五年抗戰勝利後，由重慶回到上海，立信會計學校復員遷校没有地方，他捐出私宅五開間三層樓房一幢，繼而又捐出美金萬元，爲學校建造了體育館。而他自己日常生活非常簡樸，門室中一床一几一櫃，一桌四椅，别無他物，唯書成堆，此習慣一直至晚年未改。

新中國成立後，潘序倫歷任立信會計專科學校名譽校長、上海市政協委員、中國會計學會顧問、上海會計師事務所董事長、上海市高級會計技術職稱評定委員會副主任、上海市審計學會名譽會長。他經受了『反右』的災難，也遭到了『文革』的迫害和沖擊。黨的十一届三中全會以後，落實政策，他得到『文革』期間被抄財物的賠償款八萬元，立即捐半數給剛建成的上海市會計學會作事業費，又捐贈給當時正在恢復的立信會計專科學校三萬五仟元作奬學基金。在黨的十一届三中全會路綫指引下，潘序倫積極推動恢復『立信會計專科學校』和『立信會計學校』，建設新校舍，成立全國第一個會計學會——上海會計學會和解放後第一個會計師事務所——上海會計師事務所，重建了立信會計編譯所。他本人長期從事會計教育、研究和實際工作，創辦的立信會計專科學校飲譽海内外，培養了十萬餘會計人才，爲發展中國的會計事業作出貢獻。一九八五年財政部授予榮譽證書，潘序倫被國外會計界譽爲中國『會計學之父』稱號。同年去世，享年九十二歲。

主要著作述要

《高級商業簿記教科書》：本書是潘序倫的成名作。

全書共分三十八章，主要介紹了日記簿，商品賬户，商品折讓賬户，通用資産及負債賬户，特種日記簿——現金簿，統制賬户及補助分類賬，結賬前賬目之調整，資産負債表，原始憑證，公司分配盈利及解散之記録，簿記規則等内容。本書内容新穎，重點突出，詳略得當，深入淺出，通俗易懂。

《**會計學**》：商務印書館一九三七年出版。會計作用在於以數字表示人類社會經濟活動。説明資産負債及損益的性質，及資産負債表示損益計算書的編制和作用，是會計學的綱領，列總論編第一。另有會計之記録編第二，會計之實務編第三，合伙會計編第四，公司會計編第五，工業會計編第六，財産之估價編第七，決算表之分析與解釋編第八，企業之解散清算與破産編第九和以遺産及信托會計爲最後一編。

《**股份有限公司會計**》：立信會計圖書用品社一九三八年出版。原作《公司會計》共計十九章，有的篇目一事分爲兩章，如第十和第十一章公積準備，第十二和十三章公司債和償債基金，第十五及十六章合併等；有的用一章概括叙述公司會計的全部，如第五章特備簿册，第六章會計科目等。爲了體例合理，修訂版《股份有限公司會計》分十四章，分述概論，設立，創立記録，股份及其管理，決算及盈餘的分配，盈餘公積和準備，公司債，增減股本，合併、解散、清算及和解破産等項。本書還根據新頒法令，新發生的實例及作者十年來的研究心得，將舊作加以改修補充，闡述股份有限公司會計的特點。

《**所得税原理及實務**》：潘序倫、李文杰編著，商務印書館一九三七年出版。内分十四章。分述賦税及所得税原論，英、美、法、意、日、德、蘇各國的所得税制度，中國施行所得税的歷史、現制、會計等問題。卷末有所得税暫行條例、施行細則、徵收須知、疑義解釋及各類所得税報告表及扣繳清單格式等附録多種。

《**會計名詞彙譯**》：編著，工具書。商務印書館，一九三四年三月出版。内收兩千餘詞條。每詞分列英文原文、原有譯名、選定譯名、擬定譯名及備注項。按英文字母順序排列。

《**政府會計**》：潘序倫、王澹如編，商務印書館一九三三年出版。原書分總論、預算、收支、決算、審計五編。一九三七年根據當時法令變遷情況重行修訂，作了較大改動。并增加『會計』一編，論述政府會計制度，作爲普通學校教科書，并供政府機關會計人員參考。書中附録簿記實例及習題，并附現行重要會計法令三十六種。

《**潘序倫文集**》：立信會計出版社二〇〇八年十月出版。本書以時間爲序，收録了潘序倫發表於各類期刊、雜志及其他場合的文章，共計六十二篇，内容涉及會計理論與實務、會計職能、會計職業道德以及會計人才研究等方面。文集的編輯出版，既集中展現了他一生對會計事業和會計教育的卓越貢獻，又爲中國會計研究提供了豐富而珍貴的史料素材。

主要論著目録

《政府會計》（潘序倫、王澹如編），商務印書館，一九三三年。
《會計名詞彙譯》，商務印書館，一九三四年三月。
《所得税原理及實務》（潘序倫、李文杰編著），商務印書館，一九三七年。
《會計學》（譯著），商務印書館，一九三七年。
《股份有限公司會計》，立信會計圖書用品社，一九三八年。
《審計學》（譯著），立信會計圖書用品社，一九五〇年。
《各業會計制度》（譯著），立信會計圖書用品社，一九五〇年。
《勞氏成本會計》（譯著），立信會計圖書用品社，一九五〇年。
《高級商業簿記教科書》（譯著）立信會計圖書用品社，一九五一年。
《國營企業會計概要》，（與俞文青合著），立信會計圖書用品社，一九五二年。
《基本會計學》，知識出版社，一九八三年。
《潘序倫回憶録》，中國財政經濟出版社，一九八六年。
《潘序倫文集》，立信會計出版社，二〇〇八年十月。

劉天華

（一八九五—一九三二）

生平簡介

音樂家，二胡演奏家。名壽椿。清光緒二十一年（一八九五年）二月四日生於江陰縣澄江鎮西横街四十九號一個知識分子家庭。與語言學家劉半農、音樂家劉北茂是兄弟，父親是清末秀才劉寶珊。一九〇一年入劉寶珊創辦的私塾，後入澄江鎮翰墨林小學（係劉寶珊與人創辦之新學，今江陰縣五一小學）就讀。一九〇九年入常州中學，讀書期間，曾參加學校軍樂隊的訓練和演出活動，由此開始接觸西洋銅管樂。一九一一年辛亥革命爆發，劉天華回到江陰，以軍樂隊員身份參加江陰『反滿青年團』。一九一四年先後在江陰、常州中學任音樂教員。一九一五年父親逝世，劉天華失業患病，仍自學二胡，處女作二胡曲《病中吟》便是此時創作。第二年被江蘇省立五中聘爲音樂教員，并在該校組織了絲竹部和軍樂部兩支樂隊。其間，他專心向江南民間音樂家周少梅學習二胡，向沈肇洲學習崇明派琵琶《瀛州古調》的演奏。他還利用暑期到河南尋師求教，一路尋訪民間藝人，採集各處民間音樂。

一九二二年，劉天華到上海參加『開明劇社』樂隊，在江陰組織『國樂研究會』。自一九二二年起，劉天華先後任北京大學音樂傳習所國樂導師、北京女子高師和國立藝專音樂系科的二胡、琵琶、小提琴教授，他的學生有曹安和、王君儀、韓權華、蕭伯青、吴伯超等。在任教之間，他還跟隨俄籍教授托諾夫學習小提琴，同時悉心鑽研西洋音樂理論。一九二七年發起成立國樂改進社，編輯出版了《音樂雜志》（共十期）。另外，他還將街頭賣唱藝人請入家中記録他們演唱、演奏的曲譜并給予報酬，留有《佛曲譜》和《安次縣吵子會樂譜》兩部遺稿。

一九三二年五月三十一日，劉天華在北京天橋搜集鑼鼓譜時染病，由於醫生誤診，不幸於六月八日去世。年僅三十八歲。

劉天華發起組織過三次國樂研究會。一九二一年在江陰組織的暑假國樂研究會爲第一次，參加者多爲常州中學的學生。第二次是一九二五年，在暑假回鄉探親時在江陰組織了一次國樂研究會，邀請澈晨和尚、趙劍侯、凌純聲等音樂界的教師參加。第三次是一九二七年底在北京發起組織的『國樂改進社』，參加者除學生之外還有古琴家張友鶴、鄭穎蓀、楊仲子等。另外邀請了趙元任、蕭友梅、劉半農等學者名家爲名譽會員。

劉天華的音樂創作成就主要在民族器樂曲方面，共創作二胡獨奏曲十首、琵琶獨奏曲三首、民族樂器合奏曲二首。一九一八年他在貧病中完成了二胡曲《病中吟》初稿，抒發了他對社會的不滿和生活無出路的憤懣心情。其後，他創作的《苦悶之謳》（一九二六）、《悲歌》（一九二七）、《閑居吟》（一九二八）以及《獨弦操》（又名《憂心曲》，一九三二）等二胡曲，以委婉動人的旋律，或憂傷壓抑，或悲憤激越，表現了知識分子在黑暗社會中苦悶、彷徨，要求變革、掙扎奮鬥的心情。

劉天華選擇二胡作爲改革國樂的突破口，借鑒了小提琴的大段落顫弓等技法和西洋器樂創作手法，融合了琵琶的輪指按音、古琴的泛音演奏等技巧，并確立和運用了多把位演奏法。所有這些，使二胡從樂曲到演奏上都增添了藝術表現的深刻性，從而使這件古代并不受人重視的民間樂器變成近代專業獨奏樂器，成爲中國民樂的主角與代表，因而劉天華被視爲近現代二胡演奏學派奠基人。

劉天華一生虛心向他人學習，從西洋學者到鄉野村夫，勤懇不倦。當時在北京大學任教的文學家、語言學家劉半農寫道：『既爲大學教授，而猶虛心師事他人，以求其藝事之完成者，天華而外，吾不知當世尚有幾人也。』

主要著作述要

《光明行》：二胡獨奏曲，作於一九三一年春。這是一首振奮人心的進行曲，旋律明快堅定，節奏富於彈性。主和弦的分解進行構成的號角式音調，在樂曲中占主導地位。作者在這首樂曲中首次用了功能性很强的五度關系的轉調，調性明亮，音區的遞換也極富色彩。全曲共分爲四段，另有引子和尾聲。在中國民族音樂傳統習用的循環變奏的基礎上，採用西洋的復三部曲式的特點，結構嚴整。在引子中，可以聽到堅定整齊的步伐行進聲，然後出現小軍鼓似的敲擊節奏和昂揚的音調。

《悲歌》：原名《處事難》，是劉天華在一九三二年秋天創作的一首感嘆曲。該曲吸收了西洋作曲技巧，并大膽地在樂曲中採用了很多變化音，同時保留了濃鬱的民族風格。樂曲描繪了作者在立志前進的道路上遭遇重重困難，因而發出的悲憤感嘆之情。全曲接近散板，速度比較自由，不能完全按照樂譜演奏，很大程度上要靠演奏者對樂曲的體會去表達，所以該曲是劉天華所作曲中比較難表現的一曲。

《良宵》、**《月夜》**：《良宵》又名《除夜小唱》，寫於一九二八年，是劉天華與朋友歡度除夕時的即興之作，該曲民族風格濃厚，旋律清新優美、喜悦歡暢，圓潤的長弓與輕快的短弓相間而奏，樂曲精巧完整。《月夜》是《良宵》的姊妹曲，通過對詩情畫意般月夜的描繪，描述了一幅美妙的月夜之景。

《空山鳥語》：是一首技巧性很强的二胡獨奏樂曲，係劉天華學習、借鑒西洋音樂創作和表演手法的成功實踐。此曲初稿産生於一九一八年，到一九二八年才定稿，整整磨了十年之久。弓法、指法、旋律、節拍，力求盡善盡美，不啻爲二十世紀經典珍品。《空山鳥語》一直是二胡學習者、演奏者努力攀登的『高峰』，因爲它具有音域寬、速度快、模擬鳥鳴、同音换指等技巧特點，也正是它的演奏難點。樂曲在緩慢的引子後，進入主題。第一、第二兩小段，旋律性很强，表現人的歡快情緒；三、四、五是炫技性樂段，形形色色的百鳥在争鳴，熱鬧非凡。尾聲重現第一小段的音調後，隨即以一個主三和弦短琵琶音，向高處攀升，如衆鳥飛離遠去，使空山復歸寂静。

主要論著目録

劉天華共作有十首二胡曲：《病中吟》、《月夜》、《苦悶之謳》、《悲歌》、《空山鳥語》、《閑居吟》、《良宵》、《光明行》、《獨弦操》、《燭影摇紅》（當劉天華逝世時，在紀念會上有人用這十大二胡名曲標題的首位字聯成過一幅便於記憶又頗有意境的挽聯：『良月苦獨病，燭光悲空閑』）。三首琵琶曲：《歌舞引》、《改進操》、《虚籟》。一首絲竹合奏曲《變體新水令》，還編有四十七首二胡練習曲、十五首琵琶練習曲，整理了崇明派傳統琵琶曲十二首，其中他改編的《飛花點翠》於一九二八年由高亭唱片公司録制唱片，現已成爲琵琶經典樂曲。上海萬樂書店曾於一九五〇年將劉天華創作曲集結集出版。

徐悲鴻

（一八九五——一九五三）

生平簡介

現代畫家，美術教育家。一八九五年七月十九日生於宜興縣屺亭橋鎮。其父徐達章系當地知名畫師，善畫人物、山水和寫意花卉，兼善書法、篆刻及詩文。徐悲鴻幼從家學，九歲開始學畫。十七歲在宜興女子師範等學校任圖畫教師。一九一六年入上海震旦大學法文系半工半讀，課餘苦修素描。暑期應聘爲明智大學作畫，與康有爲、王國維等結識。翌年五月，赴日本學習美術，與蔣碧微結婚。年底回國，應聘任北京大學畫法研究會導師，受新文化運動影響，接受民主與科學思想。在北京期間他經常到故宮欣賞和研究古代繪畫，非常崇尚唐宋畫風，從中汲取營養。一九一九年三月，携蔣碧微赴法國留學，入國立巴黎高等美術學校，以校長爲師，同時入柯羅學生的畫室受教。留學期間曾赴德國訪問柏林美術學院，并先後去英國、比利時、瑞士、意大利等國，參觀各大博物館、美術館和美術遺址，悉心觀摩和研究歷代藝術杰作，并臨摹德拉克洛瓦、普吕東、倫勃朗等大師的作品。一九二七年春回國，受田漢之邀出任上海南國藝術學院美術系主任，同時受聘爲中央大學藝術系教授，在教學與創作中，提倡寫實主義，抨擊形式主義。一九二九年九月，由蔡元培推薦，受聘擔任北京大學藝術學院院長，提倡中國畫的革新，反對保守主義，曾親自拜訪并聘請畫家齊白石出任該院教授。一九三〇年完成油畫《田橫五百壯士》，翌年完成中國畫《九方皋》，一九三三年完成油畫《徯我後》，開中國歷史畫一代新風。一九三三年一月至一九三四年八月，受歐洲諸國之邀，先後赴法國、比利時、意大利、德國及蘇聯舉辦中國美術展覽和個人畫展，蜚聲國際畫壇，回國後繼續倡導現實主義美術，向國内介紹俄國巡回展覽畫派，并投身於抗日救亡文化運動。一九三六年冬到桂林作畫，并開始創辦美術館，先後創作了《晨曲》、《逆風》、《壯烈之回憶》、《風雨鷄鳴》、《灕江春雨》等國畫作品。一九三七年春赴長沙、廣州、香港舉辦個人畫展，十月回到重慶中央大學繼續任教。同年創作了國畫《巴人貧婦》、《巴人汲水》等。一九三八年底再次到香港舉辦個人畫展，然後赴新加坡舉辦籌賑畫展，宣傳抗日救亡，并將所賣全部畫款捐獻給祖國以救濟難民。一九四○年春應印度詩人和畫家泰戈爾之邀赴印度國際大學講學，并先後在聖蒂尼克坦和加爾各答兩地舉辦畫展，將所籌畫款全部捐寄祖國。隨後赴大吉嶺，創作國畫《愚公移山》。一九四○年底再次赴新加坡，翌年在馬來西亞的吉隆坡、檳榔嶼、怡保三市舉辦籌賑畫展，將所得巨額收入全部捐獻祖國。一九四一年底回國後，在昆明舉辦勞軍畫展，以賣畫全部收入慰勞前方抗日將士。一九四二年夏回到重慶中央大學繼續從事教學與創作，并着手籌辦中國美術學院。年底到桂林，聘廖静文爲圖書管理員。一九四三年春末在重慶舉辦畫展，展出歷年創作的中國畫、油畫的代表作及素描作品。一九四五年二月，在郭沫若起草的《陪都文化界對時局的進言》上簽名。八月，與蔣碧微離婚，不久與廖静文結婚。一九四六年八月到北平，出任國立北平藝術專科學校校長，加入進步美術家組織的北平美術工作者協會，并擔任該會名譽會長。一九四九年三月，受邀請前往布拉格出席保衛世界和平大會。七月，在中華全國文學藝術工作者代表大會上當選爲全國文聯常務委員、中華全國美術工作者協會主席。九月，應邀出席中國人民政治協商會議，隨後被政務院任命爲中央美術學院院長。後又當選爲全國美術家協會主席。一九五三年九月二十三日，全國文藝工作者第二次代表大會在北京召開，會議期間，徐悲鴻患腦溢血，搶救無效，於二十六日心臟停止了跳動。其骨灰埋葬在八寶山革命公墓。

主要著作述要

《徐悲鴻論藝》：上海書畫出版社二○一○年一月出版。《近現代名家論藝經典文庫》叢書。本書内容包括：美與藝；評文華殿所藏書畫；中國畫改良之方法；法國藝術近况；學術研究之談話等。

《徐悲鴻書信集》：大象出版社二○一○年四月出版。主要收録作者生平書信。該書的出版，對研究徐悲鴻先生的藝術成就、藝術觀點和現代中國應倡導青年學子走什麽道路，以及他忠心耿耿地培養人才等方面的研究提供了文獻資料。

《中西筆墨　徐悲鴻隨筆》：北京大學出版社二○一○年八月出版。本書是我國著名畫家徐悲鴻的隨筆精選集，代表了他一生的重要觀點，表明了他的藝術觀、人生觀、教育觀。通過這些作品，可以讓讀者領悟到衆多的人生哲理，對於讀者理解藝術、提升境界，有不可估量的價值。

《徐悲鴻談藝録》：湖南大學出版社二〇〇九年十二月出版。本書主要内容包括：藝術家之造就與素質；中國藝術及其鑒賞；中外藝術之異同；中外之藝術大家；美術及民間藝術。雜談藝術人生；藝術之東游西游等。

《徐悲鴻講藝術》：九州出版社年二〇〇五年九月出版。本書分爲十四講，收録了多篇徐悲鴻探討藝術的文章。具體包括了《學術研究之談話》、《中國今日急需提倡之美術》、《中國藝術的没落與復興》等文章。

《徐悲鴻作品集》：文物出版社二〇〇九年十月出版。本書收録徐悲鴻作品有：康南海六十行樂圖；嵩岳遐齡；嬰孩時的徐伯陽；盛開的玫瑰；鵝與枇杷；猫；秋菊；飲馬圖；枇杷；奔馬/金文；紅葉麻雀；柏壽等。

主要論著目録

《悲鴻繪集》，中華書局，一九三〇年。

《悲鴻畫集》，中華書局，一九三二年。

《徐悲鴻選畫範——風景·静物》，中華書局，一九三九年。

《悲鴻近作》，中華書局，一九四一年。

《悲鴻素描選》，人民美術出版社，一九五三年。

《徐悲鴻素描》，人民美術出版社，一九五八年。

《徐悲鴻素描》，人民美術出版社，一九八〇年。

《徐悲鴻畫集》，北京出版社，一九八一——一九八八年。

《徐悲鴻彩墨畫》，人民美術出版社，一九八一年。

《悲鴻畫選》，四川美術出版社，一九八五年。

《徐悲鴻藝術文集》，藝術家出版社，一九八七年。

《巴黎歲月——徐悲鴻早年素描》，藝術圖書公司，一九八八年。

《徐悲鴻畫集》，北京工藝美術出版社，二〇〇五年。

《徐悲鴻講藝術》，九州出版社，二〇〇五年。

《徐悲鴻文集》，上海畫報出版社，二〇〇五年。

《徐悲鴻作品集》，文物出版社，二〇〇九年。

《徐悲鴻談藝録》，湖南大學出版社，二〇〇九年。

《徐悲鴻論藝》，上海書畫出版社，二〇一〇年。

《徐悲鴻書信集》，大象出版社，二〇一〇年。

《中西筆墨徐悲鴻隨筆》，北京大學出版社，二〇一〇年。

錢　穆

（一八九五—一九九〇）

生平簡介

國學大師，史學家，思想家，教育家。原名思鑅，字賓四。清光緒二十一年六月初九（一八九五年七月三十日）生。無錫人。父親名承沛，字季臣，幼時有神童的美稱，十六歲時縣試，考取第一名爲秀才，由於身體多病，未求取功名。錢穆七歲入私塾，後入蕩口鎮私立果育小學。一九〇八至一九一一年，先後就讀於常州府中學堂、南京鍾英中學。一九一二年父親早逝，錢穆輟學，其後自學。十八歲開始先後在三兼小學、鴻模學校、梅村四小、後宅小學、厦門集美學校、無錫第三師範、蘇州中學任教。在『既無師友指點，亦不知所謂爲學之門徑與方法』的情況下，『冥索逾十載，始稍稍知古人學術源流』（均《學籥》語），開始著述。一九一八年，《論語文解》由商務印書館出版，這是錢穆生平出版的第一部著作。一九一九年秋天，錢穆任後宅鎮泰伯市立第一初級小學校長，時年二十五歲。一九二二年秋，錢穆辭去後宅小學校長及泰伯市圖書館長之職，到縣立第一高等小學任教。不到一個月，應施之勉教務長之聘，到厦門集美學校任高中部與師範部畢業班國文教師。一九二三年，無錫江蘇省立第三師範資深教席錢基博先生薦錢穆至同校任教。一九二六年夏，所著《國學概論》由商務印書館出版，被定爲中等學校教科書。一九二七年秋，錢穆執教江蘇省立蘇州中學，任最高班國文教師兼班主任，爲全校國文課主任教席。一九二八年春爲商務印書館『萬有文庫』作《墨子》和《王守仁》。一九二九年，錢穆與張一貫結婚。同年，顧頡剛、胡適相繼來蘇中演講，錢穆得以與顧、胡建交。一九三〇年，蒙文通在南京講學，來蘇州與錢相見，贊譽錢之《先秦諸子繫年》可與顧亭林諸前賢的論著相媲美，認爲『乾嘉以來，少其匹矣』。該年發表《劉向歆父子年譜》，文章解決了晚清道咸以來的經學今古文争論的公案，『《劉向歆父子年譜》出，此一争論才告結束』（余英時《錢穆與中國文化》），震動學界。後經顧頡剛介紹，同年秋得以任北平燕京大學講師，講授國文，時年三十六歲。一九三一年夏，錢穆始受聘爲北京大學副教授，清華亦請兼課。一九三三年秋，《先秦諸子繫年》完稿，一九三五年底由商務印書館出版。一九三七年五月，《中國近三百年學術史》由商務印書館出版。同年抗日戰争爆發，北大文學院遷至湖南南岳，十月，錢穆與湯用彤、賀麟等由海路至香港，經廣州、長沙抵南岳。後文學院復遷昆明。此時錢穆開始撰寫《國史大綱》。一九三九年暑假携《國史大綱》書稿至香港交商務印書館。後經香港、上海回蘇州侍母，夫人張一貫亦率子女自北平回家。一九四〇年夏秋之際，錢穆離家入川，經重慶，十月至成都赴齊魯大學國學研究所。一九四一年三月爲武漢大學開中國政治制度史與秦漢史課。一九四三年秋，齊魯國學所停辦，應邀任教華西大學，兼四川大學教席。一九四五年抗戰勝利，次年東歸故里，閉門著書。一九四六年十月應邀前往昆明五華書院任教，又兼雲南大學課務。一九四八年春東歸，擔任江南大學文學院院長。一九四九年春假，錢穆與唐君毅應廣州私立華僑大學聘，由上海同赴廣州。同年赴香港創辦亞洲書院，翌年改名新亞書院并任院長。書院宗旨『上溯宋明書院講學精神，并旁采西歐導師制度，以人文主義教育爲宗旨，溝通世界東西文化』。一九五〇年，一九五一年間多次赴臺演講。一九五五年香港大學授予他名譽博士學位。一九六〇年初，錢穆出國講學，先後在美國耶魯大學、哈佛大學講課和講演。在耶魯大學講課結束時被授予該校名譽博士學位。一九六四年新亞書院併入香港中文大學，他辭去院長職務。一九六四年休假後移居鄉村小樓，開始計劃寫《朱子新學案》。一九六五年夏，赴馬來亞大學講學，次年二月返回香港。一九六七年十月定居臺北，先住金山街，翌年七月以『素書樓』名新居。同年以最高票當選爲臺灣『中央研究院』院士。同時臺北『故宫博物院』特聘研究員。期間曾先後兩次去日本、韓國訪問，又數度去香港作講演。一九九〇年八月三十日晨在臺北寓所去世，享年九十六歲。

錢穆治學由古文始，進而治五經，治先秦諸子，再進而治史學；由通史而至文化史、思想史。兼重訓詁考據與義理，尚會通，於會通中探求中國學術文化之内在生命力和内在邏輯，闡揚中華民族文化。對中華民族文化有精深的研究和深厚的感情，認爲『我民族國家之前途，仍將於我先民文化所貽自身内部獲其生機』（《國史大綱》語）。

主要著作述要

《劉向歆父子年譜》：一九三〇年六月刊於顧頡剛主編的《燕京學報》第七期，後收入《兩漢經學今古文平議》一書中。該文原名《劉向劉歆王莽年譜》，主要針對康有爲的《新學僞經考》而作，仿王國維《太史公行年考》體例，首列出康有爲《新學僞經考》不可通者二十八處。次以年譜的形式，繫劉向劉歆父子事迹及新莽朝政，用具體史實證明今文經學所主劉向劉歆父子竄改群經之不成立。此文刊出後，引起了當時北平學術界的很大轟動。青松《評〈劉向歆父子年譜〉》稱『列舉康氏之説不可通者二十八端，皆甚允當』。胡適對此文評價頗高，他在一九三〇年十月二十八日日記中寫道：『昨今兩日讀錢先生的《劉向歆父子年譜》……錢譜爲一大著作，見解與體例都好。』該文使晚清道咸以來的今古文經學之争得以平息，破除傳統今古門户之見，對近代經學史貢獻很大，是錢穆轟動學術界的成名之作。

《**先秦諸子繫年**》：商務印書館一九三五年出版。是一部專門爲先秦諸子的生卒行事做考辨的著作。對諸子生平、師友淵源及學派思想之流變，加以考訂辨僞，使其條貫昌明，對古學之『狂論妄議』亦多所駁議，對先秦哲學史研究有重要價值。錢穆稱該書寫作始於一九二二年，至一九三〇年歷時九年才完成。全書考辨專文一百六十餘篇，考辨四卷，通表四篇，附表三張。錢穆鑒於前人考證諸子年世，多依據《史記》中的《六國年表》，而其中頗多缺誤。錢穆通過研究汲冢《竹書紀年》，釐訂其今傳《世本》的誤訛，然後以此來訂正《史記》中的僞誤和注釋的抵牾，同時又遍考諸子之書，參證諸子之行誼及六國政事、年代、山川地理等，定世排年，疏證細密。全書不僅對先秦諸子年代及學術淵源進行了詳細考證，而且對戰國史研究也起到了很大作用，爲『諸子學與戰國史開一新紀元』（余英時語）。此外該書的一大特色是以《竹書紀年》訂正《史記》年代之誤。作爲近代學術名著，該書深受學界好評。蒙文通稱該書『體大思精』『乾嘉以來，少其匹矣』。著名史學大家陳寅恪稱贊『錢賓四《諸子繫年》極精審。時代全據《紀年》訂《史記》之誤，心得極多，至可佩服』。楊樹達稱該書『所見甚正。文亦足達其所見，佳書也』。顧頡剛稱其『作得非常精煉，民國以來戰國史之第一部著作也』。

《**中國近三百年學術史**》：該書是錢穆清代學術研究的重要著作。爲其在北京大學任教時所作。全書共十四章，上自黄宗羲、王夫之、顧炎武等晚明學人，下至晚清龔自珍、曾國藩、康有爲，綜論有清一代學術。一九三七年出版。書中提出清代學術導源於宋學，弘揚宋學精神，與傳統觀點認爲清學宗漢學，有很大不同。『錢穆論清學史的代表作《中國近三百年學術史》，不僅在形式上是傳統的學案式的綱目體，而且内容也不脱傳統的義理，尤重宋儒朱熹。……錢賓四頗具民族主義意識，并見諸其史學；然其民族主義也未脱傳統的華夷之辨與漢文化意識，以及崇宋尊朱的基本心態。』（汪榮祖語）該書與梁啓超的同名著作均是清代學術史研究的力作，於廣徵博引、考訂精審尤勝於梁著。

《國史大綱》：商務印書館一九四〇年六月出版。是錢穆一生最重要的著作，也是一部流傳廣泛，影響深遠的中國通史作品。該書寫於抗日戰爭期間，此時錢穆任教於西南聯合大學。全書於一九三九年六月完成，共計八編四十六章三十餘萬言。該書體例上是章節體兼及綱目體，既是我國通史傳統的延續，又是錢穆新通史理論與方法在史學實踐中的應用。錢穆於此書中提出撰寫新通史必須具備兩個條件：一者必能將我國家民族已往文化演進之真相，明白示人，爲一般有志認識中國已往政治、社會、文化、思想種種演變者所必要之智識；二者應能於舊史統貫中映照出現中國種種複雜難解之問題，爲一般有志革新現實者所必備之參考。而通史最主要的目的在於『發揮中國民族文化以往之真面目與真精神，闡明其文化經歷之真過程，以期解釋現在，指示將來』（《國史大綱·引論》語）。即强調傳統文化價值，提倡在民族傳統文化中汲取精神力量，激勵世人，因此被定爲全國大學教科書。該書是錢穆在西南期間的最重要著作，也是其歷史理論體系形成的標志。歷史學家繆鳳林稱贊該書『時賢著作，實鮮能與之比擬，立言之正，尤爲抗戰以來出版界所未見』。顧頡剛稱該書『最後出而創見最大』。嚴耕望則盛贊『目前所有各種中國通史中，仍以錢賓四先生的《國史大綱》爲最佳』。

《朱子新學案》：臺灣三民書局一九七一年九月出版。是錢穆晚年以『尊朱』爲一生學術歸宿的巨著。書稿的寫作始於一九六六年二月，至一九六九年十一月完稿。全書分爲五卷，逾百萬言。爲方便讀者閱讀，錢穆又於次年撰寫了《朱子學提綱》，簡明扼要的介紹了書中主要論點，爲全書的總綱。錢穆對朱熹推崇備至，而且他一直認爲『經學的問題，亦即是史學上的問題』，基於此，書中不僅對朱熹的哲學思想進行叙述而且從經史文學各個方面對朱熹的學術成就進行全方位的總結，克服了傳統研究者由於專業所限在研究朱子學術和思想時出現的片面性及狹隘性。該書的出版對朱子研究貢獻頗大，『今天我們讀《朱子新學案》，可以很輕松地看出朱子與濂溪、横渠、二程思想的異同，朱子與東萊、南軒、象山思想的異同，朱子與明儒、清儒思想的異同，朱子修書治學的經過，朱子思想的流變及其一生思想發展的過程，這些都是長時期以來學者心中的一個疑點。』（何佑森語）著名學者杜維明稱『錢穆在闡釋朱熹之學上確實做出了重大貢獻。……在中文著作中，還沒有哪一部作品對朱熹的思想和學術做出過這樣廣泛深入而又慎重負責的研究』。

主要論著目録

《論語文解》，上海商務印書館，一九一八年。
《國學概論》，上海商務印書館，一九二六年。
《孟子要略》，上海大華書店，一九二六年。
《王守仁》，上海商務印書館，一九二八年。
《墨子》，上海商務印書館，一九二八年。
《惠施公孫龍》，上海商務印書館，一九三一年。
《老子辨》，上海大華書局，一九三二年。
《先秦諸子繫年》，商務印書館，一九三五年。
《中國近三百年學術史》，商務印書館，一九三七年。
《國史大綱》，商務印書館，一九四〇年。
《教育與文化》，重慶國民圖書出版社，一九四二年。
《政學私言》，重慶商務印書館，一九四五年。
《中國人之宗教社會及人生觀》，自由出版社，一九四九年。
《文化學大義八講》，臺北省立師範學院，一九五〇年。
《中國文化史導論》，正中書局，一九五一年。
《中國歷史精神》，國民出版社，一九五一年。
《莊子纂箋》，自印本，一九五一年；聯經出版社，一九九八年。
《文化學大義》，正中書局，一九五二年。
《中國歷代政治得失》，自印本，一九五二年；聯經出版社，一九九八年。
《中國思想史》，中華文化出版事業委員會，一九五二年。
《國史新論》，自刊本，一九五三年。
《宋明理學概述》，中華文化出版事業委員會，一九五三年。
《四書釋義》，中華文化出版事業委員會，一九五三年。
《黄帝》，勝利出版社，一九五四年。
《陽明學述要》，正中書局，一九五五年。
《中國思想通俗講話》，自印本，一九五五年。
《人生十論》，香港人生出版社，一九五五年。
《秦漢史》，自刊本，一九五七年。
《王陽明先生傳習録及大學問節本》，香港人生出版社，一九五七年。
《莊老通辨》，新亞研究所，一九五七年。
《學籥》，自印本，一九五八年。
《兩漢經學今古文平議》，新亞研究所，一九五八年。
《湖上閑思録》，人生出版社，一九六〇年。
《民族與文化》，聯合出版中心，一九六〇年。
《中國歷史研究法》，孟氏教育基金會，一九六一年。

《史記地名考》，太平書局，一九六二年。
《孔子論語新編》，商務印書館，一九六三年。
《中國文學講演集》，人生出版社，一九六三年。
《論語新解》，新亞研究所，一九六三年。
《中華文化十二講》，三民書局，一九六八年。
《中國文化傳統的潛力》，幼獅文化事業出版社，一九六八年。
《中國文化叢談》（一）（二），三民書局，一九六九年。
《史學導言》，『中央日報』社，一九七〇年。
《中國文化精神》，三民書局，一九七一年。
《朱子新學案》，一至五册，三民書局，一九七一年。
《朱子學提綱》，自刊本，一九七一年。
《中國史學名著》，三民書局，一九七三年。
《理學六家詩鈔》，中華書局，一九七四年。
《孔子傳》，孔孟學會，一九七四年。
《孔子與論語》，聯經出版事業有限公司，一九七四年。
《孔子略傳〈論語〉新編》，廣學社印書館，一九七五年。
《八十憶雙親》，新亞書院校友會印行，一九七五年。
《中國學術通義》，臺灣學生書局，一九七五年。
《靈魂與心》，聯經出版事業公司，一九七六年。
《中國學術思想史論叢》，東大圖書公司，一九七六年至一九八〇年。
《世界局勢與中國文化》，東大圖書公司，一九七七年。
《從中國歷史來看中國民族性及中國文化》，聯經出版事業公司，一九七九年。
《歷史與文化論叢》，東大圖書公司，一九七九年。
《人生三步驟》，香港大學，一九七九年。
《雙溪獨語》，臺灣學生書局，一九八一年。
《中國通史參考資料》，東昇出版公司，一九八一年。
《古史地理論叢》，東大圖書公司，一九八二年。
《中國文學論叢》，東大圖書公司，一九八二年。
《八十憶雙親師友雜憶合刊》，東大圖書公司，一九八三年。
《宋明理學三書隨札》，東大圖書公司，一九八三年。
《現代中國學術論衡》，東大圖書公司，一九八四年。
《晚學盲言》，東大圖書公司，一九八七年。
《中國史學發微》，東大圖書公司，一九八九年。
《新亞遺鐸》，東大圖書公司，一九八九年。
《素書樓余沈》，聯經出版社，一九九八年。
《錢賓四先生全集》，聯經出版社，一九九八年。

薛明劍

（一八九五—一九八〇）

生平簡介

實業家，社會活動家。初名萼培、鍔佩，後易名明劍、民劍，筆名民間侍者、民間老人。清光緒二十一年（一八九五年）十二月八日生，無錫縣玉祁禮社人。他是我國著名經濟學家孫治方（原名薛萼果）之兄。他的父親薛華閣是一名塾師。薛明劍六歲入家塾，十三歲進入無錫城中東林學堂求學。宣統三年（一九一一年）考取上海復旦中學，但因家庭經濟困難未能入學。雖然只有高小學歷，但是他受家庭熏染，國學功底深厚，後至玉祁德馨小學任教。民國元年（一九一二年）起，先後擔任德馨小學、寨門經正小學、無錫縣立第六高小、青城市立十一小學、泰伯市立第一小學等校的教員或校長。辛亥革命爆發，他參加學生軍，參與了光復南京之役。此後，曾被推選爲無錫縣教育學會治事部主任，應聘兼任上海《婦女時報》編輯，積極參與黄炎培等人發起的職業教育活動。一九一七年任江蘇省立女子蠶業學校教員，後又任江蘇省育蠶試驗所事務部主任，編輯出版育蠶試驗所匯刊。同時與夫人李鍾瑞一起去宜興、溧陽等地講授蠶桑技術，并受無錫縣政府的委托，籌建公共體育場和籌辦運動會。後任無錫蠶種製造廠廠長，在廠長任内，組織無錫體育研究會，舉辦體育講習會及各種體育競賽，促進無錫體育運動的開展。一九一九年七月，他主編的《無錫指南》一書出版，介紹無錫的歷史、名勝古蹟和社會風俗。孫中山爲該書題字，此書再版十幾次，發行十余萬册。薛明劍在從事蠶桑職業教育期間，曾參加榮德生組織的實業研究會。一九一九年九月受聘擔任申新第三紡織廠總管（後改稱總管理處處長），負責籌建工作。申新三廠建成開工後，在生産技術上，他改聘一些有經驗的本國技術人員；在企業管理上，廢除工頭管理制度，由工程師和職員負責生産技術和管理，提高了生産效率。工作之余，編成《廢物利用》一書。一九二三年，創立無錫雜志社，編輯出版《無錫雜志》（期刊）。同時爲開辟太湖旅遊，編撰《錫湖攬勝》一書。他還應聘擔任江蘇省實業廳咨議及無錫縣教育會主任編輯、商埠局顧問、農會調查員等社會職務，并創辦明劍工業社、屑繭整理工場等小型企業。一九二六年五月參加上海工業界發起組織的中華實業參觀團赴日本考察。考察日記在上海《新聞報》連載，後以《東瀛考察記》出版。回國後，在申新三廠創辦『勞工自治區』。采取在職工中募集資金和資方適當資助的辦法，經過十年努力，在『勞工自治區』内逐步建立起職工醫院、托兒所、子弟學校、職工養成所、圖書館、劇場、體育場等二十二種文教體衛方面的設施，以提高職工的福利待遇和文化、技術水平，進而達到改善勞資關係的目的。被國際勞工局許爲『工業界先覺』。一九二七年三月，北伐軍進駐無錫，他被委任爲無錫市政廳委員兼工商局局長，旋即辭職。當年六月擔任商團公會會董，并應聘兼任中央大學民衆教育學院教師，教授手工藝、農村副業等課程。授課之餘，編寫出《民衆實用工藝》一書。同時他以『講學需有實驗，救世莫如興利』，創辦大中國實業公司、允利石灰廠、我華工業社、無錫養鷄場、無錫蠶種製種場等小型企業。一九三〇年起，受聘爲工商部絲綢研究委員會委員、工商部與衛生部勞工衛生促進會委員、教育部中小學課程標準起草委員會鄉村師範工藝科草案審查修訂委員、江蘇省政府調查實業專員。『九一八』事變後，他被推選爲無錫各界抗日救國會經濟保管委員。在申新三廠組織申新抗日救國會及抗日義勇軍；後又與錢孫卿等組織國難委員會，募捐錢物支援在『一二八』淞滬抗戰中奮戰的第十九路軍將士。同時由他編寫的《教育用具製造法》和《戰時工業製造法》兩書出版。是年十月，允利石灰廠從德國引進化工機械，生産燒碱、漂白粉等産品，并改組成立允利化學工業公司，招集集體基金作股份。一九三五年，先後擔任中華職業教育社勞工服務部副部長、江蘇全省國貨工廠聯合會理事長。同年呼籲江蘇省政府提倡養兔，編寫《實地養兔法》一書。一九三六年八月，他當選爲國民大會候補代表（以後在重慶期間被遞補爲正式代表，并被選爲國民參政會參政員）。抗日戰争全面爆發後，他任無錫抗日後援會常委，動員人民募捐。第三戰區司令長官馮玉祥駐無錫，任命薛明劍爲駐無錫辦事處處長；馮調第六戰區後，又命其爲第六戰區駐京滬綫辦事處處長，徵集大批軍服及慰問品運送前綫。薛明劍還與人合股創設上海保安公司，製造防毒面具、橡皮艇等軍事用品。日軍侵占無錫後，薛明劍携眷避遷重慶。開始與人合辦同心釀造廠，後榮德生委任他爲内遷企業公協、復興機器廠經理。他另集資十萬元，創立允利實業公司，任總經理；在四川、重慶、雲南境内，先後辦起化工、碾米、麵粉、紡織、機器、營造等二十多家中小型工廠，并創辦《允利通訊》和中國麵粉業技術管理人員訓練所。

在重慶期間，他還先後擔任婦女指導委員會生産事業組工業顧問、無錫旅川、旅京（寧）同鄉會理事長、民主建國會會刊《國訊》和《復蘇月刊》發行人，并主編《江蘇鄉訊》。一九四二七月，被選爲第三届國民參政會參政員。八月，與吴藴初等人發起組織中華全國工業協會，他被選爲理事，後又任蘇南分會理事長。一九四五年四月，被選爲第四届國民參政會參政員。抗戰勝利後，他在無錫先後恢復重建化工、碾米、麵粉、機械、木行、堆棧等十餘家允字號小型企業；在上海開設允中熱水瓶廠和允利拆船公司。還與人合股創建無錫長途汽車公司。在玉祁、禮社、蓉南等二鎮三鄉成立自治實驗鄉，自兼鄉長；捐贈祖産土地五十餘畝，先後興辦自治中學、鍾瑞圖書館、芙蓉圩排水工程、文熹大禮堂、火力小電廠等文化、水電設施。一九四六年十月發起組織工業協會，被選爲全國工業協會蘇南分會理事長，創辦《工業通訊》；十一月當選爲製憲國民大會代表。一九四七年十一月，被選爲立法院立法委員。一九四八年，任糧政委員會委員兼召集人。同年八月開始籌建泰伯文獻館，購買全國各縣地方誌與古籍。至無錫解放前夕，館藏達十八萬卷。同年九月，被選爲江蘇省工業會理事長。一九四九年一月，無錫縣人民公私社團聯合會成立，他被推爲五位召集人之一。是年六月五日，他在上海與立法委員蕭覺天等五十三人通電，表示跟國民黨政府脱離一切關係，擁護中國共産黨。十一月，他作爲特邀代表出席無錫市第一届各界人民代表會議。一九五〇年定居上海，一九五二年擔任蘇南文物保管委員會委員。一九五六年任上海文史館館員。晚年潛心著述，出版有《黎元洪年譜》、《中國辭書目録提要》、《月季花栽培法》、《謄寫印刷技術手册》、《鵪鶉的飼養方法》等書籍。一九八〇年四月十二日病逝，終年八十五歲。

主要著作述要

《**無錫指南**》：一九一九年出版，該書以介紹無錫的歷史、名勝古蹟和社會風俗爲主。是歷史上最早的一部將無錫推向全國和世界的書。全書從無錫沿革形勢、交通、名勝、古蹟、教育、實業、公署機關、慈善事業以及食宿游樂著名物産等介紹無錫社會的方方面面。孫中山親自爲該書題字，此書先後修訂再版十幾次，其中有些版本特載英文日文提要，先後發行十余萬册。

《**東瀛考察記**》：一九二六年七月出版，該書係作者參加上海工業界發起組織的中華實業參觀團赴日本考察期間撰寫的考察日記，二十世紀二十年代日本迭遭地震，但是國家經濟恢復很快，引起當時國人關注，遂組織赴日考察。作者從一九二六年五月十四日至七月四日日記中内容節録出版，原載於《無錫雜志・考察日本實業專號》。

《工場設計及管理》：上海東華書局一九二七年八月出版。該書係薛明劍在工商中學任教時的講稿修改而成。全書分爲工場建築、工場設備、管理要旨、工資制度、工潮問題、作息時間等十章，三十三節。全書根據當時西方資本主義國家的管理經驗，結合中國企業的實際情況和作者自己管理榮氏企業的管理經驗，着重闡述了工場建築原則，企業工資制度，改善職工生活，對工人進行文化和技能培訓，建立社會保險和企業保險相結合的職工保險制度，企業主和工人之間要建立良好的合作關係等重大問題，是我國早期企業管理的代表性著作之一，至今仍有借鑒作用。

《衣食住行工藝概要》：中華書局一九三四年出版。該書原名《民衆實用工藝》，約三十萬字，插圖二百多幅。是薛明劍一九二九年到一九三〇年間在中央大學勞農學院和民衆教育院的授課講義。該書分爲衣食住行四編，共計九十三章。書前有錢基博、高陽、莊可勤等人的序言。該書分門別類全面系統地講述了衣食住行等方面工藝技術在中國古代以及各個地區的發展歷程，是研究中國工藝技術發展史的重要著作。同時也爲當時廣大學生和城鄉農民自謀生計提供了技術上的指導。高陽稱贊該書『凡於民生日用之需，本纖利溥之藝，罔不具備』，錢基博稱『讀明劍之書，而知今之所事者奚宜』。

《謄寫印刷技術手册》：上海正文書局一九五三年七月出版。爲薛明劍先生與夫人孫瀫銓合著。該書以謄印技術各項教學講義的主要材料爲内容，編輯而成，全書分爲謄寫印刷總論、謄寫用的器材等六章，共計二十六節。根據作者編後記所載，編寫該書主要是作者鑒於當時普遍對謄印技術不加重視，影響文化事業發展，作者有志於爲從事謄印工作者在原有技術工藝基礎上，提供研究和參考，從而提高謄印技術水平而作。該書出版後在華東地區引起了較大反響。

主要論著目録

《無錫指南》，民國刊本，一九一九年。
《錫湖攬勝》，無錫雜誌社，一九二四年。
《東瀛考察記》，無錫雜誌社，一九二六年。
《工場設計及管理》，上海東華書局，一九二七年八月。
《廢物利用方法》，無錫雜誌社，一九二八年。
《紡織工場設計及管理》，無錫雜誌社，一九三一年。
《衣食住行工藝概要》，中華書局，一九三五年。
《實地養兔法》，中華書局，一九五二年。
《鶺鴒飼養方法》，勤業謄印社打印，一九五二年。

《謄寫印刷技術手册》，上海正文書局，一九五三年七月。

《月季花栽培法》，勤業謄印社打印，一九五五年。

《黎元洪年譜》，北京古籍出版社，一九九一年。

《薛明劍文集》，當代中國出版社，二〇〇五年。

《薛明劍文集續集》，鳳凰出版社，二〇〇七年。

《中國辭書目録提要》，未刊稿。

陳　源

（一八九六—一九七〇）

生平簡介

文學家，作家。字通伯，筆名西瀅。清光緒二十二年（一八九六年）五月十日生，無錫人。幼年先後就讀於無錫三等小學、上海文明小學、南洋公學附屬小學。宣統三年（一九一一年）小學畢業，考入吴淞商船學校。民國元年春，經表叔吴稚暉介紹，赴英國求學。初入愛丁堡中學，畢業後考入愛丁堡大學，後轉入倫敦大學攻讀政治經濟學。一九二一年畢業，獲博士學位。一九二二年，應蔡元培之邀回國任北京大學外文系教授、系主任。一九二四年，與胡適、王世杰等十三人在北京創辦《現代評論》（綜合性文藝周刊），爲主編之一。他在該刊『閑話』欄目裏發表七十八篇隨筆（其中七十四篇收入《西瀅閑話》），内容涉及政治、文化、教育、科學、社會生活等方方面面，大多有感而發，其中不乏針對當時社會弊端的針砭和對黑暗政治的揭露和抨擊。但由於深受儒家傳統思想影響，崇尚中庸之道。一九二四年二月，發生『北京女師大事件』。魯迅、沈尹默、錢玄同等七名教授發表了《對於北京女子師範大學女子風潮宣言》。陳源在《現代評論》上發表『閑話』一文，指責魯迅等人『暗中挑剔風潮』，并要求當局對學生『以相當的懲罰』，魯迅爲此發表《并非閑話》一文，給予批駁。後來隨着女師大事件發展，雙方論戰越來越激烈。一九二五年，上海發生五卅慘案，全國掀起轟轟烈烈的反帝愛國運動。他在現代評論『閑話』欄目發表文章，一方面譴責英日軍警對中國人的野蠻屠殺，一方面又主張對帝國主義只能據理力争，期求將人民大衆的反帝愛國鬥争限制在所謂法律範圍之内。一九二六年，北京發生『三一八』慘案，他一方面批評北洋政府，一方面又指責學生領袖的正義行動。他的這些言論，同樣遭到魯迅的駁斥。一九二七年，他與著名女作家凌叔華結婚。凌叔華於婚後赴日本學習日文及近代文學。他亦隨同前往，寓居日本二年。一九二九年，他受聘擔任武漢大學教授，後接替聞一多擔任文學院院長，爲學生開設短篇小説、長篇小説、世界名著、英國文化等課程。教學之餘還爲漢口《大光報》撰寫時事專論。

抗日戰争期間，他隨武漢大學遷往四川樂山，辭去文學院院長職務而專任教授。一九四〇年，經過吴稚暉的推薦，當選爲國民參政會參政員。一九四二年二月赴英國主持中英文化協會工作。一九四五年十二月，經胡適推薦，出任中國常駐聯合國教科文組織的代表，從此長期寓居歐洲，擔任聯合國職務。在聯合國，他對有些國家的代表在會議期間發表歪曲甚至侮辱中華文化的言論，痛加駁斥。期間，他對中國筆會的恢復起到了積極推動作用。一九六五年，中法建交，他拒不離開駐法『大使館』，後由法警扶持出館。一九六六年夏，他向臺灣當局提出辭職，從此定居英國倫敦。一九七〇年三月二十九日，因患腦溢血在英國病逝，享年七十四歲。夫人凌叔華於一九九〇年五月二十二日在北京逝世，親屬遵其遺愿，將他們的骨灰合葬於故鄉太湖之濱無錫的姚灣。

主要著作述要

《西瀅閑話》：一九二七年，上海新月書店出版。該書是作者在《現代評論》『閑話』專欄上發表的文章結集，共計七十四篇。這些文章以《中山先生大殯給我的感想》起，至

《談世界文學史》而止，涉及政治、經濟、文學、藝術等各個方面，其中以時事評論爲多。『陳源教授的《西瀅閑話》可算批評文學最高準則。當在《現代評論》上每周一篇發表，讀者搶着領讀的便是這一篇』（蘇雪林語）。陳祚龍稱贊該書：『多虧通老（陳源）的博識大智，故其一字一句，一節一章，均可説是既真，且善，并爲美。』梁實秋則稱贊説『陳西瀅先生的文字晶瑩透剔，清可鑒底，而筆下如行雲流水，有意態從容的趣味。』著名國學大師錢穆先生也説『讀了此一本閑話，使此一時代的消息和面相，都充分地透露，充分地保存。這本書，固是一本代表時代的書，而作者通伯先生其人，也顯然是代表着此一時代的人，而又是此一時代中卓出的人。』

主要論著目録

《少年維特之創作》（譯著），新月書店，一九二七年。

《西瀅閑話》，新月書店，一九二八年。

《父與子》（譯著），商務印書館，一九三〇年。

《西瀅後話》，商務印書館，一九三一年。

《梅立克小説集》（譯著），商務印書館，一九三三年。

《蘇聯兒童詩集》（譯著），桂林文化供應社，一九四二年。

陳翰笙

（一八九七—二〇〇四）

生平簡介

社會科學家、社會活動家、經濟學家。原名樞，小名翰笙。清光緒二十三年（一八九七年）二月五日出生，無錫城中人。父親爲晚清秀才，曾就讀於南京江南陸師學堂。自小父親常年在外，在母親顧氏撫養下成長，早年就讀於無錫東林小學，清宣統元年（一九〇九年）隨父親赴長沙，考入長沙明德中學，在這里受到同盟會會員、南社詩人傅熊湘的啓蒙教育，樹立了民生主義和愛國主義思想。一九一四年在明德中學畢業，一九一五年陳翰笙抱着『科學救國，實業救國』的理想，不顧父親反對，赴美留學。先在馬薩諸塞州的赫門工讀學校，學習英文、生物和歷史。第二年考入加利福尼亞州的波莫納大學，選學植物學，後改學地質學。一九二〇年大學畢業，因成績優秀被接納爲菲爾培塔凱巴協會會員，轉入芝加哥大學研究院作助教，以論文《通商口岸與茶叶貿易的關係》獲碩士學位。同時擔任中國留美同學會秘書，負責編輯《中國留學生季刊》。一九二一年在西雅圖與顧淑型結婚，又進入哈佛大學研究院研究西歐史。一九二二年赴德留學，入柏林大學東歐史地研究所，以論文《一九一一年瓜分阿爾巴尼亞的倫敦使節會議》獲博士學位。一九二四年受蔡元培之邀回國，任北京大學歷史學系教授。同時在北京師範大學、北京女子師範大學、燕京大學等校兼課。一九二五年，經李大釗等介紹加入國民黨。在《現代評論》發表文章數十篇。一九二六年，親身經歷『三一八慘案』，撰寫《三一八慘案目擊記》發表於《現代評論》。并經李大釗和蘇聯駐中國大使加拉罕介紹加入第三國際工作，并爲《國際通訊》供稿。一九二七年初，應武漢國民政府外交部部長陳友仁之邀，赴漢口任武漢國民政府外交部顧問。二月，返回北京。同年四月李大釗被害，遂偕夫人顧淑型經日本去莫斯科，任第三國際農民運動研究所研究員。與馬季亞爾就中國農村性質問題産生争論，引發對中國進行廣泛調查的思想。一九二八年五月回國，在商務印書館編輯部工作，負責《中國大百科全書》的審稿工作。一九二九年到中央研究院任社會科學研究所副所長，和王寅生、錢俊瑞、薛暮橋、孫冶方、秦柳方等人一起，進行廣泛的農村經濟調查和研究，對上海日資紗廠包身工制進行調查，夏天到營口、大連、長春、齊齊哈爾調查流亡國内的東北難民問題，秋天帶領錢俊瑞、秦柳方等到江蘇無錫進行農村調查。一九三〇年五到八月，到河北保定進行農村調查。一九三一年八月，將蔡元培先生的信設法送給陳誠，以營救鄧演達。一九三三年六月，楊杏佛遇刺後辭去中央研究院職務，應聘中山文化教育館工作。八月出席了加拿大召開的太平洋國際學會，發表論文《中國當前的土地問題》。同年和吴覺農、孫曉村、錢俊瑞、薛暮橋等發起組織『中國農村經濟研究會』，任首届理事會主席，出版《中國農村》月刊。又參加中國民權保障同盟的活動。一九三三年十一月至一九三四年五月，進行廣東農村調查，又到安徽、山東、河南烟草區，進行概括和抽樣調查，研究土地租佃、雇傭、借貸及工農業産品剪刀差等問題，論證和揭示舊中國農村經濟的半封建半殖民地性質。一九三四年被迫流亡日本，以中山文教館和中央研究院研究員身份赴東洋文庫工作。同年結識郭沫若。一九三五年四月回國，後在史沫特萊等人幫助下，轉赴莫斯科，任莫斯科東方勞動大學研究員。同年底，因工作需要將組織關係由第三國際轉入中國共産黨，一九三六年四月到五月根據蘇聯太平洋學會安排，轉赴至紐約，協助拉鐵摩爾任《太平洋事務》季刊編輯。同時協助創辦《華僑日報》。一九三八年初，在加拿大十幾座城市發表演講，介紹西安事變真相。一九三九年五月，到香港，與國際進步人士發起組織『工業合作國際委員會』并任秘書，募集資金支援國内的工業合作社運動。并創辦英文半月刊《遠東通訊》，該刊最先將皖南事變真相報導海外。并爲保衛中國同盟工作。一九四〇年十月，赴雲南西雙版納進行農村考察一個多月，後輾轉返回香港。一九四二年香港『淪陷』後，化裝逃到廣西，主持工合桂林分會工作，出版《工業月刊》，兼廣西桂林師範學院西文系主任。一九四四年遭國民黨政府緝捕，偕夫人流亡印度，在德里大學和遠東情報局工作。一九四五年，二戰結束後，離開遠東情報局，到印度史學會工作。曾廣泛調查印度農村經濟，寫成《印度和巴基斯坦經濟區域》專著。一九四六年四月，再次赴美，在華盛頓州立大學、賓夕法尼亞大學，紐約亞洲研究所等任教或授課。到美國舊金山、紐約、芝加哥等地演講，揭露蔣介石發動内戰的陰謀。一九五一年初應周恩來總理的邀請，轉道歐洲回國，任外交部顧問、人民外交學會副會長等職，九月到十二月隨中國文化代表團訪問印度、緬甸。一九五二年赴莫斯科參加國際經濟會議。英文版《中國建設》創刊，任編委會副主任。七月到德國柏林參加第三次世界和平理事會，之後訪問捷克斯洛伐克和保加利亞。一九五三年當選爲國際貿易促進委員會委員，出任中印友好協會副會長。一九五五年，四月出席在印度召開的亞洲國家會議。六月被選爲中國科學院哲學社會科學部學部委員。赴芬蘭赫爾辛基參加第四次世界和平大會。十二月至一九五六年二月隨同宋慶齡訪問印度、巴基斯坦、緬甸。一九五六年，二月出任中國亞洲團結委員會副秘書長，四月出席在瑞典斯德哥爾摩舉行的世界和平理事會議。一九五六年十一月至一九五七年二月隨中國人大代表團出訪蘇聯及東歐六國。一九五八年出任外交部國際關係研究所副所長。創辦中國科學院世界歷史研究所并任所長。一九五九年隨全國政協參觀團赴黔中參觀學習。一九六〇年，赴甘肅參觀。一九六二年隨全國人大政協參觀團赴浙江參觀。一九六六年『文化大革命』開始，多次被抄家，隔離審查。一九六八年夫人顧淑型被迫害致死。一九六九至一九七一年下放到湖南茶陵外交部『五七』幹校勞動。一九七一年返回上海看病，雙眼幾近失明。一九七三年至一九七八年爲中國社會科學院顧問。一九七八年任北京大學國際政治系兼職教授，任中國社會科學院顧問，兼任農業經濟研究所、社會科學情報、南亞和世界歷史四個研究所學術委員。一九七九年被聘爲商務印書館外國歷史小叢書編委會主任。

被選爲中亞文化研究會常務理事長。一九八一年參加國際世界經濟討論會，被聘爲中國經濟學團體聯合會顧問。一九八五年被選爲中國太平洋學會副會長。以八十九歲高齡應無錫經濟咨詢會之邀，與薛暮橋、錢俊瑞、錢偉長等重返家鄉，爲無錫經濟建設獻策。兼任《中國大百科全書》總編委會副主任和外國歷史卷編委會主任。二〇〇四年三月十三日，在北京協和醫院病逝，享年一百零七歲。爲第一、二、三届全國人大代表，第二、五届全國政協委員。陳翰笙一生的研究工作涵蓋歷史學、經濟學、社會學、政治學、法學和國際關係學等多種學科，撰寫專著和論文達四百多種。

主要著作述要

《**廣東的農村生產關係與生產力**》：本書是一九三三年十一月至一九三四年五月底，陳翰笙組織對廣東農村的經濟調查後，根據調查結果寫成的。一九三四年由上海中山教育館出版。這次調查得到宋慶齡及中山縣縣長唐紹儀等的支持，進行得很順利。調查人員由中央研究院社會科學研究所、中山文化教育館和嶺南大學共同組成。首先對梅縣、潮安、惠陽、中山、臺山、廣寧、英德、曲江、茂名等十六個縣進行詳細調查，歷時三個半月；而後用一個半月時間對番禺十個代表村的一千二百零九户進行挨户調查，同時還進行五十個縣三百三十五個村的通信調查。一九二九年七月到一九三四年五月，陳翰笙領導了對能够説明中國農村社會結構本質的江南（無錫）、河北（保定）、嶺南（廣東）等地的大規模社會調查。這次調查的範圍、時間、影響都是空前的，對我國馬克思主義社會學的發展意義重大。調查中始終貫徹了馬克思主義者對中國經濟狀況基礎上的著作『不僅填補了馬克思主義的理論和方法。在此特别是農村狀況認識的不足，而且流傳甚廣，爲歐美各國學者所關注，調查所得的中國重要經濟區域的社會經濟狀况和基本結論成爲三十年代「中國農村派」在中國農村社會性質論戰中取勝的關鍵』。

《**解放前的地主與農民——華南農村危機研究**》：該書一九三六年以英文發表於美國紐約。中譯本爲一九八四年中國社科出版社出版。該書也是陳翰笙在廣東農村進行的經濟調查之後寫成的，是二十世紀研究華南鄉村社會的經典之作。全書分爲七章，從土地所有權的分配與使用、地主的經濟地位政治地位、租佃制度、地租地價等多方面對華南農村進行考察，發現當時的農村經濟正面臨着工資降低、勞動力喪失，從而導致生產力下降的危機。

《**工業資本與中國農民——中國煙農生活研究**》：該書是陳翰笙在一九三九年用英文寫成。一九三三年，陳翰笙與中山文化教育館合作，組織王寅生、張錫昌、王國高等對山東濰縣、安徽鳳陽、河南襄城三個烟草産區一百二十七個農村進行了實地調查，并從中選出六個典型村四百二十九户進行入户調查，這項調查歷時兩年完成。此後，作者又從美國搜集了大量有關資料，撰寫而成。陳翰笙通過烤烟産區的調查，反映出國際壟斷資本同代表買辦資産階級的中央與地方政權，以及軍閥官僚、土豪劣紳、奸商高利貸者相互勾結，剥削壓迫農民的真實畫面。一般認爲商品作物的推廣會有助於資本主義的發展，而在半封建半殖民地的舊中國，種植美國良種烤煙的大多數是貧農和下中農，而富裕中農和富農不需要借貸，也不熱心種限價收購的烤烟。這是對中國煙草産區調查的新發現。

《**美國壟斷資本**》：世界出版社一九五五出版，全書共分六章，系統講述了美國壟斷資本主義的形成和發展，詳細介紹了當時美國存在的主要新舊財團，以及財團之間的競争與鬥争，揭示了壟斷財團通過多方面榨取超額利潤，最後還就壟斷資本對美國政府内外政策的影響進行了深入分析。作者在美國生活多年，對美國社會經濟情况非常了解，該書系統而全面地論述了美國壟斷資本主義的概况以及其對美國社會的深入影響，是了解美國社會經濟概况、研究美國經濟的必讀經典。

主要論著目録

《人類的故事》，北新書局，一九二五年。
《國際新局面》，北新書局，一九二五年。
《人類的歷史》，北新書局，一九二七年。
《黑龍江流域的農民和地主》（與王寅生合著），一九二九年。
《難民的東北流亡》（與張輔良合作），一九三〇年。
《中國農村經濟研究之發軔》，一九三〇年。
《畝的差異》（與王寅生合著），一九三〇年。
《封建社會的農村生産關係》，國立中央研究院，一九三〇年。
《東北的難民與土地問題》，國立中央研究院，一九三〇年。
《現代中國的土地問題》，國立中央研究院，一九三三年。
《廣東農村生産關係與生産力》，中山文化教育館，一九三四年。
《華南農村經濟問題》（日文版），日本東京，一九三六年。
《中國的地主和農民》（英文版），美國紐約，一九三六年。

《工業資本與中國農民》(英文版),美國紐約,國際太平洋學會一九三九年出版。一九四一年日文版出版,一九八三年中文譯本爲《帝國主義工業資本與中國農民》。

《中國農民》(英文版),印度孟買,一九四六年。

《中國工業合作運動》(英文版),美國紐約,一九四七年。

《西雙版納的土地制度》(英文版),美國紐約,一九四九年;北京,中國社會科學出版社,一九八五年。

《美國壟斷資本》,世界知識出版社,一九五五年。

《印度和巴基斯坦經濟區域》,商務印書館,一九五九年。

《印度莫卧兒王朝》,商務印書館,一九六四年。

《華工出國史料匯編》,中華書局,一九八一—一九八四年出版。

《陳翰笙文集》,復旦大學出版社,一九八五年。

《解放前的中國農村》(與薛暮橋馮和法合編)一—三輯,中國展望出版社,一九八五、一九八六、一九八九年。

《解放前後無錫、保定農村經濟》(與薛暮橋、秦柳方合編),農林漁業部農村經濟管理干部學院研究所,一九八八年。

《四個時代的我》,中國文史出版社,一九八八年。

潘　菽

（一八九七—一九八八）

生平簡介

心理學家。原名有年,曾用名潘叔,字水叔(水菽)。清光緒二十三年(一八九七年)七月十三日生於宜興。一九二〇年畢業於北京大學哲學系。一九二一年留美深造,主修心理學。一九二三年獲印地安那大學碩士學位,一九二六年獲芝加哥大學哲學博士學位。一九二七年回國後一直在第四中山大學(後改爲中央大學,新中國成立後改爲南京大學)任教。一九四九年起先後任南京大學教務長、校務委員會主席、校長等職。一九五五年被選爲中國科學院生物學部委員，中國心理學會理事長。一九五六年中國科學院心理研究所成立後一直任所長，同年加入中國共産黨。一九八三年改任名譽所長。曾任全國政協常務委員，九三學社中央副主席，中國社會心理學會顧問，《心理學報》主編，《中國大百科全書》總編委員會委員，《中國大百科全書·心理學卷》編委會主任兼理論心理學分支主編等職。一九八八年三月二十六日在北京逝世，享年九十一歲。

潘菽早年注重心理學的實驗研究，認爲『科學的心理學將建立在這許多實驗室的工作者的結果之上，而各派的主義無與焉』。留學期間，他曾從事漢字和記憶方面的研究；回國後，進行過錯覺、審美判斷、漢字知覺、工作概念、形式訓練等方面的實驗研究。二十世紀二十年代末，他從蘇聯心理學以辯證唯物論爲指導開展各項研究『頗具有新興國家學者有作有爲的新氣象』中得到啓發，從而努力學習馬列主義，主張中國心理學必須走自己的道路，要在辯證唯物論的指導下，結合中國的實際，建立自己的理論體系。他自己也從此致力於基本理論方面的研究。新中國成立前他爲學生開設了『理論心理學』課程，力圖用辯證唯物論的觀點系統地闡明心理學中的一些基本理論問題。之後心理學的基本理論問題更成了他的主要研究課題。五十年代初，中國心理學界在學習馬列主義、巴甫洛夫學説和蘇聯心理學，進行專業改造的過程中，提出了許多問題。他圍繞一些迫切需要解決的理論問題進行探討。當時蘇聯心理學界曾就心理活動與高級神經活動的關係問題展開争論，中國心理學界也存在着兩種不同的看法：一種認爲心理活動就是高級神經活動；另一是認爲心理活動是高級神經活動的結果。他則提出一種新的見解：所謂高級神經活動有兩種，一種是心理性質的，一種是生理性質的。心理活動是一種具有新質的高級神經活動。此外，他還提出生活、實踐的觀點是心理學的首要的和基本的觀點；并把心理活動分爲認識活動和意向活動兩個基本範疇；認爲『意識就是綜合的認識』；系統地論述了對身心關係問題的唯物一元論觀點；最先明確提出心理學是中間科學的見解等。他明確提出改造心理學的理論的主張，認爲心理學成爲一門獨立學科以來，一直未能完全擺脱唯心論和形而上學的嚴重束縛，并長期立足於二元論的思想基礎之上。而二元論則給心理學本身帶來許多問題，導致它的發展出現難以克服的困難。因此心理學的改造必須從四個主要途徑入手：一、要以馬列主義、毛澤東思想作爲心理學工作的指導思想；二、要堅决貫徹理論聯繫實際的原則，一切心理學工作都應密切地結合我國社會主義現代化建設的實際，并爲之有效地服務；三、要積極地通過批判分析，學習吸收國外心理學的一切有價值的東西；

四、必須挖掘中國古代心理學思想這個寶藏，這是構成我國心理學體系中最顯著特色的部分。此外，潘菽的心理學教學和研究領域相當廣闊，曾講授普通心理學、實驗心理學、比較心理學、生理心理學、理論心理學等，還從事過記憶、審美判斷、錯覺以及漢字知覺等方面的實驗研究。

主要著作述要

《心理學概論》：上海北新書局，一九二九年出版。本書主要目的就是在替一般人解釋心理學是什麽，闡明其意義和歷史、範圍和内容，兼及其在實用上的重要性。

《心理學的應用》：中華書局，一九三四年出版。本書着重説明『應用心理學』在各方面所有的主要問題，而不在方法和實驗結果的詳細討論及叙述。作者認爲，要明瞭當時應用心理學的性質和重要，第一步必須先知道它有哪些問題；問題既明白了，更進而求詳細的實驗結果和研究方法。書中講到的試驗結果，是用以説明問題的性質，并不在詳細完備的實驗報告。

《心理學簡札》：人民教育出版社，一九八四年出版本書採用札記的形式記録作者對心理學基礎理論和心理學史有關問題的理性思考，全面梳理中外心理學理論、學説、流派，勾勒出我國古代心理學思想和新的研究成果，并着重闡述了創建具有中國特色的心理學體系的基本構想。書中標題由編者從原書稿的每條札記中選擇或提煉而成。

《人類的智能》：潘菽等主編，上海科學技術出版社一九八五年出版。本書是具有中國特色、圖文結合的大型彩色心理學科科普讀物。圍繞『人類的智能特徵就在於具有能够高度發展的智能』這一主題，以淺近通俗的文字和生動形象的圖片叙述什麽是人類的智能，它的由來、演化和現狀，并告訴人們如何衛護和發展它。介紹人的感覺、知覺、概念、聯想、學問、記憶、習慣、意識、情緒和人類智能的超常、低常、損傷、補償等人們普遍關心的問題。大量取材於國内實例，揭示心理研究的神秘感，系統地將這門深奥的知識普及化。在學術上有新見解，摒棄傳統心理學通常沿用的『知、情、意』的三分法，採用主編潘菽提出的兩分法，即把人類的心理活動劃分爲意向活動和認識活動兩大範疇。强調意向的主導作用和思維在人類整個心理活動中的核心地位和關鍵作用。在心理活動的物質方面，通常只提腦、感覺和神經系統，而本書認爲，人腦固然是人類心理活動的主要内體器官，但并不是唯一的主要器官。還有靈巧的會勞動的手，以及言語器官。本書共十四章：前言，萬物之靈，智能的演進，人類智能的個體發展，人類特有的智能器官，人對周圍世界的直接認識，人對周圍世界的間接認識，語言、文字和符號，學習、記憶和習慣，人類的意向和行動，人類智能的個體差異，人類智能的損傷、衛護和補償，人類智能器官的補充，結束語。

《意識——心理學的研究》：商務印書館一九九八年出版。『意識的心理學研究』是中國科學院的基金研究項目之一，也是作者心理學理論研究的主要課題。傳統心理學派别紛争的一個主要問題就在於對意識的不同理解，作者對意識的實質和構成，起源和發展，意識和其他心理過程的關係，意識和實踐、社會、客觀世界的關係，以及意識的作用等問題提出了較系統的科學解釋，并對傳統心理學各派意識觀進行了獨到的剖析。本書是在他主持下對這一研究項目所作探討的成果的體現。

《潘菽全集》：中國科學院心理研究所、中國心理學會編，人民教育出版社二〇〇七年出版。共十卷，約三百萬字。所包括的内容僅限於個人的專著，各類文章及書信、日記等，而不包括合編和主編的著作。第一至七卷收録作者在心理學方面的各種著述，包括專著、論文、研究計劃、研究報告、講話稿、爲他人著作寫的序言及刊物的發刊詞等。第八卷包括教育、政論、科學和科協運動等方面的各種文章。第九卷爲書信和日記。第十卷爲綜合卷，收録作者在上述專題以外各方面各種體裁的雜著，以及編者編制的作者著述年表等。附録了作者心理學思想研究論文及懷念文章。

主要論著目録

《心理學概論》，上海北新書局，一九二九年。
《心理學的應用》，中華書局，一九三四年。
《教育心理學》，人民教育出版社，一九八一年。
《中國古代心理學思想研究》（與高覺敷主編），一九八三年。
《心理學簡札》，人民教育出版社，一九八四年。
《人類的智能》，上海科學技術出版社，一九八五年。
《社會的心理基礎》，上海書店，一九八九年。
《中國大百科全書·心理學分册》（主編），中國大百科全書出版社，一九九一年。
《意識——心理學的研究》，商務印書館，一九九八年。
《潘菽全集》（中國科學院心理研究所、中國心理學會編），人民教育出版社，二〇〇七年。

俞慶棠

（一八九七—一九四九）

生平簡介

教育家，女。字鳳岐。清光緒二十三年（一八九七年）八月三十一日出生於上海，祖籍江蘇太倉。其父俞書祥，字隸雲，精通電學，爲中國電報事業創辦人，任電報學校主任二十餘年。一九二二年四月，俞慶棠與唐文治長子唐慶詒結婚，後定居無錫。清宣統三年（一九一一年），在上海務本女學讀書，參加婦女協贊會，從事婦女工作。在上海聖瑪利亞女校求學時，爲學生會主席。五四運動中，她帶領同學游行演講，演劇募捐，并創辦平民夜校。認爲『唤起民衆，實爲當務之急』，後被選爲上海學聯代表，出席全國學生聯席會議。一九一九年秋留學美國。進特拉華女子學院，一年後轉入哥倫比亞大學師範學院，受業於杜威、克伯屈兩位教育家。一九二二年於哥倫比亞大學畢業。歸國後，在私立無錫中學等校任教。後任上海大夏大學教授。一九二七年任第四中山大學（後改爲中央大學）教授兼擴充教育處處長，提出大力推行民衆教育的主張。俞慶棠認爲『民衆教育是失學的兒童、青年、成人的基礎教育，也是已受基礎教育的兒童、青年、成人的繼續教育和進修』，主張『教育要披露經濟危機的事實和民衆疾苦的真相，引起大家的覺悟，集合大衆的智慧、熱情、意志和努力，以促成整個國家經濟制度的改造』。一九二八年三月，俞慶棠在蘇州創辦中央大學區民衆教育學校，兼任校長。下半年，該校遷至無錫，改名爲江蘇省立民衆教育學院并增設勞農學院。後兩院合併，改名爲江蘇省立教育學院，俞慶棠改任教授兼研究實驗部主任。她堅持學做結合，走向社會，結合工農的辦學方針。在無錫城郊黄巷、麗新路、江陰巷、高長岸、南門、漢昌路等地區創設民衆教育館和實驗區。并校訂《民衆讀本》，主編《教育與民衆》月刊。一九三二年十二月，她聯合全國社會教育人員成立中國社會教育社，社員分布全國二十一省市與歐、美、日本等國。她被選爲常務理事兼總幹事，創設河南洛陽、廣東花縣兩個實驗區。翌年赴丹麥等歐洲七國考察成人補習教育。回國後，以更大熱情致力於民衆教育。被譽爲『民衆教育的保姆』。一九三五年五月，參加創立『新知出版合作社』（即『新知書店』），在第一次社員大會上被選爲監事。主編《民衆抗日救國讀本》從事抗日救亡活動。抗日戰爭全面爆發後，她偕同教育學院師生遷往廣西桂林，後只身前往漢口，參加難童保育與婦女救濟工作。同年冬，主持《申報》『農村生活叢談』專欄。一九三八年八月，先後在四川松潘、樂山創辦紡織、蠶絲實驗區。重慶《新華日報》對此曾有報道。一九三九年三月，她從重慶回到上海，先後在東吴大學、滬江大學、震旦女大等校任教。同時爲女青年會編寫民衆課本，后由世界書局出版。她將稿費全部捐助社會救濟。抗日戰爭勝利後，俞慶棠擔任上海教育局社會教育處處長。她積極推動社會力量，先後興辦一百零八所市立民衆學校。并親自擔任上海實驗民衆學校校長。一九四七年俞慶棠擔任聯合國教科文組織中國委員會委員。翌年又任聯合國遠東基本教育會議中國代表團顧問。同年十月赴美國考察教育。一九四九年五月，應邀回國，作爲教育界的代表出席中國政治協商會議第一届會議，并參加開國大典。會後，她受到周恩來總理的接見。中央人民政府政務院任命她爲教育部社會教育司司長。由於辛勞過度，俞慶棠不幸於十二月四日患腦溢血突然逝世，終年五十二歲。一九八六年、一九八七年無錫市及太倉縣先後成立『俞慶棠紀念室』，上海市静安區職工業餘大學建立『俞慶棠塑像紀念碑』。

主要著作述要

《民衆教育》：俞慶棠編著，一九三五年正中書局印行，該書係民國教育部審定的師範院校讀本。全書共分十章三十八節，約九萬多字。全書除緒論外主要分爲四個部分：一是講述民衆教育在社會和心理學上的依據。二是民衆教育發展中的重要事實。三是民衆教育的實施機關。四是民衆教育的目的和方法。該書内容從教育與社會的關係講起，對民衆教育的意義，民衆教育的範圍，民衆教育與社會經濟的關係，國外民衆教育發展概况，民衆教育的目的與方法等進行了詳細闡述。作者在編輯大意中説『此書就編者歷年研究與實踐民衆教育之所得，審度一般小學教師對於民衆教育上知識與技術之所需，參酌編撰』。該書是俞慶棠多年研究民衆教育思想的集中體現。

《農村生活叢談》：俞慶棠編，一九三七年上海申報館印行。該書前有馬蔭良所作序言。該書内容爲作者從一九三五年冬主持《申報》『農村生活叢談』欄目中發表的稿件中選編而成。共收入稿件二十八篇，這些稿件均以反映農村生活爲主題，除反映農民生活困苦之外對農村土地問題，勞動狀况，賦税地租，地主商人剥削，農産品價格低落，國際經濟變動等方面都有反映。所涉及地域也遍及江蘇、浙江、四川、江西、河南、安徽等廣大地區。該欄目宗旨在於通過這些材料『能够引起我們大家的警惕思考考證研求，使得農村問題能够有一個合理的解决』。該書對於我們今天了解二十世紀三十年代中國農村真實情况具有重要價值。

《鄉村婦女基礎讀本》：一九四〇年，上海世界書局印行。該書作爲『中華基督教會女青年全國協會民衆教育叢書之一』。全書共兩册，按照該書編輯大意所述，該書與《婦女基礎讀本》爲姊妹篇。《鄉村婦女基礎讀本》爲初級讀本。全書每册以單元分，按照課程排列。每課後有練習題，單元後有復習題。該書以鄉村婦女爲對象，從初級入門課程開始，以教授語言文字爲主。全書内容貼近實際，配有插圖，通俗易懂。是進行普通民衆教育的優秀讀本。

《婦女基礎讀本》：一九四〇年，上海世界書局印行，該書作爲『中華基督教會女青年全國協會民衆教育叢書之一』。全書共兩册，按照該書編輯大意所述，該書與《鄉村婦女基礎讀本》爲姊妹篇。《鄉村婦女基礎讀本》爲初級讀本，本書爲高級讀本。全書每册以單元分，按照課程排列。每課後有練習題，單元後有復習題。該書以普通婦女爲對象，從國旗，國家等基礎知識講起，全書内容貼近實際，配有插圖，通俗易懂。是進行普通民衆教育的優秀讀本。

主要論著目録

克伯屈《教育方法原論》（與孟憲承合譯），上海商務印書館，一九二七年。

《民衆教育》，正中書局，一九三五年。

杜威《思維與教學》（與孟憲承合譯），上海商務印書館，一九三六年。

《農村生活叢談》，俞慶棠編，申報館，一九三七年。

《鄉村婦女基礎讀本》，世界書局，一九四〇年。

《婦女基礎讀本》，世界書局，一九四〇年。

陶晶孫

（一八九七—一九五二）

生平簡介

現代作家，醫學家。又作陶晶蓀，原名熾，熾孫，筆名晶孫，陶晶孫，晶明館主。清光緒二十三年（一八九七年）十二月十八日生。無錫城外北塘人。其祖父曾任太平天國文官。父親陶廷枋，前清秀才，因譏諷清庭腐敗被捕，後東渡日本，留學於日本明治學院，同時參加了孫中山領導的同盟會。陶晶孫早年就讀於無錫周新鎮廷弼小學。光緒三十二年（一九〇六年），與姐姐一同隨父母赴日本。先後在東京錦華小學、東京府立第一中學、東京第一高等學校讀書。由於其特殊的經歷，從小離開祖國身處異鄉，而且本身體弱多病，養成了文弱的性格。一九一九年入日本九州帝國大學醫學部學醫，與郭沫若爲同學，兩人之間結下深厚友誼。在校期間與郭沫若，何畏等共同創辦同人雜志《Green》（《緑》）。并在第二期上發表處女作小説《木犀》。郭沫若十分推崇他的處女作《木犀》。陶晶孫精通日文、德文，愛好日耳曼文學。他的作品在日本影響較大，深受讀者歡迎。一九二一年七月與郭沫若、田漢、成仿吾、鄭伯奇等發起成立創造社。并在《創造季刊》、《創造月刊》等刊物上發表小説、戲劇和譯文。其中他在季刊上發表的戲劇《黑衣人》和《尼庵》是我國文壇上最早出現的唯美派劇作。小説《木犀》也被翻譯爲中文，收入創造社作品選集小説選的第一種，於一九二六年出版。鄭伯奇曾稱贊『在創造社初期幾個同人中，他（陶晶孫）的藝術才能最豐，而這才能又是多方面的。他能寫作，他又通音樂……而他又是最初倡導木人戲的一個。』一九二三年四月，陶晶孫遷移仙臺，入東北帝國大學，研究音響生理學，并在校内組織交響樂團，擔任指揮。他對音樂，繪畫，木刻等方面都有研究。一九二四年，與佐藤操結婚，在帝國大學附近的石切町建立家庭。一九二五年，就任東京帝國大學醫學部副手，同時被任命爲財團法人泉橋慈善病院醫師，舉家遷往東京。一九二九年，受上海東南醫學院聘請回國，同年四月，由郁達夫介紹，與魯迅相識。六月接替郁達夫編輯《大衆文藝》，至該刊停刊，共編六期。同年秋與夏衍等人一起加入中國共産黨領導的話劇團藝術劇社，創作《摇籃歌》。同時積極參加新興劇社的演出活動。演出雷馬克的《西綫無戰事》等劇，不久，藝術劇社遭國民黨查封。同年將馮乃超的獨幕劇《阿珍》譯成日文發表。他還倡導『木人戲』，次年上海現代書局出版他著譯的木人戲劇集《傻子的治療》。一九三〇年三月參加中國左翼作家聯盟成立大會，爲『左聯』成員。不久國民黨取締『左聯』，通緝進步人士，陶晶孫名列其中，此後遵從父親『要他回無錫爲桑梓服務』的遺志，返回無錫，創辦厚生醫院。一九三二年與魯迅、茅盾等人共同簽署《中國著名作家爲中蘇復交致蘇聯電》，積極從事進步文藝活動。二十世紀三十年代以後，主要從事醫學工作。研究衛生學、寄生蟲學，歷任上海東南醫學院衛生學教授，上海自然科學研究所研究員，《現代醫學》雜志總編輯。日本投降後，他被國民黨任命爲接收委員，去南京接收日本陸軍醫院。一九四七年四月，又受命接收臺北帝國大學，被任命爲國立臺灣大學衛生系教授，兼熱帶病醫學研究所所長。一九五〇年四月十八日，離開臺灣到達日本羽田，隱居在市川。同年受倉石武四郎教授之邀任東京大學中國文學系講師。同時向千叶大學醫學部提交了寄生蟲學論文，獲得博士學位。晚年在日本結識許多左翼朋友。熱情從事中日友好和文化交流活動。一九五二年二月十二日，因患癌症在日本去世，終年五十五歲。

主要著作述要

《音樂會小曲》：一九二七年十月上海創造社出版部初版。該書爲陶晶孫的早期短篇小説集，收録了《音樂會小曲》、《兩情景》、《黑衣人》、《木犀》、《尼庵》、《女朋友》等短篇小説十九篇。根據書後作者自己的介紹，這些作品一部分是以前已經發表在《創造》和《洪水》雜志上的文章，另一部分是舊時書稿和當時正在撰寫的書稿。其中《木犀》和《黑衣人》原來都是日文發表，這次收入集中是中文翻譯版。這些作品感覺敏鋭，清新獨特，較少描寫對社會的反抗，甚至缺少個人的痛苦呻吟，偏重於藝術上的『自我』追求，充滿個人唯美情調，反映了作者早期的文學創作思想，引起了當時的文學研究會（魯迅、茅盾）諸人的注目。

《牛骨集》：一九四四年，太平書局出版。該書是陶晶孫四十年代初在上海寫的散文隨筆的結集。共收録《魯迅的偉大》、《魯迅墓前》、《晶孫自傳》、《記創造社》、《創造十年》等二十九篇作品。其中部分回憶文章『具有較大的文學史料價值』（丁景唐語）。該書中的文章内容與藝術風格與作者早中期已經有了明顯不同。在日軍占領下的上海，作者不能直接寫抗日愛國作品，表達對祖國和人民的熱愛，因而轉而『常用充滿苦澀的幽默，隱隱地嘲諷黑暗的現實』。

《給日本的遺書》：該書是陶晶孫用日語寫作完成的。一九五二年十月東京創元社初版，此後多次重版。該書主體分爲兩部分，第一部分共十八篇文章，主要爲陶晶孫最後定居日本到去世之前一年多的時間内所寫。大多爲在日本的所見所思，表達作者在日本所見中對於日本深入痛徹的批評。第二部分共十一篇文章，選收於戰時舊著《陶晶孫日本文集》。主要是陶晶孫二十世紀三十年代末四十年代初的隨筆，記録了那個時代他的生活與心態。隨筆集呈現出見聞録式的平實叙事風格，叙述中夾議論的書寫方式，譏刺中藴幽默的特點。以優雅幽默的日式散文與深刻豐富的哲學内涵，風靡日本讀書界，適逢戰後日本民主主義思潮興起，該書在日本知識分子中引起了廣泛共鳴，影響了戰後一代日本讀者。日本作家佐藤春夫稱贊『其清新的文體，與其自然科學家兼詩人的獨特構思值得我們尊重』，是一位連接新日本和新中國紐帶的作家。平貞藏稱贊該書是只有『優秀自然科學家兼詩人兼作家的陶氏才能寫出的傑作。』

主要論著目録

《醫學常識》，北新書局，一九二四年。
短篇小説集《木犀》，創造社出版部，一九二六年。
《音樂會小曲》，創造社出版部，一九二七年。
《盲目弟兄的愛》，世界文藝書社，一九二九年。
戲劇集《傻子的治療》，上海現代書局，一九三〇年。
小説戲劇集《濃霧》，出版者不詳，一九三〇年。
《生理學綱要》，一九三七年。
《衛生學綱要》（上下册），一九三七年。
《牛骨集》，太平書局，一九四三年。
《間諜》（譯著）。
《晶孫日文集》，日文，一九四四年。
《晶孫全集》，上海曉星書店，一九四一年—一九四四年。
《陶晶孫日本文集》（日文），華中鐵道江南叢書，一九四四年。
《中國社會衛生研究梗要》，一九四五年。
隨筆《給日本的遺書》，日文，日本創元社，一九五三年初版；普通社再版，一九六三年。

薛學海

（一八九七—一九六五）

生平簡介

體育學家。字匯東。生於清光緒二十三年（一八九七年）。無錫城内前西溪人。邑紳薛南溟之子，薛福成之孫。薛學海少年時其父曾爲其聘請著名國學大師錢基博講授算學，講授查理·斯密的《小代數學》。後娶袁世凱次女仲禎爲妻。薛學海於一九一四—一九一八年由北京清華學校派赴美國留學，畢業於安杜佛高等學校和威斯康辛大學經濟系，獲文學士學位。在威斯康辛大學時他曾任校田徑隊隊長，參加過全美大學生運動會，室内短跑百碼成績達十秒整。因成績出衆，獲得學校W校徽榮譽獎。一九一八年回國，在北京匯文大學任體育教練。後歷任鹽務署僉事、駐英使署三等秘書、直隸省長公署顧問、外交部特派直隸交涉員等職。著有《憲政論》一書。一九三一年返回無錫。薛學海是田徑著名指導，熱心發展體育事業。一九三三年，無錫跳遠名將張嘉夔等發起成立梁溪田徑隊，并與梁溪籃球隊合併，組成梁溪體育會。薛學海任會長，兼任梁溪田徑隊指導和上海白虹田徑隊顧問。在他的指導下，梁溪田徑隊在參加江蘇省運動會和第五、六届全運會以及奥運會預選賽中，都取得好成績。隊員張嘉夔曾作爲中國體育代表參加在德國柏林舉行的第十一届奥林匹克運動會。一九三四年三月，他出資邀請擁有符保盧、陳寶球、程金冠等多名全國著名選手的上海白虹田徑隊來無錫，在社橋省立教育學院與無錫梁溪田徑隊進行對抗賽，并邀請全國『短跑之王』劉長春前來參賽。薛學海擔任籌委會主任兼總裁判，觀衆達五千餘人，盛况空前，推動了無錫田徑運動的廣泛開展。他還經常帶領梁溪田徑隊出訪蘇州、上海，與當地實力較强的田徑隊進行對抗賽，以提高隊員的技術水平和培養新生力量。一九三六年，他邀請菲律賓華僑群聲籃球隊來無錫，與梁溪籃球隊進行友誼賽，轟動無錫城。還曾在無錫城中公園池上草堂建立圍棋社。薛學海於一九四七年任行政院秘書，一九四八年任廣東省政府機要。薛學海精於田徑理論，著述頗豐。常爲上海《時報》、《東南日報》撰寫體育理論和介紹歐美體育等文章。後由東南日報社編印成《薛學海體育論文集》印行。一九四九年去香港，以筆名『觀瀾』發表文章。一九六五年逝世，終年六十八歲。

主要著作述要

《憲政論》：商務印書館一九二六年出版，全書分爲十章，按照作者序言所講，該書係作者一九二五年任駐英使館秘書時，適逢徐幼錚任考察專使經過倫敦，看重作者才華，遂與之游歷法、德、俄、美、意、日、荷、比、瑞士、波蘭、捷克等十餘國。採訪各國政治家講述其國政治綱要，積累而成。回國後，作者利用在上海寶隆醫院静養期間，整理筆記編纂成書。該書具有兩大特色：一爲引用各國實例，以做比較，故而該書事例較多而理論論述很少；一爲介紹各國實施比較好的方法，以便爲國内採用。

《薛學海體育論文集》：該書一九四八年出版，收録薛學海體育論文八篇，附録記者採訪一篇。這八篇論文爲《復興體育芻議》、《世界各國田徑實力誌》、《百米繽紛録》、《高欄學理詳解》、《樓文敖——世運得分之管鑰》、《游泳雜録》、《一九四七年度美國田徑成績》、《竿跳記録考》等。時值第十四届世運會將於一九四八年在英國倫敦舉行。薛學海作爲中國田徑著名運動家，從復興體育的重要意義出發，從當時歐美各國田徑實力對比，世界百米紀録情況，高欄跨欄原理，樓文敖萬米有望得分及應該注意事項，世界各國游泳實力情況，一九四七年美國田徑成績以及撐杆跳世界記録等多方面進行詳細介紹。主要介紹了當時西方各國田徑運動實力情況，同時對國内主要運動員成績進行分析。該書對瞭解當時世界以及國内各項田徑運動水平具有重要史料價值。

主要論著目録

《薛著憲政論》，商務印書館，一九二六年。

《薛學海體育論文集》，東南日報社，一九四八年。

蔣錫昌（一八九七—一九七四）

生平簡介

蔣錫昌，老、莊研究專家。又名海庭，别號思常。清光緒二十三年（一八九七年）出生於無錫縣西漳鄉新街村一個普通的商人家庭。一九一七年，蔣錫昌畢業於江蘇省第五中學（今江蘇省常州中學），這是當時聞名於滬寧綫上的一所中學。很多著名的學者在這所中學里受過教育。蔣錫昌中學畢業後，考入南京高等師範學校文學系。四年大學教育，爲他後來治學打下了深厚的基礎。他在南京求學期間，曾與當時的進步學生和進步社團有所接觸。據説是新民學會的會員。一九二一年，蔣錫昌畢業於南京高等師範學校，應厦門集美中學之聘，任該校國文教師。二十年代無錫人去集美教書，以後在史學方面有成就的，有錢穆、施之勉等多人。蔣錫昌與施之勉是同學，在此期間經常與錢穆同游。『錫昌好道家言，著有《莊子哲學》一書。余後曾采其説入余著《莊子纂箋》中。』（錢穆語。）他在集美中學教書，前後將達四年，比錢穆晚一年離開。一九二四年因嗣父去世，才辭職回無錫。第二年又受重慶第二女子師範學校校長、著名史學家蒙文通之聘，任該校國文教師。但任教的時間很短。不久因生父去世，離渝返錫，這一次在家的時間長達三年。按照錢穆《八十憶雙親·師友雜憶》所記，正是在此期間，『蔣錫昌時在四川重慶某校任教。得三師校刊，將余此篇講辭轉示其同事蒙文通』。才有後來蒙文通與錢穆通信，去蘇州專晤錢穆之事。一九二六年與錢穆、諸祖耿、施之勉等組織『丙寅讀書會』，交流讀書心得。一九二八年，蔣錫昌受聘江蘇省立第三師範學校（今江蘇省無錫高等師範學校），擔任校長室秘書兼任國文教員。與錢穆再次成爲同事，兩人都潛心於學術研究，朝夕相處，時常切磋學問。抗戰前夕，由商務印書館相繼出版了《老子校詁》和《莊子哲學》兩本著作，這兩本書是他前後花了十多年時間撰述而成，受到國内外學術界的重視，成爲後人研究老、莊之學必不可少的參考書。此後蔣錫昌有關老子和莊子的研究在學術界自成一家之言，爲人所知，是由於這兩本書的緣故。一九三七年七月，抗戰軍興，十一月無錫淪陷。蔣錫昌目睹山河破碎，家鄉陷於侵略者鐵蹄之下，内心悲憤之極。他既無力抗爭，又不甘作順民，便閉户讀書，繼續他老、莊之學的研究，以此作爲精神的寄托。一九四〇年，他的大兒子在湖北老河口因公去世。國破家殘，心情極端痛苦。他自認爲過去很達觀，但遭到這樣的重大變故，却不能安時順處，可見對《莊子》之道，理解得還是很膚淺的。於是在反覆讀《莊子》之餘，又撰寫《莊子解題》一書，目的在幫助讀者，理會書中每一篇的主題思想。《莊子解題》一書，前後花了將近四年工夫，方始脱稿。一九六八年又重加修改，當時作者已届古稀之年。這本書的學術價值在某些方面有超越前兩書的地方，因爲寫作在解放以後，作者經過學習，在哲學觀點上有了新的開拓。可惜《莊子解題》至今得不到機會出版，因而也不爲人所知。

一九四九年無錫解放後，蔣錫昌雖然没有重上工作崗位，但對學術研究没有中綴，他學習馬克思主義哲學，旁及黑格爾等德國古典哲學。關心當時學術界的動態，特别是關於《老子》哲學性質的論爭，但在當時政治問題與學術問題混淆不分的情況下，他不敢發表自己的意見。這時他只是對自己出版的著作加以修訂、補充。但這些手稿都在『文化大革命』中被毁。遭受抄家、審查，以致於一生含苦茹辛的經營泯滅殆盡。蔣錫昌於一九七四年去世，享年七十七歲。

蔣錫昌的學術道路，基本上是承襲乾嘉樸學的衣鉢，亦即是『通經自小學始』的路子。從準確訓釋字義入手，進而領會其思想内容。對於訓釋字義，先重内證，然後旁及其它。但他畢竟受過近代思維方法的訓練，因而他注意避免乾嘉諸子見樹不見林的弊病，力求會通。訓詁在此地是作爲一種手段運用，會通思想内容才是治學的目的。這和他的小學根基，哲學修養是分不開的。他一生著作不多，但頗爲精到。

主要著作述要

《老子校詁》：一九三七年商務印書館出版。作者在本身自序中首先指出：研究《老子》的思想，會遇到兩大困難：一，對衆多的本子，要通過校勘恢復書的本來面目；二，對古奥而言簡意賅的字句，要通過訓詁辨别其字義。不下這兩重工夫，就會造成『不知古本之真，而率讀焉，是讀僞書也』。『苟不辨古誼之真，而爲解焉，是解己意也』的局面。該書校勘重在『以老解老』，訓詁重在『以老詁老』。他對於前代學者和當時學者研究老子的各種觀點也在書中詳細列出，其後斷以己意。因此，他所著《老子校詁》一書，『在近現代衆多的老莊哲學研究中自成一家之言』。今人如張松如的《老子説解》、陳鼓應的《老子注譯及評介》、朱謙之的《老子校釋》都曾引用他的研究成果。

《莊子哲學》：一九三七年商務印書館出版，該書實際包括四篇文章分别是：《莊子哲學》，《逍遥游校釋》，《齊物論校釋》和《天下校釋》，因爲作者認爲雖然《莊子》内外篇有二十三篇，其中最重要的就是《逍遥游》，《齊物論》和《天下》三篇。該書與《老子校詁》相繼出版。他在本書序言中説：『余向好老莊之學，自成《老子校詁》後，即以餘力，勉爲是書。』其中的學術思想也一以貫之。他在《老子校詁》自序中説『老子文簡義深，故其哲學不易言，言亦不易明。欲明老子哲學，必先明莊子哲學。以莊子哲學較易瞭解，而其要歸又大體本諸老子故也。讀者苟有志焉，可讀是書竟，再參閱余著《莊子哲學》，當能事半功倍，玩索自得之也。』可見蔣錫昌在校詁《老子》的時候，就在醖釀《莊子哲學》的寫作。他認爲當時多數學人研究《莊子》一書，犯了兩個毛病，偏於從哲學眼光去研究的，往往穿鑿附會；偏於從訓詁一頭去研究的，往往鑽一字一句的牛角尖，不能掌握《莊子》的思想脉絡。雖然各有各的心得，但不足以『知莊意之全與真』。於是他在訓詁的基礎上理清《莊子》的思想。又在理清思想的基礎上提高訓詁的價值。『哲學與訓詁合而爲一』，達到會通的地步。這樣《莊子哲學》一書便成爲全面、深入研究莊子思想的入門書。這在當時學術界也是别開生面的創舉。該書『力圖以小學功夫爲詮釋基石，理清《莊子》中的哲學概念和思想内容，顯示出中西會通、近代性與民族性兼具的學術面貌』。

主要論著目録

《老子校詁》，商務印書館，一九三七年。

《莊子哲學》，商務印書館，一九三七年。

《莊子解題》，未刊稿。

胡山源

（一八九七—一九八八）

生平簡介

作家、文學翻譯家。原名胡三元，字掄廷，晚號半村老人，筆名忘忘生、杉園、無愁、莫邪、潭影、思還、張培本、狄平等。清光緒二十三年（一八九七）九月十六日，出生於江陰山觀倉廩橋河西前村一個佃農家庭。幼年喪父，九歲入時敏小學讀書，十四歲靠族叔資助，考取勵實中學（今爲江陰市一中）。一九一六年畢業後，先後擔任上海私立養性女塾教師，上海基督教青年會全國協會書報部抄寫員。不久失業，開始以『忘忘生』、『包落地』、『杉園』爲筆名在上海《時事新報》、《申報·自由談》發表小說和雜文。一九一七年回勵實附小任教。一九一八年，被推薦入杭州之江大學就讀。『五四』運動中，爲該校組織示威游行的學生代表，後因此被迫令停學，回勵實中學任教。一九二〇年與徐雲結婚。一九二一年去上海基督教青年會，到上海世界書局當編輯，從事編輯翻譯工作，也開始了長達七十年的創作生涯。受時代變革思潮影響，一九二三年與錢江春、趙祖康等創建新文學團體『彌灑社』，該社創作傾向接近創造社，崇尚靈感，注重自我和性靈，致力於意境的自然，文學的優美，筆觸的婉轉和情致的清麗，反對粗制濫造和作品商品化，但是也接受了當時流行的『爲藝術而藝術』的思想，宣稱『我們乃藝術之神』，有明顯的逃避現實的傾向。出版《彌灑》月刊六期和《彌灑社創作集》兩集，其中大部分是胡山源的作品。其中有其具有自傳性質的長篇小說《三年》。在聯絡文學青年投身新文學運動的同時，胡山源積極從事小說、新詩、散文、戲劇等創作，受到魯迅的重視。他的短篇小說《睡》獲得魯迅的好評，認爲它是『籠罩全群的佳作』，并收入《中國新文學大系·小說二集》。一九二三年八月辭去基督教會職務，先後至松江景賢女中、蘇州樂益女中、松江初級中學任教。一九二九年在河南開封中山大學任教。同年秋赴之江大學任教。一九三一年至一九三七年在上海世界書局英文部、中文部工作，編輯《標準英漢辭典》。

抗日戰爭爆發，他進入上海《導報》和《申報・自由談》當編輯，培養和扶植了一批著名的作家和學者。後發起創辦《紅茶》文藝半月刊和《世界文藝》等刊物。在著作、翻譯、編輯幾個方面，都成績斐然。此時期，先後翻譯三部中、長篇小説：蘇聯長篇小説《早戀》、《郭爾第的光明》。這兩部長篇都是由英文轉譯的。而英國作家詹姆士・希爾頓的中篇《萬世師表》的譯文，分五十次刊登在一九四三年一—二月《申報》（署名依令），未出單行本。後在遷滬的之江大學、東吳大學以及滬江大學、大夏大學任副教授、教授。他以四十多種筆名、多種文學體裁寫作。所著江陰、嘉定、揚州三部《義民别傳》和所輯兩本《遺事》，合成《明季忠義叢刊》，達一百五十萬字，在序言中主張動員民衆抗日救國。抗戰勝利後，在中國新聞專科學校任教，并任《新聞報》、《中央日報・文綜》編輯，主編十五輯《日新文藝叢書》，介紹新人新作；編著《小説綜論》、《文人綜論》、《華文綜論》和《文藝綜論》。

一九四九年入無錫文教學院（後改名蘇南文教學院）文史研究班學習，後留校任教。一九五一年起，先後任福州大學中文系主任、蘇北師範專科學校和上海師範學院中文系教授。一九五八年被錯劃爲右派。一九六四年在上海師範學院中文系退休。一九七〇年後，退居江陰，但從未輟筆。一九七九年得到平反。一九八〇年起重寫完長篇小説《散花寺》、《三年》、《龍女》、《罔兩》，回憶録《坎坷的一生》、《屈辱廿一年》、《文壇管窺》和多篇短論、隨筆、雜談等。同年，加入中國作協江蘇分會，一九八四年被中國作家協會接納爲會員，并特邀爲第四次全國作家代表大會的名譽代表。一九八六年九月，江蘇省文聯等五個單位爲其舉行文學創作七十周年紀念會。一九八八年一月一日病逝。一生著譯約一千萬字，出版的專著、編著和譯著有四五十種之多。

胡山源還是資深崑曲票友。一九二四年，他受聘爲蘇州樂益女子中學教務主任，受校長張冀牖、韋均一夫婦及其子女元和、允和影響，開始迷上了崑曲，并多次到崑劇傳習所看戲。一九三一年至一九三七年在上海世界書局任編輯期間，經常觀賞仙霓社的崑劇演出，與曲社中的票友廣泛結交。此後在他歷任之江大學、東吳大學、華東大學教授期間，曾主講文學概論和詞曲課。他曾寫過北曲，受到曲學大師吴梅先生指點。一九七〇年回江陰養老後，還發表了多篇有關崑劇的隨筆札記。

主要著作述要

《風塵三俠》（劇本）：是根據隋末唐初『風塵三俠』虬

髯客、李靖、紅拂女的傳説故事創作的歷史劇劇本。

《**明季忠義叢刊**》：包括《江陰義民别傳》、《嘉定義民别傳》、《揚州義民别傳》、《各地義民别傳》、《各地忠臣遺事》、《各地義民遺事》六種，於『七七事變』後陸續創作完成，記載了明朝滅亡後，清軍南下，各地百姓英勇抗擊清軍的英雄事迹。在當時日寇發動全面侵華戰争之際，具有唤醒民族精神、抵抗外侮的積極作用，具有鮮明的時代印記。

《**虹**》：短篇小説集。屬於徐志摩主編的《新文藝叢書》。共收入八篇短篇小説，三篇散文。這些作品都取材於那個時代的校園生活。八篇小説中，《虹》、《手套》、《坷蓮》、《秋雨》四篇，寫的都是學生之間的友誼和愛情，雖多是日常生活的小插曲，却委婉曲折，表現了青年男女心理、情緒的變化，寫出了他們的歡樂和痛苦。《董嗎的傷心》寫的是一個小學女工的故事。《盧光斗》、《黄大利》兩篇描寫的主人公都是失意潦倒的知識分子。《過路君子》則揭露了當時社會上的丑惡現象。作者從創立『彌灑社』開始，就提出爲藝術而藝術的主張，終生堅持不變。但他的作品并没有遠離生活，他寫的是他自己熟悉的周圍的人和事，字里行間，流露出作者對美好事物的熱愛和贊頌。從總體上看，仍是那個時代校園内外生活的剪影，也許是側面的，片斷的，却是真實的。

《**我的寫作生活**》：收入其主編的『日新文藝叢書』。收録《我的寫作生活》、《我的字》、《我的書》、《我的錢》、《我的交際》、《我的娱樂》、《我的肢體》、《我的健康》、《我的衣》、《我的食》、《我的住》、《我的行》等多篇文章。該書屬於文人自述，全書明白如話，毫不做作，細致入微，於細節見真情。

《**三年**》：長篇小説。是胡山源爲紀念亡妻徐雲而作。這部以胡山源親身愛情婚姻生活經歷爲素材創作的小説，叙述了主人公『我』與徐雲女士相識、熱戀、結婚至死别短短的三年愛情生活經歷。

《**龍女**》：這是一部充滿着傳奇色彩的愛情小説。作品主要描寫的是尚書後裔、江南才子趙芳泉與漁家少女阿龍的愛情故事。趙芳泉與阿龍一見鍾情，但阿龍由於出身低微，雖然她也很愛趙芳泉，但她還是痛苦地壓抑住自己的感情，後來，阿龍走上了革命道路，英勇犧牲後，趙芳泉毅然繼承了她的遺志踏上了革命征途。可以説，這是一部現代版的『才子佳人』愛情小説。它通過生動地描寫男女主人公由愛而生的痛苦、煩惱，以及『愛而不得』的無奈，展現出青年男女相愛的真實經歷，讓我們看到當時社會中青年男女主人公真實的内心情感世界。

《**散花寺**》：這是一部反映二十世紀二三十年代風雲變幻的教育界生活的長篇小説。其中《卷上》和《卷中》的一部分曾在二十世紀四十年代陳蝶衣主編的《萬象》雜志上連載過，初次發表即受到讀者好評。作品集中刻劃某古城慕仙女校由鼎盛而走向衰落的歷程，并由此而展開廣泛的描寫。描寫知識分子的生活和命運，是《散花寺》的中心主旨，陸雲歧、周克良、吴堅侯等多個人物形象塑造得都比較成功。《散花寺》不僅是一部『教育小説』，同時，也是一部『社會寫實』小説。在故事情節的進展中，在人物形象的命運史中，都飄散着時代的浪花，烙刻着歷史的印痕。『五四』、北伐戰争、『五卅運動』、『四・一二』政變、抗日戰争，貫穿在慕仙女中盛衰歷史中。作品中各種人物，也在這社會激流中，塗寫着各自的人生歷史，顯示着榮辱浮沉的命運。《散花寺》結構複雜嚴密，是作者創作的一個有益的嘗試和重大的突破，他將自己的情感綫擴大到對社會和人民的命運的探討上，不再留戀於那『身邊的小小的悲歡』，是作者不竭的創作生命力的顯示。

《**文壇管窺：和我有過往來的文人**》：從一九七三年開始，歷時十二載，陸續寫成，計手稿六卷，四十餘萬字，記述了與作者有過往來的魯迅、施蟄存、郁達夫、茅盾、鄭振鐸、邵洵美、徐志摩、葉聖陶等現代文學史上的衆多名人，人各一篇。其新穎與獨特之處是不受結構和布局的影響，有話則長，長的近萬字；無話則短，短的僅二三百字。文字紀實性很强，爲我國新文學史及報刊史等提供了一些『罕見而可信』的參考資料。

《**屈辱廿一年**》：手稿，回憶録，分上下兩編，上編所寫的時間是自一九五七年上海市委公開整風起，至一九六四年作者自上海師院退休止。下編自一九六六年『文化大革命』起，至一九七〇年回江陰老家止。主要記述了反右和文革中自己所遭受的經歷。

《**南明演義**》：叙述南明歷史的章回體長篇小説，描寫了南明那個短暫而動蕩的歷史，塑造了一批歷史人物形象。

《**詞準**》（**編著**）：分甲乙丙丁四篇，爲作法、詞譜、詞選、詞韵。其中『作法』收録夏承燾《作詞法》；『詞譜』收入舒夢蘭輯《白香詞譜》；詞選收入成肇麐《唐五代詞選》、朱孝臧《宋詞三百首》和《詞别》；『詞韵』收入戈載《詞林正韵》。該書將關於詞的重要事項包舉殆盡，方便初學填詞者學習。

《**幽默詩話**》（**編著**）：全書共分幽默詩話、幽默詞話、幽默曲話、幽默聯話四部分，選録各種詩詞曲聯話中的幽默文字，按文字、天時、夫婦、幻滅、生死、地理、飲食、慶吊、器用等分類編排。

《**幽默筆記**》（**編著**）：本書採擷古今各種筆記中意趣詼諧的文字編録而成。

《**現代歐美女偉人傳**》（**譯著**）：阿丹斯・福斯忒著。收録了歐美現代歷史上一些著名女性的傳記，包括依利薩伯·夫賴、馬利·來翁、依利薩伯·卡提·斯坦喬等十位在各自領域作出貢獻的杰出女性。

《日本與日本人》（譯著）：（日）小泉八雲著，（日）落合貞三郎編。該書是落合貞三郎從小泉八雲評論日本與日本人的著作中選編輯録而成的一本書，爲小泉八雲的日本觀的代表作品。內容包括日本文明的天性、柔術、遠東的將來、一個守舊者、困難、奇異與魔力、忠義的宗教、關於永久的女性的、關於祖先崇拜的幾個思想、靈魂先在的觀念等。作者對日本與日本人的評價總體上是客觀的、公正的，其價值在於以東西方對照的眼光來研究日本和日本文化，尤其是從心理、哲學上解剖了日本人整個的內心生活；從日本人內在的和外表的、歷史的和社會的、心理學的和倫理學的各方面，描摹日本的國民特性，是一部瞭解日本歷史和文化以及民族心理的讀本。

《黑奴成功者自傳》（與林漢達合譯）：（美）華盛頓·蒲寇著。描寫了美國黑人教師布克·華盛頓的一生。記述其從奴隸到自由人，以及爲創辦塔斯基吉工業學院而進行的奮鬥。全書共十三章。

主要論著目録

《風塵三俠》，商務印書館，一九二七年十一月初版。

《虹》，中華書局，一九三一年。

《日本與日本人》（譯著），商務印書館，一九三一年。

《黑奴成功者自傳》（與林漢達合譯），上海開明書店，一九三二年。

《幽默詩話》，世界書局，一九三六年。

《詞準》，世界書局，一九三七年。

《江陰義民別傳》（《明季忠義叢刊》之一），世界書局，一九三八年。

《嘉定義民別傳》（《明季忠義叢刊》之二），世界書局，一九三八年。

《幽默筆記》，世界書局，一九三九年。

《現代歐美女偉人傳》（譯著），世界書局，一九三九年。

《我的寫作生活》，日新出版社，一九四七年。

《屈辱廿一年》（手稿）。

《揚州義民別傳》（《明季忠義叢刊》之三），世界書局，一九四一年。

《各地義民別傳》（《明季忠義叢刊》之四），世界書局，一九四〇年。

《各地忠臣遺事》（《明季忠義叢刊》之五），世界書局，一九四〇年。

《各地義民遺事》（《明季忠義叢刊》之六），世界書局，一九四〇年。

《早戀》(譯著，Ruvim Frayerman 著)，天光書店。

《小説是什麽》，寫作輔導叢書之七。北新書局，一九五三年。

《小説習作》，文藝聯合出版社，一九五四年。

《古今茶事》(編著)，上海書店，一九八五年。

《南明演義》，江蘇古籍出版社，一九八五年。

《三年》，江蘇文藝出版社，一九八六年。

《龍女》，北方文藝出版社，一九八六年。

《散花寺》，北方文藝出版社，一九八六年。

《古今酒事》(編著)，上海書店，一九八七年。

《文壇管窺：和我有過往來的文人》，上海古籍出版社，二〇〇〇年。

楊蔭溥

(一八九八—一九六六)

生平簡介

財經學家。字石湖。清光緒二十四年(一八九八年)三月十八日生，無錫城内留芳聲巷人。楊蔭瀏兄，早年曾在無錫第二高等小學就讀。一九一四年考取上海南洋公學中院(即中學部)。一九一八年考取北京清華學校高等科三年級。在校期間協助編輯《清華學報》及《清華周刊》。一九二〇年七月由學校資送留美，入美國魯倫司學院經濟系。翌年八月轉入美國西北大學商學院研究部，專攻銀行學。一九二三年七月獲碩士學位，畢業論文爲《上海金融市場之研究》。同年八月入芝加哥大陸商業信托儲蓄銀行實習，并在西北大學芝加哥城區夜校繼續進修。在美期間參加曦社，任總社常務理事及上海分社社長。

一九二五年九月學成歸國，旋即赴天津就任直隸省公署英文秘書。年底因公署改組而離職。翌年九月，應聘擔任上海光華大學商科副教授，講授商學概論、財政學、運輸學、商用英文、市場學、國外匯兑、交易所、上海金融市場等課程。一九二七年八月轉入中央大學商學院（後改爲國立上海商學院）爲專任教授，後兼工商管理系主任、教務主任、代理院長。同時還兼任國立勞動大學、國立暨南大學、上海法學院教授，講授中國金融和經濟學等課程。任教五年間撰寫出版了《上海金融組織概要》、《中國交易所論》、《中國金融論》等著作。一九三一年四月，應上海浙江興業銀行之聘，爲該行籌設南京分行，并任經理。一九三四年二月調任總行總務處處長，後又兼任總行儲蓄部經理和經濟研究室主任。任職期間，對當時金融方面的重要革興，如廢兩改元、推行新貨幣政策、發行統一公債以及對上海銀錢業業務建設上的改進等，均參與籌劃、協助工作。他還兼任中央大學法學院、金陵女子文理學院、中央政治學校、上海交通大學管理學院、滬江大學商學院夜校教授及中國徵信所理事、光華大學商學院院長等職。撰寫出版了《經濟新聞讀法》、《各國幣制》、《中國金融研究》以及《經濟常識》等著作。一九三六年十月，被國民政府外交部任命爲駐日内瓦中國國際聯盟代表團辦事處經濟專員。在駐歐四年中，遍訪英、法、德、意、比、奥、捷、匈、瑞、蘇等國，出席『國聯』大會、國際勞工大會以及一九三七年十一月在布魯塞爾召開的『九國會議』。一九四一年一月回國抵重慶，任郵政儲金匯業局首席秘書，兼經濟研究部主任。後又兼任總務處處長、『四聯總處』（中央銀行、中國銀行、交通銀行、中國農民銀行聯合辦事總處）秘書、『四聯總處』銀行人員訓練所教育長。一九四二年十二月在重慶加入國民黨，曾任『四聯總處』銀行人員訓練所區黨部執行委員兼書記，并被抽調到『中央訓練團黨政訓練班』任小組指導員。一九四二年十二月至一九四三年一月間任國民黨中宣部黨報社論委員會委員，先後兼任重慶大學商學院、私立求精商專、復旦大學商學院、東吴大學法學院、滬江大學商學院、中央大學、交通大學管理學院教授。一九四四年十月由重慶返回上海，歷任設在上海的蘇浙皖區敵僞産業處理局秘書處處長、中央信托局儲蓄局經理、上海證券交易所協理兼業務處經理、上海現代經濟通訊社和金融日報社社長、上海交通大學管理學院財務管理系主任、上海光華大學商學院教授等職。

上海解放後，楊蔭溥在交通大學管理學院任教，曾任華東區財政經濟委員會委員，并被推選爲上海市各界人民代表會議高教界代表。一九五〇年二月加入中國民主建國會，任上海市民建宣教委員兼小組召集人。一九五一年八月，因高校院系調整，調任上海財政經濟學院教授兼會計系主任。一九五七年二月任上海經濟研究所研究員。在整風反右運動中，被錯劃爲右派。一九六〇年四月仍回上海財經學院，擔任財政金融系教授。一九六二年以後，參加《中國財政史》的編寫和教學工作。一九六五年參加《財政學》的重寫。楊蔭溥在『文化大革命』中遭到殘酷迫害，於一九六六年九月不幸逝世，終年六十八歲。『文革』結束後，於一九七九年一月得以平反昭雪。

主要著作述要

《上海金融組織概要》：是書爲系統論述上海金融組織之構成、管理的金融理論著作。係作者於一九二六年任上海光華大學和在中央大學講授『上海金融市場』課程時，利用各種材料所草成之講義爲基礎而豐富而成。全書共十二章，第一章『概論』後，系統探討了上海的錢莊、票號、銀爐、公估局、內國銀行、外國銀行、中外合辦銀行、儲蓄機關、信托公司、交易所、籌備中之金融組織等各大金融機構的內部構成及其外部關聯。是書由上海商務印書館於一九三〇年出版。

《中國交易所論》：是書係作者於一九二六年在上海光華大學和在國立中央大學講授『證券及物品交易所』、『中外交易所』等課程時草成的講義豐富而成。全書共分四編，系統論述了交易所的概貌、中國交易所的特點、經紀人會員及交易之委托、交易所之交易情形等各個專題，每個專題下又細分子課題，總結并深化了《上海金融組織概要》一書中關於交易所方面的研究。是書由上海商務印書館於一九三〇年出版。

《各國幣制》：本書係探討世界各國貨幣制度的專著。全書分七章，前六章考察了英國、美國、法國、德國、蘇俄、日本等國家貨幣制度的構成、發展演變、改革及其影響。最後一章論述了中國貨幣制度的歷史與現狀，并對其將來作了預測。是書由上海商務印書館於一九三一年出版。

《經濟新聞讀法》：是書係作者自上海各大經濟報刊及金融專欄中所得經濟新聞材料、數據匯聚而成。分上下兩篇，各若干章。上篇爲金融行市，內分銀洋錢市場、內匯市、外匯市、金市、銀市、證券市；下篇爲商品行市，內分米市、麵粉市、雜糧油餅市、絲市、茶市、花市、紗市。舉凡上海之金融概況及重要商品，皆於此書詳細論之。時興業銀行徐寄廎稱贊是書『以實地試驗，不尚空談，不務虛名，可謂所學得其所用，我行同人，受賜良多矣』。是書由上海黎明書局於一九三三年出版。

《中國金融研究》：是書係作者歷年金融文章之匯集。共六編三十篇，分貨幣制度、金融組織、票據市場、證券市場、國外匯兑、白銀問題等諸專題。特别是對當時推行的新貨幣政策、新公債政策、新輔幣制度以及商業承兑匯票、銀行承兑匯票等，均作了專門的介紹。是書由上海商務印書館於一九三六年出版。

主要論著目録

《上海金融組織概要》，商務印書館，一九三〇年。
《中國交易所論》，商務印書館，一九三〇年。
《各國幣制》，商務印書館，一九三一年。
《中國金融論》，黎明書局，一九三一年。
《經濟新聞讀法》，黎明書局，一九三三年。
《貨幣與金融》，中華書局，一九三五年。
《所得税納税須知》，經濟書局，一九三六年。
《中國金融研究》，商務印書館，一九三六年。
《民國財政史》，中國財政經濟出版社，一九八五年。

胡紀常

（一八九八—一九七八）

生平簡介

經濟學家。原名鴻勛。清光緒二十四年（一八九八年）出生。無錫堰橋人。早年畢業於上海南洋公學及北京税務專科學校。曾在海關工作。一九二六年留學法國巴黎大學，獲經濟學博士學位。一九二七年在《東方雜志》發表《國際經濟會議》，一九二九年回國，任國立中央研究院社會科學研究所研究員兼蔡元培所務秘書，一九三五年主編《社會科學研究》、發表《經濟學論集總序》等多篇論文。一九三七年任國立上海商學院（現上海財經大學）教務長兼國際貿易系主任，歷任交通大學管理學院、大同大學、東吴大學等院校的專任或兼任教授。期間發表《五年來中國之關税政策》等重要論文。一九四七年僑居加拿大，爲促進中加、中美兩國人民友好關係出力甚多。一九六一年經國務院專家局聯繫，毅然回國，任上海市僑聯副秘書長、市政協委員等職。一九七八年去世，享年八十歲。著有《鴉片戰争以來中國關税史》、《國際商會概論》等專著，與樊明茂合著《國際貿易統計上之貨物名目及分類》。

主要著作述要

《經濟學論集總序》：（法）亨利·特吕希（Henri Truchy）原著，胡紀常譯，《社會科學研究》一九三五年第一卷第二、四期。法國巴黎大學法科經濟學教授亨利·特吕希主編的《經濟學論集》，是上世紀三十年代法國經濟學巨著，集中介紹了當時法國十一位權威經濟學家的著述，亨利·特吕希撰寫了總序。全文分五節，分述論集緣起、百年經濟學演進與史學和統計學的關係、百年經濟組織的變遷、統計經濟及探討、經濟思想與經濟學治學方法。此文不僅是一篇總序，同時也是經濟學要點介紹。

《國際商會概論》：是書係研究國際商會組織之構成、工作之專書。全書三篇，第一篇概述國際商會之成立及組織；第二篇考察國際商會之工作，包括歷届大會鳥瞰、世界經濟再造問題、國際貿易之障礙、重徵問題、國際商業票據法之統一、關税制度、工商業所有權之保護、國際商業仲裁、運輸及交通諸章；第三篇探討國際商會與我國之關係，概述我國分會的成立經過及我國出席國際商會大會之情況；最後是結論，并附録國際商會組織法、國際商會辦事細則、國際商會歷年會員分類統計表供研究者參考。是書由上海商務印書館於一九三三年出版。

《國際貿易統計上之貨物名目及分類》：是書係研究國際貿易統計之貨物明目及分類之專書。作者認爲，舉凡貨物名稱及分類、關税區域、貨物估價，以及上貨之輸往地及輸自地制度，無不與國際貿易統計有連鎖之關係，故欲增進中國國際貿易統計之準確，實使其較近實際，首先應探討上述因素，對於我國國際貿易統計之整理，當先將貨物名目及分類，根據統計學方法，詳加探討，故有是編。全書分五章，論述了貨物名目及分類之理論、貨物名目及分類之實際、理論與實際之綜合研究、中國貨物名目及分類以往改進工作評述、中國貨物名目及分類改進芻議諸問題，并附録國際統一貨物分類名録之擬定。是書由上海商務印書館於一九三五年出版。

主要論著目録

《近世資本主義發展史》，賽亨利原著，胡鴻勛譯，新月書店，一九三〇年。

《國際商會概論》，商務印書館，一九三三年。

《國際貿易統計上之貨物名目及分類》（與樊明茂合著），商務印書館，一九三五年。

《合作主義國際貿易論》，（法）夏勒奚德著，胡紀常譯，商務印書館，一九四六年。

諸祖耿

（一八九九—一九八九）

生平簡介

語言文字學家、古籍整理專家。原名錫光，字左耕，號雪龕，生於清光緒二十五年（一八九九年）農曆二月，無錫縣人。父親爲清朝秀才。一九一四年以優異成績考入無錫江蘇省立第三師範學校。一九一七年起任華氏私立鴻模高等小學教師及訓導主任，其間接受了『五四』新文化運動影響。一九二五年七月至無錫女子師範任教，加入當時的進步青年組織『錫社』。一九二六年與錢穆、施之勉等在無錫建立『丙寅讀書會』，交流讀書心得。一九三〇年二月到江蘇省立蘇州中學任教，并經人介紹，拜章太炎爲師。一九三三年九月到私立振華女子中學任教，後又到東吴大學兼課。一九三四年章太炎至蘇州創辦『章氏國學講習會』，諸祖耿辭去諸課務，與王謇、王乘六、孫世揚等人同去聽講，直至章太炎逝世。章太炎每次講演，都由諸祖耿從旁記録，經整理後刊行。一九三八年蘇州淪陷，諸祖耿等把講習會移至上海，創辦『太炎文學院』，同時到蔣維喬任院長的正風文學院當教授。一九四〇年七月，李根源任雲貴監察使督導抗戰，受其電邀，諸祖耿由海道經越南至昆明，任監察使秘書長，同時任雲南大學教授兼私立五華書院教授。抗戰勝利後，赴南京臨時大學任教，臨大結束後仍到昆明雲南大學任教。後又至無錫江南大學任教授兼副訓育長。新中國成立後，先後在江蘇省立社會教育學院、江蘇教育學院等校任教。後江蘇教院併入南京師範大學，遂任南京師範大學中文系教授。

諸祖耿從教五十餘年，長期從事中國古代文學與文獻的研究和教學，其治學領域寬廣，尤長於先秦諸子學、先秦史學、語言文字學諸方面。曾開設『中國古典文學』、『中國文學史』、『中國詩史』、『先秦學術概論』、『古代漢語』等課程；出版專著《戰國策集注匯考》、《尚書章氏學》、《先秦學術概論》、《韓柳文衡》、《劉長卿詩編年校注》、《虚字通考》、《無錫方言考》等；發表論文《論詩經里的『言』字》、《文子考》、《李長吉研究》、《關於馬王堆漢墓帛書類似戰國策部分的名稱問題》等百餘篇；并著有《水明樓詩稿》，收詩近千首。并曾當選江蘇省政協委員、江蘇省第三届、第五届人民代表。一九八九年八月十一日因病逝世，享年九十歲。

主要著作述要

《戰國策集注匯考》：是書以宋姚宏本爲底本，復從歷代注疏、古今載集中博採諸家之説，詳加審定，時參己見。又從各類書、古書注解、出土簡帛中廣爲搜尋，成《戰國策逸文》。所有正文、次序，一概沿用姚本，所有錯誤脱漏，亦依據校勘，改正補充。每章摘録開頭一句，作爲標題，標於正文，依照次序，排定數字，便於翻閲檢查。在標題下面，注明鮑本次序，以及吴氏辨證的文字，及各家紀年、編略。其他有關疑年之説亦附在其後。正文與其他典籍互見，也注明於標題之下。所有注釋，先列文字異同，次高注，次鮑注，次吴氏補正，次其他名家的疏釋考訂。所有注釋，不列入正文，依照先後次序，用數字標出，附在正文之後，頗便閲讀。一九八五年由江蘇古籍出版社出版，得到學術界一致好評，一九九八年榮獲『江蘇省第二次哲學社會科學成果榮譽獎』，一九九二年榮獲『全國首届古籍整理圖書獎』等。

主要論著目録

《孟郊叙傳》，南通中學校刊，一九二九年。

《漢魏六朝詩歌質量的調查》，蘇州中學校刊，一九三〇年。

《太炎先生晚年講學記録》，章氏國學講習會刊本，一九三五年。

《戰國策逸文考》，章氏國學講習會，一九三七年。

《蔣注柳集跋尾》，雲南《文史》第七十九期，一九四七年。

《十三世紀到十九世紀的中國文學概况》，江蘇教師進修學院排印本，一九五八年。

《戰國策集注匯考》，江蘇古籍出版社，一九八五年；增補本，鳳凰出版社，二〇〇八年。

《論詩經里的『言』字》，《江海學刊》一九六二年第三期。

《從用字造句方面看韓愈提倡古文的作用》，《江海學刊》一九六三年第三期。

《關於馬王堆漢墓帛書『戰國策』部分名稱的問題》，《南京師範學院學報》一九七八年第四期。

楊蔭瀏

（一八九九—一九八四）

生平簡介

音樂史學家，民族音樂家，樂律學家。字亮卿，號二壯，又號清如。清光緒二十五年（一八九九）十月初八生，無錫城内留芳聲巷人。一九一六年秋高小畢業，考入江蘇省立第三師範學校。二十二歲畢業，任石塘灣縣立第五高等小學國文教員。一年後入無錫輔仁中學學習英文、數理。一九二三年畢業，考入上海聖約翰大學，先後在經濟系、文學系學習。在校期間任校國樂會會長，經常參加各大學舉辦的音樂會，并將自編樂譜匯輯成《雅音集》油印出版。楊蔭瀏自幼酷愛音樂，七歲從三清殿道士穎泉學習簫、笛、笙、胡琴等民族樂器。十二歲時加入崑曲社（後改名爲天韻社），從名曲師吴畹卿學習三弦、琵琶等樂器演奏，掌握了音韻、音律和樂器構造等原理。後又從美國傳教士郝露易女士學習英文、鋼琴和西洋音樂樂理，學會了和聲、對位、復調等西洋作曲法。『五卅』慘案發生後，楊蔭瀏因積極參加反帝愛國運動，遭校方壓制，憤而離校，入光華大學經濟系學習。繼任光華國樂社社長。一九二六年二月因家貧輟學。回鄉後，先後在輔仁中學、工商中學、縣立初中、競化女校、無錫美專、宜興中學任教。其間曾短期擔任無錫通俗教育館館長。

一九二九年，他應基督教聖公會之聘，先後在南京、杭州從事贊美詩的編輯工作。一九三一年，基督教成立六公會聯合聖歌委員會，他任委員兼總幹事。翌年赴北平，與燕京大學劉廷芳博士編譯、修訂贊美詩，并共同主編宗教期刊《紫金》及《真理與生命》刊物中的『聖歌與聖樂』專欄。他所編輯出版的贊美詩集《普天頌贊》，獲國際聖經展覽編輯優良獎。在北平期間，楊蔭瀏曾在燕京大學音樂系旁聽作曲、西洋音樂史和音樂欣賞課，并在該校圖書館閱讀了大量英、法等國有關音樂的專業書籍。一九三六年任哈佛燕京學社音樂研究員，同時在燕京大學音樂系講授中國音樂史。一九三七年八月下旬赴南京，暫代中央機器廠總務主任。十二月隨廠遷湘潭，翌年八月遷昆明。一九三九年至教育部音樂教育委員會工作。一九四〇年隨遷重慶，一九四一年九月任國立音樂學院教授兼國樂組及研究室主任。抗戰勝利後隨校遷南京，并兼任金陵女子大學音樂系教授。

新中國成立後，楊蔭瀏歷任中央音樂學院教授及研究部研究員，音樂研究所副所長、所長，中國藝術研究院顧問，中國音樂家協會常務理事，民族音樂委員會主任，中國文聯全國委員會委員，全國政協第三、四、五、六届委員。一九八四年二月二十五日在北京逝世，終年八十五歲。

楊蔭瀏一生致力於民族音樂遺産的搜集整理和中國音樂史、樂律、音韵、古譜的研究，著述甚豐。早在一九二五年，他就用英文寫出《中國音樂史綱》。一九三七年，在《燕京大學學報》上發表《平均律算解》。抗日戰争期間，在昆明編製成《振動數比值與音分值互求表》、《弦度比值與音分值互求表》、《振動數比值對數與音分值互求表》、《弦度比值對數與音分值互求表》等四種樂律比數表，同時撰寫《音準及量音尺述略》一書，在音樂界産生廣泛影響。一九四一年出版的《弦樂器定音計述略》，解决了弦樂器張力誤差問題，得到當時教育部學術審議會二等獎。抗日戰争勝利後，他在《禮樂半月刊》上發表《談笛律》、《再談笛律答阜西》兩篇文章，引起音樂界的争論。直到晚年，他認爲管律的推算還應進一步研究，於是又撰寫《管律辨訛》、《三律考》兩篇論文，對音律和樂器的研究具有重要的參考價值。楊蔭瀏非常重視民族音樂遺産的搜集整理和研究，先後整理出版了《定縣子位村管樂曲集》、《蘇南吹打曲》、《古琴曲匯編》、《宋姜白石創作歌曲研究》、《關漢卿戲曲樂譜》、《西厢記四種樂譜選曲》等著作。無錫解放初期，搶救并整理阿炳樂曲，編成《阿炳曲集》出版。一九八一年又完成《中國古代音樂史稿》，全書六十五萬字。這是他在音樂歷史與民族音樂、音律學等方面綜合研究的豐碩成果。晚年還撰寫《語言音樂學初探》一書。在中國古代音樂史與樂律學研究方面，他共撰有二十多種專著和近百篇論文。

主要著作述要

《中國古代音樂史稿》：全書大體依歷史朝代來劃分章節，共計八編三十六章。第一編：遠古（含一章）；第二編：夏、商（含一章）；第三編：西周、春秋、戰國（含二章）；第四編：秦、漢、三國、兩晋、南北朝（含二章）；第五編：隋、唐、五代（含四章）；第六編：遼、宋、西夏、金（含九章）、第七編：元（含八章）；第八編：明、清（含九章）。系統論述了我國自遠古以來直至清朝末年的音樂發展史，包括：歷代社會背景與音樂發展的聯繫；多種音樂形式發展的歷史沿革；中國音樂的多種體裁和題材；器樂曲和樂器的分析介紹；音樂美學思想的研究和闡發；對我國古代音樂文獻、樂譜資料保存情况的細致考察以及對音樂史研究中有争議問題的獨到認識等。這是一部貫通古今的中國古代音樂通史著作，在撰寫實踐中貫穿着『越古越略，越近越詳』的宗旨。一方面充分展示了中國古代音樂史發展的軌迹和特點，另一方面又真實地反映了作者古爲今用的指導思想，這種通變的歷史意識具有重要的理論意義，極大地推進了中國古代音樂史學科的建設和發展。是書遠古至宋代部分於一九六四年完成，由音樂出版社分上、中兩册出版先行。元代至清代部分於一九七七年完成。一九八一年，人民音樂出版社統合爲上、下兩册重新出版（原上、中兩册歸併爲新版上册，新撰元至清部分爲下册）。二〇〇四年，是書又被中國出版集團列入『中國文庫』由人民音樂出版社再次出版。

《中國古代音樂史綱》：是書係楊蔭瀏二十世紀四十年代初在重慶講授『國樂概論』和『中國音樂史』的講義，也是新中國成立後我國第一部中國古代音樂學史著作。全書分四大部分：一、歷史的音樂觀；二、上古時期：遠古至戰國（前三三〇〇—前二四六）；三、中古時期：秦代至唐末（前二四六—九〇七）；四、近世時期：五代至清末（九〇七—一九一一）。書前有『引言』，書後有『結論』和『尾聲』。是書引用文獻資料豐富，論述詳盡，尤其對樂律學理論的研究，對俗樂音階的分析，對音樂文學的探索，對字調與樂調、音韻與音樂的考證等方面，均有新的認識與獨到的見解，在中國古代音樂史學科的研究中，具有開風氣之先的學術意義。是書初稿完成於一九四三年，一九四四年油印爲教材，一九五二年由上海萬葉書店正式出版。

《**語言音樂學初探**》：是書爲楊蔭瀏晚年著作，在總結了前人的經驗基礎上，利用音韻學、音樂學、古漢語以及外語方面的知識，在漢語和音樂關係方面進行了綜合性的研究。全書分爲六部分：一、音韻問題；二、字調和分韻系統；三、爲音樂服務的音韻學；四、字調配音問題；五、中西歌詞配音規律的比較；六、結語和設想。是書真正把語言與音樂的關係直接論述到了曲調、節奏、樂曲構造等音樂的細微表現上，既運用了音樂學的知識去説明曲調中語言特性的表現，又用了很多實際音樂的例子去説明語言對音樂的影響，二者相輔相成，構成了完整的分析方法。具有開創性，在音樂研究中，形成了一個新的學科。是書一九六三年以《語言音樂學講稿》爲名由中央音樂學院中國音樂研究所油印刊行，一九八三年，經修訂，改名爲《語言音樂學初探》由音樂出版社出版發行。

主要論著目録

《雅音集》第一集，無錫美文印刷公司，一九二三年；修訂本，中華書局，一九二四年。

《昆曲掇錦》，上海南洋大學學生會，一九二六年。

《雅音集》第二集，無錫樂群書局，一九二七年。

《音準及量音尺》，手稿，一九四一年。

《錢樂之三百六十律音程比較表》，手稿，一九四一年。

《樂律比數表四種》，手稿，一九四二年。

《文板十二曲》（與曹安和合編），重慶，教育部音樂教育委員會，一九四二年。

《弦樂定音計述略》重慶，教育部音樂教育委員會，一九四二年。

《三弦譜、簫譜、笛譜》，油印本，青木關，國立音樂院教材，一九四二年。

《國樂概論》，油印本，青木關，國立音樂院，一九四三年。

《中國音樂史綱》，油印本，上海萬葉書店，一九四四年；一九五三年修訂再版。

《琴薈》一—五，手稿本，一九四七至一九五〇年。

《琴譜》（王燕卿傳譜），一九四七年與程午加編訂，油印。

《瞎子阿炳曲集》（與曹安和、儲師竹合編），上海萬葉書店一九五二年。一九五四年后由音樂出版社出版，改名《阿炳曲集》，一九五六年修訂版。

《定縣子位村管樂曲集》（與曹安和合編），上海萬葉書店，一九五二年。

《智化寺京音樂》一—八，編著採訪記録并刻寫第一、第二集，一九五三年油印。

《陝西的鼓樂社與銅器社》（與孟杰、蘇琴等合編採訪記録），油印，一九五四年。

《瀟湘水雲》，音樂出版社，一九五八年。

《古琴曲匯編》（與侯作吾合編），音樂出版社，一九五六年。

《單弦牌子曲選》（與曹安和、文彦整理），音樂出版社，一九五六年。

《單弦牌子曲資料》（與曹安和、文彦整理），音樂出版社，一九五六年。

《蘇南吹打曲》（與曹安和合編），音樂出版社，一九五七年。一九八二年第二次印刷改書名爲《蘇南十番鼓》。

《宋姜白石創作歌曲研究》（與陰法魯合著），音樂出版社，一九五七年。

《佛教水陸音樂》，油印本。

《孔廟丁祭音樂》，油印本。

《關漢卿戲劇樂譜》（與曹安和合編），音樂出版社，一九五九年。

《元王伯成天寶遺事諸宮調拾殘尋譜》，手稿本，一九六一年。

《西厢記四種樂譜選曲》（與曹安和合譯），音樂出版社一九六二年。

《工尺譜淺説》，音樂出版社，一九六二年。

《語言音樂學講稿》，一九六三年油印。修訂后題名《語言音樂學初探》，載一九八三年人民音樂出版社編《語言與音樂》。

《十番鑼鼓》，人民音樂出版社，一九八〇年。

《中國古代音樂史稿》上下册，人民音樂出版社，一九八一年。

《楊蔭瀏全集》，江蘇文藝出版社，二〇〇九年。

蔣湘青

（一八九九—一九八一）

生平簡介

體育教育家。字襄卿。宜興芳橋鄉泉漣圩人（一説『潛濠村』）。他自幼愛好體育運動，一九一八年畢業於江蘇省立第五中學，在一所小學當教師。後考入南京高等師範學校體育專修科，在校期間各項成績名列前茅，球類、田徑、國術無所不能，籃球、足球、排球更是他的强項。一九二一年，參加華東八大學田徑運動會，以十英呎四英吋的成績，獲撑杆跳第一名，并被選拔參加遠東運動會。一九二二年畢業，任上海聖約翰大學體育教師。一九二三年起，先在《申報》『教育與人生』周刊體育欄目任編輯，這是國内報刊第一個體育專欄，在蔣湘青的努力下，報導賽事，大力普及體育運動知識，對提倡體育産生深遠影響。此後他又擔任《時事新報》體育欄編輯、《新聞報》體育欄主編。期間還協助沈嗣良（中華全國體育協進會名譽主任幹事）創辦中華足球會，打破了外國人對中國足球運動會的壟斷。一九二五年被聘爲中華全國體育協進會幹事。『五卅』慘案發生後，他支持學生愛國運動，辭職離開聖約翰大學，與退學學生組建光華大學。後擔任復旦大學體育主任，曾率領復旦大學籃球隊遠征日本。一九二六年創辦中華裁判會，這是中國第一個由中國人自己主辦的運動裁判組織。此後他又擔任中央大學商學院體育主任、東亞體育專科學校教導主任等。抗戰期間，任武漢大學體育主任；一九四二年任貴陽師範學院體育科主任，爲教育部部聘教授。一九四六年返回上海，任上海滬南體育場場長和《新聞報》體育主編。解放後，先後擔任上海滬南體育場場長和上海體育學校副校長等職。曾主持舉辦上海足球裁判員訓練班，爲中國培養了第一批足球裁判。他擅長球類與田徑，爲籃球、足球的國家級裁判和田徑發令員，組織并擔任國内、國際多項比賽的裁判工作，以反應敏捷、判斷準確而爲體育界人士所欽佩。著有《體育概説》等論著。一九八一年去世，享年八十二歲。

主要著作述要

《許承基紀念册》：蔣湘青等著，體育出版社一九四七年出版。許承基（一九一二—一九四七），網球家。本書收録蔣湘青、蔣槐青、李惠堂所寫紀念文章五篇。

《人體測量學》：勤奮書局一九三一年版。本書注重原則及方法的應用，引用各種系數的標準多屬於歐美人的體格統計，對於中國人的研究比較少。所採用的度量衡單位，以法國的十進制爲標準，書中取材則是英法都有，應用時得先加以化合。本書計算系數，即度制的單位，皆用百分米突，也是歐美人的系數標準，但測量時爲求精密而易觀察進步起見，度制取千分米突，統計時仍改用百分米突。

《田徑賽 ABC》：ABC 叢書社一九二八年八月出版。本書的取材，除了各項田徑賽的聯繫方法外，對於指示路徑方面，特别關注。如運動會應當怎樣籌辦，開會時應當怎樣裁判，運動員應持有什麽樣的態度，可供運動員、裁判員和運動會組織者參考。

《怎樣辦運動會》：上海文化出版社一九五七年出版。本書共分八章：運動競賽的意義，運動會的組織工作，運動會的裁判工作，運動會的場地工作，運動會的編排記録工作，球類競賽的組織工作，越野賽跑，接力跑、行軍、自行車和拔河。

主要論著目録

《田徑賽 ABC》，世界書局 ABC 叢書社，一九二八年。
《人體測量學》，勤奮書局，一九三一年。
《許承基紀念册》，體育出版社，一九四七年。
《怎樣辦運動會》，上海文化出版社，一九五七年。
《學校體育之謬誤趨勢亟宜糾正》，《東方雜志》一九三三年第三十卷第二十號。
《體育主張》，《勤奮體育週報》一九三五年第三卷第三期。

吴邦偉

（一九〇〇—一九七八）

生平簡介

體育學家。字兆奎。清光緒二十六年（一九〇〇年）七月二十六日生，無錫人。自幼愛好體育活動，中學畢業後考入南京高等師範學校體育專修科。一九二一年畢業，後分别在東吴大學、集美師範學校、東南大學任教。一九二五年，在上海聖約翰大學任教時，發生『五卅』慘案，校方阻止學生在校内降半旗爲死難者致哀，激起全校師生的莫大憤慨。吴邦偉遂與愛國師生一起離校，另行創辦光華大學，并任光華大學體育主任。在此期間，他積極參加社會各種體育競賽的組織工作，成爲上海著名的籃球、棒球裁判之一，并著《運動裁判法》一書。一九二七年，擔任在上海舉辦的第八届遠東運動會注册和運動成績委員會主任兼會場布置委員會主任。一九三〇年，吴邦偉抱着發展民衆體育的理想，辭去上海暨南大學體育系主任職務，到江蘇鎮江擔任省立體育場場長，并創辦《體育研究與通訊》季刊。至抗日戰争前夕，該刊共出版十四期，深受體育界歡迎。他還建議省教育廳整頓和興建各縣體育場，并制定出縣體育場任務和工作簡則。同時又舉辦江蘇省各縣體育場工作人員暑期講習會和江蘇省中學體育教授暑期學習班，培養體育教育骨干。一九三六年參加中國體育考察團，赴丹麥、瑞典、德國、捷克斯洛伐克、奥地利、匈牙利、意大利等國進行考察。

抗日戰争全面爆發後，吴邦偉受教育部之聘，入川任民國體育委員會委員。期間制訂國民體育實施大綱，組織和帶領小學體育巡回輔導組在成渝公路沿綫各地小學進行示範性教學，培養體育師資和體育行政人員，并在四川省教育廳舉辦的一九三八年暑期體育講習班和教育部在一九四二年舉辦的體育師資講習所、全國體育行政人員進修班擔任教務主任和教學工作。抗日戰争勝利後，復任鎮江省立體育場場長。一九四七年底應聘任上海市立體育專科學校教務主任。翌年任代理校長。

上海解放後，任華東師範大學體育系教授。一九四九年十月任上海市體育運動委員會籌備會副主任委員，并赴京參加全國體育總會籌備會成立大會，被選爲全國體總籌備委員。朝鮮戰争爆發後，積極投入抗美援朝運動。被選爲上海青年保衛世界和平體育活動委員會副主任委員。一九五二年任華東體育學院建院領導小組成員，兼體院附設華東體育幹部班主任。後擔任華東體院綜合教研室主任，開設『體育概論』、『體育行政』、『體育教學法』、『活動性游戲』等課程，并親自講授『體育行政』、『活動性游戲』兩課。一九五五年任體育理論教研組主任，主持編寫了《中國體育理論》和《體育學》講義。一九五九年夏，被聘爲《辭海》體育分科主編。一九六一年參加全國體育院系通用教材《體育理論》的編寫工作。一九五六年後，曾先後當選爲中華全國體育總會委員、全國田徑協會委員、全國體育總會上海市分會副主任、上海市體育運動委員會委員、上海市足球協會主席等職。著有《足球訓練法》、《籃球訓練法》、《排球裁判法》、《籃球裁判法》、《足球規則問答》等著作。一九七八年一月三十一日在上海病逝，終年七十八歲。

主要著作述要

《足球訓練法》：該書是系統指導足球訓練之專門教材，係作者有感世界足球之進步而國内對此運動缺乏引導而著。共分踢球、停球、頂球、盤球、奪與撞、扼要防阻法、停球進攻法、攻守聯合示範、任意球、角球、守門員帶球行走、罰十二碼球、球員之資格及常識、足球游戲訓練大綱等十五章，每章又分若干小節，較爲全面地介紹了足球運動訓練的各項要義。是書由上海勤奮書局於一九三五年出版。

《籃球訓練法》：該書係作者借西方籃球先進方法并結合其個人訓練經驗心得而撰成之籃球訓練專書，以期指導運動員與教練員提升籃球競技訓練水平。全書分籃球游戲簡説、籃球之基本技術、聯合防守法、聯合進攻法、特殊陣勢圖解、籃球隊之組織及管理、籃球之訓練七章，每章下分若干小節，較爲全面地介紹了籃球運動訓練的各項要義。該書由上海勤奮書局於一九三五年出版。

主要論著目録

《足球規則問答》，勤奮書局，一九三四年。

《足球訓練法》，勤奮書局，一九三五年。
《籃球訓練法》，勤奮書局，一九三五年。
《課外運動》，正中書局，一九四三年。
《國民學校運動場之設計》，正中書局，一九四八年。
《籃球裁判法》，勤奮書局，一九五二年。
《排球裁判法》，勤奮書局，一九五三年。

朱虛白

（一九〇〇—一九八一）

生平簡介

新聞活動家。宜興人。一九〇〇年十一月二十五日出生於宜興。先入私塾，一九一一年入宜興縣立第一高小，後畢業於江蘇省第三師範學校。考入北京大學政治系，一九二九年畢業後從事新聞工作。曾任北平《益世報》主筆，南京《民生報》總編輯。天津《大公報》、北平《晨報》駐京特派員，南京復旦通訊社及南京《朝報》主筆兼總編輯。一九三五年與蕭同茲（國民黨中央通信社社長）、錢滄碩（國民黨中央通信社上海分社主任）、管際安（《民報》總編輯）、程滄波（國民黨中央日報社社長）及成舍我等人共同創辦《立報》。一九三五年六月十五日，南京新聞學會成立，朱虛白任理事。一九三七年抗戰爆發，任《中央日報》廬山版主編，該年到貴州，任《貴州日報》總主編兼總編輯。一九四五年抗戰勝利，在上海主持《時事新報》。

一九四五年至一九四九年吴國楨主政上海，朱虛白任上海市特别政府新聞處長，後去臺灣，與好友在臺北合辦《經濟時報》，任發行人兼總編輯。一九五〇年三月開始擔任臺灣省政府新聞處處長四年，後調任臺灣『行政院新聞局』顧問兼主任秘書二年，後專任顧問十五年，期間曾兼任『國民大會』第三次會議、第一次臨時大會及第四次會議新聞組組長。一九五三年任臺灣當局『行政院新聞局』主任秘書。先後於政治作戰學校、文化大學、世界新專等校教授新聞科系，辦過《全民日報》，後來和其他兩報合併，即今臺灣《聯合報》。曾任復旦大學、臺灣師範大學、中國文化大學等校教授。主要著作有《中國報業史》、《新聞法規與新聞道德》、《新聞採訪學》、《三十年來的中國新聞事業》、《紅樓夢人物評傳》等。

朱虛白退休後任教於臺灣世界新聞學校，曾任臺北宜興同鄉會理事長，從一九六九到一九八〇年主編《宜興鄉訊》六年共五十七期，并主編《我們的故鄉宜興》特刊。一九八一年逝世於臺灣。

主要著作述要

《紅樓夢人物評傳》：本書共四十五篇，三十六萬字，對《紅樓夢》中每個重要人物作傳記，夾叙夾議，風格清新簡潔，論人論事，入木三分。後附有清代名家所繪人物圖譜二十四幅。

主要論著目録

《從政協到五人小組》，《中國國民》一九四六年第一卷第七期。

《新聞採訪學》，中國新聞函授學校，一九五四年。

《紅樓夢人物評傳》，臺北新興書局，一九六〇年。

王　庸

（一九〇〇—一九五六）

生平簡介

地理學家。幼名西元，字以中。生於清光緒二十六年（一九〇〇年）。無錫縣東埄㢮巷橋人。一九一四年進江蘇省第二工業學校土木工程專科學習。一九一九年考入南京兩江高等師範學校史地部，畢業後在無錫中、小學任教兩年。一九二五年以優異成績考取北京清華學校國學研究所研究生，親受梁啓超、王國維、陳寅恪等大師的指導，深究史地之學，開始撰寫《明代北方邊防圖籍録》、《海防圖籍録》。一九二八年畢業後留校任助教。兩年後離校南歸，在上海暨南大學、中國公學任講師。一九三一年，由陳寅恪介紹出任北平圖書館編纂委員兼輿圖部主任，撰成《中國地理圖籍叢考》。後應胡適聘任上海中國公學教授，并任《東南日報》副刊文史主編。一九三六年任浙江大學圖書館主任。兩年後，開始編寫《中國地理學史》。抗日戰争爆發後，由浙江赴内地，先後在湖南師範學院、雲南大學、西南聯合大學任歷史系教授。一九四一年，因父親去世，從昆明奔喪回無錫，後在梅村吴風中學代課，以維生計。抗日戰争勝利後，受聘於中央圖書館上海辦事處，整理書籍并編輯館刊。同時在暨南大學兼任史地系教授。因同情與支持學生的愛國民主運動，遭校方解聘。一九四七年，受聘無錫江南大學教授，并在無錫國學專修學校兼課。後又任蘇州國立社會教育學院新聞系主任。一九四九年四月無錫、蘇州相繼解放。王庸離開蘇州國立社會教育學院，至無錫縣立中學任高中部國文教師。翌年春，由鄭振鐸推薦，至南京圖書館任特藏部主任。一九五三年至南京大學任歷史系教授。一九五四年調任北京圖書館研究員兼輿圖組組長，并兼任中國科學院地理研究所研究員，編制《中國輿圖分類表》，撰寫《中國地圖史綱》。同時着手研究《山海經》和《水經注》，其手稿頗多創建。一九五六年三月十四日因患心力衰竭症逝世，終年五十六歲。

主要著作述要

《經濟地理學原理》： 該書專爲説明人類經濟生活所受的地理方面的影響，以及人類所以支配地理環境的能力，并考求人、地兩方面的經濟的關係。共分兩編。第一編爲『經濟地理要素分論』，下設『經濟地理之定義及其要素』、『物産與氣候』、『地勢與物産』、『土壤與物産』、『原動力之分配』、『民族與才力』、『康健與作業之氣候的影響』、『交易之地理基礎』、『運輸之地理基礎』九章； 第二編爲『經濟生活概要』，分『漁牧業』、『温帶農業』、『熱帶農業』、『林業』、『礦業』、『工業』、『商業』七章論述之。該書由上海商務印書館於一九二六年出版。

《中國地理學史》： 該書系統論述了中國地理，特別是地圖學、地志學、方志學的發展歷史。共分四章。第一章叙述了《山海經》(圖)、《禹貢》等原始地理圖志的發展與流變，兼及國外圖記的歷史； 第二章考察了秦漢至宋這一時期的地圖史； 第三章系統論述了秦漢唐宋的地志學的歷史； 第四章則對測量學、地球物理學、地文學、氣候學、經濟地理、人文地理等近代地理學的進步作了概要性的論述。全書并附有『華夷圖』、『禹迹圖』、『王志遠地理圖』和『明繪本山西鎮戰守圖略之一』四幅插圖。該書於一九三八年由商務印書館出版。

《中國地理圖籍叢考》： 該書係作者關於中國地圖地志的文章匯集，所收文章皆已發表於各報刊雜志。分爲甲乙兩編，共收文八篇。甲編三篇，爲《明代總輿圖匯考》、《明代北方邊防圖籍録》、《明代海防圖籍録》，均爲考證明代圖籍； 乙編除《中國地理學史訂補》外，均帶通論性質，兼評現代圖籍。但所據以評論之材料，則仍以舊圖籍之記録爲基礎。附録有《明代倭寇史籍志目》一文。該書於一九五六年由商務印書館出版。

主要論著目録

《經濟地理學原理》，商務印書館，一九二六年。

《中國地理學史》，商務印書館，一九三八年。

《中國地理圖籍叢考》，商務印書館，一九五六年。

《中國地圖史綱》，三聯書店，一九五八年。

張光宇

（一九〇〇——一九六四）

生平簡介

漫畫家，美術理論家。清光緒二十六年（一九〇〇年）出生。無錫北門外三里橋人。父親和祖父都是中醫，祖父兼長中國畫。張光宇自幼酷愛美術，曾隨祖母學習剪紙。十四歲到上海，跟新舞臺布景主任張聿光學習畫布景。一九一八年在上海《世界畫報》上發表了不少鋼筆畫，大多是戲劇人物和風景畫。二十歲時與三弟張正宇開設一家小型美術印刷廠。一九二一年任南洋兄弟烟草公司廣告部繪畫員，從事報紙廣告設計并繪制月份牌。一九二五年起，在英美烟草公司廣告部任職達七年之久，繪制黑白廣告、香烟畫片、巨型招貼廣告等。與此同時，他開始創作漫畫和諷刺畫。一九三三年首次創作了《紫石街》。徐悲鴻於一九三五年將這幅畫帶往蘇聯展出，頗獲好評。一九三四年，又與三弟一起組建時代圖書公司、時代印刷廠，創辦《時代漫畫》、《時代畫報》、《獨立漫畫》。并在《三日畫報》、《上海漫畫》上發表了不少單色或彩色的漫畫作品。他注意造型和色彩的夸張以及綫條運用的變化，使得構圖完美，藝術表現手法與思想内容相統一。連環畫《林冲》及《民間情歌》插圖是他這個時期的代表作。張光宇除了從民間藝術中吸取營養外，還重視向西方造型藝術學習。三十年代爲上海國際飯店繪製的巨幅壁畫，就明顯地表現出其受西方藝術風格的影響。

抗日戰爭全面爆發後，張光宇與三弟先後流亡香港。一九四三年春輾轉到達桂林，臨時建立家具裝飾公司。翌年，在全國漫畫聯展中，他所創作的諷刺國民黨官僚貪污軍餉丑行的《窈窕淑兵》得到好評。一九四五年至重慶籌辦中國美術工廠。這一時期，他創作的《西游漫記》，對國民黨的黑暗統治作了辛辣的諷刺，在一九四六年展出時轟動了山城，遭到國民黨當局禁展。他還創作了相當數量的諷刺畫，暴露社會種種黑暗現象，如《除蠅圖》（『小的拍一記，大的讓它飛』）、《宋子文招財進寶》等。後來匯編成《光宇諷刺畫集》出版。一九四八年在擔任香港進步的人間畫會會長期間，創作并發表了《水滸人物志》插圖綉像。

一九五〇年初，張光宇毅然回到北京，先後任北京中央美術學院、中央工藝美術學院教授，從事裝飾美術教學與傳統工藝美術研究。曾當選爲中國美術家協會理事。平日教學任務雖然繁重，但他創作從未間斷。《張光宇黑白插圖集》就是他這個時期優秀作品的結晶。晚年創作設計的動畫影片《大鬧天宫》贏得了世界聲譽。一九六四年逝世，終年六十四歲。

主要著作述要

《近代工藝美術》： 是書係《民國時期中文圖書出版總目録》『工藝美術』類圖書中最早全面評述介紹現代工藝美術的學術著作。全書共一九二頁，收入圖片、設計圖四百八十八幅。目録分『近代建築』、『室内裝飾』、『小工藝』、『染織工藝』、『商業繪畫』、『商業雕塑』（内文題目作『雕塑與廣告』）、『裝訂藝術』（内文題作『書面裝飾』）、『商業攝影』（内文題作『攝影廣告』）、『舞臺工藝』九個部分，并編入含《序言》在内的七篇介紹論述文字： 『旋轉體建築』、『板料與木器』、『意大利近代瓷器與邦蒂』、『玻璃的傾向』、『日本三十年工藝之概况』和『廣告攝影藝術』。文章和圖片説明均由張光宇撰寫。是書除介紹歐、美、法、德、日、意、丹麥等國建築、工藝品、家具之外，還介紹了國内藝術家的設計，如張氏本人的燈具及家具設計、標志、裝飾字、圖案、雜志封面設計、廣告及建築攝影等。是書於一九三二年由上海中國美術刊行社出版。

主要論著目録

《近代工藝美術》，上海，中國美術刊行社，一九三二年。

《水泊梁山英雄譜》，上海，學習出版社，一九四九年。

《西游漫記》，北京，人民美術出版社，一九五八年。

《張光宇插圖集》，北京： 人民美術出版社，一九六二年。

《林冲》，天津人民美術出版社，一九七七年。

《大鬧天宫》動畫片造型設計，上海人民美術出版社，一九八〇年。

《中國美術電影造型選集》，上海人民美術出版社，一九八〇年。

《張光宇文集》，濟南： 山東美術出版社，二〇一一年。

吴凱聲

（一九〇〇—一九九七）

生平簡介

法學家。號丹農，别名闓聲。一九〇〇年十一月十二日生，宜興和橋人。一九二〇年哈同大學畢業，同年考取江蘇省留學名額赴法國里昂大學讀書，兼任上海《申報》和新加坡《星洲日報》駐歐特約通訊員，一九二四年獲法學博士學位。後任巴黎大學最高國際法學院研究員，巴黎比較法學院駐華通訊院士，英國倫敦大學校外研究員。一九二六年回國，在上海法租界會審公堂當律師，爲中國出庭法租界的第一個律師，還出席英租界會審公堂，辦理不少案件。一九二八年後，先後任外交部長秘書、外交部法律顧問，駐日内瓦國際聯盟中國公使常駐代表，駐瑞士伯爾尼特命全權公使。一九三二年回國後仍當律師，參加中國民權保障同盟，擔任營救政治犯委員會委員并任義務法律顧問，爲陳賡、廖承志被捕案，營救泛太平洋產業同盟秘書牛蘭夫婦等重大案件擔任辯護律師。抗日戰爭期間，一九三九年任汪僞中國國民黨中央候補委員。一九四〇年三月三十一日任汪僞政權考試委員會副委員長，六月二十七日爲汪僞憲政實施委員會委員。一九四一年九月十八日爲汪僞駐意大利大使。一九四二年二月二十四日任駐克羅地亞大使。一九四三年四月一日爲汪僞接收法國專管租界委員，九月三十一日爲汪僞外交部次長。一九四五年一月二十六日任汪僞撤廢各國在華治外法權委員會秘書長。新中國成立後創辦上海滬江化工廠，任經理。一九六五年在上海外國語職業學校任法語教師。後任華東師範大學歷史系外國歷史研究室教授、顧問，上海社會科學院法學研究所特約研究員。一九八二年一月聘爲上海文史館館員。一九九七年八月二十七日逝世。

主要著作述要

《我國不平等條約之修訂》：商務印書館，一九三七年出版。共四章。摘録國民政府宣言中關於修約的對外政策，闡述新訂條約與關税自主、領事裁判權問題，英美等帝國主義對無條件廢除領事裁判權要求的阻撓及中國政府的態度等。附録中國與各國簽訂的關税條約等。

主要論著目録

《中國憲政史》，法國巴黎齊亞出版社，一九二五年。

《中國不平等條約史》，法國巴黎齊亞出版社，一九二五年。

《我國不平等條約之修訂》，商務印書館，一九三七年。

《繪畫詩稿》，學林出版社，一九八九年。

吴文藻

（一九〇一——一九八五）

生平簡介

社會學家、民族學與人類學家。一九〇一年四月十二日出生於江陰縣（今江陰市）夏港鎮一個小商人家庭。冰心丈夫。五歲上小學，高小畢業後，以優異的成績考入南菁中學。一九一七年考入北京清華學堂。清華學堂是現清華大學的前身，當時是官辦的留美預備學校，學制八年。在這里，他開始接觸到與中國傳統封建文化不同的西方資本主義文化，頭腦里逐漸産生了朦朧的資産階級民主主義意識。一九一九年，『五四』愛國運動爆發，他的思想發生了很大的變化，懷着拯救民族危亡的激情，投入到游行隊伍。『五四運動』的洗禮，使他確立了學習西方振興中華的思想，奠定了他的愛國主義和民主主義的思想基礎。

一九二三年他赴美國留學，進入達特茅斯學院社會學系，開始直接接觸大量的西方社會政治思想史及相關學説，全身心地投入到學習和研究之中。他先後學習了社會學、經濟學、人類學、心理學、法學、歷史學、統計學、人口學、邏輯學、倫理學、生物學、化學等衆多課程，并自學法文和德文。獲學士學位後，進入紐約哥倫比亞大學研究生院社會學系攻讀博士學位。哥倫比亞大學是當時美國人類學歷史學派的重鎮，他對人類學也産生了濃厚的興趣。這對他今後把人類學與社會學結合在一起進行研究的學術生涯産生了重大影響。後撰寫以《見於英國輿論和行動中的中國鴉片問題》爲題的博士論文，體現了他對中國社會問題産生的歷史根源的思考。一九二八年，獲博士學位，并榮獲校方頒發的『最近十年内最優秀的外國留學生』奬狀。隨後，取道歐洲，經蘇聯，於一九二九年初回國。

一九二九年回國後，任燕京大學教授，并在清華大學兼課。六月與冰心（謝婉瑩）結婚。吴文藻大力提倡和推行社會學中國化的主張，對當時中國的民族學和社會學基本上模仿或照搬西方模式進行了『中國化』的改造，并選擇英國功能學派的理論來研究中國的國情，創造出具有中國特色的新的研究思路。寫了《功能派社會人類學的由來與現狀》一文，對功能學派作了系統的介紹，并切實組織對中國國情的研究。針對中國的國情，提出進行社區研究的方案，即『用同一區位或文化的觀點和方法，來分頭進行各種地域不同的社區研究』，取得一定成果，對當時的民族學和社會學的中國化起了很大的促進作用，并培養了費孝通、林耀華、黄華節、黄迪等專業人才。

一九三七年『七七事變』爆發，日軍全面侵華，吴文藻的教學和學術研究生涯被中斷。一九三八年夏，吴文藻辭去燕京大學社會學系主任和法學院院長職務，率家南下，加入抗日行列。南下以後，在昆明雲南大學任社會人類學講座教授，并籌建雲南大學社會學系。一九三九年社會學系成立後，他就任系主任。爲了把民族學和社會學中國化的事業繼續下去和爲同行們創造研究條件，他又籌建燕京大學與雲南大學合作的實地調查工作站，并和其他同行一起成立雲南人類學會。一九四〇年底，到設在重慶的國民黨國防最高委員會參事室擔任參事工作，并負責研究邊疆的民族、宗教和教育問題并提出處理意見，又兼任蒙藏委員會顧問和邊政學會的常務理事，客觀上也有助於他繼續關心民族學和社會學中國化的事業。在這期間，他又參與籌建燕京大學成都分校，參與發起和領導『邊政學會』和主持《邊政公論》的編輯和發行工作，并寫了著名的《邊政學發凡》一文（載《邊政公論》一九四二年第一卷第五、六合期）。還曾去印度考察民族和宗教冲突問題，去新疆考察西北民族問題，利用去美國參加太平洋學會年會的機會，瞭解美國社會學、人類學和心理學發展的最新狀况等。

抗戰勝利後，一九四六年赴日本任中國駐日代表團政治組（第二組）組長并兼任盟國對日委員會中國代表顧問。在此期間，他廣泛考察日本的全面情况，包括戰後日本的政局和戰後重建的情况，如天皇制、日本新憲法、政黨、財閥、工人運動、戰後經濟復興計劃等。

由於吴文藻長期目睹國民黨政府的腐敗無能，在日本期間，當他得知新中國成立的消息，便下了與國民黨政府徹底決裂的决心，并得到冰心女士的贊成和支持。一九五〇年，他毅然辭掉駐日代表團的一切職務，退出代表團，脱離國民黨政府。他以新加坡《星檳日報》駐日記者的身份在東京留居一年後，趁美國耶魯大學邀他去任教的機會，繞道香港，於一九五一年秋回到新中國的懷抱。

回國後，吴文藻被推舉爲全國政協委員。從一九五三年起，任中央民族學院教授，擔任民族研究部『國内少數民族情况』教研室主任和歷史系『民族志』教研室主任，致力於研究國内少數民族情况。一九五七年，他被錯劃爲右派。失去了繼續從事社會學和人類學研究的機會。一九五九年後從事編譯工作。校訂了幾種少數民族史志（即『三套叢書』）和自治地方概况，爲中宣部提供西方社會學新書名作的評介和資料摘編，審閲和修訂《辭海》第一版民族類詞目，多次爲外交部提供有關邊界問題的資料和意見，校訂《不要再有戰争》和《中印邊境》等譯稿。此外，他還與費孝通共同搜集有關帕米爾及其附近地區歷史、地理、民族情况的英文參考資料等。參加翻譯并校訂尼克松的《六次危機》，海斯·穆恩、韋蘭合著的《世界史》，豪韋爾斯的《世界史綱》等書。

中共十一届三中全會之後，一九七九年得到徹底平反，被聘爲中國社會學研究會顧問。一九八〇年被聘爲第一届中國民族學學會顧問。還曾擔任中國世界民族學會、中國人類學學會、中國西南研究會顧問以及湖北社會學學會會長。晚年，他不顧年老體弱，在助手的協助下寫成《英國功能學派人類學今昔》、《戰後西方民族學的變化》、《新進化論》等有分量的論文。一九八五年九月二十四日病逝。在冰心女士的努力下，從一九九六年開始，中央民族大學設立吴文藻文化人類學奬學金。

在學術研究方面，吴文藻特别强調文化因素對社會的影響，提倡對文化制度進行功能分析，是中國功能學派的領頭人。在人類學注重落後地區研究，社會學注重現代社會分析，兩者界限分明的情况下，他認識到兩者之間密切的關係，開創教授社會學和文化人類學相結合的方法，并且打破兩種學科之間的森嚴界綫，將兩者的理論、方法熔爲一爐，倡導社區研究，使社區研究在二十世紀四十年代成爲中國社會學盛極一時的研究領域，取得了豐碩的成果。

吴文藻倡導社區研究，與他一貫提倡的社會學中國化的主張是分不開的。他認爲社會學要中國化，最主要的是要研究中國國情，即通過實地調查中國各地區的社會狀况，提出改進中國社會結構的參考意見。在他看來，社區研究不僅應使用實地觀察技術，而且要使用比較方法，以全面、詳細地瞭解社會狀况。

主要著作述要

《吴文藻人類學社會學研究文集》：收録吴文藻關於人類學與社會學方面的研究論文十五篇，包括：《民族與國家》、《文化人類學》、《蒙古包》、《德國的系統社會學派》、《功能派社會人類學的由來與現狀》、《現代社區研究的意義和功用》、《西方社區研究的近今趨勢》、《布朗教授的思想背景與其在學術上的貢獻》、《論文化表格》、《如何建立中國社會科學的基礎》、《邊政學發凡》、《印度的社會與文化》、《英國功能學派人類學今昔》、《戰後西方民族學的變遷》、《新進化論試析》等，書前有冰心女士寫的序言。該書是吴文藻多年從事人類學、社會學研究重要成果的集中展示。

主要論著目録

《民族與國家》，《留美學生季刊》一九二六年第十一卷第三號。

《見於英國輿論和行動中的中國鴉片問題》（原文爲英文），美國紐約學術出版社，一九二八年。

《馬克思派社會主義與費邊派社會主義的比較》，《社會問題》一九三一年第一卷第四期、第二卷第一期。

《文化人類學》，上海黎明書局，一九三二年。

《吴文藻人類學社會學研究文集》，民族出版社，一九九〇年。

《現代法國社會學》，『上篇』載《社會學刊》一九三二年第三卷第二期；『下篇』載《社會學刊》一九三三年第四卷第二期。

《季亭氏的社會學學説》，《社會學刊》一九三三年第四卷第一期。

《蒙古包》，《社會研究》一九三四年第七十四期。

《德國系統生活學派》，《社會學界》一九三四年第八卷。

《現代社區實地研究的意義和功用》，《社會研究》一九三五年第六十七期。

《西方社區研究的近今趨勢》，《社會研究》一九三五年第八十一期。

《馮維史的經驗學派社會學》，《社會研究》一九三五年第八十六期。

《中國社區研究的西洋影響與國内近狀》，《社會研究》一九三五年第一百零一、一百零二期。

《社區的意義與社區研究的近今趨勢》，《社會學刊》一九三六年第五卷第一期。

《布朗教授的思想背景與其在學術上的貢獻》，《社會學界》一九三六年第九卷。

《對於中國鄉村生活社會學調查的建議》（編譯，原著：拉得克利夫-布朗），《社會研究》一九三六年第一百一十六期。

《論文化表格》，《社會學界》一九三六年第十卷。

《民主的意義》，《今日評論》周刊一九四〇年第四卷第八期。

《論社會制度的性質與範圍》，《社會科學》一九四〇年創刊號。

《如何建立中國社會科學的基礎》，《三民主義周刊》一九四一年第二卷第九期。

《邊政學發凡》，《邊政公論》一九四二年第一卷第五、六期合刊。

《印度的社會與文化》，《文化先鋒》一九四三年第二卷第十六期。

《英國功能學派人類學今昔》，《民族研究》一九八一年第一期。

《戰後西方民族學的變化》，《中國社會科學》一九八二年第二期。

《世界史綱——生物和人類的簡明史》（譯、校，原著：赫·齊韋爾斯），人民出版社，一九八二年。

《吴文藻自傳》，《晋陽學刊》一九八二年第六期。

《新進化論試析》，《民族學研究》一九八五年第七輯。

祝世康

（一九〇一—一九八二）

生平簡介

經濟學家，社會活動家。又名廷模，字堯人，筆名魯膺。清光緒二十七年（一九〇一年）六月初二日出生於無錫縣楊墅園，後隨全家遷居無錫城區祝棧弄。幼年先入私塾，後進無錫城北小學讀書，一九一八年考取蘇州晏成中學，第二年轉入上海浦東中學。時值『五四』運動，他主編校刊《歇浦潮》，積極投身於反帝愛國鬥爭。一九二〇年畢業，考取北京法政大學經濟系。一九二四年畢業後赴美國留學，入錫拉丘兹大學，選讀商業、保險、理財、公共財政等科。一九二五年獲理財學碩士學位。同年秋轉入哥倫比亞大學，依阿華大學，選讀銀行學、國際貿易、國際金融等科。在此期間，閱讀了一些馬克思主義的理論書籍，思想傾向進步，因而轉到印第安納大學選讀勞動立法、社會保險和美國工人運動史。一九二七年撰寫以《中國勞工運動》爲題的畢業論文，獲經濟學博士學位。

一九二八年回國，至上海擔任英文《中國》月刊的主編，同時兼任上海交通大學教授。一九二九年，他應聘先後擔任南京國民政府鐵道部首都設計委員會英文秘書、工商部法規委員會委員兼代勞工司司長，并在中央大學任教。一九三〇年五月參加中國代表團出席在日内瓦召開的第十四届國際勞工大會，擔任代表團的勞方顧問。在會上，他以『五卅』慘案血的事實，向全世界人民揭露了日本帝國主義在華暴行，得到與會各國代表的聲援，引起國際輿論對『五卅』慘案的重視。一九三一年擔任立法院秘書兼編審處編修，曾主編《各國比較憲法》一書。一九三三年在上海復旦大學任教，後任中央銀行經濟研究處專門委員，主編《中央銀行月報》（英文季刊）和《各國貨幣銀行法規匯編》等書刊。一九三四年後，先後參加中央信托局和中央儲蓄會的籌備工作；就緒後任中央儲蓄會副經理，創辦有奬儲蓄業務。

『八一三』事變後，祝世康與李公樸等人組織抗敵後援會，任金融組主任，積極向社會各界籌募經費和慰勞品，支援抗日鬥争。同年十二月奉命去重慶，經辦中央儲蓄會的遷川工作，繼續擔任副經理，後任經理，并兼任中央信托局儲蓄處經理。

祝世康是民生主義經濟學的倡導者，抗日戰争期間，在重慶發起組織民生主義經濟學社，編輯出版學術刊物《經濟論衡》。他積極參加愛國民主運動，與在重慶的董必武、林伯渠、吴玉章等中共領導人取得直接聯繫，利用中央儲蓄會經理一職爲掩護進行地下活動。與鄧初民、王昆侖、陶行知等著名民主人士一起，多次發起召開民主座談會，宣傳團結抗日，反對國民黨專制統治。他還參與幾個民主黨派的擘劃創立工作，并從經濟上給與很大的支援。如一九四一年參加黄炎培、章乃器、施復亮等組織的憲政座談會（民主建國會前身），贊助出版《憲政月刊》等；一九四三—一九四五年任農工民主黨中央候補執行委員兼財務委員會主任，積極爲農工黨黨刊《中華論壇》撰稿和籌集經費；一九四三年與楊杰、譚平山等籌組三民主義同志聯合會（中國國民黨革命委員會前身），擔任『民聯』章程的起草工作，并協助中共對一些國民黨將領進行策反等。國民黨當局將其列入黑名單。一九四五年夏，他被迫辭職回到上海。在滬期間，先後擔任天立建業公司董事長、天新化工廠常務監察、重慶商業銀行上海分行董事等職，并繼續進行農工民主黨的地下活動。該黨最初的一二次會議就在他家舉行。農工黨黨刊《中華論壇》在上海復刊時，他個人籌募四百萬元經費。一九四八年，與連瑞琦、楊嘯天等發起成立中國民主同志會。上海解放前夕，他冒着生命危險竭力掩護民革成員王葆真從事地下活動。

上海解放後，董必武曾邀祝世康赴北京工作。祝世康因當時重病在身，未能成行。一九五五年，擔任上海市政協委員、農工民主黨上海市委員會常務委員。從一九五六年起，擔任上海市人民政府參事室參事。祝世康對社會學和經濟學造詣很深，撰寫了不少學術論著，翻譯過多種社會科學書籍和文學作品。出版的主要著譯有：《中國勞工運動》、《勞工問題》、《社會保險》、《民生主義與世界改造》、《民生主義與社會保險》、《布格·雅加爾》、《笑面人》、《來自競争的繁榮》等。一九八二年八月二十日病逝於上海，終年八十一歲。

主要著作述要

《勞工問題》：是書系統研究了中國勞工諸方面之問題。全書分十章，分别就勞工運動之發展、失業問題、工資問題、工會之組織、工會之行動、勞資糾紛之消弭、勞動保險、勞動立法等方面進行論述與研究，是我國較早以勞工爲研究視角的一部學術著作。是書由上海商務印書館於一九三四年出版。

主要論著目録

《中國勞工運動》(英文版),商務印書館,一九二八年。
《勞工問題》,商務印書館,一九三一年。
《經濟建設之途徑》,世界書局,一九三三年。
《社會保險》,上海,南京書店,一九三五年。
《民生主義與世界改造》,正誼書店,一九四三年。
《民生主義經濟學體系》,正誼書店,一九四四年。
《民生主義與社會保險》,正誼書店,一九四四年。

胡焕庸

(一九〇一—一九九八)

生平簡介

人口地理學家。字肖堂,清光緒二十七年(一九〇一年)十一月二十日生於宜興扶風橋。幼年喪父,家境清貧,一九一五年考入江蘇省立第五中學,一九二三年畢業於南京高等師範學校文史地部。一九二三至一九二六年在江蘇省立第八中學(今揚州中學)任教。一九二六年夏獲東南大學理學士學位,同年赴巴黎大學和法蘭西學院進修。一九二八年回國後,任中央大學地理系系主任、研究所所長等職,成爲著名科學家竺可楨的重要助手,并繼承他所開創的地理學、氣象學事業。他主持編寫教材，編繪挂圖，組建中國地理教育研究會，創刊《地理教育》，爲培養地理人才發揮重要作用。一九三四年率青年教師考察蘇北的水利和鹽墾事業，并開始系統地研究人口地理學，同年發表了論文《中國人口之分布》，附中國第一張等值綫人口密度圖，以瑷琿、騰冲一綫分全國爲東南和西北兩半壁東南部36%的土地上集中了中國96%的人口，此一分析至今基本不變，被國際學術界稱爲『胡焕庸綫』。他首先提出中國農業區劃方案，一九三六年發表了《中國之農業區域》一文，附有第一張中國農業區域圖。抗戰中，他隨學校内遷重慶，側重於教授中國經濟地理課程，并設立地理研究部，開始招收地理學研究生。一九四六年赴美國任馬里蘭大學地理系研究教授。一九五〇年受聘參加治淮工作，任治淮委員會技術委員兼資料室主任。一九五三年調入華東師範大學從事自然地理的教學和研究，曾任人口地理研究室主任、人口研究所所長。一九六四年起，在華東師範大學地理系西北美地理研究室研究西歐經濟地理，教學也轉向世界地理。八十年代則主要從事人口地理學碩士和博士研究生的培養，從一九八五年起擔任博士後研究站的指導教授。後兼任中國人口學會顧問、中國地理學會名譽理事、上海市人口學會名譽會長等。一九九〇年被聘爲中國行政區劃研究中心顧問。一九九八年九月三十日卒於上海，終年九十七歲。

主要著作述要

《中國人口之分佈》：南京鍾山書局一九三五年出版，最早發表在中國地理學會學刊《地理學報》一九三五年第三卷第二期上。這是中國人口地理學的重要著述，并附有中國第一張人口密度圖。當時中國總人口達四億五千八百萬，胡焕庸以每個點表示二萬人，根據調查的實際情况將二萬餘個點子落實到地圖上，再以等值綫法畫出人口密度圖。繼而進一步分析指出中國人口分佈存在著極端的地區性不平衡，從黑龍江省的瑷琿到雲南省的騰沖劃一斜綫，可以清楚標識以此綫分出的東南半壁和西北半壁人口密度懸殊的情况。東南半壁雖只占全國土地面積的36%，而人口却占總人的96%；西北半壁雖占全面土地面積的64%，而人口僅占全國總人口的4%，這個現象主要是由於地理環境和農業基礎的地區差異所造成。該文内容不限於人口的數量研究，而著重探討自然、社會，特别是農業生産條件對人口增長和分布的影響。發表不久即被美國GeographicalReview雜誌全文翻譯介紹，英、德地理刊物亦相繼介紹，認爲該文不僅開創了中國人口地理研究，同時也奠定了中國人口地理學的基礎。『瑷琿—勝沖』這條東北至西南斜綫準確反映了中國人口地理基本情況，從而一直爲外國學者所確認和引用，並被稱爲『胡焕庸綫』。該文所提示的東南半壁與西北半壁的差異至今仍然有著指導意義。

《人口研究論文集》：胡焕庸等著，華東師範大學出版社。從一九八一年以來，華東師大人口研究所每年編印一册《人口研究論文集》。如第二輯收録胡焕庸《前言》、《通過人口密度研究人口政策》、《關於我國理想人口》、《我和人口地理學》、《東北地區人口發展的回顧與前瞻》、《新疆人口的過去、現在和未來》、《中國人口史提要》、《解放前五十年中國學術界研究人口的概況》、《人多地少是上海市城市總體規劃的重要依據》等論文。第三輯共二十八篇文章，集中在三個專題：人口區域規劃，人口生態和上海市人口問題。收録胡焕庸執筆的共有七篇：《人口目標與人口區劃》、《中國八大人口區的特徵與展望》、《新疆的人口地理與人口區劃》、《雲南的民族與人口區劃》、《昆明市的人口分布和人口密度》、《黑龍江省的人口密度與人口規劃》、《上海南匯縣的人口密度與計劃生育》。

《中國八大區人口增長經濟發展的過去與未來》：華東師範大學出版社，一九八六年版。該書是作者的論文集。全書收録《五十年代末中國人口的增長和八大區的人口經濟發展》、《中國東北經濟區最近一百年中人口增長近二十倍》、《今後中國人口地區調整的設想》、《内蒙古人口密度和人口區劃》等四篇論文。各篇均附有全文或摘要的英文譯文。論文中根據我國生態環境和經濟情況的種種差異，將全國劃分爲八個人口大區，首次提出八大區的人口特徵及其相互差異。

《中國人口地理簡編》：重慶出版社一九八六年版。人口地理學研究人和地的關係，特别重要的是研究人口在地面的分布和遷移。各地的自然情況千差萬别，絶不會是匀一的；在一定時期内和一定的經濟發展水平下，人口的地區分布决不會是均衡的，而且隨時會有遷徙移動。在中國九百六十萬平方公里的國土内，既有高原，也有平原；既有年多雨濕潤區，也有沙漠與戈壁。它們的地區經濟發展水平不同，因而人口承載量的大小就會十分懸殊。本書主要根據八大人口區的設想，先總論，後分區，簡明扼要加以論述。有些是作者發表過的論文，有些也引用其他方面的資料。既以人口地理爲核心，也兼及國土整治與經濟圈開發，因爲它們實際是互相聯繫的。

《淮河的改造》：新知識出版社一九五四年版。淮河是長江和黄河之間的一條經常泛濫成灾的大河。新中國成立後不久，毛主席發出『一定要把淮河修好』的指示。在共産黨和人民政府的領導下，在蘇聯專家的幫助下，蘇皖兩省人民對淮河進行了初步根治，使淮河的面貌起了根本的變化。本書分析了淮河泛濫的原因，淮河的地理環境和水文，三年來改造淮河的主要工作，以及已經獲得的偉大成就等等，并指出了淮河流域美好的將來。

《蘇聯自然地理概論》：新知識出版社一九五五年版。本書介紹了蘇聯自然地理的一般情況，同時也介紹了蘇聯人民利用自然和改造自然的重要措施。全書分『總論』和『地區概述』兩篇。在『總論』一篇內，就自然地理各要素，對蘇聯的自然環境作了全面性的總述；在『地區概述』一篇內，先就地理區的劃分和地理改造的特點作了總的叙述，然後再分區叙述它們的自然概況，分別指出各區的自然特點，以及它們在共産主義建設中所起的作用。

《法國經濟地理》：胡焕庸、周之桐編著，天津人民出版社一九八一年版。本書以二十世紀七十年代中期以來的發展爲重點，介紹了法國經濟地理的一般情況。首先分述法國自然資源與人力資源的基礎，接着評述法國能源對外的依賴，其次較詳細地介紹農業生産和工業生産各部門的情況，再次比較各類交通運輸的作用，以及對外貿易的各類商品和各個國家所占的比重，最後就地區發展和城市功能作一概述。全書附圖三十五幅，附表四十三個。

《德國地理》：新知識出版社一九五七年二月第一版。德國位於歐洲中部，第二次世界大戰以後，分裂成爲兩個國家，東部是德意志民主共和國，西部是德意志聯邦共和國。本書系統地介紹了德國的位置和疆域、自然概貌、居民和歷史、經濟概況以及區域地理等，並對民主德國和聯邦德國，有重點地分別做了介紹。

《世界氣候的地帶性與非地帶性》：胡焕庸、康淞萬等編著，科學出版社一九八一年版。本書介紹全球氣候的一般規律，也即氣候地帶性規律。同時，又從具體洲和國家的分析中，使讀者了解一般性規律因受非地帶性因子的干擾而顯示的種種差異。關於地帶性一詞，有些文獻使用範圍很廣，因而有緯度地帶性、經度地帶性和垂直地帶性等説法。本書所用地帶性一詞，專指緯度地帶性；非地帶性指『經度地帶性』和垂直地帶性，本書詳細論述前者。

《人口發展和生存環境》：胡焕庸、嚴正元編著，華東師範大學出版社一九九二年版。本書論述了世界人口的增長，種族、民族的形成發展及人口分佈和生存的環境問題。

《世界海陸演化》：胡焕庸、陳業裕編著，商務印書館一九八一年版。本書爲紀念中國科學地理學、氣象氣候學奠基人竺可楨誕辰九十周年而寫。介紹了二十世紀七十年代末世界地學革命的概況。從地理學的角度，以新全球構造論爲中心，運用大陸漂移、洋底擴張、板塊構造等理論和觀點，分別解釋世界海洋與大陸的起源、發展和演化過程。介紹有關板塊移動驅動力、地磁倒轉、洋底擴張等問題和中國大陸板塊分合的設想。論述了大陸漂移對古氣候和古生物的影響情況。

主要論著目録

《戰後新世界》，商務印書館，一九二四年。

《約翰白吕納的人生地理學》，《地理雜志》一九二八年。

《法國之地理學》，《新地學》，鍾山書局，一九三三年。

《東𤅾考察記》，《方志月刊》一九三三年。

《法國地志》，鍾山書局，一九三三年。

《中國人口之分佈》，南京鍾山書局，一九三六年。

《氣候學》，香港商務印書館，一九三六年。

《中國人口之分布》，《地理學報》一九三五年。

《白吕納人地學原理譯本序》，《方志月刊》一九三五年。

《江蘇圖志》，中央大學地理系，一九三五年。

《兩淮水利鹽墾實録》，中央大學地理系，一九三五年。

《黄河志氣象篇》，商務印書館，一九三六年。

《中國商業地理大綱》，《地理學報》一九三六年。

《中國之農業區域》，《地理學報》一九三六年。

《國内交通與等時綫圖》，《地理學報》一九三六年。

《四川地理》，正中書局，一九三九年。

《國防地理》，青年書店，一九三九年。

《世界經濟地理》，青年書店一九四〇年。

《蘇聯經濟地理》，青年書店，一九四一年。

《美國經濟地理》，青年書店，一九四二年。

《中國經濟地理》，青年書店，一九四三年。

《日本地志》，京華印書館，一九四四年。

《朝鮮地志》，京華印書館，一九四五年。

《臺灣和琉球》，京華印書館，一九四五年。

《經濟地理》，正中書局，一九四八年。

《兩淮水利》，正中書局，一九四九年。

《淮河》，中國青年出版社，一九五一年。

《古地理學教程》，華東師大講義，一九六三年。

《世界海陸演化》，商務印書館，一九八一年。

《世界人口地理》，華東師範大學出版社，一九八二年。

《中國八大區人口密度與人口政策（中英文版）》，上海外語教育出版社，一九八三年。

《淮河水道志》，淮河志編纂辦公室，一九八六年。

《中國人口地理》，華東師大出版社，一九八五—一九八六年。

《中國東部、中部、西部三帶的人口、經濟和生態環境》，華東師大出版社，一九八九年。

《中華人民共和國人口分佈圖》，中國地圖出版社，一九八九年。

《中國人口的分布、區劃和展望》，《地理學報》一九九〇年。

《胡焕庸人口地理選集》，中國財政經濟出版社，一九九〇年。

《人口發展和生存環境》，華東師範大學出版社，一九九二年。

秦森源

（一九〇一——一九二五）

生平簡介

作家。女。字筠芬，一字思潛，别署鑄魂。清光緒二十七年（一九〇一年）四月初二生於無錫書香門第秦家，爲秦毓鈞長女。自幼即接受啓蒙教育，七歲進入由蔡元培、黄炎培創辦的『愛國女學』，接受民主主義思想的教育，後因『蘇報』案牽連，學校被迫停辦解散。後轉入務本中學（即後來的上海二女中前身）。秦森源天資聰穎，在名師教導和家父家風的熏陶下，學校會考屢得上第。就學務本中學期間，正值『五四』運動前夕，秦森源所受到的新思想的啓蒙熏陶，使其對社會問題、社會責任有了全新的認識，奠定了她人生觀的基礎。『五四』運動更給她以巨大的震撼，殘酷的現實鬥争，衝擊了她對舊社會的幻想，進一步增强了她反帝、愛國、女權革命的思想。二十歲時，因其父應聘任《錫報》總主編，遂從之回返故鄉，進入由無錫著名教育家侯鴻鑒（葆三）創辦的競志女子中學。一九二一年，競志學生自治會換届選舉，她被選爲自治會評議部部長及閱書會副會長，并擔任《競志》周刊編輯，發表針砭時弊的見解，熱情歌頌秋瑾、鄒容、羅蘭、比茶，成爲一名革命作家和詩人。一九二二年，中華民國成立十周年，她發表了文筆犀利、情感激烈、充分抒發其憂國憂民思想的文章。還向校長侯葆三提議，應創辦女子大學，對辦學經費、校舍建設、學制設定、學科制定等提出一系列設想。回無錫的三年時間，秦森源目睹了直奉戰争、『沙田慘案』、『二七慘案』等紛擾的時局，她運用自己的筆評論地方弊政，痛斥土豪劣紳。常年的積勞，使其患上淋巴結核，然她并未因病痛而放下手中之筆。一九二五年三月十二日孫中山逝世，她寫下《我們爲什麼要追悼孫中山先生》一文，刊發在當時的《新無錫報》上。四月五日，無錫各界在第三師範學校召開孫中山追悼會，她抱病趕赴現場參加。回去後即寫了《本邑中山追悼會衆所得到兩個深刻的感覺》一文，發表在六月一日的《無錫評論》十五期上。此後，她不顧病魔的日益折磨，在極度衰弱的情况下，以頑强的意志寫下了《革命家的責任》等多篇抨擊時弊的犀利鴻文，先後刊載在《血泪潮》、《無錫評論》、《無錫新聞報》等刊物上。此時她的文章更爲成熟，文中透徹地分析了民族資産階級革命的不徹底性所帶來的根本性問題。《整理時局神聖無上之條件》，是她拼盡最後一點心力，在病入膏肓之時所留下的最後一篇振聾發聵的文章。一九二五年底，無錫革命形勢急轉直下，錫社被查封，《無錫評論》及骨幹人員被迫急遷上海，《無錫新聞報》報館被毁停辦。彌留之際，秦森源囑其父將其詩文手稿命名爲《後樂軒遺集》，送書館保存。十二月二十五日秦森源逝世，年僅二十四歲。

主要論著目録

《秦森源遺集》：香港，天馬圖書有限公司，二〇〇四年。

錢海岳

（一九〇一——一九六八）

生平簡介

南明史學家，字騰英。生於清光緒二十七年（一九〇一），無錫城内鎮巷人。父錢麟書，光緒十五年恩科舉人，曾任績溪知縣。錢海岳幼承家學，被當時名宿譽爲『奇才』。四歲識字，七歲爲詩文，九歲讀完九經。在文史方面打下堅實基礎。十多歲時，即以駢體文聞名，且性好游覽。早年的文字，曾結集爲《海岳文編》、《海岳游記》。一九二五年畢業於北京朝陽大學政經科，在北洋政府印鑄局文牘課任職。不久離京南下，至廣州參加國民革命軍的北伐。一九二八年抵南京，經邵力子介紹，任國民革命軍總司令部參謀處秘書。後調任國民政府軍政部陸軍秘書，後在國民政府多個部門任職。從事案牘文書工作。

『九一八』事變後，中國内憂外患，舉步惟艱，他有志於從歷史經驗教訓中尋找民族求生的出路，任職之餘，便專注於南明史的研究。一九三七年任國民黨中央宣傳部部長室幹事。隨國民政府西遷。一九三八年任國民政府考試院秘書，三年後改任開國文獻館專門委員。一九四三年赴新疆，任邊防督辦公署秘書處副處長。一年後改任新疆女子學院院長，兼該院中文系教授。一九四八年回南京，繼續在開國文獻館任職。

一九四九年回無錫，任無錫國學專修學校教授。同年七月，無錫國專更名爲無錫中國文學院，他繼續任教務長。一九五〇年七月，去華東革命大學政治研究院學習。結業後分配至蘇州博物館工作。曾任中國國民黨革命委員會蘇州市委委員、蘇州市政協委員。江蘇建省後，一九五六年調江蘇博物館工作。任助理研究員。一九六〇年調南京圖書館，主持《江蘇通志稿》的整理工作。同時在南京大學歷史系兼課，講授南明史。曾被推選爲江蘇省第三届政協委員。一九六四年，歷時四十餘年的《南明史稿》完稿，全書一百二十卷，約三百萬字。『文化大革命』中遭受迫害，於一九六八年一月十四日不幸逝世，終年六十七歲。

得以平反昭雪。生前著作尚有《重修清史商榷》、《哀蟬落葉集》、《明清故宫詞》、《吴越國故跡考》、《能史閣文集》、《禹跡考》、《訂補歷代州域形勢》等。

主要著作述要

《南明史》：是書一百二十卷，紀傳體史書。錢海岳編著。仿歷朝正史體裁，分本紀五（安宗弘光帝本紀一、紹宗隆武帝本紀一、昭宗永曆帝本紀二、監國魯王本紀一）、志九（曆志一、禮志一、選擇志一、食貨志一、兵志一、藝文志四）、表十（諸王世表四、諸臣封爵世表四、宰輔年表一、七卿年表一）、列傳九十六。紀事自崇禎十七年（一六四四）五月弘光帝於南京登基起，至永曆三十七年（一六八三）八月嗣延平郡王鄭克塽降清止，首尾共四十年，涉及南明政治、軍事、經濟、文化各個社會面，記載量達三百五十萬字。作者畢四十餘年之精力，參閲三千四百餘種圖書文獻，鈎稽爬梳，細爲條理，爲紛繁蕪雜的南明歷史提供了一份系統的基本資料，可供「治晚明史者參考」（《自識》）。是書由中華書局將前九十六卷謄清稿與後二十四卷草稿合併，於二〇〇六年整理出版。

主要論著目録

《海岳游記》，鉛印本，一九二八年。
《海岳文編》，鉛印本，一九三二年。
《浣花樓詩集》，稿本。
《南明史》，中華書局，二〇〇六年。
《出塞紀行：明十三陵》，《新中華局刊》一九四四年，第二卷第五期。
《鄭成功在軍事上的貢獻》，《南京大學學報》。

王寅生

（一九〇二—一九五六）

生平簡介

經濟學家，筆名王瀛昇、虎子、葉民、健民、任民、衛令敦。一九〇二年四月生於無錫縣城内東河頭巷的一個手工業家庭。少時就讀於東林小學，一九一七年考入江蘇省立第三師範學校，畢業後執教於無錫縣立乙種實業學校。一九二二年夏，考入北京大學歷史系，專攻中國古代史和近代史，逐步接受了馬克思列寧主義的理論。一九二七年兼任北新書局編輯部主任，積極組織出版各種文藝和進步的社科書刊。一九二八年夏畢業，回江蘇省立無錫中學任教，因宣傳進步思想，主張教學改革，被迫離校。其間編譯《中國農民經濟》、《世界農民經濟》兩書，遭到當局查禁。一九二九年初，應陳翰笙邀請，至上海國立勞動大學講授中國農業經濟史，旋到國立中央研究院社會科學研究所工作。自一九二九年至一九三三年，協助主持無錫、保定的農村調查，并與同仁合作撰寫調查報告。一九三三年初，與陳翰笙等在上海發起成立由中國共産黨領導的中國農村經濟研究會，擔任理事兼研究部主任，并在會刊《中國農村》上發文批判當時形形色色的荒謬理論和改良主義。同年六月，與陳翰笙等人被排擠出研究所，仍堅持農村經濟調查工作，北上陝北和關中地區，南下廣東番禺和花縣，并參與對山東濰縣、安徽鳳陽、河南襄城等烟草産地農村的經濟調查，掌握了大量一手資料，對中國農村的生産力和生産關係及其半殖民地半封建的社會性質有了深刻認識。這一時期與同仁合作撰寫的調查報告對於當時中國農村經濟問題的研究發揮了重要作用。一九三七年底，隨中國經濟研究會遷到武漢，籌建戰時農村問題研究所，發表相關文章。一九三八年七月，在重慶建立中國農村經濟研究會重慶分會，仍主持研究所的研究工作。一九四五年在重慶《商務日報》主編《中國農村》副刊，對國統區的通貨膨脹等經濟問題和政策提出批評。

一九四六年一月，加入中國共産黨，同年又參加中國人民救國會、中國民主同盟等組織。解放戰爭時期，負責中共上海工作委員會調研組工作，並參加文化統戰小組工作。繼續在《文匯報》編輯出版《中國農村》副刊，同時擔任黨報《經濟周報》編委。後取道青島進入解放區。一九四九年五月，隨解放軍進入上海，參加接管工作，任華東財經委員會顧問，兼任復旦大學經濟研究所副所長，與馬寅初共同發起成立新經濟學會。同年十一月，調任中央財經委員會編譯室主任，主編《中國經濟問題》、《人民日報》的《經濟》專刊等。一九五二年出席莫斯科經濟會議，隨後兼任中央財政經濟委員會國際經濟事務局副局長。一九五三年底，負責籌建中國財政經濟出版社。一九五四年十月，兼任中國科學院經濟研究所研究員、《經濟研究》雜志編委。年底，當選爲第二屆中國人民政治協商會議委員。一九五六年八月二十五日，因肝癌病逝於北京。

主要著作述要

《中國北部的兵差與農民》：本文係與薛品軒、石凱福合撰。分爲『兵差的形式和重量』、『兵差的實際負擔者』兩部分，首先簡要論述了兵差在中國的起源和發展，隨後通過對文獻、數據的研究分析，以列表的方式直觀地指出，兵差兼有力役、實物、貨幣三種形式，而近代中國由於軍閥混戰，導致兵差在種類上、地域上逐漸擴大，數量上更是有非常的增加；進而明確兵差雖是軍閥派徵，實際上也是官僚豪紳藉以自肥的一種名義。

《王寅生文選》：是書是王寅生代表性論文的選集，書前有陳翰笙、秦含章、方悴農等友人撰寫的回憶性文章，對王氏一生功績作了公允評價。所選論文二十三篇，從第一篇《中國商業資本社會的原始》到最後一篇《增産節約是全國人民當前的中心任務》，集中反映了王寅生學術發展的過程，及其一以貫之的馬克思主義經濟理論脉絡。書後則附有王氏簡歷、著作目録以及相關文章。誠如陳翰笙所言：『閱讀這本《文集》，不僅可以瞭解寅生同志的道德文章，也可以深入瞭解解放前後中國農村經濟理論在黨的領導下發展的軌迹。』

主要論著目録

《美國佃農勞動者》（譯著），北新書局，一九二五年。

《黑龍江流域的農民與地主》（與陳翰笙合撰），國立中央研究院社會科學研究所，一九二九年專刊。

《畝的差異》（與陳翰笙合撰），國立中央研究院社會科學研究所，一九二九年專刊。

《中國北部的兵差與農民》(與薛品軒、石凱福合撰),國立中央研究院社會科學研究所,一九三一年專刊。

《陝西省農村調查》(與黄國高、石凱福等合著),商務印書館,一九三三年。

《廣東的農村生産關係與農業生産力》(與陳翰笙合撰),中山文化教育館,一九三四年單行本。

《王寅生文選》,中國財政經濟出版社,一九九九年。

《中國商業資本社會的原始》,《前進》雜志一九二八年第十一期。

《高利貸資本論》,《中國農村》一九三四年創刊號。

《東北勞動大衆的亡國奴生活》,《中國農村》,一九三五年第五期。

《察綏蒙古的社會關係分析》,《中國農村》一九三五年第十期。

《健全鄉組織的具體辦法》,《中國農村》戰時特刊一九三八年第十四期。

《抗戰建國的農業政策綱領芻議》,《中國農村》戰時特刊一九三八年第十五期。

《國茶對蘇貿易》,《貿易月刊》一九四〇年第七期。

《對於當前大後方實行農村民治之意見》,重慶《商務日報》一九四五年七月二十日《中國農村》副刊第二期。

《舉國糧荒中的田賦徵實徵借》,上海《文匯報》一九四六年六月七日《中國農村》副刊第一期。

《略談『兵農合一』》,上海《經濟周報》一九四八年第三期。

《爲什麼要保存富農經濟》,《人民日報》一九五〇年六月二十七日。

《增産節約是全國人民當前的中心任務》,《學習》雜志一九五二年第一期。

王昆侖

（一九〇二—一九八五）

生平簡介

政治活動家，紅學家。原名王汝璵，一説虞，字魯瞻，筆名鯤、大魚、戡天、太愚等。一九〇二年八月七日出生於河北保定。世居無錫城中姚竇巷。一九一四年小學畢業，先後在志成中學、北京四中讀書。一九一七年夏考入北京大學預科，同年秋升爲本科，師從錢玄同主修文字學。一九二〇年秋，轉入哲學系。一九一九年參加了五四愛國運動。一九二二年，參與了反對北洋政府任命彭允彝出任教育總長的鬥争，作爲代表南下上海尋求支持，期間拜見了孫中山，并經其介紹加入國民黨。次年回到北京後，組織了以北大學生爲中心的『民治主義同志會』。一九二四年春，畢業，後應聘爲天津南開中學國文教員。期間系統學習了孫中山的三民主義、建國大綱、五權憲法。同年孫中山北上天津，他成爲臨時辦公室的工作人員，成爲孫中山臨終遺囑的見證人之一。孫中山治喪活動結束後，赴日本進行短期考察。一九二六年『三一八』慘案發生，組織指揮天安門國民大會。其後南下廣州，任黄埔軍校潮州分校政治教官，并主編《潮潮》校刊。一九二七年『四一二』政變後，隨軍北伐，抵達南京後被任命爲國民革命軍總司令部政治部秘書長。因不滿蔣介石的獨裁統治，參加反蔣民主運動。一九二八年初，辭掉國民黨黨内職務，與鍾天心、諶小岑、梁寒操等發起組織再造社，并奉孫科爲首領，希望徹底改造國民黨。一九三一年『九一八』事變後，對國民黨及其派系有了新的認識，思想開始轉向國民黨内的左派和民主派，開始探索拯救中國的正確道路，接觸并學習馬克思主義著作。次年，與同仁在無錫創辦《人報》，宗旨爲張民意、掃專制、禦外侮。第一次淞滬會戰期間，往來於上海、無錫，撰寫報道，揭露蔣、汪的賣國罪行。一九三二年十一月，由孫科提名當選爲國民政府立法院立法委員。

一九三三年夏，經過南京地下黨組織的考察，秘密加入中國共産黨。之後有意接觸國民黨實力派，推動他們參加抗戰，并爲中國共産黨提供國民黨上層的活動情報。同年《塘沽協定》簽訂後，與孫曉村等人在南京發起組織讀書會，定期學習革命理論，分析國內外形勢。一九三五年，中共《八一宣言》發表後，赴無錫參加『萬方樓會議』，學習中共中央關於建立抗日民族統一戰綫的方針策略，并在南京讀書會基礎上籌組南京救國會，領導展開抗日救亡活動。一九三五年十一月，在國民黨第五次全國代表大會上競選爲中央候補執行委員，并兼任國民黨中央宣傳委員，積極争取國民黨上層和其他各民主黨派愛國分子。一九三七年『七七』事變後，經潘漢年介紹，結識到南京出席最高國防會議的周恩來、朱德、叶劍英。一九三八年在武漢與沈鈞儒、鄒韜奮、陶行知等聯名發起創辦《全民抗戰》三日刊。後轉至重慶，任中山文化教育館總幹事、中蘇文化協會常務理事，參與主編《中蘇文化》雜志。一九四一年皖南事變後，在周恩來的支持下，與王炳南、屈武等發起組織中國民主革命同盟（簡稱『小民革』）。一九四三年又與譚平山、陳銘樞等發起組織三民主義同志聯合會，在國民黨內部積極進行抗日民主活動。這兩個組織後來成爲中國國民黨革命委員會（民革）的基礎。一九四五年，毛澤東率領的中共代表團到達重慶，王昆侖組織有關人員熱情接待，期間毛澤東約見并聽其匯報工作。内戰爆發後，堅决反對蔣介石的倒行逆施。爲逃避迫害，一九四八年赴美考察，協助馮玉祥在旅美華僑和留學生中開展民主革命活動。一九四九年一月途經蘇聯回國，進入解放區，參加新政協籌備工作。同年九月，作爲『民聯』代表出席中國人民政治協商會議第一届全體會議，當選爲全國政協常委。中華人民共和國成立後，歷任政務院委員，第一、二、三、四届全國人大常委。一九五四年至一九六四年，任北京市副市長。一九五六年倡議民革中央創辦《團結報》，任報社社長。『文革』開始後即遭迫害，一九六八年二月被捕，關押在秦城監獄長達七年。在周恩來的直接關懷下，於一九七五年三月底獲釋。一九七七年，中央統戰部公布其黨籍。一九七九年七月至一九八五年八月，歷任政協五、六届全國委員會副主席。一九七九年十月至一九八一年十二月任民革第五届中央副主席。一九八〇年十二月全黨審判『四人幫』，作爲證人出庭作證。一九八一年十二月至一九八五年八月歷任民革第五、六届中央主席。經常發表詩文呼籲身在臺灣地區及海外的老同事、老朋友促進國共合作，維護祖國統一。一九八五年八月二十三日病逝於北京。

主要著作述要

《紅樓夢人物論》：作者二十世紀四十年代開始研究

《紅樓夢》，一九四四年起陸續撰寫討論《紅樓夢》人物的系列文章，以『太愚』的筆名發表在由其妻曹孟君主編的《現代婦女》雜志上，共計爲十九篇：《花襲人論》、《晴雯之死》、《李紈與秦可卿》、《大觀園中的遁世者》、《政治風度的探春》、《平兒與小紅》、《紅樓夢中三烈女》、《賈府的太太奶奶們》、《宗法家庭的寶塔頂——賈母》、《劉姥姥是丑角嗎？》、《王熙鳳論》、《賈府的老爺少爺們》、《賈府的奴僕們》、《史湘雲論》、《薛寶釵論》、《林黛玉的戀愛》、《黛玉之死》、《賈寶玉的直感生活》、《賈寶玉的逃亡》。一九四八年一月，由上海國際文化服務社結集出版，一九四九年再版。一九六二年至一九六三年，作者結合時代的發展，堅持對其中的十四篇進行了修訂，接連在《光明日報》上發表，而對賈寶玉、林黛玉、薛寶釵三位《紅樓夢》主要人物的論述却由於種種原因未能修訂。一九八三年，生活·讀書·新知三聯書店出版社即根據修訂稿重版，同時又將《賈寶玉的直感生活》、《賈寶玉的逃亡》刪併爲《賈寶玉的直感生活及其歸宿》，將《林黛玉的戀愛》、《黛玉之死》刪併爲《林黛玉的戀愛悲劇》，鑒於修訂版中有關寶玉、黛玉四篇部分章節刪改的遺憾，北京出版社二〇〇四年又按原貌再版。通過標題可以明顯看出，全書對《紅樓夢》中各階層的主要人物幾乎都進行了細致的剖析，借此來闡發小説的思想和藝術價值，與當時流行的索隱派、考證派的研究方法不同，作者『只是一股腦兒底沉浸在《紅樓夢》所表露的豪情柔意、悲歡離合之中』，『從作品本身去分析它的主題思想、人物典型、創作方法』，認爲『如果刻意追求作者生活中的某些瑣事，或者就書中寶玉和秦可卿曖昧關係之類的問題進行煩瑣考證，那也只能引導讀者鑽牛角尖』。而且作者通過流暢的文筆，活潑的語言，性格對比等方法以及民族文化的視角，概括出了不同人物的個性和藝術特色。曹聚仁説他當時讀到此書，『撫掌驚嘆，佩服，這是一條嶄新的路』；八十年代，劉夢溪進一步指出，『就對《紅樓夢》人物形象分析的透辟和具有系統性來説』，《紅樓夢人物論》『在解放前出版的紅學著作中，堪稱首屈一指』（《讀〈紅樓夢人物論〉》，《紅樓夢學刊》一九八四年第三輯）。除了學術上不落窠臼的開創性價值之外，《紅樓夢人物論》還是一部思想政治傾向性鮮明的論著，有着很强的現實性，作者按照唯物主義歷史觀對所論人物進行肯定和否定，藉以表明自己的政治立場，『指斥横行於當時的重慶的反動勢力』（《讀〈紅樓夢人物論〉》）。

主要論著目録

《紅樓夢人物論》，上海國際文化服務社，一九四八年初版，一九四九年再版；收入《民國叢書》，上海書店，一九八九年版；生活・讀書・新知三聯書店，一九八三年修訂版；收入《王昆侖文集》，團結出版社，一九八八年；北京出版社，二〇〇四年第一版，二〇〇九年再版，二〇一一年三版。

《王昆侖文集》，團結出版社，一九八八年。

孫曉樓

（一九〇二—一九五六）

生平簡介

法學家。又名蔭垣。無錫陽山鎮人。生於清光緒二十八年（一九〇二年）一月二十日。一九二七年畢業於東吴大學法學院，隨後赴美國西北大學法學院學習深造，精究耶林、龐德之學，旁及杜威、羅素之説。一九二九年獲博士學位，旋即歸國，歷任上海地方法院推事（一九三一—一九三三）、東吴大學法學院教授兼代理教務長（一九三三—一九三九）、國民政府行政院參事（一九四〇—一九四一）、朝陽學院院長等職（一九四一—一九四五）。作爲一名法律教育家，孫曉樓詳細探討法律教育範疇的幾乎所有問題，在國民政府組織的法學課程標準化工作中多次擔任法律科目的審查委員，對法學課程的設置提出許多中肯的意見。他曾參照歐美各國大學的法律課程，擬訂過一個較爲完善的新課程表，其中特別强調法理學、法律倫理學和會計學的講授。抗日戰爭時期，他曾與周恩來等中共領導人多次接觸，積極參與抗日救國活動。一九四七年重返東吴法學院任教，教授法律教育及勞動法，擔任《法學季刊》（後改稱《法學雜志》）主編、《中華法學雜志》編委，在比較法學方面有深入的研究。曾任杭州救濟公署署長，主持監造由茅以昇設計的錢塘江大橋。中華人民共和國成立後，於一九五三年任復旦大學法律系教授、圖書館主任。期間熱心家鄉教育事業發展，爲建造無錫陽山曉峰學校積極募款，悉心指導。一九五六年二月九日因病逝世。孫氏論著豐富，對中國近代法學尤其是法律教育的創設和發展影響較大。

主要著作述要

《法律教育》：是書爲孫氏的代表作，其自序稱『一國法律教育的得失，有關於國家法治的前途』，『鑒於國内法律學校的爲世詬病』，遂撰寫此書，『藉以唤起辦理法律教育者的注意』。全書分爲十五章，自第一章『導言』開始，依次論述了法律教育之目的、法律基本科目、社會學之重要、法律學校應添設之幾種學科、法律研究方法之轉變、大陸英美法律教育之比較、專任教授的重要及其應備之資格、比較法學講座之重要、研究院之設立、限制學生人數與提高入學資格、法律夜校之設立、法律學校應有之設備、法律課程編制之研究。其中第三章『關於法律基本科目的討論』涉及政治學、經濟學、哲學、心理學、倫理學、歷史學、生物學及人類學、社會學，此外還專章論述社會學的重要；而後便從分析的研究轉到功用的研究，介紹美國、法國法律研究院的設置，提出創建法學圖書館、模型法庭、討論室、法律救助社的構想，並具體到課程的編制原則及實施新課程表應注意的事項，從理論和實踐兩方面提出了一整套主張。最後在第十五章『結論』中，孫曉樓指出：『就中國現代的法律教育言，應當切於實用，但不應專事乎律師的訓練；應當注重學理，但不應當偏於空泛的理想；我所以提出法律教育之目的，法律的基本科目，……等等問題，并非標新立異，不過鑒於法律教育之重要。』蔡元培序稱：『本教授經驗及研究所得，成斯巨著，縱論英美大陸之制，詳闡應興應革諸端，參以新舊學説，採東西各制之長，融經驗理論於一爐。』吴經熊序則稱，孫氏『對於中國法律教育的弱點，及其種種補救的方法』尤爲關心，遂在學理、事實參證結合的基礎上撰成此書，『不但使一般讀者對於法律教育能得深切的了解，同時藉此可以唤起教育界的注意』，并盛稱『這部著作實在可認爲研究法律教育的開路先鋒』。

《**領事裁判權問題**》：本書是與趙頤年合作編著。『導言』中開宗明義指出，領事裁判權『破壞獨立國家司法權力之完整運用，稱之曰帝國主義之工具，實屬至理』。而後分三章詳加論述：第一章『領事裁判權本質的討論』，論述了領事裁判權的意義、術語、種類，并對領事裁判權本身及其與義務國、權利國的關係進行了簡要評價；第二章『領事裁判權的回顧與前瞻』，介紹了領事裁判權在歐洲、非洲、近東、遠東等地的設置以及併吞、法權的轉移、分立、保護、片面的撤廢、外交交涉等撤置方式；第三章『領事裁判權的形成、在華領事裁判權的運行、中國收復司法權的經過、收復中國司法權的建議四節，介紹了英美等國駐華法院的情況，上海、漢口、厦門、哈爾濱租界内的特殊司法機關，以及中國政府努力收復司法權的三個階段，最後臚列了鮑明、夏晉麟博士、博良律師、蕭德威博士、舒爾曼公使、刁敏謙博士、郭秉文博士等中西學者的建議。最後『結論』指出，外國人對在華領事裁判權的廢止『懷有絶大之偏見與野心』，國人需以國際法公理争之。

主要論著目録

《法律教育》，商務印書館，一九三五年；中國政法大學出版社，一九九八年。

《勞動法學》，一九三五年。

《中國歷次刑法比較》（與丘漢平、盛振爲合編），東吴大學法律學院《法學雜志》社，一九三五年。

《領事裁判權問題》，商務印書館，一九三七年。

《社會進化與法律》，《上海法科大學月刊》一九二八年第一期。

《工會法之演進》，《法學雜志》一九三一年第二期、一九三二年第三期。

《今昔法律的道德觀》，《法學雜志》一九三二年第二期。

《近代勞動立法之新趨勢》，《法學雜志》一九三三年第三期。

《近代比較法學之重要》，《法學雜志》一九三三年第六期。

《我國法律教育的幾個重要問題》，《法學雜志》一九三四年第二、三期。

《改進我國司法的根本問題》，《法學雜志》一九三五年第四期。

《兩大法系法院組織之比較》，《法學雜志》一九三五年第五、六期。

《我國檢察制度之評價》，《法學雜志》一九三七第五期。

《釐訂法律學系標準課程之檢討（附表）》，《法學雜志》一九三九年第六期。

《蘇俄刑事訴訟法》（譯著），《法學雜志》一九三八年第十卷第四、五期，一九三九年第十卷第六期，一九三九年第十一卷第一期。

《憲法教育章的比較研究》，《法學雜志》一九四一年第三期。

邵鶴亭

（一九〇二—一九六六）

生平簡介

教育家。宜興閘口鄉三莊秀才村人。幼年在鍾溪小學讀書。一九二〇年常州中學畢業，後考入南京高等師範、東南大學教育系學習。畢業後任江蘇省立第一師範、第二女子師範、蘇州中學教員，省立如皋中學校長。一九二八年留學法國，在巴黎大學攻讀教育學和哲學，獲社會學博士學位。一九三二年回國後曾任江蘇省教育廳科員，後出任省立常州中學校長和蘇州中學校長。針對當時大學入學門檻太高等問題，他提出高校入學考試不要太難，尤其國立大學門禁不應太過森嚴，提高學生程度應在入校之後。當時國内抗日救亡運動高漲，邵鶴亭奔走於各地，大力宣傳抗日救亡，并發動募捐，支援東北抗日義勇軍，受到社會各界的稱頌。抗戰中，他前往重慶，任四川鄉村建設學院、晏陽初鄉村建設學院院長。在鄉村建設學院，他精心擘劃，設立社會教育系和農業教育系，并興建圖書館，擴充實驗農場，創設鄉村教育實驗區，積極探索教育的大衆化、社會化。一九四〇年國民政府成立『公立各院校統一招生委員會』，邵鶴亭被聘爲委員。一九四五年二月，顧毓琇聘他擔任中央大學師範學院院長、教授。後任復旦大學教授，國民政府教育部專員兼科長，國立編譯館編纂兼中國教育全書編纂處主任。解放後，邵鶴亭曾在華北大學政治研究所和華北革命大學學習。一九五〇年起，任教育部參事和北京師範大學教授，期間參與翻譯多部蘇聯出版的教育學、教育史著作，并著有《心理學》等論著。在北京師範大學執教期間，與瞿方農、毛禮鋭等組織舉辦中國教育史研究班，培養新一代專業教師。『文革』中遭受迫害，於一九六六年九月九日含冤去世，終年六十五歲。

主要著作述要

《中國古代教育史》：該書是一九六二至一九六四年間，北京師範大學教育史研究室受高等學校文科教材編選工作辦公室委托編寫的。其中第一、四、五、六章及結束語爲毛禮鋭執筆，二、三章《春秋時期的教育》、《戰國時期的教育》爲邵鶴亭執筆，七、八、九、十章由瞿菊農執筆。本書將中國史分爲遠古到西周、春秋時期、戰國時期、秦漢時期、魏晋南北朝時期、隋唐五代時期、宋元明時期（上、下）、明清之際到鴉片戰爭以前的教育幾個歷史時期，分别梳理了當時的社會環境和教育特點。以及歷史上主要教育家的教育思想。最後一章爲古代勞動人民的教育活動。

主要論著目録

《訓導原理》，中正書局，一九四六年。

《社會思想與教育》，正中書局，一九四六年。

《爲美國反動派服務的杜威教育學》，（［蘇］謝伏金（B・C・Шевкин 撰，陳友松、邵鶴亭譯），大衆出版社，一九五四年。

《世界教育史綱》（［蘇］康斯坦丁諾夫撰，邵鶴亭譯），人民教育出版社，一九五四年。

《教育史》（［蘇］沙巴也娃主编，與李子卓等譯），人民教育出版社，一九五五年。

《心理學》，人民教育出版社，一九五五年。

《孔子的教育思想》（與毛禮鋭合著）、《孔子教育思想論文選（一九四九—一九八〇）》，人民教育出版社，一九八一年。

《中國古代教育史》（與毛禮鋭、瞿菊農合編）人民教育出版社，一九八三年，臺灣五南圖書出版有限公司，一九八九年。

《社會上權威與信仰的演進觀》，《社會科學研究》一九三五年第一卷第二期。

《教育上紀律與自由的評價》，《社會科學研究》一九三五年第一卷第四期。

《愛國精神與教育》，《教育通訊周刊》一九四一年第四卷第三—四期。

《馬克思社會主義之變質》，《三民主義周刊》一九四二年第二卷第二十期。

《對於大學文法學院課程組織進一步調整之商榷》，《高等教育季刊》一九四二年第二卷第二期。

《道德改造與基督精神》，《益世周刊》一九四八年第三十卷第十八期。

《先秦儒家論學習方法》，《北京師範大學學報》一九六三年第二期。

唐　慶　增

（一九〇二—一九七二）

生平簡介

經濟學家。字叔高，生於清光緒二十八年（一九〇二年）。祖籍江蘇太倉，國學大師唐文治之第三子。一九一二年隨父定居無錫，從小受到良好的中國傳統文化的薰陶。早年就學於上海工業專門學校和北京清華學校中等科。一九二〇年留學美國密歇根大學，一九二三年獲經濟學學士學位；後轉入哈佛大學學習財政學和西洋經濟思想史，獲經濟學碩士學位。期間曾加入美國經濟學社。一九二五年回國，在上海開始其教書生涯，歷任中國公學、上海商科大學、交通大學、國立暨南大學經濟學教授、大夏大學經濟系主任。一九二九年，加入馬寅初等創辦的中國經濟學社，一九三二年起主編《經濟學季刊》；并參與胡適組織的非正式社團『平社』，討論中國面臨的問題，成爲當時經濟學界頗有影響的人物之一。一九二六年在《科學》上發表《經濟學中之算術學派》一文，是我國最早介紹數理經濟學的文章。一九三〇年至中華人民共和國成立前夕，先後擔任國立浙江大學經濟系教授、南京中央政治學校經濟系兼職教授、江西中正大學經濟系副教授、上海光華大學經濟系主任、北平鐵道管理學院財務管理系主任、上海大同大學經濟系兼職教授、上海聖約翰大學經濟系訪問教授等職，長期從事經濟思想史教學和科學研究工作。他一方面譯介西方經濟學說，一方面廣泛搜集文獻資料，認真挖掘梳理中國歷史上豐富的經濟思想。期間曾任中國經濟學社編輯主任。中華人民共和國成立後，任復旦大學經濟系教授。一九七二年逝世。唐慶增是二十世紀三四十年代經濟學和中國經濟思想史研究領域的重要學者，勤於筆耕，論著頗豐。他在二三十年代發表的系列論文，内容涉及經濟學家的責任、商人與經濟理論的關系、經濟運行中政府的作用、經濟學的研究方法等諸多方面。

主要著作述要

《**中美外交史**》：是書乃應商務印書館總經理王雲五之請而撰，收入《萬有文庫》叢書中。全書分爲十章，記一八七四年至一九二一年時期的中美關系。第一章『導言』中指出所論中美間三類外交關係：一是中美之間的直接發生外交關係；二是中國與他國外交上牽涉美國；三是美國與他國外交上牽涉中國。在此認識的基礎上，全書依次論述了美禁華工史、中日戰争與美國、門户開放政策、義和團運動與庚子賠款、美國對於日俄戰争之態度、中美兩國借款合同間之關係、華盛頓會議等問題，第十章『結論』指出中美關係四個特點：一是兩國交往歷史短，關係簡單；二是美國對中國的態度，比之英、日較爲和平。三是美國與中國外交的各種關涉，以間接者爲多。四是兩國間外交關係中，經濟及商業糾葛多於政治問題。儘管作者若干論述有偏護美國之嫌，但其最終仍以中美外交往事爲鑒，告誡國人『自圖振作，勿信任他國過甚，致外交上處處居被動地位，以致失敗』，誠爲中肯之言。

《**唐慶增經濟論文集**》：是書爲《中國經濟學社叢書》之一，乃作者彙編其發表於報刊上與經濟學相關的文章三十篇而成。全部文章依内容性質編排，前十篇爲通論，如

第一篇《今日國中經濟學家之責任》開宗明義，指出八大重要責任：編撰經濟課本及參考書、編輯讀本、統一經濟名詞、編輯字典及百科全書、整理及編訂古今名著、研究中國經濟問題、搜集及編制各項統計、灌輸經濟常識。次八篇專論西方經濟思想史，涉及柏拉圖、亞當・斯密的經濟思想和馬爾塞斯的人口學説。次七篇論及斯密斯四大税綱、英國財政制度、銀行信用、勞動等問題。次五篇討論經濟學科的開設及有關學習方法、參考書籍，如《經濟學用書概要》一篇，分經濟理論、財政學、貨幣與銀行學、經濟循環、國際貿易、勞動問題、壟斷與托拉斯問題、經濟史、農業經濟學、運輸學、會計學、統計學、社會學、雜類、經濟學字典及百科全書、雜志類等門類，臚列其中最精審最重要的著述并略加按語，論述各家學術之源流、派别之異同，爲初學者指示了門徑。馬寅初《序》稱：『内中文字，皆甚重要。如研究經濟學之方法、經濟學書籍表、近三十年之歐美經濟思想等篇，俱能詳他人之所略，實爲研究經濟學之指南，亦提倡經濟學聲中之一宗大事。』

《中國經濟思想史》（上卷）：此書原爲作者早年在上海、南京等地大學中講授『中國經濟思想史』的講稿，『將古代之一部分』屢加修訂後，由商務印書館於一九三六年出版。因書中只梳理了上古的經濟思想，漢代以後闕如，故出版時即標明『上卷』字樣，是一部系統研究先秦經濟思想史的力作。唐氏自言其『於經濟學中，最喜研究經濟思想史歷史一部分，於此類書籍及文章，搜集研究，極感興味』。故趙人俊《序》稱此書『旁徵博引，擇精語詳，且其結構亦多與經濟學説相對論吻合』。全書分爲十編，第一編『緒論』提綱挈領，最具理論價值，首先分析了中國經濟思想的性質，并通過横向比較指出其重要性；又結合實際提出中國經濟思想史的三個時期，即上古的胚胎時期（自原始至秦末）、中世的實施時期（自漢初至明末）、近代的發展時期（自清初至現在）；同時梳理出中國經濟思想史的四大派别，即儒家（中庸派）、墨家（實利派）、法家（功利派）、農家（力行派）。在構建出中國經濟思想史的研究體系，明確了全書的研究脉絡之後，全書採用分析、解釋、比較、批評的方法，第二至第八編順次討論了老孔以前之經濟思想、儒家、道家、墨家、法家、農家及其他各家、政治家與商人等的經濟思想。總體來看，唐氏研究注重儒家、法家，且得益於對西方經濟學的借鑒與中國傳統文學的家學根柢，勇於提出新見，不落窠臼，而稱道家的經濟學説爲『消極的言論』，『其思想處處不離頹廢色彩』等等，則未免苛評。第九編論述《春秋》、《國語》兩書中的經濟思想。第十編『結論』，論及『中國上古經濟思想之局限』、『中國上古經濟思想在西洋各國所生之影響』、『中國上古經濟思想史内容之比較』，視野開闊，有助於學者認識中國上古經濟思想的局限和各家的特點。唐氏此書影響深刻，遠不止其《自序》中所言『引起國人對於是項研究之興趣』而已。現代學者仍認爲此書代表了這門學科『當時最高成就』（葉坦《中國經濟學『尋根』》）。

主要論著目録

《中美外交史》，商務印書館，一九二八年。
《國外匯兑》，商務印書館，一九三三年。
《國際商業政策史》，商務印書館，一九三三年。
《唐慶增經濟論文集》，商務印書館，一九三〇年。
《西洋五大經濟學家》，黎明書局，一九三〇年。
《穆勒經濟學原理》，商務印書館，一九三一年。
《經濟學概論》，世界書局，一九三三年。
《唐慶增經濟演講集》，世界書局，一九三三年。
《唐慶增最近經濟論文集》，上海民智書局，一九三三年。
《唐慶增抗日救國言論集》，上海社會科學書店，一九三三年。
《大粤經濟課程指導》，上海民智書局，一九三三年。
《中國經濟思想史》（上卷），商務印書館，一九三六年；上海書店，一九八九年影印。
《節本鹽鐵論》，商務印書館，一九三八年。

張錫昌

（一九〇二—一九八〇）

生平簡介

經濟學家。筆名張西超、李作周等。一九〇二年生於無錫縣錢橋周基頭前村。早年就讀於無錫城區第二初等小學、江蘇省立第三師範附屬高小。一九一九年考入江蘇省立第三師範學校，一九二三年畢業後留任該校附小教師。大革命時期，曾任無錫縣教育會常務委員、國民黨無錫縣黨部執行委員、無錫縣教育局督學及課主任等職。一九二九年任江蘇省立教育學院黄巷實驗區幹事兼指導員，參加由陳翰笙主持的國立中央研究院社會科學研究所在無錫進行的農村經濟調查，次年又參加在河北保定清苑進行的農村調查，并參與撰寫調查報告。一九三三年初，與陳翰笙等在上海發起成立中國農村經濟研究會，任理事。是年，與王昆侖、孫曉村等組織革命團體『南京讀書會』。同年，應國民政府農村復興委員會的邀請，主持河南省農村調查，撰寫了《河南農村調查》。旋又至山東濰縣、河南許昌、安徽門臺子等烟葉産區進行農村經濟調查。一九三四年回無錫，任江蘇省立教育學院研究實驗部指導員。一九三五年，中共《八一宣言》發表後，參加『萬方樓會議』，學習中央關於建立抗日民族統一戰綫的方針策略。

一九三六年五月加入中國共産黨。八月當選爲無錫學社理事，積極推動當地的抗日救亡運動。抗日戰爭全面爆發後，任無錫各界抗敵後援會創辦的《達報》主編。日軍侵占無錫前夕，率領教育學院部分師生撤至武漢，後遵照組織指示，返回浙江，任省政府建設廳和戰時物産調整處視察，並將帶去的進步青年安排在有關崗位。一九三八年三月，任中共浙江省委統戰工作委員會書記，期間協助臺灣抗日義勇隊開展救亡運動，爲浙江省政府起草《浙江省戰時政治綱領》。次年春，協助國際友人新西蘭人路易·艾黎在浙西開展工業合作社化運動，創辦《工業合作化旬刊》。一九四〇年二月，創辦《動員周刊》（後改爲《抗戰論壇》），撰文譴責國民黨當局種種危害抗戰的行爲。九月，轉移到桂林，在廣西大學任教。一九四一年二月，接辦《中國農村》戰時特刊，並負責主持中國農村經濟研究會的工作。十月，中共南方局在桂林建立文化小組，成爲負責人之一。一九四二年一月，發起創辦《中國工業》雜志並任主編，支持大後方的工業合作化運動。一九四三年十月，參加廣西省政府建設廳組織的經濟調查，并任《廣西日報》社務委員會成員，發表了百餘篇社論。日軍侵占桂林後，轉移至昭平，主持出版《廣西日報》昭平版，堅持團結、抗戰、進步的方針，批評國民黨在豫湘桂戰役中的敗局。是年底，參與民盟廣西支部的創建工作。抗戰勝利後，回到桂林，任廣西師範學院教授。一九四六年九月，到上海主持海新公司的經濟研究室，兼任《文匯報》社論委員和《經濟周報》編委。一九四七年六月至一九四八年八月，在國民黨政府經濟部紡織事業調節委員會任專員。後轉入私營中新紡織總公司主辦的公益工商研究所，研究紡織工業。參與民盟上海地委和國內工委的活動。一九四九初被逮捕，經營救獲釋，後隱居滬西。上海解放後，參加上海市軍管會和總工會的工作，負責接管中國紡織建設總公司，任軍代表，並先後擔任上海與華東紡織工業管理局副局長、華東財委副秘書長、華東紡織工學院院長等職務。一九五二年十二月調北京，歷任中央財委委員、財委秘書、商業部秘書、交通部辦公廳副主任、內務部辦公廳主任及黨組成員等職務。後任民政部顧問。一九八〇年六月十九日病逝於北京。

主要著作述要

《**農村社會調查**》：此書爲《黎明鄉村教育叢書》之一種。全書分爲九章：爲什麽要舉行農村社會調查、農村社會調查的種類、農村社會調查的方法、調查材料的整理、農村經濟調查、農村教育調查、農村政治調查、農村衛生調查、農村社會調查表格選録，書末附有主要參考書。每章首列『討論問題』，使讀者在正式閲讀前進入討論環境；次分節論述相關問題，解答疑惑；末爲『本章工作』，進一步提出思考問題，側重於與實際生活驗證。全書内容力求適應鄉村環境，適合讀者閲讀水平，從實際問題出發，切於實用。

主要論著目録

《農村社會調查》，黎明書局，一九三四年初版，一九三五年再版。

《戰時的中國經濟》，（與陳文川、姜慶湘、孫亞明、麥樹楠、秦柳方合著），桂林科學書店，一九四三年。

《河南省農村經濟調查》，《中國農村》一九三四年第二期。

《重重負擔下的鳳陽農民》，《中國農村》一九三四年第九期。

《中國水利建設底檢討》，《中國農村》一九三四年第二期。

《中國地政學會怎樣改革租佃制度》，《中國農村》一九三五年第五期。

《高利貸支配下滑縣農村經濟》，《農村通信》中華書局一九三五年。

《中國地政學會的土地政策》，《中國農村》一九三六年第五期。

《抗戰時期中國游擊區的農村經濟》，《戰争與農村》一九四〇年十二月。

《正視土地問題》，《中國農村》一九四二年第四期。

《抗戰中土地關係發展的趨向》，《文化雜志》一九四六年第四期。

顧毓琇

（一九〇二—二〇〇二）

生平簡介

教育家、科學家、詩人、戲劇家、音樂家、佛學家。字一樵。一九〇二年出生於無錫虹橋灣（今學前街）。一九一三年考入無錫竢實學堂，一九一五年，到清華學校學工。期間，積極參與五四運動，擔任文學社戲劇組組長等，爲其以後的劇本創作奠定了基礎。後當選爲學生會評議部主席，參與組織學生活動。學習餘暇，開始翻譯短篇小説，撰寫短文，并拜梁啓超爲師。一九二三年赴美國麻省理工大學電機系學習。期間結交梁實秋、許地山、冰心等人，學業之外，創作並演出話劇。一九二五年獲電機學士學位。五卅慘案後，積極響應國內援助事宜，參加中國學生聯合會年會討論國防問題，并排演《國殤》。繼續在麻省理工大學攻讀，發表《四次方程通解法》，獲電機碩士學位。一九二八年獲科學博士學位，成爲該校電機系獲得博士學位的第一位中國學者。

一九二九年回國，探親訪友後，旋赴杭州就任浙江大學工學院電機科主任。兼任浙江省電氣局顧問工程師、電氣試驗所主任。一九三〇年發起創辦《電工雜志》。一九三一年，先後任中央大學工學院院長、清華大學電機系主任。一九三四年發起成立中國電機工程師學會，後當選爲第二任會長。一九三六年任航空研究所所長。一九三七年七月十五日，應蔣介石及國民政府之邀，與張伯苓、蔣夢麟、胡適、梅貽琦參加廬山談話會，宣布抗日決策。一九三八年，任教育部政務次長。一九三九年參加四川省教育會議，至大學演講，并參加蔡元培追悼會。兼任國立音樂學院首任院長。八月十九、二十日，重慶遭日軍狂轟濫炸，與曹禺冒火訪問受災同胞。一九四一年，至湖北參觀航空委員會飛機制造廠，訪兼省長陳誠，談土地改革問題。一九四三年初飛赴印度，擔任中國文化訪問團團長。四月訪中國遠征軍新軍訓練站，與鄭洞國、孫立人將軍會晤。八月，被委任爲上海市教育局局長。九月九日返南京參加受降典禮。一九四六年初飛赴東京，接收原子能研究設備，被告知在美軍轟炸中被毀。後飛赴舊金山，訪師友，爲中國進行原子能研究尋求協助。九月，當選爲國際理論及應用力學組織個人理事，其後連任五十年之久。一九四七年任臺灣地區政治大學校長。一九五〇年移居美國，先後任麻省理工大學、賓夕法尼亞大學客座教授。一九五九年，當選爲『中央研究院』院士。一九六一年被美國無綫電工程師學會推舉爲名譽會員。一九七二年一月一日退休。是年，因早年論文中提出『顧氏變數』對學界産生了巨大影響，獲得 IEEE 蘭姆獎章。一九七三年六月五日，宣誓作美國公民。一九七九年後，多次返回大陸，與鄧小平、王震、江澤民等領導會晤，暢談經濟、文化、科技發展；討論如何增進中美邦交。并到上海交通大學、北京大學、清華大學、南京大學、東南大學等國内著名高校訪問、講學。同時，游歷山水、訪親探友，并祭掃先人墓廬。二〇〇二年九月九日逝世。

主要著作述要

《芝蘭與茉莉》：這是作者嘗試創作後第一部出版的小説，分爲前、後篇。正文前有小引稱『我决意要把不可回憶不堪回憶的事情完完全全地寫出來』，以少年之心思、筆力駕馭老成回憶之作，誠爲不易，然而囿於閱歷的緣故，小説前篇寫童年心理的文筆比後篇生動嫻熟。全書重點全在一個『愛』字，祖母之愛與夫婦之愛，隨時間長久而漸至深厚，作者力有未逮，『在小説中聯合起來時漸覺不能演進一熱烈的高潮』。儘管有文筆單調、感想雜亂的弊病，但作爲初涉文壇的作者，『他的放肆的筆調和直率的佈局給這篇小説的外形以一種特異的風格。這種巍然獨立的風格，决不是寄生蟲的作者所可幾於萬一』（瞿毅夫《序》）。許地山在《小説月報》上發表《讀〈芝蘭與茉莉〉因而想及我底祖母》，稱此書『的爲好作』。

《岳飛及其他》：此書爲劇本集，包括《岳飛》、《荆軻》、《項羽》、《蘇武》四部，後三部乃作者在美國求學時即已編就，《岳飛》一劇則是歸國後耳聞目睹『暴日』侵略行徑，『揚國人輩分之氣』而作，具體來説是敬獻給參加『一·二八』淞滬會戰的忠勇將士。《荆軻》分爲四幕：燕市酒肆，荆軻居所，易水邊，咸陽宫。《項羽》分爲五幕：鉅鹿城中虞美人家，安陽漳水畔軍營，鉅鹿城外山中茅舍，鴻門軍營，烏江之濱。《蘇武》分爲三幕：蘇武入匈奴十年後暮春時某個滿天星鬥漸現的傍晚，十二年後盛夏時某個正午，十九年後晚秋時某個清晨。《岳飛》分爲四幕：朱仙鎮軍營中，朱仙鎮營外，臨安秦丞相府花園别墅，臨安秦丞相府地窖密室。四部戲基本依照歷史事件的經過進行創作，雖寄托作者思想，但一般不輕易超越史實，呈現出與當時占主流的主觀抒情歷史劇截然不同的特點。劇本叙述語言、人物語言均以文言表述，簡省卻不通俗。相比較而言，《岳飛》的成就最高，全劇巧妙借用了《滿江紅》一詞，熱情謳歌了精忠報國的民族英雄岳飛，鞭撻了裏通外國的大漢奸秦檜，在關乎民族存亡的抗戰時期，此劇影響甚大，表明了中國人民誓求『還我河山』的抗戰决心。一九四〇年商務印書館出版《岳飛》新版本，較之此前的單行本、新月合刊本，矛盾冲突更尖鋭，主角形象更豐滿，現實針對性更强烈，這從書末《初演後記》對演出劇情的詳細交代中可以看出。從中國話劇發展史的角度來看，從《岳飛》開始，『我們感覺到過去演出中的西洋化的傾向的克服，同時，這也就是話劇的民族形式的開端』（劉念渠《看〈岳飛〉雜感》，載一九四〇年四月十日《大公報・戰綫》）

《中國科學化問題論文集》：此論文集内收録《中國科學化》、《科學與中國》、《工程與中國》、《中國生産問題》、《中國國防問題》、《科學研究與中國前途》等作者回國後所撰寫的相關科學論文，附録《中國科學社運動協會第二期工作計劃大綱》。全部論文結合中國的歷史和現實，系統地論述了中國開展科學研究和發展科學事業的各種問題，并提出相應建議。整體而言，文章所論已大大超出了狹義的科學本身，而上升到了『科學與文化』、『科學與（中國）社會』、『科學與救國』、『科學與國界』以至『科學與哲學』等諸多根本性問題，在我國科學論述史上有重要意義和價值。

《蕉舍吟草》：作者除國學根柢深厚外，才思亦堪稱敏捷。嘗自言年四十始學作詩詞，四五年間所作即集爲此集。全書分爲兩卷：卷一收入一九四〇年至一九四五年間所作詩二百首，其中五律四十五首，五絶二十五首，七律五十首，七絶八十首。卷二收入詞五十首。詩詞多有用昔人韵或友人韵者，這一點可以從作者和清真、淮海、夢窗詞及淵明詩中看出。

《中國的文藝復興》：此書是一部重要的著作，包括六個分論：一是文學革命與文藝復興。作者指出，政治革命、社會改造、文藝復興是民族復興與運動的三大要素。與歐洲的民族復興與運動不同，中國的文藝復興産生在政治革命運動之後，卻發端於社會改造運動以前。二是文化根源與創造活力。作者論述了中國人在繼承歷史文化遺産時，要跳出盛世、衰世的局限，大家要能『創造時代』，繼而『超時代』。三是文化交流與時代精神。指出文化交流可以取長補短，有利於文化生命的新陳代謝。四是舊文藝的新認識。作者從文化價值的角度論述，指出文化的價值的當代性、隔代性、世界性。因而對舊文化遺産要辨擇、要揚棄。五是新文藝與新時代。作者指出，中國的新文藝如新詩、小説、戲劇、音樂等既不能抄襲古人，又不能模仿西方，而應依照時代的精神，培養創造的活力。六是文藝復興與教育改造。指出教育的重要性。

《**禪史**》：此書一九七九年由賓夕法尼亞大學出版英文本，此前，作者已有《禪宗師承記》、《日本禪僧師承記》二書，對中日禪宗師承進行了梳理，此書乃由博返約的理論性著作。二〇〇九年上海古籍出版社出版中譯本。全書分上、下兩篇共十六章。上篇『中國禪宗史』八章，首章敘述了從初祖達摩到弘忍的傳承過程，次章專論六祖慧能及其弟子事迹，其餘五章敘述了六祖後禪宗各派詳細的傳承世繫及其主要説教，以及歷代中國禪僧東渡日本傳教建寺的具體史實。下篇『日本禪宗史』亦八章，論述了臨濟宗、黄檗宗、曹洞宗在日本的傳播，各宗本土化的發展過程、傳承世繫和主要説教，以及日本禪僧西來中國學習訪問的具體史實。書中附表十八種，直觀地列舉了各派系的傳承世系，另外還介紹了許多西方學者在禪宗研究方面的著作和見解，對學界有很大的參考價值。

《**一個家庭　兩個世界**》：此書是作者的自傳，分童年、求學清華、波士頓、從杭州到北平、服務母校、從盧溝橋到珍珠港、第二次世界大戰、印度和喜馬拉雅山、新疆和天山、從開羅會議到抗戰勝利、戰後服務、再返波士頓、費城教學、引退杏壇、大陸之旅、重返大陸等十六章，涉及個人學習過程、生活閱歷、工作成績、思想變化以及與個人成長相聯繫的社會交往、政治態勢等内容，豐富多彩，從中亦可感受作者對家庭親人相隔三地，生死難以相見的悵惘。書末有《紀念六十位師友》、《宋健的信》、《回眸百年　傳奇一生》三個附録，爲全方位的瞭解作者提供了不同的視角。結合後來的《自訂年譜》、《行雲流水》、《百齡自述》，一位百歲老人經歷的世事滄桑以及社會發展進步過程醒然在目。

主要論著目録

《芝蘭與茉莉》，商務印書館，一九二四年；收入《民國叢書》，上海書店，一九九三年影印。

《孤鴻》（劇本），商務印書館，一九二五年。

《荆軻》（劇本），商務印書館，一九三〇年初版；一九四二年第二版。

《岳飛及其他》（劇本），新月書店，一九三二年。

《牧羊神》（譯著），商務印書館，一九三五年。

《西施》（劇本），商務印書館，一九三六年。

《中國科學化問題論文集》，中國科學化運動協會北平分會一九三六年刊。

《電工原理》（譯著），商務印書館，一九三六年。

《直流電機原理》（譯著），商務印書館，一九三七年。

《白娘娘》（劇本），商務印書館，一九三八年香港版。

《古城烽火》，中正書局，一九三九年初版；一九四五年滬版。

《我的父親》，商務印書館，一九四三年渝版；一九四六年滬版。

《蘇武》（劇本），商務印書館，一九四四年渝版；一九四六年滬版。

《蕉舍吟草》，世界書局，一九四六年初版，一九四八年第二版。

《中國的文藝復興》，中華書局，一九四八年；科學出版社，二〇一一年版。

《顧毓琇論文集——中國經濟的改造》，中國編譯社，一九四八年。

Analysis and Control of Nonlinear Systems（《非綫性系統之分析與控制》），The Ronald Press，New York，一九五八。

Electric Energy Conversion（《電能交換機》），The Ronald Press，New York，一九五九。

Transient Circuit Analysis（《瞬變電路分析》），D. Van Nostrand，一九六一。

《顧一樵全集》，臺北商務印書館，一九六一年。

Analysis and Control of linear Systems（《直綫系統之分析與控制》），International Textbook Company，一九六二。

《顧一樵詩歌》，臺北商務印書館，一九六三年。

《樵歌（集）》，臺北商務印書館，一九六四年。

《松風集》，臺北商務印書館，一九六四年。

《唐宋歌譜廿五調》，臺北商務印書館，一九六四年。

《蓮歌集》，臺北商務印書館，一九六六年。

《岡陵集》，臺北商務印書館，一九六八年。

《宋詞歌譜四十五調》，臺北商務印書館，一九六八年。

《梁溪集》，商務印書館，一九七〇年。

《惠泉集》，商務印書館，一九七一年。

《蕉舍詞曲五百首》，華岡出版有限公司，一九七二年。

Collected Scientific Papers（《科學論文集》），臺灣大學出版社，一九七二年。

《錫山集》，商務印書館，一九七二年。

《太湖集》，商務印書館，一九七三年。

《蕉舍詩歌一千首》，華岡出版有限公司，一九七三年。

《和清真詞及其他》，華岡出版有限公司，一九七六年。

《禪宗師承記》，真善美出版社，一九七七年。

《日本禪僧師承記》，真善美出版社，一九七七年。

《蕉舍旅游三百咏》，華岡出版有限公司，一九七七年。

History of Zen（《禪史》），University of Pennsylvania，一九七九；上海古籍出版社，二〇〇九年中譯版。

《潮音集》，華岡出版有限公司，一九七九年。

《長春集》，華岡出版有限公司，一九八一年。

One Family-Two Worlds，（《一個家庭　兩個世界》），University of Pennsylvania，一九八一；南京大學出版社，二〇〇〇年影印；上海人民出版社，二〇〇一年中譯版；江蘇文藝出版社，二〇一一年中譯版。

《和淮海詞及其他》，華岡出版有限公司，一九八三年。

《和淵明詩及其他》，華岡出版有限公司，一九八四年。

《顧毓琇詩選》，學林出版社，一九八五年。

《和唐詩三百〇三首》，英杰出版社，一九八五年。

《自訂年譜》，英杰出版社，一九八六年。

《行雲流水》，華岡出版有限公司，一九八七年；清華大學出版社，一九九八年。

《和夢窗詞及其他》，英杰出版社，一九八九年。

《齊眉集》，人民文學出版社，一九九一年。

《顧毓琇科學論文集》，上海交通大學出版社，一九九二年。

《耄耋集》，清華大學出版社，一九九三年。

《水木清華》，清華大學出版社，一九九四年。

《蕉舍詩詞》，清華大學出版社，一九九五年。

《顧毓琇詩歌集》，清華大學出版社，一九九六年。

《顧毓琇詞曲集》，南京大學出版社，一九九七年。

《百齡自述》，江蘇文藝出版社，二〇〇〇年。

《顧毓秀全集》，遼寧教育出版社，二〇〇〇年。

《顧毓琇詩詞選》，高等教育出版社，二〇〇一年中英對照版。

錢亞新

（一九〇三—一九九〇）

生平簡介

圖書館學家、目録學家。字維東，號東山，筆名金戈、志新、千一、練加等。一九〇三年十二月二十三日生於宜興丁蜀鎮。六歲進入私塾，辛亥革命後就讀蜀山鎮西街初等小學，後入東坡高等小學。一九一七年考取江蘇省立第一師範學校，一九二二年畢業，在親戚的資助下考取上海大同大學數理專修科。一年後因身體原因被迫輟學，在上海閘北一家小學教書。一九二五年九月入上海國民大學，爲圖書館學系二年級插班生。一九二六年武昌華中大學文華圖書科面向全國大學招生，在杜定友的勉勵下考取該校，同年十月進入華中大學文華圖書科學習。在學習期間，利用課餘時間研究著者號碼問題，經過三個多月完成了《拼音號碼編制法》，由文華公書林出版。畢業前夕完成《索引和索引法》的初稿，後由上海商務印書館出版，是我國關於索引和索引法的第一部專著。

一九二八年，從文華圖書科畢業，應杜定友之邀，到廣州中山大學圖書館工作。在期刊組管理外文期刊，期間利用業餘時間翻譯了李思（Lees）的《世界兒童圖書館概況》一書。一九二九年八月，隨杜定友調往上海交通大學圖書館工作，任總編目。在工作之餘認真鑽研，寫出了《布魯塞爾分類法》《補充杜威制之革命文庫分類法》《法國兒童圖書館》《圖書館訂購圖書時對於版本的選擇及注意》等論文。同時在上海江蘇省立第二師範學校代課，講授圖書管理學。一九三一年一月，中華圖書館協會在南京召開會議，被執行委員會聘爲索引委員會委員。其後回到母校從事教學工作，時武昌華中大學文華圖書科已經改名武昌私立圖書館學專科學校，任教期間講授索引和索引法、兒童圖書館學和圖書館經營法，并擔任《文華圖書科季刊》社的副社長。兩年後轉到上海大夏大學圖書館任編目組組長，兼該校社會教育系講師，講授圖書分類編目學。

一九三三年八月，前往天津河北省立女子師範學校圖書館，接替友人陸秀的主任職位。雖然政局不安，但錢亞新在該校堅持工作四年。在任期間，對新建的圖書館加以規劃布局，添聘工作人員，加强組織機構，增訂規章制度，規定辦事細則，開展各項業務活動，爲師生教學服務，使圖書館很快達到一定規模。一九三五年春，撰寫《河北省立女子師範學院圖書館的概况和展望》一文，向全院師生匯報，分沿革、建築、設備、組織、經費、分類、目録、典藏、指導和計劃，總結了圖書館過去的工作，提出了以後的發展計劃。抗日戰争爆發，女師學院圖書館毁於戰火。後經沈祖榮介紹，錢亞新應聘到湖南大學圖書館任主任，在校長、館長的支持下，採購圖書，收集珍本。一九三八年湖南大學遭日軍敵機轟炸，圖書館損失巨大。該年秋天，學校西遷，爲充實藏書，他提出到湖南各地方收購地方志的建議。至一九四〇年，館藏地方志已經達到四百多種，湖南省的省、府、縣志尤備。在惡劣環境下，他堅持工作，還把美國凱萊的《圖書分類法》翻譯爲中文，交由貴陽文通書局一九四二年出版。

一九四一年錢亞新前往蘭田國立師範學院任教，講授圖書館學，同時在秘書室兼職。在《國學季刊》第十四期上發表《師範學校中的圖書館學》一文，旨在强調師範學院開設圖書館課程的重要性。同時修訂其在湖南任教時的圖書館學，并萌生了研究中國古典目録學的想法。一九四二年撰寫《鄭樵校讎略研究》一書，分爲引論、儒學、焚書、求書、闕守、類例、編目、辯難、影響、評議等十章，一九四八年由上海商務印書館出版。

抗戰勝利後，國立社會教育學院遷往蘇州，錢亞新任該院圖書博物系教授。一九四六年到校後對自己擔任的圖書分類法、圖書館經營法和漢字排檢法三門功課進行大力研究和充實。

一九五〇年三月，社教學院和江蘇教育學院合併成立蘇南文化教育學院，圖書博物系被撤銷，錢亞新轉到南京圖書館工作，被分配在外文編目部任部主任，同時兼任閲覽部主任。一九五一年四月，組織編輯《書刊評介資料索引》，每季出版一次，受到讀者歡迎。十一月參加土改工作隊到皖北阜陽地區太和縣鍛煉三個月。一九五三年南京圖書館進行機構調整，錢亞新擔任分編部主任，一九五六年調任科學方法部主任。同年四月，前往北京參加中央文化部社會文化事業管理局和北京圖書館召開的中小型圖書館圖書統一分類法座談會，會後參加了《中小型圖書館圖書分類表草案》的編纂工作。十二月，參加南京圖書館召開的第一届圖書館學科討論會，在會上宣讀《魯迅和校讎目録學》一文。一九五七年六月起，代理南京圖書館館長一職半年。一九五七至一九六五年，多次參加江蘇省和南京市舉辦的各種圖書館專業活動，擔任圖書館工作人員訓練班、進修班、業餘大學的教員，參加市縣圖書館的視察工作，赴蘇州、無錫、常州三市，宜興、江陰兩縣調查文化工作狀況。於一九五八年和一九五九年組織編纂完成《圖書館學論文索引》兩輯，發表《略論章學誠對我國索引工作的貢獻》、《藝風老人與目録學》等論文。一九六五年十月到南京鼓樓區機關業餘大學圖書館學專修科講授《中文工具書使用法》。

一九六六年，『文革』開始，錢亞新被污蔑爲資産階級反動學術權威，挨批鬥、被抄家，遭到毒打、游街示衆，身心受到極大摧殘。一九七七年十月經領導同意，爲南京大學圖書館所招的兩位研究生開授我國古籍目録學。十一届三中全會以後發表論文一百餘篇，内容涉及圖書館學、目録學、文獻分類學、索引學、校勘學、漢字排檢法以及圖書館學教育等。同時完成《杜定友先生遺稿文選》，與白國應合編《杜定友圖書館學論文選集》，爲他人著作作序多篇。

一九七九年七月，任中國圖書館學會學術委員會委員，九月在江蘇省圖書館學會成立大會上被推爲理事，并擔任學會編輯委員會主任、《江蘇圖書館工作》主編。一九八三年被聘爲中國圖書館學會和江蘇圖書館學會名譽理事。一九八五年《我國圖書館學奠基人——鄭樵》一文獲得江蘇省哲學社會科學優秀成果三等奬。同年五月被聘爲安徽大學圖書館學系兼職教授，一九八六年被聘爲南京大學圖書館學系兼職教授，同年六月被聘爲上海圖書公司《申報索引》編纂委員會顧問。一九九〇年一月十七日逝世於南京寓所，享年八十八歲。

據《錢亞新集》記載，錢亞新一生出版了專著十七種，發表論文一百六十六篇。這些論著，涉及領域極廣，在索引、分類和目録方面的貢獻巨大。在文華讀書時，他研究過中外學術著作的書末索引。有感於國内尚無專著，編寫出版了《索引和索引法》一書，被杜定友贊爲『我國關於索引和索引法的第一部著作』，以後又陸續動手編制了《太平御覽索引》等七種。在編制索引的過程中，又引發了他對漢字排檢法的研究，出版了《拼音著者號碼編制法》一書，并發表論文多篇。解放初期，中國没有統一的分類法，各館各行其事。錢亞新到館後，利用舊中央圖書館的『四十大類』法進行改編，使之適應新時期圖書的分編，這部分類法一直用到一九五八年。目録學博大精深，錢亞新從南宋的鄭樵開始，繼而推廣到浙江『三祁』（祁承㸁、祁彪佳、祁理孫）、尤袤、黄丕烈、章學誠、繆荃孫、姚名達，對古代近代的藏書家、目録學家的思想、學術、品德、貢獻進行深入的研究。

一九九一年，原南京圖書館副館長盧子博發表《錢亞新學術思想述評》，對他的作品進行梳理分析。文中給錢亞新以高度評價：『錢亞新先生以其淵博的學識和豐厚的著述，爲我國圖書館界所推崇，成爲我國圖書館界的一代宗師，我國圖書館界知識分子的優秀代表。』『他的家實際就是一所業餘的圖書館學培訓學校。許多中、青年同志登門請教，聆聽錢老教誨，錢老都至誠相待，對青年一代的成長傾注了大量的心血。許多青年學子將錢老看作恩師、治學的引路人，看作自己一生所崇敬和學習的楷模。』

主要論著述要

《鄭樵校讎略研究》：錢亞新對鄭樵《校讎略》進行系統性的研究後認爲『辨章學術，考竟源流』是《校讎略》的中心思想，也是鄭樵的首創。其具體表現爲《藝文略》的編制，以十二大類、百家、三百七十一種的分類體系組織大量圖書，形成一個冲破前人四、五、六、七、九分的書目。與此類例相輔而行的，還有他提出的幾條分類原則。這些原則，至今還有現實意義，爲圖書館工作所遵循。編目方面，鄭樵不同意劉知幾對於編制藝文志採用斷代的主張，提出了要求藝文志中所載不僅要通録（包羅古今圖書）而且要記散亡的原則。

《試論漢字排檢法的標準化問題》：本文通過當時通用的漢語拼音法、筆畫法、部首法、筆形法、四角號碼法這五種漢字排檢法的比較研究，提出了如下見解：一、每種漢字排檢法都能形成一種特有的系統序列，同時也各建立一套排檢的規則。二、排字法是檢字法的前奏，檢字法是排字法的還原。三、排檢法的原理，要求條例簡易、次第森嚴，排檢敏捷。排檢次序的標準要少而精，應以能解決每個漢字的準確位置爲佳。四、以漢字形體爲主的排檢法是直覺直接的排檢法，以拼音或四角號碼爲符號的排檢法，是非直覺而間接的排檢法。間接排檢法需要增加人力。五、排檢法要通俗易懂。六、筆形在各種排檢法中占有重要位置，一般都以筆形爲最後的決定因素。

主要論著目録

《鄭樵校讎略研究》，文宗出版社，一九一八年。

《拼音著者號碼編制法》，武昌文華公書林，一九二八年。

《拼音著者號碼編制法》，北京中獻拓方科技發展有限公司，一九二八年。

《索引和索引法》，商務印書館，一九三〇年。

《御書術》，河北省立女子師範學院圖書館出版課，一九三三年。

《太平御覽索引》，商務印書館，一九三四年。

《河北省立女子師範學院圖書館指南》，河北省立女子師範學院，一九三四年。

《今日之河北省立女子師範學院圖書館》，清華大學圖書館，一九三六年。

《圖書分類法》(G. O. Kelley 著　錢亞新譯)，文通書局，一九四二年。

《聯合目録》，江蘇省圖書館工作人員進修班，一九五七年。

《拼音著者號碼表：　附四角號碼索引》，文宗出版社，一九六九年。

《浙東三祁藏書和學術研究》，江蘇省圖書館學會，一九八一年。

《杜定友圖書館學論文選集》，書目文獻出版社，一九八八年。

《錢亞新選集》，成都東方圖書館學研究所，一九八八年。

《錢亞新集》，江蘇教育出版社，一九九一年。

《最近一年半内新雜志的調查録》，《圖書館報》一九二九年第七卷第五期。

《圖書館訂購圖書時對於板本的選擇及注意》，《圖書館報》一九二九年第七卷第四期。

《雜志和索引》，《武昌文華圖書科季刊》一九二九年第一卷第二期。

《法蘭西兒童圖書館》，《圖書館報》一九二九年第七卷第二期、第三期。

《布魯塞爾分類法》，《武昌文華圖書科季刊》一九二九年第一卷第三期。

《補充杜威制之革命文庫分類法》，《武昌文華圖書科季刊》一九二九年第一卷第四期。

《排檢法的原理》，《文華圖書館學專科學校季刊》一九三二年第四卷第一期。

《情書及其作者》，《女師學院期刊》一九三三年第四卷第一—二期。

《太平御覽之研究》，《大夏年刊》一九三三年創立九週年紀念。

《類名標題目録》，《女師學院期刊》一九三三年第二卷第二期。

《書報批評　讀紅樓夢辨證的新認識》，《光明》一九三七年第三卷第三期。

《我是你永久的朋友——圖書館》，載於《學生之友》一九四〇年第一卷第六期、一九四一年第二卷第一期。

《師範學院中的圖書館學》，載於《國師季刊》一九四二年第十四期。

《圖書館漫談》，載於《文化先鋒》一九四三年第一卷第二十二期、第二卷第六期、第二卷第十三期、第二卷第二十期。一九四四年第三卷第十八期、第十九期。

《三民主義化圖書分類法的探討》，載於《行仁》一九四三年第一期。

《圖書館續談》，《文化先鋒》一九四六年第五卷第四期。

《偉大的國家必有偉大的圖書館》（沙本生講演，錢亞新筆録），上海市立圖書館館刊一九四八年第二期。

《圖書館學及其著述之推薦》，《讀書通訊》一九四八年第一百六十期。

《試論漢字排檢法的標準化問題》，《圖書情報知識》一九八四年第四期。

李白英

（一九〇三——一九八一）

生平簡介

民間文學研究家。原名李澄，乳名榮培，字鏡清，筆名伯寅、談榮、澹村、南容等。一九〇三年生於無錫縣查橋談村一個小康之家。八歲入私塾，後進縣立第三高等小學，學習兩年後輟學。後考取南京造林場的實習生，因爲思想上的變化，又輟學跑至上海。一九二一年考入上海國立中法通惠工商學校商科，後因失去經濟資助，不得已而返鄉，旋又回上海，爲一鄉紳聘爲塾師。一九二七年國民革命時期，思想受到影響，參加農民運動。北伐軍抵錫後，任《民國日報》副刊編輯，并兼任教育局工作。『四一二』反革命政變後奔赴武漢，經郭沫若介紹，任《革命軍日報》發行處主任。汪精衛叛變革命後，返回上海，任職於中共地下黨員劉曉等負責的曙光中學，學校被封後避走杭州。一九二八年和方士人在浙江合辦《大水》雜誌，後又參與中央研究院社會科學所組織的社會調查工作。一九二九至一九三三年，任上海光華書局編輯，曾負責書局與魯迅著作的出版聯繫事務。期間由馮雪峰介紹，參加了左聯成立大會，爲左聯外圍成員。又發起組織榴花詩社，出版詩刊，僅出版三期即遭禁。後又創辦《新兒童報》、童年書店、新辭書編譯社。抗日戰爭時期，輾轉於漢口、重慶、香港各地，後返上海定居。一九四三年八月至一九四四年四月，與北新書局編輯錢小柏一起在《新中國報》編輯副刊《民俗周刊》，期間發起組織中國民俗學社，起草《中國民俗學社的組織和簡章》。其後任《湖州日報》社社長、無錫《大錫報》編輯，同時爲《文友》、《太平洋周報》等刊物撰寫民俗學方面的論文和民間故事。中華人民共和國成立後，曾任上海育才中學教務長，後任上海人民美術出版社連環畫室編審。退休後，經常爲《采風》、《鄉土》、《民間文藝集刊》寫稿，并任上海民間文藝研究會分會顧問。曾參加第四次文代會，參與南京大學等合編《中國文學史》的修改、定稿工作。一九八一年十二月中旬，至蘇州參加『吴歌學術討論會』；下旬參加上海民間文藝研究會分會年會。是月三十日逝世。

主要著作述要

《江南民間情歌集》：作者自二十世紀二十年代起即開始收集并研究民歌，撰寫了多篇論文，如《民歌在文學上的價值》、《民歌鑒賞論》等。在理論上準備的同時，作者也進行着實踐的工作，搜集了九十六首江南民間情歌，編爲一集，并在《引言》中對編輯原因作了詩意的表述：『我借着宇宙的生命，借着春，借着如花的江南，借着少年男女熱情而善歌的口，把這些春的歌愛的歌記録出來——這便集成了這一本《江南民間情歌集》。』

《春之橋》：是書爲話劇集，收入《資本輪下底分娩》、《有個少女在敲門》、《巨人》、《孤獨兒之死》四篇。在《改名後記》中，作者説：『我原有一部已寫成的五幕劇名《春之橋》，但後來因自己不滿意就毀去了。本書中除了第一篇外，後三篇都是《春之橋》中的幾場改作的。我原想樸素地給名《話劇四篇》，現在，現在就改了吧！這劇集，也正可説與這時代與我的生活與我的寫作一般，都還在「橋」上，所以這里面的内容與取材與手法也并不是健全的成功的收獲。……而這橋，正是向着希望的日出與春。』一九三二年又改名爲《孤獨兒之死》，由上海光華書局出版。近人所編《中國新詩集編目》、《中國文學家辭典》（現代第四分册）等書誤將此書當作詩集。

《**某夫婦**》：這部不到五萬字的小説，完全由兩夫婦即農家出身的小學教員良培與妻子小梅間的書信、日記以及隨筆記下的斷片構成，依照年月日的順序編排。上篇《小梅的日記及書信》，記載着一些幼稚和瑣屑的事情，表現出一位農家媳婦在農村生活中的所見所想及窒息欲死的憂鬱。下篇《良培的日記》内容大體記録國民革命時期革命浪潮處於低谷而被迫離鄉後的遭遇和感受，小説主要摘録其中關於其妻病逝的部分。小説以書信、日記這種極爲個人的書寫來表現一對夫婦互相之間的情感，以及對家庭、社會生活的看法，使讀者易於在閲讀中真切地感受處於社會變革期間，這對農村夫婦的心里是怎樣感覺着、思想是怎樣變化着。如良培閏二月二十四日日記記他夢見母親被緝捕隊抓去，用極刑逼問他的下落。醒來後，他仔細想想：『小梅，你如果不能好的話，就快些死罷！這個世界不能有好處給你，你和我母親如仇敵，在家庭制度婆媳間那里有生趣可言，在此社會轉變的時期，一切都破裂了！……搗蛋的舊社會，使我難以伸氣！我再不願有家庭有妻子有什麽了，我要獨自狂走天涯！現在，我急須無家無室，離去一切悠悠之人面，離去一切悠悠之人口！我自己要飛！社會也要飛！』言語中可見其對舊社會束縛自由的難耐已達到了極點，正如書末《編者告讀者》中所言『這決不是特殊的，在當時的人群中，一定有不少的影形在同樣的情形之中』。另外，結合李氏成長過程看，書中描述的内容、表現的心理都帶有其個人的印迹。其詩集《時代祭》前記中稱：『關於一九二六年代中國大變動之一役，我所經過的生活，我很想整個的好好地寫一篇創作小説。』這似乎可以看做是其創作《某夫婦》的一個印證。

《**日本帝國主義侵略中國史**》（**少年本**）：本書是作者專門爲青少年編寫的，考慮到青少年的閲讀特點，書中省略了原理的推究，注重文字的淺顯明白，强化閲讀興趣。全書就日本侵略中國的幾件大事的經過，作了系統的叙述；每一事件着重叙述一個中心，并推及其他。上部『侵略史』探討了倭寇的來歷、日本帝國主義爲什麽要侵略中國、日本帝國主義用什麽方法侵略中國、强占琉球群島、中日戰争割臺灣、濟南慘案、强占青島、日本爲什麽强占東三省、我國的反日運動等問題；下部『侵略成績』，揭露了日本帝國主義從借款、割地、商埠、軍隊、銀行、移民、文化、鐵路、礦業、漁業、林業等諸多方面侵略中國的實際情况。書末《著者給少年朋友的一封信》中，作者呼籲青少年明白日本侵略中國的目的和實質之後，應該團結起來奮力打倒危害世界和平的資本家、地主階級。

主要論著目録

《民間十種曲》（歌曲集），上海光華書局，一九二八年。
《江南民間情歌集》，上海光華書局，一九二九年。
《春之橋》（話劇集），明日書店，一九二九年；後改名《孤獨兒之死》，上海光華書局一九三二年。
《斷腸詩詞》，光華書局，一九三〇年。
《某夫婦》（小説），光華書局，一九三〇年。
《在野底歌曲》（歌曲集），光華書局，一九三一年。
《時代祭》（詩集），光華書局，一九三一年。
《日本帝國主義侵略中國史》（少年本），大同書局，一九三二年。
《學生書信指導》，光華書局，一九三二年。
《中國歷代女子詞選》，光華書局，一九三二年。
《中國歷代女子詩選》，樂華圖書公司，一九三三年。
《作文描寫辭源》，中央書店，一九三五年。
《民歌在文學上的價值》，《文藝創作講座》，光華編輯部一九三五年刊。

孫　君　毅

（一九〇三—一九八三）

生平簡介

集郵家、郵學家。原名孫祖宏，『君毅』是其集郵用名。出生於一九〇三年九月二十四日。祖籍山東章邱，落籍無錫。先後就讀於東林小學、輔仁中學，一九二四年厦門大學中文預科班畢業，一九二六年東吴大學法學院畢業，獲文學、法學學士學位。曾任國民革命軍潮汕警備司令部軍法官，後在無錫、常州兩地政府擔任審判員。一九三〇年起在上海、無錫、吴縣等地從事律師工作，兼任江蘇省立教育學院法學講師、無錫錫鍾中學校長。一九三六年開始集郵，起初集西郵自娱，後來以收集研究中國早期郵票、郵戳爲主，清代各種郵票基本收集無遺，『慈禧壽辰紀念郵票』（俗稱『萬壽票』）有專集，被譽爲『萬壽票專家』。爲甲戌郵票會，新光郵票會會員，兼甲戌郵票會法律顧問。日軍侵略淪陷時，收藏的數以千計的郵票封片損失殆盡。一九四五年從上海回到無錫工作。解放初曾在蘇南行署司法處、蘇南人民法院工作，一九五五年起擔任掃除文盲教師和小學教師。歷任無錫集郵研究會（一九四五—一九四九）、無錫崇安區工人俱樂部集郵小組（一九五八—一九六五）、無錫市文化館集郵研究會（一九八一—一九八三）主要負責人。期間主持編輯研究會會刊《郵友》、《集郵通訊》、《郵友信箱》，以其學術性强、學風嚴謹而在國内爲數不多的集郵刊物中獨樹一幟。他組織編寫了很多内容豐富、論述精湛的文章，深獲好評，也推動了國内郵學研究的深化。他曾發表《集郵的真諦》一文，全面論述集郵具有『娱樂』、『益智』、『儲財』等積極意義，强調陶冶情操，主張集郵須理智、有學理、具持久性和重郵識之追求。他收集的郵票『文革』中再次遭劫全部被抄没。一九八〇年曾自撰遺囑（去世後，《集郵家》雜志以《寫在生前》刊發），分述八條，體現了其弘曠練達的個性。他還通過無錫集郵研究會發起討論制訂《郵友導則》，倡導集郵愛好者的精神追求和道德操守。晚年特别重視輔導青少年開展集郵活動，編寫講義，舉辦講座，不遺余力。期間，爲開創使用風景郵戳建言，獲採納。他本人被稱爲集郵界『江南五志』之一。一九八二年中華全國集郵聯合會成立，被選爲理事。一九八三年全國集郵聯合會學術委員會成立，被聘爲學術委員。其在集郵學術研究方面學識淵博，造詣深邃，著譯豐富，很多著述被譯成外文在海外多種郵刊上轉載。一九八二年，他編纂的《清代郵戳志》定稿，適逢日本著名集郵家水原明窗到無錫訪問，提出以高稿酬在日本出版該書，他婉言謝絶。事後他説：『手稿在日本出版，問世時間可能會早一些，稿酬也可豐厚些，但我是一個中國人，著作應當在中國出版。』他病重彌留之際，還口授《履痕處處依稀在，一水相望長相憶》的文章，寄語臺灣郵友，盼望祖國早日統一。一九八三年八月三十日在無錫病逝。

主要著作述要

《郵學詞典》：此書作爲『甲戌叢書』之一於一九四六年十月在開封出版。正文四十頁，共收録郵學名詞三百八十八個，分爲總則及郵票之種類、印刷、紙質及背膠、齒孔、水印、顔色、郵戳、國郵、雜類等九部分。作者在編寫此書的過程中，曾撰文指出：『郵學名詞，大都譯自西文。以無標準譯名，至同一意義之名詞，往往有多種之譯名，甚至有引用錯誤之名詞者。』(《正名》,《新光會刊》一九四六年第十三卷第四期)因而書中採用英文對照,定名嚴謹,詮釋務求簡潔準確,是中國最早的郵學詞典。美國郵學會會刊曾著文專門介紹,給予很高評價。無錫集郵研究會一九八四年版排印本附有一張勘誤表,更正了原書中四十二處排印錯誤。

《清代郵戳志》: 此書《前言》稱:『清朝郵政演變過程中,出現過若干種式樣統一的郵戳,各種性質的指示戳記,還有多種多樣的地方戳。』故作者在搜集郵品時,有意摘記描繪,積聚材料進行研究。此書始撰於一九六二年,四易其稿,中間經歷『文革』浩劫,至一九八一年方定稿。全書二十餘萬字,一千五百餘幅實物及手繪圖稿,分爲『海關郵政』、『國家郵政』兩部分: 前一部分包括概論、資費已付戳、海關日戳、海關漢文戳、海關郵件戳、指示戳記、華洋書信館七章,基本上是在《中國郵戳志》(與劉廣實合編,未刊稿)卷二内容基礎上略加修改補充而成; 後一部分包括概論、資費已付戳和免費戳、八卦戳、英漢大圓戳、橢圓戳、漢英單綫戳、干支戳、紀念戳、地方郵局代辦所信櫃戳、掛號戳、快信戳、火車輪船郵戳、其他戳記十三章。此書的出版,受到國内外集郵界的重視和高度評價,成爲中國郵學研究水平提升的一大標志,『具有很高的郵史價值和學術價值』(《中國集郵辭典》,北京出版社一九九七年版)。一九八七年獲加拿大國際郵展大銀獎,是迄今我國集郵家在同類世界郵展文獻展品中獲得的最高榮譽。另外,孫氏《前言》中謹慎寫道:『郵戳的使用及起始年代是根據作者所見,有很大的局限性,僅作參考。』所以隨着新材料的發現,書中某些結論有修正的必要(參見金喜旺《對〈清代郵戳志〉的幾點質疑》,《集郵博覽》二〇〇五年第二期)。

主要論著目録

《郵學詞典》,甲戌郵票會,一九四六年; 無錫集郵研究會一九八四年重印。

《中國快信郵票志》(譯著),藝海美術印書館,一九四九年。

《清代郵戳志》,中國集郵出版社,一九八四年; 日本郵趣出版社,一九八五年日文版。

《臺灣早期郵政考》(與劉廣實合著),一九六四年手稿本。

《中國對剖票》,無錫市集郵研究會油印本,一九七九年。

《孫君毅集郵文選》,江蘇文藝出版社,一九九九年。

姜君辰

（一九〇四—一九八五）

生平簡介

經濟學家，馬克思主義經濟理論家。曾用名姜君宸、張文、解生等。一九〇四年九月生，江陰縣（今江陰市）華墅鎮人。姜君辰出身於一個秀才家庭。青少年時代，耳聞目睹辛亥革命、『五四運動』，深受新文化的熏陶和激勵。一九一八年至一九二二年上半年在江蘇常州省立第五中學讀書。期間，姜君辰曾多次參加罷課抵制洋貨等愛國民主運動。一九二二年下半年至一九二六年上半年，在上海同濟大學德文班、醫預科讀書，攻讀醫學。由於多次參加愛國民主活動，積極參與『五卅』反帝愛國運動，發動驅逐鎮壓學生運動的校長，被學校當局除名。

一九二六年，奔赴當時的革命中心廣州，同年加入中國共産主義青年團。一九二六年夏至一九二七年四月在廣州中山大學工學院讀書，之後返回上海，一九二七年夏至一九三〇年上半年就讀於上海法科大學政經專修班。這期間，姜君辰開始閱讀馬列主義書籍，加深了對社會政治、經濟問題的認識。畢業後，轉向經濟科學的研究，探索改造舊社會、建設新社會的道路。一九三〇年下半年至一九三一年初在上海復旦大學實驗中學任教員。一九三一年至一九三二年初，在陳翰笙主持的中央研究院社會科學研究所工作，任上海社會科學研究所特約德文翻譯。一九三一年，資本主義世界爆發了嚴重的經濟危機，日本帝國主義悍然發動『九一八』事變。姜君辰開始大量搜集資本主義世界經濟資料，把資本主義經濟危機和中國農村，特别是東北經濟相聯繫，發表了幾篇有卓見的文章，在經濟學界嶄露頭角。

一九三二年上半年至一九三三年，在南京中央研究院社會科學研究所任資料室負責人。一九三三年，與陳翰笙、錢俊瑞、薛暮橋等人發起成立『中國農村經濟研究會』，并和薛暮橋、吴覺農等一起編輯出版《中國農村》月刊，以馬列主義爲指導，用大量的事實材料，論證中國是半封建半殖民地社會，爲宣傳反帝反封建的新民主主義革命戰略提供了有力的論據。接着，又和錢俊瑞一起創辦『中國經濟情報社』，整理了大量中外經濟新聞、統計數字，編寫《中國經濟年報》。一九三三年下半年至一九三五年上半年任上海《中華日報》國際版主編。他利用擔任主編之便，編輯出版《中國經濟情報周刊》和《世界經濟情報周刊》，擴大了用馬克思主義分析國内外經濟問題的影響。

一九三五年下半年至一九三七年冬，姜君辰創辦新知書店，并主持編輯工作，後又擔任代經理。主編《新世紀》雙月刊，任《世界知識》特約撰稿人。在深入調查中國社會情况，介紹蘇聯社會主義發展情况的翻譯、研究、出版工作中，探索改造舊社會、建設新社會的道路，并從事調查中國社會經濟情况，出版進步書刊等工作。其間，出版了章乃器《中國貨幣制度往哪里去》，揭露國民黨推行法幣制度的反動本質。一九三六年夏，加入中國共産黨。

一九三七年抗日戰争全面爆發後，參與籌建以謝六逸、周建人爲首的上海編輯人協會。這是上海文化界救國聯合會所屬的一個抗日愛國團體，姜君辰任常委，是這個協會黨的負責人。主持編輯協會刊物《文化戰綫》旬刊，宣傳黨的抗日主張和統一戰綫政策，推動各界愛國人士參加抗日鬥争。并發表了《全面抗戰要全國總動員》等論文，要求國民政府積極抗戰。但不久，由於國民黨的白色恐怖，《文化戰綫》被迫停刊。一九三七年冬，姜君辰輾轉到廣州，任廣州《新戰綫》半月刊主編。一九三九年又至桂林，擔任《中國農村》戰時特刊主編，繼續呼籲全國總動員，全面抗戰。在桂林主編《中國農村》時，研究經濟建設問題，發表了《經濟建設的有利條件》一文，認爲：由於日寇對沿海的封鎖，不受外貨傾銷的競争，加上友邦給中國援助以及抗戰華僑匯款增加，民族工業、手工業和農村副業都可能短暫繁榮。并指出，經濟建設的目的必須爲絶大多數人謀利益，抗戰的力量才可能真正加强。他譴責國民黨區實行的財政經濟政策只有利於鄉紳豪强乘抗戰之機盤剥掠奪。

一九三九年一月至一九四一年一月，姜君辰任桂林廣西地方建設干部學校教員，在中共領導下，爲抗戰大後方培養建設幹部。他治學嚴謹，謙虚勤奮，經常深入實際調查研究。『皖南事變』後，在黨組織的指示下，一九四一年二月，他從桂林撤退，先到香港，在夏衍、范長江等主辦的國際新聞社工作一段時間，六月離開香港經上海抵達蘇北新四軍駐地，任中共華中局調查研究室研究員。一九四三年二月至九月赴延安。同年十月至一九四五年冬任延安大學財政系副主任，組織學員調查邊區大生産運動和互助合作運動，并研究根據地貨幣發行問題，爲陝甘寧邊區和中國人民的解放事業培養了一批財經幹部。一九四五年四月至六月作爲華中代表團成員，以候補代表的身份參加中共七大。八月任中國解放區人民代表會議籌備委員會綱領起草委員會委員、財政經濟組副組長。

解放戰争時期，繼續從事文化教育工作。一九四六年二月至五月任北平《解放》三日刊社副總編輯。隨後，赴東北佳木斯，協助籌辦東北大學和東北財經幹部學校，任東北財經幹部學校副校長，并實際主持該校工作，爲東北解放區培訓了大批財經幹部。

東北解放後，姜君辰參加籌建東北財經委員會和計劃委員會的工作，并任東北供銷合作社副主任。全國解放後，又任中華供銷合作總社副主任等職務。這期間，他着重研究供銷合作社在過渡時期的作用和怎樣把集體所有制的農業引導到計劃經濟軌道上來的問題，爲我國供銷合作事業的發展和社會科學研究及其規劃與管理做出了貢獻。此外，他還精心研究關於發展農業的多種經營問題。

一九五七年以後，姜君辰先後擔任國務院科學規劃委員會副秘書長、中國科學院哲學社會科學部副主任等領導職務，分工主管社會科學研究的規劃和管理工作，負責國務院各部門編寫建國十年成就的工作，他曾參與領導制訂哲學社會科學十二年（一九五八—一九七〇）發展規劃。

一九五九年四月，經濟學界召開關於社會主義商品生產和按勞分配問題的理論討論會，這次討論會對於糾正『大躍進』和人民公社化運動中『左』的錯誤傾向，具有一定意義。姜君辰是這次討論會的主要領導人之一。

『文革』中，姜君辰遭受到林彪、江青反革命集團的迫害。粉碎『四人幫』後，他立即投入調查研究，尤其對農村商品流通和農村商品體制改革問題，展開重點研究。一九七五年夏至一九七八年夏任中國科學院哲學社會科學部、社會科學院科研組負責人。一九七八年夏至一九八〇年五月任中國社會科學院財貿物資經濟研究所副所長、黨委委員。後任該所顧問，同時還擔任國務院經濟研究中心顧問、中國商業經濟學會顧問、中國工業合作協會顧問、研究員。

一九八〇年前後，姜君辰先後到南京、無錫、蘇州、常州、上海、四川、河北等地調查計劃管理體制改革問題，并發表一系列文章，針對商品流通實踐中存在的問題，從理論角度進行分析，對於搞活商品流通，尤其是搞活農村商品流通，具有重要的參考價值。

一九八二年，姜君辰任中國商業經濟學會顧問，同時還擔任國務院經濟研究中心顧問、中國工業合作協會顧問、研究員。到他去世前的幾年里，姜君辰繼續五十年代關於社會主義基本經濟規律問題的研究，發表了《論生産和生活的關係問題》等論文。他在總結我國三十多年經濟建設歷史經驗的基礎上，得出了無論研究生産、分配、交換和消費問題，還是研究調整國民經濟比例關係、改革經濟管理體制等問題，都要以社會主義基本經濟規律爲根本出發點的結論，産生了重要影響。一九八五年十月二十九日因病在北京逝世。

主要著作述要

《一年來中國經濟概況》：申報月刊社一九三四年出版。該書分導言、對外貿易的檢討、重要工業的狀況、農村恐慌、金融市場的動向、結論六部分，詳細介紹一九三三年中國經濟形勢的概況，是了解二十世紀三十年代國民經濟的重要資料。體現了作者對中國經濟現代化問題與經濟建設問題的思考。

《社會學入門》：該書文化供應社一九四一年出版。全書共八講，包括人類不能離社會而單獨生存、社會的日新月異是什麼意思、社會的日新月異是什麼意思(續)、社會發展的動力、兩個世界的對照、中國是一個怎樣的社會、結論(中國社會發展的理論與實踐)，是一本全面介紹社會學知識的入門讀本。

《國際問題講話》：分概論、戰後國際形勢、國際政治關係的穩定、國際政治關係的現階段等部分，是對二戰結束後國際政治、經濟形勢的介紹。

主要論著目録

《一年來中國經濟概況》，申報月刊社，一九三四年。

《新世紀》，新知書店，一九三六年。

《戰争乎？和平乎？》，當代青年出版社，一九三七年。

《救亡手册》(合編)，生活書店，一九三八年。

《社會學入門》，文化供應社，一九四一年。

《國際問題講話》(合著)，生活書店，一九四六年七月。

《商業經濟學》，中國展望出版社，一九八六年。

《商品流通問題的調查研究》，中國展望出版社，一九八六年。

薛暮橋

（一九〇四—二〇〇五）

生平簡介

經濟學家，馬克思主義經濟理論家。原名與齡，曾用名雨林，筆名餘霖、霖。一九〇四年十月二十五日，出生於無錫玉祁禮社。一九一八年考入江蘇省立第三師範學校。一九二〇年父親棄世，家境衰落，遂輟學到杭州投考滬杭甬鐵路練習生，學習會計，逐步升至筧橋站站長。一九二七年北伐軍進占杭州，投身革命。同年三月一日加入中國共産黨，隨後任中共杭州中心區委工人部長，組織鐵路工人運動。後被捕入獄三年半，出獄後獲知黨組織遭破壞，遂返回家鄉。一九三一年前後任小學教員、報館編輯。次年，經王寅生等介紹，在陳翰笙領導下進行農村經濟調查，開始從組織工人運動轉向學術研究。一九三四年參與創辦《中國農村》并任主編。一九三八年到新四軍工作，在教導總隊和抗日軍政大學主持政治教育工作。一九四二年底，任中共華東分局政策研究室主任，在山東領導對敵貨幣鬥争，主持工商局工作，穩定解放區的物價。一九四七年任山東省政府秘書長兼實業廳廳長。一九四八年任中共中央財經部秘書長，一九四九至一九五二年任國務院財經委員會秘書長兼私營企業局局長。一九五三年任國家計劃委員會委員兼國家統計局局長，後任計委副主任。一九五七年後調至中央財經小組工作，編輯内刊《經濟消息》，因爲發表對『大躍進』反思的文章，受到黨組批判。一九六一年，全國經濟狀况惡化，物價劇烈波動，國家成立物價委員會，受命任主任。『文革』期間，作爲『極右分子』、『三反分子』的『黑干將』遭受批鬥。在『牛棚』中，堅持學習《毛澤東選集》並做筆記，開始起草《中國社會主義經濟問題研究》初稿。一九七五年起任國家計委經濟研究所顧問，次年改任國家計委顧問兼經濟研究所所長。期間，赴山東、安徽、江蘇等地考察，提供發展建議。一九八〇年任國務院經濟研究中心總幹事，受命研究經濟形勢以及財政、金融、外貿體制，提出咨詢意見。一九八五年退休，任國務院經濟技術社會發展研究中心名譽總幹事。還擔任計劃學會、統計學會、物價學會會長、名譽會長和多個學術研究團體顧問等職。第六屆全國人民代表大會常務委員會委員、財政經濟委員會委員。二〇〇五年三月，榮獲第一屆中國經濟學杰出貢獻獎。同年七月二十二日在北京病逝。

主要著作述要

《中國農村經濟常識》：是書初版於一九三七年，與《農村經濟底基本知識》爲姊妹篇，甫一問世，便産生了廣泛的社會影響，同年七月，被譯成日文。作者起初在中國農村經濟研究會主持人陳翰笙領導下進行農村經濟調查，積累了大量一手資料，爾後撰寫了數萬字關於農村經濟問題的講義，一九三六年將發表的文章經過修改補充而集結爲此書。全書十四章，内容主要是分析中國農村中的基本問題，帝國主義和中國農村、中國農村中的土地問題、中國農村中的租佃關係、中國農業中的雇傭勞動、耕畜農具和農業資金、中國現階段的農業經營、農産商品化和農村市場、中國農村中的高利貸、中國農村中的田賦和税捐、農村副業和農民離村、中國農村經濟的新趨勢、農村合作運動和農産統制、知識分子的鄉村改良運動，反映了半封建半殖民地舊中國農村經濟的基本狀況。第一章即開宗明義指出，『目前中國農村中間最基本的問題，第一就是民族解放問題；第二就是土地問題』；在第三章中明確從方法論的角度指出，『必須進而研究地主和各類農民如何利用他們所有土地，以及各種租佃關係，各種勞動關係，最後闡明這種土地關係如何阻礙農業經營的合理化——這樣我們才能認識現今中國土地問題的全貌』。這些判斷有助於讀者『對農村問題有比較全面的、系統的認識』，從而『對於理論的學習，政策的把握，工作的展開』有所幫助（一九四八年版《前言》）。一九八〇年，農業出版社徵得作者同意，將全書重新校閲，『個别地方作了少量删節』，并將《農村經濟底基本知識》的緒論《怎樣研究農村經濟》作爲附録，改名爲《舊中國的農村經濟》出版。

《中國國民經濟的社會主義改造》：是書爲作者接受中宣部委托，與蘇星、林子力合作完成，具有鮮明的時代特徵。初稿完成於一九五七年，修訂數次後於一九五九年出版。并由外文出版社譯成英、俄、日、法等幾國文字，對外發行。在《前記》中，作者指出撰寫的目的是：『要對我國社會主義國營經濟的産生、發展和農業、手工業、資本主義工商業的社會主義改造的歷史過程，作一個概括的叙述和説明。』全書三章，具體論述了社會主義國營經濟、農民和手工業者個體經濟、資本主義經濟的歷史改造經驗。闡述確立國營經濟的領導地位、農業手工業合作化，『本書在選擇統計數字方面，在編寫形式和文字的樸實而簡潔方面等，都存在着不少特色』。然而大量引用《毛澤東選集》中的相關論點，典型例證較少，概括稍嫌簡略。但不能否認『這是一本論述我國國民經濟的社會主義改造和社會主義建設的好書，可以當作我國建國十年來國民經濟的發展簡史讀，也可以當作有關黨的過渡時期總路綫和社會主義建設總路綫的初步經驗總結讀』（長流：《評介〈中國國民經濟的社會主義改造〉》，《學術月刊》一九五九年第十二期）。

《社會主義經濟理論問題》：是書收集了作者在解放後到『文革』前發表在《人民日報》、《紅旗》、《學習》、《經濟研究》等報刊上的有代表性的十幾篇文章和報告，反映了作者對建國十七年間一系列社會主義經濟理論問題的看法，『在相當大程度上反映了當時我國許多經濟學家的一般思想』（《前言》），即『主流派』的經濟思想。討論的問題涉及社會主義商品生產、價值規律、價格政策和貨幣制度、速度和比例、按勞分配、經濟核算等，『緊密結合我國社會主義革命和社會主義建設的實踐經驗，從實際出發，力求把實際工作的經驗提升到理論上來進行概括』（吴樹青：《從實際出發，加强社會主義經濟理論研究——介紹薛暮橋同志的〈社會主義經濟理論問題〉》，《經濟研究》一九八○年第一期）。

《中國社會主義經濟問題研究》：是書初版於一九七九年，實際上作者早在一九六八年就開始醞釀提綱并撰寫初稿，到一九七六年已六易其稿，『文革』後又在實地調查研究的基礎上完成第七稿，是爲徵求意見稿。正式出版後，一度成爲暢銷書，一九八三年修訂版篇幅稍有增加，一九九八年再版，印數高達千萬，并先後被譯爲英、法、日、西班牙等各國文字出版。由此可見其影響範圍之廣，程度之深。該書用馬克思主義的觀點探討并總結了中華人民共和國成立三十多年來在社會主義經濟建設領域的歷史經驗，系統地批判和清理了經濟工作中的『左傾』錯誤，如在生產資料所有制問題上急於過渡，違背按勞分配規律，否定商品貨幣關係并把計劃同合理利用價值規律的作用對立起來，盲目追求不切實際的高速度而違背國民經濟按比例發展規律等。并以此爲基礎，論述了社會主義建設必須遵循的經濟規律，探究了社會主義經濟建設的重大實際問題和理論問題。一位外國記者稱作者『不是關在象牙塔内的學者，而是參與制定實際經濟政策的行動派』，《中國社會主義經濟問題研究》『是一個反映和推進中國經濟現代化的藍本』（轉引自王静《不懈探索真理　緊扣時代脉搏——馬克思主義經濟理論家薛暮橋》，《百年紀人》，知識產權出版社二○○四年版）。

主要論著目録

《封建半封建和資本主義》，上海黑白叢書社，一九三七年。

《中國農村經濟常識》，新知書店，一九三七年；大衆書店，一九四六年。

《農村經濟底基本知識》，新知書店，一九三七年；光華書店，一九四八年；生活書店，一九四八年。

《抗戰與鄉村工作》，生活書店，一九三八年。

《中國革命的基本問題》，新知書店，一九四六年。

《讀書筆記：思想方法與學習方法》，西北軍大分校，一九四七年；山東新華書店，一九四八年；東北書店，一九四八年。

《政治經濟學》，中原新華書店，一九四九年；太行新華書店，一九四九年。

《經濟學》，生活·讀書·新知上海聯合發行所，一九四九年。

《怎樣辦合作社》，新中國書局，一九四九年。

《中國過渡時期的經濟》，學習雜志社，一九五八年。

《中國國民經濟的社會主義改造》，人民出版社，一九五九年初版；一九六四年第二版；一九七八年第三版。

《過渡時期經理領域中的兩條道路鬥爭》，上海人民出版社，一九七八年。

《社會主義經濟理論問題》，人民出版社，一九七九年。

《抗日戰爭時期和解放戰爭時期山東解放區的經濟工作》，人民出版社，一九七九年；山東人民出版社，一九八四年增訂版。

《當前我國經濟若干問題》，人民出版社，一九八〇年。

《舊中國的農村經濟》，農業出版社，一九八〇年。

《中國社會主義經濟問題研究》，人民出版社，一九七九年；一九八三年修訂版；廣東經濟出版社，一九九八年。

《社會主義經濟制度的優越性和我國的實踐》，紅旗出版社，一九八一年。

《中國經濟發展新趨勢：在香港『中國經濟發展新趨勢研討會』上的報告》，中國社會科學出版社，一九八一年。

《我國國民經濟的調整和改革》，人民出版社，一九八二年。

《工業經濟與企業管理基本知識講座》，中國社會科學出版社，一九八二年。

《經濟體制改革問題講話》，經濟管理出版社，一九八四年。

《薛暮橋選集》，山西經濟出版社，一九八五年。

《薛暮橋統計論文集》，中國統計出版社，一九八六年。

《我國物價和貨幣問題研究》，紅旗出版社，一九八六年。

《薛暮橋學術精華録》，北京師範學院出版社，一九八八年。

《論中國經濟體制改革》，天津人民出版社，一九九〇年。

《薛暮橋學術論著自選集》，北京師範學院出版社，一九九二年。

《薛暮橋回憶録》，天津人民出版社，一九九六年。

《薛暮橋晚年文稿》，生活·讀書·新知三聯書店，一九九九年。

《薛暮橋專集》，山西經濟出版社，二〇〇五年。

《薛暮橋文集》，中國金融出版社，二〇一一年。

章淵若

（一九〇四—一九九六）

生平簡介

法學家、神學家。原名浩奎，字星拱，號力生，後改名淵若。清光緒三十年（一九〇四年）五月九日生於無錫楊市鎮。早年就學於匡村中學，少有才氣。畢業於上海復旦大學。二十一歲時即被聘爲大學教授，并經校長介紹赴美執教。章士釗時任教育總長兼司法總長，稱贊他『文氣浩蕩』。其志於法政，一九二七年赴法國巴黎大學深造，并赴英、比、德、瑞士等國考察研究，後獲法學博士學位。一九二九年回國，歷任中央大學、暨南大學、東吴大學法學院教授，國立勞動大學法學院院長。抗日戰争爆發，受命任職於國民政府，歷任南京市政府秘書、上海市政府秘書、廣東省設計委員會主任、國防最高委員會參事、南洋華僑協會秘書長、國民黨中央黨部秘書、中央宣傳部秘書長等職。被人稱爲『政略家』，并有『小戴季陶』之號。抗戰勝利後，當選爲國民大會代表，并獲抗戰勝利勛章。因仕途不順，遂脱離政治，參禪學佛。一九四六年，得榮德生、榮一心父子資助，創辦江南大學，『以興學樹人爲始基，救人救國救世爲目的』（《在江南大學開校典禮上致詞》），任首任校長，羅致錢穆、唐君毅、牟宗三等前來任教，着意振興中國文化及東方宗教。一九四九年到臺灣。一九五〇年應邀前往泰戈爾所創印度大學講學，途中因政局變化，滯留於印度尼西亞。期間接觸當地華人教會，轉信基督教。一九五六年赴美，入麻省高敦神學院修習。一九五九年畢業，獲文學博士，任教於該院多年，著述講道。一九六八年，開始環球布道講學。著述豐富，八卷二百餘萬字的《系統神學》是其代表作。退休時并獲贈『卓越名譽教授』榮銜。一九九六年一月十九日逝世。

主要著作述要

《國際問題經濟的觀察》：此書完成於作者在法國求學之初。在《敬告讀者》中，作者説下决心寫這本書的原因是在赴法途中親見帝國主義對殖民地的搜刮，給了他許多『深切悲痛的感想』；鑒於中國當時已是列强争霸的焦點，作者洞若觀火地指出：『將來第二次世界大戰，必然以遠東問題爲導火綫；而我們這一個十分軟弱、不堪一擊的中國，又必然的成爲他們火拼的戰場』。正是基於這一深刻的認識，作者參考美國學者艾賽亞·鮑曼（Isaiah Bowman）《戰後新世界》（*The New World: Problems in Political Geography*）撰成此書。全書分爲『總論』、『歐洲之部』、『近東與中東』、『斐洲與澳洲』、『美帝國主義與南美問題』、『日本之發展與太平洋問題』、『中國國際問題經濟的危機』、『結論——三民主義與世界經濟問題』八部分。『總論』首先概論國際糾紛形成的總因及其經濟、政治主因。『歐洲之部』以下五部分則主要討論英國、法國、德國、意大利、比利時、西班牙、葡萄牙、俄羅斯、美國、日本等國的經濟發展基礎、對外侵略野心以及各國間、地域間的相互競争與利益冲突，視野宏闊，揭示了世界經濟形勢的核心問題。『中國國際問題經濟的危機』部分則在之前討論分析的基礎上，重點觀察了近百年來中國國際問題經濟的意義、列强侵略中國的步驟與時期及其采用的侵略方式，并指出中國的民族危機與積極的抵抗方法。最後『結論部分』將討論落脚在『三民主義』上，通過比較，指出三民主義經濟的世界性，稱

『三者是世界人類共由的達道，共榮的基礎』。

《現代憲政論：中國制憲問題》：關於撰著此書的原因，作者《自序》稱：『（憲政）乃建設革命主義，促進民權發展，以及約束當局，推行法治之最高無上神聖不可侵犯之原則……所以不因歷年憲政之失敗，而仍毅然有是書之作。』全書分爲上、下兩編，除了第四、第七兩章是根據在中央大學授課時學生所記筆記改寫外，其餘章節均係在歷年舊稿基礎上增删而成。上編『總論』包括五章，主要涉及現代憲政的綱領性、原則性問題，依次從中國社會發展的實際討論法治精神及其與禮治、人治、憲政的關係；從正、反各個方面探討制憲的真詮；從民族、民權、民生的角度討論中國憲法的基本原則；從代議、行政兩方面討論現代憲政改造的原則；從民族、民權、民生等方面的進步論述現代憲法演進之趨勢。下編『本論』包括七章，結合中國實際詳細闡述了制憲的原則、人民權利義務之基本原則、中央與地方之權限、中央制度、地方制度、制憲與民生、民族與憲法。附録與羅隆基（努生）就『人權』、『民權』之同異辯論的相關文章及民國初期憲法、約法、政府組織法及組織大綱。

《自力主義民族復興之基本原理》：此書是在作者歷年就『自力主義』演講稿基礎上整理而成。作者在『緒言』中詮釋『自力主義』，稱其『乃以發展自我智、德、體之優性爲起點，增進社會、國家、人群之福利爲依歸；各就本位，身體力行，以求自我義務之實踐，人格之完成，所以自救救國，己達達人之「行動主義」』；并在《弁言》中對其真諦進行了説明。全書分爲四編：第一編『自力主義之一般原理』討論了自力主義的歷史使命及與之相應的人生觀、社會觀、國家觀和基本概念；第二編『自力主義與國民教育』討論了自力主義與教育改造、公民教育、國民體育、青年訓練相互之間的關係；第三編『自力主義與建設動力』討論了自力主義對經濟建設、國家建設、統一運動、新生活運動、勞動服務的積極促進作用；第四編『自力主義與全民動員』着眼於時政大局，討論了自力主義對儲力運動、培養國力、國民自覺、對外方針、全民抗戰的作用；附録自力主義的格言及其影響。全書每一編均條分縷析，充分闡釋了作者新創之自力主義的歷史淵源和現實價值。由於具有演講稿性質，全書的論述與時勢結合緊密，語言具有一定的鼓動性，誠如書首警句所强調的：『自力主義，是一切救國理論的中心基準；自力主義，是一切救國運動的基本動力！』

主要論著目録

《蘇俄改建論》，泰東書局，一九二八年。

《街道與市政》，泰東書局，一九二九年。

《國際問題經濟的觀察》，民智書局，一九二九年。

《中國土地問題》，泰東書局，一九三〇年。

《現代政治概觀》，大東書局，一九三三年。

《現代法制概論》，商務印書館，一九三四年。

《現代憲政論：中國制憲問題》，中華書局，一九三四年。

《新生活與政治改革》，正中書局，一九三五年。

《章力生政法論文集》，商務印書館，一九三六年。

《中國民族之改造與自救》，商務印書館，一九三六年。

《自力主義緣起與詮釋》，自力齋，一九三六年。

《自力主義民族復興之基本原理》，商務印書館，一九三八年。

《人民之權利義務》，正中書局，一九四六年。

《原道》，美國國際學生會，一九六〇年。

《世界名人宗教觀》，香港證道出版社，一九六一年。

《人文主義批判》，香港宣道出版，一九六八年初版；香港基道書樓，一九八五增訂版。

《生命之道》，香港晨星書屋，一九六八年。

《救世之道》，香港晨星書屋，一九六八年。

《永生之道》，香港聖道出版社，一九七一年。

《立國之道》，香港聖道出版社，一九七一年。

《孫文主義之神學基礎》，香港聖道出版社，一九七一年。

《東方宣道戰略》（中譯），香港宣道出版社，一九七二年。

《總體辯道學》（四卷），香港天道書樓，一九八二年。

《本土神學批判》，香港基道書樓，一九八五年。

《系統神學》（八卷），香港宣道出版社，一九八九—一九九一年。

吕斯百

（一九〇五—一九七三）

生平簡介

油畫家、藝術教育家。曾用名吕則男。一九〇五年十月出生於江陰縣華墅鄉太平橋村（今江陰市蔡河村）小橋里。父吕渭清是清末的秀才，小學教師。一九一一年，入江陰縣章卿鄉太平橋小學讀書。一九一七年，入江蘇省無錫縣立第六高小讀書。開始對繪畫産生濃厚興趣。

一九二〇年，從江蘇省無錫縣第六高小畢業，考取江蘇省立第四師範學校。未及入學，患傷寒在家休養一年。一九二一年十六歲，入江蘇省立第四師範學校讀書，畢業時以品學兼優直升四師附設的藝術專修科。時逢北伐戰争，尚未入學，學校停辦，遂於無錫堰橋胡氏公學任小學教員近半年。一九二七年，邀集同學上書蔡元培，請求與四師藝術專修科畢業班同學一起併入國立第四中山大學（今東南大學）教育學院藝術專修科，獲准。因此成爲第四中山大學藝術系首期學生。十月，從第四中山大學藝術專修科肄業。是年底，由徐悲鴻推薦，由福建省庚子賠款公派法國留學。先在法國里昂美術專科學校，師從達望貝。同時在里昂中法大學學習。

一九三一年夏，獲中法大學學年考試外國人第一名榮譽獎。憑此得庚款助學金入國立巴黎高等美術學校達方培斯畫室學習。同年秋，進入巴黎儒里昂油畫研究院深造，師從蘇朗士。畫風開始轉向對夏爾丹和塞尚的追隨，也研究印象主義的繪畫技術和風格。一九三三年，與常書鴻等人發起組織『中國留法藝術學會』。是年，所作《野味》、《水果》入選巴黎春季沙龍，并在里昂春季沙龍獲獎。一九三四年，去意、比、英、德游歷參觀，考察研究了前輩大師塞尚、夏爾丹、夏伐納、凡羅納司等人的作品。同年，結束了六年的留法生涯，與徐悲鴻、蔣碧微夫婦同船回國。回國後即任中央大學藝術科講師，并在蘇州美專兼職一年。之後一直致力於學院美術教育，維護和宣傳徐悲鴻的寫實主義教學體系，以參展和撰文的方式在社會上進行油畫藝術的推介工作。

一九三六年，入選中國美術會理事。并加入徐悲鴻在上海發起組織的『默社』。六月，吕斯百、吴作人、劉開渠在中大圖書館舉辦展覽。一九三七年，參加中國文藝社舉辦的『援綏藝展』。是『第二屆全國美展』籌備委員。五月，與馬光璇在南京結婚，由吴稚暉主持儀式，蔣碧微作介紹人。

抗日戰爭全面爆發後，中央大學内遷重慶，吕斯百負責遷移工作。一九三八年，吕斯百代理中央大學藝術專修科科主任，改藝術學系後，任正式系主任。六月，在國共合作的氣氛中，由國民政府軍委會政治部第三廳發起組織的『中華全國美術界抗敵協會』在武漢成立，被選爲常務理事。

一九四〇年，抗戰期間全國最大的美術家團體——『中華全國美術會』成立，被選爲理事。他積極組織、參加該會各類展覽，并支持由中大藝術系學生組織『現實版社』，并爲該刊撰寫《卷頭語》。畫作《四川一農民》參加由中蘇文化協會和中華全國美術會在莫斯科聯合舉辦的『中國藝術展覽會』。

一九四一年，作國畫《荷花》，并題『炸彈下之荷花』，體現了日寇威逼之下，中華民族威武不能屈的精神。一九四二年，作品《庭院》獲『第三屆全國美展』三等獎。此期間，吕斯百的一批描繪鄉間生活的作品，因素樸、儒雅的風格，爲其赢得『田園畫家』的美譽。是年，吕斯百等八人在成都舉行『八人美術聯展』。九月，作品參加『聯合國藝展』。十一月，作品參加在紐約舉辦的『中國抗戰美術作品展覽』。

一九四三年，在《國立中央大學藝術學系系訊》發表論文《藝術學系之過去與未來》，在一九四四年二月重慶出版的《文史雜志》第三卷第三、四合期專號上發表論文《藝術教育》。這兩篇論文堪爲中國近現代美術教育史上的重要文獻。八月，獲全國優秀教師獎三等獎。參與籌設國立中央美術館。一九四四年二月，爲『中國美術學院籌備時期美術作品展覽會』撰寫《中國當代藝術家的責任》一文。四月，在重慶舉辦回國十年首次個人油畫展。吴稚暉、徐悲鴻主持開幕式。五月，《縫衣人》等作品參展於中華全國美術會在重慶中央圖書館舉辦的美展。作品有《魚》、《四川風景》等。一九四五年四月，參加在重慶舉辦的中華全國美術會美展。十二月，爲『秦宣夫畫展』撰文《談談秦宣夫先生的藝術》。一九四六年，與徐悲鴻、傅抱石等人舉辦聯合畫展。一九四七年三月，發表《漫談藝術教育》一文，措詞尖鋭，指出了國民黨當局在藝術教育方面的弊端。一九四八年辭去系主任一職，漸漸淡出藝術界的顯要位置。後避居上海。

一九四九年新中國成立，被派往北京華北革命大學政治研究所學習。十月一日，參加開國大典。一九五〇年，到位於蘭州的西北師範學院籌建藝術系。一九五四年，九三學社蘭州分社成立，任副主任委員。

一九五五年，創作的《大理菊》在中國美協西安分會主辦的『西北區一九五五年美術作品展覽會』上展出。年初，在《美術》雜志一九五五年二月號發表論文《關於素描教學上如何對待模特兒的問題》。一九五六年八月，西安美協舉辦『吕斯百油畫作品展覽會』，并舉行油畫問題講座。在中國共産黨的『雙百方針』鼓舞下，吕斯百情緒高漲，八月，參加文化部召開的『全國油畫教學會議』，從教學立場，就『色彩問題』和『民族風格問題』發表意見。是年，接受軍史畫創作任務，組成六人創作小組。當年底至次年初，到陝北寫生和搜集創作素材。創作了一批優秀作品，如《春到蘭州》、《大金瓦寺》、《麥積山》、《陝北山道中》、《陝北山村》（瓦子街）、《陝北宜川一瞥》、《初雪》等。一九五七年一月，到延安寫生。吕斯百在陝北的寫生作品成爲中國油畫史上不朽的經典。回到蘭州，作大幅寫生作品《又一條新橋通過黄河》。是年夏天，去敦煌寫生。十月，奉調回南京。

一九五八年，南京師範學院美術系任教，并任系主任，直至『文革』結束。一九五九年，適逢建國十周年大慶。參加江蘇省美協組織的『關於油畫民族化的問題』討論。九月，上海人民美術出版社出版《吕斯百畫集》，選印解放前後的二十件油畫作品。這是其生前唯一一本個人作品集。一九六〇年四月，中國美協江蘇分會在蘇州舉行成立大會，當選爲副主席。一九六一年七月，在南京舉辦『吕斯百油畫作品展』，其後又在上海、沈陽展出。後舉辦『黄海之濱油畫寫生展覽』。七月，發表《論素描與國畫傳統的關係》；十一月，發表《談談油畫民族化和提高油畫質量的問題》。一九六二年九月當選南京師範學院學術委員會委員，在美術系開設書法課。一九六四年，在海南寫生。其間創作了大量的即興的風景小品，其中不乏精品之作，顯示出其在藝術探索上的新變化。是年其當選爲全國第三届政協委會、九三學社中央委員。其他職務還有江蘇省三届人大代表、江蘇省三届文聯常委、中國美協常務理事等。一九六五年，繼續在南京師範學院任教。經其多年的操勞，南京師範學院美術系的學術地位在全國高師院校中居領先水平。一九六六年『文革』開始，吕斯百在運動中受到冲擊。一九七三年一月，含恨而逝，終年六十八歲。

從一九三四年留學回國到一九七三年不幸去世，吕斯百一直奔波在藝術教育的第一綫，爲中國藝術教育事業付出了畢生心血，爲我國的油畫發展，爲推動中國現代美術的進程和藝術教育事業做出了不可磨滅的貢獻。同時，吕斯百長期在西北任教，是開拓西北藝術教育事業的先驅者之一，爲西北藝術教育的創建、發展付出了艱巨而卓有成效的努力，填補了西北地區藝術教育的空白。

在美術教育方面，吕斯百貫徹徐悲鴻的現實主義美術教學思想，制定了科學而周密的教學體系，在教學中注重循序漸進、因材施教，重視培養學生正確地觀察、感受、理解、表現所描繪的對象，要通過事物表面的現象而發掘其『內心自世界』。他既重視繪畫的基礎訓練，又反對一味簡單的技術訓練，注重將基本訓練與創作有機地結合起來。早在二十世紀四十年代，吕斯百就提出『藝術教育是綜合的藝術。綜合社會、學校、家庭三部分的教育。藝術教育亦是最自然、最合乎人性的教育』的主張，并呼籲大力普及藝術教育。

在繪畫方面，吕斯百在掌握西方嚴謹的古典繪畫技法的基礎上，吸收了印象派明快的色彩，并融合中國傳統藝術的精髓，形成了個人嚴謹的藝術風格。吕斯百的藝術創作分爲三個階段。一、一九二七—一九三四年是吕斯百創作的基礎期，是奠定其繪畫的基本風格和藝術修養的關鍵時期。這一時期吕斯百深受歐洲現實主義畫派的影響，并熱衷於象徵主義和後期印象主義。二、一九三四—一九四九年新中國成立是吕斯百藝術創造的交融期。這個時期，吕斯百的油畫作品中，大量的風景和静物佔據着重要的位置，以現實主義到印象主義爲出發點，并吸收了其他流派的繪畫手法，風格趨向民族化。其作品具有渾厚樸素的風格，洋溢着濃郁的生活氣息。這也使得吕斯百獲得了『田園畫家』的美譽。同時，吕斯百還積極探索油畫的民族化問題。三、一九四九—一九七三年是吕斯百創作的成熟期，也是繪畫風格穩定和作品最多的時期。這一時期的繪畫作品風格厚重、踏實，藝術表現力更爲豐富，創作了多幅在中國油畫史上的精品，引領了中國油畫民族化的探索之路，因而成爲中國鄉土寫實油畫的主要開創者之一。

主要著作述要

《吕斯百畫集》：生前唯一一本個人作品集，其中選録了作者解放前後的二十餘件油畫作品。

主要論著目録

《吕斯百畫集》，上海人民美術出版社出版，一九五九年。

《吕斯百繪畫作品集》，嶺南美術出版社，一九九七年。

《介紹敦煌石窟圖案漆藝》，甘肅文化出版社，一九九九年。

《藝術學系之過去與未來》，《國立中央大學藝術學系系訊》一九四三年。

《藝術教育》，《文史雜志》一九四三年第三卷第三、四期。

許雲樵

（一九〇五—一九八一）

生平簡介

南洋史學家。原名鈺，以字行，號夢飛，別號希夷室主。清光緒三十一年（一九〇五）出生於蘇州。祖籍無錫，父母早故，賴外祖母撫育成人。二十年代先後肄業於蘇州東吴大學和上海中國公學大學部。因家庭貧困輟學，後刻苦自學，矢志於南洋史地的研究，曾先後在《東方雜志》、《教育雜志》等刊物上發表有關暹邏的文章。朱傑勤謂之爲『是一個自學成材的好榜樣』。

一九三一年南渡新加坡，後又轉往馬來半島柔佛州的新山寬柔學校擔任教務主任。一年後返回新加坡，執教於静芬女子學校。在《星洲日報》副刊《南洋文化》發表《大泥考》。一九三三年十月發表《林道乾略居渤泥考》，這是其首篇有份量的論文。在此期間，與同事劉景香結婚，并研習泰語，譯出泰國學者《暹邏王鄭昭傳》一書。同年冬，應友人之邀，往暹邏南部北大年（古稱『大泥』）的中華學校主持校務。三年後，因暹邏政府强迫華僑學校改授暹文，改往曼谷國立商科學院講授英文。在暹邏期間，潛心研究北大年歷史，於一九四〇年底撰成《北大年史》一書，糾正中國古籍將北大年與渤泥牽合之誤。這是他研究南洋史的代表作。

一九三八年，他辭去曼谷教職，再次回到新加坡，應聘於星洲日報社，與張禮千、姚楠合編《星洲日報》十周年紀念刊《星洲十年》。一九四〇年春，又聯絡星洲日報社同事關楚璞、郁達夫、張禮千、姚楠以及檳榔嶼的劉士木、上海的李長傅等共同發起創辦中國南洋學會。這是中國學者在海外最早成立的研究東南亞的學術團體。許雲樵爲學會理事，任會刊《南洋學報》主編長達十八年，并撰寫中英文論文共六十多篇，先後編輯過十三册的《南洋學報》，在他主編下的《南洋學報》成爲本區域頂尖的學術期刊，受到海内外稱頌。

一九四一年初，許雲樵辭離星洲日報社，轉任中正中學高中部教師，參加文工團，投入抗日的工作行列。一九四二年日軍侵占新加坡，爲了維持生計，他改行與友人合營土産進出口生意。期間曾被檢證，被出賣，被問話，還千方百計夾藏書籍，始終不肯與日本人合作，顯示了崇高的民族氣節。

一九四五年九月馬來亞光復，他與友人合作創辦華僑出版社，編印《華僑生活》、《華僑經濟》等周刊，并出版《馬來亞人民抗日軍》等書籍。一九四六年受聘於南洋書局，主編《南洋雜志》和《馬來亞少年》。《南洋雜志》創刊號中最彌足珍貴的是刊載了十幾張檢證期間日軍大屠殺的圖片，反映了日軍慘無人道的暴行。這些照片都是用質地良好的光面書紙印刷，畫面非常清晰，也是第一次對日軍暴行實况照片的公開發表。在擔任《馬來亞少年》主編的兩年間，他用不同的筆名創作了多篇兒童冒險小説，包括《少年航海家》、《夜半探險記》、《神奇的屋子》和《小熊冒險記》。其中以日據時期的馬來亞爲背景的中篇小説《少年航海家》寫得尤爲精彩，連載了十二期，頗受少年讀者的喜愛。《馬來亞少年》報在一九四六年創刊後的數年間，一直是新馬地區唯一的華文少兒刊物。這種局面，直至世界書局於一九五〇年推出少兒刊物《世界兒童》才改變。

一九四九年，他辭去南洋書局職務，與友人合資創辦新加坡印鐵廠，後因經營不善而虧損歇業。其時，曾爲《南洋年鑒》撰寫《華僑篇》，約四十萬字。一九五七年，應新加坡南洋大學之聘，任史地系副教授兼南洋研究室主任。一九五九年率領該校史地系畢業生赴印度進行旅行考察，回來後著有《天竺散記》一書。六年後，任滿離職，自辦東南亞研究所，并出版所刊《東南亞研究》，積極培養新一代學者。一九五九年和一九六五年分別編輯出版了《南洋研究》和《東南亞研究》期刊兩種，其中《南洋研究》只出版過一卷。一九六四年，應聘任新加坡義安學院院長室秘書兼史地教授，并負責編輯院刊。一九六八年遭遇車禍，而義安學院又遷址改辦爲工藝學院，於是宣告退休，時年六十三歲。一九七〇年春，應南洋大學校長黄麗松之約，匯輯《清實録》中有關南洋史料，加以注釋并編索引。七十年代初開始，許雲樵在《南洋商報》撰寫史地語文專欄《文心雕蟲》，廣受好評。

許雲樵離開南洋大學後曾於美華樹膠有限公司服務，擔任研究室主任一職。離開義安學院雖然已年過花甲，仍然要爲生活奔波，以服務於森都公司、翻譯《世界發明史》、撰寫專欄來糊口謀生。在他的晚年，經過車禍、眼疾、舌癌的打擊後，同時又患上心臟病、風濕病、關節炎等疾病，本應休息，但仍然拚命工作和研究，燃燒其生命之最後一刻，奮戰到底的治學精神，令人敬佩。吴振强贊嘆他：『許教授畢生獻身於學術和文化事業，除了日間在外辦公外，每晚回到家里，仍然孜孜不倦的從事研究和寫作。許教授勤於治學的態度，用上「數十年如一日」這句老話來形容，一點也没有夸張。』

許雲樵博學多才，在多個領域頗有建樹。朱烋勤在《許雲樵與東南亞研究》一文中曾説：『許先生不僅精於東南亞史地學，對於文學亦有湛深的造就，有《希夷室詩文集》問世。他對於醫學和藥物學亦有研究，并有著作出版。可謂一專多能的大才了。』他的治學領域涉及面廣，除了專長的南洋史地和音韵語言，也包括了傳統醫藥、史學與文獻，民俗宗教、郵票和橡膠等等。對此，崔貴强作了如下的評語：『總之許雲樵的學問是駁雜的，牽涉到各個層面，經濟、貨幣、郵票、宗教、地理、教育報業、醫藥、語文及音韵，無不包羅在内……。』

許雲樵酷愛圖書，節衣縮食購置中外圖書三萬多册，其中以東南亞文獻爲多。曾寫出書評《南洋文獻叙録長編》。他長期從事南洋史地研究，著作甚豐，蜚聲國際，曾被選爲英國皇家亞洲學會馬來亞分會副會長以及中國學會副會長。他中文根底深厚，擅詩文，有《希夷室詩文集》、《文心雕蟲集》等行世。他於中醫藥也頗有研究，編有《傳統中藥展覽目録》、《馬來驗方新編》等。新加坡中醫學術研究院聘他爲終身名譽顧問。其主要著作除《北大年史》外，還有《馬來紀年》、《南洋史》（上册）、《馬來亞史》（上下册）、《馬來亞近代史》等。他一生著譯四十餘種及論文二百餘篇，堪稱著作等身，被學人譽爲『一代學人，東南亞研究泰斗』。

一九八一年十一月十七日病故於新加坡，終年七十六歲。

主要著作述要

《南洋史》：該書是六十年代許雲樵在新加坡南洋大學講授南洋史課程時的講稿，一九六一年交新加坡世界書局出版，名爲《南洋史》上册。此書是許雲樵的代表作。全書分二篇，第一篇爲緒論，包括釋南洋、南洋史之特色及其重要性、治南洋史之條件、南洋史研究法、南洋史之要旨五章。第二篇爲古代史，包括史前時代、傳疑時代、印度化時代、中印文化之消長四章。

《馬來亞史》：於一九六一年青年書局出版，與此同時，西方學者，即馬來群島古史地理研究權威維爾利（Paul Wheatley）亦正在進行馬來半島古史地理的研究，并於同年出版名著《黄金半島：公元一五〇〇年以前馬來半島古史地理之研究》，兩者同年出版可謂相互輝映。維爾利對許雲樵在半島古史的研究和成果，基本上持賞識和肯定的態度。在《黄金半島》一書的序言中，他特別提及許雲樵所給予的幫助。在此書前言論述這領域的近代學人時，首先介紹百蘭登爾（Dato'Sir Roland Braddell）和許雲樵。許雲樵的《馬來亞史》在馬新華文源流相關的著述上，是第一部符合通史體例的學術著述。此書同時也是首部對馬來亞古史進行詳細論述的著作。此書雖然堆砌了大量的考證，但通過此書無疑可以讓讀者對馬六甲王朝以前的馬來半島至少有個較完整的了解和概念。該書的古史地名考證，是他大量閱覽的基礎上，綜合諸家之説，再根據自己的研究心得，提出的論見。他將混亂紛擾、莫衷一是的中西載籍中有關的古史地名，以及諸家衆説紛紜的考證論斷中，清楚地厘清，并標明各列國的大略方位，以及各地名之間彼此的前後關係。將馬六甲王朝以前的半島古史重現，描繪了一幅較爲完整的半島古史，在馬新華文源流的南洋研究中可謂是第一人。雖然以對音作爲古史地名研究的治學方法之一，其科學性頗受質疑。除了對音，仍然需有其他研究方法的配合，諸如從地理方位來確認地名，根據航程風向來判斷位置，依據風土人情或宗教文化來識別地望，以減低對音的主觀性，并補其方法上的不足。

主要論著目録

《姑胥》，文怡書局，一九二九年。

《北大年史》，南洋編譯所，一九四六年。

《佛羅利氏航海記》，南洋書局，一九四七年。

《新加坡工商業全貌》（與許直合著），華僑出版社，一九四八年。

《馬來紀年》（譯著），南洋報社，一九五四年。

《暹邏王鄭昭傳》譯著，中華書局，一九五五年。

《馬來亞華僑殉難名録》，南洋社會，一九五五年。

《東南亞地理》，南洋大學，一九五七年。

《安南通史》（岩村成允著，許雲樵譯），新加坡星洲世界書局，一九五七年。

《南洋文獻叙録長編》，南洋大學南洋研究室，一九五九年。

《南洋歷史年代表》，世界書局，一九五九年。

《南洋文獻續編》，南洋大學南洋研究室，一九五九年。

《馬來亞史》，青年書局，一九六一年。

《南洋史》，星洲世界書局，一九六一年。

《十五音研究》，星洲世界書局，一九六一年。

《南洋華語俚俗辭典》，星洲世界書局，一九六一年。

《黄金半島題本》，世界書局，一九六一年。

《印鐵十年記》，南洋印務局，一九六二年。

《印鐵十年記》，南海印務有限公司，一九六二年。

《菲律賓散記》（吴景宏、梁鴻英、許雲樵合著），青年書局，一九六二年。

《下西洋雜居》，世界書局，一九六二年。

《馬來亞地理》，教育出版社，一九六三年。

《馬來亞近代史》，世界書局，一九六三年。

《中國詩經與馬來班敦的比較研究》，一九六三年。

《天竺散記》，青年書局，一九六四年。

《歐非勝覽》，星洲世界書局，一九六四年。

《史學通論》，青年書局，一九六六年。

《新加坡一百五十年大事記》，青年書局，一九六九年。

《徐衷南方草物狀輯注》，東南亞研究所，一九七〇年。

《康泰吴時外國傳輯注》，國立雲南大學西南文化研究室，一九七一年。

《文心雕蟲》，東南亞研究所，一九七三年。

《世界發明史》，一九七六年。

《華語聲韵學》，中國學會，一九七九年。

《中國學會三十周年紀念刊》，一九七九年。

《希夷室詩文集》，東南亞研究所，一九七九年。

《文心雕蟲續集》，東南亞研究所，一九八〇年。

《四時感症論》（與吴瑞甫、陳占偉合著），新加坡中醫藥促進會主辦中醫學研究院，一九八一年。

《新馬華人抗日史料》（許雲樵等編），新加坡文史出版私人有限公司，一九八四年。

《黄旗入暹考》，一九八六年。

《馬來亞叢談》，青年書局，二〇〇五年。

《馬來亞叢談》，青年書局，二〇〇五年。

《金沙江風物外紀》，青年書局，二〇〇六年。

《許雲樵來往書信集》廖文輝，曾維龍合著，新紀元學院馬來西亞族群研究中心，二〇〇六年。

《南洋民間故事叢刊》（第一卷），青年書局，二〇〇七年。

《馬來西亞前史》，青年書局，二〇〇五年。

《三寶公在南洋的傳説》，《珊瑚》一九三三年第三卷第二期。

《珊瑚耻史》，《珊瑚》一九三三年第三十期。

《呷游鴻爪》，《珊瑚》一九三三年第三期。

《〈中國語言學研究〉所引論的暹邏語詞》，《太白》一九三四年第二卷第一——十二期。

《暹邏的曆法》，《中南情報》一九三四年第一期。

《林道乾略居渤泥考》，《東方雜志》一九三五年第三十二卷第一號。

《編輯瑣語》，《南洋學報》一九四〇年第一卷第二輯。

《鄭昭貢使入朝中國紀行詩譯注》，《南洋學報》一九四〇年第一卷第二輯。

《讀暹邏華北考》，《東方雜志》一九四〇年第三十七卷第四期。

《曼谷巡禮》，《旅行雜志》一九四〇年第十四卷第八號。

《納閩郵票史》，《南洋學報》一九四一年第二卷第二輯。

《赤土國考》，《南洋學報》一九四一年第二卷第三輯。

《暹邏郵票史》，《南洋學報》一九四一年第二卷第二輯。

《南暹語概論》，《中原月刊》一九四一年第一卷第九期。

《滿剌加國譯語注》，《南洋學報》一九四一年第二卷第一輯。

《太平餘衆投暹始末紀》，《南洋學報》一九四一年第二卷第三輯。

《墮羅鉢底考》，《南洋學報》一九四六年第四卷第一期。

《中暹通使考》，《南洋學報》一九四六年第三卷第一期。

《南洋研究的回顧與前瞻》，《文訊》一九四七年第七卷第三期。

《南詔非泰族故國考》，載於《南洋學報》一九四七年第四卷第二輯。

《古代南海航程中之地峽與地極》，《南洋學報》一九四八年第五卷第二輯。

《三保太監下西洋考》，《南洋學報》一九四八年第五卷第一輯。

《象首神考(二)》(許雲樵譯)，《南洋雜志(一九四六年)》一九四八年第二卷第三期。

《南洋學報一卷至五卷分類引得》，《南洋學報》一九四八年第五卷第二輯。

朱士嘉（一九〇五—一九八九）

生平簡介

方志學家。字蓉江。清光緒三十一年（一九〇五年）八月七日生於無錫縣東北塘鄉塘頭鎮樊七橋朱巷。一九二〇年父親去世，家道中落，遂輟學。後得姐夫資助，進江陰勵實中學讀書。一九二四年，考入燕京大學歷史系，相繼獲學士、碩士學位。一九三〇至一九三七年，參加禹貢學會、地理學會，并在顧頡剛主編的《禹貢》半月刊、《地學雜志》上發表有關中國地方志研究的文章。期間歷任輔仁大學講師和燕京大學圖書館中文編目部主任，并主編《史學年報》、《燕大圖書館報》。一九三九至一九四二年，在美國國會圖書館工作，爲其編撰館藏地方志目録。期間發現美國國家檔案館所藏有關中美關係的珍貴資料，遂建議北平圖書館攝制成膠卷收藏。一九四二年九月，進入哥倫比亞大學研究院繼續深造，一九四六年獲博士學位。期間主編中國留學生刊物《新潮》。一九四六年六月，在密歇根大學暑期學校講學。不久，進美國國家檔案館學習檔案管理方法。一九四七年至一九五〇年七月，在西雅圖華盛頓大學遠東系任副教授。在美期間，加入美國遠東學會、美國地方志學會、美國檔案工作者協會，并撰寫相關論著。後得到美國著名作家斯特朗的忠告以及周甦生的介紹、陶孟和的支持，毅然於一九五〇年七月回國。九月，任武漢大學歷史系教授，直到一九五三年七月。期間於一九五一年出任圖書館館長，於一九五二年加入民盟。一九五三年八月，經校長李達批准，調入中國科學院歷史研究所第三所工作。一九五八年八月，從科學院調至武昌中國科學院中南分院圖書館工作。一九六〇年四月，又調至湖北科技大學圖書館工作。次年湖北科技大學撤銷，組織關係遂轉到中國科學院中南分院武漢辦事處。期間修訂《中國地方志綜録》，校補張國淦遺稿《中國方志考》。一九六九年下半年被下放至『湖北省五七幹校』。一九七二年始返家，聽候分配工作。一九七五年七月，在湖北省圖書館偶遇中國科學院北京天文臺工作人員，交談中表示願赴京發揮餘熱，遂被借調到北京工作，協助中國科學院北京天文臺編寫有關天文資料，先後參加編寫《中國古代天象記録總表》、《中國天文史料彙編》等。一九七九年，參與北京師範大學史學研究所主持的《方志學論叢》的編寫工作，之後不久，經湖北省委批准被任命爲湖北省文史館副館長，同年年底當選爲湖北省政協委員。一九八一年七月二十五日，中國地方史志協會正式成立，被推舉爲副會長。一九八七年底，赴無錫市、縣地方志辦公室指導工作。一九八九年十二月二十八日病逝於武昌。

主要著作述要

《**中國地方志綜録**》：此書是我國第一部全國性的方志聯合目録，收録了自北宋熙寧年間（一〇六八—一〇七七）至一九三三年的方志五千八百三十二種。鑒於著録有錯誤、内容不完備、藏書者變遷情况需要説明等原因，作者從一九五五年五月開始參照全國四十二個圖書館所藏方志目録進行增補修訂，并將著録時間截止到一九五六年，共收志七千四百一十三種，并附臺灣地區藏稀見方志二百三十二種，同時根據作者所編《（美國）國會圖書館藏中國地方志目録》增入稀見方志八十種。全書編排順序依照《清一統志》，著録一種方志的不同版本，之間加點以示區隔，稀見本若有缺卷即加以注明。爲了便於檢索，書末編有書名索引、人名索引。

《**宋元方志傳記索引**》：宋代方志體例完備，内容豐富，反映了當時社會狀況，有助於研究的資料在在有之。本書搜取三十三種宋元方志中的人物傳記編制索引，并將方志中『職官』、『選舉』、『雜録』、『拾遺』等門類中附録的傳記一併收録。全書共收録三千九百四十九人，索引主要依照姓名、别姓、别名、字、號、别號、引用方志簡稱（書前有對應表）、卷數、頁數順序編排，姓名再依筆劃排列。對於知姓不知名者，則從方志中一般稱呼，如稱官名、郡望等等；對於女性不知姓名者，主要冠以某人妻、某人母等等；僧道以法名爲主。書末附有人名及其别號索引。此書在《二十五史人名索引》、《四十七種宋代傳記綜合引得》、《遼金元傳記三十三種綜合引得》之外，對科學研究工作者尤其是歷史研究工作者參考傳記資料是一種有益的補充。

主要論著目録

《官書局書目彙編》，中華圖書館協會，一九三三年鉛印本。

《中國地方志綜録》，商務印書館，一九三五年初版；一九五八年增訂再版。

《(美國)國會圖書館藏中國地方志目録》，美國政府印刷局，一九四二年版。

《美國迫害華工史料》，中華書局，一九五八年。

《十九世紀美國侵華檔案史料選輯》，中華書局，一九五九年。

《宋元方志傳記索引》，中華書局上海編輯所，一九六三年等。

《中國地方志淺説》，《文獻》一九七九年第一期。

《關於調查和整理中美關係檔案資料的建議》，《史學史研究》一九七九年第一期。

《中國地方志的起源、特徵及其史料價值》，《史學史研究》一九七九年第二期。

《顧炎武整理研究地方志的成就》，《文獻》一九八一年第一期。

《現存方志的收藏分布和管理利用》，《山東圖書館季刊》一九八二年第三期。

《天一閣藏明代地方志考録序》，《山東圖書館季刊》一九八三年第一期。

《我研究方志的歷史回顧》，《文史雜志》一九八七年第四期。

《顧頡剛與〈禹貢〉半月刊》，《文史雜志》一九八九年第一期。

秦柳方

（一九〇六—二〇〇七）

生平簡介

經濟學家、馬克思主義經濟理論家。原名運章，以字行，筆名楊立人、益三、蘇寄梅。一九〇六年一月七日出生於無錫胡埭張舍。幼年隨父就讀於私塾。一九一九年八月，進入江蘇省立第三師範（即省立無錫師範）附屬小學工科，半工半讀。一九二二年畢業，任張舍小學義務教員，同年八月，由鄉教育委員派到閶江小學任教員。一九二三年八月進入三師分校學習，第三年夏畢業，留校主持附屬小學第一部，兼任分校師範部教師。一九二六年加入中國國民黨，第二年一月加入中國共産黨。曾任無錫萬安市、青城市、富安鄉三個區的農民協會指導員，發動農民鬥争地主豪紳。撰寫了《龔阿培之避難》、《五塊大洋和一條命》等農村通訊，發表於上海《生活》周刊，報道了農民生活的艱難。一九二八年春，考入江蘇省立民衆教育院。一九二九年起，先后擔任該院附設的黄巷民衆教育實驗區、麗新路工人教育實驗區等實驗區的幹事兼指導員，并指導院部學生實習。當年七月，加入陳翰笙主持的無錫農村經濟調查團，任調查員，主持其中一個小組的工作。一九三○年一月畢業。一九三一年十二月，爲上海華洋義賑救灾總會制訂豫、鄂、皖、贛四省水灾區域農村經濟調查計劃。第二年十月，前往津浦鐵路浦鎮主持鐵路職工教育實驗區。一九三三年，發起并參加中國農村經濟研究會，任理事。同年，參加中共領導的南京讀書會，積極閲讀進步書刊，參與推動學生運動，營救被捕同志。一九三五年，參與籌組南京救國會，擔任中國人民救國會中央委員，積極投身抗日救國活動。同年十月赴江西，先后擔任農村服務區巡回指導員、豐城第三服務區干事。一九三六年八月，擔任江蘇省立教育學院教員兼指導員，指導學生實習和畢業論文寫作，兼任學院電影電播專修科導師。這一時期，針對戰争情况下農村産生的具體問題，他先后撰寫了《戰時的農村教育》、《戰時難民的移墾》、《怎樣在敵人后方進行經濟的鬥争》、《戰時農村經濟大綱》等文章，發表在《中國農村》月刊和戰時特刊等刊物上。立足於抗日戰争，探究了問題産生的歷史原因和現實情况，指出了發展的可能趨勢，提出了解决的辦法和建議。

一九三七年冬，隨江蘇省立教育學院一同遷往大后方，年底到達桂林。一九三九年初，擔任廣西地方建設干部學校教導處主任。同時兼任遷桂江蘇省立教育學院講師，講授經濟學和農村經濟。又曾任桂林私立西南商專經濟學教授。一九四○年十二月至一九四四年冬，出任廣西銀行總行總設計室專員。總設計室改組爲經濟研究室後，他擔任主任，主編《行務通訊》半月刊。一九四二年夏，還曾兼任廣西省政府財政廳秘書。期間，他積極參加中國農村經濟研究會的活動，經常爲《中國農村》戰時特刊寫文章。在實地調查的基礎上，研究了戰時土地改革問題、淪陷區的農村經濟、如何推進冬耕運動、閩浙兩省田賦征收實物的剖視、抗戰五年來的農業等現實問題，提出了解决的方案。一九四二年冬，參與發起創辦《中國工業》月刊，出任編委。相繼編寫了《桂林市工業調查》（載《廣西銀行特刊》一九四一年第五期）、《柳州工業概况》（一九四三年八月三十日載廣西銀行《行務通訊》第四卷第四期）。并就工業建設、工業貸款、税捐與工業、當時工業的救濟問題等爲《中國工業》撰寫了多篇論文。在桂林期間，他還曾任廣西建設研究會的研究員，並任《建設研究》特約撰稿人。又應邀擔任《廣西日報》主筆，并參與領導了新知書店的工作。一九四五年一月，參加中共領導的中國民主革命同盟，并任上海地委、國內工作委員。同年初，他受工業合作國際委員會的委托，調查了重慶市的三十五個工業合作社的分布、社員、資金、生產、社務、工資待遇、產品推銷、貸款、聯合社與工合事務所等情况，撰寫了《渝市工合社調查報告》，發表在中國工業合作協會出版的《工業合作》上。三月，擔任中國工業合作協會專員，主編《工業合作》月刊。同年冬，救國會在重慶召開代表會議，他負責起草政治綱領，并被選爲中國人民救國會中央執行委員、特種委員會委員。一九四六年初，他隨中國工業合作協會遷至上海，并任《文匯報》社論委員，參與主編經濟版，主持星期座談會，還曾任中共領導的《經濟周報》編委，期間積極投身於愛國民主運動。一九四六年五月，上海人民團體聯合會成立，他當選爲理事。這一時期，他還撰寫了《土地改革與農業生產——與董時進先生論土地分配問題》一文，列舉了抗戰前以及在抗戰時期土地分配日趨集中的詳細資料，指出了現行半封建土地制度的不合理性及其對農業生產發展的危害，論證了土改的必要性。一九四九年九月二十一日，他作爲『中國人民救國會』的候補代表參加了中國人民政治協商會議第一次全體會議。

上海解放後，他相繼擔任華東貿易部計劃處、物價處處長，上海中紡公司軍代表室顧問，並協助接管中紡公司業務處、上海市公私營棉花聯購處。他參加創辦國營上海市花紗布公司，任第一副總經理。不久，公司改組爲中國花紗布公司華東區公司，他出任經理，還曾任華東公私營棉紡織廠棉花聯合收購處副總經理。一九五三年五月，調至北京，先後擔任商業部工業商品局副局長和支部書記，中財委六辦商業組副組長，國務院八辦商業組、宣傳組組長，政協全國委員會工商界學習委員會黨組成員和辦公室副主任，中國科學院經濟研究所黨組領導成員，政治經濟學組和《經濟研究》雜志編輯部負責人之一，國務院科委經濟學小組秘書。一九六〇年一月起，任《經濟研究》編輯部主任，并參加政治經濟學組物價問題的調查研究。這期間，他先后撰寫了《擴大推銷工業品供應農民的需要》（《人民日報》一九五四年一月十七日）、《論全業合營》（《學習》一九五六年第三期）、《爲積極發展農業生產貢獻力量》（《文匯報》一九五七年十二月四日）、《工業生產必須重視經濟效果》（《前綫》一九五九年第十五期）、《人民公社必須大力發展商品生產》（《經濟研究》一九五九年第一期）等文章，對當時經濟工作中的問題進行了理論上的總結研究。一九七九年三月起，他先後負責編輯《世界經濟研究報告》（一九七九年至一九八一年）、《世界經濟資料》（一九八一年)雜志,并擔任中國社會科學院世界經濟與政治研究所、經委等十三個單位合辦的有關世界經濟的一個刊物的副主編。一九八三年冬離休后,他一方面繼續研究中國經濟和世界經濟問題,撰寫回憶文章,另一方面還曾兼任《世界經濟導報》副主編及北京辦事處主任,並任中國世界經濟學會理事、外國財政專業委員會顧問、中國國際金融學會理事、中國工業合作協會副理事長、中華全國供銷合作總社全國委員會委員、中國供銷合作經濟學會理事,參與了國務院價格研究中心的研究工作。二〇〇七年二月二日上午十一時四十五分,因病去世,享年一百零一歲。

主要著作述要

《**秦柳方選集**》: 經濟管理出版社一九九四年版。本書主要收録秦柳方解放前後撰寫的許多經濟理論文章,共七十篇,包括解放前國内經濟問題的評述、解放后國内經濟問題研究、世界經濟問題研究等四部分内容。

《**柳風拂曉**》: 中國財政經濟出版社二〇〇一年版。本書是其文章選集,内容包括世界經濟研究、國内經濟研究、社會活動文匯三部分。北京師範大學陶大鏞教授指出:『秦老一貫工作勤奮,治學嚴謹。如今,他雖已進入耄耋之年,仍筆耕不已,《柳風拂曉》中絶大部分論著都是他九〇年代後期的近作,具有鮮明的時代特徵,十分難能可貴。秦老對許多世界經濟、中國經濟發展中的重大問題深入鑽研,并堅持真理,聯系實際,每每提出獨到之見。』(《堅持真理 聯系實際——寫在〈柳風拂曉——秦柳方選集之三〉出版之際》,載二〇〇二年六月四日《中國社會科學院院報》。)

主要論著目録

《民衆教育》(與武葆合編),世界書局,一九三三年。

《戰時國文教材》,新知書店,一九三八年。

《金融工商界應用文》,實學書局,一九四三年。

《秦柳方選集》,經濟管理出版社,一九九四年。

《雲海滴翠——秦柳方選集之二》,中國財經出版社,一九九五年。

《柳風拂曉》,中國財政經濟出版社,二〇〇一年。

《物價工作要貫徹社會主義建設的總路綫》,《經濟研究》一九五八年第十一期。

《人民公社必須大力發展商品生産》,《經濟研究》一九五九年第一期。

《工業生産必須重視經濟效果》,《前綫》一九五九年第十五期。

《經濟理論要爲社會主義革命和建設服務》,《經濟研究》一九五九年十期。

《關於我國棉紗價格的初步分析》,《經濟研究》一九五九年十二期。

《西方發達國家與發展中國家的不等價交換》,《世界經濟》一九八二年第八期。

《亞太地區的經濟發展格局與中國的對外貿易》,《亞太經濟》一九八八年一期。

《一年來世界區域經濟貿易一體化動態》,《世界經濟與政治》一九九三年八期。

《美歐貿易矛盾及其前瞻》,《世界經濟》一九九四年二期。

《美日貿易矛盾淺析》,《世界經濟》一九九四年六期。

《私營企業主的階級屬性不能含糊》,《真理的追求》一九九四年十一期)。

《美元危機及我國的相關戰略構想》,《世界經濟與政治》一九九五年六期。

《中國供銷合作事業的改革》,《中國農村經濟》一九九五年七期。

《東北亞經濟貿易合作發展的前景》,《世界經濟與政治》一九九六年三期。

《一九九五年世界區域經濟貿易一體化》,《世界經濟》一九九六年五期。

《馬克思主義政治經濟學在中國》,《真理的追求》一九九六年六期。

《我看歐洲單一貨幣的前途》,《國際經濟評論》一九九六年Z三期。

《也談中國經濟學的現代化》,《當代經濟研究》一九九六年六期。

《試論當前國際金融的幾個特點》,《世界經濟》一九九七年四期。

潘　漢　年
（一九〇六—一九七七）

生平簡介

革命家。一九〇六年一月十二日（農曆乙巳年十二月初八），出生於宜興縣歸徑鄉陸平村。六歲時進陸平初等小學讀書，後先後到宜興縣立第三高等小學、和橋彭城中學、常州延陵公學學習。一九二二年在宜興縣小學任教。不久即用亞靈、水番三郎、漢牛、荊溪等筆名，在《時事新報》的『學燈』、『覺悟』副刊發表白話新詩和時事評論，主要就教育的改良發表自己的意見，其中《評小學教科書》、《教會學校與中國教育》等在當時產生一定影響。

一九二五年初到達上海，投身進步的文化運動，不久任創造社內部刊物《A・11》和創造社刊物《幻洲》的主編，成為創造社出版部幾個做實際工作的『小夥計』的核心人物。他積極參加職工運動，編輯出版進步書刊，參與掩護和營救共產黨人，於當年十一月加入中國共產黨。國共第一次合作的北伐戰爭中，潘漢年來到南昌，在周恩來領導的國民革命軍總政治部任《革命軍日報》總編輯。國共決裂，他回到上海，繼續從事革命的文藝工作，期間曾任綜合性刊物《戰線》週刊主編，用蕭愷、彭一清等筆名，發表大量文藝評論和時事評論，討論無產階級文化運動與政治革命的關係，批判資產階級文人的虛偽，揭露國民黨『清黨』屠殺共產黨人的罪惡。他創作的短篇小說《苦哇鳥的故事》和未完成的長篇小說《犧牲者》，顯露了他的文學才華和政治覺悟。一九二八年六月，他的短篇小說集《離婚》，作為『幻洲叢書』之一，由光華書局出版，共收入短篇小說八篇。同年，他與陳伯昂為中華書局編輯『民間故事叢刊』，先後出版《烏龍精》、《杜宇鳥》等十二種。

一九二九年至一九三〇年，潘漢年擔任中共中央宣傳部文化工作委員會書記。他代表中共與新文化運動的旗手魯迅先生取得聯繫，努力消除革命文化運動內部的矛盾，建立起信任和團結。他與魯迅、馮雪峰等人聯名發起建立中國左翼作家聯盟，並擔任左翼文化總同盟的中共黨組書記，是三十年代左翼文化運動的創始人和領導人之一。他發表的《普羅文藝運動的自我批判》等文章，為扭轉當時中共黨內在文藝工作方面『左』的傾向發揮了一定作用；《左翼作家聯盟的意義及其任務》、《我所希望於大眾文藝的》等文章，擴大了黨對進步文化界的影響，促進了革命文化運動的發展。

自一九三一年起，潘漢年擔任中共中央保衛部門——中央特科的重要領導人兼科技情報科科長，在上海開展對敵隱蔽鬥爭，承擔保衛當時駐上海的黨中央機關和中央領導同志安全的重任。一九三三年夏，他轉到江西中央蘇區，先後任黨中央蘇區局宣傳部副部長和贛南省委宣傳部部長。其間，被委派為中央蘇維埃政府和中國工農紅軍的代表，赴福建與蔡廷鍇領導的十九路軍談判，並簽訂停戰抗日協定，為此後建立抗日統一戰線積累了經驗。此後又赴廣東，與廣東省政府主席陳濟棠的代表進行停戰談判，取得積極成果，為中央紅軍突破南線封鎖，實現戰略轉移，創造了有利條件。

一九三四年十月，潘漢年參加長征，任紅軍總政治部宣傳部部長兼地方工作部部長。遵義會議後被派往莫斯科向共產國際報告中共及紅軍的情況。隨後被任命為中共談判代表，就停止內戰、合作抗日與國民黨進行談判。在這一過程中，他與宋慶齡等愛國民主人士建立起聯繫，爭取他們對抗日民族統一戰線的支持和參與。西安事變發生後，他執行中共中央的戰略方針，促成宋子文、宋美齡前往西安談判。這期間，他配合中共中央代表團，團結進步力量，為爭取蔣介石兌現諾言，實現紅軍改編，釋放政治犯，建成抗日民族統一戰線，做了大量有效的工作。他發表的《全面抗戰釋》、《加強我們的團結》等文章，對動員全民抗戰具有積極意義。

抗戰期間，潘漢年被任命為八路軍駐滬辦事處主任，主持中共在敵區的秘密工作。他克服重重困難和危險，建立起一條從上海到蘇北抗日根據地的地下交通線，保障人員、物資的安全輸送。他領導潛伏敵營的抗日志士，從事情報的搜集和傳遞。他及時向中共中央提供了慕尼黑陰謀、蘇德戰爭即將爆發、日美談判動向、日軍南進趨勢等重要戰略情報，為黨中央準確判斷國際國內敵我友各方動態，採取正確戰略方針，爭取抗戰的最後勝利，作出了特殊的貢獻。一九四二年秋撤往淮南抗日根據地，任中共華中局社會部部長、聯絡部部長。一九四五年中共七大召開，中央政治局對潘漢年在敵區的工作給予高度評價。

解放戰爭時期，潘漢年在上海和香港積極宣傳黨的愛國民主統一戰線主張，廣泛接觸各界愛國民主人士，幫助一部份處於迷惘中的知識份子破除對國民黨統治的依附，克服走『中間路線』的幻想，最終接受中國共產黨及其領導的人民革命政權。這一時期他寫了大量時評、雜文，以犀利的筆鋒和透闢的點評，揭露國民黨當局的黑暗和腐敗，引導輿論宣傳，產生廣泛影響。解放前夕，在極其危險複雜的情況下，他組織護送李濟深、沈鈞儒、黃炎培、馬敘倫、郭沫若、沈雁冰等大批民主人士，安全到達東北和華北解放區，保證了人民政協會議的勝利召開。

解放後，潘漢年歷任中共華東局社會部部長、中共上海市委統戰部部長、上海市委第三書記、上海市副市長等職，積極協助陳毅等領導同志，帶領上海人民恢復和發展生產，注意做到『公私兼顧、勞資兩利；城鄉互助、內外交流；發展生產、繁榮經濟』。他積極聯絡、團結民族工商業人士，引導他們走上社會主義改造和社會主義建設的道路，開始了改造舊上海、建設新上海的宏偉事業。

但就在新事業剛剛啟動的時候，一九五四年四月，因所謂『內姦』問題，潘漢年被逮捕審查，後又被開除黨籍，判刑入獄，歷經磨難，釀成共和國『第一大冤案』。一九七七年，這位曾經令敵偽聞風喪膽的『中共特科領導人』，病死在監獄中。一九八二年八月，中共中央為潘漢年平反昭雪。一九九七年七月，國家安全部在八寶山革命公墓隆重舉行潘漢年及夫人董慧的骨灰安放儀式。

潘漢年富於文才，勤於寫作，在艱難困苦的對敵鬥爭中依然筆耕不輟，留存下為數不少的文藝作品和理論著作。李一氓曾說：『以漢年的文學氣質，要是不受歷史命運的播弄，一直埋頭於詩文小說的創作，……其所成就決不讓當代一些傑出的文學家。』

主要著作述要

《潘漢年詩文選》，由胡立教、王堯山、于伶、王元化為顧問主持選編，上海人民出版社一九九五年出版。本書選編潘漢年從一九二三年至一九五一年間著述的代表性作品，共分詩歌、小說、雜文、論文、報告五個部份。其中收錄詩歌六十篇，有舊體詩，如《壯士行》、《贈陳毅》；也有早年的白話詩，如《悵惘》、《可怕的路》。收錄小說十篇，其中包括頗有影響的《離婚》、《浮屍》等。收錄雜文四十七篇，《『禁』的哲學》、《貪污古今》等均以見解深刻、文筆淩厲著稱，歷史典故信手拈來而又無不貼切傳神。收錄論文三十六篇，其中據在左聯成立大會上的講話整理而成的《左翼作家聯盟的意義及其任務》，正確闡述了無產階級文學運動的任務和方針；《動員民眾保障抗戰的勝利》、《全面抗戰中政治動員的基點》，強調了民眾發動對於抗戰的重要意義；《堅決執行毛澤東同志的民族統一戰線的方針》（一九四八年）、《加強團結和努力擴大統一戰線》（一九四八年），論述了堅持黨的領導權與貫徹既鬥爭又團結方針、放手發動群眾的關係，是這一時期貫徹實施統一戰線方針策略的重要文件。收錄報告十三篇，其中一九三六年關於與國民黨談判情況給毛澤東等的報告和給中共駐共產國際代表團的報告，是反映國共合作情況的重要歷史文獻；建國初期潘漢年在上海市委、市政府工作時的十篇報告，特別是《上海經濟近況與市財委今後的工作》（一九五一年）、《關於上海商業改造問題的報告》（一九五四年），也具有重要的史料價值。本書附錄收錄兩篇資料，一篇為《潘漢年與鄧文儀談話記錄要點》（一九三六年），可與『與國民黨談判情況』的兩篇報告對照來看，從而深入瞭解國共和談合作抗日中各方領袖人物的政治態度；一篇為《潘漢年著述年表》，按年編錄潘漢年的生平重要節點和主要著述，是研究潘漢年生平業績的重要資料。

主要論著目錄

《犧牲者》（又名《犧牲》），一九二八年一月起在《現代小說》連載，共發表十一章，未完。

《離婚》（短篇小說集），『幻洲叢書』之一，光華書局，一九二八年。

《烏龍精》（『民間故事叢刊』之一，與陳伯昂合作主編），中華書局，一九二八年。

《杜宇鳥》（『民間故事叢刊』之一，與陳伯昂合作主編），中華書局，一九二八年。

《潘漢年詩文選》，上海人民出版社，一九九五年。

《文化運動與政治革命》，《幻洲》一九二七年十一月第二卷第三期。

《普羅文藝運動的自我批判》，《拓荒者》一九三〇年二月第一卷第二期。

《左翼作家聯盟的意義及其任務》，《拓荒者》一九三〇年三月第一卷第三期。

《改善與提高軍隊的政治教育》，《抵抗》一九三七年十月第十六號。

《抗戰中的八路軍》，《良友》畫報一九三七年十一月第一三一期。

《堅決執行毛澤東同志的民族統一戰線的方針》，香港《群眾》週刊一九四八年一月第一期。

《加強團結和努力擴大統一戰線》，香港《群眾》週刊一九四八年八月第三十二期。

《魯迅雜文的鬪爭性》，《解放日報》一九五一年十月十九日。

虞哲光

（一九〇六—一九九一）

生平簡介

電影藝術家，編劇、導演。筆名於執，一九〇六年四月出生於無錫黄土塘高田村，中國共産黨黨員。一九二五年畢業於上海美術專科學校。曾師從陳舊村學習國畫。一九二七年起先後執教於丹陽縣立師範、上海幼稚師範、新陵師範、幼師專科學校。一九三二年開始投身於木偶戲的制作和演出工作。一九四二年，組建了上海業餘劇團，這也是上海首個木偶劇團。這期間，先後編導設計的木偶劇主要有：《原始人》、《長恨歌》、《阿麗思的夢》、《史可法》、《四大家族》、《兄妹開荒》等。一九五〇年起，先後任職於上海電影制片廠美術片組和上海美術電影制片廠，擔任技師和導演。從木偶戲的創作轉向電影木偶片的創作。這一時期，編導的木偶片主要有《東郭先生》、《打獵記》、《三只蝴蝶》、《紅色信號》等。一九五三年，他組織民間木偶劇團與捷克木偶劇團進行了藝術交流。一九六〇年，他融合了木偶片、剪紙片的藝術特點，潛心專研，創造出折紙片這一美術電影的新品種。代表作品有《聰明的鴨子》、《湖上歌鄉》、《三只狼》等。并繪編有彩色活頁教材《兒童紙工玩具》、《幼兒紙工》等。均受到小朋友的熱烈歡迎。一九六二年，他和章超群等合作，編導出舞臺木偶記録片《掌中戲》，榮獲澳大利亞國際電影節藝術獎。他還根據自己多年來的創作實踐和經驗教訓，出版了《木偶戲藝術》和《皮影戲藝術》兩部專著，書中詳盡地論述了中國木偶戲與皮影戲的發展過程和相關的技術問題。自一九四九年七月作爲全國木偶劇種的唯一代表出席了第一次全國文代會後，他參加了歷届全國文代會，先後當選爲中國木偶皮影藝術學會會長、中國劇協理事、中國影協理事、中國美協會員、上海市文聯委員、上海美協少兒美術組組長等。一九八二年、一九八三年，他以中國木偶皮影藝術學會會長身份先後訪問法國和日本。一九九一年去世。

主要著作述要

《聰明的鴨子》：這是一部童話題材的影片，由虞哲光自編自導。本片講述了黑頭、緑頭、紅頭三只小鴨機智、巧妙地戰勝小黑猫的故事。於一九六〇年五月攝制完成。影片中，黑、緑、紅三只小鴨的動作稚氣中流露出勇氣，單純而笨拙感中表現出活潑天真，十分可笑而又可愛，深受廣大少年兒童特別是幼兒的喜歡。

《掌中戲》：這是一部舞臺記録片。由虞哲光、伍倫編劇，虞哲光、章超群導演，一九六二年上映。本片通過幾段木偶戲的演出，介紹了中國著名布袋木偶戲藝術家楊勝塑造的部分藝術形象，以及他的藝術創作生活。

主要論著目録

《木偶戲藝術》，一九五七年，上海文化出版社。
《兒童紙工》，一九五八年，上海少年兒童出版社。
《皮影戲藝術》，一九五八年，上海文化出版社。
《原始人》，一九四二年，編導。
《黑天鵝》，一九四三年，編導。
《長恨歌》，一九四四年，編導。
《史可法》，一九四四年，編導。
《阿麗思的夢》，一九四五年，編導。
《四大家族》，一九四九年，編劇。
《兄妹開荒》，一九四九年，編劇。
《小梅的夢》，一九五四年，動畫師。
《爲了孩子們》，一九五八年，編導。
《紅色信號》，一九五八年，導演。
《三只蝴蝶》，一九五九年，編導、動畫師。
《革新迷》，一九六〇年，導演。
《聰明的鴨子》，一九六〇年，編導。
《掌中戲》，一九六二年，編導之一。
《小鴨呷呷》，一九八〇年，編導。
《嶗山道士》，一九八一年，編導。
《争執》，一九八八年，編劇。

陸定一

（一九〇六—一九九六）

生平簡介

無産階級革命家，中國共産黨宣傳思想戰綫的卓越領導人。一九〇六年六月九日出生於無錫西漳。童年就讀於崇安寺小學，後讀於江陰南菁中學和上海南洋大學附中。一九二二年考入南洋大學（交通大學前身）電機工程科。受當時進步思想的影響，一九二五年積極參加反對帝國主義的『五卅運動』。一九二五年秋加入中國共産主義青年團，同年冬加入中國共産黨。一九二六年任共青團南洋大學支部書記和上海法南區團委書記。同年秋調至團中央宣傳部，負責編輯《中國青年》。一九二七年四月，參加了中國共産黨第五次全國代表大會。同年五月被選爲團中央候補委員，任團中央宣傳部部長。在國民黨反動派發動『四·一二』反革命政變後，他參與起草了團中央《致黨中央政治意見書》，建議迅速組織武裝，堅決對國民黨右派開展鬥争。隨後，他以共青團代表身份參加了黨的『八七』會議。一九二八年初，赴廣東幫助廣東團省委工作。同年秋，在共青團五大上再次當選爲團中央委員，擔任宣傳部部長，主編《中國青年》。他撰寫了《中國革命的前途》等文章，在批判各種錯誤思想的基礎上分析了中國革命的發展道路，在理論和宣傳方面顯露出才華。一九二八年底，陸定一赴莫斯科，任中國共産主義青年團駐少共國際代表、少共國際執委、中共駐共産國際代表團成員。在此期間，他同王明等人的錯誤進行了堅決鬥争。一九三〇年回國，繼續擔任團中央宣傳部部長。一九三一年，陸定一被錯誤地撤銷了團中央委員、團中央宣傳部部長職務。一九三四年十月，陸定一隨中共中央參加長征。一九三五年一月遵義會議後，他擔任中國工農紅軍總政治部宣傳部部長，主編《紅星》報。到達陝北後，相繼參加了東征、西征。後任紅一方面軍政治部宣傳部部長、紅軍前敵總指揮部政治部宣傳部部長。一九三七年『七七』事變爆發後，相繼擔任八路軍總政治部宣傳部部長、八路軍前方總部野戰政治部副主任，領導《新華日報》華北版的工作。一九四二年四月，主持編輯《解放日報》的《學習》副刊，撰寫了《從實際出發》等系列文章。同年八月，擔任《解放日報》總編輯。一九四五年，擔任中共中央宣傳部部長。在中國共産黨第七次全國代表大會上，他當選爲中央委員。一九四六年，赴重慶參加政治協商會議。一九四七年三月，出任中央直屬隊政委，轉戰陝北。一九四九年九月，他參加了第一届中國人民政治協商會議。新中國成立後，出任中共中央宣傳部部長、中央人民政府文教委員會副主任。一九五四年九月當選爲全國人大常務委員會委員。一九五六年在黨的第八次全國代表大會上，當選爲中共中央委員、政治局候補委員。同年五月二十六日，代表中共中央在中南海懷仁堂向科學文化界作了《百花齊放，百家争鳴》的報告，對黨的這個長期的、基本的方針作了系統而深刻的闡述。一九五九年，他擔任國務院副總理。一九六二年，任中央書記處書記。一九六五年，兼任文化部部長。『文革』中，他受到極大迫害，被關押近十三年之久。一九七九年六月，在政協第五届全國委員會第二次會議上被增選爲副主席。同年九月，在黨的十一届四中全會上被補選爲中央委員。一九八〇年三月，任中共中央宣傳部顧問。一九八三年六月，在政協第六届全國委員會第一次會議上當選爲副主席。一九八二、一九八七年在黨的第十二、十三次全國代表大會上被選爲中央顧問委員會常務委員。一九九六年五月九日凌晨五時四十五分，因病在北京逝世，享年九十歲。

主要著作述要

《陸定一文集》：人民出版社一九九二年版。全書共收入陸定一自一九二六年至一九九一年有代表性的著作一百一十三篇，包括理論文章，報刊社論，專論和通訊，工作報告，講話和總結，以及書信、譯文、詩歌等。内容十分豐富，涉及工運、軍事、政工、黨史、新聞、宣傳、文藝、教育、青年等多個領域。王乃莊先生認爲：『這些文稿不僅反映了他對黨和人民事業的貢獻，同時也從一個側面反映了中國革命和建設走過的途程。』（王乃莊：《珍貴的歷史文獻——讀〈陸定一文集〉》《中國圖書評論》一九九二年第三期）。

《我們對於新聞學的基本觀點》：一九四三年九月發表於《解放日報》。文章中，陸定一强調黨的新聞事業必須堅持辯證唯物主義，堅持『老老實實的觀點』，他指出『新聞的本源是事實，新聞是事實的報道，事實是第一性的，新聞是第二性的』，『唯物主義的新聞工作者，必須尊重事實，無論在采訪中，在編輯中，都要力求尊重客觀的事實』。他提出，黨的新聞工作必須把『專業的新聞工作與非專業的新聞工作結合起來』，新聞工作者要時刻牢記做『人民的公僕』，辦黨報的同志『千萬要有群衆觀點』，只有做到這三點，才是『爲人民服務的報紙，與人民有密切聯繫的報紙，才能得到真實的新聞』。

《對於戰後國際形勢中幾個基本問題的解釋》：一九四七年一月發表於《解放日報》。陸定一在毛澤東對於第二次世界大戰後的世界新形勢判斷的基礎上，從『世界反動派，其烟幕及其實際行動』、『世界的民主力量』、『世界規模的統一戰綫』、『力量的對比』、『勝利的途徑』五個方面，分析了戰後民主勢力與反民主勢力的情况以及現在怎樣、將來怎樣，指出『第二次世界大戰後，一切都變了，并正在繼續變。在人民方面，是變得如此堅强，如此有覺悟，有組織，有決心，有信心。在反動派方面，則已變得如此蠻横猖獗，但又如此外强中干，衆叛親離，對於前途完全失去信心』，號召『全黨同志與全中國人民，都應當爲一個新中國與新世界而堅决奮鬥』。

《百花齊放，百家争鳴》：一九五六年五月二十六日，陸定一應中國科學院院長、中國文學藝術界聯合會主席郭沫若邀請，在中南海懷仁堂代表中共中央對一批科學家、社會學家、醫學家、文學家、藝術家做了這個報告。報告從『爲什麼提出這樣的政策，爲什麼現在着重提出這樣的政策』、『加强團結』、『批評問題和學習問題』三個方面對『雙百方針』做出了具體而系統深刻的闡述。在知識界引起强烈反響，受到普遍歡迎和擁護。

主要論著目録

《什麽叫做從實際出發》，《解放日報》之《學習》副刊一期，一九四二年五月十三日。

《爲什麽整頓三風是黨的思想革命》，《解放日報》之《學習》副刊，一九四二年五月二十三日。

《我們對於新聞學的基本觀點》，《解放日報》，一九四三年九月一日。

《可耻的大公報社論》，《新華日報》，一九四六年四月十八日。

《中國人民無可補償的損失》，一九四六年四月。

《郝鵬舉事件的教訓》，新華社，一九四六年十一月。

《論戰局》，一九四六年。

《艱苦奮鬥，迎接光明》，《解放日報》，一九四七年。

《對於戰後國際形勢中幾個基本問題的解釋》，《解放日報》，一九四七年一月四日、五日。

《百花齊放，百家争鳴》，一九五六年五月二十六日。

《懷念人民的好總理——周恩來同志》，《人民日報》、

《光明日報》，一九七九年三月。
《用毛澤東思想整黨》（又名《紀念毛澤東同志九十誕辰》），《人民日報》、《光明日報》，一九八三年十二月二十四日。
《『百花齊放，百家争鳴』方針的歷史回顧》，一九八六年。
《中共中央十二月會議》，一九八八年一月。
《陸定一文集自序》，《人民日報》，一九九一年三月十三日。
《陸定一文集》，人民出版社，一九九二年。

于伶

（一九〇七—一九九七）

生平簡介

劇作家、戲劇活動家。原名任錫圭，字禹成。常用筆名有尤兢、叶富根、于伶等。一九〇七年二月二十三日出生於宜興元上鄉白塔村。少年時就博覽群書，愛好古典詩詞，深受傳統文化的熏陶。曾就讀於蘇州草橋的江蘇省立二中，期間積極參加了反帝愛國的『五卅』運動。一九二七年，考入蘇州第一師範學校。同年參加中國共産主義青年團。并開始參加話劇演出。一九三〇年夏，在南京女子中學實驗小學當教師，後考入北京大學法商學院，就讀於俄文政經系。一九三一年『九·一八』事變後，他積極投身於抗日愛國運動中。同年加入『左聯』。爲了便於宣傳，開始嘗試獨幕劇的創作。一九三二年，在中國左翼作家聯盟北平分盟擔任組織工作，並加入中國共産黨。同年五月，他創作的獨幕劇《瓦刀》由芭莉芭劇團在北平公演。劇本以『一·二八』抗日戰争後修復上海閘北廢墟的故事爲背景，鼓舞人民依靠自己的力量抗戰。一九三三年，參與籌建了中國左翼戲劇家聯盟（簡稱『左翼劇聯』）北平分盟，任研究部部長。同時還參與組織了反帝大同盟、學生互濟會等群衆組織，運用戲劇、文學活動的形式，開展救亡圖存的抗日愛國活動。同年，他被調往上海左翼劇聯，不久出任三三劇社負責人。相繼創作了獨幕劇《臘月二十四》（又名《太平年》）、《一袋米》。一九三四年四月，他被調到左翼文化總同盟工作，分管劇聯、教聯等組織的聯繫工作，并任劇聯黨團書記。一九三五年春，參與籌建上海業余劇人協會，組織演出了一系列中外名劇，擴大了話劇的影響。這一時期，在繁忙的組織工作之餘，他還獨創或參與創作了《夏夜曲》、《回聲》、《蹄下》、《神秘太太》等十一個獨幕劇，宣傳了抗日救亡，鼓舞了民衆士氣。一九三七年，『盧溝橋事變』爆發後，他參與了《保衛盧溝橋》的劇本創作，并任演出委員會主任兼舞臺監督。一九三八年，任中共江蘇省文委委員。從一九三七到一九四一年，他在創作了《血灑晴空——飛將軍閻海文》、《滿城風雨》、《女兒國》、《大明英烈傳》、《夜上海》等十多部多幕劇、十一部獨幕劇和廣播短劇的同時，還聯合其他困守上海的文藝界進步人士，組建了青鳥劇社、上海劇藝社等，組織演出了《雷雨》、《日出》、《女子公寓》、《祖國》（法國劇作家薩度撰）、《愛與死的搏鬥》（R·羅蘭撰）、《小城故事》、《邊城故事》、《正在想》、《鍍金》等話劇，擴大了影響，壯大了隊伍。通過開辦中法戲劇學校，培養了一批編劇、導演、舞臺美術人才。一九四一年三月，轉移到香港，參與組織旅港劇人協會。一九四二年，前往桂林。期間，完成了《長夜行》的創作。一九四三年，在重慶參與組織了中國藝術劇社。同時，還創作了《杏花春雨江南》、《心獄》等劇本，并參與撰作了以中國話劇界艱難歷程爲題材的《戲劇春秋》。一九四五年十月，于伶回到上海，任中共上海局文委委員。他廣泛團結進步戲劇工作者，恢復了上海劇藝社，演出了《升官圖》（陳白塵著）等著名劇目。此後，又與戲劇界同行一起，參加了反對國民黨反動統治的鬥争。一九四八年末，前往香港，籌建昆侖影片公司。不久，赴北平參加中華全國文學藝術工作者代表大會籌備工作。一九四九年五月，任上海軍管會文化教育委員會委員、文藝處副處長。一九五〇年八月後，相繼出任上海文化局副局長、局長，兼上海電影制片廠廠長。一九五五年五月，受潘漢年冤案株連，被撤銷職務。一九五九年，同孟波、鄭君里合寫電影劇本《聶耳》，上映後受到廣泛好評，曾榮獲捷克斯洛伐克卡羅維法利國際電影節優秀傳記片獎。一九六二年，創作完成了歌頌上海人民在抗日救亡中英勇鬥争的《七月流火》。『文革』結束後，恢復工作。先後擔任過中國劇協副主席、上海文聯黨組副書記、華東作協副主席、中國電影家協會副主席、上海作協主席、上海文聯副主席等職務。一九九七年六月七日病逝。

主要著作述要

《于伶劇作集》：共四册，中國戲劇出版社一九八四至一九八七年陸續出版。全書收録了于伶歷年來所創作的四十三部劇本、十四部多幕劇、二十七部獨幕劇、一部翻譯劇、一部電影文學劇本，比較全面地反映了其一生所取得的文學藝術成就。肖逸先生在《『詩與俗的化合』的風格——讀〈于伶劇作集〉》一文中評論道：『于伶同志是一位有影響的作家，從三十年代初期起，他一邊進行革命工作，一邊勤奮寫作，數十年如一日地爲鼓吹革命、唤醒人民而作劇。他的劇作生涯始於一九三二年，那正是「九・一八」事變後民族危亡的嚴重時刻。亡國的憂慮籠罩在國人心頭，也成爲于伶命筆作劇的動力。可以説，抗日救亡是于伶劇作的總主題。從文學淵源説，于伶同志早年曾傾心於中國古典詩詞；他又被稱爲具有謙讓、善良的品德和洋溢着革命人道主義精神的一位作家。已故著名評論家李健吾曾以「貧弱的身體，詩情的心靈，鋭敏的感受，樂觀的信仰」來概括作爲劇作家的于伶的基本特徵，是頗爲準確而傳神的。』（載《中國戲劇》一九八五年第六期）

《于伶詩抄》：學林出版社一九九七年版。全書選録了于伶歷年來創作的詩詞代表作。主要包含兩部分内容：一部分是懷念潘漢年的，另一部分是『文革』時期所寫詩作。叶周先生在《于伶與秦城詩抄》一文中評論説：『從這些詩中可以體會到具有堅定信仰的于伶，「文革」中蒙冤入獄後仍然百折不撓的精神氣質。』（載二〇一一年四月十三日《大公報》）

主要論著目録

《瓦刀》，戲劇，北平大衆文藝社，一九三二年。
《夜光杯》，戲劇，一九三七年。
《浮尸》，戲劇，一九三七年。
《『皇軍』的『偉績』》，戲劇，一九三七年。
《漢奸的子孫》，戲劇，一九三七年。
《女子公寓》，戲劇，上海劇藝社，一九三八年。
《戰時戲劇選》，戲劇，戰時出版社，一九三八年。

《我們打冲鋒》，戲劇，一九三八年。
《血灑晴空》，戲劇，一九三八年。
《夜上海》，戲劇，上海劇場藝術社，一九三九年。
《銀包》，根據法國米爾波劇作中譯本改編，光明出版社，一九三九年。
《上海一律師》，戲劇，一九三九年。
《滿城風雨》，戲劇，一九三九年。
《花濺泪》，戲劇，一九四〇年。
《江南三唱》，戲劇，上海珠林書店，一九四〇年。
《長夜行》，戲劇，桂林遠方書店，一九四二年。
《杏花春雨江南》，戲劇，美學出版社，一九四三年。
《心獄》（又名《烏夜蹄》），戲劇，未林出版社，一九四四年。
《草木皆兵》（與夏衍、宋之合著），戲劇，美學出版社，一九四六年。
《戲劇春秋》（與夏衍、宋之合著），戲劇，未林出版社，一九四六年。
《清流萬里》（又名《文化春秋》），戲劇，一九四七年。
《于伶劇作選》，人民文學出版社，一九五八年。
《聶耳》（與孟波、鄭君里合著），電影劇本，上海文藝出版社，一九五九年。
《七月流火》，戲劇，中國戲劇出版社，一九六三年。
《于伶劇作集》（一—四卷），中國戲劇出版社，一九八四—一九八七年。
《『孤島』劇作二種》，福建人民出版社，一九八四年。
《歡笑與沉思》，散文集，人民日報出版社，一九八八年。
《于伶詩抄》，學林出版社，一九九七年。

徐鑄成

（一九〇七—一九九一）

生平簡介

新聞學家，編輯，報業家。一九〇七年六月二十四日生於宜興縣城内東珠巷。早年曾就讀於省立第三師範（後稱江蘇省無錫師範），一九二六年考入清華學校。一九二七年轉至河北大學學習，後又考入北京高等師範大學國文系，課余爲數學通訊社撰稿，畢業後發表譯作《離婚》。一九二九年任天津《大公報》教育、經濟、各地新聞等版編輯。以采訪華北運動會消息和有關閻馮聯合反蔣消息、陳濟棠反蔣消息受報社當局青睞。一九三二年後任《大公報》駐漢口特派記者，兼爲京、滬兩家報紙拍發電訊並爲漢口《大中報》、《大興報》撰寫社論。

一九三六年參與籌備愛多亞路（今延安東路）《大公報》上海版的創刊工作，任要聞編輯，後曾任總編輯。上海淪陷後，《大公報》停刊。一九三八年初，《文匯報》在上海福州路四百三十六號創刊，他主持編務，堅持宣傳抗戰，連續報導中國共産黨領導的抗日武裝力量的英勇鬥争。次年《文匯報》被迫停刊後，重返《大公報》，先後任香港版編輯主任、桂林版總編、滬版總編。

抗戰勝利後，《文匯報》復刊，一九四六年徐鑄成離開《大公報》回到《文匯報》任總主筆，持論反對内戰，要求和平民主。一九四七年五月，《文匯報》被國民黨當局勒令停刊。一九四八年赴香港創辦香港《文匯報》，任總主筆兼總經理，積極宣傳中國共産黨的主張和政策。

一九四九年六月，《文匯報》在上海圓明園路復刊，徐鑄成任社長兼總編輯。開國前夕，參加第一届全國人民政治協商會議。建國後繼續任《文匯報》總編輯，一度赴京任《教師報》總編輯。當選第一届全國政協委員、全國人大第一次會議代表。一九五七年轉入出版界，從事《辭海》、《漢語大辭典》編寫工作。同年，曾率中國新聞工作者代表團訪問蘇聯。後任《文匯報》顧問，兼任復旦大學新聞系教授，厦門大學新聞系系務委員會主任等。曾被打爲『右派』，後出版《報海舊聞》、《舊聞雜記續編》、《杜月笙傳》、《哈同外傳》等著作。粉碎江青反革命集團後，連續當選全國政協五、六、七届委員。一九八五年，開始總結自己一生中的一些經歷、見聞、掌故、佚事，以及第一手資料，書名定爲《八十自述》，一九八七年五月完成書稿。一九九一年十二月二十三日於上海寓所逝世，享年八十五歲。

主要著作述要

《徐鑄成回憶録》：本書爲徐鑄成的擱筆之作，自一九八五年三月開始動筆，歷經兩年殺青。書中以平實流暢的筆觸，追憶了作者八十年豐富而坎坷的人生歷程，着重於作者的記者生涯及所參加的政治活動，涉及了中國現代史上許多重要的歷史事件和人物。作者自稱：『司馬温公有一句名言：事無不可對人言，我凑上一句，臉有是非堪自信，作爲一副對聯，用以自况。所以，自己在寫回憶録的時候，用不着推敲，更毫無外慚清議，内疚神明之處，可以信筆直書，無所隱諱。當然，因年已日近鐘鳴漏盡，有些瑣碎的細節，是記憶不周全了。』

《新聞叢談（增編本）》：本書匯編了反映徐鑄成新聞觀點和辦報思想的文字，共分五輯。作爲畢生從事新聞事業的報人，徐鑄成在長期的辦報實踐中，形成了一系列新聞觀點和辦報思想：作者主張辦獨立、自由的同人報紙；强調編輯要講究藝術，要重視獨家新聞；形成獨特風格；希望新聞工作者要有膽識、有魄力，『報紙才會有聲音、有生命』等等，在當時均産生了較大影響。這些文章，薈萃了作者晚年在從事新聞教育過程中，較爲系統地總結并闡發有關我國新聞出版事業發展的心得，對今天中國傳媒工作者的實踐，和新聞言論事業應有的精神，都具有重要的啓示作用。

《風雨故人》：此書收録的是徐鑄成在『來日苦短』之年所記的故人、故鄉、故事。曾發表於一九八一年至一九八四年的報刊專欄。第一部分『正篇』，懷念故人，既有物是人非的傷感，更有一層難以釋懷的悲憤：惲逸群歷經坎坷，飲恨人間；潘漢年赤膽忠心、含冤而死；葉聖陶亦師亦友，肝膽相照；李濟深藹然長者，温文爾雅；『人言可畏』的阮玲玉悲憤自盡，遺恨人間；備嘗困苦艱難的蔣經國，曾誓不向歷史交白卷……歷經風雨，故人故去，深情厚誼縈繞腦海，不禁唏嘘。第二部分『山河、人物』，則是憶舊時山河、人物，亦思索當下世情，淡雅却含義頗深。第三部分『游記與隨感』，展望當下，游覽大好河山，既有贊賞之情、文人之趣，又有今昔感喟、無限憧憬。

《海角寄語　金陵舊夢》：本集收録了徐鑄成晚年在香港出版的兩部文集：《海角寄語》和《金陵舊夢》。一九八〇年，作者在《新晚報》上開設專欄『海角寄語』，以通信形式刊發了六十一篇短文，一九八一年由香港文藝書屋出版，取名《海角寄語》。此輯筆力集中在對『四人幫』的控訴和對『文革』歲月的反思，落筆之時『中心憤激』、『肆無忌憚』，但却不限於血泪的控訴，更多的是在飽經憂患之後對歷史的追問和對國家前途的憂思。肺腑之誠，溢於言表。二十世紀六十年代，作者在《大公報》副刊『大公園』上刊發了一系列追述民國時期政壇秘聞的文章，一九六三年由香港致誠出版社出版，取名《金陵舊夢》。從事新聞工作近三十年，作者曾親見北洋軍閥的收場、蔣介石的興起和失敗，此稿所記大都得自親歷或是訪問，道聽途説者不録，頗有史料價值。

主要論著目録

《朝鮮紀行》，新文藝出版社，一九五二年。
《報海舊聞》，上海人民出版社，一九八一年。
《海角寄語》，龍門文化事業有限公司，一九八一年。
《舊聞雜憶續篇》，四川人民出版社，一九八一年。
《新聞叢談》，浙江人民出版社，一九八三年。
《舊聞雜憶補篇》，四川人民出版社，一九八四年。
《風雨故人》，浙江人民出版社，一九八五年。
《徐鑄成通訊游記選》，福建人民出版社，一九八七年。
《徐鑄成回憶録》，生活·讀書·新知三聯書店，一九九八年四月。
《徐鑄成傳記三種》，學林出版社，一九九九年。
《舊聞雜憶》，遼寧教育出版社，二〇〇〇年。
《親歷一九七五》，湖北人民出版社，二〇〇三年。
《定縣平校村治參觀記》，《國聞周報》一九三〇年第七卷第四期。
《歷史在考驗我們》，《半月文萃》一九四二年第一卷第一期。
《本刊第十次代用座談會：民營報紙怎樣過年關：文匯報是讀者的》，《上海文化》一九四七年第十二期。
《李思浩生前談從政始末》，《文史資料選輯》，一九七九年第二十二期。

許思園

（一九〇七—一九七四）

生平簡介

哲學家。原名壽康，號思玄。後改名思園。一九〇七年七月十六日出生於無錫西門外。幼年聰穎好學，九歲時曾在無錫公園（今城中公園）多壽樓舉辦的個人書法展中當場揮毫。少年時期博覽群書，尤其愛好哲學與自然科學。一九二三年考入上海大同大學，一九二六年以優異的成績畢業。一九二七年用英文寫作《人性及其使命》，一九三三年出版後獲得吳宓、張東蓀的交口稱贊。同時還引起了英國桂冠詩人約翰·梅斯菲爾德，法國作家紀德，德國小説家、一九二九年諾貝爾獎獲得者托馬斯·曼，印度詩人泰戈爾等國外名家學者的推重。一九三三年，他獲得中法庚款資助，前往歐洲游學。在倫敦作短暫停留後即轉赴巴黎。他在巴黎大學登記注册，作哲學博士論文，並從頭開始學習數學和理論物理學。除在圖書館閱覽、寫作外，他還時常外出造訪當時在巴黎的著名學者和大學教授。一九三八年夏，搬至巴黎近郊的皇后村，在那里精心準備他的論文和寫《相對論駁議》。同年秋，他獲得巴黎大學博士學位。值得一提的是，許思園在巴黎結識了正在求學的唐鬱南女士，不久，兩人在巴黎舉行婚禮，證婚人是外交家顧維鈞。一九四二年，完成了《相對論駁議》法文本的寫作，第二年在里昂出版後，得到法國卡當教授等許多著名數學家的稱許。一九四四年他隨中國駐法使館人員離開法國前往葡萄牙。一九四五年乘船赴美，同年六月七日，由普林斯頓前研究部主任愛森哈德介紹，愛因斯坦邀請許思園到他的寓所，就戰争、宗教、哲學問題促膝長談。應愛因斯坦要求，分別後，許思園用英文寫就《與愛因斯坦教授討論兩個問題》，後譯成中文發表在一九四七年八月的《東方與西方》第一卷第五期。一九四五年秋末，他從普林斯頓遷居紐約，受北平研究院的聘請擔任通訊研究員。一九四六年，婉拒美國友人的熱情挽留，毅然返回祖國。同年春，他被聘爲南京中央大學教授。一九四七年初，他用英文寫作的《波動力學的基礎及其哲學含義》在《加拿大研究學報》發表。同年四月，他和學界同仁創辦了《東方和西方》月刊，出版六期後，因經費困難於當年九月停刊。一九四七年夏，他受聘擔任無錫江南大學哲學研究所所長。第二年九月，《學原》第二卷第一期發表了他撰寫的《論機械論與鵠的論》。新中國成立後，他先在人民大學學習一年，隨後赴山東大學歷史系任教。一九五七年，他被錯劃爲『右派』（一九七八年底平反）。從一九五六年十月至一九五七年十一月，他完成了《論中國哲學》（三篇）、《論中國文化》（四篇）、《論中國詩》（五篇）三部分文稿的寫作。一九六三年，他兼教外文系的英文。一九六四年社教運動開始，被迫停止授課。開始爲工廠企業翻譯工程、機械方面的外文資料。一九七三年，因病赴上海治療。爲了完成承擔的翻譯工作，當病情稍有好轉，他就出院返回曲阜山大分校。一九七四年三月，他患心肌梗塞住進曲阜縣醫院，因藥品奇缺而不幸去世。骨灰現在安葬於無錫惠山三茅峰西北西瓜山上。

主要著作述要

《**人性及其使命**》：一九二七年用英文寫作。一九三三年出版。這是一部文學化的哲學著作。全書由『論知識』、『論人格之構成』、『論善』、『論自由意志、不朽及其他』四部分構成。許思園在自序中强調『民族性不過是偶然性質的表面點綴，而人性才是到處都是統一的實體。從本質上來看，不同國家的人民爲同樣的難題所困，爲同樣的疑團所惑，只有靠存在於人人内心的同一崇高的本性（從某種角度來説是神聖的），才能走上人生的正道』。清華大學教授吴宓讀後評論説：『書中的論述顯示出作者思想的深度，令人敬佩』。英國戲劇家白克司説：『我對此書莊嚴静穆的文字里所顯示的思想大體都具同情。在此時代，發現一個對於人類永久的問題比諸政治上、經濟上喧鬧的紛争更爲關心的作者，實足令人神往。』美國哲學家、詩人桑塔亞那説：『此書富有理想和優雅之情操，足以想見古國之文化淵源，即作者采自西方之觀念如「純愛」、「理念」之類，似俱可與其本國思想交融而無間隔。且作者在内心分析方面擅有特殊之天才。』印度詩人泰戈爾評價説：『作者文字有深湛之智慧，足以啓示多數讀者明了人生之真諦。』（上述評語均見一九三三年底《圖書評論》第一卷第十二期）

《**中西文化回眸**》：華東師範大學出版社一九九七年出版。全書由中國哲學論（論述了中國哲學與西方哲學面貌的不同、中國哲學的成就與弱點）、中國文化論（論述了中國文化與近代西方、中國文化的背景與缺陷及評價）、中國詩論（論述了中國詩的風格、特色，中國的自然詩，對李白與杜甫的評價）、科學原理研究、科學哲學論述五個部分組成。南京大學南江評論説：『讀先生的文章，你不能不爲他獨特的創見而傾倒。談道德，他認爲義務感乃是人格的最高發展，也是根本的本質。他否認一片仁心能救世界，也不認爲中庸就是人生道德行爲的準則。喜歡中庸的人，常流於庸俗，不容易産生特殊的人格，卓越的人格，它讓真實的或有獨創性的人愈來愈稀少。談文化，他把中國傳統文化放在世界文化中加以分析比較，既看到其長處，又分析其弊端。他説，中國傳統文化的弊端在於「不重純知識活動，未能充分領略好奇、耽思、探索、創造之樂，因而内心激動振幅不大，少深哀極樂，悲情勁氣俱不足；重家族，缺少個性自覺和孤往獨創之精神，亦未有以全民政治爲理想者」。這些深刻的見解，現在聽來似曾相識，但作爲五十年代的學術成果，實是先生殫精竭慮的結晶。』『讀先生的文章，你又不能不醉心他那飛揚的詩情和高尚的人格。』（南江：《回眸無錫先哲許思園》，《江南論壇》二〇〇〇年第六期）

主要論著目録

《人性及其使命》，一九三三年。

《相對論駁議》，法文本，一九四三年，法國里昂出版。

《與愛因斯坦教授討論兩個問題》，英文本，一九四五年；中文本，《東方與西方》第一卷第五期，一九四七年八月。

《波動力學的基礎及其哲學含義》，英文本，《加拿大研究學報》，一九四七年。

《論機械論與鵠的論》，《學原》第二卷第一期，一九四八年九月。

《中西文化回眸》，華東師範大學出版社，一九九七年。

阿甲

（一九〇七—一九九四）

生平簡介

戲曲理論家、劇作家、導演藝術家。原名符律衡，又名符鎮寶、符正。一九〇七年十二月出生於武進湟里，童年在埠頭小學讀書，同時隨父學習古文、書畫，又在叔父影響下學唱京劇。一九二二年到宜興丁山古塔里，跟隨姨父讀書。一九二六到一九二七年間，到宜興顯親寺跟隨懷舟和尚學習譚派京劇。一九三〇年與范蘭貞結婚。一九三三年秋，任宜興《民報》記者，同時爲《新宜興報》供稿。一九三七年進入武漢湖北鄉幹訓練班。一九三八年抵達山西運城，後通過西安八路軍辦事處前往延安，考入延安魯藝美術系研究生班。不久被調入魯藝實驗劇團。一九三九年春，進入魯迅藝術學院戲劇研究班學習。參加演出了《松花江上》、《夜襲飛機場》、《松林恨》、《劉家村》等現代戲，其自編自導自演的抗日現代戲《錢守常》因具有一定創造性，獲學院嘉獎。一九四〇年四月，魯藝平劇團成立，阿甲任團長兼研究科長。當年十月，他加入中國共産黨。一九四二年十月延安平劇研究院成立，阿甲任院務委員、研究室主任。在成立特刊上發表了《平劇研究院和平劇工作》一文。一九四三年四月十八日在《解放日報》發表了《關於平劇的接受遺産與服務政治問題》，提出平劇服務政治必須掌握技術，只有掌握好技術才能更好地爲政治服務。一九四四年與方華結婚。一九四五年夏，入中央黨校二部學習，參加了著名新編歷史劇《逼上梁山》、《三打祝家莊》的演出。一九四七年初，擔任延安平劇研究院副院長。同年三月，任華北聯大平劇研究院副院長。第二年任華北平劇研究院編導主任。自編自導京劇《進長安》，并反串劇中反面人物張紳國（丑角）。一九四九年，任文化部戲曲改進局藝術處研究室主任。同年，參加第一次中華全國文藝工作者代表大會，當選爲委員。一九五一年四月任中國戲曲研究院研究室主任。針對當時戲曲表演中的保守主義、形式主義傾向，撰寫了《從〈四進士〉談周信芳先生的舞臺藝術——爲反對京戲中的形式主義而作》一文（載《人民戲劇》第三卷第三期）。同年，在中華書局出版專著《談京戲的表演藝術》。一九五二年參加了歷史劇《宋景詩》的編導工作。同年十一月二日在《人民日報》發表《談我國戲曲藝術裏的現實主義》一文，反對京劇舞臺上的形式主義、保守主義，提倡戲曲改革。同年，在中華書局出版專著《部隊文藝新的里程》。一九五四到一九五六年，參加蘇聯專家普·烏·列斯里主持的中央戲劇學院導演幹部培訓班脫産學習班。一九五五年一月，擔任中國京劇院總導演。一九五六年十月，在文化部第二届演員講習會上作了《生活的真實和戲曲表演藝術的真實——談舞臺程式中關於分場、時間、空間的特殊處理問題》（發表於一九五七年《戲曲研究》第一期，並於當年四月由上海文化出版社出版單行本），反駁了當時戲曲界照搬斯坦尼斯拉夫斯基體系的不良傾向，强調生活的真實和戲曲表演藝術的真實的重要命題，闡述了戲曲表演藝術來自生活又不同於生活的特殊性。一九五八年，相繼參與導演了《赤壁之戰》、《白毛女》、《柯山紅日》等。發表了《再論生活的真實和戲曲表演藝術的真實——關於現代戲繼承傳統和發揚傳統的問題》一文（載一九五八年《戲曲研究》第四期），與《生活的真實和戲曲表演藝術的真實——談舞臺程式中關於分場、時間、空間的特殊處理問題》一起被稱爲『兩論』。同年冬，訪問印度。一九五九年，參與導演《摘星樓》、《三打祝家莊》。同年十二月九日在《人民日報》發表了《關於戲曲舞臺藝術的一些探索》，對中國戲曲的美學原理和特點作了進一步的分析和概括。一九六〇年，出任中國京劇院副院長，編導了《鳳凰二喬》。一九六二年九月，在上海文藝出版社出版了《戲曲表演論集》。同年底，赴廣州導演粵劇《李香君》。一九六三年，開始革命現代京劇《紅燈記》的創作。一九六四年，他參與編導的《紅燈記》問世，獲得了廣泛的好評。『文革』中，阿甲受到批鬥。一九六九年冬，下放『五七干校』勞動。一九七五年，任文化部文學藝術研究所顧問。一九七九年，被任命爲中國京劇院名譽院長，當選爲中國戲劇家協會副主席，開始擔任文化部文學藝術研究院戲曲史論專業導演表演研究方向的碩士生導師。參與編導《劉志丹》一劇。《戲曲表演論集》一書增補修訂後由上海文藝出版社再版。一九八一年，在《文藝研究》第六期發表《談談京劇藝術的基本特點及其相互關係——爲了研究現代京戲的改革》一文。文章全面深入探討了『哪些是京劇（也包括戲曲）本質的基本的特點，哪些雖也重要但非本質的特點；哪些特點增減和有無只是量的變化，不影響京劇的性質，而哪些特點的保留和取消就會影響到京劇這個劇種根本性質的改變』，從理論上爲現代京劇創作提供了依據。一九八三年，導演《朱買臣休妻》一劇。一九八四年十二月十七日，榮獲中國戲劇家協會頒發的『第一屆全國戲劇理論著作獎』。一九八五年離休。同年，再次當選爲中國戲劇家協會副主席。一九八六年，擔任中國藝術研究院戲曲史論專業博士研究生導師。一九八七年，導演《斬經堂》、《改容戰父》。同年十二月，獲得了文化部授予的『阿甲同志五十年來爲我國戲劇事業作出重要貢獻，特此表彰』獎狀。一九八八年，完成《戲曲藝術最高的美學原則——戲曲程式的間離性和傳神的幻覺感的結合》一文的寫作。通過對斯坦尼斯拉夫斯基體系和布萊希特體系的比較研究，進一步論述中國戲曲藝術獨特的間離性和傳神的幻覺感對立統一的關係，提出了『表演文學』的概念。一九九〇年，在中國戲劇出版社出版了《戲曲表演規律再探》一書。一九九一年，被評爲『全國文化系統先進工作者』。一九九三年，當選爲中國戲曲導演學會名譽會長。一九九四年十二月二十四日，因病醫治無效，不幸去世。享年八十七歲。

主要著作述要

《戲曲表演論集》：該書由上海文藝出版社一九六二年初版，一九七九年修訂再版。書中編選了阿甲在一九五一年至一九六二年十月間所寫的戲曲表演方面的論文共二十一篇。比較全面深入地探討戲曲表演各相關方面的問題，生活真實與藝術真實的關係問題、角色創造上體驗與表現的關係問題、戲曲表現中現代生活內容與形式矛盾的問題等，均從舞臺表演角度進行了詳細的分析論述。同時也對一些著名戲曲演員及劇目的藝術特點進行了理論上的分析總結。武漢大學教授鄒元江在《脆弱的張力：體驗與表現的統一——阿甲戲曲美學思想研究之一》一文中指出：『阿甲先生無疑是中國當代最重要的戲曲表導演美學思想的創立者和思考者之一，他以堅實的戲曲現代戲的導演藝術實踐和卓越的戲曲表導演美學的理論貢獻，影響了幾代人的藝術創作和理論思維……回顧他一生所走過的藝術探索的道路和所作的理論思維的向度，無疑對我們今後的戲曲藝術表導演實踐和戲曲表導演美學的思考都具有重要的意義。阿甲是無論如何也繞不過去的當代戲曲藝術的所已達到的最縱深、最前沿的地標，他留給我們進一步思考的問題太多，也極爲關鍵，這其中最不能忽略的，也是至今仍極大地影響當代戲曲藝術創作實踐和戲曲表導演美學思考的就是體驗與表現相統一的問題。』（載《戲曲研究》第七十六輯）

《戲曲表演規律再探》：中國戲劇出版社一九九〇年版。書中對斯坦尼斯拉夫斯基體系、布萊希特體系在中國的運用進行了深入探討，對當時戲曲改革中的相關問題進行了剖析論述，對戲曲表演的基本規律作出了精辟論述，體現了阿甲在戲曲表演理論方面的新探索。

《**紅燈記**》：故事取材於電影《自有後來人》。是一部以東北抗日聯軍爲背景、反映東北人民抗日鬥争的劇目，講述了在抗日戰争時期的東北敵占區，中國共産黨地下工作者李玉和接受向柏山游擊隊轉送密電碼的任務。由於叛徒的出賣，遭日寇殺害，李玉和的女兒鐵梅繼承父志，將密電碼送上山，游擊隊殲滅了追趕鐵梅的日軍。此劇是中國京劇院的優秀保留劇目。一九六三年起，阿甲參與《紅燈記》的改編導演工作，次年，《紅燈記》正式公演，獲得了巨大成功。

主要論著目録

《錢守常》，自編自導自演，一九三九年。

《關於平劇的接受遺産與服務政治問題》，《解放日報》，一九四三年四月十八日。

《進長安》，自編自導自演，一九四八年。

《華北平劇研究院十來年》，《文藝報》一九四九年十一期。

《今後戲劇運動的希望》，《人民戲劇》創刊號，一九五〇年。

《没落時期的京戲的美學觀》，《人民戲劇》創刊號，一九五〇年四月。

《談〈將相和〉的人物思想與表演藝術》，《人民戲劇》一九五〇年第二號。

《如何建立新的導演制度座談會發言》，《新戲曲》創刊號，一九五〇年八月。

《從〈四進士〉談周信芳先生的舞臺藝術——爲反對京戲中的形式主義而作》，《人民戲劇》一九五一年，第三卷第三期。

《〈新大名府〉的反歷史主義觀點》，《人民日報》，一九五一年十一月九日。

《談京戲的表演藝術》，中華書局，一九五一年。

《談我國戲曲藝術里的現實主義》，《人民日報》，一九五二年十一月二日。

《部隊文藝新的里程》，中華書局，一九五二年。

《向〈十五貫〉的表演藝術學習什麽》，《人民日報》，一九五六年五月十八日。

《談諷刺劇〈祭頭巾〉的優秀表演》，《人民日報》，一九五六年七月六日。

《生活的真實和戲曲表演藝術的真實——談舞臺程式中關於分場、時間、空間的特殊處理問題》，《戲曲研究》一九五七年第一期。

《論莫成的悲劇性格——一段戲的導演分析》，《戲劇論叢》一九五七年，第二號。

《虎符——成功的演出——略論關於學習戲曲表演的方法問題》，《人民日報》，一九五七年三月二日。

《再論生活的真實和戲曲表演藝術的真實——關於現代戲繼承傳統和發揚傳統的問題》，《戲曲研究》一九五八年，第四期。

《我們怎樣排演京劇〈白毛女〉》，《戲劇論叢》一九五八年，第二輯。

《看日本芭蕾舞劇〈白毛女〉的演出》，《文藝報》一九五八年，第七期。

《談戲曲表演現代生活》，《戲劇報》一九五八年，第十八期。

《舞臺上出現了大戲劇家關漢卿的偉大形象——略論話劇向戲曲學習的問題》，《戲劇論叢》一九五八年，第四輯。

《真實，還要够味——看〈蔡文姬〉演出後隨談》，《戲劇報》一九五九年，第十四期。

《戲曲導演工作的幾個問題——在中國戲曲學院導演進修班的報告》，《戲劇研究》一九五九年，第三期。

《關於戲曲舞臺藝術的一些探索》，《人民日報》，一九五九年十二月九日。

《偉大的時代必然産生嶄新的戲曲——論戲曲藝術革新的幾個基本問題》，《北京戲劇》一九六〇年，七月號。

《關於戲曲表導演的問題》，《安徽戲劇》一九六〇年，第五期。

《戲劇藝術的真和美——在〈新建設〉編輯部召開的美學問題座談會上的發言》，《新建設》一九六一年，十月號。

《體驗和技巧》，《戲劇報》一九六二年，第二期。

《戲曲表演論集》，上海文藝出版社，一九六二年。

《紅燈記》，編導，一九六四年。

《平原游擊隊》，編導，一九六五年。

《劉志丹》，編導，一九七九年。

《戲曲表演論集》，上海文藝出版社修訂本，一九七九年。

《斯坦尼斯拉夫斯基體系與中國的戲曲表演》，上海《戲劇藝術》一九八〇年第二期。

《談談京劇藝術的基本特點及其相互關係——爲了研究現代京戲的改革》，《文藝研究》一九八一年第六期。

《笑着和封建社會的特權告别——看京劇〈徐九經升官記〉》，《光明日報》，一九八一年五月十五日。

《飛向延安的遐想——寫在延安平劇研究院成立四十周年》，阿甲口述，徐城北整理，《人民日報》，一九八二年十二月二十六日。

《論中國戲曲導演》，《文藝研究》一九八三年第二期。

《你們是人民心目中喜愛的花神——延安平劇院成立

四十周年大會發言》，《戲曲藝術》一九八三年第二期。

《進一步探索戲曲藝術規律問題》，《戲劇論叢》一九八三年第二輯。

《從崑劇〈爛柯山〉談張繼青的表演藝術——兼談生活體驗和戲曲舞臺體驗的關係問題》，《戲劇論叢》一九八三年第三輯。

《流派要提倡，也要批評》，《戲劇報》一九八三年第十期。

《戲曲創作·觀衆·社會效果及其他》，《戲劇論叢》一九八四年第一輯。

《京劇創新的一次可貴探索——阿甲、劉厚生、郭漢城、黄宗江談〈大明魂〉》，《戲劇報》一九八四年第四期。

《戲劇審美心理及其它——在全國話劇座談會上的發言》，《戲劇報》一九八四年第九期。

《送南崑出國——兼談崑劇表演藝術家張繼青的舞臺創作》，《人民日報》，一九八五年六月十五日。

《致戲劇理論討論的一封信》，《文藝研究》一九八五年第六期。

《戲曲舞臺藝術虚擬與程式的制約關係——談戲曲藝術的内部關係》，武漢《藝海叢刊》一九八六年第一期。

《戲曲的程式問題》，《劇藝百家》一九八六年第一期。

《無窮物化時空過不斷人流上下場——虚擬的時空，嚴格的程式，寫意的境界》，《文藝研究》一九八七年第四期。

《延安京劇活動追憶》，《人民日報》，一九八七年五月二十日。

《京劇馬派創始人——馬連良杰出的表演藝術——兼談戲曲表演的創作》，《戲劇報》一九八八年第一期。

《衣鉢真傳也要發展——宋丹菊的表演藝術和她的審美見解》，《戲曲藝術》一九八八年第三期。

《戲曲表演規律再探》，中國戲劇出版社，一九九〇年。

《戲曲美學中的幾個問題》（提綱），一九九一年十二月，收入一九九三年五月中國戲劇出版社版《亞洲傳統戲劇國際研討會論文集》。

《博而能精　立像傳神——川劇小生余開元表演析》，《人民日報》，一九九二年一月十六日。

鄒文海

（一九〇八—一九七〇）

生平簡介

政治學家。字景蘇。光緒三十四年（一九〇八年）二月十日出生於無錫泰伯鄉竹橋頭村。小學就讀於無錫東林小學。一九二〇年秋，考入江陰南菁中學，聰穎好學，成績優異，深受校長董伯豪喜愛，特意親自爲他教授英文。一九二六年，鄒文海考入清華大學政治學系。一九三〇年大學畢業，留校任助教。一九三五年，在博覽西方政治學經典、潛心思考的基礎上，完成了《自由與權力》一書的寫作。同年，被學校選派留學英國，進入倫敦經濟學院，師從政治學大家拉斯基和懷納等學習西方政治思想與制度學。在倫敦期間，他每天到大英博物館讀書鑽研，最長連續六個月時間没有一天缺席中斷。一九三七年夏，『七·七』事變爆發，鄒文海毅然放棄學業，自英返國，沿途考察各國政情民意。此後，相繼擔任上海私立滬清中學校長、國立湖南大學教授、江蘇省立江蘇學院政治系主任兼教務主任、國立厦門大學教授、國立暨南大學教務長及法學院院長、國立政治大學教授等職務。一九四九年，鄒文海前往臺灣，最初任教於花蓮測量學校，後任臺灣省立行政專科學校教務主任及法商學院（今中興大學）教授。期間，他每天節譯西方新出的政治學論著，每週訂成一册。當時的《新思潮》月刊，每期都刊載有他的譯著或讀書劄記。一九五五年，被聘爲政治大學教授，并先後兼任副教務長、教務長、政治學系主任、法學院院長及政治研究所主任等職，爲政治大學建章立制、延聘教師和日常運轉而盡心竭力。期間著有《代議政治》、《政治學》、《比較憲法》等著作，相關論文輯録成《鄒文海先生政治科學文集》問世。一九七〇年一月五日，因病醫治無效，病逝於臺北，享年六十二歲。生前好友及學生爲紀念他的教育和學術成就，捐助資金，成立鄒文海獎學基金會，其後人也將他的著作版權所得捐贈給基金會，用以獎勵家境貧寒的優秀學子。

主要著作述要

《自由與權力》：中華書局一九三七年版。全書由『叙論』、『政府權力的基礎』、『政府權力與行政效率』、『自由的意義』、『自由和權力的保障』、『自由和權力』等六部分組成。鄒文海認爲：『權力和自由，實在是社會中不可缺少的兩種勢力。沒有權力，則社會沒有秩序；沒有自由，則社會沒有進步。過分的權力乃爲專制，過分的自由乃爲放縱。』在此基礎上，他全面論述了權力與自由的關係，深入探討保障權力運作的前提以及保障自由權利的必要性和條件，同時詳盡剖析了自由與權力之間相互的張力與依存關係。南開大學歷史系副教授鄧麗蘭在《民國時代的『密爾』及其『自由論』——評鄒文海著〈自由與權力〉》一文中指出：『在對權力與自由的研究中，鄒文海展示出他對英美自由主義精髓的深刻體認與洞察力，以及對各派學説、觀點、方法進行創造性轉化的能力。他借用新政治學、社會學、文化人類學的方法，從社會政治控制的角度研究權力，從習俗的角度闡發權力與自由的内涵及其辯證關係。……以權力責任論、社會習俗論取代自然權利論、社會契約論作爲自由主義的學理基礎；以權力與自由的「中和」確立兩者在現實生活中的位置；以自由的理想與現實之别、主客之别、動静之别，構建了自由從理想主義到經驗主義的過渡與轉换。……鄒文海的探索，使《自由與權力》注定成爲民國時期中國思想界探討自由主義的經典文本。它遠遠超越了當時思想界有關自由問題的平均知識水平，并且深刻回應着知識界有關話題的討論。』（載《中國政法大學學報》二〇一〇年第二期）

主要論著目録

《自由與權力》，中華書局，一九三七年。

《代議政治》，中華文化出版事業委員會，一九五五年。

《各國政府與政治》，國立編譯館，一九六一年。

《鄒文海先生政治科學文集》，鄒文海先生六十華誕受業學生慶祝會，一九六七年。

《西洋政治思想史稿》，鄒文海先生獎學基金會，一九七二年。

《大工業與文化》，環宇出版社，一九七三年。

《比較憲法》，臺北三民書局，一九八一年。

《政治學》，臺北三民書局，一九八三年。

蔣風之

（一九〇八—一九八六）

生平簡介

音樂家，二胡藝術家。一九〇八年四月二十七日出生於宜興新建鄉後留墅村。早年先後就讀於私塾、官林第三高小、江蘇省立第二農業專科學校。從小愛好音樂。一九二〇至一九二一年間跟隨王老四學習二胡和笛子，一九二四年師從儲師竹學習二胡。一九二七年秋，考入上海私立藝術大學音樂系。不久又考入上海國立音樂學院，師從朱荇青，主修琵琶。并利用課餘時間向吴伯超學習二胡。一九二九年，考入北平大學藝術學院音樂系，師從劉天華，主修小提琴，兼修二胡，副修琵琶與鋼琴。一九三二年『一·二八』事變後，有感於日本的野蠻侵略，創作了二胡曲《長夜》，抒發了憂國憂民的沉重心情。一九三三年畢業後，先後任教於北平大學女子文理學院、京華美術專科學院、北京女子高等師範學校、北京師範大學、國立北平藝術專科學院。其中一九三七年，因不願與日僞合作而失業，後到協和醫院的二胡學習班任教。一九四〇年，在家中教授琵琶。一九五〇年，任天津河北師範學院音樂系主任，并在中央音樂學院兼課。同年，在北京人民廣播器材廠録制《漢宫秋月》、《良宵》，這是新中國成立後灌制的第一張二胡唱片。一九五四年，參加文化部組織的中國民族民間古典音樂巡回演出團，前往各地巡回演出。一九五六年，被評爲二級教授。一九五七年十一月，任教於北京藝術師範學院音樂系。一九五八年七月，由音樂出版社出版了《蔣風之二胡曲八首》。一九八一年，中國音樂學院復院，他被任命爲副院長。還曾擔任中國文聯委員、全國音協理事、北京二胡研究會顧問等職。一九八二年，加入中國共産黨。一九八六年一月二十六日，病逝於北京，享年七十八歲。

主要著作述要

《蔣風之二胡演奏藝術》：人民音樂出版社一九八九年版。全書分爲三部分，第一部分爲『二胡演奏法』，包括『基本姿勢』、『左手』、『右手』、『演奏藝術中的弓指法』四節，在對錯誤方法進行分析的基礎上着重講述了正確的演奏方法。第二部分爲『演奏藝術』，包括『概述——我是怎樣選擇表現手法的』和『十七首樂曲演奏手法剖析』兩節。在講解樂曲内容和曲式結構的基礎上，闡釋了作者的感悟及處理手法。第三部分爲『蔣風之演奏譜二十首』。趙硯臣先生評價説：『《蔣風之二胡演奏藝術》系統地總結了蔣先生五十多年演奏及教學之豐富經驗，該書側重於演奏技術理論的闡述，同時也融演奏美學於一爐，是一本難能可貴的音樂文獻。』（《人民音樂》一九九〇年第三期趙硯臣撰《〈蔣風之二胡演奏藝術〉讀後感》）。

主要論著目録

《二胡曲八首》（改編），音樂出版社，一九五八年。

《蔣風之二胡演奏藝術》（與蔣青合著），人民音樂出版社，一九八九年。

《蔣風之二胡演奏譜十五首》（蔣青整理），人民音樂出版社，一九九六年。

《爲社會主義的民族音樂事業貢獻力量》，《人民音樂》一九七七年第五期。

《一份珍貴的手稿》，《中國音樂》一九八一年第一期。

顧鐵符

（一九〇八—一九九〇）

生平簡介

楚文化專家，文物考古學家。清光緒三十四年（一九〇八年）七月生於無錫梅村，祖居無錫槐樹巷。出身書香門第，系清代經學家、史學家顧棟高的後裔。自幼喪父，因家境貧困而失學。一九二四年梅村中學肄業後，先後在楊氏小學、無錫縣女中附屬小學、縣立第五高等小學、大墻門小學及安徽和縣中心小學執教。平日勤奮好學，曾經自習過繪畫、雕塑、生物學、民族學等，都因種種原因而放棄。

一九三二年，他在廣州中山大學生物系任繪圖員，兼任該校研究院技佐。工作期間，曾經多次隨生物系采集隊到廣東北江瑶山、廣西大瑶山等地瑶族、苗族少數民族地區采集亞熱帶動植物標本，并進行民族調查，從事民族學研究。當時，嶺南派國畫大師高劍父到中山大學執教，顧鐵符常去觀賞和聽他講授明清各家名畫。從這個時候起到抗戰爆發爲止，他得到許多畫家的幫助，參觀了不少廣州著名收藏家的書畫藏品。

抗戰時期，民族調查陷入困境，恰巧盤踞在廣東海豐沿海的日軍撤退，這爲民族調查的進行提供了喘息之機。從一九四一年至一九四二年，有近一年的工夫，他受中山大學研究院的委派，在海豐新石器時代遺址從事考古調查發掘，這是他首次參加田野考古工作，邊學邊幹。考古發掘結束後，他在出土遺物中挑選了幾千件石器和陶片，長途跋涉近二千里，運到了坪石（當時學校所在地）。第二年坪石淪陷，正在整理中的這批文物全部被毀。他也因逃難而離開了學校。

一九四四年八月至翌年七月，顧鐵符任江西中正大學師範科講師。抗戰勝利後，曾在《上海商報》任編輯及資料室主任。同年十一月，重新回到廣州中山大學，任文學院講師兼圖書館主任。當時，他從上海帶了一部容庚所著的《商周彝器通考》，準備學習和研究商周青銅器和金文知識，後來他接受岑仲勉教授的意見，重點研究石刻，在方法上也決心走岑仲勉將石刻作爲珍貴的古文獻用以考證文史的道路。從這時起到解放的一段時間里，刻苦鑽研，潛心於金石學方面的研究。

解放前夕，他積極投身進步活動。一九四九年五月，曾參加廣州教師協會組織，接受革命任務，爲解放廣州做了有益的工作。一九五〇年八月，全國解放後，他從中山大學轉到湖北武漢中南軍政委員會文化部，任文物科科長，專職從事文物工作。一九五三年八月起兼任武漢大學講師。一九五四年九月，又轉到中央文化部文物事業管理局任業務秘書。

從中南地區到北京，他在文物部門主要分工是田野工作，在全國各地爲文物事業的發展而奔波，多次參加田野考古調查發掘工作。一九五二年六月，受中南區文化部的委派，與商承祚、石興邦等赴湖南長沙，參加基建範圍内春秋戰國時代楚墓以及其他時代古墓葬的發掘工作。一九五五年他帶了一個工作組去陝西西安幫助地方保護基建中的出土文物。

一九五六年四月中旬起，參加中央文物局與山西省文物局聯合組織的文物普查試驗工作隊，協同十幾個省調來的文物幹部，在晉南的曲沃、聞喜、夏縣、安邑、潞安、長治、高平、晉城等八個縣、市，進行爲期三個半月的文物普查試點工作，發現了大批古文化遺址、古墓葬、古建築、石窟寺和石刻等珍貴文物。接着，又參加了山西侯馬東周時期晉國晚期都城新田遺址的勘探、發掘、整理和研究工作。一九五七年至一九五八年，參加了河南信陽戰國楚墓的發掘。此外，他還常常在外面了解檢查和指導各地基建中保護文物的工作。一九五八年八九月間受文物局的委派，赴蘇聯考察文物保管修復業務。

一九五八年十月，調至故宫博物院工作，先後任副研究員、工藝美術史部副主任、代理保管部副主任等職。一九六四年以後專門從事研究工作。一九五九年和一九六七年，曾先後兩次去西藏考察、鑒定文物。一九六三年在北京社會主義學院學習一年。從一九六四年起離開行政領導崗位，專門從事學術研究工作。『文化大革命』期間，於一九六九年十一月被下放至湖北咸寧縣文化部五七幹校勞動，從漢南到鄂北種了兩年多時間的莊稼，直到一九七二年春才奉調回到北京。

從幹校返京後，顧鐵符被借調到文物局，在紅樓參加整理山東臨沂銀雀山漢墓竹簡。在此期間，他與中國科學院歷史研究所張政烺、北京大學中國文學系朱德熙、裘錫圭、故宫博物院唐蘭等著名學者一起，對銀雀山漢墓出土的《孫子兵法》、《孫臏兵法》等約五千條竹簡進行綴合、繫聯、釋文和注釋。一九七二年冬季，在文物局主持下，湖南長沙發掘了馬王堆二號、三號墓。在馬王堆三號墓里出土了大批帛書，於是組成『竹簡帛書整理小組』。他和十幾位著名的教授、專家幾經寒暑，辛勤地整理復原帛書中大多已失傳的佚書，尤其是對帛書《天文氣象雜占》的内容、釋文的注解，作了詳盡的考釋和研究。在紅樓整整工作了九年，到一九八〇年才回到故宫博物院。

一九七八年春，湖北隨州發現曾侯乙墓。顧鐵符受國家文物局委派，以七旬高齡親赴發掘現場指導工作前後近兩個月，始終堅持在發掘工地現場。

一九八〇年，他回到故宫後，專心致力於學術研究。一九八二年晉升爲研究員。一九八七年，赴美國亞特蘭大參加『清宫廷史陳列展覽』。顧鐵符從事文物考古工作近半個世紀，在學術研究領域内碩果纍纍，因而在文物考古界有較高的聲望。一九七九年四月六日至十二日，中國考古學會成立大會在西安召開，并舉行第一次年會，他當選爲常務理事。一九八三年五月九日至十七日中國考古學會在鄭州舉行第四次年會，并推選出第二届理事會，他仍爲常務理事。

一九八一年六月，他作爲特邀代表，出席在湖南長沙舉行的楚文化研究會成立大會，被大會聘請爲楚文化研究會顧問。一九八三年二月，被聘請爲國家文物委員會委員，還擔任了國家文物局歷史文物咨議委員會委員、中國大百科全書文物編輯委員會顧問。

顧鐵符學識淵博，在文物考古研究中，尤長於楚文化研究。早在五十年代，就從中南大區的文物工作實踐中，逐步認識到了楚國在周代歷史上的地位，以及它在我國文化傳統中所起的重要作用；從此，他和楚文化結下了不解之緣，長期致力於楚史和楚文化的研究。他通過考古發掘對楚民族的淵源和楚國歷史文化進行了系統的探討和論述，并且長於結合文獻進行綜合考證。一九八四年湖北人民出版社出版的《楚國民族述略》一書，是他多年研究楚國歷史的代表作。在楚文化研究以外，他還涉及到文物考古研究的許多領域，諸如史前考古、古陶瓷、青銅器、古建築、簡牘帛書、碑刻造像等等。還長於結合文獻進行綜合考證、辨識，訂正、辨識了很多罕見的出土文物的器名，成績顯著。他熟悉歷史文獻，曾運用考古的成果與文物對史籍記載作過許多質辨研究。他諳熟物理、化學、生物、天文、氣象等多學科的自然科學知識，把它們運用到考古研究中去。幾十年來，顧鐵符先後在國内外刊物上發表了數十篇有關文物考古學的論文，其中二十八篇歷史考古述論匯編成《夕陽芻稿》，借用唐李商隱《樂游原》『夕陽無限好，只是近黄昏』的詩句，把這二十多篇學術著作，看作是自己的『夕陽美景』。他不顧年邁體弱，勤奮治學。一九八八年三月《夕陽芻稿》一書出版後，曾打算續出匯編，書名定爲《黄昏騰墨》，還擬定了目録。他日以繼夜地工作，住院前還伏案工作到深夜。一九九〇年十月二十九日，顧鐵符因肺癌醫治無效，在北京逝世，終年八十二歲。一九六〇年、一九六一年顧鐵符曾先後兩次將文物三件捐獻故宮博物院。一九九二年家屬遵其遺囑將所收藏文物八件捐獻故宮博物院。

主要著作述要

《楚國民族述略》：本書分爲三個部分，論述了楚人的來歷，楚國對境内及周圍各民族（南蠻、東夷、戎蠻、越族）的政策，楚國各族的文化及南蠻的文化交流。作者認爲楚國自春秋稱霸至戰國稱爲七大强國之一，被封在南蠻地區，又陸續吞并了其周圍包括南蠻、東夷、戎、越在内的各民族大大小小的國，組成了一個國勢最强，國土最大、民族最復雜的諸侯國。回答楚國的民族問題不僅僅是民族學的任務，對考古學和歷史學來説也是一個不可忽略的環節。他從自己有着豐厚知識基礎的民族學入手，論述了楚人最初可能是東夷，至遲在顓頊時，已經進入中原，是祝融集團的主要組成部分。并用詳實的史料和民族學材料，論述了楚國境内的東夷、南蠻、西戎和越族的歷史情況，以及楚國各民族的文化狀況，取得了獨特的學術成果。

《夕陽芻稿》：是作者的論文集，包括三部分：一、雲夢初探，係對楚民族的淵源和楚國歷史等問題的論述，包括文章十六篇。具體篇目有：《楚人的來歷》、《楚民族淵源的探討》、《楚文化研究論集序言》、《周原甲骨文〈楚子來告〉引證》、《楚三邑考》、《古代楚國果真是行的『少子繼統』嗎》、《江南對楚國的貢獻與楚國的開發江南》、《長沙五二·八二六號墓的發掘和一些不成熟的看法》、《信陽一號楚墓的地望與人物》、《有關信陽楚墓銅器的幾個問題》、《關於河南淅川楚墓的若干參考意見》、《隨國、曾侯的奥秘》、《隨縣曾侯乙墓無隧解》、《從隨縣曾侯乙墓來看封建制度下的殺殉問題》、《隨縣曾侯乙墓幾件文物器銘的商榷》、《試論長沙漢墓的保存條件》。二、文物散議：係對解放後關於出土的文物進行的研究、考證，包括文章七篇；具體篇目有：《崇陽銅鼓初探》、《馬王堆〈天文氣象雜占〉内容簡述》、《馬王堆帛書〈天文氣象雜占〉》、《泰山没字碑的性質及時代》、《奔馬——襲烏——馬式》、《唐泛舟禪師塔》、《明末王興將軍生卒年及抗清殉節考》。三、史事商兑，對歷史傳説的楚莊王問鼎等問題提出了新論，包括文章五篇。具體篇目有：《楚王『問鼎』的質疑》、《我所認識的楚國令尹孫叔敖》、《兩頭蛇與孫叔敖埋蛇傳説辨證》、《徐偃王的插曲與江淮平原的歸屬》、《關於北周李賢氏姓、門望、民族的一些看法》。該書中的一些文章對當時學界產生了重要影響，并被頻繁徵引。該書是老一輩考古學家中的代表作之一，與唐蘭對馬王堆的整理、羅福頤的古代璽印研究、徐邦達的書畫鑒定、馮先銘的陶瓷史齊名。

《祖國的文物》：分别介紹了遺址、墓葬、建築、石器時代遺物、銅器、石雕、石刻、陶器、瓷器、漆器、書畫、書籍、其他歷史文物、革命文物，共十四大類，并解答了文物有什麽用的問題，介紹了當時我國政府保護文物的措施，書中還附有各類插圖計四十一幅。顧鐵符在前言中表達了對當時亂挖古遺址、古墓葬，隨便拆毁古建築等做法的擔憂。認爲造成這種局面的原因有三個方面：一是對文物缺乏認識，即使遇到古遺址、古墓葬也不能認識到其真正的價值。二是對文物的態度不正確，認爲與當時的社會建設無關，將其作爲封建餘孽對待。三是不了解國家保護文物的政策，對其漠不關心甚至隨意破壞。本書旨在對普通民衆進行文物知識方面的宣傳，讓群衆認識到文物是什麽，文物有哪些，文物有什麽用，國家對文物的政策措施有哪些，等等。

主要論著目録

《祖國的文物》，文物出版社，一九五七年十二月。

《楚國民族述略》，湖北人民出版社，一九八四年十月。

《夕陽芻稿——歷史考述數論匯編》，紫禁城出版社，一九八八年三月。

《粵北乳源傜人的刺綉圖案》，《民俗》一九四三年第二卷第一—二期。

《廣東海豐先史遺址探檢記（上）》，《文學》一九四七年第二期。

錢俊瑞

（一九〇八—一九八五）

生平簡介

經濟學家。筆名陶直夫、澤夫、澤甫、周彬等。一九〇八年九月二十八日出生於無錫東鄉鴻聲里。少年時讀過私塾，後進入鴻聲小學和江蘇省第三師範附屬小學就讀。一九二二年，考入江蘇省第三師範學校。在校期間，一面學習，一面兼任圖書館幹事，開始接受進步思想的熏陶。一九二六年，加入中國國民黨，組織群衆迎接北伐軍。一九二七年『四・一二』政變後，因思想進步被清除出國民黨。同年，從師範學校畢業，擔任無錫縣立初中附小教員。一九二八年，考入無錫民衆教育學院，到黄巷實驗區（麗新布廠的工人居住村）從事工人教育工作。一九二九年，加入中央研究院社會科學研究所副所長陳翰笙組織的農村經濟調查團，對無錫農村經濟狀況進行調查，共調查了有代表性的二十二個自然村，采集到大量一手資料。在此基礎上，他與秦柳方合作寫成《黄巷經濟調查統計》，發表在江蘇省立教育學院校刊《教育與民衆》第一卷第八期和第九期。一九三〇年，前往上海參加農村經濟研究工作。又前往河北調查保定的十八個農村。期間，一邊調查，一邊學習。使理論與實際相結合。調查結束後，參與了資料的整理研究工作，參加編寫《現今中國的土地問題》、《畝的差異》和《無錫農村經濟調查資料》等專著。在此基礎上，一九三二年他獨立撰寫了《一九三一年大水災中中國農村經濟的破産》，發表在《新創造》上。其後又撰寫了《中國農村經濟現階段性質之研究》、《中國地租的本質》、《評卜凱教授所著〈中國農場經濟〉》等論文。一九三三年，被社會科學研究所解聘後，經陳翰笙介紹，就職於塔斯社上海分社，并加入蘇聯之友社和社會科學研究會。同年秋，參與發起成立中國農村經濟研究會，并任理事。此後又相繼組織中國經濟情報社和文化資料供應所，調查研究整個中國經濟問題。一九三四年九月，在胡愈之主持下，他和金仲華、張仲實等以蘇聯之友社爲基礎，創辦了《世界知識》雜誌，這是我國最早以馬列主義觀點和方法，介紹和分析世界政治、經濟的專門性雜誌之一。一九三五年，擔任左翼文化總同盟宣傳委員。九月，加入中國共産黨，並任中共中央文委委員。同年底，參與發起成立文化界救國會，并任黨團書記。同時協助組織婦女界和職業界的救國會。他還參與籌辦新知書店並任理事長。一九三六年，相繼擔任《永生》周刊和《現世界》雜誌主編。五月，全國各界救國聯合會在上海成立，錢俊瑞出任黨團書記。八月，作爲文化界救國會代表，參加了九月初在布魯塞爾召開的世界和平代表大會。又受宋慶齡的委托，參加了在巴黎召開的國際反法西斯委員會擴大會議。在法國，他還參加了全歐華僑救國大會。這一年，他所撰寫的《怎樣研究中國經濟》一書由生活書店出版。這一時期，他還撰寫了《農作機械化的社會意義》、《評陳翰笙先生著〈現今中國的土地問題〉》、《現階段中國農村經濟研究的任務》、《中國農村經濟性質問題的討論》、《中國農村社會性質與農業改造問題》、《怎樣研究中國經濟》和《中國國防經濟建設》、《新幣制的透視》、《國際貨幣戰與中國幣制改革》、《中國跌進英鎊集團以後》、《火藥氣下的世界景氣》、《西班牙的土地問題和民族問題》、《保衛馬德里》、《英國在非洲的殖民地》、《一九三七年資本主義世界經濟的展望》、《太平洋市場的争霸戰》等論著。又與章乃器等人合作撰寫了《中國貨幣制度往哪里去》一書，探討當時中國的金融貨幣問題。上海淪陷後，他輾轉到達武漢，創辦《戰地知識》和戰時書報供應所，參與編輯發行《救亡手册》。一九三八年十月，由中共中央長江局派遣，前往襄樊，出任第五戰區文化工作委員會主任，創辦《鄂北日報》，廣泛組織戰地文化站、文化室，幫助建立桐柏山抗日游擊根據地。一九三九年初，抵達重慶，在周恩來的指示下，撰寫《汪精衛賣國的理論與實踐》，揭露汪精衛的賣國行徑。將中國農村研究會重慶辦事處改組爲重慶分會，并在四川長壽縣等地建立通訊處，進行農村狀况調查，編寫通訊，積極開展抗日動員宣傳工作。一九四〇年七月，他奉命前往皖南新四軍軍部，組建戰地文化服務處，并在軍教導總隊爲軍隊干部講授政治經濟學和唯物辯證法。皖南事變後，轉移到蘇北根據地，擔任中共華中局文委書記，蘇北文化協會理事長和《江淮日報》社長，撰寫《論蘇德戰争》一文，發表在《江淮日報》。此後被任命爲新四軍政治部宣教部長，并在華中黨校授課。一九四六年三月，被派往北平參加軍事調處執行部工作。隨後擔任新華社北平分社代社長兼總編輯，創辦《解放》三日刊。一九四六年四月三日，與報社同志一起被國民黨反動派非法逮捕，經過鬥争，得以無罪釋放。五月，奉命前往延安，出任黨中央秘書。九月，出任《解放日報》和新華社社論委員會主任。一九四七年三月，前往河北參加華北地區的土地改革運動，主持其中一個土改工作團的工作，擔任中共建屏縣縣委書記，還參加了《中國土地法大綱》的起草工作。此後，出任華北大學教務長。一九四九年二月，作爲中國代表團秘書長，出席了在巴黎和布拉格召開的世界和平代表大會。隨後，奉中共中央命令，任中共代表團副團長，出席捷克斯洛伐克共産黨第十九次代表大會。一九四九年一月，出任北平軍管會文化接管委員會主任，負責接管清華、北大、師範大學、燕京、輔仁等高等學校和各項文化教育機關。并協助董必武主持華北高等教育委員會工作。

新中國成立後，出任教育部黨組書記、副部長。一九五二年底，任政務院文化教育委員會秘書長。一九五四年十月起，任文化部黨組書記、副部長，兼任國務院文教辦公室副主任。并當選爲中國科學院哲學社會科學部學部委員。期間，先後發表《學習和貫徹毛主席的教育思想》、《用革命精神實施新學制》、《高等教育改革的關鍵》和《堅持文學的黨性原則》等文章，闡述黨的教育方針和文藝政策。此外，他還長期擔任中蘇友好協會總幹事、秘書長，主持日常工作。一九五六年九月，參加中共八大，當選爲候補中央委員。還曾先後當選爲第一、二屆全國人民代表大會代表，歷任第一、二、三、四、五、六屆全國政協委員，第四、五、六屆全國政協常務委員。『文革』時期，受到殘酷迫害，被關押達八年，直到一九七五年五月才獲釋放。一九七八年，他被任命爲中國社會科學院世界經濟研究所所長，主持制訂《一九七八年至一九八五年全國世界經濟學科發展規劃草案》，籌建世界經濟資料中心。參與發起建立中國世界經濟學會，被推選爲會長。參加創建《世界經濟導報》，並任社長。一九八〇年後，他又兼任國家計委顧問、國家進出口管理委員會對外經濟貿易研究中心主任、國務院經濟研究中心顧問和大百科全書編輯委員會委員等職務。一九八三年，被任命爲中國社會科學院顧問。這一時期，錢俊瑞主要從事世界經濟方面的調查研究和著述，集中力量於馬克思主義世界經濟學的創建和發展工作。先後撰寫了《世界經濟與世界經濟學》、《世界經濟與中國經濟》、《馬克思與當代世界經濟發展規律》、《當代世界經濟發展規律探索》等論著，并主編《世界經濟概論》（上下册）、《資本主義與社會主義縱横談》等論著。同時還主編了《世界經濟年鑒》。期間，曾多次參加代表團，前往西歐、美國、日本、印度考察經濟，并在瑞士、美國、日本、西班牙參加國際學術會議。一九八五年五月二十五日因病去世，享年七十七歲。

主要著作述要

《怎樣研究中國經濟》：一九三六年九月上海生活書店初版。全書分爲七個章節，分別是：第一步讀《子夜》，第二步讀《中國經濟形勢講話》，三把鑰匙，農村調查，怎樣搜集材料，中國經濟性質座談，今天的課題——國防經濟。作者本着『以故事的體裁叙述一些比較科學的東西』的出發點（《自序》），比較生動活潑地講解了中國當時的經濟形勢、經濟性質、面臨的問題與對策，同時指出了研究中國經濟尤其是農村經濟的有效方法和途徑。

《努力開創世界經濟研究的新局面——一九八二年十二月二十七日在世界經濟形勢討論會上的講話》：《世界經濟》一九八三年第二期。文章從開創現代化新局面必須大力加强世界經濟研究、研究世界經濟形勢的重點和方法、學習和借鑒外國實現現代化的正反兩方面的經驗、世界經濟研究中的基本原則和戰略措施四個方面，深入探討開創世界經濟研究新局面的必要性以及方法路徑。指出一要『認真地研究和分析八十年代以至九十年代的世界經濟形勢和它的發展趨向』，二要『學習和借鑒外國實現經濟現代化的經驗』，同時還必須遵循『理論聯繫實際』、『經濟與政治結合』兩個基本原則，并動員全國學科力量進行重點課題攻關、大力培養中青年科研人才。

《錢俊瑞集》：中國社會科學出版社二〇〇二年版。該書編選了錢俊瑞一生中撰寫的比較有代表性的二十五篇文章。全書分六個部分：第一章是關於二十世紀三十年代的中國農村經濟問題的論述，包括《一九三一年大水災中中國農村經濟的破産》、《中國農村經濟現階段性質的研究》、《中國地租的本質》、《評卜凱教授所著〈中國農場經濟〉》、《現階段中國農村經濟研究的任務》、《中國農村經濟性質問題的討論》六篇文章；第二章是對抗戰時期中國經濟政治問題的研究，包括《中國國防經濟建設》、《中國國民經濟的總動員》、《從中日財政經濟觀察未來戰争》、《新幣制的透視》、《略論抗戰中幾個農村經濟的問題》、《汪精衛賣國的理論與實踐》六篇文章；第三章是關於二十世紀三十年代世界經濟的研究，包括《火藥氣下的世界景氣》、《太平洋市場的争霸戰》、《土耳其論》三篇文章；第四章是對二十世紀七十年代以來世界經濟問題的論述，包括《關於美國經濟的幾個問題》、《當前國際經濟關係中的幾個問題》、《第三世界與國際經濟新秩序》、《當好全國經濟調整、改革、整頓、提高的先驅》四篇文章；第五章是對改革開放以來的中國經濟的研究，包括《中國經濟的調整改革和對外開放政策不變》、《關於對外開放戰略的若干理論問題》、《從香港問題圓滿解决論『一個國家，兩種制度』英明構想》、《按照科研規律，搞好世界經濟研究》四篇文章；第六章是關於世界經濟研究與世界經濟學學科建設的探討，包括《世界經濟學與國際經濟學》、《馬克思奠定了世界經濟學的理論基礎》兩篇文章。書後附有《作者主要著作目録》和《作者年表》。

主要論著目録

《怎樣研究中國經濟》，生活書店，一九三六年。

《世界經濟與世界經濟學》，中國社會科學出版社，一九八二年。

《世界經濟與中國經濟》，人民出版社，一九八三年。

《世界經濟概論》，編著，人民出版社，一九八三—一九八五年。

《當代世界經濟發展規律探索》，經濟科學出版社，一九八四年。

《錢俊瑞集》，中國社會科學出版社，二〇〇二年。

《黄巷經濟調查統計》（與秦柳方合寫），一九二九年，《教育與民衆》第一卷第八期和第九期。

《一九三一年大水災中中國農村經濟的破産》，《新創造》，一九三二年。

《努力開創世界經濟研究的新局面——一九八二年十二月二十七日在世界經濟形勢討論會上的講話》，《世界經濟》一九八三年第二期。

《馬克思奠定了世界經濟學的理論基礎》，《世界經濟》一九八三年第三期。

《八十年代世界經濟形勢展望與世界經濟學問題》，《世界經濟》一九八三年第八期。

《第三世界與國際經濟新秩序》，《世界經濟》一九八三年第十期。

《馬克思與當代世界經濟發展規律》，世界經濟導報社，一九八三年。

《用馬克思主義科學方法觀察世界經濟和政治》，《世界經濟》一九八四年第三期。

《二〇〇〇年世界經濟展望與我國社會主義經濟發展戰略》，《世界經濟》一九八四年第七期。

《回顧與前瞻》，《世界知識》一九八四年第十六期。

《關於對外開放戰略的若干理論問題——在天津市對外開放理論討論會上的發言摘要》，《天津社會科學》一九八四年第六期。

《關於對外開放戰略的若干理論問題》，《世界經濟》一九八五年第三期。

《發刊詞——亞太的崛起與世界經濟》，《亞太經濟》一九八五年第一期。

《論『一國兩制』的構想》，《今日中國》中文版一九八五年第二期。

《爲建立有中國特色的醫療衛生體系而奮鬥——在衛生經濟理論研討會上的發言》，《中國衛生經濟》一九八五年第一期。

孫治方

（一九〇八—一九八三）

生平簡介

經濟學家，馬克思主義經濟理論家。原名薛萼果，又名宋亮、一洲、孫寶山、方青等。一九〇八年十月二十四日出生於無錫玉祁鎮。幼年就讀於玉祁德馨學校。一九二〇年考入無錫族實學堂（後更名無錫縣立第一高等小學）。一九二三年秋，加入中國社會主義青年團，積極進行革命宣傳活動。一九二四年七月，考入無錫公益工商中學。當年底，孫冶方轉爲中共黨員。一九二五年初，中共無錫黨支部成立，孫冶方被推選爲書記。同時加入中國國民黨。『五卅』運動爆發後，孫冶方領導無錫黨支部聯合各社會團體成立『英日外人殘殺同胞無錫後援會』，通過演講、游行示威、募捐、抵制英日貨物等形式，支援上海罷工工人。同年十月，被組織派往莫斯科中山大學學習。一九二七年九月，畢業留校任政治經濟學課堂翻譯。一九三〇年九月回國，先後任上海人力車夫罷工委員會副主席、主席。不久調任滬東區工會聯合會籌備委員會主席。協助創辦《滬東工人》雜誌。後被捕。被保釋出獄後在陳翰笙創辦的通訊社工作，撰寫了大量新聞，登載於蘇聯《真理報》、《消息報》等刊物。此後又擔任《中國論壇》（英文版）的撰稿人。經陳翰笙介紹，又被聘爲社會科學研究所資料員。一九三三年，參與發起成立『中國農村經濟研究會』。九月，赴廣東進行農村經濟調查。一九三四年六月，隨陳翰笙赴日，與中共黨組織再次取得聯繫。一九三五年九月，回國參與《中國農村》的編輯工作。先後發表了二十多篇經濟論文，運用馬克思主義的觀點，批判農村改良主義和『中國大多數農村已經資本化』等各種錯誤理論。一九三七年五月，恢復黨籍，任中共上海學生會書記。九月，調任中共江蘇省委文化工作委員會書記，主持編輯出版《譯報》、《譯報周刊》、《上海周刊》、《學習》、《求知叢刊》等報刊，秘密出版《時論叢刊》、《内部通訊》等，積極宣傳抗日和黨的統一戰綫政策，爲根據地輸送了大量人才。一九四一年六月，赴蘇北抗日根據地，任中共華中局宣傳部宣傳科長。後調任華中局黨校教育科長，提倡加强黨員的馬克思主義理論教育，提高黨員的理論修養。一九四三年四月，擔任中共淮南津浦路西地委宣傳部長。一九四五年四月，任蘇皖邊區貨物管理局副局長。一九四七年十一月，任華東局財辦秘書長。一九四九年隨軍南下，出任上海市軍管會重工業處處長。一九五〇年三月，任華東軍政委員會工業部副部長兼上海財經學院院長。一九五五年初，任國務院統計局副局長。他積極呼籲在經濟工作中要重視價值規律的作用，建議以净産值、利潤而非總産值作爲經濟部門的主要考覈指標。一九五七年十一月，調任中國科學院經濟研究所代所長。一九六〇年，任經濟所所長。同年十月，開始組織編寫《社會主義經濟論》。提出要『以最少的社會勞動消耗，有計劃地生産最多的、滿足社會需要的産品』。這一時期，他先後撰寫了《關於全民所有制經濟内部的財經體制問題》、《關於等價交换原則和價格政策》、《經濟研究工作如何爲農業服務的問題》、《固定資金管理制度和社會主義再生産問題》、《社會主義計劃經濟中的利潤指標》、《論價值》等多篇文章，詳細剖析了計劃經濟與價值規律的關係。一九六三年，受到錯誤批判。一九六四年，被撤銷職務，下放農村勞動改造。一九六八年四月，被關入秦城監獄。一九七五年四月十日，被釋放出獄。一九七八年二月，當選爲全國政協委員。六月，被任命爲中國社會科學院顧問。同年，作爲中國社會科學院經濟學家訪問團副團長出訪南斯拉夫和羅馬尼亞。此後還擔任國務院經濟研究中心顧問、國務院學位委員會評議組成員、中國經濟學團體聯合會顧問、中國社會科學院經濟研究所名譽所長等職務。這一時期，他相繼撰寫了《要理直氣壯地抓社會主義利潤》、《千規律，萬規律，價值規律第一條》、《論作爲政治經濟學對象的生産關係》、《對〈論作爲政治經濟學對象的生産關係〉一文的批判者的答復》、《貫徹雙百方針開展經濟研究工作》、《關於改革我國經濟管理的幾點意見》、《調整改革與速度》等文章，同時在助手幫助下撰寫《社會主義經濟論》，深入探討研究經濟改革、落實政策、社會發展中的問題，并提出解决的辦法與建議。一九八二年九月，在中共十二大上當選爲中共中央顧問委員會委員。十二月十六日，被中共社科院機關黨委授予模範黨員稱號。一九八三年二月二十二日，因病醫治無效，不幸去世，享年七十五歲。骨灰撒入故鄉太湖。

主要著作述要

《論價值——并試論『價值』在社會主義以至於共産主義政治經濟學體系中的地位》：《經濟研究》一九五九年第

九期。文章從什麼是價值規律、什麼是價值進行分析，論述了『價值』在社會主義以至於共産主義政治經濟學體系中的地位。强調指出：『價值』與『交换價值』是不同的範疇，『價值規律是價值的存在和運動的全部過程的規律，價值決定是這規律的基礎，亦是這規律的起點。價格和價值的背離以及通過這種背離所發生的作用只是這規律在個體經濟和資本主義經濟時代的一種作用方式；這種作用方式，目前在我國就算基本已經過去了。』西北大學經濟管理學院教授何煉成先生評論説：『孫冶方同志是我國老一輩馬克思主義經濟學家，他影響了我們這一代從事政治經濟學教學與研究的學人；他的《論價值》一文，既堅持了馬克思的科學勞動價值論，又大大地發展了勞動價值論，不但具有深遠的理論意義，而且具有重大的現實意義。我們必須重温《論價值》一文，構建具有中國特色的社會主義政治經濟學。』（《重温孫冶方同志的〈論價值〉——紀念孫冶方〈論價值〉一文發表五十周年》，載《當代經濟研究》二〇一〇年第一期）

《**孫冶方全集**》：五册。山西經濟出版社一九九八年版。全書共分五卷，主要收入孫冶方二十世紀三十年代至八十年代撰寫的文章、講話及報告，共計一百一十一篇。其中第一卷收録一九三〇——一九四九年間的文章，第二卷收録一九五〇——一九六六年間的文章，第三卷收録一九七二——一九八三年間的文章，第四卷收録社會主義經濟論稿，第五卷收入社會主義經濟論大綱。《光明日報》一九九八年十一月二十日登載張鳳山先生的文章，評論道：『孫冶方是我國卓越的馬克思主義經濟學家，是我國經濟改革的理論先驅。他一生寫的文章繼承和發展了馬克思主義政治經濟學基本原理，總結和探索了我國社會主義經濟建設的經驗和道路。《孫冶方全集》樹立了一塊豐碑，它記録了我國一代經濟學家的研究成果，它反映了我國一代經濟學家思想的發展過程，它標志着我國經濟學家逐步走向成熟。它的出版有助於後人對我國不同歷史階段經濟思想發展的回顧，有助於我國經濟理論研究與探索，有助於深化我國經濟體制改革。』（張鳳山撰《〈孫冶方全集〉出版》）中國社會科學院經濟研究所冒天啓先生指出：『孫冶方的經濟理論，可以用價值規律内因論和商品生産外因論總攬起來。他的價值規律内因論，是在對斯大林否認價值規律對全民所有制有調節作用并把計劃經濟和價值規律對立起來的自然經濟論進行批判中確立起來的，但是，他的商品生産外因論却又是繼承了斯大林否認全民所有制内部還存在商品貨幣關係的觀點。……因此，孫冶方經濟思想的進步性和局限性兼容在他的總體理論框架中。這真實地反映了一位真誠的經濟學家對歷史的抗争和歷史對他的束縛。孫冶方是我國經濟學界對自然經濟論的最早批判者；孫冶方是我國經濟學界對傳統經濟體制實行改革的最早倡導者；孫冶方是我國經濟學界創建社會主義經濟學新體系的積極探索者；孫冶方是我國學術思想界堅持理論聯繫實際，爲真理而勇於獻身的光輝典範。』（《重新解讀孫冶方經濟學思想——紀念孫冶方誕辰一百周年》，載《經濟研究》二〇〇八年第十期）

主要論著目録

《戰時的農民運動》，生活書店，一九三七年。

《蘇聯的經濟建設》，大衆文化供應社，一九三七年。

《社會主義經濟的若干理論問題》，人民出版社，一九七九年。

《社會主義經濟的若干理論問題續集》，人民出版社，一九八二年；增訂本，一九八三年。

《中國社會性質的若干理論問題》，中國社會科學出版社，一九八三年。

《孫冶方經濟文稿選編》，中國社會科學出版社、山西人民出版社，一九八三年。

《社會主義經濟論稿》，人民出版社，一九八五年。

《孫冶方全集》，山西經濟出版社，一九九八年。

《孫冶方全集·補遺》，無錫市玉祁孫冶方紀念館，二〇〇八年。

《論價值——并試論『價值』在社會主義以至於共産主義政治經濟學體系中的地位》，《經濟研究》一九五九年第九期。

高景嶽

（一九〇八—一九八四）

生平簡介

實業家。一九〇八年十月初八日出生於無錫坊前鄉。大學就讀於杭州之江大學。一九二八年進入其父高叔方創辦的盛裕絲廠擔任考工主任。一九二九年秋，前往上海美國生絲檢驗所學習。後又赴日本製絲株式會社專門研究製絲工業的管理和技術。一九三一年學成歸國。盛裕絲廠因經營困難而倒閉後，高景嶽應聘擔任無錫乾泰絲廠工務主任，幫助絲廠改進技術管理，更新機器設備，創立了『三舞女』、『聖誕老人』品牌，取得較好的經濟效益。此後，曾任乾甡絲廠總部主任兼第二廠廠長。抗日戰争時期，先後開辦協成絲廠、協和製絲社及振興絲號等企業。抗戰勝利後，相繼發起開辦嘉泰絲廠、增興絲廠，并擔任經理。這一時期，他還被選爲無錫繅絲、絲織工業同業公會理事長、蘇浙滬區繅絲工業同業公會常務理事、中國蠶絲協會理事，又曾任無錫商會監事、蘇南區工業協會常務理事、無錫縣參議員。一九四八年底，參加無錫縣人民公私社團聯合會。新中國成立後，繼續從事繅絲工業，先後擔任蘇南蠶繭聯購處副主任、無錫繅絲工業生産改進委員會副主任委員，推動了無錫繅絲工業的恢復發展。又當選爲蘇南各界人民代表、無錫繅絲工業同業公會主任委員。一九五五年，在他的積極要求下，他開辦的增興絲廠與其他兩家絲廠合併爲公私合營的無錫市第一繅絲廠。他擔任第一副廠長。一九五六年，相繼擔任江蘇省絲綢工業局副局長、無錫市紡織工業局第一副局長。一九五八年，調至民主建國會和工商聯工作，相繼擔任無錫市工商聯副主任委員、中國民主建國會無錫市主任委員、中國民主建國會江蘇省副主任委員、中國民主建國會中央委員。又歷任省、市人大代表，省、市人民委員會委員，無錫市政協常委、無錫市人大常委、無錫市政協副主席，江蘇省政協常委，無錫市工商界政治學校校長，無錫市社會主義學校副校長，無錫市愛國建設公司董事長，無錫市地方志編纂委員會副主任等職務。『文革』後，他主持恢復了民主建國會無錫市委員會和工商聯的工作。一九八〇年，與南京大學嚴學熙合編《近代無錫蠶絲業資料選輯》一書。一九八四年五月十八日，因病醫治無效去世，享年七十六歲。

主要著作述要

《無錫繅絲工業的發展和企業管理的演變》：刊登於《中國社會經濟史研究》一九八三年第一期。文章從作者自身的經歷和感受出發，圍繞着無錫繅絲工業發展的幾個階段、無錫繅絲工業經營方式的演變、無錫繅絲工業職工隊伍發展狀況三個方面，全面探討了從一九〇四到一九五六年半個世紀間無錫繅絲工業的發展狀況和企業管理的歷史演變。他將無錫繅絲工業的發展劃分爲七個時期：一九〇四—一九一九年爲正常發展時期，一九二〇—一九二七年爲開始盲目發展時期，一九二八—一九三一年爲極度盲目發展時期，一九三二—一九三七年爲逐漸恢復時期，一九三八—一九四五年爲日寇侵占時期（極度不景氣），一九四五—一九四九年爲官僚資本控制時期，一九四九—一九五六年爲獲得新生時期。同時又從原料的采購、資金來源及其盈利的分配、產品銷售、人事組織四個方面分析了無錫繅絲工業經營方式的演變情況；從職工培訓情況、工人勞動條件和生活狀況兩方面論述了無錫繅絲工業職工隊伍發展狀況。

主要論著目録

《近代無錫蠶絲業資料選輯》（與嚴學熙合編），江蘇人民出版社、江蘇古籍出版社，一九八七年。

《無錫繅絲工業的發展和企業管理的演變》，《中國社會經濟史研究》一九八三年第一期。

杭　葦

（一九〇八—一九八八）

生平簡介

教育家。原名錫奎，字一之。一九〇八年十一月十日出生於無錫胡埭花村。早年先後就讀於無錫胡埭第五國民小學、無錫私立匡村高等小學、無錫縣私立實業中學。一九二六年八月，任小學教師。一九二八年九月，考入上海美術專科學校藝教系。一九二九年，休學回家，任胡埭小學教員。同年清明節，加入中國共産黨。積極參加黨組織的活動。後因中共無錫縣委遭破壞，組織關係中斷。當年十月，回上海美專復學，加入輪聲社。一九三一年畢業後，先後擔任無錫盛店小學校長、無錫蔡氏小學教員、縣立初中教員。一九三二年，參與創辦兒童刊物《小寶寶》。一九三三年，參與創辦《兒童新聞》。一九三四年，前往南寧，任職於廣西普及國民基礎教育研究院。創辦《廣西兒童》周刊，爲《老少通》雜誌撰稿，發起成立了廣西新文字研究會。一九三六年，在上海創辦《少年知識》半月刊，被查封後，又創辦了《中國少年》雜誌。并將《兒童新聞》遷移到上海出版，面向全國發行。同時積極宣傳抗日救亡思想。『八一三』事變後停刊。他先後參加上海新文學研究會、編輯人協會、憲政促進會、中蘇協會、文化界救亡協會、國難教育社等團體，以實際行動響應抗日救國風潮。一九三七年九月，回到無錫，擔任無錫教育界抗敵後援會駐會常務理事、無錫青年界抗敵後援會顧問。同年，加入抗日教育研究會，撰寫了《抗日教育》一書，由讀書生活出版社出版。一九三八年，赴浙江雲和縣，先後擔任縣政府編審室主任、縣民衆教育館長，主編《雲和快報》、《雲和教育》。參與籌建雲和師範學校，并任教導主任。一九三九年七月，赴金華擔任《東南前綫》編輯。創辦《東南兒童》。一九四〇年，前往皖南，任新四軍軍部文化服務處編譯。十二月，出任蘇中行署文教處編審室主任，恢復中共組織關係。此後歷任泰東縣、東臺縣、邗東縣、江都縣政府秘書、文教科長，蘇中專署財經處副處長，蘇皖邊區政府教育廳編審室主任，山東『黄河大隊』總支副書記，華中行政幹校教務副主任。一九四九年，曾爲解放區的中小學組織編寫了全套教材。一九四九年，隨軍進入上海，任上海市政府教育處中教室主任，負責接管全市中等學校和市屬專科學校。後任上海市教育局中教處處長，一九五一年出任市教育局副局長。創辦《上海教育》雜誌。『文革』結束後，恢復工作。一九七九年，擔任上海市教育局局長。積極提倡教育改革和發展基礎教育，主張要『辦好小學，加强初中，提高高中』，大力貫徹德智體全面發展的方針，提出面向全體學生，課內課外全面安排，『加强基礎，培養能力，發展智力』。他還曾任《辭海》編輯所主任、《辭海》編修組副主編，上海哲學社會科學聯合會副主席，上海語言文字工作者委員會副主任，中國教育學會常務副理事長，上海市教育學會會長、名譽會長，上海市第六届政治協商會議常務委員，中國陶行知研究會顧問、上海陶行知研究會顧問、上海陶行知紀念館名譽館長等。一九八八年三月二十二日，因病逝世，享年八十一歲。

主要著作述要

《對立統一規律和共産主義道德教育》：《人民教育》一九五七年第七期。杭葦從『自覺和强制，正面教育和處分』、『積極和消極，積極誘導和消極防範』、『理論和實踐』三個方面探討了如何運用對立統一規律來指導共産主義道德教育實踐。他認爲『共産主義道德是自覺的道德』，『學生的共産主義道德，是在日積月累的正面教育過程中不斷提高社會主義覺悟的基礎上逐步形成的。但正面教育并不排斥必要的處分，在一定的條件下，正面教育還要結合着處分，處分同樣是培養自覺的共産主義道德教育的一種方法』；『當我們能信任學生、尊重學生的時候，便能發揮他們的積極作用；如果我們和學生對立起來，漠視了學生的自尊心，也就會把學生的積極性斲喪掉，反而擴大了消極因素，滋長着消極作用』；『理論和實踐也是辯證的對立統一的關係。首先是要求學生能有自覺，然後才能在自覺基礎上要求他們在平時的行動中實踐；在實踐中又繼續提高自覺，又進一步提出更高一步的要求，繼續要求他們實踐』。

《談『加强基礎，培養能力，發展智力』》：《教育研究》一九八一年第十一期。文章具體闡釋了加强基礎、培養能力與發展智力這三項工作的相互關係。指出知識是基礎，能力是從知識轉化而來的，要培養能力，就必須掌握知識；而要把知識轉化爲能力，必須具備一定的條件，這就要求發展思維能力；思維能力强了，自然就發展爲智力：知識、能力與智力三者之間是相互聯繫，相互促進，相輔相成的。

《**要取得最佳教育效果**》：《課程・教材・教法》一九八二年第四期。文章認爲『向學生進行思想品德教育，這是社會主義學校重要的標志，爲社會主義培養一代新人打好基礎，是培養共産主義事業接班人的重要保證』。要達到這一目的，首先，一定要重視聯繫學生的實際；其次，選材要有典型性和生動性；最後，要注意編、教、學三者間的關係。

主要論著目録

《抗日教育》，讀書生活出版社，一九三七年。

《杭葦教育文集》，上海教育出版社，一九八五年。

《對立統一規律和共産主義道德教育》，《人民教育》一九五七年第七期。

《兩類社會矛盾學説對教育工作理論和實踐的意義——『關於正確處理人民内部矛盾的問題』學習筆記》，《學術月刊》一九五八年第六期。

《提高質量和解决矛盾——編寫〈辭海・未定稿〉的體會》，《辭書研究》一九八〇年第二期。

《談『加强基礎，培養能力，發展智力』》，《教育研究》一九八一年第十一期。

《要取得最佳教育效果》，《課程・教材・教法》一九八二年第四期。

《談從實際出發編寫辭書的體會》，《辭書研究》一九八三年第二期。

《發刊詞》，《上海教育科研》一九八三年第一期。

《從實際出發，講一點辯證法——中小學一定要推行『四用語』，加速推廣普通話的步伐》，《語文建設》一九八四年第一期。

《關於修改四省市編寫的六年制小學語文教材的意見》，《課程・教材・教法》一九八五年第五期。

《由圓想到的》，《青少年科學探索》二〇〇三年第五期。

《談談教育科研的方針任務》，《上海教育科研》二〇一〇年增刊。

吴　俊

（一九〇八—一九七五）

生平簡介

財政學家、臺灣政界人士。宜興宜城鎮人。字季惠。清光緒三十四年（一九〇八年）農曆七月初八生。其家境清貧，以半工半讀、時輟時學完成學業，畢業於武昌中華大學。一九二七年起服務於政府機關，先後在縣、市、省、中央各級機關任職，辦理一般行政、財務行政、土地行政及經濟行政工作。一九三二年後歷任湖北省財政廳辦事員、科員、視察、股長、科長、秘書、主任秘書。期間協助財政專家時任湖北省政府委員兼財政廳廳長的賈士毅主持湖北財政改革，使湖北初步建立了現代財政制度，湖北財政全面好轉。曾擔任縣政訓練所、行政干部訓練團教官、主任教育，講授財政、田賦等知識。一九三七年抗日戰争爆發後，負責承辦田賦徵實、整理土地糧賦和計口授糧、憑證配給等業務，并兼管花紗布管制工作。抗戰勝利後，派兼國民政府財政部鄂湘贛區接收委員，協辦接管事宜。一九四六年九月，應臺灣省行政長官公署之邀，任臺北市政府主任秘書。一九五〇年任『行政院』科長、參議、簡任秘書、參議及第五、第一組組長。連續在『行政院』供職達二十二年。一九七五年九月退休；同年十月十三日逝世。終年六十七歲。

主要著作述要

《**整理田賦概要**》：該書係作者參與湖北整理田賦運動所撰寫的指導册，内容包括我國賦稅歷史簡介，田賦發展簡史，以及整理田賦指導思想。是了解民國時期田賦運動的重要文獻。

《**荆齋八十年**》：該書一九六五年由臺灣文星出版社出版，由吴俊與徐蔭祥合著。該書將賈士毅先生的生平分爲『早年生活』、『舊京財政部時期』、『鎮江關時期』、『南京財政部時期』、『武昌財政廳時期』、『香港時期』、『江蘇重慶時期』、『抗戰勝利時期』、『移臺反攻時期』幾個階段，按時間順序展現了賈士毅先生的一生，或簡或繁地叙述了他的生活片段、所處時代背景和在財政方面的成就等，書末另辟專篇論及了賈士毅的宇宙觀和人生觀。是了解賈士毅生平的傳記圖書。

主要論著目録

《湖北財政史略》。

《財政學概要》。

《整理田賦概要》。

《荆齋八十年——賈士毅先生傳記》（與徐萌祥合編），文星書店，一九六五年出版。

巨　贊

（一九〇八—一九八四）

生平簡介

佛學家，俗姓潘，名楚桐，字琴樸，江陰縣（今江陰市）要塞賈莊村人。幼讀私塾，及長就讀江陰師範學校，一九二七年畢業。同年，考入上海大夏大學。大學期間，他積極參加愛國活動，與激進人士多有交往。一九二九年，退學返回江陰，任金童小學校長，并積極參與地方上的愛國民主運動。其間，秘密參加中國共産黨，負責江陰東鄉的組織宣傳工作。一九三〇年，他因領導中小學教師罷課游行，遭到國民黨治安機關的通緝。一九三一年春，逃亡到杭州，匿居在西湖的靈隱寺。

在靈隱寺期間，他接觸佛教，大量閱讀經典，遂萌生出家之念。經中國佛教協會主席太虛法師親筆授書，從靈隱寺方丈却非法師披剃，取法名傳戒，字定慧，後改名巨贊。後於南京寶華山受具足戒，時年二十四歲。圓戒後回靈隱寺，進一步深入經藏，研究法相唯識、天台教觀、華嚴義理，以至於禪學、三論等大乘經典，勤學苦修，在佛學和修持方面都奠下深厚的基礎。尤其對唯識和禪宗有獨到見解，并掌握俄、英、德三種外語。一九三三年，巨贊應重慶北碚的『漢藏教理院』之聘，到教理院任教。他在教理院只教了一學期，便辭職離川赴南京，進入南京的支那内學院，依宜黄大師歐陽漸研究深造。他在内學院期間，刻苦向學，閱讀佛經數千卷，寫下了上百萬言的讀書筆記。一九三六年，巨贊在《論學》雜志發表《評熊十力所著書》，反響很大，并獲時任北京大學教授的著名學者熊十力的贊許。

一九三七年抗日戰争全面爆發，支那内學院西遷四川。巨贊離開内學院，輾轉經由厦門、香港到了廣東。未幾由廣東轉赴湖南衡陽的南嶽，在『南嶽佛學講習所』講習佛教。并以此爲掩護，組織佛教徒參加抗日救國活動，加入抗戰救亡的行列。後經田漢介紹結識葉劍英。在葉劍英的鼓勵下，一九三九年秋，於聖化寺成立『佛教抗戰協會』、『佛教青年服務團』、『南嶽佛道教救難協會』等機構，任『南嶽佛道教救難協會』宣傳股長，組織羣衆開展抗日愛國活動。期間，曾率領佛教青年服務團奔赴長沙，在街頭廣泛開展抗日宣傳活動，受到八路軍駐湘辦事處代表徐特立接見。周恩來聞訊，曾親書『上馬殺賊，下馬念佛』，對巨贊的愛國熱忱慰勉有加。由於活動過於積極，又受到國民黨治安機關的注意，安全受到威脅。一九四〇年，他應廣西佛教會理事長道安法師之邀，到廣西桂林，從此離開南嶽。

一九四〇年秋，巨贊轉移到桂林月牙山寺，出任廣西佛教協會秘書長，主編《獅子吼》月刊。以巨贊、萬均、編者等名，發表了《新佛教運動的回顧與前瞻》、《略論空有之諍》、及《中論探玄記》等五篇文章。以後各期，每期都有他數篇文章。在主編《獅子吼》月刊的同時，他還擔任月牙山寺的住持，并以寺院作掩護，爲左翼文化人士活動提供場所。

一九四二年，巨贊法師應邀到桂平西山龍華寺任住持，一面弘傳佛教，一面仍從事抗日活動。一九四四年，因日寇進逼，不得已離開桂平，避往北流，任教於戰時遷校北流的『無錫國學專修學校』，授課之餘從事著述。其《新佛教概論》一書，即撰著於此時。

抗戰勝利後，巨贊法師經廣州返回杭州，駐錫靈隱寺，并出任浙江省佛教會及杭州市佛教會秘書。一九四六年，他爲介紹靈隱寺概况，撰寫《靈隱小誌》一書。一九四八年，創辦武林佛學院并任院長，在十分困難的條件下重新致力佛教的教育事業。年底，受到戰事影響，佛學院停辦，他也應香港信衆之請，到港講經，駐錫香港蓮社。期間，多次應邀赴臺灣、澳門講學。

一九四九年四月巨贊從香港抵達北京，呈《北平市佛教同人爲改革中國佛教上中共中央毛主席及各民主黨派書》，爲改革佛教上書毛澤東及各民主黨派。九月，巨贊作爲佛教界代表，出席中國人民政治協商會議第一届會議。十月一日，參加開國大典。此後，他連續當選第二、三、四届全國政協委員以及第六届全國政協常務委員。

新中國成立後，巨贊曾參與籌備、建立中國佛學院的工作。中國佛學院成立後，曾任副院長，并親自授課。

一九五〇年，他在北京開辦大雄麻袋廠，組織僧尼參加勞動生産。一九五三年，與陳銘樞、趙樸初、吕澂、周叔迦等居士學者，發起組織中國佛教協會，并擔任籌備處副主任。中國佛教協會成立，巨贊當選副秘書長。一九五七年，當選佛協副會長，并從事《中國大百科全書・宗教卷》中有關佛教部分的編審工作，主持佛教協會出版的《法音》雜志。

一九六六年『文革』開始，巨贊也受到冲擊，一度被捕繫獄。一九七五年出獄後，繼續擔任中國佛教協會的副會長，致力於佛教宣傳和學術工作，協助黨和政府貫徹宗教信仰自由政策，增進全國各民族佛教徒的團結，保護佛教文物，開展佛學研究，促進國際佛教徒友好往來和文化交流，曾代表中國佛教協會首次出訪香港。他同時兼任中國佛學院副院長，認爲應按照『生産化』和『學術化』的目標，設置課程，制定教學計劃。巨贊精通佛典，通曉英、日、德、俄等語，在海内外各佛學刊物上發表上百篇論文。一九八四年四月九日，因勞累過度，圓寂於北京。

主要著作述要

《新佛教概論》：一九四一年著。巨贊法師對舊中國佛教界存在的弊病深有了解，經常思考如何結合時代進行改革的問題，《新佛教概論》即是巨贊針對此問題給出的答案。在書中，巨贊提出今後的佛教改革應遵循『生産化』和『學術化』的兩大方針，以發揚『一日不作，一日不食』的農禪并重傳統，組織寺僧參加日常生産，來革除佛教界存在的追求安逸享受、耽於懶散、脱離民衆的弊病；發揚中國佛教重學術研究的傳統，倡導僧人進行佛學研究，闡釋佛教的博大精深的教理，棄僞存真，增進佛教的文化品位，實踐大乘菩薩的濟世精神。他並且提出改革僧伽制度、改進佛教教育、整頓寺院、積極培養僧才的建議。這與太虚法師提倡的『新佛教運動』密切呼應，對推動中國佛教界有識之士重視和認真思考佛教改革，發揮了重要作用。解放後，巨贊聯合佛教界的領袖和有識之士上書毛澤東主席和黨中央，對新中國佛教改革提出若干建設性意見，再次提出以『生産化』和『學術化』來樹立佛教正信，革除舊佛教中的封建糟粕，改進佛教組織，使佛教適應新中國的社會環境，爲建設新中國作出貢獻。這是巨贊《新佛教概論》的思想主張在新中國的繼續提倡和應用。

《靈隱小志》：一九四六年著。內容分山水景物、歷代沿革、高僧事略、將來建置、藝文擷英、遺聞軼事等，并附有風景古迹的照片，系統地介紹靈隱寺的風景名勝以及佛教掌故概況。書中還收録了巨贊法師的數十首舊體詩。

《巨贊集》：本書爲巨贊法師佛學論著的選集，收録了《關於空與有的問題》、《從因緣説起》、《般若思想在中國漢族地區的發展》、《鳩摩羅什法師》等多篇文章，不但具有學術性，而且具有史料性。

《巨贊文集》：全書分上、下兩卷，總計一百餘萬字，收録了巨贊法師一生最主要的論著、文章、詩詞及書信等等。在佛學方面，收録巨贊法師所著《先自度論》、《中論探玄記》、《關於空與有的問題》、《如是齋瑣議》、《論熊十力所著書》、《佛教與中國文學》等，皆爲轟動一時的名篇。所收有關僧制改革方面的大量文章，更是見解獨到，思想深刻，爲新中國佛教運動的發展指明了方向。這些珍貴的文獻，對於研究當代中國佛教史，也有着不可或缺的意義。另收録巨贊法師與現當代著名文人學者如田漢、郭沫若、沈鈞儒、章伯鈞、夏衍、廖沫沙、柳亞子、歐陽予倩、聶紺弩、關山月、尹瘦石等人的書信往來與詩詞唱和，成爲中國現代文化史上的一段佳話。

《巨贊法師全集》（全八册）：收録巨贊法師具有重大影響的佛學專著、論文等和各類佛學及其他著述近五百萬字，其中讀經筆記達三百萬字。主要包括：印度佛學研究、中國佛學研究、佛教現代化研究、佛學問題争鳴和佛教實踐研究等方面，涉及佛學論著、佛教史傳、教制改革、法海春秋、時事經緯、讀經筆記、書信、詩詞、年譜等九大類，熔歷史、文學、教義、禪機、修行、證悟、考據於一爐，文辭暢達，理義精深，氣韵飄逸，蔚爲大觀。其中收録的三百萬字的讀經筆記，內容遍及《中論》、《十二門論》、《百論》、《大智度論》、《大般若經》、《華嚴經》、《涅槃經》、《維摩詰經》、《法華經》、《阿含經》、《異部宗輪論》、《無垢稱經》、《禪經》及史傳等，以及對一些佛法名相的整理與詮釋和讀經心得等，對於佛學研究者，無疑是一份不可多得的寶貴資料。其中新增的『藝苑遺珍』部分，有《對於解決中醫問題的芹曝之獻》、《保存在峨眉山佛教寺院里面的祖國醫學遺産》、《試論王叔和》等文章，説明巨贊法師對中醫學説也是認真下過一番功夫的。『遺珍』中的《饒雲雜録》、《揚棄集》、《孔孟荀哲學研究》、《周易研究》、《五家學案》、《周事通書》札記以及對《中國哲學概論》的批注等等，則足以看出法師對於中國傳統文化的淵博學識。集中增加了新發現的巨贊法師與各界名人的往來書信和詩詞，其中有虚雲、法舫、熊十力、梁漱溟、田漢、賀麟、馬叙倫、齊燕銘、李維漢、李任仁、竺可楨、郭沫若、錢鍾書、饒宗頤、師哲、謝無量、端木蕻良等的作品，非常珍貴。

主要論著目録

《巨贊集》，中國社會科學出版社，一九九五年。
《巨贊文集》（上、下），江蘇古籍出版社，二〇〇四年。
《巨贊法師全集》（全八册，朱哲主編），社會科學文獻出版社，二〇〇八年。

鄒依仁

（一九〇八—一九九三）

生平簡介

統計學家。又名鄒坦安，無錫鴻山後宅街人。一九〇八年出生。一九二三年八月至一九二七年七月在滬江大學附中與滬江大學讀書。一九二七年八月至一九二九年十二月在南京中央大學數學系讀書至畢業。一九三〇年一月至十月在無錫縣立女子中學任教。十月到法國巴黎大學統計學院學習，獲統計師學位。一九三二年因病回國，至一九三五年在南京中央政治學校任教。一九三三年參加中國統計學社。一九三六至一九三八年八月在美國密歇根大學研究院，獲理學士、理學碩士學位。一九三七年參加美國數理統計學會。一九三八年八月回國，一九三九至一九四三年在重慶復旦大學統計系、統計專修科任教授，後兼任統計專修科主任。一九四三至一九四六年任重慶中央大學、重慶大學教授。一九四六至一九四九年任南京中央大學經濟系教授，同時在上海商學院統計系任教授兼系主任，是國内最早從事統計學教學和研究的學者之一。

新中國成立後，鄒依仁在上海商學院被推選爲院務委員會委員。一九五二年院系調整後，任上海財經學院統計系教授兼系主任、研究處副主任。一九五五年參加民盟。一九五六年被評爲二級教授。一九五八年後鄒依仁在上海社會科學院經濟研究所任研究員，歷任上海市第二、三、四届政協委員。

鄒依仁長期從事統計教學和研究工作，講授統計學、高級統計學等課程，爲國家培養了大批統計人才。一九四九年所著《高級統計學》，介紹數理統計導論的一些基本理論，以及大樣本分析方法、小樣本分析方法等，論述比較系統，清晰易懂。一九五二年出版《工業統計學》，介紹了美國等國家産品質量的選樣檢驗與管制，統計管制圖形的編製與應用等基本方法。五十年代出版的論著還有：《高級統計學》（一九五一年）、《統計學名詞公式匯編》、《統計抽樣法》、《統計平均數》（一九五七年）、《資産階級統計理論批判》（一九五八年）等。

中共十一届三中全會以後，鄒依仁着重研究産品質量管理。一九七八年加入上海技術經濟與管理現代化研究會，一九八〇年加入上海市人口學會和統計學會任理事、顧問等職。同年，《舊上海人口變遷的研究》發表後被譯爲英、法文出版，著有《統計學與質量管理》。一九八一年加入歐洲國際質量管理協會，同年參加該協會在巴黎召開的第二十五届年會。一九七九年在《計算機應用與應用數學》雜志第一期發表的《質量控制的歷史發展和各主要國家的做法》，同年由美國加利福尼亞大學譯爲英文。一九八三年編著《質量管理的原理和方法》。介紹了各種計量和計數的質量控制圖、成批成品抽樣檢查中 ABC 方案、JIS—Z—9015 方案、414 方案及數學原理等，獲得上海市一九七九至一九八五年哲學社會科學優秀成果著作獎。

一九八四年六月，鄒依仁在英國布列頓召開的世界質量會議上，宣讀了論文《〈周禮·考工記〉中關於武器戰車質量管理史話》，提出中國是世界上采取質量管理最早的國家的觀點，推翻了西方關於中東的巴比倫是第一個實施質量管理的國家的説法。一九八五年十月鄒依仁被聘請爲第一届亞太質量分會主席，出席第三届亞太質量會議。一九八五年出版《高級管理統計學》。一九八八年五月退休。一九九二年獲國務院授予的政府特殊津貼證書。一九九三年六月二十八日病逝，享年八十六歲。

解放前，對學校當局采取的一些錯誤措施，鄒依仁敢於發表自己的意見，同情和支持學生運動，掩護進步學生，使之免遭迫害。新中國成立前夕他拒絶去臺灣，教學認真，作風踏實，得到領導的信任和同學的愛戴。『文化大革命』中，鄒依仁受到嚴重迫害，被强制退休，撤銷市政協委員職務。『文革』結束後，得到徹底平反。爲了推進國内的工業科學管理，他雖年已古稀，仍不辭辛勞到上海石油化工總廠、上海市科學技術協會、上海交通大學等單位作全面質量管理的報告，參加國家計委、中國質量管理協會、上海市統計學會等單位召開的學術會議。他熱心社會活動，曾將自己的講課費捐助給協會作爲經費。鄒依仁畢生著述，共撰寫和出版了三四百萬字的文稿，其中專著二十餘部，爲盡快改變中國統計學落後的狀況，填補數理統計學及質量管理學的空白貢獻了畢生精力。

主要論著述要

《舊上海人口變遷的研究》：該書出版後被譯爲英法語本介紹到國外，受到廣泛好評，是研究上海地方史、舊中國上海地區經濟、人口、社會狀況不能繞過的專著。其中的論點主要如下：一、鴉片戰争後上海人口呈逐漸加速增長的趨勢，不僅是由於轄區範圍的擴大和人口的自然增加，而是主要緣於廣大内地人口的遷入，也即人口機械增長的結果所造成。在太平天国進軍上海、日本帝國主義全面侵華以後以及第三次國内革命戰争時期，上海出現三次人口增長高潮，得到最明顯的表現。二、舊上海人口的地區分佈和人口密度極不平衡，人口主要集中於『租界』，而『租界』内又主要集中於若干人口高密度區域，形成與半殖民地工業發展密切聯繫的城市人口佈局。三、舊上海人口職業結構使非物質生産部門從業人數高於物質生産部門從業人數，其中從事商業人口比重最大；同時地區職業集中程度差異大，形成可據以區别主要商業區、工業區、農業區，以及住宅區以家庭服務人口占多數的地區人口職業構成。四、舊上海人口的籍貫構成，以上海本地籍人口比重始終較低而區别於國内其他大城市，主要從事農業的郊區本籍人口比重較高，是由於外地遷入人口主要集中於市區。非本籍人口中，不同省份籍貫的人口數差别大，一般同距離上海地區遠近因素有關，江浙籍人與較早開展對外貿易地區的廣東籍人，是主要遷入上海的非本籍人口。五、舊上海人口性别比例高，係因遷入上海人口存在很大的性别不平衡所造成。各個區間，性别比例也差别較大，商業區男女比例最高，農業區比例最低。人口年齡構成爲成年人人數遠高過兒童少年人數，外地遷入人口較多的『租界』内情況尤甚，從而可明顯歸屬於後退或穩定人口變遷類型，表明上海人口大量增加的主要原因大於廣大内地人口的遷入。上海人口婚嫁率隨地區環境穩定情況而高低起伏，男婚人數總是大於同時的女嫁人數，表現了同男女性别比例的一定聯繫。六、舊上海人口出生率因男性人口大大超過女性而低於我國内地。舊上海人口死亡率，根據解放前國内局部地區或城鎮的個别調查和解放初期的人口普查結果分析，可確認還要比一九五一年的四十四點六歲的平均期望壽命低得多。這無疑也説明舊上海人口的高增長率本是建立在廣大内地農村和城鎮不斷破産的基礎上的。七、舊上海外國人人口的變遷，表現爲外國人人口迅速增加的過程，因受帝國主義所發動的侵略戰争和資本主義國家經濟危機的影響，而帶有多次或大或小的曲折和波動；外國人口的職業構成以工商經營爲多數，從事商業活動更占很高比重；外國人人口分佈較爲集中，主要居住於南京路、淮海路、虹口和楊樹浦一帶極少數區内；外國人國籍分散，以英、日、美、法爲最多，基本同帝國主義列强侵略中國的歷史相聯繫，而不同國籍人口數的變動，也同帝國主義列强對華對滬侵略勢力的消長相關。

《**質量管理原理和方法**》：二戰後國際上質量管理科學發展迅速，美國、日本迅速發展了自己的質量管理方面的系統。本書介紹了美日等國家質量管理方面的先進理論和方法。全書分爲兩大部分：一是預防性質量管理，介紹工程能力圖、各種計量和計數的質量控制圖等。二是介紹了成批成品抽樣檢查中的 ABC 方案、JIS－Z－9015 方案、414 方案及數學原理等。該書獲得中國出版工作者協會的優秀科技圖書獎，一九七九至一九八五年上海哲學社會科學優秀成果獎。該書在國外也受到好評，對中國推行全面質量管理起了極大的作用。密歇根大學榮譽退休教授、鄒依仁的老師 G·Graig 看完該書後回信説：『書中所介紹的國際方案（414 方案）的數學證明，連美國國防部仍作爲保密而没有公佈，但在你的這本書里已經全部公開證明了，這不是簡單的事情。』

《**統計平均數**》：該書是一本有關統計平均數的專題論著。該書根據當時蘇聯統計的最新理論論述了統計平均數的一般理論和方法，批判了統計中平均數的非科學觀點和方法。該書按照算術平均數、標識變動度、調和平均數、幾何平均數、衆數和中位數、平方平均數分别作了詳細的解説，舉例較多，適合統計學初學者。

《**〈周禮·考工記〉中的質量管理**》：本文認爲《周禮·考工記》是一部記載周王朝春秋戰國時代的手工業品、工程技術規格、製造方法、技術要求以及質量管理的重要技術方面的珍貴典籍，成爲我國從秦代到清代遵循效法的根據。本文還詳細分析了當時兵器、車輛、樂器、絲麻紡織、皮革加工的製造與質量管理問題，以及手工業品的檢驗制度和對不合格産品的處罰措施。《考工記》的編寫雖在公元前四〇三年，但工藝規格與質量管理的實施在編寫該書的幾百年或千年以前，這就説明我國是世界上最早施行質量管理的國家。

主要論著目録

《高級統計學》，立信會計圖書用品社，一九五一年。
《工業統計學》，立信會計圖書用品社，一九五一年。
《新統計學名詞公式表格匯編》，立信會計圖書用品社，一九五四年。
《大衆統計學》，立信會計圖書用品社，一九五四年。
《關於資産階級統計學術思想的自我批判》，上海財經學院，一九五六年。
《統計平均數》，新知識出版社，一九五七年。
《統計抽樣法》，新知識出版社，一九五七年。
《統計學名詞公式匯編》，新知識出版社，一九五七年。
《資産階級統計理論批判》，上海人民出版社，一九五八年。
《工業産品質量統計檢查法》，統計出版社，一九五八年。
《舊上海人口變遷的研究》，上海人民出版社，一九八〇年。
《統計學和質量管理》，知識出版社，一九八一年。
《質量管理原理和方法》，機械工業出版社，一九八三年。
《全面質量管理》，上海科學技術出版社，一九八四年。
《高級管理統計學》，遼寧人民出版社，一九八五年。
《中外質量管理史話》，上海社會科學出版社，一九八八年。
《中國古代質量管理史話》，科學普及出版社，一九八八年。
《Historical Episodes about China's Quality Control》，上海社會科學出版社，一九九〇年。
《數理統計總和公式之原理及其在實業統計上之應用》，《實業統計》一九三四年第二卷第四期。
《考察森林抽樣測量之可靠性》，《實業統計》一九三五年第三卷第一期。
《談談工業質量的統計檢查》，《光明日報》一九六三年二月十一日。
《質量控制的歷史發展及其在各國的做法》，《計算機應用與應用數學》一九七九年第一期，一九八一年由美國加利福尼亞大學譯爲英文。

《〈周禮·考工記〉中的質量管理》，《上海社會科學院學術季刊》一九八五年第二期。

陳瘦竹

（一九〇九—一九九〇）

生平簡介

戲劇理論家、現代文史學家。原名陳定節，曾用名宀竹，生於一九〇九年。無錫港下鄉南陳巷人。曾就讀於江蘇省立第三師範學校，一九三三年畢業於國立武漢大學外文系。曾任南京國立編譯館編譯，江蘇省國立戲劇專科學校副教授、理論編劇組主任，國立中央大學中文系教授。一九三八年加入中華全國文藝界抗敵協會。建國後歷任南京大學中文系教授、博士生導師、中文系主任，南京市文聯常委，江蘇省文聯常委，南京市人民委員會委員等職。

兼任江蘇省文聯副主席、中國郭沫若研究學會理事、中國田漢研究學會副會長、中國話劇文學研究會名譽會長、中國喜劇美學研究會會長，長期從事小説創作、翻譯和理論研究。

陳瘦竹自讀師範學校期間起即發表短篇小説，一九二八年創作長篇小説《燦爛的火花》。大學時代主編了《武漢文藝》月刊，并發表《大林和小林》等短篇小説，先後創作出版了短篇小説集《奈何天》、《奇女行》、《水沫集》，中篇小説《聲價》，長篇小説《春雷》。翻譯了羅素的《自由與組織》（與其兄瘦石合譯）、西奥夫拉斯托斯的《人物素描三十六篇》、本納特的《文藝鑒賞論》、以及雨果的《歐那尼》和肖伯納的《康蒂妲》兩部劇本，并發表戲劇論文二十多篇。建國後，著有關於文學和戲劇的論文五十多篇，出版《易卜生〈玩偶之家〉研究》、《論田漢的話劇創作》、《現代劇作家散論》、《戲劇理論文集》。和夫人沈蔚德合著《論悲劇與喜劇》，獲一九八四年全國戲劇理論著作獎及江蘇省一九八五年科學研究優秀成果榮譽獎。

陳瘦竹的長篇小説《春雷》在抗戰期間産生了很大影響。他從二十世紀四十年代起致力於戲劇理論的研究，五六十年代以後以其現代劇作家論，開拓了結合歷史觀點和美學觀念的中國現代戲劇研究的新路。其戲劇理論研究在八十年代在國内産生廣泛影響，發表了一系列關於悲劇、戲劇、戲劇本體西方古典與現代戲劇的鴻篇鉅制。他的戲劇美學研究具有厚重的歷史感，且具有開放性，在東方與西方、古典與現代的交互融合與參照中提煉出了獨到的見解，將戲劇文學理論與舞臺藝術相結合，爲構建中國現代戲劇學做出了重要貢獻。

陳瘦竹的比較研究的内容和範圍主要有以下幾個方面：一是在中國現代劇作家研究中，通過嚴謹考證可藝術化的比較分析發掘出田漢、郭沫若、曹禺、丁西林等現代戲劇家所受西方戲劇的影響，梳理出他們與西方戲劇的淵源關係。二是除了辨析中國現代戲劇所受西方戲劇的影響外，在具有可比性的前提下，運用比較文學平行研究方法對各種互不相聯繫的中外戲劇現象進行比較研究。三是對中國話劇和中國戲曲的比較研究和思考，以及在研究田漢、郭沫若、曹禺等人時注意分析他們在創作過程中受到的中國傳統戲曲的影響。

陳瘦竹的戲劇研究特色鮮明：一是敏鋭的學術感知和深刻的洞察力。周安華認爲他在戲劇觀念上是個世界主義者，其理論風格表明他鄙棄偏於一隅閉門造車的做法，而主張東張西望兼收並蓄，這種十分年輕的研究心理使他的理論始終與最新的悲劇美學保持流通的活水狀態。二是獨立的研究精神和自强的民族氣魄，他的戲劇研究，倡導在平等的學術平臺上進行中外戲劇進行中外戲劇建設的對話和交流，注重在研究中突出和明確戲劇家如田漢、郭沫若、曹禺等的劇本本身所具有的民族風格和民族戲劇創造。三是活躍的論辯精神和强烈的求真意識。他認爲應該重視國外學者的研究和評論，有的可供參考，有的可以進行不同意見的討論。但是不能完全照搬國外的模式和觀點，要就有不同意見的部分展開討論和論辯。

主要著作述要

《**論悲劇與喜劇**》：本書是作者與夫人沈德蔚合著的關於悲劇和喜劇的理論研究以及中外著名悲劇和喜劇作品的評論文集，全書共收十九篇論文，計二十四萬字，一九八四年獲中國戲劇家協會頒發的戲劇理論著作獎。悲和喜是美學範疇之一，悲劇和喜劇是戲劇文學的主要樣式。本書作者認爲悲劇雖然有英雄人物的悲劇、平凡人物的悲劇和錯誤造成的悲劇之分，但其基本精神則在於顯示悲壯和崇高之美感以鼓舞鬥志。作者對國內論者的一些看法提出了不同意見，探討了悲劇藝術的前途，同時對於歐美悲劇理論做了簡明扼要的介紹，并力圖用馬克思主義文藝觀點予以評論。作者在喜劇方面，除探討喜劇的基礎外，對於喜劇性三大要素中的幽默與機智，進行了較詳盡的分析。在作品評論方面，作者關於莎士比亞悲劇、博馬舍和謝立丹的喜劇，以及李漁的全部喜劇都在書中做了重點評析。對於他的悲劇喜劇研究，朱棟霖先生指出『悲劇論、喜劇論與戲劇本體論爲陳先生戲劇理論體系的基石與主體』，并評價其研究『陳瘦竹踏進戲劇界，就表現出良好的藝術素養與理論勇氣，他應和戲劇界的需求，勤勉地介紹西方喜劇思想和戲劇流派，既有對歐洲古典戲劇如希臘悲劇、莎士比亞戲劇的深入剖析，又有對世紀新戲劇思潮之後，如新浪漫派、象征派、自然主義戲劇的精辟透視。所論獨到，令時人嘆服。他也以理性的思索、多元探索戲劇的基本理論問題，試圖超越傳統戲劇觀念，領略到現代戲劇美學的真諦。他的關於戲劇本質、類型、結構、風範等等的見解也都獨具慧眼。』

主要論著目録

《奈何天》，商務印書館，一九三九年。

《奇女行：獨幕兩場喜劇》，影劇藝術社，一九四八年。

《易卜生〈玩偶之家〉研究》，新文藝出版社，一九五八年。

《論田漢的話劇創造》，上海文藝出版社，一九六一年。

《田漢的兩篇新作》（陳瘦竹、沈蔚德合著），話劇研究社，一九七六年。

《論丁林西的喜劇》，神州出版社，一九七六年。

《論郭沫若的歷史劇》，話劇研究社，一九七七年。

《現代劇作家散論》，江蘇人民出版社，一九七九年。

《陳瘦竹戲劇論集》（陳瘦竹、朱棟霜、周安華等合編），江蘇教育出版社，一九九九年。

《論悲劇與喜劇》（陳瘦竹、沈蔚德合著），上海文藝出版社，一九八三年。

《戲劇理論文集》，中國戲劇出版社，一九八八年。

《春雷》，江蘇文藝出版社，一九八六年。

《左翼文藝運動史料》，南京大學學報編輯部，一九九〇年。

《托爾斯泰的情書》，《讀書月刊》一九三一年第二卷第四—六期。

《訣別》，《藝術旬刊》一九三二年第一卷第八期。

《巨石》，《申報月刊》一九三三年第二卷第八期。

《伍蠡甫譯新哀綠綺思》，《圖書評論》一九三四年第二卷第十一期。

《在火車上》，《人間世》一九三五年第三十四期。

《外國人》，《東方雜志》一九三五年第三十二卷第二號。

《同病》，《中外月刊》一九三六年第一卷第三期。

《雪花膏的故事》，《東方雜志》一九三六年第三十三卷第六號。

《卸任》，《東方雜志》一九三六年第三十三卷第十五號。

《復仇（獨幕劇）》，《東方雜志》一九三八年第三十五卷第二號。

《湖上恩仇記》，《東方雜志》年第三十六卷第九期。

《醒來吧！ 農人！》（抗戰三幕劇），《新西北》一九三九年第一卷第二期。

《入伍前（續完）》，《學生雜志》一九三九年第一九卷第十一期。

《奇女行》，《新文學》一九四三年第一卷第一期。

《戲劇批評史綱》（聶考爾著，陳瘦竹譯），《文藝先鋒》一九四三年第二卷第五—六期。

《康蒂妲（三幕劇）》（蕭伯納著，陳瘦竹譯），《當代文藝》一九四四年第一卷第三期。

《新浪漫派劇作家羅斯當》，《文藝先鋒》一九四四年第五卷第三期。

李 海 晨

（一九〇九—一九九九）

生平簡介

地圖學家。一九〇九年生，江陰縣華墅鎮（今江陰市華士鎮）人。早年就讀於南京東南大學附中和江陰縣南菁中學，一九二八年進入南京中央大學地理系學習，一九三二年畢業後留任助教。此後幾年，還曾擔任過鍾山書局編輯、資源委員會助理研究員等，做了大量實際工作。一九三六年八月至一九三七年七月受聘於浙江大學史地系擔任助教。

一九三七年，負笈西行，到德國柏林大學地理研究所深造，進修自然地理學，得到著名地理學家 Norbert Krebs 的悉心指導。

一九三九年學成歸國時，正值日軍大舉侵華，滬、寧等地高校已遷往內地，遂輾轉跋涉到重慶。一九四〇年四月，在北碚復旦大學任史地系教授，八月，又到母校中央大學地理系任教授。先後開設地理學通論、自然地理、氣候學、中國地理總論、世界地理、地圖學、地理教學法等課程，并多次進行野外地理考察。豐富的工作閱歷、廣博的地學知識和鍥而不舍的治學精神，爲日後從事地圖與地圖集的研究并取得卓越成就奠定了深厚的基礎。抗戰勝利後，曾被特邀爲浙江大學史地研究所的一九四六屆研究生講授地圖學。一九四七年八月，中央大學給予休假期間，任杭州浙江大學史地系教授。一九四九年四月後，任南京大學地理系教授。

新中國成立後，李海晨把教學與科研的重點轉移到地圖學方面。一九五七年，在任美鍔教授、陳述彭教授的倡導和支持下，李海晨主持創辦了南京大學地圖學專業，這是我國綜合性大學中唯一培養地圖編製和地圖學研究人才的專業。在專業創建中，李海晨一貫堅持地圖學的理科方向，積極開拓海洋製圖和計算機自動化製圖等高新科學技術領域，爲我國現代地圖學、地圖製圖自動化及地理信息系統、海圖學和地球信息科學的崛起，培育了一批又一批的高端人才。他還將自己一生的積蓄捐出，設立了『海晨』地圖學獎學金。

李海晨六十餘年從事地圖學教學與科研工作，曾經擔任國家地圖集編纂委員會委員、自然地圖集專門委員會委員，江蘇省測繪學會第二屆名譽理事長。爲我國的地圖學事業做出卓越的貢獻，一九八五年受到中國地理學會的表彰。一九九九年十二月因病去世。

主要著作述要

《地圖學》：地圖學是研究地圖的理論、編製技術與應用方法的科學，是一門研究以地圖圖形反映與揭示各種自然和社會現象空間分布、相互聯繫及動態變化的科學、技術與藝術相結合的科學。該書對地圖學這門學科的歷史、内容、結構體系、分類、現代地圖學理論等展開介紹，對該學科在我國的建立和發展，起了重要推動作用。

《專題地圖與地圖集編製》：專題地圖集是一系列反映一個部門或領域專題研究成果的地圖的系統彙編。對經濟建設、科學研究、文化教育、環境保護、醫療衛生、旅游活動均有重要參考價值。該書對專題地圖與地圖集編製展開論述與介紹。

《德國》：包括位置、領域和歷史發展，自然環境，人口和民族，經濟概況，經濟區域等内容，是一本介紹德國地理知識的普及型讀物。

主要論著目録

《德國》(『地理小叢書』)，中國青年出版社，一九五三年。

《怎樣讀地圖》，中國青年出版社，一九五三年。

《地圖學》，商務印書館，一九五九年。

《地形圖讀法》(譯著，A. K. 羅培克、W. J. 戴靈頓合著)，科學出版社，一九五九年。

《專題地圖與地圖集編製》，高等教育出版社，一九八四年。

《地理學辭典》(參編)，商務印書館，一九八〇年。

《中國大百科全書・中國地理卷》(參編)，中國大百科全書出版社，一九九三年。

《西北的價值和開發西北》，《正論》一九三五年第四十六期。

《敦煌千佛洞游記》，《地理教育》一九三六年四月創刊號。

《維也納地理考察》(德文)，編入柏林大學地理系一九三九年五月編印的《奥地利地理考察記録》。

《世界地體構造》,《青年與科學》一九四三年第一卷第一期。

《地球的陸界面》,《青年與科學》一九四三年第一卷第六期。

《地理教學的原理》,《地理教學》一九四七年第二卷第三期。

《德國的魯爾工業區》,《學識》一九四七年第一卷第九期。

《軍事地圖與航空攝影》,《思想與時代》一九四八年第五十三期。

《愛凱特的地圖科學》,《地理學報》一九五五年第一期。

華　山

（一九一〇—一九七一）

生平簡介

宋史研究專家、中國思想史研究專家。原名華芷蓀,一九一〇年十一月十二日出生於無錫縣張涇橋鄉(今屬無錫市錫山區錫北鎮)一個地主家庭,祖父手里家道中落,父親應過科舉,教書終老。

華山自幼酷愛文學,聰明早慧。在私立無錫中學高中文科班讀書時,即以詩詞聞名於同輩。一九二八年高中畢業,考入中國公學文學部中國文學系。翌年,考入清華大學中國文學系,後轉政治經濟系。

一九三三年七月，華山大學畢業。同年暑假後受無錫私立錫光中學之聘，任歷史、外語教師。兩年後，轉至無錫縣立女子中學任外語教師。在中學任教時，治學興趣漸由文學轉向歷史。從這時起開始鑽研中國歷史典籍，并有關於中國古代經濟史的論文發表。

一九三七年，抗戰開始。同年十一月，無錫淪陷。華山經過一個短時期的動蕩生活之後，與同學在無錫合辦私立正風中學。他目睹國土淪喪、民族苦難而無能爲力，於是潛心研究宋史，收集、整理史料，歷經三年多時間撰成《岳飛傳》一書。但自謙質量不高，該書未曾面世。

一九四五年，抗戰勝利後，華山受上海大同大學附屬中學之聘，任歷史、外語教師。一九四六年，『民主教授』吴晗自昆明抵滬，華山以同學關係，常與過從，并請他到校向學生演講。華山這一行動，爲保守的學校當局所不滿。暑假後，他被迫辭職返鄉。

一九四七年，華山應私立無錫中學校董會聘，任外語、歷史教師，兼任圖書館主任。一九四九年四月二十三日：無錫解放。一九五〇年兼任無錫市中學史地教學委員會主任。一九五二年參加九三學社，後任無錫市九三學社常委兼宣傳部長。一九五四年由無錫教育界推薦爲市政協委員。從一九五〇至一九五六年的五六年間發表關於宋史的論文二十多篇。分别發表在《文史哲》、《光明日報》上。其中有些論文，曾贏得史學大師顧頡剛的很高評價。

一九五六年七月，調任山東大學《文史哲》編輯，不久轉至該校歷史系執教。至一九六六年在山大任教的十年間，華山專注於宋史研究。先後在《歷史研究》、《文史哲》、《史學月刊》、《山東大學學報文史版》等刊物，發表涉及宋遼時代的政治、經濟、文化、思想等方面的論文四十餘篇。同時還編寫了《宋遼金史講義》約五十萬字。一九六〇年以後轉向對中國古代思想史的研究，到一九六五年發表這方面的論文達二十篇。隨後致力於中國古代思想史的研究和教學，撰寫論文。其中《張載思想批判》、《程朱理學批判》、《論顧炎武思想》、《法相宗和玄奘的唯識思想批判》、《隋唐佛學概論》等論文，學術價值極高，有的屬於開拓性的作品，受到史學界重視。他積極參加當時全國範圍内史學熱點的討論，如中國古代史分期問題、中國封建社會土地所有制問題等等。在討論會上的發言，均整理成文，在校刊《山東大學學報(人文社會科學版)》上發表。

華山『文革』中因言獲罪。一九六六年『文革』前夕姚文元等挑起了所謂『清官』問題的討論，華山撰寫了《爲什麽要肯定清官、好官》、《肯定與贊揚》兩篇文章，在《文匯報》上發表。他和吴富恒、蔣捷夫、孫思白等教授，被誣蔑爲山東大學『四大金剛』，成了『牛鬼蛇神』的重點，關入『牛棚』。一九七〇年被分配擔任翻譯日文科技資料的任務，後又被組織參加英文《加拿大史》翻譯小組。其學術研究從此中斷。

一九七一年十一月二十一日，華山突患心肌梗塞症逝世。享年六十一歲。

主要著作述要

《宋史論集》：本書是華山對宋史研究的論文集，集中收録了關於宋代史學研究的論文二十餘篇，主要分爲三部分内容：對宋代社會政治、社會變革的研究；宋朝和遼、西夏、金、元的外交關係；宋代的社會經濟發展研究。書後附有一九九一和二〇〇〇年國際宋史研討會的論文綜述。

《中古思想史論集》：本論文集是華山論文以及詩文的合集，共分四大部分：佛學、宋明理學、清初樸學、當時史學界若干專題的探討。收録了華山關於中國思想史的重要論文。包括《自漢魏至宋初的儒佛道三教關係和道學的形成》、《試説大乘佛教的興起》、《論張載思想》、《程朱理學批判》、《論王夫之思想》、《論王廷相思想》等重要論文。他在《自漢魏至宋初的儒佛道三教關係和道學的形成》中認爲道學作爲一個思想體系，作爲一個學派的名稱，大約醖釀於中唐而完成於北宋中葉。它是我國中古封建社會自前期轉向後期在複雜的階級關係和尖鋭的階級矛盾的新形勢下所産生出來的一種爲大地主階級服務的思想意識形態。同時也是自漢魏以來儒、佛、道三教思想長期鬥爭、長期合流的歷史産物。本文論證道學的形成没有從以往的社會根源入手，而是積極探索其思想源流，即從道學形成以及三教鬥爭和合流的歷史過程來説明道學産生的過程機制。

主要論著目録

《宋史論集》，齊魯書社，一九八二年。

《中古思想史論集》，學苑出版社，二〇〇八年。

《美國孤立政策之研究》，《清華周刊》一九三二年第三六卷第九—十期。

《陳登元著中國土地制度》，《圖書評論》一九三四年第二卷第六期。

《隋唐經濟史研究》，《中國經濟月刊》一九三四年第二卷第六期。

《元代之經濟狀況》，《中國經濟月刊》一九三四年第二卷第九期。

錢鍾書

（一九一〇—一九九八）

生平簡介

作家、文學研究家。原名仰先，字哲良、默存，號槐聚，曾用筆名中書君。曾爲《毛澤東選集》英文版翻譯小組成員，晚年就職於中國社會科學院，任副院長。

宣統二年（一九一〇年）農曆庚戌年十月二十日（公曆十一月二十一日）出生，祖籍無錫，父錢基博。先後於東林小學、蘇州桃塢中學、無錫輔仁中學就讀，一九二九年年僅十九歲考入清華大學外文系。一九二九—一九三三年大學期間，在校刊《清華周刊》上發表文章和書評，并在《新月》、《學文》、《大公報》、《天下月刊》等校外刊物發表文章，因出衆的才華受到羅家倫、吴宓、葉公超等人的賞識。

一九三三年於清華大學外國語文系畢業後，在上海光華大學任教，同時任英文《中國評論周報》編輯委員，於《國風》上發表大量詩歌。一九三四年將其舊體詩編印分送友人，題名《中書君集》。

一九三五年，以第一名成績（八十七點九五分，爲歷屆中美和中英庚款平均分最高）考取英國庚子賠款公費留學生，赴英國牛津大學埃克塞特學院英文系留學。一九三七年，以《十七十八世紀英國文學中的中國》論文獲文學學位，之後隨夫人楊絳赴法國巴黎大學從事研究。期間，追記整理《石語》一書。一九三八年秋回國，被清華大學（其時清華已經并入西南聯合大學）破例聘爲教授，次年轉赴國立藍田師範學院任英文系主任，并開始《談藝録》的寫作。

一九四一年暑假，由廣西乘船到上海。珍珠港事件爆發，被困上海，任教於震旦女子文理學校，其間完成了《談藝録》、《寫在人生邊上》的寫作。散文隨筆集《寫在人生邊上》由開明書店出版，是『開明文學新刊』之一。一九四五年，抗戰結束後，任上海暨南大學外文系教授兼南京中央圖書館英文館刊《書林季刊》編輯，同時任職於英國文化委員會。在其後的三年中，其短篇小説《人・獸・鬼》、長篇小説《圍城》、詩文評《談藝録》得以相繼出版，在學術界引起巨大反響。一九四七年，長篇小説《圍城》由上海晨光出版公司出版。一九四八年再版，一九四九年三版，是『晨光文學叢書』之一。《談藝録》由上海開明書店出版，一九四九年再版而止，是『開明文史叢刊』之一。

一九四九年，回到清華任教。一九四九—一九五三年，任清華大學外文系教授，并負責外文研究所事宜。一九五三年院系調整，清華改爲工科大學，文科部分併入北京大學。錢鍾書擺脱教務，在文學研究所工作，從事《毛澤東選集》英譯的定稿工作。

一九五五—一九五七年，在鄭振鐸、何其芳、王伯祥等人的支持下，窮兩年之力完成《宋詩選注》，選編和注釋了宋代八十一位詩人的近三百首作品。該書上承《談藝録》，下啓《管錐編》，是錢鍾書的主要著作之一。在此前後完成了寫作道路的轉折，由創作和研究兩路并行，至此專以理論爲主。

一九五八年，《宋詩選注》由人民文學出版社出版，列入『中國古典文學讀本叢書』，發表書評《韓昌黎詩繫年集釋》。一九六一年，美國哥倫比亞大學夏志清《現代中國小説史》由耶魯大學出版社出版，其中辟有錢鍾書專章，高度贊許《圍城》，開世界研究錢鍾書之風氣。一九六二年中國科學院文學研究所編寫的三卷本《中國文學史》由人民文學出版社出版。該書的總負責人是余冠英，錢鍾書主持唐宋段，流傳廣泛。

一九六二—一九六四年錢鍾書陸續發表論文《通感》（《文學評論》一九六二年第一期）、《讀拉奥孔》（《文學評論》一九六二年第五期）、《林紓的翻譯》（《文學研究集刊》第一册，人民文學出版社一九六四年版），後收入《舊文四篇》和《七綴集》。

一九六九年十一月，錢鍾書作爲『先遣隊』去河南省羅山縣的五七幹校，一度擔任過信件收發工作。一九七八年，參加在意大利舉行的歐洲漢學家會議。一九七九年四月至五月，參加中國社會科學院代表團赴美國訪問，訪問了哥倫比亞大學，加利福尼亞大學貝克萊分校等，大受歡迎。一九八〇年十一月，赴日本訪問，在早稻田大學作《詩可以怨》的演講。整個八十年代陸續出版《管錐編》、《人·獸·鬼》、《寫在人生邊上》、《也是集》、《七綴集》、《錢鍾書論學文選》等專著，在國内外産生巨大影響。

一九九八年十二月十九日，因病在北京逝世，享年八十八歲。

主要著作述要

《圍城》：本書是錢鍾書所著家喻户曉的一部小説作

品，作者通過描寫方鴻漸留學、任教以及個人生活中的方方面面，向讀者描繪了一種裏面的人想出來、外面的人想進去的圍城困境。《圍城》中時起時伏、處處申説的都是理想的不斷升騰和一再破滅。許多人終身處於『圍城』境遇而不察，因此，『圍城』可以作爲人類身處困境、屢遭挫折的象徵。《圍城》有着豐富的内涵，它以男女主人公的戀愛爲主綫展開，但是已經超越了愛情小説，是一部從婚姻反觀愛情的小説，《圍城》中不得不顯出那種困境。這種文化與社會現實和文化背景相結合，處處顯現的困境，成爲小説的推動力。對婚姻也罷，職業也罷，人生的願望大都如此。錢鍾書旁觀浮生，思慮沉潛，指點世態，寄慨遥深，風格幽默，妙筆生花。該部小説出版後不僅受到大衆讀者的熱烈好評，在學者中間也得到了極高的贊譽。吴宓在自己的日記中艷羨道：『宓細讀錢鍾書作《圍城》小説，殊佩。自恨此生無一真實成就。《新舊因緣》既未動筆，論才力，亦謝錢君，焉得如《圍城》之續也者？』

《**宋詩選注**》：本書係錢鍾書所選注的宋代詩歌。錢氏認爲宋詩與唐詩相比並不是一無可取，宋詩一方面因爲模仿唐詩而産生惰性，另一方面又因爲模仿不像而生發出自己創新價值。該書的選篇匠心獨具：押韵的文件不選；學問的展覽和典故成語的把戲不選；仿照前人的假古董不選；把前人的詞意改頭换面的舊貨翻新不選；有佳句而全篇失色的不選；當時傳頌而現在看來不甚優秀的不選。該『六不選』代表了錢鍾書對中國詩學的整體看法，被認爲和胡適《文學改良芻議》的『八不』有異曲同工之妙。宋詩歷來没有好的選本，後來雖然出現了清代吴之振的《宋詩抄》和厲鶚的《宋詩紀事》，但都是以匯編資料爲主，不是嚴格的選甄。《宋詩選注》是第一部比較有份量的宋詩選本，該書的完成對古代文學具有重要意義。在新的時代條件下，錢鍾書繼承前人成果，冲破重重難關完成這部選本。《宋詩選注》突破舊的箋注模式，創造性地把注釋和評論結合起來，無論在資料的選取上還是對作者的評論上都獨具一格。該書出版後在當時受到批判，而該書在國際漢學界尤其是日本受到很高的贊譽。日本漢學泰斗吉川幸一郎對此書很重視，另一位漢學家小川環樹稱該書是『所有選本中最好的一個版本』。

《**談藝録**》：該書於一九四八年首次出版，係錢鍾書抗戰時期撰寫的最後一部著作。本書是一本探討舊體詩之作，但不是一般的文藝書籍，『雖賞析之作，而實憂患之書也』。錢鍾書在序言中談到該書，在唐詩與宋詩的關係上，錢鍾書并不籠統地認爲唐詩比宋詩好，『唐詩多以豐神情韵擅長，宋詩多以筋骨思理見勝』。《談藝録》的内容以唐宋爲主，唐代詩人中談的較多的有韓愈、孟郊、李商隱、李賀等。宋元明清中，談及的有梅堯臣、歐陽修、王安石、元好問、王世貞、袁枚、趙翼、蔣士銓、龔自珍等幾位大家。該書的内容比較艱深，方法上中西合璧，可見錢氏功底。該書引述西方論著五百餘種，内容包括佛學、精神分析學、結構主義、文化人類學、新批評和較新起的流派如超現實主義、接受美學、解構主義等等。其自序有言：『頗采二西之書，以供三隅之反。』夏志清認爲，《談藝録》是『中國詩話里集大成的一部巨著，也是一部廣采西洋批評來詮注中國詩學的創新之作。』

《管錐編》：本書係傳統讀書筆記式多卷本學術著作，近一百三十萬字，是錢氏研讀《周易正義》（二十七則）、《毛詩正義》（七十六則）、《左傳正義》（九十一則）、《史記會注考證》（一百七十則）、《老子王弼注》（二十一則）、《列子張湛注》（四十七則）、《焦氏易林》（四十三則）、《楚辭洪興祖補注》（三十九則）《太平廣記》（二百九十四則）、《全上古三代秦漢三國六朝文》（六百三十八則）等中國古代重要典籍時所作的札記和隨筆的總匯。《管錐編》與之前的《談藝録》在視野上完全不同。《談藝録》從『詩分唐宋』開始，從唐代李賀到宋代黄庭堅直至袁枚以下及近代龔自珍、王國維，論述的基本範圍在宋至清。《管錐編》依托於上述之十部書，從論『易之三名』開始，由《周易》、《毛詩》歷述而下，至《全上古三代秦漢三國六朝文》，論述的範圍基本在先秦直到唐代。就書的内容而論，《談藝録》可以歸爲詩話，而《管錐編》貫通文史，已經遠遠超出了文的界限。其所托十部書，貫穿經史子集，氣勢宏大，把散亂的材料整理升華，上升到文化批判的高度。此書考論詞章及義理，打通時間、空間、語言、文化和學科的壁壘，其間多有新説創見，發前人所未發。書中引述四千位著作家的上萬種著作中的數萬條書證，所論除了文學之外，還兼及幾乎全部的社會科學、人文學科。香港城市大學教授張隆溪在關於錢鍾書的追悼文中寫道：『尤其經過「文革」那種讀書無用、知識有罪的黑暗年代，《管錐編》的出現，更有特别的意義，簡直像在宣告天意不欲喪斯文於中華，中國文化經過了那樣的磨難，仍然能放出如此絢麗的異彩。』本書出版後，在海内外學術界引起重大反響，并獲首屆『國家圖書獎』。

《七綴集》：本書是《舊文四篇》和《也是集》的合編的文藝論集，收入文章七篇，被錢鍾書戲稱爲『半中不西、半洋不古的研究文章』。《七綴集》在編集時或多或少作了改動，作者在《舊文四篇》原序中説：『第一篇的改動最多，但主要論點都還没有變换。它們仍然是舊作，正像舊家具鋪子裏的桌椅床櫃等等，盡管經過一番修繕洗刷以致油漆，算不得新東西的。』但是這次結集在四十年以後，其中保存的不同時期的作品，仍然表現出不同以前的或晚年的更加成熟的思想内容。《七綴集》精美短小，是錢鍾書單篇論文的結束，有其獨特的思路和成就。此書當與《管錐編》、《談藝録》參互而讀。集中每篇文章就是《管錐編》、《談藝録》中某一節之鋪陳揚厲、充類至盡，《管錐編》、《談藝録》中每節札記則如本書各篇之縮略提綱。

《人・獸・鬼》：本書係錢鍾書的短篇小説集，共收作品四篇。其中，《上帝的夢》描寫了人的孤獨和人際關係的疏離；《猫》諷刺了一羣無聊的知識分子，可以看作《圍城》的雛型；《靈感》所表現的是自作自受和精神産品的異化；《紀念》則是寫家人、夫婦間無法彌合與溝通的疏隔。《人・獸・鬼》中的四篇小説包含了人、獸、鬼、神四種形象，形象雖然變化莫測，但歸根結底是在寫人，目的在於解釋『無毛兩足動物的基本根性』。其中《猫》可以説是具體而微的《圍城》，《紀念》則是『五四』以後最優秀的短篇之一。

《寫在人生邊上》：係錢鍾書在昆明時期寫的散文，其中有幾篇是發表過的，由夫人楊絳在上海時將其編選整理成書。其中收入《魔鬼夜訪錢鍾書先生》等十篇。作者帶着『一種業餘消遣者的隨便和從容』，以旁觀者的姿態對世道人心發表看法，博聞善道，睿智幽默，在中國現代散文史上獨樹一幟。

《槐聚詩存》：係錢鍾書自己選定，并由夫人楊絳抄録保存下來的舊體詩集，書中多言志、抒情、感時、論詩之作。其中古意、無題諸章，最具李義山風致。作者在序中自叙少年學詩門徑以及編定本書之原則與經過，皆是首度披露。

主要論著目録

《圍城》，上海晨光出版社，一九四七年。

《舊文四篇》，上海古籍出版社，一九七九年。

《林紓的翻譯》，商務印書館，一九八一年。

《也是集》，香港廣角鏡出版社，一九八四年。

《七綴集》，上海古籍出版社，一九八五年。

《寫在人生邊上》，中國社會科學出版社，一九九〇年。

《槐聚詩存》，生活・讀書・新知三聯書店，一九九五年初版，二〇〇一年再版。

《石語》（與陳衍合著），中國社會科學出版社，一九九六年。

《錢鍾書散文》，浙江文藝出版社，一九九七年。

《管錐編》，生活・讀書・新知三聯書店，二〇〇一年。

《宋詩選注》，生活・讀書・新知三聯書店，二〇〇一年。

《人・獸・鬼》，生活・讀書・新知三聯書店，二〇〇一年。

《錢鍾書手稿集・容安館札記》，商務印書館，二〇〇三年。

《宋詩紀事補訂》，生活・讀書・新知三聯書店，二〇〇五年。

《談藝録》，生活・讀書・新知三聯書店，二〇〇七年。

《中國文學小史序論》，《國風半月刊》一九三三年第三卷第八期。

《中書君詩》，《國風半月刊》一九三六年第八卷第八期。

《談交友》，《文學雜志》一九三七年創刊號。

《中國固有的文學批評的一個特點》，《文學雜志》一九三七年第一卷第四期。

《靈感（小説）》，《新語》一九四五年第一期。

《模糊的銅鏡》，《隨筆》一九八八年第五期。

楊建侯

（一九一〇—一九九三）

生平簡介

美術家，美術教育家。曾用名劍侯、仲敏、贊楠，號荷葉村人。一九一〇年六月十九日生於無錫北郊荷葉村一個造農船木工家庭。幼年曾隨父親進入造船工廠學習木匠。六歲進入無錫第三師範附屬小學，愛好美術。後以全班第一的成績在無錫省立師範學校畢業。因父親反對，没有繼續學習，到布廠等工廠繼續學徒生涯。後在自己的堅持下，父親終於同意，進入無錫美術專科學校，師從胡汀鷺學畫。一九二九年參加無錫學會，編印會刊，并組織國樂隊、凉爽藝社，曾在無錫公園舉行凉爽藝社繪畫展覽。一九三〇年畢業後，拜訪徐悲鴻，得到徐悲鴻的認可，進入中央大學旁聽，次年正式考入。一九三二年暑假回到無錫，組織白浪畫會，每年在無錫舉行白浪畫會美展一次。上海淞滬抗戰爆發後，在無錫組織抗日後援會。一九三三年參加上海藝風畫社。一九三四年隨徐悲鴻到天目山寫生。一九三五年畢業於中央大學，獲教育碩士學位。先後任上海法醫研究所繪畫解剖教師和南京電影製片廠美術師等。一九三六年在無錫輔仁中學教美術、音樂。一九三七年抗日戰争爆發後，流亡重慶，參加重慶教師服務團，并任宣傳組組長。一九三八年一度被聘爲勵志社創作員，後任重慶教育部編委會編輯。一九四二年後，相繼在國立重慶藝術專科學校、廣西桂林藝術專科學校、南京金陵大學電影科，教授素描、連環畫和幻燈畫等課。其間，曾在重慶夫子池新生活運動會場舉行個人畫展。解放後，於一九五〇年調到南京大學任教授。後一直在南京師範大學美術系任教授、碩士研究生導師，長期致力於繪畫創作及美術教研工作。一九五三年加入中國美協，任華東美協理事。曾任江蘇省文聯委員、江蘇美協常務理事、南京書畫院特約畫師等職。并爲中國美協會員、中國民主同盟盟員。新中國成立後三十五年來，其油畫、國畫、素描作品多達數百幅，每年都有多幅被選送參加全國美展或出國展出。一九八三年在南京舉行個人素描畫展，其國畫、油畫、素描均有較高的造詣，人物、山水、花鳥都有較突出的成就。一九九三年逝世，享年八十三歲。

主要著作述要

《羣雁來歸》：畫作，在這幅畫中，畫家營造了一個漫天飛雪、數九寒天的嚴冬，大雪壓着蘆葦，雪還在下。在這個略顯荒凉的氛圍里，群雁由遠及近，紛至沓來。有的還在遠方，有的馬上就要飛過來了，有的正從半空中降落，有的已經落下來了，有的蜷縮畏寒，有的翹首以盼，有的側首欲語……各具姿態又各盡其態，把群雁在瞬間的姿態描繪得异常生動、準確、自然、優美。把九九只大雁組織在一幅畫面上，本身就是一件很大的工程。第一個問題就是構圖。這件作品構圖疏密有致，繁而不亂，頗見功力。作者采用的是西方繪畫的構圖方式，突出畫面的縱深感和節奏感。另外，爲了統一畫面，作者還采用了『彈雪法』，造成整個畫面都籠罩在雪中的感覺，既真實，又自然。從技法上考慮，通過此作可以看出作者對大雁生活和習性的觀察細致入微和嘗試用新的表現方法的努力。此作融合了他長期對自然景物觀察和寫生練就的素描經驗和技能，并結合中國傳統工筆畫的表現技巧，用傳統中國工筆畫勾勒暈染的方法精勾細染而成。作者對於空間的處理和對姿態各異的大雁的表現方法，既見傳統，又有新意。這幅巨幅工筆畫，《羣雁來歸》因其獨到的表現技法而具有的强烈的藝術感染力，被美術界譽爲中西融合的典範之作，也成爲楊建侯中國畫作品中最突出的代表之作。

《楊建侯素描集》：叢書名《父女丹青緣》，江蘇美術出版社二〇〇七年版。該書收録大量楊建侯素描作品。楊建侯的素描是獨立的、完整的藝術創作作品。他的素描都是藝術性很高的繪畫作品，反映了他治學嚴謹，作爲教授畫家在藝術創作中的長處。由於建侯先生的這種特殊的素描觀念、素描基礎和藝術修養，才使他能够成爲多能的畫家。從該書我們可以見到，素描永遠是一切造型藝術的基礎。體現了畫家對客觀事物的敏鋭觀察力和熟練的表現能力。要想成爲畫家、大畫家，就必須具備這兩方面的能力。從這個意義上説，該書爲廣大習畫者樹立了一個榜樣。

《寫意花鳥畫法》：上海人民美術出版社一九八二年版。該書是寫意花鳥畫的技法書。全書共六章，從用筆、用墨、用色談起，重點講授花卉、翎毛的寫意法；旁及魚介、草蟲、蔬菓。文字深入淺出，又結合衆多的插圖講解，易於理解、掌握。

主要論著目録

《人物畫的基本作法》，正氣書局，興華書局，一九五三年。

《楊建侯素描選》，上海人民美術出版社，一九八五年。

《劉元檢討會小感》，《文藝雜志》一九五〇年第五期。

《碼頭》（油畫），《雨花》一九六一年第一一期。

《懷念我師徐悲鴻》，《美術教育通訊》一九八三年第五期。

《藝海泛舟六十五載》，《文史雜志》一九九三年第五期。

《徐悲鴻的治學精神》，《縱横》二〇〇五年第五期。

宗亮東

（一九一〇—一九九六）

生平簡介

教育家。字來正。一九一〇年六月三十日出生於宜興徐舍鎮。十五歲初中未畢業即考入江蘇省立蘇州高級中學，一九三一年就讀於北平師範大學教育系，畢業後進入中央大學教育研究所，跟隨蕭孝嶸教授主修心理測驗。當時正值教育部提倡邊疆教育，畢業後他懷抱對教育的熱忱，只身遠赴邊陲，在國立綏遠蒙旗師範學校教導主任。抗戰中他轉至陝西省立鳳翔師範學校、西安師範學校任教，接着又去重慶，任教育部蒙藏教育司特約編輯。一九四一年，以代理考察團團長身份率邊疆教育考察團去西南邊陲考察，第二年出任雲南國立麗江師範學校校長。抗戰勝利，臺灣光復，迫切需要教育人才去臺灣開發，一九四六年，宗亮東帶着妻兒，從西南邊疆來到東南海島，任教於臺灣省立師範學院教育系，同時兼任附中校長，一度還兼任臺灣省立和平中學校長、臺北高級中學校務主任。後被聘任爲師範學院心理系教授兼教務長，先後開設『輔導原理』、『咨商理論與技術』、『教育與職業資質分析』等課程，并擔任《測試年刊》總幹事。爲了拓展華僑教育，争取華僑青年到臺灣求學，宗亮東於一九五五年前往馬尼拉任菲律賓華僑師範專科學校教授，并任僑生輔導研習會副主任。爲此他於一九五八年前往美國斯坦福大學攻讀教育碩士，取得學位後又到哥倫比亞大學師範學院進修輔導學。學成後仍回臺灣師範大學任教。一九八一年退休，繼續擔任『教育學會臺北市分會』、『心理衛生協會』、『輔導協會』理事長。他不遺餘力推動社會輔導工作，從參與策劃設計、編寫資料到輔導講課，都親任親爲。他所主持的『張老師』指導委員會，在引導臺灣青少年成長方面産生廣泛影響。一九九六年九月二日宗亮東去世，享年八十六歲。

主要著作述要

《教育電影概論》：商務印書館一九三六年版。全書分十章，論述了教育電影的意義、範圍、對象、設置、實施，以及教育電影的編制與展望等。書後附有中國教育電影協會章程等七種。

主要論著目録

《教育電影概論》，商務印書館，一九三六年。

《教育輔導》，與張慶凱合著，臺北正中書局，一九六六年。

《輔導概論》，臺灣書店，一九六七年。

《指導活動理論與實務》，臺北正中書局，一九六九年。

《輔導學的回顧與展望》，臺北幼獅文化事業公司，一九八三年。

《輔導與教育論文選集》，正中書局，一九八六年。

王紹曾

（一九一〇—二〇〇七）

生平簡介

古文獻學家、目録版本學家。字介人，號介庵，一九一〇年出生於今江陰市徐霞客鎮。自幼刻苦好學，一九二七年考入無錫國學專修學校，師從國學大師唐文治、錢基博等先生，通讀傳統典籍，研治國學。其畢業論文《目録學分類論》受到錢基博的高度評價，被推薦作爲《無錫國專叢刊》第一種於一九三一年出版。一九三〇年以優异成績畢業後，經無錫國專校長唐文治推薦，進入商務印書館工作，協助張元濟校勘《百衲本二十四史》，開始從事古籍版本校勘工作。一九三二年『一二・八』事變後，擔任無錫國專圖書館主任，兼授文言文寫作課。在此期間，撰寫并發表了《二十四史版本沿革考》、《〈史通〉引書考初稿緒論》等具有重要學術影響的論文。一九三四年，被聘爲江陰尚仁職業學校校長。一九三七年，江陰淪陷，他輾轉西南，先後在新生活運動委員會和國立高級助産職業學校工作。後前往西昌，參與創辦《寧遠報》，并任報社經理。創辦《新寧遠》月刊并任主編，對開拓西南邊疆文化做出了貢獻。二十世紀四十年代中期，曾任上海金山縣縣長。一九五一年，進入華北人民革命大學政治研究院學習。一九五二年，由華東教育局分配到山東濟南，參與創辦山東工業學校和濟南機械制造學校圖書館，任圖書館負責人兼學校語文教師。一九五八年，擔任山東機械工業學校、濟南工學院圖書館副主任兼校務委員。一九六〇年，考取著名學者、山東大學中文系高亨教授的函授研究生。一九六三年，調入山東大學圖書館古籍部工作。開始撰著《商君書集釋》一書。一九六六年，『文革』爆發，該書手稿在被抄家時毁失。一九七八年，《中國古籍善本書目》編纂工作啓動，他負責山大圖書館館藏善本的鑒定、上報事宜，編成《山東大學圖書館古籍善本書目》，可惜在印製時原稿在印刷廠丢失。其間，編選《古籍目録版本校勘文選》，油印成書。一九七九年，被評爲研究館員。一九八一年，開始撰寫《近代出版家張元濟》一書。一九八三年，調任山東大學古籍所教授，開始步入學術生涯的黄金時期。二十餘年間，先後承擔國家級、省部級科研項目多項。主持完成并出版的學術成果有《近代出版家張元濟》、《中國文化史知識叢書》（主編）、《漁陽讀書記》、《山東藏書家史略》、《山東文獻書目》（主編）、《清史稿藝文志拾遺》（主編）、《百衲本二十四史校勘記》（主持整理）、《補訂海源閣書目五種》（主持整理）、《目録版本校勘學論集》、《山左戲曲集成》等。一九八八年，被評爲山東省優秀科技工作者。一九九六年，應邀前往我國臺灣進行講學。二〇〇七年四月十三日，在濟南逝世，享年九十七歲。

主要著作述要

《近代出版家張元濟》：商務印書館一九八四年出版。全書分爲『張元濟先生的家世和生平』、『近代出版事業的開拓者』、『從戊戌新文化運動到「五四」前後』、『整理出版古籍的豐碩成果』四個部分，全面叙述了張元濟一生的經歷，尤其對於張元濟在中國近代出版業的發展以及傳統優秀古籍的整理方面的情況以及取得的成就做出了精彩的論述。一九九五年增訂再版，增加《張元濟先生校史始末及其在史學上的貢獻》一篇，分『宋元以來全史匯刻的基本情況』、『張元濟先生輯印《衲史》的動機和校史的全過程』

等五個章節，對張元濟在古籍整理方面的巨大貢獻作了進一步評述。山東大學文史哲研究院王承略教授評價説：『《近代出版家張元濟》是國内外研究張元濟的第一部專著，書中詳論張元濟的學行，特別總結張元濟在古籍整理方面的貢獻和經驗，深入探討他整理出版古籍的特點，分析總結其校勘全史的重大成就，是迄今爲止有關張元濟研究的最有深度的開拓之作，對今天的古籍整理工作具有重要的借鑒和指導意義。』（《恩師王紹曾——王紹曾先生的生平與學術》，載《山東圖書館季刊》二〇〇七年第三期）

《**清史稿藝文志拾遺**》：中華書局二〇〇〇年出版。本書是對《清史稿·藝文志》的補充完善之作，全書收録了《清史稿·藝文志》及《清史稿藝文志補編》之外有版本依據的清人著作五萬四千八百八十八部，計三十七萬五千七百一十卷。是對有清一代清人著述情況的系統梳理。《拾遺》自二〇〇〇年九月由中華書局出版以來，已引起整個古文獻學界、特別是版本目録圖書館學諸領域及許多藏書愛好者的廣泛關注與贊譽，著名版本目録學家胡道静盛贊此書「既爲目録學上一大盛事，亦有清一代文獻括存之大業」。復旦大學圖書館吴格研究員認爲：《拾遺》不僅是對《清史稿藝文志》的補充，而且是對傳世清代文獻的一次大規模調查與清理，其編纂理念及方法均已超越前人，「堪稱二十世紀古典目録學領域中有關清代文獻著録的壓卷之作」。中國社會科學院歷史研究所副所長辛德勇則指出：「王紹曾先生主編的《拾遺》書目多達五萬四千餘種，清代著述基本網羅在内，清史研究有了這個基礎，會很快上一臺階。清代學術是具有總結性的，所以《拾遺》不僅對研究清史，而且對研究歷代學術，尤其先秦兩漢，都有重要意義。」』（祝曉風：《〈清史稿藝文志拾遺〉出版》，載《中華讀書報》）

《**山東文獻書目**》：齊魯書社一九九三年出版。全書收録了先秦至民國時期山東先賢著作有版本可考者五千二百零八部，及與山東文獻有關的非山東人著作一千三百三十六部。山東大學王承略教授評價説：『本書創立了地方文獻書目編制的新體例。著録事項包括書名、著者、版本、書目根據或館藏，有極强的實用價值；著録方法上諸如對輯佚書的處理，對籍貫與僑居地的取捨，對别集與總集之間的互見，對有争議作者的區分，等等，多有創舉，并且帶有普遍性的意義，尤值得編目家參考借鑒。本書出版以後，在山東省的古籍整理規劃中發揮了指導性的作用。』（《恩師王紹曾——王紹曾先生的生平與學術》，載《山東圖書館季刊》二〇〇七年第三期）

《**目録版本校勘學論集**》：上海古籍出版社二〇〇五年出版。全書收録了《目録學分類論》、《〈史通〉引書考初稿緒論》、《小緑天善本書輯録》、《國專圖書館善本書志（存四則）》、《〈繆藝風先生著述目〉補》、《試論張元濟先生對我國文化事業和目録學的貢獻》、《十八世紀我國著名目録學家周永年的生平及其主要成就》、《試談整理、研究古典目録學遺産的幾個問題和主要任務》、《〈訂補海源閣書目五種〉序》、《〈楹書隅録〉整理訂補緣起》、《〈宋存書室宋元秘本書目〉整理緣起》、《〈海源閣藏書目〉整理訂補緣起》、《〈訂補海源閣書目五種〉後記》等學術論文，集中反映了王紹曾在目録版本校勘領域的學術見解。

《山左戲曲集成》：上海古籍出版社二〇〇七年出版。全書收録了元明清時期山東戲曲作家及其作品，所選作家均有小傳介紹，所收作品基本上囊括了目前學術界所發現的所有資料，并依作品真僞、版本源流、劇情内容，分别予以介紹。山東大學王承略教授評價説：『此書收録現存的從元到清山東人創作的戲曲，分爲雜劇、傳奇兩編，附録戲文兩種，凡作家二十九人，戲曲六十九種。每一作家有小傳，每一劇目有内容説明、劇情介紹，酌收前人的有關考證成果，體例完善。每一戲曲皆選擇精善之本加以標點、校勘。本書是山東戲曲首次大規模的整輯，挖掘并推出了不少長期被埋没忽略的一、二流的大家和著作，全面展現了古代山東戲曲的光輝成就。』（《恩師王紹曾——王紹曾先生的生平與學術》，載《山東圖書館季刊》二〇〇七年第三期）

主要論著目録

《目録學分類論》，《無錫國專叢刊》，一九三一年。
《近代出版家張元濟》，商務印書館，一九八四年。
《中國文化史知識叢書》（三十種，主編），山東教育出版社，一九八七年。
《山東藏書家史略》，山東大學出版社，一九九二年。
《山東文獻書目》，齊魯書社，一九九三年。
《清史稿藝文志拾遺》，中華書局，二〇〇〇年。
《補訂海源閣書目五種》，齊魯書社，二〇〇一年。
《百衲本二十四史校勘記》，商務印書館，一九九七—二〇〇四年。
《目録版本校勘學論集》，上海古籍出版社，二〇〇五年。
《山左戲曲集成》，上海古籍出版社，二〇〇七年。
《小緑天善本書輯録》，《無錫圖書館協會會報》一九三三年第三期。
《二十四史版本沿革考》，《國專月刊》一九三四年第一卷一—四期。
《〈史通〉引書考初稿緒論》，《國風半月刊》一九三五年第六卷第一—二期。

《十八世紀我國著名目録學家周永年的生平及其主要成就》，《山東圖書館季刊》一九八一年第二期。

《胡適〈校勘學方法論〉的再評價》，《學術月刊》一九八一年第八期。

《〈全唐文〉刻本》，《讀書》一九八五年第九期。

《〈清史稿·藝文志〉易類拾遺概談》，《周易研究》一九八九年第一期。

《〈清史稿·藝文志〉易類拾遺》，《周易研究》一九八九年第二期。

《〈清史稿·藝文志〉易類拾遺（續）》，《周易研究》一九九〇年第一期。

《〈清史稿·藝文志〉易類拾遺（三）》，《周易研究》一九九〇年第二期。

《編印〈四庫善本叢書〉和續修〈四庫全書〉芻議》，《文史哲》一九九三年第一期。

《略談山東刻書及其在文化史上的作用》，《山東大學學報（哲學社會科學版）》一九九三年第一期。

《周叔弢與海源閣遺書》，《文獻》一九九六年第四期。

《印行〈四庫全書存目叢書〉之我見》，《北京大學學報（哲學社會科學版）》一九九七年第五期。

《爲什麽要整理出版〈百衲本二十四史校勘記〉——兼答汪家熔先生》，《江蘇圖書館學報》二〇〇二年第四期。

朱　星

（一九一一—一九八二）

生平簡介

語言學家。字星元。一九一一年二月十五日出生於宜興縣丁蜀大浦鎮。父親是一名中醫，他幼年喪父，生活孤苦，曾從本鄉秀才儲南强讀書。九歲時去上海，寓居玉佛寺，成爲可成禪師弟子，法名醒元。十歲時又被天主教馬聖堂神父黄輝烈收爲義子，隨即進入天主教教會學校，學習拉丁文和法文。他幼年臨池學書，尤擅顔體榜書，曾鬻書義賑，名噪一時，被譽爲『七齡神童』。當時南京名刹和滬上教堂的匾額楹聯，有不少爲他手書。十五歲考入無錫國學專修學校學習。十九歲畢業，回上海天主教中學教書，一面在上海復旦大學攻讀法文。二十二歲進入上海膠州路一所美國教會學校公撒格公學教授國文。期間曾去土山灣樂善堂跟隨馬相伯學習文法學。他以所書《中國文學史通論》和《戰國縱横家研究》兩書受到馬相伯的激賞。一九三五年經馬相伯介紹進入法國教會學校天津工商學院任教，并介紹他拜北平著名學者陳垣爲師。一九四五年，朱星離開工商學院到北洋大學任教。一九四九年一月天津解放，先後任河北天津師範學院中文系語言學教授、系主任、副教務長、副院長，兼任天津市語文學會副理事長、天津市科學聯合會社會科學部副主任委員。這期間，他實現了從一個宗教信徒向信仰共産主義的轉變，一九五〇年加入中國共産黨。一九五七年河北天津師範學院與河北北京師範學院部分院系合併，他進入河北北京師範學院中文系任教，擔任教授、副院長等職。『文革』中朱星受到冲擊，被送到河北農村勞動改造，夫人被折磨至死，家中藏書和手稿也被抄没無存。一九七九年，經中央組織部批準，調入中國大百科全書出版社工作。但他認爲自己一生從事教育工作，他的事業應該在講臺上，於是毅然要求回到學校教書。一九八〇年十二月，他回到當時條件相對較差的天津師範學院任教，兼任中國語言學會理事、中國音韵學研究會理事、中國訓詁學會常務理事等。在天津師院，他主持招收首批語言學碩士研究生。正當他滿懷信心籌建語言學研究所時，一九八二年十二月四日，病魔奪去了他的生命，終年七十一歲。

朱星研究範圍廣泛，涉及古今漢語語法、詞匯、修辭、文字、音韵、訓詁及普通語言學、語言學史，乃至通俗語文教育等各個方面，一生寫有著作二十多種，發表論文數十篇。

主要著作述要

《周易解放》（又名《周易經文考釋》）：中國文學院一九四九年出版。這是作者多年研究《周易》的重要成果。書中廣引各種資料及時賢卓見，用古文字學爲考訂工具，對《周易》的每字每句，一一進行考釋。每字先求其古形，從《説文》小篆而上溯鐘鼎甲骨，以求形體分合的變化，進而再求它的古音古義。該書在文字的考釋方面，於字義頗多發明，使《周易》的不少混沌難解之處，得到了豁然貫通的説明，因此友人贈書名爲《周易解放》（意思是《周易》深奥難懂，經他一釋，可以懂了，猶如把《周易》解放了一樣）。該書在古史學和古文字學的研究方面很有貢獻。歷史學家、古文字學家郭沫若贊之爲『新穎可喜』，歷史學家吴晗亦認爲，此書『以現代觀點説《易》，一掃數千年來牽强附會之論』。

《**古代漢語概論**》：天津人民出版社一九五九年出版。該書是作者在大學開設古代漢語課的講義。全書共分六章，除緒論外，分别講了文字、音韵、詞匯、文法修辭和文體諸問題，各章在安排上都有内在的聯繫。本書是中學語文教師及大學文科學生的參考書，内容、材料都很豐富。一、三、四、五各章之後分别附有五百四十部首表、上古音韻韻部表、假借字表、虚字用法表，爲讀者提供了大量資料。每章後還有大量復習題和部分練習題以及應讀的主要參考書目，爲讀者學習檢驗提供了很多幫助。

《**漢語語法學的若干問題**》：河北人民出版社一九七九年出版，該書是爲紀念《馬氏文通》出版八十周年而寫，凝聚了他多年的教學經驗和研究所得。全書分二十四個小題目，講了語法的基本知識和歷史知識，還涉及到一些理論問題。書中對語法學的歷史、現狀作了全面交代，介紹了不同派、不同家的不同觀點，也提出了自己的看法。這些理論和觀點，反映了他在語法研究上新的探討，具有一定的影響。該書篇幅雖然不長，内容却很豐富，涉及《馬氏文通》出版八十年以來漢語語法研究中的許多問題，很值得漢語語法研究者、教學者一讀。該書也可以認爲是有關現代漢語語法研究史的著作。

《**漢語詞義簡析**》：湖北人民出版社一九八一年出版。該書共分五章：第一章詞義原理，介紹詞與義的關係，詞義系統，詞義的組織和詞義研究的對象等。第二章詞義分析，分三十六個小題目，具體分析漢語的各種詞義，如語法義，修辭義，單義與多義；本義初義與引申義，主義次義，常用義與不常用義，今義與古義，同義近義與異義、對義，成語義，方言義以及譯詞詞義分析等。第三章詞義的變化，介紹詞義變化的原因、趨向、社會性及規律等。第四章詞義教學，介紹詞義教學的原則，詞義的解釋法以及傳統教學法。第五章古代訓詁注釋和外國語義學簡介，主要介紹訓詁基礎知識。總之，該書共列出了五十多個小題目，對詞義問題從各個角度進行了論述，是目前詞義分析最細最詳之作，也是他關於漢語語義學的一部專門著作。

主要論著目録

《中國文學史通論》，上海書報社，一九三四年。

《戰國縱横家研究》，上海書報社，一九三四年。

《星元詩草》，天津工商學院，一九三九年。

《文學理論總編》，天津大東書局，一九四〇年。

《大學應用文教程》，天津工商學院，一九四〇年。

《周易解故》（又名《周易經文考釋》），中國文學院，一九四九年。

《識字教學的基本知識》,天津大衆書店,一九五〇年。

《新文體概論》,五十年代出版社,一九五四年。

《怎樣學習普通話》,河北人民出版社,一九五六年。

《語言學概論》,天津人民出版社,一九五七年。

《古代漢語概論》,天津人民出版社,一九五九年。

《河北方言概述》(主編),河北人民出版社,一九六〇年。

《漢語普通話小史》,中國文字改革委員會,一九六六年。

《漢語語法學的若干問題》,河北人民出版社,一九七九年。

《古代漢語》(主編),天津人民出版社,一九八〇年。

《金瓶梅考證》,百花文藝出版社,一九八〇年。

《中外語法比較》,北京語言學院油印本,一九八〇年。

《漢語詞義簡析》,湖北人民出版社,一九八一年。

《古代文化基本知識》,天津人民出版社,一九八二年。

《篇章結構與教學》,甘肅人民出版社,一九八三年。

《中國皇帝評論》,中國國際廣播出版社,一九九〇年。

《古代漢語資料匯編》(主編),未刊。

《古代外語文法比較》(拉丁文、希臘文、梵文、希伯萊文四種語言語法比較),未完稿。

《唐代長安方言考》(又名《切韻研究》)(〔法〕馬伯樂著,朱星譯),未刊。

《中國音學》(〔荷蘭〕商克著,朱星譯),未刊。

《方音符號的比較研究》,《河北師範學院學報》一九五六年第一期。

《對〈漢語拼音詞匯〉的三點小意見》,《文學改革》一九五九年第二十四期。

《〈文心雕龍·聲律篇〉詮解》,《天津師院學報》一九七九年第一期。

《〈金瓶梅〉的作者究竟是誰》,《社會科學戰綫》一九七九年第三期。

孫毓棠

（一九一一——一九八五）

生平簡介

歷史學家，詩人。無錫城内小河上（今名崇寧路）人。一九一一年四月九日生於天津。一九二五年進入南開中學就讀，一九二八年進入南開大學，其間遭遇家變，生活艱難。在校期間除了接受校長張伯苓的接濟外，還應聘在南開中學教授一年級古文課程。一九三〇年八月肄業於天津南開大學，轉入清華大學歷史系就讀。連續在《清華周刊》上發表詩歌，是『三十年代清華四詩人』之一，被稱爲『愛情詩人』。一九三一年『九一八』事變後，積極參與抗日宣傳，與曹禺合編《救亡日報》，出演話劇《馬百計》。一九三三年八月自清華大學歷史系畢業。此後，在天津河北省立女子師範學院任史地系講師。一九三五年八月東渡日本，一九三七年七月肄業於東京帝國大學文學部大學院。

抗戰爆發後回國，任廣西省立高級中學英語、史地教員，後歷任雲南大學、西南聯大師範學院史地系講師、副教授。課餘從事詩歌創作和話劇活動，爲新月派詩人之一，史詩《寶馬》是其代表作。抗戰結束後任國立清華大學歷史系副教授、教授。一九四五年八月應英國文化委員會之聘，與陳寅恪、洪謙、邵循正、沈有鼎等聯袂赴英，任牛津大學皇后學院客座研究員。一九四七年八月赴美，先後任中國出席聯合國代表團社經理事會專門助理、美國哈佛大學客座研究員。他不顧友人的勸阻，放棄了美國優厚的待遇，於一九四八年八月歸國，仍任清華大學歷史系教授。

一九五二年八月任中國科學院經濟研究所研究員，不久任《中國近代經濟史資料叢刊》編委。并負責《中國近代工業史資料》第一輯的編輯工作。此書於一九五七年七月出版後在國内外産生很大影響。五十年代後，他把主要精力投入中國近代經濟史的研究，先後發表了《日俄戰争後美帝侵略中國東北的陰謀》、《美帝國主義與蘆漢鐵路投資競争》、《中日甲午戰争前資本主義各國在中國設立的銀行》、《中日甲午戰争前外國資本在中國經營的近代工業》、

《中日甲午戰争後美國資本與蘆漢、津鎮、粵漢諸鐵路的借款》、《美帝國主義攫占三都奥的陰謀與所謂『海軍借款』》、《美帝攫占上海電力公司》、《美帝對華投資的歷史發展及其侵略性》、《中日甲午戰争賠款的借款》、《粵漢鐵路借款問題》、《幣制實業借款》等多篇論文，對十九世紀帝國主義在工業、鐵路、銀行、借款等方面的對華侵略進行了研究。這些論文均收入後來出版的《抗戈集》中。一九五七年被劃爲右派（一九七九年予以平反），一九五九年一月轉任中國科學院歷史研究所研究員，『文革』後期參與標點《二十四史》和《清史稿》。

一九七六年，負責籌建中國社科院歷史研究所中外關係史研究室和中外關係史學會，并任該會首届理事長。一九七八年，在歷史研究所籌建並領導了中外關係史研究室和全國性的學術團體——中外關係史學會（任理事長），爲推動中外關係史這個學科的發展作出了努力。一九八〇年以後，應邀兼任《中國大百科全書》總編輯委員會委員、《中國大百科全書·中國歷史》編輯委員會副主任，擘劃《中國歷史》的全面工作，并任秦漢分卷主編。一九八一至一九八二年先後兼任美國德克薩斯州立大學和華盛頓威爾遜研究中心客籍研究員。一九八四年七月十八日在《光明日報》上發表論文《開闊中國經濟史的研究領域》，引起史學界、經濟界的重視。

一九八五年九月五日在北京病逝，終年七十四歲。

孫毓棠的主要成就在中國近代經濟史，但在古代經濟史、對外關係史方面也頗有建樹。他没有將自己局限於某一斷代史或某一專史。而是將每一項專題研究同時置於縱的和横的聯繫之中，才有可能窮其底藴；盡可能多角度、大跨度的考察，盡可能使死的史料變成活生生的、有血有肉的歷史。他認爲，一個具有歷史實在感的人才稱得上是一個歷史學家。

主要著作述要

《中國近代工業史資料》（第一輯）：該書是中國近代經濟史資料中較早出版的一種，在國内外産生過很大影響。全書凡九十萬字，匯集了從鴉片戰争到中日甲午戰争期間有關中國新式工業基本情况的資料，徵引中外檔案、報刊，私人著述不下三百種。其中包括卷帙浩繁的《北華捷報》、《英國駐華各口岸領事商務報告》、《海關貿易報告》、《教會新報》、《申報》等，凡當時國内能够找到的有關資料，甚至臨時散發的小册子和文件，也都在收輯之列。作者在編輯這部資料集時，并未滿足於資料的編檢，而是寓研究於整理之中。經他仔細分析、歸納，精心編排，全書綱舉目張，於學者大有裨益。這部資料集（連同後來汪敬虞所編第二集)爲中國近代經濟史的研究奠定了堅實的基礎。作爲《資料》的前言,孫毓棠寫了《十九世紀中國近代工業的興起與工業無産階級的誕生》一文,綜合叙述了中國近代工業的發生過程,有不少獨到的發現和精辟的見解。這些發現、見解與《資料》的内容可互相參照。

《抗戈集》: 本書所著有關中國近代經濟史的論文,對中國近代工業的興起、工業無産階級的産生,以及十九世紀帝國主義在工業、鐵路、銀行、借款等方面的對華侵略等中國近代史上的重大問題進行了開拓性研究。

《戰國秦漢時代的紡織業》: 充分挖掘和利用文獻資料和當時所能掌握的出土文物,對戰國秦漢時代紡織、染織技術,包括絲織、麻織、葛織、毛織和煉織技術的進步作了十分具體的探討,耙剔梳理,填補了中國古代經濟史研究領域特别是手工業生産史上的一項空白。

主要論著目録

《夢鄉曲》,震東印書館,一九三一年。

《海盗船》,上海立達書局,一九三四年。

《寶馬》,文生,一九三七年; 創作書社,一九三九年。

《中國古代社會經濟論叢》,雲南經濟委員會,一九四三年。

《中日甲午戰争前外國資本在中國經營的近代工業》,上海人民出版社,一九五五年。

《中國近代工業史史料》(與汪敬虞合編),科學出版社,一九五七年。

《抗戈集》,中華書局,一九八一年。

《寶馬與漁夫: 孫毓棠詩集》(與王次澄、余太山合著),業强出版社,一九九二年。

《孫毓棠學術論文集》,中華書局,一九九五年。

《後漢書》和《清史稿》(整理標點),中華書局版《二十四史》本。

《大慈恩寺三藏法師傳》(與謝方、范祥雍合作整理),中華書局,二〇〇〇年。

《孫毓棠集》,中國社會科學出版社,二〇〇七年。

《夢鄉曲》,《清華周刊》一九三一年第三十五卷第八—九期。

《寫照》,《清華周刊》一九三一年第三十六卷第六期。

《寄》《月》,《清華周刊》一九三二年第三十七卷第一期。

《木舟》《工作》,《清華周刊》一九三二年第三十七卷第七期。

《銀便士》,孫毓棠譯,《清華周刊》一九三二年第三十八卷第三期。

《海涅情詩短曲》，孫毓棠譯，《清華周刊》一九三二年第三十八卷第四期。

《睡孩》《遲月》，《清華周刊》一九三二年第三十八卷第四期。

《玫瑰姑娘》《東村女兒》，《清華周刊》一九三二年第三十八卷第十二期。

《艫歌》，《清華周刊》一九三三年第三十九卷第一期。

《婚夕》《地獄》，《清華周刊》一九三三年第三十九卷第七期。

《希臘史》孫毓棠譯，《女師學院期刊》一九三三年第三卷第一期、第二期。

《彌拉波》，《女師學院期刊》一九三三年第二卷第一期。

《日本占據長城的歷史意義》，孫毓棠譯，《獨立評論》一九三三年第六十一期。

《野狗》，《學文》一九三四年第一卷第一期。

《我回來了》，《學文》一九三四年第一卷第二期。

《寶馬》，《月報》一九三七年第一卷第六期。

《我怎樣寫『寶馬』》，《月報》一九三七年第一卷第六期。

《漢代的驛制》，《戰地》一九四〇年第十五期。

《魯拜集》（孫毓棠譯），《西洋文學》一九四一年第七—十期。

《戰國時代的農業與農民》，《戰國策》一九四一年第二卷第十七期。

《漢末魏晋時代社會經濟的大動蕩》，《人文科學學報》一九四二年第一卷第二期。

《農夫》，《文叢》一九四四年第一卷第五期。

《魯拜集》（孫毓棠譯），《新文學》一九四四年第一卷第二期。

《西漢的兵制》，《中國社會經濟史集刊》一九四四年第五卷第一期。

《漢代的交通》，《中國社會經濟史集刊》一九四四年第七卷第一期。

《談明星》，《月刊》一九四五年第一卷第二期。

《開闢中國經濟史研究的領域》，《光明日報》一九八四年七月十八日。

周楞伽

（一九一一—一九九二）

生平簡介

作家、古典文學家。原名周劍箫，一九三五年起用『周楞伽』筆名在《申報》等刊物上寫稿，久之取代原名。其筆名甚多，有危月燕、周華嚴、王易庵、林志石、林智石、苗埒、周夷、志堅、文能、文熊、愛棠、柳文英、静波等。一九一一年出生於宜興。周姓是宜興的望族，除了晋朝周處父子外，還出過不少達官貴人。周楞伽出生於一個没落的書香門第，傳到祖父時已經很式微了。父親周域，字蕭士，後改孝慈，曾就讀於梁啓超辦的神州法政專門學校，畢業後在上海當律師，很少過問在宜興的産業，而家庭經濟都由周楞伽母親一手打理。周楞伽六歲進私塾，讀《三字經》、《千字文》。後跟兩個姐姐進中西女塾。八歲跟哥哥進協和小學，一進校就插入二年級。一九二〇年，周楞伽十歲時，一場突如其來的因感冒引發的傷寒，使他失去了大部分聽覺和説話能力，成了一個聾啞人。從十歲到十六歲，周楞伽埋首讀書，讀了《三國演義》、《精忠岳傳》、《西游記》等舊小説，通過閱讀提高了自身的文化水平，可以説是自學成才。一九二三年夏天，跟隨父親和大姐來到上海，幫助抄寫狀詞。抄寫之餘，他接受新文化運動的影響，涉足文壇。一九二九年，開始從事新文藝創作，詩歌、散文、小説以及兒童文學均有涉獵。一九三三年，開始發表作品，主要是小品文章和小型小説。一九三五年，出版長篇小説《煉獄》。曾編過《萬歲》、《文學青年》、《新文藝》、《小説日報》等報刊。二十世紀三十—四十年代，周楞伽在上海依靠賣文度日，把一家三口托付給在常州的大姐。

新中國成立後，周楞伽在中華書局上海編輯所任編輯，轉向研究古典文學及通俗小説的創作。曾編選注釋《唐代傳奇選譯》、《绿窗新話》、《裴铏傳奇》、《剪燈新話》、《殷芸小説》等古小説，歷年發表的古典文學研究論著，亦有相當數量。他在兒童文學創作方面也有不少作品。其兒童文學的代表作，當是長篇神話小説《哪吒》。一九八二年和一九八五年先後兩次由少年兒童出版社出版，發行量很大，後來曾經改編爲連環畫，還拍了動畫片。畢其一生，留下了近千萬的文字，被稱爲二十世紀最具傳奇色彩的作家。一九七二年退休，一九八九年評爲編審。一九九二年一月二十六日，周楞伽去世。

主要著作述要

《哪吒》：本書是周楞伽創作的一部長篇神話小説。這部小説，以《封神演義》、《西游記》等小説的部分情節爲基礎，發揮合理想象加以虛構而成。作者用生動形象的筆觸，刻畫了哪吒聰明正直、勇敢機智的性格，文筆細膩，幽默風趣。哪吒在本書中就是一個生動的小孩子和小英雄的形象，其他配角也有他們的靈動生命。特别是哪吒鬧海、三打龍王、打跑四大金剛、智敗二郎神等熱鬧的情節，作者通過合理想象，使故事更加有趣。《哪吒》這部小説，曾先後兩次出版。一九八二年，《哪吒》作爲少年兒童出版社『少年文庫』中的一種出版發行。一九八五年，少年兒童出版社再次出版《哪吒》一書，分爲上、下兩册，較一九八二年版有所增益，發行量很大。後來曾改編成連環畫，還拍成動畫片。

主要論著目録

《旱灾》，中華書局，一九三五年。

《煉獄》，微波出版社，一九三六年。

《風風雨雨》，微波出版社，一九三六年。

《生活與實踐》，復旦出版公司，一九四六年。

《月球旅行記》，山城書店，一九四七年。

《裴鉶傳奇》，上海古籍出版社，一九八〇年。

《剪燈新話》，上海古籍出版社，一九八一年。

《哪吒（少年文庫）》，少年兒童出版社，一九八二年。

《殷芸小説》，上海古籍出版社，一九八四年。

《唐代傳奇選譯（插圖本）》，中州古籍出版社，一九八四年。

《名優奇冤》，人民美術出版社，一九八五年。

《清末四大奇案》，群衆出版社，一九八五年。

《哪吒（上、下册）》，少年兒童出版社，一九八五年。

《李師師傳奇》，上海古籍出版社，一九八七年。

《漫話金瓶梅》（與孫遜合作），上海古籍出版社，一九八八年。

《清代七大奇案》，上海文藝出版社，一九九〇年。

《幻術奇談》，上海古籍出版社，一九九三年。

《傷逝與談往（文壇漫憶叢書）》，黑龍江人民出版社，一九九八年。

李　旭　旦

（一九一一——一九八五）

生平簡介

人文地理學家、區域地理學家、地理教育家，當代中國人文地理學創始人之一。一九一一年秋，出生於江陰縣（今江陰市）青暘鎮一個中醫家庭。青少年時期就讀於著名的南菁中學。一九三〇年以全校第一名的優異成績由南菁中學保送到南京中央大學地理系學習。在學習期間，成績斐然。他當時就深深地感到：只有大力推動『人地關係』的研究，才能使人文地理學迅速地向前發展，於是他和當時的同學任美鍔在胡焕庸、張其昀老師的大力支持下，翻譯了法國人文地理學一代宗師白吕納的《人地學原理》。《人地學原理》的翻譯引進，對中國當時地理學界具有重要的意義，對後來中國人文地理學的發展也起到了巨大的推動作用。一九三四年大學畢業後，留系擔任助教。一九三六年考取中英庚款獎學金，赴英國劍橋大學地理系留學，攻讀碩士學位。一九三八年，以畢業論文《江蘇省北部區劃地理》，獲劍橋大學理學碩士學位。之後，赴歐洲大陸考察德國、法國、瑞士、荷蘭等國，登上阿爾卑斯山之巔，後又横渡大西洋，踏上美國國土，從東向西横穿美國，考察了沿途的人地關係，爲他今後『人的協調發展』學術思想的提出奠定了基礎。

一九三九年秋，經由美國回國，時值抗日戰争期間，中央大學西遷至四川重慶沙坪壩，他被聘爲該校地理系教授，并開始擔任《地理學報》總干事及總編輯。在校期間，先後講授《人生地理學》、《地理學思想史》、《英國地理》、《政治地理學》及《世界氣候》等課程。一九四二年秋，任中央大學地理系主任。在當時的教學中，他就非常注意理論與實踐相結合，培養學生運用知識解决實際問題的能力。每年暑期，都帶領學生進行野外實習。一九四一年，參加中華自然科學社的西北考察，并擔任了團長，考察白龍江中游地區，寫成《白龍江中游人生地理觀察》的重要論文。

一九四三年秋，與陸漱芬女士結婚。陸漱芬後來就讀於美國賓夕法尼亞州立大學地理系，獲碩士學位。後來曾主持設計并編制《江蘇省地圖集》，參加編繪《國家大地圖集》，爲中國現代地圖教育做出了重要貢獻。

抗戰勝利後，一九四六—一九四七年，他應聘到美國馬里蘭大學地理系作訪問教授，結合講學寫了《中國地理區之劃分》（英文）一文，在美國地理學家協會學術年會上宣讀，并發表於該會的年報上，引起國際地理學界的重視。

一九四七年底回國後，繼續擔任地理系教授兼系主任。時正值全國解放前夕，他旗幟鮮明地支持進步學生的正義鬥争，并反對遷校臺灣，擔任『應變委員會』工作，爲中央大學回到人民的懷抱，做了大量的具體工作。

新中國成立後，從一九五〇年開始，任科學院地理專業籌委會委員，編著有《蘇聯經濟地理》，翻譯《蘇聯地理》，創辦《地理知識》并擔任主編達七年之久。一九五二年八月，全國院系調整，爲了發展祖國的地理教育事業，主動要求到新成立的南京師範學院創建地理系，并擔任系主任。

李旭旦一生主要致力於人文地理學、區域地理學和地理教育理論的研究。早年他接受了法國、英國人文地理學派的人地關係思想，在中國進行了人文地理研究的開創性工作。一九五七年後，地理學界學習前蘇聯模式，錯誤地開展對人文地理學的批判，李旭旦也受到波及，并因此在一九五七年被錯劃爲右派。從此，他退出行政，專心致志於地理教學和科研工作。一九六三年寫作《分式號碼法的應用與評價——以蘇州東山鎮爲例》。一九六四年，翻譯了魏格納的《海陸的起源》等書，後發表《現代地理學的幾個問題》等論文。

一九七九年，黨的十一届三中全會以後，他的右派錯案終於得到改正，并重新被任命爲南京師範學院地理系系主任，擔任中國地理學會常務理事、江蘇省地理學會副理事長、中國地理學會人文地理專業委員會首任主任委員等職。這期間著述頗豐，完成了大量的翻譯工作，介紹了國外地理學的最新動向。期間，爲《中國大百科全書》主編了《人文地理學》分册，主持《國外地理科學文獻選譯》，并翻譯了詹姆斯的《地理學思想史》。他積極呼籲『人文地理學的復興』、『大力開展人地關係與人文地理學的研究』、『人文地理學的新生』，得到學術界的重視與積極響應，爲復興人文地理學的發展做出了突出的貢獻。一九八五年七月八日，因病逝世。

在人文地理學方面，李旭旦積極引進西方現代地理學思想，竭力主張發展具有中國特色的人文地理學，强調人地關係理論是人文地理學的基礎和核心，主張協調人地關係是當代人文地理學研究的新課題，我國人文地理學在引進和學習西方人文地理學時要注意分析批判，要用新的觀點、新的手段和方法來發展人文地理學，以分析解決中國的實際問題爲其主攻方向。

在區域地理學方面，他認爲區域地理學是地理學的核心，但現代區域地理學要重新定向，應致力於方法論和革新，并力主把傳統的百科全書式的區域描述代之以專題研究的解釋性的分析。

主要著作述要

《人地學原理》（譯著）：作者爲法國人文地理學一代宗師白吕納。該書共分何謂人地學、人地學事實之分類法、人地學的基本事實、小區域研究、餘論、地學精神等章，是二十世紀初出版的一部人文地理學的名著。該書的翻譯引進，爲了解國外地理學發展動向、促進我國人文地理學的發展起到了長遠而巨大的推動作用。

《近代人生地理學之發達及其在我國之展望》：該書包括古代之地理智識、新地學之發軔及其初期進展、人生地理學大師——雷次兒氏、法國學派——白蘭士與白吕納、最新人地學發展之趨勢、我國新地理學之發展經過及其困難所在、我國地理工作此後應采之途向等内容，全面介紹了西方的人文地理學的概況、不同學派以及對人文地理學在我國發展的展望，對人文地理學在我國的誕生與發展，産生了重要影響。

《地理學思想史》（譯著）：這是一部地理學史和地理思想史的經典著作。作者提供了古代、中世紀以及現代西方主要國家與地區的地理觀念的演變史，并且介紹了它們的地理學與地理學者的概況，有助於讀者對世界範圍的地理學研究和實踐的跨文化理解。該書的引入，爲了解國外地理學發展動向，促進我國人文地理學的發展産生了長遠的影響。

《海陸的起源》（譯著）：本書是德國地球物理學家魏格納開創地球學史上新紀元的經典論著，作者在這本書里系統地闡述、論證了他在一九一二年提出的大陸漂移説。此書一出版，即被譯成多種文字，引起全世界地質學界、地球物理學界的重視。一九六四年，李旭旦將本書翻譯出版，把當時最新的大地構造學説——新的大陸漂移理論引入國内，可惜在當時極左思潮之下，該一新學説并未受到重視。直至文革結束之後，才在國内地理學界産生重大影響。

《世界政治地理》：本書屬於中華文庫叢書，内容包括一幅變色的世界地圖、國勢是怎樣衡量的（上）——國家的自然因素、國勢是怎樣衡量的（下）——國家的人文因素、美國與蘇聯——今日世界之二雄、落難中的歐洲、亞洲民族之復興、世界新形勢展望等七章。是一部關於政治地理學的普及讀本。

《蘇聯經濟地理概論》：内容包括蘇聯的自然條件在社會主義建設中的評價、蘇聯的工業地理、蘇聯的農業地理、蘇聯的運輸地理、經濟區域等五章，介紹了蘇聯經濟地理的概況。

《白龍江中游人生地理觀察》：本文是一九四一年参加中華自然科學社的西北考察，考察白龍江中游地區後創作的重要論文。該文明確提出了合理利用自然資源、協調人地關係的寶貴意見。同時指出：白龍江是我南北重要分界綫——秦嶺淮河綫的向西延伸，是我國東部農業區與西部牧業區的分界。這一見解成爲解放後制訂《全國農業發展綱要》的基本科學依據之一。

《中國地理區之劃分》：文章作於在美國馬里蘭大學地理系作訪問教授期間。該文吸取了當時國外地理學區劃的理論方法，以綜合考察地貌、氣候、水文、土壤、植被等自然要素和人口、經濟、民族、文化等人文要素，提出了綜合地理分區的方案，這一成果在當時具有開創性的理論和實踐意義，體現了他在區域地理研究上的統一地理學思想，至今仍不失學術價值。

主要論著目録

《閩浙百粤》（國民説部第三集・國民地理），正中書局，一九三五年。

《人地學原理》（合譯，〔法〕白吕納著），南京鍾山書局，一九三五年。

《世界政治地理》，中華書局，一九四八年。

《蘇聯地理》（〔蘇〕葛里哥利・雪夫著，李旭旦譯），開明書店，一九五〇年。

《蘇聯經濟地理概論》，新知識出版社，一九五五年。

《研究自己的鄉土》，（〔蘇〕斯・弗・奥勃羅契夫主編，李旭旦譯），中國青年出版社，一九五五年。

《世界地理教學著作大綱》（高等師範院校用，合著），人民教育出版社，一九五六年。

《我的旅行——我是怎樣成爲地理學家的》（合譯，〔蘇〕伊・謝爾巴科夫著），中國青年出版社，一九五七年。

《各洲自然地理》（講義）油印件，南京師範學院一九六三年。

《海陸的起源》（〔德〕魏格納著，李旭旦譯），商務印書館，一九六四年。

《地理學思想史》（〔美〕普雷斯頓・詹姆斯著，李旭旦譯），商務印書館出版，一九八二年。

《地理學詞典》（編委），上海辭書出版社，一九八三年。

《中國大百科全書・人文地理學》（主編），中國大百科全書出版社，一九八四年。

《人文地理學概説》（主編），科學出版社，一九八五年。

《文化地理學》（主編），科學出版社，一九八五年。

《人文地理學論叢》（主編），人民教育出版社，一九八五年。

《現代蘇聯地理學的理論問題》（合譯，〔蘇〕庫德里亞舍瓦主編），科學出版社，一九八七年。

《世界自然地理通論》（合著），江蘇教育出版社，一九九〇年。

《中國大百科全書：地理學》（主編），中國大百科全書出版社，一九九〇年。

《李旭旦地理文選》，浙江教育出版社，一九九一年。

《繪圖學》（譯著），《方志月刊》一九三三年第六卷第一期、二期。

《西康貢嘎山之高度與位置》（譯著），《方志月刊》一九三四年第七卷第三期。

《柯本氏世界氣候分類法大要（附圖）》，《地理雜志》一九三五年八月。

《中央亞細亞地磁測量隊測圖報告》，《地理學報》一九三五年第二卷第一期。

《西康貢噶山考察記》，《地理學報》一九三五年第二卷第一期。

《德國地學巨著介紹》，《地理學報》一九三五年第二卷第一期。

《法國圖集》,《地理學報》一九三五年第二卷第一期。

《英國地理協會赴會記》,《地理學報》一九三六年第三卷第四期。

《昂白山之冰川地形》,《地理學報》一九三八年第五卷。

《區域圖表及地景素描在峨眉山之應用》,《地理學報》一九四〇年第七卷。

《白龍江中游人生地理觀察》,《地理學報》一九四一年第八卷。

《印度的政治地理》,《世界政治》一九四二年第七卷第三期。

《西北科學考察紀略》,《地理學報》一九四二年第九卷。

《政治地理學之内容及其發展》,《中國青年》一九四四年第十一卷第四期。

《東北之農業區域及農産發布》,《科學》一九五〇年三十一卷。

《如何培養新地理工作人才》,《地理知識》一九五〇年第四期。

《新經濟地理學的幾個基本原則》,《地理知識》一九五〇年第十期。

《新沂河完成後六塘河流域的農田水利問題》,《地理學報》第十八卷,一九五二年。

《過渡時期的地理教育方向》,《地理知識》一九五四年第五、六期。

《亞洲的地理大勢》,《地理知識》一九五五年第三期。

《外國經濟地理教學上的幾個主要問題》,《地理知識》一九五五年第四期。

《白龍江作爲我國農業地帶分界綫的意義》,《地理知識》一九五六年第三期。

《卡依戈洛道夫氣候分類法及其評價》,《南京師院學報》(自然科學版)一九六二年第二期。

《分式號碼法的應用與評價——以蘇州東山鎮爲例》,江蘇地理學會論文集,一九六三年。

《歐美區域地理研究的傳統與革新》,《南京師院學報》自然科學版一九七九年第一期。

《人文地理學的革命》,《南師校慶學術報告會論文》,一九七九年。

《The Human Geography in china》,《Geography in china》,一九七九年。

《Development of human geography in new china》,第二十四届國際地理學會議大會報告,一九八〇年。

《人地關係的回顧與瞻望——兼論人文地理學的創

新》，《世界地理集刊》一九八一年第二集。

《人文地理學的理論基礎及其近今趨向》，《南京師院學報》（自然科學版）一九八二年第二期。

《英美區域地理學的新動向》，《中國地方史志》一九八二年第一期。

《大力開展人地關係與人文地理學的研究》，《地理學報》一九八二年第三十七卷第四期。

《論十九世紀德國地理學的統一性觀點》，《地理研究》第二卷第三期。

《世界各國人文地理學流派》，《南京師大學報》（自然科學版・地理專輯）一九八五年第一期。

羅　瓊

（一九一一——二〇〇六）

生平簡介

社會活動家、中國婦女運動領導人。女，一九一一年十二月二十六日生。江陰周莊人。經濟學家薛暮橋夫人。一九三二年從江蘇省立蘇州女子師範學校畢業，相繼在當時的江蘇省青浦縣黄渡鄉村師範附小、上海私立求智小學、靖江縣小學及南京遺族女子小學任教。一九三一年『九一八』事變激發了她抗日救亡的熱情和民族責任感。一九三四年，她毅然辭去工作離開家鄉，赴上海參加文化界和婦女界的進步活動。一九三五年開始投身革命。在上海參與組織家庭婦女聯誼會、婦女問題研究會。期間在《申報》副刊『婦女園地』和《婦女生活》等刊物上發表大量關於婦女問題的文章。同時積極從事抗日救亡運動，參與籌建『上海各界婦女救國會』，被推舉爲該會理事和宣傳部負責人。同年，與時任《中國農村》月刊主編的薛暮橋在上海結婚。一九三七年先後在江西婦女生活改進會、湖南行政幹校女生訓練班、婦女指導委員會文化組工作。抗日戰爭爆發後，羅瓊在南昌、長沙、武漢等地，繼續以筆爲武器進行不懈鬥争，與姜平合著《戰時的婦女工作》一書，呼吁廣大婦女群衆堅持抗日、團結、進步。這期間還曾參加了上海婦女解放抗敵後援會，組織慰問傷兵，參與難民收容所工作。

一九三八年五月加入中國共産黨。同年八月參加新四軍，在皖南新四軍直屬教導總隊任政治教員，講授社會發展史、抗日民族統一戰綫和婦女解放等課程，被評爲全軍模範女幹部。一九三九年冬參加全軍黨代會，被選爲中國共産黨七大候補代表（後補爲正式代表）。一九四〇年赴延安，十月在延安中共中央婦委工作，參加編寫婦女解放問題的教材，曾被中央直屬機關黨組織評爲乙等模範幹部，後任延安《解放日報》副刊《中國婦女》編輯主任。一九四五年出席中共第七次全國代表大會，是新四軍中出席七大的唯一女代表。隨後調任山東解放區婦女聯合會宣傳部部長，後兼任山東大學合作專修科主任。一九四七年以後在河北省平山西柏坡任中央婦委工作。一九四八年任中共中央婦委委員。由她執筆起草的《中國共産黨中央委員會關於目前解放區農村婦女工作的决定》，成爲指導當時和相當一段歷史時期婦女運動歷史性文獻。

一九四九年出席中國婦女第一次全國代表大會，當選爲全國婦女聯合會執行委員、常務委員。後歷任全國婦聯宣傳部副部長、部長、全國婦聯副秘書長、執委、常委、書記處書記、第一書記，全國婦聯第四、五届副主席。她是中共第七、八、十二次全國代表大會代表，第一、二、三、六届全國人大代表，第三、六届全國人大常務委員，第五、七届全國政協常委。一九九五年八月離職休養。二〇〇六年四月十九日在北京因病逝世，享年九十五歲。

全國人大常務委員會副委員長、全國婦聯主席顧秀蓮高度評價羅瓊對中國婦女兒童事業發展作出的杰出貢獻：羅瓊是中國共産黨的優秀黨員、忠誠的共産主義戰士、中國婦女運動的老前輩；羅瓊用自己的一生踐行了共産黨員的先進性，詮釋了中國女性自尊、自信、自立、自强的精神；羅瓊堅定不移的政治信仰，勤奮執著的敬業精神，質樸求實的工作作風，廉潔奉公的高尚品德，决不會因爲時代發展而過時，也决不會因爲社會變遷而遜色，永遠值得後一輩繼承和發揚；羅瓊對婦女事業高度負責的精神，對婦女理論建設的執着、對科學嚴謹的態度，始終是婦女兒童工作者的榜樣。

主要著作述要

《**婦女運動文獻**》：東北書店一九四八年出版。該書是作者在一九四六年産前休養時期所編。時值内戰，當時作者在山東臨沂，面臨着巨大危險，環境不安，資料匱乏，但是作者仍然以極大的付出精神完成了該書的編纂。該書的編輯目的主要是爲從事婦女工作的幹部和關心婦女工作者學習業務研究業務的參考材料。主要包括當時婦女工作的政策和婦女問題的基本理論。政策方面收録了一九四三年中國共産黨發布的《中共中央關於各抗日根據地目前婦女工作方針的決定》《迎接婦女工作的新方向》《中國婦女今後的任務》等一系列有關婦女問題的政策文件。理論部分收録了馬克思、恩格斯《論資産階級的家庭》《論婦女地位的變遷》等有關婦女問題的重要著作。最後收録了作者自己的一篇《婦女被壓迫的社會根源》文章。這是一部了解中國共産黨在抗日戰争和解放戰争時期婦女政策的重要資料。

《**婦女問題基本知識**》：人民出版社一九五五年出版。該小册子共分六章，包括《婦女在社會上被壓迫地位是怎樣形成的》《婦女在階級社會里受什麽樣壓迫》《婦女徹底解放的途徑》《只有中國共産黨才能領導中國婦女走向徹底解放》《中國婦女運動是隨着中國革命的發展而前進的》《中國婦女們正在社會主義事業中奮勇前進》。全書系統討論了婦女在歷史上受壓迫的形成原因，以及婦女實現徹底解放的途徑，最終得出只有中國共産黨才能真正使婦女走向解放的結論。該書是建國後第一部闡述馬克思主義婦女解放理論的專著，在理論界和婦女中影響很大，并被翻譯爲日文、越南語、朝鮮語等版本。該書是學習婦女問題，瞭解婦女問題相關知識的重要參考資料。

《**婦女解放論叢**》：中國婦女出版社一九九〇年出版。作者多年從事婦女運動工作，該書是作者從新中國成立後到八十年代初這段時期寫的文章結集而成。作者共選擇了二十六篇文章，除了將作者所寫的懷念劉少奇的文章《黨的力量源泉來自人民群衆》放在篇首作爲代序外，其他二十五篇分爲四編。第一編主要是回顧建國前，新民主主義革命時期的婦女解放運動。第二編主要是回顧建國後四十多年里各個歷史時期婦女工作取得的光輝成就和面臨的問題，由此探索婦女運動發展規律和基本經驗。第三編主要探討研究婦女解放歷史及理論問題，闡明婦女解放的意義，探索新時期如何把歷史，理論研究同實際相結合。第四編主要談婦聯組織的職能，作風問題，探索新時期的婦聯工作如何更深入開展。該書是作者數十年婦女運動工作的經驗結晶，對了解中國共産黨的婦女解放運動，婦女問題政策具有重要史料價值。

《**婦女解放問題基本知識**》：人民出版社一九八六年出版，全書共分爲三編十四章，第一編爲第一到三章，主要講述了婦女地位在社會歷史中的變化。第二編爲第四到九章，主要講述中國新民主主義革命階段的婦女運動。第三編爲第十章到第十四章。主要講述中國社會主義階段的婦女運動。作者在中國共産黨的領導下從事婦女工作數十年，積累了豐富的工作經驗和深入思考，該書就是這些寶貴經驗的結晶。

《**合作運動的理論與實際**》：渤海書店一九四七年出版，該書爲羅瓊與馬麟彩合編。該書共收録二十七篇文章，分爲三個部分。第一部分收録了《臧家莊子合作社最近發展及其發生的幾個具體問題》等九篇文章，主要是合作運動中各地的具體事例調查報告。第二部分收録了《怎樣辦合作社》等六篇文章，主要是薛暮橋，耿光波等對合作運動工作的政策講解。第三部分收録了《論合作社》等十二篇文章，主要是收録列寧、毛澤東等有關合作運動的論述。全書理論與實踐相結合，是了解合作運動的重要資料。

《**苦難與抗争——三十年代中葉經濟與婦女**》：中國婦女出版社一九九五年出版。是作者一九三四年到一九三八年間在上海、武漢發表的有關經濟與婦女問題的大部分文章結集而成。當時作者年僅二十多歲，就擔任《申報》副刊『婦女園地』和《婦女生活》雜志的撰稿人，共發表了五十多篇文章。在紀念抗日戰争勝利五十周年之際，作者從中遴選了四十三篇文章結集成此書。全書分爲三編，第一編主要講述帝國主義對中國財富的掠奪和對中國人民的壓迫。第二編主要講述舊中國婦女地位低下，生活悲慘。第三編主要講述舊中國婦女的唯一出路就是奮起抗争，争取自身權利。該書揭露了日本帝國主義對中國人民的經濟侵略，反映了人們尤其是廣大婦女生活在水深火熱之中，同時也介紹了人民抗日救亡的情况。是一部非常生動的愛國主義教育參考資料。

《**羅瓊文集**》：中國婦女出版社二〇〇〇年出版，該書共選入文章一百篇，是作者在一九三五年至一九九九年六十多年間所寫文章的一部分。按照收録原則，原已成書的，如《婦女解放問題基本知識》等未選編在内。該書有些文章雖主要涉及婦女問題等專業性文字，但幾乎都與當時中國共産黨的政治全局有關。特别是作者作爲幾十年從事婦女工作的婦女運動家。作者的工作人生經歷在文章中都有不同程度的反映，體現了婦女問題是整個社會問題的一部分，婦女工作是黨的工作的一部分。婦女工作的任務是教育、組織廣大婦女群衆，積極參加到黨的全局工作任務中去，爲爭取勝利做出貢獻，使婦女力量得到社會的公認，婦女地位得到提高，在黨的全局事業的勝利中，爲實現婦女解放、男女平等創造根本條件。與此同時，婦女工作必須圍繞黨的全局的任務，結合解決婦女迫切需要而當時又可能解決的婦女兒童的特殊問題，關心婦女兒童生活，以調動婦女群衆的積極性，提高婦女素質；這樣既有利於爲爭取黨的事業的勝利增强力量，又有利於逐步實現婦女解放。該書中的文章按類分成十輯，主要包括以下内容：（一）個人學習馬克思主義、毛澤東思想、鄧小平理論及黨的路綫方針政策的體會，在婦女工作實踐中的經驗教訓；（二）對革命領袖及老一代婦女運動領導同志的緬懷和紀念，對幾十年革命生涯中重大事情的回憶；（三）反映舊中國廣大工農知識婦女的苦難與抗爭，中國婦女在抗日救亡運動、抗日戰爭及解放戰爭中的鬥爭精神和重大貢獻；（四）建國五十年來，特别是改革開放二十多年以來，婦女解放運動在黨的領導下，在馬克思主義基本原理及其婦女觀指導下取得的成就；（五）對婦女在社會主義初級階段，兩個文明建設中的調查研究及探索；（六）關於幹部教育、合作經濟的論述等。

主要論著目録

《戰時的婦女工作》，黑白叢書社，一九三七年。

《合作運動的理論與實際》，渤海書店，一九四七年。

《婦女運動文獻》，東北書店，一九四七年。

《婦女問題基本知識》，人民出版社，一九五五年。

《婦女解放問題基本知識》，人民出版社，一九八六年。

《婦女解放論叢》，中國婦女出版社，一九九〇年。

《當代中國婦女》，當代中國出版社，一九九四年。

《改革開放與婦女解放》，中國婦女出版社，一九九五年。

《羅瓊訪談録》，中國婦女出版社，二〇〇〇年。

《羅瓊文集》，中國婦女出版社，二〇〇〇年。

褚紹唐

（一九一二—二〇〇四）

生平簡介

地理教育家、歷史地理學家。一九一二年四月十一日出生在宜興屺亭鄉花園村的一個農民家庭。七歲入學讀書，學習勤奮，中學各學科中尤長於數學和英語。因家境較爲清寒，一九二七年在讀完宜興中學初中後考入了包伙食、不收費的上海暨南大學高中師範科。他刻苦用功，僅用了兩年半的時間就修滿了高中學分，一九三〇年的上半年提前進入暨南大學師資科的史地組讀大學。一九三二年即在暨南大學附屬中學兼職地理教員。一九三三年於暨南大學畢業。同年九月任暨大附中專職地理教員，同時在專業期刊發表研究文章。一九三一年一月中華地學會在北京成立。褚紹唐系學會九人執委會之一，同時任學會干事。一九三七年『八一三』事變爆發，日本侵略軍對上海發動進攻，上海各大中小學停課。到一九三七年十月，他受盛叙功的邀請，離開上海南下去廣東襄勤大學當助教。學校未能開學，他又返回家鄉宜興。一九三八年他曾在當地的一個農村中學教書。一九三九年一月，才重回上海。當時，由於生活困難，他同時在暨南大學附中、揚州中學和曉光中學三個中學講授地理課程。還兼任暨南大學史地系講師。建國後歷任華東師範大學副教授、副系主任。一九五三年在華東師大地理系開設了『地理教學法』課，專門講授地理教學的基礎理論和方式方法。同年三月至六月參與制訂新中國第一個地理教學大綱。一九五八年調至上海師範學院地理系，初任地理科主任，後任地理系副主任。一九五九年創辦《地理教學叢刊》。一九六六年『文化大革命』爆發。一九六九年，被分配到地理系的資料室整理文獻，離開了地理教學和研究崗位。一九八〇年，褚紹唐在華東師大建立我國第一個地理教育碩士點，他是第一位地理教育碩士生導師。曾任上海市地理學會副理事長，中國教育學會地理教學研究會副理事長，學術顧問，《辭海》編委及《中國地理》主編，《上海地名辭典》副主編，《地理教學》雜志主編。二〇〇四年六月十七日逝世，享年九十二歲。褚紹唐從事地理教育及歷史地理研究歷時五十余年。發表歷史地理、地理學史及地理教學方面的學術論文七十余篇，著作十余種。

主要著作述要

《地理學習法》：中華書局一九四七年出版，列入中華文庫之一種。該書是介紹普通讀者如何學習地理的指導讀本。全書分爲十一個小章節。從地理是什麽，爲什麽要學習地理講起，到怎樣看地圖，怎樣繪地圖以及怎樣利用假期的旅行，層層深入，是學習地理的很好入門讀本。

《新中國地理》：地圖出版社一九五三年出版。該書分上下兩册，共分十三章七十節，適合中等以上讀者學習地理之用。原書一九五一年由大中國圖書局出版，受到讀者普遍歡迎，經過作者修訂後由地圖出版社出版。該書主要是講解中國地理基礎知識。全書對中國區域的劃分采用經濟地理區作爲劃分單元。對每個區域的描述都是先介紹其範圍和地理位置特徵，再介紹地形分區，水利及水利建設情况，氣候特徵，農業和礦、工業分布及交通和居民、都市等内容。每章之後配有相應習題。該書是作者近二十年的地理教學實踐的結晶，與解放前的各種舊的地理書籍相比，無論在教學和學術研究上，編寫體系上，還是在編寫的内容和方法上，都有令人耳目一新之感，從而在當時廣爲流傳。該書一九五三年被蘇聯的外文出版社選中，翻譯出版了該書的俄文譯本，成爲我國最早被翻譯外文的新中國地理書籍。一九五七年該書又由日本古今書院的田中啓爾主編，森下修一翻譯，出版發行了日文版本。

《徐霞客游記》（點校本）：上海古籍出版社一九八〇年出版，該書是作者與吴應壽合作整理。整理中參閲了衆多版本，特别是此前很少瞭解的徐霞客之孫徐建極的抄本和徐霞客家塾師季會明的抄本，而且精心點校，參考資料全面，號稱是衆多《徐霞客游記》版本中最完善的。此外該書之前有長達數萬字的前言，實際是對前人研究成果的總結，也受到學術界的重視。

《地理教學法》：華東師範大學出版社一九八二年出版。全書三十多萬字，共分八個章節：緒論——地理教學法的對象、任務、研究方法；第一章，學校地理的發展過程；第二章，中學地理教學的目的、任務和課程的主要内容；第三章，地理教學的一般原理；第四章，地理教學與學生智力發展；第五章，地圖和直觀教具的運用；第六章，中學地理課堂教學；第七章，中學地理課外活動。除了第四章由孫大文等人編寫外，其余所有章節都由作者一人撰寫。整個内容和體系完整詳盡，回答了關於地理教學大部分基本問題，包括地理教育的課程設置研究，地理教育目的研究，地理教學的原則、方法和教學過程和地理教學手段和設備的研究等等。這本地理教育理論書籍的完成，意味着褚紹唐地理教育思想體系的形成。本書是地理教育教學實踐與理論研究的高度結合的理論論著，是作者五十年教學實踐與理論研究的珍貴結晶。該書在地理教育理論有着舉足輕重的地位，是新中國地理教育實踐和理論發展的重大成果。

《徐霞客旅行綫路考察圖集》：地圖出版社一九九一年出版，二〇〇五年再版。該書以丁文江《徐霞客游記附圖》爲基礎重行編繪，由原來的三十九幅，增爲四十五幅。其中新增圖幅有恒山、白岳山、九嶷山、陽朔附近、滇游（一）及鷄足山等幅，正圖之外，又增加了附圖共二十五幅。本圖集除總圖及個別附圖外，均采用等高綫表示地形。地形底圖則采用省地圖集及各種大中比例尺地形圖予以簡化描繪，政區、建置均用明制；比例尺以分數及里距表示。徐霞客游蹤所及的主要地名，盡可能標明，圖面過分擁擠處，有所删節。凡徐霞客重復游歷的地區，多次路綫合併入圖；同一地名《游記》寫法不一的，采較多見的入圖。該圖集對瞭解徐霞客旅行綫路及閱讀《徐霞客游記》具有很大幫助作用。

主要論著目録

《地圖投影法》（譯著），亞光輿地學社，一九四二年初版，一九五一年再版。

《地理學習法》（中華文庫之一），中華書局，一九四七年。

《新中國地理》，地圖出版社，一九五三年；有俄文和日文版。

《教學地圖的閱讀和繪制》，新知識出版社，一九五七年。

《徐霞客游記》（與吴應壽合作整理），上海古籍出版社，一九八〇年。

《地理教學法》，華東師範大學出版社，一九八二年。

《法國區域經濟地理》（合譯），上海譯文出版社，一九八三年。

《徐霞客旅行綫路考察圖集》，地圖出版社，一九九一年初版，二〇〇五年再版。

《上海歷史地理》，華東師範大學出版社，一九九六年。

丁祖蔭

（一九一三—二〇一一）

生平簡介

兒童心理學家，教育家。一九一三年七月十二日出生於無錫。一九三五年畢業於中央大學心理學系，一九三五年至一九三六年爲中央大學教育實驗所研究生。一九三六年一月至一九三七年七月，任江蘇省立鎮江實驗小學研究部主任。抗戰時期及勝利後在重慶、南京内政部工作，編製有關智力之測試材料。一九四六年十月至一九四九年四月，任中央大學心理學系講師，講授教育心理。期間在重慶、南京内政部任職，編制智力測驗。一九四九年四月至一九五二年七月，任南京大學心理學系講師，講授兒童心理、教育心理。院系調整後，從一九五二年七月，調任南京師範學院幼教系，任教育系講師，講授普通心理、幼兒心理、兒童心理。一九八一年六月，任南京師範學院（後改名南京師範大學）教育系副教授、教授。在長期的兒童心理教學和研究過程中，他提出『新舊反映的矛盾』是兒童心理發展的動力，遺傳素質、腦的成熟、實踐活動、社會物質條件和教育，是兒童心理發展的決定性條件。同時，他還開發了系列測驗，奠定了我國司法心理學的發展基礎。曾兼任《中國大百科全書·心理學卷》編委、發展心理學分支副主編、《心理科學通訊》編委、江蘇省心理學會副理事長、第五届江蘇省政協委員。二〇一一年四月病逝。

主要著作述要

《警政人員心理測驗》：本書爲《人事心理研究社叢書》第八種，叢書的編輯目的是期望在最短的時間内給讀者提供最大量的知識，以助於解決個人或機關方面的人事問題，本書即據此而撰寫，分爲五章：第一章警政人員之心身特質與心理測驗，分析了警政人員的效率及其應具備的身心素質，并提出心理測驗的一般概念和編制步驟。第二章員警智力之分析研究與測驗材料，討論了智力的定義及智力測驗的發展狀況、警政人員普通智力的分析研究，以及對普通警察智力測驗、警官智力測驗的不同。第三章警察之客觀測量與測量方法，具體論述普通警察、交通警察、刑事警察的心理測驗的差異。第四章官警品格之觀察診斷與評測工具，討論了官警品格特質的觀測與評定量表、品格測驗問題。第五章心理測驗之實施方法與運用方式，論述了警政人員心理測試的實行準備、實施要點及運用方式。作者在各章節的論述過程中，特别注意引用國外學者的相關論著，體現出了學術前沿性，且開闊讀者視野，爲我國心理學科的發展、完善奠定了良好的基礎。

《兒童心理學》：本書是爲師範學院教育系兒童心理學課程編寫的教材，作者在編寫時，注意廣泛采用國內實驗研究資料，同時借鑒國外兒童心理發展的重要研究成果，結合實際，提出涉及我國兒童心理發展的具體問題。鑒於本書的教材性質，作者注重突出『學齡前期』和『學齡初期』兩個階段的內容，以期達到符合教育系學生專業需要的教學效果。全書分爲九章：第一章兒童心理學的對象、任務和方法，首先闡明了『兒童心理學』的定義是『研究兒童期心理發展的科學』，然後列舉其基本內容爲兒童心理發展理論、兒童發展各階段的心理特點、兒童心理各方面的發展規律，再論述了兒童心理學在理論上和實踐上的意義，再探討了縱向、橫切這兩種具體研究方法。第二章兒童心理發展的基本理論，探討了兒童心理發展的形式、動力、條件和階段性。第三章嬰兒期兒童心理的發展，討論了嬰兒心理發展的條件、嬰兒運動及心理的發展、嬰兒的教養。第四章入學前期兒童心理的發展，討論了此一時期兒童心理發展的條件、隨意運動的發展、各種心理現象的發展及其保育。第五章學前期兒童心理的發展，具體分析了此一時期兒童心理發展的條件及其注意、記憶、想象、言語思維、情感、意志的發展情況，個性的形成和進入小學的心理準備。第六章、第七章討論了學齡初期兒童心理發展、智力發展問題。第八章學齡初期兒童情感、意志的發展和個性的形成，重點論述了此一時期兒童道德品質、個性的形成和培養。第九章簡略討論了兒童期的後一階段少年期和青年期心理的發展。需要指出的是，由於心理學在作者所處時代自身發展的不完善、不系統性，致使本書難免在『實驗研究資料的選取、概括、組織和表述等方面都存有不足之處』。

《幼兒心理學》：本書是作者與葛沚雲、王振宇、竺波爲幼兒師範學校幼兒心理學課合編的教材，主要以幼兒心理發展爲重點，適當介紹普通心理學基本知識，爲學習幼兒心理學提供基礎，同時相應地提出一些教育結論，引導學習者將心理發展理論運用於學前教育實踐。全書共十八章，包括四個部分：第一、二章爲導論，概述心理學和幼兒心理學研究内容、人的心理的歷史發展和個體發展進程。第三、四章簡要介紹嬰兒期和幼兒前期心理發展事實以及兒童早期教育對心理發展的重要性。第五至十七章是全書重點，各章先闡明有關的心理學概念和基本規律，而後詳細叙述幼兒心理發展的特點和趨勢，提出學前教育的心理學依據。第十八章介紹幾種心理發展學説，爲進一步研究幼兒心理提供綫索。章末均列有『課外作業』、『思考和討論』問題。

主要論著目録

《德國心理戰》（譯著與蕭孝嶸合譯），商務印書館，一九四四年。

《警政人員心理測驗》，商務印書館，一九四六年二月重慶初版，九月上海初版。

《警察智力測驗》，内政部警察總署，一九四七年。

《青年期心理學》（譯著與丁瓚合譯），商務印書館，一九四七初版，一九四八年再版。

《幼兒心理發展》（與李山川合編），北京師範大學出版社，一九八二年。

《兒童心理學》，山東教育出版社，一九八四年。

《兒童心理社會發展——從出生到青年早期》（譯著），人民教育出版社，一九九三年。

《幼兒心理學》，人民教育出版社，一九八六年；延邊教育出版社，一九八七年朝鮮文版；人民教育出版社，二〇〇六年第二版。

《青年期的意義和重要：附表》（譯著與韓進之、丁瓚合譯），《心理半年刊》一九三四年第二期。

《青年期的衛生：附表》，《心理半年刊》一九三五年第二期。

《青年的道德發展》，《江蘇教育》一九三六年第五、六期。

《青年期和心理疾病》，《心理半年刊》一九三六年第一期。

《小學教育與心理衛生》，《江蘇省小學教師半月刊》一九三七年第十七期。

《小學生對非連貫的單字、數目和圖畫材料的意義識記》（與羅瑨等合撰），《心理學報》一九六四年第一期。

《兒童圖畫認識能力的發展》，《心理學報》一九六四年第二期。

《幼兒顔色辨認能力和發展》（與哈咏梅合撰），《心理科學通訊》一九八三年第二期。

《學齡初期兒童思維的發展》，《心理學報》一九八四年第二期。

《兒童思維發展的幾個問題》，《心理科學通訊》一九八四年第五期。

《幼兒形狀辨認能力的發展》，《南京師大學報（社科版）》一九八五年第三期。

《幼兒入園的行爲問題和入園教育》，《心理發展與教育》一九八六年第二期。

《心理健康兒童的六大特點》，《早期教育》一九八九年第三期。

《心理衛生的發展和心理健康兒童的培養》，《心理發展與教育》一九九〇年第二期。

《重視和引導兒童的社會交流活動》，《兒童與健康》一九九七年第五期。

裘劭恒（一九一三—二〇〇九）

生平簡介

法學家，教育家。一九一三年八月九日出生，籍貫無錫。少年時代先後就讀於上海中西女塾小學、上海育才公學、上海東吴大學第二附中、上海滬江大學附中等學校。一九三二年畢業於蘇州東吴大學文理學院。一九三五年畢業於上海東吴大學法學院。在學生時代，就在當時上海發行的英文版《中國評論周報》、《密勒氏評論報》、《大美晚報》上發表過文章。從學生時代就漸漸積累了良好的英語基礎和法律知識。一九三四年起在律師事務所工作，曾任上海秉公法律事務所律師，期間在東吴大學兼職講授商法與英國法課程，并曾在銀行業和民營工商業工作。

一九四六年二月至一九四六年十二月擔任東京遠東國際軍事法庭中國代表團秘書兼助理檢察官。負責收集、整理日軍侵華的罪證，幫助檢察官準備出庭的工作。爲了找到翔實的材料，他曾多次回國，進行實地調查，收集資料，尋找證人和證詞。期間，他盡力説服了謹小慎微的末代皇帝溥儀，使他爲日本的侵略罪行作證。此後經過精心準備，他受命代表中國檢察組出庭，以檢察官的身份發言，審判日本侵華罪行。同年秋，他辭去遠東國際軍事法庭中國檢察組職務後，曾應『中國駐日代表團』之請，以中國法官身份參加美國佔領軍法庭審理當時在國内引起巨大反響的『澀谷事件』一案。他與美方法官進行了多次争論。維護了臺胞的利益，爲中國贏得了榮譽。此後他仍然在上海秉公法律事務所擔任律師。

一九四九年解放後因律師事務停止，進入貿易行業，任上海貿豐行經理，後就職於公私合營上海國際貿易公司總管理處。一九五七年在上海外貿干校任教，一九六一年後進入上海對外貿易學院任教，期間於一九六二年至一九六四年，一九七二年至一九八一年兩度在上海外國語學院任教。一九八〇年十一月至一九八一年一月，裘劭恒擔任最高人民法院審判『林彪、江青反革命集團』特別法庭顧問。提供英、美等國法庭審判程序和有關資料，并爲針對江青提出缺席審判的法律依據。一九八一年十二月至一九八四年一月任上海對外貿易學院副院長，此後一直擔任上海對外貿易學院名譽院長。一九八五年四月至一九九〇年四月，裘劭恒擔任香港特別行政區基本法起草委員會委員，爲貫徹『一國兩制』方針和香港、澳門回歸祖國做了許多有價值的工作。一九八〇年至一九八八年八月任全國人大常委會法制委員會（一九八三年九月起改稱法制工作委員會）顧問，一九八三年九月起任中國人大常委會法制工作委員會副主任。二〇〇九年九月二十二日，裘劭恒因病在上海華東醫院逝世，享年九十六歲。

他還是中國農工民主黨第九届中央委員、第六届全國人民代表大會代表、上海市第八、九届人民代表大會代表、上海市法學會名譽會長、上海市外文學會原會長。一九九一年起享受國務院頒發的『政府特殊津貼』。

主要著作述要

《涉外經濟法律實用手册》：上海人民出版社一九八九年出版。該書的編寫主要是爲當時我國對外開放，利用外資和引進先進技術等實際涉外工作提供一本比較系統，具有實用價值和指導意義的工具書。全書按照投資、金融、外貿、勞務輸出、工程承包、專利、商標、保險、税務、海關、商品檢驗、外匯管理、土地使用、會計審計、涉外經濟貿易訴訟和商事仲裁等方面，分七百八十九個條目，分别介紹了有關知識和我國的法律規定。該書在總結概括了一九七八年到一九八八年十年間有關我國涉外經濟法與國際經濟法的理論發展和實踐經驗的基礎上，按照一定的學科體系，對相關法律法規進行介紹。此外爲了使從事涉外經濟工作的人員對國際經濟活動趨勢有所了解和把握，該書還介紹了與我國經濟貿易往來較多的美國、法國、聯邦德國、日本等國家的有關法規和國際慣例。全書内容充實，具有很高的使用價值，而且形成了一定理論體系，既可以爲實際工作提供參考，也可以爲教學科研機構在教學研究中提供指導，還可以爲外國投資者來我國投資提供法律指南。該書出版後，在外貿工作中反響很大，對宣傳社會主義法制，促進改革開放，具有積極推動作用。

主要論著目録

《英語限定詞》，上海譯文出版社，一九七九年。

《The Laws of the People's Republic of China：一九八三—一九八六》（譯者之一），Foreign Languages Press，一九八七年。

《涉外經濟法律實用手册》，上海人民出版社，一九八九年。

蔣南翔

（一九一三—一九八八）

生平簡介

教育家、青年運動領導者。一九一三年九月七日出生於宜興。蔣南翔從中學時代就積極參加愛國活動。一九三二年考入國立清華大學中文系。一九三三年秋，加入中國共産黨。曾主編《清華周刊》和《北方青年》等進步刊物，傳播進步思想。一九三五年，擔任清華大學共青團書記，後任中共地下黨支部書記。一九三五年十二月，清華、燕京兩校響應北平學生救國聯合會號召，準備組織大規模游行請願。蔣南翔花了兩三個晚上，寫出了《清華大學救國會告全國民衆書》：『親愛的全國同胞，華北自古是中原之地，現在，眼見華北的主權，也要繼東三省熱河之後而斷送了……「安心讀書」嗎？華北之大，已經安放不下一張平静的書桌了！』十二月九日游行請願隊伍上街，這篇文章印成了傳單，貼滿北平的大街小巷。『華北之大，已經安放不下一張平静的書桌了』這句話，傳遍了大江南北，點燃了全國學生的愛國熱情。十二月十日，北平學生救國聯合會決定實行總罷課。十二月十六日，學生們再一次走上街頭，抗議國民政府成立『冀察政務委員會』。這一天發佈的《北平市大中學生示威宣言》，也出自蔣南翔的手筆。

一九三六年三月，蔣南翔到上海擔任中共上海市江灣區區委書記，直接領導復旦大學、同濟大學等校的支部工作。是年秋，回到北平擔任中共北方局直接領導的北平市學委書記。抗戰爆發後，擔任北方局青年委員會委員兼北方局宣傳部幹事，曾協助劉少奇編黨内刊物《鬥争》。一九三八年初，擔任中共長江局青年委員會委員、全國學生救國聯合會黨團書記。在武漢期間，籌備和主持召開了第二次全國學聯代表大會，並參加創立武漢青年救國團。一九三九年初，擔任中共南方局青委書記。在周恩來的領導下，在大後方青年工作中，堅決貫徹執行了中央關於隱蔽精幹的政策，保存和發展了青年運動的骨幹力量。一九四一年二月，奉命撤回延安，擔任中共中央青委委員、中央青委宣傳部長，并以《解放日報》社論委員會委員身份，寫了不少關於青年工作的文章和調查報告。蔣南翔積極參加延安的整風運動，對後期出現的『搶救運動』大膽提出批評意見，並向中央寫出了《關於搶救運動的意見書》。抗戰勝利後，受中共中央派遣，帶領青年工作隊到東北地區開辟青年工作，先後擔任中共遼北省委委員兼宣傳部長、哈爾濱市委常委兼宣傳部長、市教育局長、中共東北局青年委員會書記、哈爾濱青年幹部學校校長、東北局黨報委員會秘書長，爲東北根據地建設培養了一大批青年骨幹。在此期間，曾先後到布拉格、華沙參加國際青年會議。

一九四九年一月到中共中央青年委員會工作，擔任中國新民主主義青年團籌委會副主任，在全國第一次團代會上當選爲團中央副書記，後任書記處書記，主持創辦了《中國青年報》，爲建國初期團的組織建設和思想建設作出了重要貢獻。一九五二—一九六六年出任清華大學校長，自一九五六年起兼任清華大學黨委書記。期間還擔任中共北京市高等學校黨委第一書記、教育部副部長、高等教育部部長等職。蔣南翔擔任清華大學校長長達十四年，努力貫徹中國共産黨的教育方針，創造性地堅持德智體全面發展的培養目標，積極探索適合中國國情的社會主義辦學道路，實行以教學爲中心的教學、科研、生産三結合，使學校成爲教育與科研兩個中心。他重視最新科學技術的發展，率先在清華大學創建了原子能、自動控制等一批新技術專業與學科，促進了我國新技術的發展。

『文革』期間，蔣南翔受到殘酷迫害，但他始終不屈服，不動摇，公開闡明自己的正確觀點。他説：『健康的人不怕檢驗體格』，『徹底的唯物主義者是無所畏懼的』。他認爲『只要實踐證明是正確的東西，就要毫不動摇地堅持，不可輕易放棄』，言簡意賅地表達了他個人的品格。

一九七七年，蔣南翔擔任中共天津市委書記等職。一九七八年，擔任國家科委常務副主任，並擔任全國科學大會秘書長，爲制訂全國科學技術發展規劃和大會的召開，作了大量的組織領導工作。一九七九年，蔣南翔重任教育部長，領導教育戰綫撥亂反正，努力恢復和發展遭到『文革』極度破壞的教育事業。他提出教育要有計劃按比例發展，充實加强小學，整頓提高初中，調整改革高中，大力發展職業教育，並主持起草《中華人民共和國學位條例》等，爲整頓恢復教育秩序、推進教育改革、加快教育事業的發展，作出了不可磨滅的貢獻。一九八二年八月，擔任中共中央黨校第一副校長等職。一九八八年五月三日，蔣南翔因病在北京逝世。

主要著作述要

《**蔣南翔文集**》：由中國高等教育學會和清華大學編輯的《蔣南翔文集》，分上、下兩卷，清華大學出版社一九九八年出版。《蔣南翔文集》輯録了蔣南翔一九三四年至一九八七年的主要文章、講話、報告，共一百四十九篇，全書約九十萬字。文集的主要内容是兩方面：一是關於青年運動的論述。蔣南翔自投身革命起，長期從事青年運動，領導青年工作。他關於青年運動的論述，不僅是研究我國青年運動史的寶貴資料，而且在許多方面仍有現實意義。二是關於教育問題的論述。蔣南翔作爲杰出的教育家，長期擔任教育機構的負責人，其所作的文章、講話、報告等，在探索中國特色社會主義教育學、加快教育事業發展方面，提供了寶貴經驗。

主要論著目録

《蔣南翔文集》（上、下兩卷）清華大學出版社，一九九八年。

徐毓枏

（一九一三—一九五八）

生平簡介

經濟學家。無錫人，早年就讀於無錫縣立初級中學（現無錫市一中），後轉入上海建國中學。一九三三年在國立上海商學院學習時，寫了《美國銀行制度回顧與展望》一文，登載在同盟會元老黄郛主辦的《復興月刊》上，初露頭角。當年轉入清華大學，師從哈佛經濟學博士陳岱孫。一九三七年清華大學畢業後考取中英庚款公費留學，進入英國劍橋大學研究生院，成爲凱恩斯的三個中國弟子之一。一九四一年獲劍橋哲學博士學位，歸國執教於國立西南聯合大學，以對凱恩斯的專門研究而聞名，是凱恩斯《就業、利息和貨幣通論》的第一位中文譯者（完成於一九四八年，一九五七年方出版。）一九四六年任教於清華大學，他對西方經濟學的經典文本下過扎實的功夫，講課中旁徵博引，揮灑自如。一九四八年加入中國經濟社會研究會，在當時清華大學的《社會科學》等有影響的學術期刊上，發表過多篇經濟學論文。他曾擔任進步刊物《新路》編輯，但該刊不久即被國民黨北平社會局封閉。一九四九年四月，他在《社會科學》雜志發表《馬恩著作中歷史唯物論之史的發展》。一九五二年院系調整，隨經濟系併入北大。一九五六年下半年，曾短期開講過『西方經濟學』，是當時國內爲數極少的幾個能用清晰的數學語言表述經濟學原理的經濟學家之一。一九五七年響應黨的『大鳴大放』號召，徐毓枬和陳振漢等經濟學六教授寫了《我們對於當前經濟科學工作的一些意見》一文，陳振漢被打成『右派』份子，徐毓枬受到嚴厲批判，氣病交加，一九五八年病逝於北京，年僅四十六歲。

主要著作述要

《當代經濟理論》：商務印書館一九四八年出版。收録徐毓枬《凱恩斯就業通論簡述》、《就業通論以前的庇古教授之就業理論》、《一般均衡經濟導論（希克斯價值與資本之直接分析）》、《廠商分析（部分均衡經濟學之重要一章）》四篇論文，系統介紹凱恩斯、希克斯、張伯倫、羅賓遜等人的經濟理論。當時凱恩斯經濟學已成爲顯學，而國內經濟理論還停留在馬歇爾階段，這本書側重從制度層面詮釋凱恩斯《就業，利息和貨幣通論》，指出國家應該運用租税、利率、以及其他方法，引導社會消費，推行投資社會化，以確保就業。此書在國內西方經濟理論的傳播上具有劃時代的意義。

《經濟學説史》：高等教育出版社一九五六年出版。是書大量引用蘇聯盧森貝的《政治經濟學説史》，闡述馬克思主義政治經濟學對資産階級經濟學説的批判式繼承，介紹西方重農、重商學派演變的歷史，介紹古典政治經濟學亞當·斯密、大衛·李嘉圖和西斯蒙第的學説。

主要論著目録

《當代經濟理論》，商務印書館，一九四八年。

《經濟學説史》，高等教育出版社，一九五六年。

《車爾尼雪夫斯基的經濟思想》，上海人民出版社，一九五七年。

《就業，利息和貨幣通論》（譯著 原著凱恩斯），商務印書館，一九五七年。

陳學恂

（一九一三—一九九一）

生平簡介

教育史專家。江陰人。早年入浙江大學文理學院教育系，師從我國著名教育家孟憲承，由於成績優异，一九三五年畢業後留校任教，與孟憲承合著《教育通論》。一九三九年應聘赴香港嶺南大學工作，協助莊澤宣教授完成《民族性與教育》、《中國同鄉團體》、《中國職業團體》、《中國家族制度的演進與構成》等多個研究課題。一九四二年重返浙江大學。一九五二年起，先後在浙江師範學院教育系、杭州大學教育系任教。曾任杭州大學教育系主任、政協浙江省第四、五届委員。生前是全國教育史研究會理事長，中國教育學會常務理事，國家教育科學研究規劃領導小組成員、教育史學科小組組長、浙江教育學會副會長。一九六一年加入中國共産黨。早年師從孟憲承教授研究教育基本理論，後改中國教育史，注重中國近代教育史研究。曾系統講授過教育學、心理學、中國教育學、教育哲學等多門課程，進行過多門學科的教學和研究。一九七八年以後，是全國第一批有碩士學位授予權的導師，一九八六年又被授予博士生導師資格。他以堅實的學問功底、嚴謹的治學作風和誨人不倦的教學態度，爲國家培養了一批又一批教育科學人才，可謂『桃李滿天下』。一九七九年十二月，在他主持下，全國教育史研究會成立大會暨第一届年會在杭州召開，這次會議第一次把全國教育史的研究力量組織起來，促進了全國教育史界的團結，推動了教育史研究工作的開展。此後，他主持了多項國家級研究項目，擔任多部叢書的主編和顧問。一九九一年五月九日在杭州逝世，享年七十八歲。

主要著作述要

《教育通論》：孟憲承、陳學恂著，商務印書館一九三七年出版。本書共分十章，其內容從回顧中國教育的發展，演變，介紹德意志、丹麥、英國、美國等國家的普及教育，中外大教育家的思想，到接受教育的對象、國家教育的目的、對學校和教師的具體闡述，循着從宏觀到微觀、從理論到實踐的順序，論述了教育制度及行政。

《民族性與教育》：莊澤宣 陳學恂合著，一九三八年商務印書館出版，我國較早的比較教育著作。全書十章，分別爲：緒論；民族性的構成與控制；英美德法的民族性；四國民族性在教育上的反映；教育對四國民族性的影響；各家對於中國民族的意見；中國民族性的表現及其分析；中國民族性的構成；教育與中國民族性；結論。作者從對待人生、對待事物、對待宇宙三個方面考察中國人的民族性，指出改造民族性之道，一爲優生，一爲教育。在分析比較各國各家論點的基礎上，作者主張教育方針在思想方面應注意人本教育，在制度方面應注重人才選拔，在教育基礎設施方面應注意均衡分佈，尤其要重視農村建設。

《胡瑗的教育思想》：刊於《杭州大學學報》一九五九年第四期。胡瑗是宋代偉大的教育家，宋代泰州海陵（今江蘇如皋）人，原籍陝西安定縣，學者稱爲安定先生。曾執教於蘇州、湖州兩地二十餘年，後爲國子直講，終生從教。撰有《尚書全解》、《春秋要意》等多種解經著作，教育專著有《學政條約》、《武學規矩》等。全文共分四節：一、胡瑗的生平和教學活動，介紹胡瑗『明體達用』的教育思想和『蘇湖教育法』；二、胡瑗對於教育改革的主張，理想的教育制度應是把學校作爲培養人才、明教化成風俗的基地，主張學校必須教授通經致用的實學，并介紹他的『分齋教育法』；三、胡瑗的教學理論與教學方法，重點介紹他因材施教，『各因其所好，類聚而別居之，故好尚經術者，好談兵戰者，好文藝者，好尚節義者皆使之以類群居，相與講習』；四、胡瑗的教學精神，注重人格感化，自己以身作則。本文是研究胡瑗教育思想的重要學術成果。

《中國近代教育大事記》：陳學恂主編，上海教育出版社一九八一年十月出版。該書共二百五十八萬字，主要反映一八四〇年至一九一九年間中國近代教育大事，以教育史事爲主，適當收集政治文化等方面的重大史事。本書引用或參考了中國近代史和中國近代教育史的研究成果及其相關資料，反映中國近代教育的演變和發展過程，注重中國近代教育的重大事件。凡清政府的教育詔諭、臣僚的教育奏議和相關活動；民國初期的教育政策、法令；近代教育家的教育論著、教育活動；學校教育的變化和發展；外國人在華辦學情况等，均收入本書。

《中國近代教育文選》：陳學恂主編，人民教育出版社一九八三年出版。該書共三十一萬字。高等師範院校教育系中國教育史課程的教材之一，選輯中國近代主要教育家魏源、馮桂芬、容閎、鄭觀應、李端棻、盛宣懷、嚴脩、康有爲、梁啓超、嚴復、張之洞、張百熙、孫詒讓、張謇、蔡元培、湯化龍、黄炎培、陳獨秀十八人具有代表性的教育論著六十一篇。并簡要介紹每一位教育家的生平事迹、教育活動及其在中國近代教育思想發展史上的地位和影響。每篇論著都有『解題』，簡要説明選文的時代背景和基本教育觀點。選文一律加注，除注事、釋義外，注重闡釋各篇的教育術語和教育思想注釋，簡明扼要，易於理解。凡容易查明的典故、成語、詞匯，一般不作注解。

《中國近代教育史教學參考資料》（上中下）：陳學恂主編，人民教育出版社一九八六年七月至一九八七年三月出版。上册主要收録太平天國革命時期、洋務運動時期、戊戌維新運動時期的教育史參考資料。中册主要介紹中國辛亥革命時期的教育史資料。下册分外國傳教士在華舉辦的學校教育事業和教育統計兩編。是研究我國近代教育必備的文獻資料匯編。

《中國教育史研究》：全七卷，陳學恂總主編，華東師範大學出版社出版。包括先秦、秦漢魏晋南北朝、隋唐、宋元、明清、近代、現代七個分卷，一九九一年出第一卷，至二○○一年出齊。這套書凝聚了陳學恂、張瑞璠、孫培青、周德昌、王炳照、郭齊家、江銘、張惠芬、田正平等教育史名家長期積澱起來的研究創見，堪稱中國教育史鴻篇巨制。全書總的編撰旨意是『立足於斷代研究，并突出其專題性』，在確定的歷史階段内，選擇和側重一些需要深入探索而尚顯薄弱的主要問題，重點深入研究，力求避免重復。

先秦分卷著重探討先秦教育實踐以『禮樂』教育爲主的六藝教育的源流；并在深入研究儒、墨、道、法四家教育思想及其相互關係的基礎上，闡明主要以儒、道兩家教育思想的對立與互補爲基本綫索的先秦教育思想體系與結構。

秦漢魏晋南北朝分卷分上下兩篇，内容包括：秦統一之際的教育；漢代的教化思想及文教政策的確立；漢代教化模式的構建；社會劇變與人才價值觀轉化。魏晋南北朝的官學等。

隋唐分卷包括隋唐五代文教政策研究、官學教育研究、私學教育研究和隋唐教育思想研究四編，重點是佛教東漸背景下的儒學教育。

宋元分卷系統分析兩宋教育思想、兩宋的官學與科舉、兩宋書院私學蒙學研究以及遼金元教育研究，側重理學教育思想的産生和流傳。

明清分卷分爲三大部分：第一章至第四章著重闡述明清時期的教育制度。明清時期的官學、書院、蒙學、科舉考試制度除了具有保守腐朽的一面外，在其發展過程中不斷自我完善。第五章至第七章著重研究王陽明學派、顔元李埏學派和乾嘉學派三個有較大影響的教育思想流派。第八章着重介紹明清時期的中外文化教育交流。

近代分卷主要討論的是鴉片戰争後八十年間中國教育的發展： 中國近代新式教育的産生與發展，近代教育制度的演進與西方教育理論的傳播，近代教育家群體研究。

現代分卷研究、論述中國現代教育發展中的主要問題。全書以年代爲縱綫，以發展中具有重要意義的事件及其發展過程爲節點，著重研究影響和决定我國現代教育發展的因素、現代教育發展的階段、所形成的歷史特點、教育狀况與水準、發展中的經驗與教訓等，以達到比較全面地反映和總結我國的現代教育，保存中國現代教育信史的目的。

主要論著目録

《教育通論》（與孟憲承合著，師範教材），商務印書館，一九三七年。

《民族性與教育》（與莊澤宣合著），商務印書館，一九三九年。

《中國近代教育大事記》（主編），上海教育出版社，一九八一年十月。

《中國近代教育文選》（主編），人民教育出版社，一九八三年。

《中國近代教育史教學參考資料》（主編）（上中下），人民教育出版社，一九八六年至一九八七年。

《中國教育史研究》（全七卷，主編），華東師範大學出版社，一九九一至二〇〇一年。

《中國教育史研究　近代分卷》（主編），華東師範大學出版社，二〇〇一年。

《中國近代教育史資料匯編　留學教育》（與田正平合編），上海世紀出版股份有限公司，上海教育出版社，二〇〇七年。

《清代後期教育論著選》（與陳景磐合編），人民教育出版社，一九九七年版。

《民族性與教育》（與莊澤宣合著），《圖書季刊》一九三九年第四期。

《中國秘密會黨之源流及組織》（與莊澤宣合著），《歷史政治學報》一九四七年第一期。

《中國家族制度的演進與構成》（與莊澤宣合著），《南方雜志》一九四六年第三—四期。

邢光祖

（一九一四——一九九三）

生平簡介

詩人。曾用筆名芷蘅、鴻行，別號鴻傳。一九一四年九月十八日生。江陰人。畢業於上海光華大學英國文學系，獲文學士學位，後赴馬尼拉遠東大學西洋文學研究所深造，獲碩士學位。一九四九年去臺灣。曾任中國國民黨『中央』組織部駐上海特種小組副組長，駐菲總支部委員，『中央』宣傳部及『立法院』秘書，上海英文《評論周報》撰稿員，上海《中美日報》文哲副刊編輯，上海光華大學助教、講師、教授，上海藝術學院教授，《新詩刊》主編，中央通訊社重慶總社編譯與駐馬尼拉分社編輯及特派員，菲律賓《大中華日報》總主筆，菲律賓國立大學、基督教會大學、遠東大學教授，聯合國新聞宣傳處總編輯。旅菲期間曾會同國際新聞協會策劃創辦世界中文報業協會。去臺灣後，任臺灣師範大學、中國文化學院、東海大學、東吴大學教授，美國馬利蘭大學碩士班及夏威夷大學博士班客座教授，并創設『政戰學校』外文系及中國文化學院中文系文藝組。曾任『中國翻譯學會』會長，中華百科全書編纂委員會主席，『教育部藝術委員會』委員等，又曾任『中華民國』出席第四届亞洲作家會議代表團副團長。一九七八年奉派出席在美國召開的第一届世界中國哲學會議。後任中國文化學院西洋文學研究所英文組兼大學部英文系主任，兼海外工作會委員。一九九三年三月四日辭世，享年七十九歲。

主要著作述要

《邢光祖文藝論集》：該書除序言外，共收入《美的先知——孔子》、《興觀群怨——孔子詩學》、《禪與詩畫》、《禪與魔》、《境界辨》等文藝評論十二篇，書的主要内容，是談論中國文學與中國傳統文化，特别是儒、道、釋之間的關係，着重探索中國藝術哲學的奥義，兼與西洋的文學理論和哲學思想作比較，内容豐富，文筆洗煉，見解精辟。

主要論著目録

《光祖的詩》，藝文印書館，一九三七年。
《圓形與十字》，蘆山出版社，一九七二年。
《鏡里的人生》，大漢出版社，一九七五年。
《邢光祖文藝論集》，大漢出版社，一九七七年。

吉聯抗

（一九一六—一九八九）

生平簡介

音樂家。一九一六年五月十六日出生，無錫人，音樂研究所研究員，共産黨員。早年習醫，二十世紀三十年代曾參加左翼劇聯領導的由吕驥主持的業餘合唱團及歌曲研究會，積極投身抗日救亡運動，并開始群衆歌曲創作。一九三七年九月，參加第八集團軍戰地服務隊，從事抗日宣傳。一九四〇—一九四四年在柳州、桂林等地的中學從事音樂教育工作。一九四五年一月參加桂北龍岸抗日游擊隊，歷任司令部政工宣傳科長、副隊長、隊長等職。抗日戰争勝利後，曾在廣州、香港等地參與《新音樂月刊》（華南版）的創辦和編輯工作。一九四六年十月，返回家鄉無錫，在那里開展進步歌咏活動。一九四八年到上海，在中華職業教育社所屬的比樂中學教書，直到上海解放。新中國成立後，歷任上海大中華唱片廠廠長、北京廣播器材廠副廠長、中央廣播樂團副團長、《人民音樂》雜志副主編、中國音樂家協會民族音樂委員會副主任等職。一九七三年到音樂研究所從事研究工作，曾任顧問，中國音樂家協會理論委員會副主任，中國音樂史學學會會長。

吉聯抗在抗戰時期，創作了二百多首抗日救亡歌曲，并有數部著述，他的理論著述以近現代音樂人物研究爲主，并系統地梳理了中國古代典籍中有關音樂的史料。一九五八年至『文革』前任《人民音樂》編輯部副主任。一九七三年從五七幹校回到中國藝術研究院音樂研究所參加編寫中國音樂史的工作。一九五六年到一九八五年先後發表《樂記譯注》、《墨子・非樂》、《孔子・孟子・荀子樂論》、《嵇康・聲無哀樂論》等古代音樂理論著作的譯注五部，《春秋戰國音樂史料》、《秦漢音樂史料》、《魏漢音樂史料》、《魏晋南北朝音樂史料》、《遼金元音樂史料》等史料輯譯七部。還撰有大量音樂論文，在《〈樂記〉——我國古代最早的音樂理論》、《音樂家嵇康》等論文中，對中國古代音樂思想的研究提供了富有啓發性的見解。參與編纂《中國音樂詞典》及《中國音樂詞典・續編》，對該詞典的編輯和完成起了重要作用。離休之後仍繼續從事研究和著述，積極參加學術活動，一九八八年獲全國『老有所爲金鷹奬』。一九八九年二月二十三日去世。

主要著作述要

《〈吕氏春秋〉中的音樂史料》：《吕氏春秋》保留了先秦的亡書遺説，其中就有不少珍貴的音樂資料。作者對《吕氏春秋》中的音樂資料作了輯録譯注，以供後人批判、吸收、研究、利用。概述輯録的或是全篇，或是節録部分（如省略《大略》最後百餘字），或是輯録段句，根據包含的音樂内容多少而取捨。作者指出『音樂』一詞并非是傳自東洋或者西洋，而是在兩千多年前的《吕氏春秋》中就已經反覆運用了。作者没有采用《吕氏春秋》中的篇名來作爲書名，也是爲了突出這一點。

《音樂家嵇康》：本文着重討論了嵇康的《聲無哀樂論》，指出這種音樂思想在反對當時占統治地位的、要求音樂等同於政治的思想傾向的積極意義，并指出了其中關於音樂創作、演奏和欣賞的關係，感情表達的多樣性和音樂表現方式的多樣性之間的關係等問題。他還認爲，嵇康從音樂的二元論出發來反對當時的科班的音樂思想，却陷入了對音樂的不可知論的極端。

主要論著目録

《墨子・非樂》,音樂出版社,一九六二年。
《孔子・孟子・荀子樂論》,音樂出版社,一九六四年。
《吕氏春秋中的音樂史料》,上海文藝出版社,一九七八年。
《兩漢論樂文字輯譯》,人民音樂出版社,一九八〇年。
《樂記譯注》(與陰法魯合著),人民音樂出版社,一九八〇年。
《春秋戰國音樂史料》,上海文藝出版社,一九八一年。
《秦漢音樂史料》,上海文藝出版社,一九八一年。
《魏晋南北朝音樂史料》,上海文藝出版社,一九八二年。
《隋唐五代音樂史料》,上海文藝出版社,一九八六年。
《遼金元音樂史料》,上海文藝出版社,一九八六年。
《宋明音樂史料》,上海文藝出版社,一九八六年。
《古樂書佚文輯注》,人民音樂出版社,一九九〇年。
《怎樣看待墨家的非樂》,《人民音樂》一九五七年七月號。
《音樂家嵇康》,《人民音樂》一九六三年十二月號。
《〈山海經〉遠古音樂材料初探》,《中國音樂》一九八一年第二期。
《中國音樂史事輯述》,《民族音樂研究》一九八六年第三期、第四期。

薛葆鼎

（一九一六—一九九八）

生平簡介

經濟學家。筆名明今、爾澄、二吴等。一九一六年六月二十七日出生於無錫市學前街。最初就讀於私立小學。一九二六年，入無錫第一高等小學。一九二八年，進入無錫私立輔仁中學讀書。一九三四年秋，考入南京中央大學化工系。課餘參加了王昆侖、孫曉村、狄超白、曹孟君、張錫昌、薛葆寧等中共地下黨員和進步學者主持的『南京讀書會』。一九三五年八月以後，他積極參與組織『南京學聯』和『南京學生界救國會』，先後擔任常委、執委。『一二·九』運動後，他積極參與組織南京各大中學學生響應平津學生的『一二·一八』游行活動，并任糾察隊長。一九三六年七月，他參與組織了無錫旅外學生暑期服務社，通過舉辦補習學校、工人補習夜校，邀請名人演講等方式聯繫動員學生、工人，宣揚抗日救亡。同年冬，他擔任南京中央大學學生會校代表，出席『南京各界援助綏遠前綫抗日將士大會』并發表演講。一九三七年二月，考入金陵大學化學系。一九三七年盧溝橋事變後，他全力投入南京、無錫兩地的抗日救亡運動。一九三八年初，在武漢組織無錫青年抗敵工作團，擔任代理團長。同年四月，加入中國共産黨。六月，受中共黨組織派遣，擔任吉安國民黨戰幹三團少校指導員。一九三九年三月，前往重慶。經中共川東特委同意，到成都金陵大學化工系復學。一九四一年七月，獲得化學工程學士學位。畢業後，在銘賢農工專科學校擔任化工系助教。一九四二年初，任重慶中央工業試驗所副工程師兼工務課長。一九四四年，通過『美國租借法案』考試渠道，赴美國工廠實習。一九四六年初，抵達美國，先後在黑色與有色冶金工廠、煤礦與煉焦廠、煉油廠與化工廠等企業中實習。後赴匹茨堡大學研究生院進修化學工程，一九四七年夏以《同沸點混合液的分餾》爲論文獲得化學工程碩士學位。在美期間，他參加紐約『星五座談會』，組織留美科技人員活動，協助馮玉祥將軍開展活動。

并在上海《文匯報》上發表『美國特約通訊』系列文章，在《世界知識》雜志上發表了《杜邦公司五十年》等學習心得。一九四八年夏，回到上海，擔任中央工業試驗所教授兼鹽鹼實驗室主任，兼任光華大學、交通大學教授。一九四八年底，赴解放區參加政治學習，後奉命南下。一九四九年五月，上海解放，他被任命爲上海市軍事管制委員會輕工業處和重工業處的軍事代表，接管幾十個大中型企業。一九五一年，任華東工業部輕工業局副局長、上海市工業局副局長。一九五三年春，被調至國家計劃委員會工作，後又轉到國家建設委員會，任重工業設計局副局長。一九五八年夏，擔任國家計委重工業計劃局第一副局長。一九五九年廬山會議後，他被錯誤地批判爲『右傾機會主義』，下放到化工部技術司工作。一九六二年夏，他被國家計委黨組予以平反，出任國家計委化工與資源綜合利用局副局長。根據兩年基層調查的經驗，他指出化學工業與資源綜合利用的計劃和工作方法存在的問題，於一九六四年在《人民日報》理論版上發表整版文章，詳細闡述了資源綜合利用應在各個產業部門進行推廣的設想，引起中央領導的重視。一九六四年冬到一九六五年春，前往『北大荒』參加『四清』運動。一九六七年十一月，他被關押起來『專案審查』。一九七五年四月二十三日，再次得到徹底平反。一九七八年春，任中國社會科學院研究員，兼任工業經濟研究所副所長、研究生院教授。同年十一月十五日，他在『全國技術經濟和管理現代化理論和方法研究規劃工作會議』上作了《加强技術經濟學和現代管理科學的研究》的發言，認爲民主管理與科學管理是現代化管理不可分割的兩方面，强調要加快中國技術和管理人才隊伍建設。奠定了他在中國經濟學領域技術經濟和管理學方面的權威地位。一九八〇年，經國務院批准，他成爲中國首批經濟學博導之一。當年六月、十二月，他在中央黨校先後作了《中國現代化的整體論》和《再談中國現代化的整體論》兩篇報告，提出從中國的國情出發，社會經濟必須作爲一個整體，端正立場，嚴肅對待，宏觀全局，統籌規劃，全面安排，在各個領域内全面推動社會主義現代化建設。反對販運洋教條，反對片面的『洋躍進』，反對形而上學對待經濟建設。後整理成單行本由中央黨校出版。一九八一年，任中國基本建設經濟研究所所長。一九八二年，他領導組建了中國國際工程咨詢公司，并任董事長，對國家重大建設項目進行可行性論證。一九八三年，他先後出訪加拿大、英國、挪威等國家。他還曾擔任國務院經濟研究中心顧問、國務院技術經濟研究中心常務幹事和顧問、北京技術經濟和管理現代化研究會理事長等職務。他長期從事工業經濟管理和工業經濟研究工作，是我國基本建設經濟學科和社會經濟系統工程學科的主要倡導者和學科帶頭人之一。一九九一年十月離休。此後在實地考察的基礎上，撰寫了《重點開發大西南》一文。并主持完成《中國工業經濟活動的空間格局》大型課題研究。一九九八年七月十五日，因病去世，享年八十三歲。

主要著作述要

《薛葆鼎集》：中國社會科學出版社二〇〇三年版。本書選編了作者自一九七八年底至一九八八年初撰寫的《開展環境經濟學、環境管理學和環境法學的研究》、《中國現代化的整體論——談談現代化的概念和工業現代化的有關政策問題》、《關於生產力布局問題》《再談中國現代化的整體論——談談工業現代化和生產力經濟學有關問題》、《談經濟發展戰略》、《區域經濟規劃是社會主義建設戰略的基礎工作》、《中等城市經濟發展戰略的若干問題》、《城市經濟發展戰略與城市規劃》、《我國地區社會經濟發展戰略研究中的幾個問題》、《系統工程與社會經濟系統》、《用系統的觀點和方法分析研究社會經濟問題》、《運用系統工程方法編制產業長遠規劃》、《理順基本建設中的各種經濟關係》、《上三峽工程必須落實的幾個問題》、《從實際出發研究問題——我的經濟觀》等三十多篇經濟論文，內容涉及國民經濟、工業經濟、技術經濟、建設經濟、城市經濟、區域經濟、環境經濟等多個方面，全面展現了他對當時社會經濟的思考與學術觀點。

主要論著目錄

《同沸點混合液的分餾》，美國匹茨堡大學研究生院碩士論文，一九四七年。

《中國現代化的整體論》《再談中國現代化的整體論》，中共中央黨校單行本，一九八〇年。

《基本建設經濟效果研究》（主編），中國經濟出版社，一九八七年。

《吴地經濟學家》，一九九七年，南京大學出版社。

《薛葆鼎集》，中國社會科學出版社，二〇〇三年。

《杜邦公司五十年》，《世界知識》一九四七年第九、十期。

《現代化的整體論》，《財經問題研究》一九八一年第一期。

《生產力經濟學的幾個問題》，《財經問題研究》一九八一年第四期。

《重視建築業，發展建築業》，《經濟管理》一九八一年第七期。

《談談經濟發展戰略》，《贛江經濟》一九八一年第十二期。

《談談經濟發展戰略》，《投資研究》一九八二年第一期。

《從生産和建設看降低成本》，《上海會計》一九八二年第三期。

《系統工程與社會經濟系統》，《贛江經濟》一九八二年第十一期。

《對江西資源充分利用的一點建議》，《贛江經濟》一九八三年第十一期。

《江西省經濟建設計劃工作中的幾個重點問題》，《江西社會科學》一九八三年第六期。

《中等城市經濟發展戰略的若干問題》，《江淮論壇》一九八四年第一期。

《小城鎮需要新政策》，《江淮論壇》一九八四年第三期。

《以馬克思主義爲指導，探討系統論、控制論、信息論在經濟管理中的應用》，《數量經濟技術經濟研究》一九八四年第八期。

《基本建設發展中值得重視的幾個問題》，《財政研究》一九八五年第四期。

《産業長遠規劃編制方法討論會閉幕詞》，《數量經濟技術經濟研究》一九八五年第八期。

《我國地區社會經濟發展戰略研究中的幾個問題》，《財經問題研究》一九八六年第一期。

《發展少數民族地區經濟的幾個問題》，《中國民族》一九八六年第五期。

《堅毅、沉着、加緊工作、扎實準備，迎接二十一世紀——在中國社會經濟系統工程學會第二屆年會上的開幕詞》，《數量經濟技術經濟研究》一九八六年第八期。

《對華中地區經濟社會發展戰略研究的建議》，《中州學刊》一九八六年第四期。

《創造良好的建設環境　追求良好的經濟效益》，《財經問題研究》一九八七年第十期。

《要合理壓縮基本建設投資規模》，《群言》一九八九年第六期。

《上三峽工程必須落實的幾個問題》，《科技導報》一九九二年第三期。

《三峽工程的關鍵裝備》，《中國機械工程》一九九二年第二期。

《必須搞好經濟區域規劃和大中型企業技術改造》，《投資研究》一九九二年第一期。

《防洪、防旱、治沙、治碱、治理環境必須全面規劃》，《數量經濟技術經濟研究》一九九三年第三期。

《工業經濟活動的空間格局與系統工程》，《經濟師》一九九三年第十一期。

《愛護生產力，發展生產力》，《技術經濟與管理研究》一九九六年第四期。

《從吉林化學工業公司看國營大型工業企業管理問題》，《技術經濟與管理研究》一九九六年第五期。

朱南銑

（一九一六—一九七〇）

生平簡介

紅學家。一九一六年十一月十六日（農歷十月二十一日）出生於無錫惠山脚下直街祖宅（今惠山直街一號、三號、五號）。其父朱伯和曾任無錫陸右豐醬園總經理，無錫醬酒業同業公會主席等職。朱南銑幼年聰慧，記憶過人。一九二一年秋進入無錫第八初等小學（今惠山小學）讀書。一九二六年夏，初小畢業，進入省立無錫中學實驗小學。一九二八年高小畢業，保送進入省立無錫中學。期間成績優秀，初中時就涉獵《説文解字》、《康熙字典》、《佩文韻府》

等書籍。一九三一年，因肺炎休學。一九三二年夏畢業。後進入無錫私立輔仁中學。一九三四年夏，赴上海投考，入私立正始中學高中二年級。

一九三六年入清華大學哲學系，一年級時患病休學。一九三七年隨校南遷，在哲學系求學時專攻數理邏輯，精通多種外語，在中外哲學方面造詣極深，并鑽研藏文，研究游戲史。陳寅恪稱其：清華哲學系一代比一代花樣繁多。一九四〇年畢業。由陳夢家教授介紹入昆明北平圖書館任編輯。一九四一年入清華大學研究院。一九四三年，朱南銑從清華研究院畢業，獲哲學碩士學位。一九四五年十一月結婚。此後，先後入上海《僑聲報》、美聯社翻譯電訊。一九四九年十月入上海三聯書店（後并入人民出版社）任編輯。以後一直在編輯崗位上耕耘。『文革』開始後，朱南銑被下放湖北咸寧五七幹校。一九七〇年十月十一日，勞動中不慎掉入水塘去世，終年五十四歲。

朱南銑博學多識，沈昌文回憶説：『一九五一年三聯書店被并到了人民出版社，成爲了它的一個編輯部，這樣一來，命運又讓我和三聯書店有關聯了，儘管它在剛解放之際没有要我。當時三聯書店編輯部有許多有名的編輯，其中有國民黨時期的北京市市長何思源，太太是法國人。我們當時有外語問題，就請教他。還有一大的代表劉仁静，專門翻譯普列漢諾夫著作。最讓我受益的是一位朱南銑先生，清華出身，學貫中西，我跟他學了不少東西。』他『文章好，學問好。我們當年有問題就去找他。黑格爾的德文去找他，他能解答。古文有疑問去找他，《春秋》、《左傳》也能解答。總之是什麽都懂』。

朱南銑在業餘時間研究《紅樓夢》，他廣泛搜集《紅樓夢》資料，所收甚富。他勤奮好學，博學多能，不斷積累資料，逐漸成爲一名紅學大家。他與周紹良以『一粟』的筆名出版了《紅樓夢書録》和《古典文學研究資料匯編：紅樓夢卷》，這兩種書輯録了一九五四年十月以前有關《紅樓夢》的主要資料和書目，是匯集曹雪芹和《紅樓夢》有關資料最全、最豐富的兩部書，可以説是紅學研究的必讀參考書。另有紅學方面的論文多篇。朱南銑屬考據派紅學的大將，對一些重要紅學問題都有研究，且很受紅學界重視。其主要觀點有，王岡繪手卷像主確係曹雪芹；曹雪芹家是内務府滿洲旗内的漢姓，是被滿族同化了的漢人；曹雪芹不可能卒在壬午除夕等等。他是較早研究曹雪芹家世材料《五慶堂曹氏宗譜》的紅學家，反對曹雪芹祖籍豐潤説，指出『恭承骨肉惠，永奉筆墨歡』是世俗聯宗。二十世紀六十年代曹雪芹文物展覽時，作《關於遼東曹氏宗譜》，認爲曹雪芹祖籍是遼陽而非豐潤，但此文當時只在内部傳觀，未曾發表。一九七九年十一月，《紅樓夢研究集刊》發表此文加編者按説：『此文是朱南銑同志的遺稿，寫於一九六三年——後來又略作補充、修改——現特發表他的遺稿，以表示我們的悼念。』

朱南銑語言文字功底深厚，曾經點校清代筆記史料《永憲録》，譯有英國作家海登的《科學小品集》。他早年就讀於清華研究院時，即以興趣廣博、追根溯源而聞名。著有《中國象棋史叢考》一書。除象棋、打馬外，對圍棋、博塞、雙六等競技項目也多有研討。

主要著作述要

《古典文學研究資料匯編：紅樓夢卷》：本書輯録了從乾隆年間到『五四運動』時期，約一百六十年間有關《紅樓夢》的主要資料，共分六個部分。第一部分輯録了曹雪芹和高鶚的材料；第二部分輯録了戚蓼生、夢覺主人、舒元煒、程偉元、高鶚、王希廉、張新之、劉銓福、孫桐生等人爲《紅樓夢》寫的序；第三部分輯録周春『閲紅樓夢隨筆』；第四部分引樂鈞《痴女子》；第五部分輯録了許多名家的『咏紅詩』；第六部分引梁啓超等人對《紅樓夢》的評論。該書雖不完備，但代表一定時期的一定政治傾向和文化觀點的典型的研究成果，都已經容納進去了。這些資料能够提供學術界參考，用以研究『五四』以前中國社會上對『紅樓夢』所抱的態度、見解及其發展變化。

《紅樓夢書録》：該書初版爲古典文學出版社一九五八年，一九五九年中華書局上海編輯所出版增訂版，改公開發行爲内部發行，一九八一年上海古籍出版社影印一九五九年版公開發行。本書是紅學研究者必備之書。主要介紹了《紅樓夢》版本、譯本、讀書評論、圖畫、譜録、詩詞、戲曲、電影、小説，匯集了《紅樓夢》問世至一九五四年十月爲止的有關作品九百七十餘種，其中含編者自己收藏的稀有版本。

《永憲録》：本書係記録康熙六十一年（一七二二年）到雍正六年（一七二八年）七年間發生的幾樁重大歷史事件，如胤禎『奪嫡』及其即位後幾年中不斷製造的年羹堯、隆科多、阿其那、塞思黑等大獄；汪景棋、查嗣庭等文字獄以及出兵『平定』青海等戰役。體裁雖是編年，性質等於雜史。記事取材，多根據邸鈔、朝報、詔諭、奏折等，在這些輯録裏，記録者站在統治者的立場上，對清朝封建統治者百般歌頌，而對朱一貴領導的臺灣人民起義則横加污蔑漫駡至於附記的一些非編年性質的遺聞瑣事，也參有不少以訛傳訛的顯著錯誤。由於『世宗實録』幾經修改，與事實很多出入；著者以當時人記當時事，觀點雖然反動，但客觀上也反映了一些當時的政治情況，對現存史料仍有一些可以補缺正誤，或與現存史料互相發明，藉資印證之處。

《中國象棋史叢考》：該書從目録學、版本學和文學史的角度切入，清晰地勾勒出象棋史發展的來龍去脉。全書由八篇論文組成，除《打馬考略》外，其余七篇都爲象棋史研究。在這些研究里，作者從文獻角度闡述我國最早的象棋譜，進而縱論北宋、南宋及元明清的象棋發展情况。《談蒙滿藏族的象棋》一文生動再現了象棋的民族接受度。書中《北宋象棋及其變種》及《宋元明清棋譜概况和有關史料》二文將學術與棋藝結合起來，對列舉的象棋圖、棋譜和出土文物，作出了詳實的技術分析；又結合正史、雜詩、筆記、目録，構建出鮮活的象棋場景。

主要論著目録

《科學小品集》（譯著　原作者爲〔英〕海登），三聯書店，一九五一年。

《紅樓夢書録》（與周紹良合編），古典文學出版社，一九五八年；中華書局，一九五九年；上海古籍出版社，一九八一年。

《古典文學研究資料匯編：紅樓夢卷》（與周紹良合編），中華書局，一九六三年。

《永憲録》（蕭奭撰，朱南銑點校），中華書局，二〇〇三年。

《中國象棋史叢考》中華書局，二〇〇三年。

周道振

（一九一七—二〇〇七）

生平簡介

學者、碑帖鑒藏家。一九一六年六月二十九日出生，世居無錫城西門外棉花巷。其父周小農是一位中醫師，出近代名中醫張聿青門下。主要著述有《惜分陰軒醫案》和《周氏集驗方》等。由其校勘與評注的醫籍有《王旭高醫書六種》、《日本今村亮醫事啓源》、《馬培之外科傳薪集》等十餘種。二〇〇一年由上海科技出版社匯集爲《周小農醫案》出版。一九四二年逝世後所遺醫書四百七十九種，共一八五九册，一九五九年經由其子周逢儒、周道振贈給南京中醫學院和無錫市中醫院。周家知書達禮，家風儒雅。周道振自幼受父兄熏陶，研習藝文，酷愛書法，尤喜文徵明。

周道振解放前在上海鐵行中做過職員、在棉紗商行中擔任過會計，解放後進機關工作。但在一九五八年被指責爲『一本書主義』，下放農村勞動鍛煉一年。回城後調入嘉定工業學校、上海建江中學等單位，直至一九七九年退休。一九八七年，他將自己歷年節衣縮食辛苦收藏的明清碑帖八十四種二百三十餘册、明清名家書法繪畫作品三十四件，以及家藏文史類書籍四百二十四册，捐贈無錫市博物館。其中碑帖，如《停雲館帖》、《晴山堂帖》、《寄暢園帖》、《汝帖》、《壯陶閣帖》等，都極具藝術價值或文獻價值。目前，此類拓製較早且又完整無缺的善本法帖，已十分難得。書畫中之文徵明墨迹《赤壁賦册》、《懷歸詩册》、《雪賦、月賦合册》、《包東潤墓志册》等數種，爲國家二級文物。另外，贈書中一部題名爲《宋氏叢集》的明萬曆刻本，流傳極少，其内容涉及明清相關著録中的較多問題，可供學術界作深入研究。尤爲珍貴的是，收入此書的《燕閑部》一種，重見於《四庫全書・竹嶼山房雜部》，但缺失數頁。而此本則首尾完整，正可補《四庫全書》之缺。

上世紀九十年代編輯出版《中國書法全集・文徵明卷》時，曾聘請周道振爲該卷顧問。他爲許多慕名而來求助的海内外學人提供了豐富的資料。同時在碑刻、碑帖鑒定研究中積累的豐富經驗，也爲蘇州碑刻博物館的籌建，爲蘇州寒山寺恢復失傳之文徵明書『楓橋夜泊詩』碑，爲無錫馬山祥符寺購藏《停雲館帖》部份流散刻石等等提供了許多具體的指導和幫助。

周道振潛心研究文徵明，其著作問世後成爲文徵明研究領域里的權威。他先後編著出版的著作有《文徵明書畫簡表》、《文徵明集》、《行書大師——文徵明》、《文徵明年譜》以及《唐伯虎全集》，并有多篇論文在《書法報》、《書法叢刊》等報刊上發表。目前尚有同樣多的研究成果至今没有出版，如《文徵明書畫資料》、《唐伯虎書畫資料》、《雙月樓帖目》等。由周道振輯校的不僅只有文徵明集，另有《文徵明集續輯》，鮮爲世人所知，在二〇〇二年初完成，周道振自籌資金印有五百本，分贈各方。封面顏色和《文徵明集》相同，卷上爲詩和詞，卷下爲文，并有前言和後記，共一百三十四頁。

他還有一部重要手稿——《停雲館帖考》。《停雲館帖》出自文徵明父子之手，被譽爲『明刻帖之冠』，在書法藝術和帖學領域内占有重要地位。周道振一生以研究文徵明爲己任，對於這部著名法帖的關注也花費了無數心血。他的這部著作，在匯集多種不同拓本和明清各家成説的基礎上，對《停雲館帖》進行了全面、系統、深入的研究，具有重要的學術價值。即將由河南美術出版社影印出版。周道振於二〇〇七年十月三十一日去世，享年九十一歲。

主要著作述要

《**行書大師——文徵明**》：本書是介紹文徵明的一本小册子，全書分五個部分，首先介紹了文徵明的生平，考證了衡山文氏的來歷、文徵明的名字，以及文徵明雖少時晚慧，一生堅決不爲藩王、宦官、外夷題字作畫的高風亮節。其次介紹有關文徵明練字的故事，着重介紹了其所書多種《千字文》。第三部分分析文徵明書法風格從開始到轉折，最後自成一體的變化過程。第四部分是辨僞，對作者經眼的署名文徵明的贋品予以鑒别，其中無中生有者有之，以假亂真者有之，通過序跋、印章款識證僞者有之。最後一部分是作者所見文氏傳世書法目録，其中也收録了僞造品，僞品以一個黑五星符號標明。周氏此書是在無數接觸和長年研究的基礎上得出的寶貴成果，對後人學習和收藏文徵明作品都有很大的價值。

《**文徵明集**》：全書收文徵明集三十五卷，補輯三十二卷，附録五種（題跋、傳記墓志文、年表、交流酬贈、評論及詩詞話）。文徵明集明清版本衆多，其中多有出入，該集將多個版本合一匯校，詳細著録了各個版本的版本信息，梳理其版本源流，并作考證。本書以《甫田集》四卷寫刻本爲底本，以數種他本作參校。底本未收者以校本順序遞補，并於篇尾注明出處，以首引者爲準，下者爲校。補輯的部分以一家爲率，其他作爲參校。

《**文徵明年譜**》：本書按編年記録了文徵明家世事行、宦歷交遊、詩文書畫和人事踪跡。由於文徵明享有高壽（九十歲），且執掌吴中文壇數十年，其著述之富，藝事之豐和交遊之廣，可以想見。編者傾畢生精力，六易其稿，始成此近六十五萬言之鉅著鴻篇。對於研究文徵明生平事跡和成就及其與衆多師友、門人之交往和相互影響，具有重要的參考價值。

主要論著目録

《文徵明書畫簡表》，人民美術出版社，一九八五年。
《文徵明集》，上海古籍出版社，一九八七年。
《行書大師—文徵明》，北京體育學院出版社，一九九三年。
《文徵明年譜》，百家出版社，一九九八年。
《唐伯虎全集》，中國美術學院出版社，二〇〇二年。
《停云館帖考》，未刊稿。
《文徵明原名考證（改名年歲）》，《書法研究》一九八二年第四期。

《文徵明詩書真跡的鑒定》,《書法叢刊》一九九四年第一期。

《文徵明書法僞作考》,《書法叢刊》二〇〇一年第三、四期。

《記宋刻宋拓殘帖》,《書法報》二〇〇三年五月二十六日。

逯　斐

（一九一七—一九九四）

生平簡介

作家、劇作家。女。原名王松黛,筆名鄭珏、敏、陸斐、宋玳等。一九一七年一月十七日生。中國共産黨黨員。無錫人。青少年時代曾就讀無錫競志女中。後來在家鄉的雪堰橋小學教書。也是在這里,遇到了後來成爲她終身伴侣的同事嚴辰。嚴辰爲當代著名詩人,《文藝報》、《人民文學》的開創者之一,《詩刊》主編。一九三八年流亡武漢,參加上海抗日救亡演劇第八隊,創作劇本《抓漢奸》(與王逸合作)。後在四川省立戲劇學校學習和重慶育才學校戲劇系工作。在《文藝新潮》月刊發表獨幕劇《歧途》。一九四一年初，經過一番艱辛的長途奔走，逯斐和嚴辰、艾青、羅烽、張仃等人一起來到延安，在抗日軍政大學俄文隊學習，後在延安文藝界抗敵劇協從事創作。所寫獨幕劇《迫害》獲延安五四青年劇本創作乙等獎。另有多幕話劇《蛀蟲》、《窑工》（與丁玲、陳明合作）、《生死仇》（與陳明合作，即《十九號》）。一九四三年在青年藝術劇院教員組工作；從一九四五年起，任晋察冀聯合大學、華北大學戲劇系教員，參加過土改宣傳隊、武工隊。一九四九年後，任中央戲劇學院創作組創作員、中央文學研究所創作員、中國作家協會會員、理事、駐會作家。曾到長辛店二七工廠體驗生活，創作多幕話劇《勝利列車》（與喬羽合作），出版小説集《兄弟倆》。一九五二年隨中國作家訪問團訪問朝鮮，赴抗美援朝前綫，在鐵道運輸部隊工作、體驗生活，曾任中國人民志願軍後勤部野戰醫院教導員。回國後寫了電影劇本《列車飛奔》，出版短篇小説集《青春的光輝》。後來又隨林業部森林勘測設計調查隊女子組到東北林區深入生活。一九五七年的政治風波中，逯斐、嚴辰受到錯誤批判和不當處理，不得不離開北京，到作協黑龍江分會從事專業創作，任作協黑龍江分會理事。期間深入雪原、工廠體驗生活，曾任哈爾濱機車車輛廠車間支部書記、宣傳部副部長。爲電影紀録片《時間的主人》、《祖國的東北》撰寫解説詞。一九五七年至一九六六年，在林區、草原、大慶等地深入生活，創作歌劇《延水長流》和報告文學集《時代新人》（與嚴辰合作），出版短篇小説集《森林在歌唱》、《解凍以後》、《第一場風雪》等。『文化大革命』中，去大興安嶺女子采伐連、女子架橋連深入生活。一九七八年調回北京，在中國戲劇家協會創作委員會工作。一九九四年去世，享年七十七歲。主要作品有：獨幕劇《迫害》、《歧途》，《迫害》曾獲延安五四青年劇作乙等獎；多幕劇《窑工》（新文藝出版社）、《生死仇》（在石家莊解放初演出）、《勝利列車》，均與別人合著；短篇小説集《森林在歌唱》、《提煉》；散文集《青春的光輝》、《解凍以後》、《第一場風雪》等；報告文學有《時代新人》、《光榮的崗位》等。散文《又一次站在牡丹峰上》曾譯載朝鮮刊物《朝鮮婦女》，《密林深處》和《解凍以後》曾譯載英文版《中國文學》。

主要著作述要

《窑工》：三幕七場話劇。與丁玲、陳明共同創作。逯斐到延安後，與其他兩位作者一起到宣化深入工廠體驗生活，在生活體驗的基礎上，共同創作了這部反映宣化窑工清算鬥争的三幕話劇。在劇中，塑造了在黨的領導下，逐漸覺醒并走上反抗道路的窑工形象。

《時代新人》(與丈夫嚴辰合著)：報告文學集，創作於下放東北時期。這期間，作者在哈爾濱機車車輛廠工作。身邊無私奉獻的社會主義勞動者的事迹讓她感動，於是拿起筆來，對她所接觸的勞動者予以歌頌，其中有農墾戰士、森林工人、草原牧民、婦女勘探隊員等等。也體現了作者忠誠、熱忱的共産主義信仰。

《海樹集》：散文集，共收入《海樹》、《等待》、《迷山》、《追花人》、《一個真正的解放軍戰士》等三十三篇散文，大多是作者一九八〇年後的新作，記事懷人，感物抒情，取材相當廣泛。粉碎『四人幫』以後，作者已經年逾六十，但仍壯心不已，足迹遍及天南地北，采擷甚勤。而且去的許多地方都是比較艱苦的，如對越自衛反擊戰的前沿陣地，終年積雪覆蓋下的天山險峰，北國的茫茫草原，遥遠的海南島。祖國的河山風貌，人民的憂患愛憎，生活中的微波巨瀾，無不納入筆下。作者着意描寫的是普通人的平凡勞動，奏出了一曲曲普通勞動者的贊歌。在《海樹》這篇散文中，作者飽含深情，贊美了海樹『没有奪目的姿色，没有惹人喜愛的色彩』，歌頌海樹『幾經被踐踏，被淹没』，却依然『不枯不萎』的堅强品格，她緬懷海樹在戰爭時期和饑荒年代給予人民的援助。所表達的主題堪稱全書的主旋律。

主要論著目録

《勝利列車》(劇本)，『戲劇創作叢書第一輯』，三聯書店，一九五〇年。

《生死仇》(劇本，與陳明合作)，天下圖書公司，一九五〇年。

《争取池文通》(報告文學)，『工農兵文藝叢書』，三聯書店，一九五〇年。

《提煉》(短篇小説集)，新文藝出版社，一九五一年。

《王國藩勤儉辦社》，中國青年出版社，一九五五年。

《青春的光輝》(短篇小説集)，作家出版社，一九五五年。

《光榮的崗位》(報告文學集，與嚴辰合著)，中國青年出版社，一九五六年。

《解凍以後》(散文集)，作家出版社，一九五七年。

《森林在歌唱》(散文集)，作家出版社，一九五九年。

《時代新人》(報告文學集)，北方文藝出版社，一九六〇年。

《第一場風雪》(散文集)，北方文藝出版社，一九六三年。

《獵人小屋》(散文集)，江蘇人民出版社，一九八〇年。

《海樹集》（散文集），『散文叢書』，湖南人民出版社，一九八四年。

《窗外紅玫瑰》（散文集），花城出版社，一九八八年。

《勝利列車》（劇本，與喬羽合著），《文藝勞動》一九四九年第一卷第五、六期。

《量才録用》，《文藝勞動》一九四九年第一卷第三期。

《喜臨門》，《文藝勞動》一九四九年第一卷第二期。

曹辛之

（一九一七—一九九五）

生平簡介

書籍裝幀藝術家、書法篆刻家、詩人。原名曹新民，筆名杭約赫、曹辛、孔休，别名曹吾、曲公等，晚年將創作工作室名爲『抱竹軒』。一九一七年十月二十九日出生於宜興。自幼酷愛文學藝術，在中學時代，便在報刊上發表詩歌、散文與木刻。曾入江蘇省立陶瓷職業學校和教育學院學習繪畫及工藝美術。一九三五年起，在江蘇宜興、武進等地擔任小學教師。一九三六年，爲宣傳抗日救亡，在宜興同吴伯文等創辦《平話》文藝刊物，開始了創作、編輯與出版工作。七七事變後，奔赴山西抗日前綫，成爲山西臨汾民族革命大學學員。一九三八年至延安，入陝北公學、延安魯迅文藝學院美術系學習。一九三九年，參加李公樸爲團長的抗戰建國教學團，赴敵後晋察冀邊區工作，同時開始嘗試新詩創作。一九四〇年奉調重慶，進入鄒韜奮領導下的生活書店，擔任《全民抗戰》周刊編輯，開始從事書籍裝幀設計工作。一九四二年，編選普希金詩集《戀歌》，由桂林現實出版社出版，署名『曹辛』。同年，編選另一本普希金詩集《高加索的囚徒》，由重慶文林出版社出版。一九四四年，以『孔休』的筆名，發表《臧克家論》一文，這是第一篇對臧克家詩歌創作進行較全面系統評論的文章。一九四五年，他的第一部詩集《擷星草》（又名《春之露》）問世。抗戰勝利後至上海，與臧克家等創辦星群出版社。星群出版社的編輯出版業務由曹辛之主持，該社出版了《創造詩叢》和《森林詩叢》，還出版了不少知名詩人、文學家的作品，累計有三十餘種書。一九四七年，與臧克家、林宏等創辦《詩創造》月刊。一九四八年，又與辛笛、陳敬容、唐祈等創辦《中國新詩》。這兩個詩刊具有現代詩流派特色，影響較大。作爲九葉詩派的骨幹，曹辛之的新詩作品既凝煉簡約，又細致深刻，自成一格。一九四七年，以筆名『杭約赫』出版詩集《噩夢録》。隨後，又出版了詩集《火燒的城》。一九四八年十月創作的長篇政治抒情詩《復活的土地》，結構恢宏嚴謹，語言流暢洗練，熱情地贊頌了排山倒海、勢如破竹般的人民解放戰爭，標志着作者詩歌創作的成熟和飛躍。同年十一月，刊物被封，出走香港。

中華人民共和國成立後，曹辛之在北京生活·讀書·新知三聯書店工作。一九五一年，調任人民美術出版社編審，曾擔任《詩書畫》報主編。還是中國作家協會、中國美術家協會、中國書法家協會會員。幾十年間，專門從事書籍裝幀設計工作，創作了二千餘件作品。他的裝幀藝術風格清新淡雅，明麗挺秀，注重整體設計，有書卷氣和詩意美，成爲一名具有獨特風格的書籍裝幀藝術家。他主持設計的印度尼西亞共和國《總統蘇加諾工學士、博士藏畫集》獲一九五九年德國萊比錫書籍藝術博覽會金獎。《寥寥集》、《九葉集》、《曹雪芹》、《郭沫若全集》等書的裝幀設計，在全國評比中獲奬。一九八一年，與辛笛、陳敬容等九人出版了四十年代詩選合集《九葉集》。一九八二年，主編《韜奮畫傳》。這本畫傳忠實地概要地記録了中國革命知識分子的卓越代表鄒韜奮的一生。曹辛之一九八三年離休后，繼續爲文化出版事業辛勤工作，曾擔任郭沫若著作編委會、《茅盾全集》編委會以及多家出版社的藝術顧問。一九八五年十月，中國出版工作者協會裝幀藝術研究會成立，被推選爲會長。一九八五年，出版個人詩集《最初的蜜》。一九八五年，《曹辛之裝幀藝術》一書出版。一九九三年五月，他榮獲第三届韜奮出版獎。一九九五年五月十九日在北京逝世。

主要著作述要

《曹辛之裝幀藝術》：收入作者四十多年主要的書籍裝幀藝術作品一百三十三件。曹辛之的書籍裝幀藝術，着眼於弘揚民族傳統文化，也注重吸收西方現代藝術表現技巧；他既努力於繼承和融匯，更致力於創新和發展。一九八五年，該書由嶺南美術出版社出版。著名學者、出版家王子野在該書序言中評價：『曹辛之裝飾藝術的特點，首先非常注重整體設計，刻意追求意境美、裝飾美和韻律美，所有這些要求又都同民族性、時代性結合起來，而這個結合又都要具有勇於不斷創新的精神』，『他的作品給人以淡雅、明麗、清新、挺秀的印象。總的説來，他的作品書卷氣比較濃』。該書是繼《錢君匋書籍裝幀藝術選》、《魯迅與書籍裝幀》之後，國内出版的第三部個人裝幀藝術專集。

《最初的蜜》：個人詩集，收録了作者自一九四五年至一九四八年的詩作三十四首。這些作品雖然創作於二十世紀四十年代，但寄情、言志、詠物的小詩，情真意切，藴含哲理，引人回味、深思。特别是該書的裝幀設計，由詩人自己設計，風格獨特，格調高雅，造型挺秀。一九八五年十月，該書由文化藝術出版社出版發行。這本小書一呈現在讀者面前，就得到了文藝界及廣大文學愛好者的好評。

《曲公印存》：曹辛之是美術家，印雖小技，但其少年時曾用功學習過，雖歲月倥偬却並未荒廢。該書收入大小印章三百餘方，一九八八年時代文藝出版社出版。作者在『後記』中説：一九七二年由幹校回京，靠邊站了，生活十分艱難，且長期休養在家，於是又開始了治印。由此可見，書中所收的印，大都是作者『文革』末期『逍遥』時所治，即一九七二年以後所刻。書前有老作家葉聖陶、詩人臧克家、篆刻家錢君匋的序文和題詞，均對其篆刻藝術給予高度評價。曹辛之治印多不囿成法，追求現代藝術效果，意到手到，即興奏刀，每每出人意表，自成詩人一路的風格。行家治印，方寸之地，施朱佈白，刀法嚴整，匠心獨運；而詩人治印，往往不以匠心爲之，而代以詩心。

《曹辛之集》：全書分『詩文』、『書刊裝幀』、『書法·篆刻』三卷，上海人民出版社二〇一一年出版。《詩文卷》收録現今所能查到的曹辛之的全部詩作，共四十餘首。該卷還收録了曹辛之給友人的書信四十餘封。這些都是研究『九葉詩派』和中國新詩史的重要文獻。《書刊裝幀卷》共收入曹辛之設計的封面二百五十幅、設計稿六十餘幅，其中包括榮獲一九五九年萊比錫國際書籍展覽會裝幀設計金質獎的印度尼西亞《總統蘇加諾工學士、博士藏畫集》；

歷屆全國書籍裝幀藝術展獲獎作品《郭沫若全集》、《新波版畫集》、《寥寥集》、《曹雪芹》、《日記三抄》、《九葉集》、《李白鳳印譜》等。還收入曹辛之設計的報刊字體、書簽等，全面展示了曹辛之的書籍裝幀藝術成就。《書法・篆刻卷》按趙友蘭編《曹辛之書法選》和曹辛之自編《曲公印存》原貌收入，略有删減。卷末附『曹辛之生平年表』，收録一百多張圖片，圖文並茂，展現了曹辛之的一生。另附趙友蘭《風雨同舟四十年》一文，該文用飽含感情的筆觸，記録了曹辛之坎坷而多彩的一生。

主要論著目録

《戀歌》，桂林現實出版社，一九四二年。

《高加索的囚徒》，重慶文林出版社，一九四二年。

《擷星草》（《春之露》），重慶讀書出版社，一九四五年。

《噩夢録》，上海星群出版社，一九四七年。

《火燒的城》，上海星群出版社，一九四八年。

《復活的土地》，上海森林出版社，一九四九年。

《九葉集》（與穆旦等人合著），江蘇人民出版社，一九八一年。

《黎明的呼喚》（與聖野、魯兵合編），四川人民出版社，一九八二年。

《韜奮畫傳》，生活・讀書・新知三聯書店，一九八二年。

《最初的蜜》，文化藝術出版社，一九八五年。

《曹辛之裝幀藝術》，廣州嶺南美術出版社，一九八五年。

《曲公印存》，吉林時代文藝出版社，一九八八年。

《曹辛之書法選》（趙友蘭編），人民美術出版社，二〇〇一年。

《曹辛之集》，上海人民出版社，二〇一一年。

劉操南

（一九一七—一九九八）

生平簡介

古籍整理專家。一名漢鍾，字肇薰，號冰弦，晚號梁溪狂叟。一九一七年十二月十三日出生於無錫南門外大窑路劉源昌號。六歲入私塾，誦《四書》、《毛詩》、《尚書》、《左氏春秋》等傳統經典。十三歲就讀於正業小學，十四歲入培南初級中學，十五歲考入無錫縣立初級中學。一九三三年畢業，次年考入江陰勵實高中，後轉入無錫輔仁高中。一九三七年八月考入國立浙江大學史地系，後赴上海，考入之江文理學院土木系。次年八月，浙江大學中國文學系成立，遂轉入該系，抗戰中隨校輾轉至貴州遵義，課餘以抄寫講義、在遵義縣中學授課維持生計。一九四一年四月，《浙大學生》復刊，擔任總編輯，撰寫復刊辭及《中國文學系概括》。翌年六月畢業，獲校長竺可楨青睞，留校任助教。之後兩年間，發表涉及科學、文學論文近二十篇，獲得學界好評。一九四五年任浙江大學永興分校大一年級國文教師，組建新文藝學會。次年九月，參加科學工作者協會。一九四九年八月，升爲講師，參加杭州中蘇友好協會。次年八月，參加華東人民革命大學政治研究院（第一期）學習，同年加入中國教育工會。一九五二年二月，全國院系調整，轉入新組建的浙江師範學院任教。一九五七年初，參加中國民主同盟。一九六一年七月，當選爲中國作協浙江分會第一届理事會理事。一九六四年到浙江諸暨西山參加社會主義教育運動，期間爲農民講解古典名著、通俗文學等，撰寫詩詞，輯爲《參加社教運動十六首》。『文革』開始後遭到衝擊，丢失大量文稿和古籍，後被關進『牛棚』，去外地『五七幹校』參加勞動。一九七九年恢復教研活動并招收研究生，是年當選爲杭州市西湖區人大代表。次年五月，參加西湖詩社成立大會并擔任副社長。七月，當選爲民盟浙江省第四届委員會委員、常務委員兼宣傳部副部長。一九八三年一月，國家教委職稱評審組通過其『教授』任職資格。四月，由中文系調入新成立的古籍所。十月，浙江《水滸》學會成立，任名譽會長。是年開始招收文獻學方向研究生。一九八五年增補爲中國人民政治協商會議浙江省第五屆委員會委員，任中國屈原學會學術委員會委員。次年六月，發表《論『武十回』》，獲得一九八七年浙江省高等學校自然科學、文科科學研究成果榮譽獎。九月，浙江省政協書畫之友社成立，任副社長。是月，應邀赴新疆博州師範學院講學。一九八八年六月，被紐約四海詩社聘爲名譽顧問，被《全球當代詩詞選集》聘爲編委。是月，浙江詩詞學會成立，當選爲副會長。八月，被新加坡新聲詩社聘爲名譽顧問。十月，發表論文《敦煌問世曆日辨析》，被評價爲『當今關於敦煌科技研究的重要論文之一』。一九八九年三月，浙江省政協第六屆五次常委會增補爲文史資料委員會副主任。九月，赴樂清雁蕩山參加浙江省詩詞學會雁蕩山詩會。十二月退休，是月被浙江省人民政府聘任爲浙江省文史研究館名譽館員。一九九〇年一月，被寧波大學聘爲兼職教授。五月，任杭州馬一浮研究所顧問。次年十月，擔任首屆中國《水滸》學會理事。一九九二年，點校浙江古籍出版社版《黄宗羲全集》第九册中《曆學假如》、《授時曆故》、《日月經緯》、《天算》四種，并爲全册統稿，撰寫校讀記。翌年，撰寫《如何實踐〈易經〉聖人之道，以恢復禮儀之邦》一文，獲由臺灣地區『中華日報』社、六經學術研究基金會舉辦的第三屆全球儒學徵文比賽第二名，被譽爲『騷臺泰斗』、『學究天人』。一九九四年二月，受浙江省殘疾人聯合會邀請，撰寫《浙江省殘疾人就業培訓樓碑》。十一月，受天臺山國清寺方丈可明之邀，入寺爲大雄寶殿、藏經樓、山門等處撰聯。是年，《史記春秋十二諸侯史事輯證》獲浙江省哲學社會科學優秀成果三等獎。一九九五年十二月，被確診爲直腸癌，入院治療。之後仍筆耕不輟，撰寫論文、詩詞、楹聯等。一九九八年三月二十九日病逝於杭州市浙江醫院。

主要著作述要

《古籍與科學》：本書是作者發表的與古代科技、哲學有關的學術論文的結集，共三十篇，大體以類相從。首篇《竺學蠡測》，乃是闡發其恩師竺可楨先生治學方法及學術特色的宏文，其稱『竺學』乃『學貫中西，文理滲透，博大精深，開物成務』之學，而貫之以求是精神，其格物致知、總結規律、創新學科，對後學頗有啓迪價值。此文在本書中亦暗起綱領作用。之後二十九篇論文分爲四類，第一類主要是與《詩經》相關，包括四篇，論析了《葛覃》、《蜉蝣》、《候人》、《鳲鳩》、《下泉》等詩歌的内涵，并對『蘩』、『紵』的字義進行了辨析。第二類是關於屈原及其《楚辭》的研究，首先對屈原生年的歷史説法進行了辨析，其餘六篇則論述了

《離騷》、《天問》、《橘頌》中的相關問題。第三類論及《周易》大象、《周禮》九數、敦煌問世曆日等問題。第四類主要論及天文、星圖、曆算及數學問題，如《二十八星宿釋名》、《重差術及測定日距方法考》、《祖冲之、祖暅父子球積木闡義》、《授時曆術述要》等。此書與《曆算求索》一起代表了作者在中國古代天算方面的研究成就，得到了學界認可，並被李約瑟《中國科學技術史》吸收。

《史記春秋十二諸侯史事輯證》：本書分爲四卷，卷一爲周本紀、魯周公世家、齊太公世家，卷二爲晉本紀、秦本紀，卷三爲楚世家、宋微子世家、衛康叔世家、陳杞世家、管蔡世家、曹，卷四爲鄭世家、燕召公世家、吴太伯世家。附録越王勾踐世家、趙世家、魏世家、韓世家、田敬仲完世家。作者《自序》稱，以上所謂『十二諸侯』，輯自《史記》中兩《本紀》與十六《世家》，『捃摭春秋事迹，繫年而詮次之。篇目以《年表》爲序，起迄以《春秋》爲斷，用以晰其條目，考其異同，明其指歸，而訂其訛舛。酌取前賢之論，間有鄙臆，亦羼入焉。期以却前説之數難，或於讀《左》者，屬事比辭，不無藉證云爾。至於史公之文，出入於《公》、《穀》、《國語》，諸子百家，間亦附焉』，至於具體編排方式，《凡例》稱：『標題之下，次以小注簡叙自周開國，至入春秋諸王遞嬗之迹。春秋始於某王某年，終於某王某年。《魯世家》以次簡括述之。《周本紀》、《魯世家》以次王、公之下，叙其世系及即位、在位之年。此後悉以年次爲序。』此書出版後，獲得了諸多學者的認同，如繆鉞稱此書『訂訛補遺，功力深細，誠是爲治春秋史事者極有用之參考書』；朱師轍稱此書『豈獨補《集解》、《正義》、《索引》三家注所未備，且可爲讀《左傳》者之補助，信有裨學子之書也』；沈祖緜則稱『《事輯》多據内證，讀之益確。讀《事輯》前後稿，更見治學謹嚴。先自鑽研，而後上下古人之説。不僅於春秋史事，溝通《左氏》、《史記》，且可爲解决古籍中有關問題之參考，洵史學中有用之書也』，同時不掩其不足，指出本書『文理密察，小有紕誤』，『按語中尚須增各家語』。

《詩經探索》：此書分爲上、下兩編，上編爲專題考釋，包括《緒論》及十篇論文，首先從創作、積累、結集、散佚等方面對《詩經》進行了考察，并對孔子删《詩》進行了探求；另外還從禮儀、祭祀等方面對《詩經》進行了探説、考釋；對《敦煌本毛詩傳箋校録》進行了疏證，對部分異文加以條理，有助於推進《詩經》文本的研究。下編二十一篇論文，主要是對《關雎》、《螽斯》、《桃夭》、《芣苢》、《漢廣》、《氓》、《東山》、《鹿鳴》、《公劉》、《七月》等具體篇目的闡釋、鑒賞、辨析。總體上看，正如作者所言：『本著自多學科、多渠道、多角度、多層次、佐以文獻學之研究，結合時代背景，對《詩》冀欲進行歷史唯物主義之探索，以顯示其思想内涵、藝術表現、時代意識和社會教育效益。』

《武松演義》：此書是作者與杭州評話藝人茅賽雲合作完成的。在作者看來，作爲中國古典小説名著的《水滸傳》，長期以民間口頭創作和案頭文學兩種形式流傳，前者隨着時代的發展，不斷增添細節，注入新的内容，故事中的英雄形象更具典型特徵，遂嘗試將『武十回』編寫爲此書，最終大獲成功。作者摯友朱一玄稱全書『故事情節，時起時伏，騰挪跌宕，變化多端，語言保持口語特色，從而成功地塑造武松之英雄形象，多次增訂、重版、借版，印額近百萬册』。《武松演義》二十二回，塑造了武松的英雄形象，他是水滸英雄群像的縮影，從中不難窺見梁山起義由興起到壯大的原因。相比於《水滸傳》的描寫，本書儘管也是通過一系列具體事件形象地叙述了武松走上反抗道路的過程，但是其中的正義性更突出、思想性更加强，如描寫武松醉打蔣門神、義奪快活林一節，强化了蔣門神的惡霸形象，武松將其打倒，就更加大快人心，淋漓盡致地反應了人民群衆的意志。總體來看，《武松演義》的主要結構與《水滸》大體相仿，按照武松的經歷層層展開矛盾衝突，各個場景環環相扣而各有特色，摇曳多姿。具體來講，則前者要比後者充實豐富得多，書中『大鬧快活嶺』和『血濺鴛鴦樓』兩節即是其例。

主要論著目録

《醉打蔣門神》，東海文藝雜志社，一九五八年。

《段景住降馬》，東海文藝出版社，一九五八年。

《鋼鐵英雄救爐記》，東海文藝出版社，一九五九年。

《武松演義》（與茅賽雲合作），東海文藝出版社，一九五九年；浙江人民出版社，一九八〇年增訂版。

《先秦—南北朝文學作品選講》（與王冥鴻、葉柏村等共同編著），浙江人民出版社，一九五九年。

《桐花鳳閣評紅樓夢輯録》，天津人民出版社，一九八一年。

《古代游記選注》（與平慧善合著），上海古籍出版社，一九八二年；臺灣建宏出版社，一九九六年。

《諸葛亮出山》（據汪雄飛提綱纂修），浙江文藝出版社，一九八九年。

《古籍與科學》，哈爾濱師範大學《北方論叢》編輯部，一九九〇年。

《一代宗師竺可楨》（主編），浙江人民出版社，一九九〇年。

《青面獸楊志》（據胡天如傳述、徐鍾穆記録本纂修），黄山書社，一九九一年。

《史記春秋十二諸侯史事輯證》，天津古籍出版社，一九九二年。
《水泊梁山》，浙江文藝出版社，一九九九年。
《曆算求索》，浙江大學出版社，二〇〇〇年。
《揖曹軒詩詞》，西泠印社，二〇〇二年。
《紅樓夢彈詞開篇集》，學苑出版社，二〇〇三年。
《詩經探索》，浙江大學出版社，二〇〇三年。
《古代天文曆法釋證》，浙江大學出版社，二〇〇九年。
《二十八宿釋名》，《社會科學戰綫》一九七九年第一期。
《周髀算經讀記》，《文史》一九八二年第十五輯。
《祖冲之、祖暅父子球積術闡義》，《文史新探》一九八八年第二期。
《詩三百篇的創作與累積考略》，《杭州大學學報（哲學社會科學版）》一九八八年第二期。
《史記天官書恒星圖説》，《古文獻研究》一九八九年第七期。
《儀禮與〈詩〉辨析》，《杭州大學學報（哲學社會科學版）》一九九〇年第二期。
《敦煌本〈毛詩傳箋〉校録考釋》，《敦煌研究》一九九〇年第一期。
《〈史記·律書·曆書〉考釋》，《古籍整理研究學刊》一九九六年第一期。
《〈毛詩·周南·關雎〉主題思想的再認識》，《杭州大學學報（哲學社會科學版）》一九九五年第一期。
《〈革象新書〉提要》，《古籍整理研究學刊》一九九五年第五期。
《〈元光元年曆譜〉考釋》，《古籍整理研究學刊》一九九五年增刊。

梅汝和

（一九一八—二〇〇〇）

生平簡介

營銷管理學家。一九一八年三月十七日生。江陰人。先後就讀南菁中學、上海中學，一九三五年就讀於上海中華商科，抗日戰争爆發後，參與創辦抗日愛國中英文刊物《譯叢周刊》，積極宣傳抗日救國思想。一九四二年畢業於上海交通大學管理學院，先在銀行任職，後進入聖約翰大學工商管理碩士研究生班。一九四六年起在上海交通大學任教，任講師、副教授。一九四七年赴美國賓州大學沃頓財商學院研究生院，主攻外國商業。一九四九年回國，任上海市軍管會公用事業處會計室主任，參與接管舊上海的工作，後任上海市政府公用局財務處處長、上海市建委企業管理處處長以及上海市商業局財務處處長等職。在此期間還曾兼任上海交通大學副教授，新中國法商學院教授。一九七五年任上海外貿職工大學校校長。一九七九年五月上海財經大學復校時期調任上海財經學院，任貿經系主任。之後參與籌建上海財經大學財經研究所，擔任財經研究所負責人，其間兼任上海交通大學教授、華僑大學教授、中國市場學會顧問、上海市市場學會名譽會長。

十一届三中全會後，梅汝和有遠見地提出從國外引進現代市場學，推進我國企業改革和經濟建設的建議。一九七九年在上海首招市場學方向的研究生，爲新中國第一代由自己培養的市場學碩士研究生。一九八二年，梅汝和協助上海交通大學管理學院與美國沃頓商學院聯合舉辦雙碩士研究生班，主講市場學。一九八三年在中國社會科學院研究生班和財貿經濟研究所講授市場調研和營銷管理。梅汝和注意加强與海外學術界的聯繫，不斷引進本領域内的最新理論，積極聯系舉辦國際會議，發表大量關於市場營銷的專論，發表關於現代資本主義市場和銷售學術的發展等數十篇論文，填補了我國市場學的空白，是我國市場學的奠基人。一九八三年編寫的《市場調研和預測的應用》是我國第一本系統闡述現代市場調研方法和技術的教材。一九八九年他的《國際市場營銷學》被學術界評價爲『中國第一本既介紹國際市場學的最新成就，又結合我國實際需要』的專著。他最重要的著作是翻譯美國科特勒教授的《營銷管理》，從一九八四年的第五版開始，梅汝和不斷翻譯新的版本。該書中譯本文筆流暢，譯文準確，被專家視爲中國最有影響的經濟學巨著，直至今天該書都在市場學領域佔有舉足輕重的分量。由其主審《會計英語》、《市場學詞典》等書成爲我國大專院校的重要教材與讀物。

憑借其在中國市場學和工商管理學科的建設和發展方面所做的卓越的貢獻，一九九二年梅汝和被美國傳記協會列爲上世紀末二十五年中世界五百位有重大影響的傑出人物之一。二〇〇〇年九月二十八日因急性心肌梗塞醫治無效逝世於上海市華東醫院，享年八十二歲。

主要著作述要

《營銷管理》：該書共分爲五篇。第一篇認識營銷管理，闡述有關營銷理論與實踐方面的社會、管理和戰略的基本知識。第二篇分析營銷機會，通過分析市場場和營銷環境以辨認機會所需要的各種觀念與方法。第三篇開發營銷戰略，討論公司在不同的市場位置、全球位置和産品生命周期的不同階段，如何設計營銷戰略。第四篇計劃營銷方案，討論營銷戰術問題，以及公司如何處理各種營銷組合因素——産品、價格、地點和促銷。第五篇管理營銷工作，考察營銷的管理工作——公司怎樣組織、執行、評價和控制營銷活動。

主要論著目録

《市場調查和預測的應用》，上海人民出版社，一九八三年。

《國際市場營銷學》（與戴子賢合著），上海科學技術文獻出版，一九八九年。

《市場調查與預測》，中國財政經濟出版社，一九九〇年。

《國際營銷管理學》中國對外經濟貿易出版社，一九九二年。

《營銷管理》（［美］菲利普・科特勒著，梅汝和等譯）上海人民出版社，一九九〇年。

《銷售和社會調查業務國際準則》，《外國經濟參考資料》一九八〇年第六期。

《市場營銷審計——提高營銷管理水平的一個有效工具》（與戴子賢、余名岳合著），《財經研究》一九八八年第五期。

《應用現代營銷管理學方法　加速我國社會主義市場建設》，《商業經濟與管理》一九九四年第一期。

吳冠中

（一九一九—二〇一〇）

生平簡介

畫家、藝術家、美術理論家。一九一九年八月二十九日（農曆閏七月初五），出生於宜興縣閘口鄉北渠村。其父吳爌北，務農兼鄉村小學教員。吳冠中七歲進入吳氏小學讀書，并常觀村里的一名畫家繆祖堯作畫。十一歲考入宜興縣立鵝山小學學習。十三歲小學畢業後考入省立無錫師範學校。十五歲完成三年師範初中學習，改而投考浙江大學代辦的省立高級工業學校電機科，以望工業救國。十六歲在省立高級工業學校讀完一年後，在參加全省大中學生暑假軍訓時，結識杭州藝專預科學生朱德群。在朱德群帶領下參觀杭州藝專，受强烈衝擊，自此决心投身藝術，放棄電機科，轉學杭州藝專。十七歲考入國立杭州藝專預科，師事李超士、方幹民、王子雲等先生。十八歲抗日戰争爆發。是年冬，校長林風眠率領杭州藝專師生，乘木船撤離杭州，到諸暨縣鄉下。隨後又輾轉遷校到江西貴溪。一九三八年春，杭州藝專由江西遷至湖南沅陵老鴉溪。其時國立北平藝專也從北方遷來，教育部令兩校合并爲『國立藝術專科學校』。吴冠中國立藝專預科結業後，升入本科學油畫，師事常書鴻和關良。同時亦學習中國畫。始用『吴荼荼』爲筆名，後改爲『荼』。一九三九年春，隨國立藝專經貴陽至昆明。一九四〇年初，國立藝專遷至滇池邊呈貢縣安江村。同年秋，國立藝專遷至四川壁山。吴冠中轉入中畫系，師從潘天壽，學習國畫，臨摹大量歷代繪畫精品。一九四一年隨國立藝專遷至重慶青木關。又轉回西畫系。一九四二自國立藝專畢業。於國立重慶大學建築系任助教，教素描和水彩。課餘時間在中央大學旁聽文、史課程，以及法文。同年冬，作品《静物》參加於重慶舉辦的全國第三次美展。一九四三年於重慶大學建築系任助教，住沙坪壩重慶大學助教宿舍，爲赴法學畫做準備。工作之餘全部時間、精力投入學習法文。同年於重慶沙坪壩青年宫舉辦第一次個人畫展。一九四五年第二次世界大戰結束。次年夏，參加教育部舉辦的全國留學生考試，以美術類各科總分第一的成績被録取，作爲『中法交换留學』公費生，派赴法國學習美術。同年冬，與朱碧琴在南京結婚。一九四七年七月從上海乘『海眼』號美國郵輪赴歐洲，八月底抵巴黎。進入巴黎國立高等美術學校。一九四八年暑假去意大利和瑞士，參觀博物館和文化遺址。參加巴黎的春季沙龍展及秋季沙龍展。一九五〇年夏，乘法國郵輪，一月後抵香港。换火車到北京，同年秋，經杭州藝專同學董希文介紹，到中央美院任講師。一九五二年在文藝整風運動中受批評，被斥爲『資産階級形式主義的堡壘』。一九五三年調往清華大學建築系任副教授，遷居清華園北院六號。一九五四年假期到山西五臺山寫生。一九五五年秋，調往北師大美術系任教，并參與北京藝術師範學院的籌建工作。一九五六年北京藝術師範學院在北京恭王府舊址成立。吴冠中任油畫教研室主任、副教授。同年赴南京開會，到蘇州寫生。一九五七年學校假期，到江蘇無錫、浙江紹興等地寫生。油畫《魯迅故鄉》參加在莫斯科舉行的『社會主義國家造型藝術展』。一九五八年學校假期，到山西洪洞縣寫生。一九五九年自費到江西井岡山及瑞金等地寫生。《美術》雜志發表其井岡山寫生作品與文章《井岡山寫生散記》。一九六〇年春，回故鄉宜興探望父母，創作油畫《故鄉之晨》。利用暑假，自費到海南島寫生。北京藝術師範學院改制爲北京藝術學院。美術系成立吴冠中工作室。一九六一年由中國美協組織，到西藏寫生五個月。在拉薩和北京舉辦『西藏寫生畫展』。一九六二年，文章《談風景畫》在《美術》雜志一九六二年第二期發表。到故鄉宜興及山東微山湖寫生。一九六三年到浙江富春江及雁蕩山寫生。一九六四年北京藝術學院撤消。與衛天霖一起調至中央工藝美術學院任教。假期回故鄉宜興寫生。一九六五年隨中央工藝美術學院師生去河北任縣農村參加『四清』運動。半年後患肝炎回京療養。一九六六年『文化大革命』爆發，被禁止繪畫、寫作及教學。在中央工藝美術學院接受批判，檢討思想。一九七〇年隨中央工藝美術學院師生下放到河北獲鹿農村勞動。一九七三年被調回北京，被委派爲北京飯店新樓繪巨幅作品。到蘇州、南京、黄山、三峽、重慶等地寫生，一九七四年一月，自重慶返回北京。爲北京站創作巨幅油畫《迎客松》。是年春，開始水墨畫創作。一九七五年到山東龍鬚島及嶗山寫生。一九七六年春，帶中央工藝美術學院學生到山東龍鬚島、泰山等地寫生。到浙江紹興寫生，作油畫《魯迅故鄉》、《紹興東湖》等。於北京前海北沿陋室内創作大量的水墨畫，包括第一幅大幅水墨畫《漓江新篁》。冬，爲中國歷史博物館創作巨幅油畫《長江三峽》。一九七七年一月，爲中國歷史博物館創作巨幅油畫《長江三峽》(立幅)。三月，到浙江紹興寫生。四月，帶中央工藝美院學生到廣西桂林、南寧寫生。秋，到福建厦門、鼓浪嶼、武夷山及江西井岡山、湖南韶山等地寫生。一九七八年春，中央工藝美術學院主辦『吴冠中作品展』，這是他回國後首次個人作品展。到雲南昆明、西雙版納及大理等地寫生。應魯迅博物館邀請，到紹興寫生，回北京後爲魯迅博物館繪制巨幅油畫《魯迅故鄉》。秋，到廣西桂林、四川嘉陵江、樂山、峨嵋山寫生。一九七九年三月，應邀到重慶西南師範學院美術系講學，講學之餘偕美術系老師們到大巴山及大足等地寫生。四月，北京中國美術館主辦『吴冠中繪畫作品展』。爲人民大會堂繪制巨幅油畫《長江三峽》(横幅)。爲北京首都機場繪制巨幅油畫《北國風光》。應邀到長沙，爲人民大會堂湖南廳巨幅湘綉做畫稿。被選爲中國美術家協會常務理事。文章《繪畫的形式美》在《美術》雜志一九七九年第五期發表。一九八〇年春，爲香山飯店繪巨幅水墨畫《長城》。帶美院學生到蘇州寫生。到山東曲阜、泰山和浙江舟山群島及普陀山寫生。同年秋，赴貴州原始森林寫生。文章《關於抽象美》在《美術》雜志一九八〇年第十期發表。一九八一年春，北京市美協分會主辦『吴冠中新作展』。文章《内容決定形式？》在《美術》雜志一九八一年第三期發表。到故鄉宜興寫生。夏、秋，到新疆講學、寫生。同年冬，任中國美術代表團團長，出訪尼日利亞、塞拉利昂及馬里。一九八二年二月，從非洲回國。作品參加日本東京『現代中國畫展』。到浙江烏鎮、石塘寫生。到陝西追尋古迹寫生。爲北京長城劇院創作巨幅油畫《井岡山》。一九八三年到江蘇、浙江及黄山寫生。到四川大凉山彝族自治州寫生。參加北京美協分會主辦的『八十年代中國畫展』。一九八四年任『第六届全國美展』評委，在沈陽參加評選油畫工作。到山西五臺山、黄河壺口及河南龍門石窟寫生。經長江三峽到樂山、大足及烏江寫生。一九八五年當選爲全國政協委員。參加香港藝術節『認識現代中國』及研討會。四月，到江蘇昆山、東北長白山、四川九寨溝等地寫生。參加中國藝術研究院美術研究所在黄山召開的『油畫藝術研討會』。一九八六年應邀參加香港中文大學和《明報》舉辦的『當代中國繪畫』展覽及研討會。任中國東方美術交流代表團團長，赴日本京都參加『國際交流聯合繪畫展』開幕式。到山西吕梁山、福建鼓浪嶼等地寫生。參加北京『國際藝苑第二届油畫展』。爲全國政協禮堂創作丈六幅水墨畫《九寨溝》。一九八七年三月，參加北京『國際藝苑第一届水墨畫展』。四月至五月，到浙江天臺山寫生。六月，參加在印度舉行的『中國當代油畫展』，訪問印度，在印度寫生。九月，參加香港『吴冠中回顧展』開幕式。一九八八年二月，參加新加坡『吴冠中畫展』開幕式。向新加坡國家博物館捐贈大幅水墨畫《松與瀑》，並在新加坡寫生。六月，爲北京飯店創作巨幅水墨畫《清奇古怪》。十月，赴東京參加日本『現代中國繪畫巨匠——吴冠中畫展』開幕式。十二月，作爲『北京風光畫展』中國代表團團長訪問澳門，並於當地講學。一九八九年一月，爲北京貴賓樓飯店創作巨幅油畫《雪山》。三月，赴巴黎寫生。六月，赴美國參加美國舊金山『吴冠中——一個當代中國藝術家』畫展，并在美國寫生。九月，赴日本東京參加『吴冠中畫巴黎畫展』開幕式。十月，到山西河曲黄土高原寫生。十一月，參加『林風眠藝術研討會』。一九九〇年二月至三月，在香港講學。四月，爲中央美術學院師生做學術報告：《我們的路》。《美術》雜志九月號發表了報告的二、三部分。五月，赴新加坡參加『吴冠中水彩水粉畫展』開幕式。新加坡電視臺專訪并拍攝介紹吴冠中藝術的專題片《風筝不斷綫》。七月，帶領中國美術家代表團到泰國，參加《中國當代美術家畫傳》發行式。十一月，赴香港寫生。一九九一年七月，法國文化部授予『法國文化藝術最高勛位』。林風眠病逝於香港，撰文悼念。十月，赴太行山寫生。十一月，赴香港參加『吴冠中眼中的香港』畫展開幕式。一九九二年三月，赴香港參加『九十年代的吴冠中』畫展開幕式，並作學術演講。三月赴倫敦參加『吴冠中——一個二十世紀的中國畫家』展開幕式。向大英博物館捐贈巨幅水墨畫《小鳥天堂》。英國BBC電視臺采訪并拍攝同名專題片。在英國北部和南部地區寫生。九月，赴故鄉宜興及吳縣、周莊等地拍攝吳冠中專題片《生命的風景》。十一月，赴東京參加『吳冠中畫展』開幕活動，并到九州等地寫生。畫展期間，日本NHK電視臺拍攝、播放吳冠中專題片。一九九三年五月，赴新加坡參加『吳冠中四十年速寫展』開幕活動。十一月，赴法國巴黎出席『當代中國畫家——吳冠中水墨新作、油畫及素描』畫展開幕式，同時接受巴黎市政府授予的金勛章。向塞紐奇博物館捐贈水墨畫《竹林與水田》。一九九四年三月，當選爲全國政協常務委員。五月，隨全國政協主席李瑞環訪問芬蘭、瑞典、挪威、丹麥及比利時。九月，訪問印度尼西亞并寫生。一九九五年一月，在《光明日報》發表關於假畫侵權案的長篇文章《黃金萬兩付官司》。六月，獲法國軒尼詩公司『九五軒尼詩創意和成就獎』。十月，赴香港出席『虛白齋國際研討會及二十世紀中國繪畫展覽』。十一月，中國油畫學會在北京成立，被推選爲學會名譽主席。一九九六年五月，參加李政道博士主持的『科學與藝術學術研討會』。十一月，赴印尼雅加達參加『吳冠中畫展』開幕活動。一九九七年五月，赴臺北出席『吳冠中畫展』開幕式。九月，赴加拿大出席『中國二十世紀名家畫展』開幕式。十一月，文章《筆墨等於零》在北京《中國文化報》發表。一九九八年三月，出席巴黎舉辦『中央工藝美術學院教師作品展』，訪問西班牙和荷蘭。八月，赴河北壩上寫生。一九九九年十一月，中華人民共和國文化部主辦的『一九九九吳冠中藝術展』在中國美術館舉行。二〇〇〇年四月，赴江蘇、浙江寫生。二〇〇一年十月，赴安徽寫生。十一月，訪問海南省。二〇〇二年三月，赴香港參加『無涯惟智——吳冠中藝術里程』畫展開幕活動。獲選爲法蘭西學士院藝術院通訊院士，成爲全球獲此崇高榮譽的首位中國人。十月，赴陝西省考察自然林保護工程。十一月，訪問雲南省邊境地區。二〇〇三年一月，患病，入住北京醫院治療。三月，康復出院。十二月，接受中國文化部頒發的『終身成就獎』。二〇〇四年一月，完成自傳《我負丹青》。七月，『情感，創新——吳冠中水墨里程』巡回展移到北京，在中國美術館展出。二〇〇五年九月，赴上海參加『吳冠中藝術回顧展』畫展開幕活動。二〇〇六年八月二十七日，『吳冠中《一九七四年·長江》等作品向國家無償捐贈儀式暨吳冠中歷年捐贈作品匯展』開幕式在故宮博物院太和門廣場舉行。二〇一〇年六月二十五日逝世，享年九十一歲。

主要著作述要

《黃土高原》：此幅創作於一九八七年的水墨畫，是吳冠中代表作品，曾多次參加海內外展覽，一九九七年於臺灣高雄市山美術館展出後，留贈山美術館收藏。兩年後，山美術館以二百七十萬港幣拍賣售出，在海外被輾轉收藏，二〇〇五年初進入國内藝術品市場。在北京『二〇〇五年中國榮寶齋春季拍賣會』上，以人民幣一千八百七十萬元成交。

《我負丹青——吴冠中自傳》：二〇〇四年人民文學出版社出版。該書是吴冠中先生的自傳。全書分三部分，第一部分叙『生命之流』，即隨着歲月的流逝和生活的經歷，記作者思想感情的成長、發展、轉變與衰落。這生命之流如繪了一幅《清明上河圖》，着力於長河的全貌與主要轉折，而許多局部細節須用放大鏡觀察。第二部分『此情此景』，便全是局部放大圖，包括有關生活的、文藝觀的，其中不少文章都是當年針對現實而發，并引起過强烈反響和争議。第三部分是年表，在該書中作者以他愛憎分明的性情，直言不諱的真誠，富有激情的文筆，詳述了一位藝術家真實的人生旅程，無盡的凡人心事。

《吴冠中詞典》：二〇〇一年上海古籍出版社出版。趙士英主編，書前有吴冠中自序。該書采取詞典形式，在國内是一種新的編撰方法。本書精選吴冠中的數十幅代表性作品和生活照片，糅合了相應的品賞文字，它們與叙述文字交叉排列，互爲補充，全面介紹了吴冠中的個人生活、創作、經歷、性格、情趣和藝術觀點。從『詞條』的數量看，代表作以及作品的評論、鑒賞占了較大份額。但在『詞條』的内容上，吴冠中的人生經歷、相關事件背景、涉及人物以及作品的辨僞要點和收藏行情都被囊括其中，其中不乏先生的家庭生活、師生朋友交往等温馨的細節。在畫家詞典的作者中，或是畫家的門生弟子、或是畫家的長期研究者，因此『詞條』中能够收録到一些詳細的第一手素材。

《吴冠中全集》：二〇〇七年湖南美術出版社出版，水天中、汪華、鄧平祥主編。全書精裝九册，共收入了吴冠中先生一生各個時期的繪畫代表作品二千零四十八件，藝術文論二百二十六篇。全書按年代順序以畫種、藝術文論分别設卷，并在各分卷由美術界專家撰寫研究評論文章。所有入集繪畫作品均由吴冠中親自審定，保證了入集作品的真實性。是了解吴冠中藝術作品以及美學思想的主要資料。

《我讀〈石濤畫語録〉》：人民美術出版社一九九五年出版。石濤系明靖江王之後，原名朱若極，法號原濟，自號苦瓜和尚。作畫追求從古人入，從造化出的藝術境界，師法自然，不拘成法，是清初畫壇革新派的代表人物。吴冠中極其推崇石濤，尊之為『中國現代繪畫之父』、『中國現代藝術最早的明燈』。《畫語録》是石濤的繪畫專論，深奥難讀，前人多從傳統觀點識讀，或從佛道之説尋根，均不得其要領。吴冠中以現代審美觀、現代造型規律審視和揣摩這本著作，融合中西、比較古今，體會石濤的創作意圖、創作心態、創作過程，逐章逐句『譯・釋・評』，結合自己的創作體會，用淺顯易懂的話語點評《畫語錄》。全書共分十八章，一畫章點評指出，石濤的『一畫之法』是說繪畫誕生於個人的感受，必須根據個人獨特的感受創造相應的畫法；了法章偏重於（技）法，但實質是說不要因法而忽略了意境；變化章主張學畫從寫生入手，立足自我，培養獨立的觀察能力；尊受章主張尊視自己的感受；筆墨章雖然論點是用筆構造形象，用墨渲染氣氛，但石濤作品實際上是渾成一體，宇宙萬象予人靈感，作者憑穎悟及體驗將之表現在畫面；運腕章指出運腕出自敏鋭深入的自我感受；絪縕章強調藝術脱胎於自然，並非脱胎於別人的定型之胎；山川章說明作者、作品與自然的關係，『搜盡奇峰打草稿』已成為創作源泉的至理名言，預言這個十七世紀的中國和尚宣告了西方表現主義之終將誕生；皴法章反對將手法程式化；境界章反對分疆三疊兩段等程式化構圖；蹊徑章強調形象感染力；林木章比較石濤畫樹木尤近德國立普斯『移情』說；海濤章談形式中具象與抽象的關係；四時章談詩畫結合須渾然天成，詩中畫性情中來，畫中詩境趣中生；遠塵章說畫畫不能脱離生活；脱俗章反對庸俗；兼字章談書與畫的關係，兼論自然與法的因果；資任章說畫家要有追求目標，由此談及人的良知、藝術家的心態與良心。全書以『一畫之法』為核心，認為畫家必須尊視自己的感受，不擇手段或擇一切手段表現出自己的真實感受。至於技法，掛一漏萬，永速羅列不全，法無定相，氣概成章。推翻成見是知識份子的天職，創造新意境、新審美，更屬藝術家的身家性命，吴冠中於此書中全面表達了自己的藝術思想，他的『筆墨等於零』等著名觀點均源於石濤。

《吴冠中畫作誕生記》：吴冠中圖、文及自序，燕子主編，人民美術出版社二〇〇八年出版。本書收錄了吴冠中不同時期的油畫、墨彩、速寫等百又十五幅重要作品和創作隨筆，採用以一圖一文為主，附以兩圖一文，甚至三圖一文的形式，記錄了吴冠中寫生創作時的情景與心境，同時也記錄下了他對創作、藝術發展路徑的探討，對東西方文化、科學與藝術的思考，甘苦與心得。編者是個有心人，翻遍了吴冠中繪畫全集，又通讀了其一百七十余萬字的文章，把握了不同時期畫作誕生的來龍去脈，體會作者創作時的激情，穿越時空追從作者馳騁，感受作者彼情彼時的喜怒哀樂。在這基礎上，以畫證文、以文證畫，將每幅畫作及其相應的文字對照著看，幫助讀者探索讀懂吴冠中的捷徑。在本書自序中，吴冠中說：『人們想瞭解誕生，雖然誕生過程甚苦。我希望「誕生記」受歡迎，因奉獻的是一顆赤誠之心』。

《吳冠中文叢》（全七集）：團結出版社二〇〇八年出版。吳冠中熱愛文學，曾說過『一百個齊白石也抵不上一個魯迅』，但是後來他竟成為畫家，自歎『丹青負我』。其實這位現代畫大師同時還是散文大家，他一生出版散文集二十多種，留下了 170 多萬字的著述，題材廣泛，師友雜憶、情思哲理、寫生隨筆、畫壇縱橫，信筆拈來。畫家散文，以文作畫，觀察入微，筆觸細膩，妙筆成趣。吳冠中以情感作畫，其散文，更是『一個情字了得』。《文叢》共分七集：《橫站生涯》，作者自稱橫站於中外、古今之間，主要收錄其具有歷史影響作用的思想創見、生涯歷程的重要紀事，感悟藝術家與思想者的性格藝格人格；《文心畫眼》，是其繪畫之餘對藝術人生進行剖析思索的文字，文中坦露他數十幅繪畫作品的曲直得失及畫裏畫外審美故事；《足印》，吳冠中先生的寫生足印，主要有巴黎緣、倫敦斷想、展畫東京、西非雕刻等等；《放眼看人》，收錄其寫人物的六十余篇文章，主要有對石濤、虛谷、林風眠、潘天壽、吳大羽諸大師的評價和追思；《背影風格》，是對創作、藝術發展路徑的探討，對東西方文化、科學與藝術的思考與心得；《短笛》，短笛聲聲醒耳，思考是他的生活支柱，孤獨是他的精神背影；《老樹年輪》，收入吳冠中先生年譜、文集、畫集、畫展名錄，向國家捐贈作品部分名錄圖版，珍貴生活圖片、信劄等內容。全書全面展示了他各個時期的思想脈絡及生活軌跡，是重要的文化遺產。

主要論著目錄

《吳冠中作品小輯》，上海人民美術出版社，一九六〇年。

《吳冠中彩畫素描選》，山東省第一輕工業科學研究所，一九七九年。

《吳冠中畫選》，北京人民美術出版社，一九七九年。

《吳冠中油畫寫生》，上海人民美術出版社，一九七九年。

《吳冠中國畫選》（第一輯），四川美術出版社，一九八二年。

《東尋西找集》，四川人民出版社，一九八二年。

《天南地北》散文集，上海文藝出版社，一九八四年。

《吳冠中國畫選》（第二輯），四川美術出版社，一九八四年。

《風箏不斷綫》文集，四川美術出版社，一九八五年。

《吳冠中國畫選》（第三輯），四川美術出版社，一九八五年。

《吳冠中畫集》，天津人民美術出版社，一九八五年。

《吳冠中畫冊》，北京輕工業出版社，一九八六年。

《吴冠中畫集》，河北美術出版社，一九八六年。
《誰家粉本》文集，四川美術出版社，一九八七年。
《吴冠中國畫選》（第四輯），四川美術出版社，一九八七年。
《吴冠中繪畫形式分析》，四川美術出版社，一九八八年。
《吴冠中畫集》，天津人民美術出版社，一九八七年。
《吴冠中速寫集》，四川美術出版社，一九八八年。
《吴冠中文集》，四川美術出版社，一九八九年。
《吴冠中畫集》，四川美術出版社和北京外文出版社聯合出版，一九九〇年。
《吴冠中畫集》（中、英文版本），臺北藝術家出版社，一九九〇年。
《要藝術不要命》文集，臺灣遠行出版社，一九九〇年。
《吴冠中山水畫譜》，北京榮寶齋，一九九一年。
《吴冠中文集》，香港繁榮出版社，一九九一年。
《吴冠中自選畫集》，北京東方出版社和香港建築與城市出版公司聯合出版，一九九二年。
《望盡天涯路》文集，中華書局（香港），一九九二年。
《藝途春秋——吴冠中文選》，新加坡八方文化企業公司，一九九二年。
《吴冠中散文選》，中國國際文化出版社，一九九三年。
《望盡天涯路》文集，東方出版社，一九九三年。
《畫中思》隨筆集，中國華僑出版社，一九九三年。
《中國近現代名家畫集——吴冠中》，北京人民美術出版社和臺灣錦綉出版社合作出版，一九九三年。
《吴冠中談藝集》，人民美術出版社，一九九五年。
《寰宇覓知音——吴冠中九十年代新作選》（中、英、法三種版本），北京外文出版社，一九九五年。
《畫外音——吴冠中散文選》（上、下册），臺灣大地出版社，一九九五年。
《我讀石濤畫語録》，北京榮寶齋，一九九六年。
《吴冠中繪畫藝術與技法》，人民美術出版社，一九九六年。
《吴冠中畫展圖録》，臺灣歷史博物館，一九九七年。
《美丑緣》文集，天津百花文藝出版社，一九九七年。
《滄桑入畫》文集，上海學林出版社，一九九七年。
《吴冠中綫描》，安徽美術出版社，一九九七年。
《當代速寫精粹——吴冠中專集》，榮寶齋，一九九七年。
《生命的風景》文集，北京十月文藝出版社，一九九八年。
《吴冠中文集》（三卷本），上海文匯出版社，一九九八年。

《畫外話·吴冠中卷》，人民文學出版社，一九九九年。
《彩虹人生·吴冠中畫傳》，廣西美術出版社，一九九九年。
《藝海浮沉》文集，中國友誼出版公司，一九九九年。
《吴冠中畫論》，河南人民出版社，一九九九年。
《温馨何處》散文集，吉林攝影出版社，一九九九年。
《吴冠中畫韵美文》文集，廣東人民出版社，二〇〇〇年。
《中國名畫家精品集——吴冠中》，河北教育出版社，二〇〇〇年。
《吴冠中談美——新作本》文集，廣東人民出版社，二〇〇〇年。
《移步换形》文集，中國旅游出版社，二〇〇一年。
《吴冠中人生小品》文集，花山文藝出版社，二〇〇一年。
《吴冠中素描集》，廣西美術出版社，二〇〇一年。
《吴冠中二〇〇〇年作品年鑒》，廣西美術出版社，二〇〇一年。
《吴冠中集》，華夏出版社，二〇〇一年。
《名家畫北京·吴冠中》，河北教育出版社，二〇〇一年。
《吴冠中詞典》，上海古籍出版社，二〇〇一年。
《吴冠中速寫意境》，廣東人民出版社，二〇〇二年。
《畫里畫外》文集，解放軍文藝出版社，二〇〇二年。
《吴冠中畫中心情》，臺灣未來書城，二〇〇二年。
《吴冠中速寫意境》，臺灣臉譜出版社，二〇〇二年。
《吴冠中二〇〇一年作品年鑒》，廣西美術出版社，二〇〇三年。
《朱墨春山》、《望盡天涯路》、《又見巴黎》、《山水屐痕》，廣西美術出版社，二〇〇三年。
《生命的風景——吴冠中藝術專集》，三聯書店，二〇〇三年。
《吴冠中二〇〇二—二〇〇三年作品年鑒》，廣西美術出版社，二〇〇四年。
《我負丹青——吴冠中自傳》，人民文學出版社，二〇〇四年。
《畫外音》文集，山東畫報出版社，二〇〇四年。
《短笛無腔》文集，新世界出版社，二〇〇四年。
《中國油畫十家——吴冠中》，世界知識出版社，二〇〇四年。
《我負丹青——吴冠中自傳》，三聯書店（香港）有限公司，二〇〇五年。
《畫外文思》文集，人民文學出版社，二〇〇五年。
《吴冠中二〇〇五年作品年鑒》，廣西美術出版社，二〇〇五年。

《横站生涯五十年》，上海文匯出版社，二〇〇六年。

《吴冠中捐贈作品匯集》，紫禁城出版社，二〇〇六年。

《皓首學術隨筆——吴冠中》，中華書局，二〇〇六年。

《吴冠中二〇〇六年作品年鑒》，紫禁城出版社，二〇〇六年。

《吴冠中全集》，湖南美術出版社，二〇〇七年。

《夕照看人體》，藝達作坊，一九八二年。

《吴冠中畫作誕生記》，人民美術出版社，二〇〇八年。

《吴冠中文叢》（一—七）團結出版社，二〇〇八年。

《吴冠中畫語録》，人民文學出版社，二〇〇九年。

《吴冠中自選散文集》，東方出版社，二〇〇九年。

《生命的畫卷·吴冠中自述》，北京大學出版社，二〇一〇年。

季崇威

（一九二二—二〇〇一）

生平簡介

經濟學家。一九二二年四月出生於江陰一個小職員的家庭。在兄長季凱、季明影響下，他積極投身於抗日救亡運動，一九三六年在上海《大公報》從事新聞工作的同時，爲地下黨搜集情報。一九三七年底奉命留在上海從事黨的地下情報工作，并於一九三八年加入中國共産黨。一九四五年到《大公報》報館工作，次年兼任《經濟周報》編委，一九四八年關於金融泄密案的報道，揭露了國民黨的腐敗本質。解放前夕，成功策動國民政府資源委員會起義，爲百廢待興的新中國保存了一批重工業家底，得到毛澤東主席復電嘉勉。上海解放後，參與對舊《大公報》的改組工作，擔任黨組成員、社評委員和采訪部副主任。新中國成立後，季崇威歷任中央輕工業部計劃司司長、國家經濟委員會工業生產綜合局副局長、企業管理局副局長。一九六四年試辦工業托拉斯，『文革』中帶病被發往河南西華『五七』幹校審查。一九七六年他向谷牧副總理寫了一封長信，建議調整和恢復國民經濟，第二年，被任命爲國務院扭虧增盈小組辦公室副主任。一九七九年調回國家經委，先後任企業管理局、綜合局副局長。一九八〇年，調入國家進出口管理委員會和外國投資管理委員會，參與重大合資項目談判，起草《中外合資經營企業條例》，主編出版《中國投資指南》，在利用外資方面做了大量工作。一九八二年，調任國務院經濟研究中心常務幹事，系統研究了外向發展戰略、參與國際分工、國際區域合作、經濟特區和開發區、『復關』和『入世』、經貿體制改革、技術引進與企業國際競争力等課題，十多年中寫了一百多篇論文，許多政策建議被高層采納，爲我國發展外向型經濟作出了突出的貢獻。一九八八年與楊沐合作撰寫的《全面正確地認識和執行外向發展戰略》獲得『孫治方經濟科學獎』論文獎，一九九二年國務院授予季崇威爲我國社會科學事業做出特殊貢獻獎。《影響新中國六十年經濟建設的一百位經濟學家》叢書，季崇威以四本開放型經濟論著入選。二〇〇一年九月二日，因病醫治無效，在北京逝世，享年七十九歲。

主要著作述要

《論中國對外開放的戰略和政策》：季崇威著，社會科學文獻出版社，一九九五年出版。全書内容涉及對外經貿領域的各個方面，包括理論篇、戰略篇、國際環境和國際合作篇、利用外資篇、對外貿易篇、金融篇、地區戰略篇、産業戰略篇、成績和展望篇、大陸與臺港澳經濟合作篇共十個方面。作者在書中强調，發展對外貿易和利用外資都必須以提高經濟效益爲中心。他認爲利用外資獲得的産出收益必須高於投入的資金成本，即盈利率要超過國外借款的利率。同時，外資企業的盈利要求轉化爲外匯匯出。在直接投資的企業中，則要求通過産品出口創匯或替代進口而節約的外匯收入，能大於從國外進口原材料、支付勞務費用和支付投資者所獲盈利的外匯支出，做到企業本身外匯收支的平衡。如果每個三資企業都能達到這個標準，那麽我國三資企業虧損面可大爲減少，經濟效益可以大大提高。作者通過考察研究，指出了我國利用外資中若干亟待解決的問題，諸如投資導向，吸收外資的目的性，中方投資來源，外資企業遵守勞動法，外資企業中建立黨團、工會，外商轉移利潤假報虧損問題，以及各地對審批權層層下放缺乏必要制約等問題。

《**中國大陸與港澳臺地區經濟合作前景**》：季崇威主編，人民日報出版社，一九九六年出版。該書全面論述了中國大陸與港澳臺地區經濟發展與合作的現狀、特徵和合作前景，從貿易、投資、金融、資源、產業結構、體制協調以及同東亞、東南亞經濟合作影響等方面進行了分析和展望，分析了廣東、上海、福建、海南等地同港澳臺地區經濟關系及進一步加强合作的戰略設想和建議。在總論中指出，香港澳門地區在我國對外開放和經濟發展中起着特殊的重要作用，集中表現在：港澳是內地對外貿易的最大伙伴和轉口基地；港澳是內地吸收境外資金的最大來源和融資基地；港澳制造業向內地轉移效應顯著；港澳成爲海峽兩岸經濟交流與合作的中介和橋樑。這四個方面反過來又促進了香港、澳門經濟的長足發展。總論還指出，改革開放以來，海峽兩岸經濟往來與合作得到迅速發展：一是兩岸間貿易不斷擴大，市場相互依賴日益增强；二是臺胞到大陸投資猛增，帶動了兩岸經濟與合作發展。這種效應，不僅僅是促進了大陸經濟的發展，對臺灣地區經濟的穩定與發展尤其具有舉足輕重的作用。本書還展望了中國兩岸四方經濟合作的前景，并就進一步擴大兩岸四方的經濟合作的有關方面提出了可行的思路和意見。

《**中國利用外資的歷程**》：季崇威著，中國經濟出版社，一九九九年出版。本書收録作者在改革開放二十年中發表的論文、重要演講稿、調研報告共三十八篇，比較全面地反映了中國利用外資所走過的歷程，論述和分析了不同歷史階段利用外資所面臨的尖鋭問題和矛盾，提出中國中西部利用外資的新課題，對中國利用外資的成就、經驗、特點和存在的問題，以及展望二十一世紀中國利用外資的前景給予權威性評説。國務院副總理李嵐清爲該書題寫了書名，國務委員吴儀撰寫了序言。吴儀在序言中對季崇威在中國利用外資方面的突出貢獻，給予了充分的肯定和極高的評價。

主要論著目録

《積極搞好工業改組工作》（與戎文佐合著），中國社會科學出版社，一九八〇年。

《外向型經濟的國際比較》（主編），山東人民出版社，一九九〇年。

《論中國對外開放的戰略和政策》，社會科學文獻出版社，一九九五年。

《中國大陸與港澳臺地區經濟合作前景》（主編），人民日報出版社，一九九六年。

《東亞企業文化的特點與發展趨勢》，(主編)，經濟管理出版社，一九九七年。

《中國利用外資的歷程》，中國經濟出版社，一九九九年。

《我國工業應當積極支援和促進農業的發展》，《經濟研究》一九五八年第二期。

《中國吸收外資的情况和政策》，《世界經濟》一九八一年第五期。

《我國對外開放政策的理論和實踐》，《經濟研究》一九八四年第十一期。

《中國吸收外資的環境評價和發展前景》，《改革》一九八九年第五期。

《我國九十年代對外經濟發展戰略設想》，《改革》一九九一年第一期。

《九十年代中後期中國應采取的對外經貿總體戰略》，《國際貿易》一九九四年第六期。

《二十一世紀初我國利用外資的戰略思考(上)》，《中國外資》，二〇〇〇年第二期。

《二十一世紀初我國利用外資的戰略思考(下)》，《中國外資》，二〇〇〇年第三期。

浦　山

（一九二三—二〇〇三）

生平簡介

經濟學家。一九二三年十一月二十七日生於北京，祖籍無錫。在中學時代就接觸了革命思想和參加進步活動。一九四一年赴美國留學，師從著名經濟學家熊彼特。一九四三年畢業於密歇根大學，一九四八年獲哈佛大學經濟學博士學位。留學美國期間，參加了當地的進步活動，於一九四五年加入美國共産黨，同年秋經董必武批準轉入中國共産黨，并參加中國共産黨領導的留學生活動和其它工作。一九四九年浦山回國。一九四九至一九五一年任外交部情報司副科長。一九五一至一九五三年參加中國人民志願軍朝鮮停戰談判代表團，由於工作成績突出，曾經得到周恩來總理的表揚。一九五四年任外交部政策研究室專員。一九五四年和一九五五年先後作爲中國政府代表團成員出席日内瓦會議和萬隆會議。一九五六年隨周恩來總理訪問十一國。一九八〇至一九八二年任外交部國際問題研究所副所長；一九八二至一九八八年任中國社會科學院世界經濟與政治研究所所長、研究員；一九八五至一九九七年任中國世界經濟學會會長，一九九七年任名譽會長；一九九一至一九九四年任中國社會科學院研究生院院長。曾擔任第七届全國政協委員、第八届全國政協常委。浦山在從事研究工作和擔任學術機構的行政領導期間，表現出卓越的政治工作才能和人格魅力。他善於團結同志，做深入細致的思想工作。他十分重視科研骨干，特别是重視培養中青年人才，不拘一格，任人唯賢。他具有馬克思主義經濟學和西方經濟理論的深厚學術功底，學風端正，治學嚴謹，强調獨立思考，關注國内外經濟理論的發展，把握經濟學研究的前沿動向，努力開創科研工作的新局面。一九八〇年以來，他參加了大量國際學術活動，曾被聘爲客座教授在美講學，并被授予名譽博士學位，多次參加重要國際會議并作報告，爲中國社會科學院擴大學術交流創造條件。浦山一生功績卓著，爲人剛直不阿，嚴於律己，淡泊名利，始終保持共産黨員的高尚情操和道德風範，深受同事們的愛戴，也赢得了國際經濟學界的尊重。二〇〇三年二月七日在北京逝世，享年七十九歲。

主要著作述要

《浦山集》：該書係《中國社會科學院學者文選》叢書之一，中國社會科學出版社二〇〇六年出版。本書收録浦山《技術進步與就業》、《宏觀經濟學簡論》、《美蘇争奪世界霸權的鬥争》、《中國社會主義市場經濟的前景》等重要文章，是了解浦山先生學術研究成果和學術思想的主要資料。

《技術進步與就業及其它論文》：外文出版社二〇〇四年一月版。本書匯集作者在哈佛大學經濟學博士論文、在國外發表的計量經濟學文章、在國際會議上的發言及中國社會主義市場經濟前景的論文。

《世界經濟年鑒一九八八》：浦山主编，中國社會科學出版社一九八八年九月版。全書分五個專題：一，綜合性專題。二，國家和地區經濟情况，其中涉及亞洲、歐洲、非洲、北美洲和拉丁美洲的四十八個國家。三，國際經濟會議。四，世界經濟大事記。五，世界經濟統計資料，包括中國經濟統計資料和世界經濟統計資料，後者又分『綜合、對比、工業、建築業、農業、交通運輸、財務・金融・物價、對外經濟關系(外貿、外資、外債)、勞動・工資和人民生活、教育科學文化』十部分。

主要論著目録

《論技術進步對就業的影響》(博士論文)

《世界經濟年鑒一九八八》,中國社會科學出版社,一九八八年九月。

《技術進步與就業及其它論文》,外文出版社,二〇〇四年一月。

《浦山集》(中國社會科學院學者文選),中國社會科學出版社,二〇〇六年。

《憶萬隆會議,頌偉人天才: 在萬隆會議四十周年紀念暨研討會上的發言》,《世界經濟與政治》一九九五年第六期。

《一點希望》,《世界經濟與政治》一九九九年第十期。

《美國經濟發展趨勢之我見——二〇〇一年世界經濟形勢與理論研討會部分紀要》,《國際經濟評論》二〇〇二年第一期。

《動蕩中的世界經濟》,《世界經濟》一九八七年第三期。

《走向二〇〇〇年的中國和亞太經濟》,《世界經濟》一九八七年第一期。

《世界經濟與政治形勢》,《管理世界》一九八七年第六期。

《對地區冲突變化的看法》,《瞭望》一九八九年第十八期。

《世界經濟和政治形勢與中日合作》,《世界經濟》一九八四年第九期。

《世界經濟形勢的回顧和展望》,《世界知識》一九八五年第二期。

《當今時代的任務是争取和平和發展但不能認爲已經是和平與發展的時代》,《世界知識》一九八八年第三期。

《嚴峻的世界經濟形勢》,《人民日報》一九八五年十二月二十七日。

《低速增長　險象迭生——一九八七年的西方經濟》,《人民日報》一九八七年十二月十七日。

《蘇聯解體後的國際形勢》,《經濟工作者學習資料》一九九三年第四期。

黃永年

（一九二五—二〇〇七）

生平簡介

歷史學家、古籍整理專家。一九二五年十月出生。江陰人。少年時在常州地攤上買到吕思勉先生所著《經子解題》，遂産生了對傳統古籍文獻學的濃厚興趣。高中就讀於蘇州中學常州分校，有幸聽到吕思勉先生講授的國文、本國史以及中國文化史、國學概論四門課，獲益良多。一九四四年畢業，同年考入南京中央大學歷史系。并先後結識童書業、顧頡剛先生，成爲他們的學生。一九四六年，放棄了中央大學的學籍，考入復旦大學史地系（後改歷史系），開始研究唐代文史。大學時代即發表文章，與陳寅恪先生論辯。畢業論文講唐代河北藩鎮，否定陳寅恪『以昭武九姓胡爲安禄山主力』之説，曾爲學界所矚目。

一九五〇年畢業於復旦大學歷史系，同年至上海交通大學任助教。一九五六年任講師，後隨上海交大遷校到西安。一九五七年被錯劃爲右派。一九六二年安排在西安交通大學圖書館工作。一九七八年九月調入陝西師範大學。一九七九年右派問題正式平反改正，恢復講師職稱。在錯劃右派期間，仍未放棄學術追求，其間撰寫有關唐代經濟和碑刻書法的文章，直到『文革』以後才陸續發表。

一九八一年任副教授，一九八二年晋升爲教授。先後在學校圖書館、歷史系、唐史研究所、古籍整理研究所工作。一九八三年任陝西師範大學古籍整理研究所副所長，一九八七年任所長，享受國務院政府特殊津貼。二〇〇一年退休。二〇〇七年一月十六日在西安逝世，享年八十二歲。

黃永年是陝西師範大學歷史文獻學的創建人，自一九七九年起招收中國古代史唐史方向碩士研究生，一九八二年起又招收歷史文獻學碩士研究生，先後開設目録學、版本學、碑刻學、文史工具書簡介、古籍整理概論、唐史史料學、舊唐書研究、太平廣記研究、吴梅村詩研究、隋唐史專題（政治部分）、隋唐史專題（經濟文化部分）等課程。

其他社會兼職有全國古籍整理出版規劃領導小組成員，國家文物鑒定委員會委員，教育部全國高等院校古籍整理研究工作委員會委員，中國唐史學會顧問，北京大學中國古文獻研究中心兼職教授，復旦大學古文獻研究中心兼職教授，《中國史研究》編輯委員會委員。

在學術上，二十世紀八十年代到九十年代初，主要從事唐史研究，兼及古典詩詞和小説。研究玄武門之變、武周政權及其影響，宦官與禁軍，肅代兩朝政局，涇師之變，二王八司馬政局，元和後期黨争。二十世紀九十年代中後期，又上溯北齊、北周和楊隋，探討這一時期的史事。弄清楚北周實較北齊落後而被視爲夷狄，周之滅齊惟恃府兵之强，實爲落後吞滅先進，但府兵緣隋開皇時『墾田籍帳，一與民同』而失去戰鬥力，文武合一之關隴集團在隋至唐初亦不復存在。其中多有與陳寅恪舊説異同之處。

古典文學方面，寫了《士先器識而後文藝正義》、《長恨歌新解》等文章，并發現了僅存的元刻《新編紅白蜘蛛小説》殘頁，點校了《西游證道書》并考知《西游記》成書經過和版本源流，考知《西洋記》金碧峰的本來面目。諸多研究成果以史料紮實、考證細密、見解精卓而引起學術界的廣泛矚目和推重。

在古文獻學學科方面，參與了古文獻學學科體系的創立和建設，撰寫有《古籍整理概論》、《古籍版本學》、《古文獻學四講》、《史部要籍概述》、《子部要籍概述》和《唐史史料學》等多部著作，被中國國内多所著名大學選作教材，爲文獻學人才的培養，發揮了重要作用。還積極從事古籍整理事業的實踐，精心標點校勘《類編長安志》、《雍録》、《西游證道書》等多種古代典籍，均以質量精良而被視作權威性的版本。

在古代文史知識的普及方面，主持完成國家教育委員會古籍整理重點項目《二十四史全譯》中的《舊唐書全譯》與《新唐書全譯》，還承擔了《古代文史名著選譯叢書》内《舊唐書》等六種選譯，成爲該類讀物具有典範性的佳作。

主要著作述要

《古籍整理概論》：本書是關於古籍整理方面一部非常實用的教材類讀物。作者根據自已多年從事古籍整理的經驗以及古籍整理自身在方法、工序、相關知識上的特點，將全書分爲八章闡述，包括：底本、影印、校勘、輯佚、標點、注譯、索引、其他，涵蓋了古籍整理的各個方面。全書在注重實踐的基礎上，也有一些理論上的總結，系統性强，重點突出，詳略得當。文筆嫻雅流暢，通俗易懂。尤其適合於文獻學專業的青年朋友們入門之用，對於與古籍整理有關的學科研究人員也有很大的輔導作用。

《**文史相聚稿**》：本書是『周秦漢唐文化工程·學術研究文庫』叢書之一種，爲史學論文集。主要收録了先秦史、唐史、清史的研究文章，另外還收集了有關歷史文獻的研究和明器的考證文章。

《**黄永年文史五講**》：本書是作者生前的講課筆録，主要内容包括：目録學講義、版本學講義、碑刻學講義、《太平廣記》講義、唐史講義。這五個方面都是作者擅長的領域，見解極深，常寥寥數語，發人深思。其治學態度、治學方法，更值得後學認真學習。

《**古文獻學四講**》：本書是作者的古文獻學研究文集，以講稿的形式，涉及目録學、版本學、碑刻學與文史工具書簡介四方面内容。

《**唐史十二講**》：本書是關於中國古代唐朝歷史的研究專著，主要包括了：論武德貞觀時統治集團的内部矛盾和鬥争、武則天真相、盛世英主唐玄宗、楊貴妃和她的故事、《通典》論安史之亂的『二統』説證釋、唐兩税法雜考、所謂『永貞革新』、讀陳寅恪《狐臭與胡臭》兼論狐與胡之關係等方面的内容。書中的有些論點，糾正了通行的教科書，而和陳寅恪異同處就更多。但從方法論來講，仍是受了陳寅恪的啓發。而且撰寫文章不依靠孤本秘笈而用人所習見之書，要從習見書中看出人家看不出的問題，這一點，也是繼承了陳寅恪以及顧頡剛等老一輩學人的做法。

《**古籍版本學**》：包括緒論及版本史和版本鑒別、版本目録兩部分。其中，緒論部分介紹了古籍版本學的研究對象、版本和善本、研究角度和用途。版本史和版本鑒別部分詳細介紹了研究方法、參考書、雕版印刷的出現、書册制度、宋刻本（包括遼金刻本）、元刻本、明刻本、清刻本（以及清以後的民國刻本）、活字本套印本、插圖本、抄本、稿本、批校本等内容。版本目録部分由參考書和研究方法兩章組成。全書體例完整，簡明扼要，堪稱學習和研究古籍版本學的必備書。同時也被許多高校古籍文獻與整理專業用爲教材。

《**黄永年古籍序跋述論集**》：本書是作者辭世後，其弟子辛德勇、賈二强及其子黄壽成等廣搜其研究論述古籍的各類文章，精心編輯而成。書中收有一百一十二篇文章，其中有三十一篇之前未曾公開發表過，主要是一些古籍的題記識語等。全書内容分爲『自藏典籍識語』、『經眼典籍題記』、『校印典籍説明』、『版本目録研究』、『書林書事雜記』五個部分。作者不僅知識淵博，見地超拔，且文筆簡約流暢，風格率直不阿，讀其書，識其人，受其學，享其文，是一件非常愉悦的事情。

《**史部要籍概述**》：屬於『古文獻學基礎知識叢書』，普通高等教育『十一五』國家級規劃教材。我國古代有着悠久而完整的修史傳統，歷史上也出現了不同類别與體例的史書。本書即從文獻學的角度，分門别類地介紹了我國古代重要的歷史典籍，主要包括紀傳史、編年史、紀事本末、雜史、載記、傳記、詔令奏議、政書、地理、碑刻、書目、史評等有關史籍的知識，對了解史部典籍與文獻，具有很大的幫助。

《**子部要籍概述**》：屬於『古文獻學基礎知識叢書』，普通高等教育『十一五』國家級規劃教材。我國古代子部文獻浩如烟海，本書即從文獻學的角度，分門别類的介紹了我國古代重要的子部典籍。該書既能作爲古典文獻專業本科生的教材或主要教學參考書，也能作古文獻學科研究生及古代文學、古代歷史、古代哲學和宗教等學科研究生的參考書，還可以作爲廣大文史工作者和愛好者的參考讀物。

《**六至九世紀中國政治史**》：該書是凝聚作者數十年心血研究中古史的力作。本書以歷史上北朝至中晚唐一系列影響巨大的事件和制度爲重點，進行了系統考察，他以敏鋭的歷史洞察能力，全面深厚的文獻功底，縝密嫻熟的考據方法，不僅釐清了諸多千古疑案，大大擴展了對這一時期某些重大史實的深入認識，填補了北朝及隋唐史研究的空白，而且以歷史發展的宏觀視野，提出若干獨具創見的新觀點，代表着研究這一時期政治史的最高水平，充分展現了一代史學大家的風範。

《**唐史史料學**》：有唐一代典籍浩繁，後代編纂、彙輯的唐代史料也不少，二十世紀又有敦煌、吐魯番等文獻出土問世，如何掌握、辨别、利用這些史料就爲初學者出了一個大大的難題。該書共分紀傳類、編年類、法令類、典章制度類、雜史雜説小説類等十五類，詳細介紹了研究唐史應掌握的史料及史料的源流、價值和使用方法等等，是一本不可多得的初學唐史必備的工具書。

《**樹新義室筆談**》：本書彙集作者半世紀治學生涯中隨筆體文史佳作近百篇，分爲『齊周舊事』、『李唐遺聞』、『文苑辨疑』、『小説瑣話』、『藝海拾貝』、『師門追憶』等八卷，題材廣泛，徵引浩博，揭示了許多隱藏在陳言舊説背後的歷史真相，特以考論精審、多樹『新義』，令人耳目一新，具有很高的學術價值和閱讀價值。其末卷『師門追憶』所收對史學界前輩吕思勉、童書業、陳子展、吕貞白等先生的追憶文字，感情真摯，語言平實，披露了很多原始史料，尤稱難得。

《**清代版本圖録**》：與賈二强合撰，全書五卷，按年代先後選印了清代版本三百五十種，大多取其一幅書影，間或兩幅，集中了清代各個時期各種樣式的版本的代表。所收版本不單只注重於善本、孤本的書影，而且力求全面，盡量注意到代表性，也收録了常見通行的甚至是坊刻的并不精彩的版本，基本上達到了反映清代版本全貌的目的。圖録的文字説明雖聊聊數十百字，却包含着豐富的信息，從版本源流到流通情况，多有涉及。本書對古籍愛好者與研究者如何鑒定綫裝古籍的版本，有極大幫助。

《學苑零拾》：本書是『九歌文叢』之一種，收録了《請來一點正經的考證》、《還是要打好基本功》、《説陶淵明的愛酒》、《楊貴妃和她的故事》、《武則天真相》等四十二篇文章。該書内容豐富，涉及面廣，語言簡潔，通俗易懂，具有一定的知識性及可讀性，讀者從中可以增長知識，開闊眼界，非常值得一讀。

《學苑與書林》：本書是作者多年來零星的學術性文章，以及一些議論的結集，主要講古書、講版本。書中還收録了作者六十多年前記録整理的《吕思勉先生〈古文觀止〉評講録》，對青年人通曉古文、學做文言文極有幫助。

《黄永年印存》：本書收入作者印存和作者對篆刻藝術的理解兩部分内容。印存部分多爲作者爲朋友所刻的私印和私用印。篆刻藝術部分爲作者的一份講稿，能够提高讀者對篆刻藝術的認識。

主要論著目録

《中國古代的科學家和發明家》，少年兒童出版社，一九五六年。

《舊唐書與新唐書》，人民出版社，一九八四年。

《古籍整理概論》，陝西人民出版社，一九八五年；上海世紀出版集團，二〇〇六年。

《唐太宗李世民》，上海人民出版社，一九八七年。

《舊唐書選譯》（譯注），巴蜀書社，一九八八年；鳳凰出版社，二〇一一年。

《天妃娘媽傳》（標點），上海古籍出版社，一九九〇年。

《韓愈詩文選譯》（譯注），巴蜀書社，一九九〇年；鳳凰出版社，二〇一一年。

《吴偉業詩選譯》（譯注，與馬雪芹合作），巴蜀書社，一九九一年；鳳凰出版社，二〇一一年。

《北齊書選譯》（譯注），巴蜀書社，一九九一年；鳳凰出版社，二〇一一年。

《顔氏家訓選譯》（譯注），巴蜀書社，一九九一年；鳳凰出版社，二〇一一年。

《西游記》（點校，與黄壽成合作），中華書局，一九九三年。

《周書選譯》（譯注），巴蜀書社，一九九四年；鳳凰出版社，二〇一一年。

《中國古代史論集》（黄永年等編），陝西師範大學出版社，一九九五年。

《古本竹書紀年輯校・今本竹書紀年疏證》（校點），遼寧教育出版社，一九九七年。

《老子・莊子・孫子・吴子》（校點其中《莊子》部分），遼寧教育出版社，一九九七年。

《清代版本圖録》（與賈二强合撰），浙江人民出版社，一九九七年。

《論語・孟子・孝經・爾雅》（校點其中《論語》部分），遼寧教育出版社，一九九七年。

《唐代史事考釋》，臺灣聯經事業出版公司，一九九八年。

《西游證道書》（點校），中華書局一九九八年。

《王荆公唐百家詩選》（校點，與陳楓合作），遼寧教育出版社，一九九八年初版，二〇〇〇年再版。

《吹網録・歐陂漁話》（校點），遼寧教育出版社，一九九八年。

《樹新義室筆談》，上海書店，二〇〇〇年。

《文史探微》，中華書局，二〇〇〇年。

《學苑零拾》，華東師範大學出版社，二〇〇〇年。

《雍録》（點校），中華書局，二〇〇二年。

《唐史史料學》，上海書店出版社，二〇〇二年。

《古文獻學四講》，鷺江出版社，二〇〇三年。

《文史相聚稿》，『周秦漢唐文化工程・學術研究文庫』，三秦出版社，二〇〇四年。

《六至九世紀中國政治史》，上海書店，二〇〇四年。

《黄永年印存》，中華書局出版社，二〇〇四年。

《古籍版本學》，江蘇教育出版社，二〇〇五年。

《學苑與書林》，上海書店出版社，二〇〇六年。

《唐史十二講》，中華書局，二〇〇七年。

《類編長安志》（點校），三秦出版社，二〇〇六年。

《黄永年古籍序跋述論集》，中華書局，二〇〇七年。

《史部要籍概述》，江蘇教育出版社，二〇〇八年。

《子部要籍概述》，江蘇教育出版社，二〇〇八年。

《黄永年文史五講》，中華書局，二〇一一年。

金開誠

（一九三二—二〇〇八）

生平簡介

文史學家、文藝心理學家。一九三二年十一月二十四日生於無錫北塘大街家中。父親是糧行職員，母親是醫生。一九三九至一九四三年，在無錫文達小學及北塘第二小學就讀。一九四五至一九四六入無錫道南中學及輔仁中學學習。一九五一年九月考入北京大學中文系，一九五五年七月畢業，留校爲王瑶先生的研究生，後轉爲科研助手。一九五九年開始協助游國恩先生進行《楚辭》的研究工作，并在北大講授中國古代文學課程。一九六三出版《詩經》一書。一九六五年下鄉參加『四清』運動。一九七一年九月恢復教學工作，在大學講授新聞寫作等課程。一九七三年轉爲中文系古典文獻專業教員，先後講授歷史要籍介紹、文學要籍介紹、專業寫作、工具書使用法、《楚辭》研究、中國傳統文化概論等課程。一九八〇年五月出版《楚辭選注》，十月出版游國恩主編、由其補輯的《離騷纂義》，同年被評爲副教授。一九八一年加入九三學社。一九八二年二月出版《文藝心理學概論》，同年十月出版游國恩主編，由其與董洪利、高路明補輯的《天問纂義》。一九八三年被授予北京市教育系統先進工作者稱號，并當選爲九三學社中央委員兼執行局候補委員。一九八四年特批爲教授、博士生導師。一九八五年增補爲第六届全國政協委員，獲北京大學教學優秀一等獎。同年十月出版《藝文叢談》。一九八七年出版《文藝心理學概論》，一九八八年出版與葛兆光合著的《歷代詩文要籍詳解》以及與張化本合著的《文藝心理學》，同年當選爲第七届全國政協常務委員。一九八九年當選爲九三學社中央常務委員。一九九一年五月任北京大學校務委員會副主任，十一月兼任中央社會主義學院副院長。一九九二年出版《屈原辭研究》、《文藝心理學術語詳解辭典》，該年當選九三學社中央副主席。一九九三年當選第八届全國政協常務委員兼學習委員會副主任，出版《談藝綜録》，主編的《中國古文獻研究叢書》獲第七届中國圖書獎。一九九四年任九三學社中央專職副主席，兼任北京大學教授。二〇〇八年十二月十四日因病於北京逝世，享年七十六歲。

金開誠是《楚辭》研究專家。一九五九年金開誠協助游國恩教授編纂《楚辭注疏長編》時，曾查閱古籍資料一百五十種，此後便一直從事楚辭的研究，同時在中國書法和傳統文化的研究方面，也發表了一系列書法理論文章，如《中國書法藝術特徵》、《顔真卿書法藝術概論》、《北京朝碑版的書法藝術——兼論南北朝兩大書法藝術潮流》、《以『狂』繼『顛』，氣成乎技——懷素自叙帖賞析》、《論秦漢簡帛的書法藝術》、《書法藝術的形式與内容》、《書法藝術的動力與情性》、《中國書法藝術與傳統文化》等二十餘篇。合作著有《書法藝術美學》，主編《中國書法文化大觀》等。

金開誠不滿足於在科研上的一般成果，不滿足於對中華文化進行書齋里的考證和研究，歷來主張古爲今用，對老祖宗留下的遺産，首先要進行清理，清理好才能更好地利用，清理了還要盡可能『盤活』，使其在現實中發揮效用。只有讓優秀的傳統文化更加貼近群衆，尤其是貼近青少年，才能使中華文明得到流傳與弘揚。爲此，他主持編寫了『傳統文化與現代視域』和『中華文化警世格言叢書』兩套文化普及性的叢書。

金開誠一生勤奮好學，夫人趙婉琴這樣評價他：『他是個特别用功的人，從小就非常優異，并且多才多藝。從無錫的高考狀元到北大教授，他從未懈怠過學習和思考。教書之後，經常半夜因爲想到好句子怕第二天忘記而爬起來，一字一句記録下來後才再次就寢。』現在北京大學的女兒金舒年也回憶父親：『非常刻苦，完全是發自内心地做學問』，『每天晚上父親就把桌子讓給我寫作業，他自己把床單、被褥扒開，伏在床上寫文章』。

主要著作述要

《離騷纂義》、《天問纂義》：《離騷纂義》由游國恩主編，金開誠補輯，是《楚辭注疏長編》的第一編，輯録了兩漢到晚清的一百六十餘家對《離騷》的舊注；《天問纂義》由金開誠、董洪利、高路明參校，是《楚辭注疏長編》的第二編，編纂方法與《離騷纂義》同，匯輯舊説九十餘種。兩書的編排方式是：以《楚辭》原文兩句爲一節，後面按時代先後排列各家注釋，最後加上編者的按語以表明自己的看法。所輯録的注釋，除了王逸《楚辭章句》全文引用以外，其他各家凡有重複的看法，只取最早的一家。如果後人對前人某一説法有所引申或者補充也予以收録。對舊注某些明顯的錯誤和不合理的説法也酌情收録，以反映舊注原貌，供專業研究者使用。編者按除對原文的解釋以外，也擇要評論舊注以作補充。如果舊注不確，但包含一定的合理因素，編者就折衷各家之説，盡量作出使人信服的結論。編者在按語中抓關鍵的字句，作盡可能詳盡的解釋，不僅僅是對舊注的梳理，更是在廣徵博引的基礎上闡明己見。這兩種書不是簡單的資料長編，同時凝聚了編校者長期的研究成果，具有較高的使用價值。但是該書收録資料只到清末，也没有對原文注明出處，這是其白璧微瑕。

《文藝心理學概論》：本書是作者在《文藝心理學論稿》的基礎上經過五年反覆修改而成的。《概論》包括兩個基本思想和五對辯證關係。第一個基本思想是以唯物主義反映論爲指導，論證文藝創作與欣賞的心理活動都是個體在反映客觀世界的基礎上所實現的主客觀統一。第二個基本思想是根據大腦活動的整體性原則，論證文藝創作與欣賞都是以自覺的表象運動爲核心實現的表象運動、思維運動與情感運動的有機結合。五種辯證關係爲客觀與主觀、感性與理性、情感與認識、修養與創造、創作與欣賞，是兩個基本思想的具體表現。該思想繼承了中國古代文論精髓，理論構架系統又辯證，在當時産生了很大的社會影響。

《金開誠文集》：全書分爲四卷，共兩百餘萬字。第一卷收録文藝心理學研究方面的專著和論文，第二卷收録古代文學特别是《楚辭》研究方面的成果，第三卷收録了傳統文化與書法研究方面的論著，第四卷爲隨筆雜談。該四卷文集收録了其五十年來的教育與科研的重要成果，反映了他以弘揚中國傳統文化爲己任的一貫宗旨。

主要論著目録

《詩經》，中華書局，一九六三年。

《天問纂義》（游國恩主編，金開誠、董洪利、高路明補輯），中華書局，一九八二年。

《文藝心理學論稿》，北京大學出版社，一九八二年。

《藝文叢談》，北京出版社，一九八五年。

《屈原辭研究》，江蘇古籍出版社，一九九二年。

《文藝心理學術語詳解詞典》（與孔建英合著），北京大學出版社，一九九二年。

《離騷纂義》（游國恩主編，金開誠補輯），中華書局，一九八〇年。

《書法藝術美學》（與王岳川合著），中國文聯出版公司，一九九五年。

《屈原集校注》（與董洪利、高路明等合著），中華書局，一九九六年。

《金開誠學術文化隨筆》，中國青年出版社，一九九九六年。

《燕園歲月》，北京大學出版社，一九九八年。

《當代學者自選文庫：金開誠卷》，安徽教育出版社，一九九八年。

《歷代詩文要籍詳解》（與葛兆光合著），北京出版社，一九八八年。

《獨領風騷兩千年：屈原》（與劉東葵合著），中國文聯出版公司，一九九九年。

《文藝心理學概論》，北京大學出版社，一九九九年。

《文化古今談》，新世界出版社，二〇〇一年。

《古詩文要籍叙録》（與葛兆光合著），中華書局，二〇〇五年。

《人文隨想》（與金舒年合著），中國文史出版社，二〇〇五年。

《藝術欣賞之旅》，中國工人出版社，二〇〇〇年。

《書法藝術論集》，北京大學出版社，二〇〇八年。

《楚辭講話》，北京大學出版社，二〇一〇年。

《金開誠文選》，北京大學出版社，二〇一〇年。

《王開誠文集》（一至四卷）：浙江教育出版社，二〇〇七年。

俞偉超

（一九三三—二〇〇三）

生平簡介

考古學家。一九三三年一月四日出生於上海。江陰縣人。一九五〇年九月考入北京大學歷史系學習，是新中國培養的第一批考古專業畢業生。一九五四年北京大學歷史系考古專業畢業，同年入中國科學院（現中國社會科學院）考古研究所工作。後又重返母校，師從著名學者蘇秉琦讀研究生，獲副博士學位，一九六一年二月畢業後留校任教，先後任助教、講師、副教授、教授，主講秦漢考古學。一九八四年調入中國歷史博物館工作，一九八七年任館長，并兼任安徽大學名譽教授、南開大學和吉林大學兼職教授。二〇〇一年二月，俞偉超被浙江省人民政府聘請爲良渚遺址申報《世界遺産名録》專家咨詢委員會成員。曾任中國考古學會副理事長、中國歷史博物館館長、北京大學中國考古學研究中心學術委員、北京大學震旦古代文明研究中心學術顧問、中國博物館學會常務理事、楚文化研究會理事長、中國長城學會理事、北京市文物古跡保護委員會委員、雲南省博物館、中國蘇州絲綢博物館和四川大學博物館學術顧問、連雲港市孔望山文物保護研究所名譽所長。二〇〇三年十二月五日逝世，享年七十歲。

俞偉超在北京大學和中國歷史博物館工作期間，曾先後主持過北京昌平雪山、山東臨淄、湖北黄陂盤龍城、江陵紀南城、山西垣曲商城、三峽水庫等重要遺址的考古發掘，主持建立中國第一個水下考古、航空遥感考古實驗研究室。在二十世紀五十年代至八十年代之間四十年的研究工作中，研究範圍以秦漢時代爲中心，上及新石器時代，下至隋唐時代，主要精力是集中於利用考古學資料來探索中國古代社會的面貌；八十年代以來，又以較大精力探索考古學的方法論，在先秦兩漢考古、考古學理論與方法等領域，他提出過許多著名的具有創新意義的論斷，對於中國考古學學科的建設、文物博物館事業的發展，作出了重大貢獻。俞偉超生前曾在餘杭數次實地考察過莫角山、匯觀山、塘山土垣等良渚文化諸多遺址，他多次强調：良渚文化遺址群是實證中華五千年文明史的最具規模和水平的地區之一，具有極爲重要的歷史價值，是中華民族的瑰寶，完全有資格列入《世界遺産名録》。

主要著作述要

《長江三峽文物存真》：俞偉超主編，重慶出版社二〇〇〇年出版。本書爲『長江三峽書系』之一，是長江三峽庫區的文物圖録，包括地下文物部分和地上文物部分，地下文物指上至舊石器時代下至明清時期的古遺址和古墓葬，地上部分指三峽地區的枯水石刻、建築物、故址等。

《先秦兩漢考古學論集》：文物出版社一九八五年出版。本書集録討論中國古代社會面貌和考古學文化族屬關係的論文十九篇，分爲兩部分——第一部分是對先秦兩漢社會面貌的考察，包括十三篇文章。作者通過對先秦兩漢時期的農村公社、等級制度、直接生産者的身份、農業和手工業的經營方式以及社會意識形態等方面的研究，探討了這一時期的社會性質、等級制度、手工業營業方式和思想信仰等方面的問題，對封建制産生的生産力條件和中國奴隸制發達階段的特點，提出了獨特的看法。第二部分是對古代羌族文化和楚文化的研究。包括這些考古學文化的發展系列、區域類型及族屬等問題，并在考古學研究的基礎上，提出西北高原地區青銅文化層發生由鋤耕農業向畜牧業轉化，以及某些族屬在其形成過程中曾發生綜合多種文化因素的規律性現象的觀點。

《考古學是什麽——俞偉超考古學理論文選》：中國社會科學出版社一九九六年出版。本書闡述了作者的考古學理論，實現了其最初想把自己的論文分成三大類來編集成書的願望，即其一是討論考古學理論和方法，其二是研究中國古代社會面貌，其三是探索考古學文化的族群歸屬及其相互關係。

《古史的考古學探索》：文物出版社二〇〇二年出版。該書書名反映了作者在考古學研究中的關心點——用考古學來探索古代社會面貌的問題。本書收録作者關於考古學的文章四十四篇，包括《圖騰制與人類歷史的起點》、《考古學體系與人類歷史進程關係的新思考》等。四十四篇論文的順序，大體是按照作者以下想法來編排的：開頭的幾篇是論述全人類或全中國的具有普遍性質的、并作了長時段考察而認識到的問題。隨後的文章，前面的大部分是按照論述内容的時代早晚爲序編排的，即是從新石器時代晚期起，經夏、商、周三代和東周，下及秦、漢至兩晉。再下面的文章，則依所述古文化的區域性而分類編排，其前面一部分是自長江三峽至成都平原的古文化研究，後面一部分是從東北至西北地區若干古文化中的一些具體物品的研究。全書最末的兩篇文章是討論秦代至魏晋時期日本古墳發生同中國古文化影響有怎樣的關係的，這是日本考古學研究中的熱點問題，作者就此發表自己的新看法。

《中國古代公社組織的考察——論先秦兩漢的『單—僤—彈』》：文物出版社一九八八年十月出版。本書爲『中國歷史博物館叢書』之一，共十三萬字，分五章：殷墟卜辭和金文徽號中所見商代的『單』；兩周時期『單』的兩次大變化；兩漢時期『單—僤—彈』内的分職；漢末黄巾起義後由縣廷重建的『正衛彈』；魏晋左右的『千人單』及以後的從『單—革』到『團—疃』的稱謂上的殘痕。通過對甲骨文、金文、璽印、碑刻等有關材料的研究，揭示出中國古代存在的、鮮爲人知的農村公社組織『單』。這種公社組織在商代，是族名、地名、公社名一致的家庭公社；西周以後，則是以地緣紐帶的維係爲特徵的農村公社。書中不僅考察了『單』的發展、衰落過程，而且論證了『單』的性質和結構等。

《三門峽漕運遺迹》：中國科學院考古研究所編《中國田野考古報告集——考古學專刊丁種第八號（黄河水庫考古報告之一）》，科學出版社一九五九年出版。本書爲『考古報告』之一。該調查報告分篇『古棧道』、『開元新河』、『北岸陸道與東西倉址』、『摩崖題刻與碑記』四章，加上『前言』、『結束語』共六部分。另外還有兩個附録，即附録一：『三門峽漕運簡史』；附録二：『河心諸島的仰韶、龍山與殷代文化遺存』。『摩崖題刻與碑記』由劭有誠、俞偉超執筆；附録二：『河心諸島的仰韶、龍山與殷代文化遺存』由安志敏執筆；其餘皆係俞偉超執筆。從《論集》、《考古學是什麽》到《探索》，再加上也是文物出版社出版的《中國古代公社組織的考察》和科學出版社出版的《三門峽漕運遺迹》，記録了作者的主要研究生涯。

《含山凌家灘玉器反映的信仰狀況》：載於安徽省文物考古研究所編《凌家灘文化研究》，文物出版社二〇〇六年九月出版。作者通過關於含山凌家灘出土的玉器的用途的推測來探索當時的信仰狀況，再對當時當地的文化發展高度作出一個估測，從而思索考古學遺存中所包含的精神領域中的問題。凌家灘的玉器，數量很多，種類有異，具體用途不一。作者認爲，在五千年前要做出這些東西，不可能是爲了滿足世俗生活的需要，理應是信仰活動的用物。許多文化現象又會有很頑强的延續性：凌家灘玉器所反映的信仰活動雖然已經消逝，并且没有留下其他材料來表明之，但再晚一些時期的某些信仰活動，可以成爲追溯出這批玉器的用途的基礎。這其實就是一種人類學的研究方法：它是解開凌家灘玉器用途之謎的鑰匙。

主要論著目録

《三門峽漕運遺跡》，科學出版社，一九五九年。

《先秦兩漢考古學論集》，文物出版社，一九八五年。

《中國古代公社組織的考察》，文物出版社，一九八八年。

《考古類型學的理論與實踐》（主編），文物出版社，一九八九年。

《考古學是什麽》，中國社會科學出版社，一九九六年。

《古史的考古學探索》，文物出版社，二〇〇二年。

秦家懿

（一九三四—二〇〇一）

生平簡介

加拿大華裔漢學家，宗教學家和哲學家。女，一九三四年十月十五日在上海出生，祖籍無錫。其父曾經擔任上海《大公報》的編輯，出身名門。著名學者錢鍾書在二十世紀四十年代上海震旦女子文理學院任教時期，曾經做過秦家懿的家庭教師，對秦十分喜愛，贊其爲『名門才媛』。由於抗日戰爭和解放戰争期間的局勢動蕩，一九四六年移居香港。高中畢業於教會所辦的香港聖心女中。一九五八年獲美國紐約州新羅謝爾學院學士學位。之後作爲聖烏爾蘇拉會的修女長達二十年之久。一九六〇年獲美國天主教大學（華盛頓）碩士學位。秦家懿長期在教會學校任職任教。後來進入世俗大學任教。

一九七二年獲澳大利亞國立大學哲學博士學位。導師爲著名漢學家柳存仁先生。後應美國哥倫比亞大學的狄百瑞和耶魯大學的芮沃壽兩教授的邀請，先後在兩所大學執教。一九七八年任教多倫多大學，由於業績卓著，三年之間便晉升爲正教授。又同時兼任宗教、哲學和東亞研究三系的教授，并且撰寫了《慎思録》、《王陽明》等三部專論和翻譯了三部譯作。此外，還發表了大量學術水平很高的學術論文。一九九〇年獲選爲加拿大皇家學院的院士，一九九四年晉升爲多倫多大學的大學教授。這是多倫多大學給予其最優秀教研人員的最高的學術名銜。此外，同年獲北卡羅來納州的聖安德魯斯長老會書院的榮譽人文學博士。一九九七年四月，她出席了由已故日本首相福田糾夫所創立、并由前德國首相舒默特所主持的高層次專家會議，并參與了有關『人類責任的普世宣言』的起草。一九九八年，她就任爲多倫多大學『中國思想與文化利氏講座』的首任教授。同年還出版了她的自傳。此書記録了她一生對生命意義的探索和對肉體與心靈上的創傷追求愈合的歷程，得到了多方面的高度評價。二〇〇〇年，她更是獲得了加拿大勛章。二〇〇一年十月二十六日，因罹患癌症醫治無效，在多倫多去世。享年六十七歲。

作爲華人中享有世界聲譽的學者，作爲一位異常精勤的學者，秦家懿教授的研究成果很多，涉及基督教的神學，儒家智慧，東西文化宗教哲學的比較等多個領域。正是由於她取得的傑出學術成就，使其在學術上和社會上獲得了很高聲譽。

主要著作述要

《德國哲學家論中國》（編譯）：一九九三年三聯書店出版。全書收輯了德國兩位漢學大師——萊布尼茨、沃爾夫的三篇論著：《論中國人的自然神學》（萊布尼茨）主要是就中國人對神的看法、中國人關於神造物或物質第一本原與鬼神的説法、中國人關於靈魂的見解、伏羲文字與二進位制等進行分析；《造化之謎》（萊布尼茨）：討論關於一、零與無；《中國的實踐哲學》（沃爾夫）。該書反映出了德國哲學家眼里的中國及其研究領域的新發現的含義，以進一步精煉和重塑長期發展而成的，蘊涵在中國傳統中的文化智慧，不僅溝通了人文傳統和現代科學發現，還爲人類生存的根本問題提供了較好的答案。

《中國宗教與基督教》（與孔漢思合著）：一九九七年三聯書店出版。該書是由秦家懿，與在西德杜賓根大學任教、研究西方基督教神學的孔漢思合撰。孔漢思的原著用德文撰寫；秦家懿的原著用英文寫出；兩人出書以前，在德國的杜賓根大學與美國休士敦的萊士大學共同作過學術演講。每次講座都由秦家懿負責介紹與解釋中國宗教，再由孔漢思負責作神學方面的答復。演講珠聯璧合，相得益彰。根據演講形成的英文著作：Christianity and Chinese Religions，由紐約 Doubleday 出版社出版，該書還有德、法、意和西班牙文版，後來更被翻譯成十餘種文字，多次印刷出版。一九九〇年，國內三聯書店海外學人叢書以《中國宗教與基督教》爲名出了中文譯本，一九九七年又出了第二版。本書要闡明的觀點是：遠東的第三大宗教河系應當和其他兩大河系宗教有所區別。東方的宗教河系出自中國，其中心形象既不是先知也不是神秘主義者，而是聖賢；這是一個哲學宗教。他們認爲儒學傳統文化應成爲人類多元文化的百家争鳴中的一家，才會對人類文化作出貢獻。『在周朝以後的千余年來，儒學對於理性發展與社會道德的建立與穩固也是有功的』。『儒學思想對於東方文化的未來與亞洲人的自覺都可能有貢獻』（文中語）。該書在海内外引起了廣泛的關注和影響。

《王陽明》：臺北東大圖書股份有限公司一九八七年出版，是要了解王陽明的生平和他的哲學的很好入門作品。該書從王陽明本人的對話和著述入手，由淺入深，探討他的思想精髓。全書分爲八章：前兩章簡述王陽明之前宋明理學的概況和陽明本人的生平；從第三章起，述『心即理』的含義；第四章『格物即誠意』與陽明立說的獨立心境；第五章進一步解釋『致良知』，這是陽明思想的核心，總攝諸説；第六章探討『良知本體』的深藴；第七章『無善無惡』説，實爲討論陽明學説與道教和佛教的關係；第八章則是作者本人對陽明思想的反思和總結。作者對王陽明創立的體系，究竟是『儒』還是『禪』，王陽明其人，是『聖』還是『凡』，以及當前應該對陽明之學該如何給予總的評價，均有精當的評述。這雖然是一本了解王陽明生平和他的哲學的入門書，但是學術性很强，顯示了作者平實、儒雅的學術風格。二〇一一年三聯書店出版。

《**朱熹的宗教思想**》：二〇一〇年厦門大學出版社出版。曹建波譯。全書共分十一章。作者晚年在比較宗教學的視野下，研究朱子的宗教思想。該書雖然把重點放在了朱熹的宗教思想上，集中體現朱熹自己是如何處理這些問題的；同時又涉及朱子思想的其他方面。此外作者還把朱熹獨特的儒家精神放在基督教神學的對話語境中，全面而又系統地解説了朱熹的宗教思想，有力地論證了朱熹思想的宗教性。

主要論著目録

《深思錄》（巴斯噶著，秦家懿譯），光啓文化事業，一九六八年。

《The philosophical letters of Wang Yang-ming》，University of South Carolina Press，一九七三年。中文名《王陽明哲學書信集》。

《To Acquire Wisdom：The Way of Wang Yang-Ming》，Columbia University Press，一九七六年。中文名《求智：王陽明之道》。

《Confucianism and Christianity：A Comparative Study》，Kodansha American Inc，一九七七年。

《王陽明》，東大圖書出版有限公司，一九八七年初版。

《儒與耶》，文史哲出版社，一九八九年。

《Christianity and Chinese Religions》，英文版SCM Press，一九八九年。中譯本爲《中國宗教與基督教》，三聯書店，一九九〇年。德文版，一九八八年。

《上下求索中國魂》（與蘇紹興合著），允晨文化實業股份有限公司，一九九二年。

《德國哲學家論中國》，三聯書店，一九九三年。

《Chinese Religions》，Orbis Books，一九九三年。

《Mysticism and Kingship in China：The Heart of Chinese Wisdom》，Cambridge University Press，一九九七。

《The Butterfly Healing：A Life Between East and West》，Orbis Books，一九九八。

《The Religious Thought of Chu His》，Oxford University Press，USA，二〇〇〇年。中譯本爲《朱熹的宗教思想》（曹建波譯），厦門大學出版社，二〇一〇年。

《萊布尼茨和中國理學思想》，《中國哲學史研究》一九八三年第四期。

談鳳樑

（一九三六—一九九八）

生平簡介

文學研究家，明清小說史家。筆名言炎。江陰顧山鎮人，一九三六年十月十五日出生。中國共産黨黨員，曾任中共十三大代表。少年就讀於顧山小學、顧山初級中學。一九五二年江陰師範速成班畢業後，至一九五六年執教於江陰後塍區新苗小學。一九六〇年畢業於南京師範學院中文系并留校任教，歷任南京師範大學中文系古代文學專業教授、元明清文學方向碩士生導師、南京師範大學副校長等職，長期從事中國古典文學的研究，在教學領域長期指導元明清文學專業碩士生的學習、研究工作。擔任南京師範大學副校長期間，提出了『嚴謹、樸實、奮發、奉獻』的校風建設方針，積極推進教育綜合改革，加强高校的國際間交流與合作。一九九一年，被國務院授予國家有突出貢獻的中青年專家稱號。兼任國家教委自學考試指導委員會委員、中國《儒林外史》研究會常務理事、國際雜志《中國古代小説研究》編委、《中國古代小説百科全書》編委、江蘇省社科院特約研究員、江蘇省國際經濟文化交流中心執行主任、江蘇省高校師資培訓中心主任、江蘇省學位委員會副主任。一九八五、一九八八年曾赴美、日考察講學，就中國古代文學研究作學術報告。一九九八年去世，享年六十二歲。

主要著作述要

《中國古代小説簡史》：談鳳樑編著，江蘇教育出版社一九八八年五月版。本書着重探討了中國古代小説縱向和横向各流派、各重要著作的相互承續、相互滲透關係以及古代小説史的發展規律和各流派的特點。本書是高等教育漢語言文學專業本科《中國古代小説史》課程的自學考試教材，也可作爲大學中文系、中學語文教師的教學和參考用書。本書的筆記小説部分，多用劉葉秋先生《歷代筆記小説概況》之説。本書前五章和第十章由談鳳樑撰寫，其餘各章，則由談鳳樑確定提綱，提供部分資料。談鳳樑主持了全書的修改和審定工作。

《古小説論稿》：談鳳樑著，浙江古籍出版社一九八九年二月版。約二十八萬言的《古小説論稿》，從上古小説談到了晚清譴責小説。總體上看，作者力求將論點和材料相結合，其中也有較偏重觀點的，也有較偏重材料考證的。從觀點上看，他强調了以下幾點：一、古小説被封建統治階級看成『無害有益的幫閑』，『無所不包的雜拼』和『不足稱道的雕蟲小技』。二、從創作上看，古小説是由『紀實』發展爲『虛構』的。三、從體制上看，古小説由筆記體到故事體，再發展爲以描寫人物爲主的作品。作者結合對不同時期我國古代小説具體的考察，將這些觀點系統化，并加以較充分的論述，這就使這本《論稿》具有不可忽視的學術價值。此外，作者還從創作角度概括出古小説的一些特點：以虛構爲主，題材和構思講究『奇』，置情節於結構的中心位置，環境、情節和人物描寫細致。這些見解，對當代小説創作的發展有寶貴的借鑒意義。作者在考證上也有新的發現，如結合吴敬梓思想的發展（據作者年譜）論證，『閑齋老人序』爲作者原作，再結合作品取材情況，論證《儒林外史》創作時間當爲一七三五年至一七五四年。又如作者瀏覽了唐代的絶大多數筆記和歷代小説評論，對『傳奇』兩字的考證，采用晁公武《郡齋讀書志》的材料，嚴謹有序。

《借神演史的封神演義》：談鳳樑、陳泳超著，遼寧教育出版社一九九二年十月版。論述《封神演義》從歷史到小說，從講史到神魔的發展演變，分析其思想内容和藝術特色，以及在小説史上的地位和影響。本書收入《古代小說評介叢書》。

主要論著目録

《中國古代小説簡史》，江蘇教育出版社，一九八八年。

《儒林外史》（合作校注），人民文學出版社，一九八六年。

《紅樓夢王瀣評語彙録》（合著），江蘇古籍出版社，一九八七年。

《歷代游記選譯》二册（談鳳樑等選譯），其中『漢至唐代部分』，中國戲劇出版社，一九九一年，『宋代部分』，寶文堂書店，一九八七年。

《古小説論稿》，浙江古籍出版社，一九八九年。

《借神演史的封神演義》（與陳泳超合著），遼寧教育出版社，一九九二年。

《聊齋志異選粹》（與張培元合作選評），上海教育出版社，一九九〇年。

《王安石散文精品選》（與王欲祥合編），陝西人民出版社，一九九五年。

《歷代文言小説鑒賞辭典》（主編），江蘇文藝出版社，一九九一年。

《中華國魂》（主編，《愛我中華》叢書），江蘇少兒出版社，一九九三年。

後記

無錫是中國吴文化的發祥地。七千多年悠久歷史與文明，造就了『梁溪明秀之區，衣冠禮樂甲於江左』的城市人文傳統和深厚的歷史文化底藴。數千年來，文脉綿延，永世流芳。邵寶在《錫山遺響》序中曾經這樣描述：『錫之爲邑，在三吴間。山水清麗豐曠，生其地者，多沉雅秀整，以文名家，代不乏人。』文化已經成爲這座城市最本色的氣質。爲傳承吴地文明，建設文化名城，進一步彰顯無錫城市内在精神特質，經過幾年的精心策劃，旨在全面整理地方文化典籍的《無錫文庫》編纂出版工作於二〇一〇年全面啓動，二〇一一年起陸續與讀者見面了。

無錫的城市文化曾經爲中華文化寶庫作出過巨大貢獻。顧愷之、倪瓚、王紱、鄒一桂、賀天健、徐悲鴻、錢松嵒、吴冠中，如松秀群嶺，在中國繪畫史上擁有很高的地位；華秋蘋、楊蔭瀏、劉天華、華彦鈞（阿炳），乃韵動天籟，對中國音樂發展發揮了重要作用；李紳、蔣防、尤袤、蔣捷、陳維崧、顧貞觀、嚴繩孫、周濟、劉半農，皆胸懷錦綉，在中國文學史上可謂各領風騷；計六奇、顧祖禹、顧棟高、秦蕙田、嵇璜、錢基博、錢穆、錢鍾書、錢海岳，可稱堂奥廣庭，學造淵源，在中國學術史上卓然大家；顧憲成、高攀龍之東林，唐文治之『國專』，徐霞客之游記，徐壽、華蘅芳之『格致之學』，陳翰笙、錢俊瑞、孫冶方、薛暮橋之經濟學，都堪稱中華文化史上的一座座高峰，至今閃耀着炫目的光芒。

深厚的歷史文化底藴激發了無錫城市的文化自覺。市委、市政府滿懷對鄉土誠摯之情、對文化敬畏之感，以義不容辭的責任擔當，致力於文化强市建設，以科學的理念和方式對歷史文化遺産作全方位的觀照、深層次的發掘、系統性的保護，匯四海之智，舉全市之力，共襄文化建設盛舉。二〇〇六年十二月，無錫市成功申報國家歷史文化名城，標志着新一輪文化意識的覺醒，并迅速轉化爲文化自覺的實踐。近年來，我市全面啓動惠山、清名橋、小婁巷、榮巷、蕩口等五個歷史文化街區和十個古村落保護修復工程，『護其貌，顯其顔，鑄其魂，揚其韵』；鴻山遺址成功保護的經驗被國家文物局譽爲大遺址保護『無錫模式』，并被授予首批國家考古大遺址公園，闔閭城遺址考古發現則確立了歷史上無錫曾作爲吴王闔閭都城的地位；建成開放六十餘座博物館、名人故居和紀念館；對無錫的非物質文化遺産予以重點保護；每年春天舉辦的中國（無錫）吴文化節、中國文化遺産保護論壇成爲文化亮點，享譽海内外。這些舉措遵循規律，探索文化建設體制和機制的創新，形成了寶貴的『無錫經驗』，得到海内外學者、專家的一致肯定。

在注重保護歷史文化遺存的過程中，發掘、整理無錫歷史文獻著作，展示和弘揚無錫城市的思想精神世界，自然而然成爲大家關注的重點。二〇〇六年，市委宣傳部組織無錫文史專家、學者編撰的十七册三百萬字的《無錫文化叢書》正式出版，引起强烈反響，出版後供不應求，在二〇〇八年再版加印。《無錫文化叢書》集中反映了無錫城市文化精華，展示了無錫城市文化特質，彰顯了無錫歷史文化的厚重，同時也告訴人們，文化精神的傳遞是文化繁榮發展的重要内涵，一旦擦去歲月蒙塵，優秀的歷史文化就會轉化成爲取之不盡的精神財富。

爲了進一步彰顯城市歷史文化底藴，二〇〇七年，市委、市政府將全面系統整理無錫文化典籍擺上工作議事日程，明確提出編纂《無錫文庫》。由于無錫歷史文化底藴深厚，卷帙浩繁，内容豐富，編纂工作千頭萬緒，要想整理出一部簡明扼要而又内容翔實、主旨鮮明而又文質彬彬的文獻集成，難度遠大於預想。爲此，我們先後成立了《無錫文庫》工作委員會和編輯委員會，加强對編纂出版工作的組織領導與統籌協調，在尊重歷史、尊重規律、尊重科學、尊重專家的基礎上，積極推進文庫編纂工作。編輯委員會經過反復論證，明確原則，綱舉目張，有條不紊地開展工作。充分憑借地方文史專家的優勢，充分發揮高校人文學院、研究機構的作用，充分依靠出版機構的專業經驗，并邀請國内外著名文史專家指導、把關，形成了文庫編纂的工作合力。

在編輯過程中，我們力求使《無錫文庫》成爲經得起歷史考驗的鄉邦文獻集成。

全面規劃又保持開放結構。面對豐富的歷史文化積澱，没有規劃就不可能形成清晰的編纂思路。在前期編纂工作中，編輯委員會經過二十餘次的論證會和專題研討會，形成并確定了《無錫文庫》總書目，明確了收録範圍和内容主體，立足無錫市區，兼顧江陰、宜興，主要體現無錫本土内容，突出人文科學，適當兼顧其他門類。據此，《無錫文庫》收録圖書五百五十餘種，分爲五輯：第一輯『官修舊志』，收編無錫地方志（含江陰、宜興）；第二輯『地方史料專著』，收編反映無錫地方史料的專著與筆記；第三輯『年譜家乘』，收編無錫（含江陰、宜興）地方名人年譜和望族的家譜；第四輯『無錫文存』，收編歷史上無錫作家詩文和專著的精華；第五輯『近現代名家名著存目』，編撰無錫近現代名家名著的書目提要。爲使文庫具有更大的開放度和包容量，《無錫文庫》注重整體設計，在框架分類上既注意整合，又突出重點，考慮到文庫的涵蓋面和系統性；在書目選擇上既注重經典性，又强調代表性，兼顧到圖書本身質量和作者特點；在出版方式上既總體規劃、循序推進，又采取較爲靈活的方式，成熟一批出版一批，不編序號，爲今後增補書目預留空間。

尊重歷史又反映時代特色。《無錫文庫》注重歷史性與時代性相結合，以嶄新的學術角度和現代學科理念對城市歷史文化進行整理和弘揚。編纂工作充分體現對歷史傳統的尊重，儘可能減少評述性成分，杜絶截割、改篡、增删圖書内容，對節選本祇采取作者的自選本。與此同時，以現代學術視野來看待傳統史料，增加收録有價值的歷史資料和文獻，如對民國時期的一些稿本、期刊、會刊、紀念册也予以應有的關注，收入了部分重要的民間史料。

保持原貌又便于讀者查閲。《無錫文庫》除第五輯外，全部采用原版影印方式，力争選擇最優版本作底本，保持文獻著作的歷史面目。爲了便於閲讀、查證、使用、研究，每一輯均撰寫編輯説明，每種書撰寫提要，并編撰《文庫》書目索引。通過這樣的方式，使《無錫文庫》兼具工具書檢索的作用，增强文化典籍整理的實用功能。

如期完成又精益求精。《無錫文庫》作爲一項重大文化工程，編纂工作面廣量大，必須集中力量，一鼓作氣。我們明確，從編纂工作全面啓動開始，花三年時間完成《無錫文庫》出版工作。《無錫文庫》總書目形成後，五輯的書目編纂工作同時開展，整體推進。我們要求，《無錫文庫》編纂出版工作要强化精品意識，力求思想精深、内容精彩、選編精當、學風精良、裝幀精美。文庫編纂出版的每個環節都反復論證推敲，確保經得起歷史檢驗。

《無錫文庫》的編纂出版工作，得到了鳳凰出版傳媒集團的大力支持，鳳凰出版社在版本選擇、編輯出版方面做了細緻的工作；由於《無錫文庫》收録的資料有三分之二散落在全國各圖書館中，中國國家圖書館、上海圖書館、南京圖書館等一批國内知名圖書館爲此提供了積極的幫助；應邀擔任《無錫文庫》學術顧問的專家，都是無錫籍的文化名人和國内一流的古籍研究專家，他們有的不顧年事已高，有的不顧自身工作繁忙，爲《無錫文庫》的編纂工作付出辛勤勞動；《無錫文庫》工作委員會和編輯委員會成員以及編務人員在文庫編纂出版過程中做了大量的工作。在此，謹向他們表示崇高的敬意和由衷的謝忱！

由於《無錫文庫》收録内容涉及範圍廣，時間跨度長，部分書目已經散佚，可利用資料受到限制，加之編輯委員會水平有限，《無錫文庫》的編纂工作難免會有一些疏漏和錯誤，不當之處敬請讀者指正。

王立人

二〇一一年一月